2022-2023 합격 최적화에 모든 것을 맞추다!

TAiLRED

테일러드
행정법

정인국
단기완성
행정법
각론

기출문제집

PREFACE
머리말

    국가고시 행정법의 경우 그 출제대상은 이론, 판례, 법령의 3파트로 이루어집니다. 다만 행정법총론과 각론 간에는 출제경향에 상당히 차이가 있습니다. 총론에서는 판례와 법령에 관한 문제가 단순하게 결론만 묻는 것이 아니라 행정법 이론에 바탕을 두고 있는 경우가 대부분입니다. 따라서 판례와 법령을 공부하기에 앞서 기본개념을 이해하는데 상당한 시간이 투자되어야 합니다. 총론을 공부할 때 기본이론 강의가 중요한 이유입니다.

    반면에 각론에서는 각론 고유의 이론 자체가 많지 않습니다. 오히려 총론에서 다룬 개념을 토대로 각론과 관련한 개별적인 판례나 법령의 결론을 묻는 문제가 대부분입니다. 시간이 충분하다면 각론의 경우에도 기본이론 ⇨ 문제풀이의 순서를 차근차근 거치는 것이 좋겠지만, 짧은 시간에 점수를 효율적으로 올리려면 먼저 문제풀이를 하면서 관련개념을 정리하는 방법도 추천할 만합니다.

이번에 출간한 2022-2023 단기완성 행정법각론 기출문제집은 문제풀이를 통해 이론습득까지 병행하려는 수험생들을 염두에 두고 만들었습니다. 이 책의 가장 큰 장점은 풍부한 해설입니다. 각각의 지문마다 관련이론은 물론 법령과 판례까지 빠짐없이 인용하여, 수험생들이 문제를 풀고 정리하는 과정에서 다른 책을 찾아볼 필요가 없도록 하였습니다.

기출문제는 2010년부터 시작해서 2021년도 국가직·지방직·서울시·국회사무처·군무원 시험까지 모두 반영하였습니다. 특히 최근 5개년 간의 기출문제는 한 문제도 빠짐없이 모두 수록하였습니다. 가장 최신의 기출문제집이라고 자부합니다.

아무쪼록 이 책으로 공부하는 모든 수험생들에게 단기합격의 영광이 함께 하길 기원합니다.

2022년 6월
어느 초여름 새벽에
편저자 정인국

CONTENTS
차례

CHAPTER 01	행정조직법	………………………	8
CHAPTER 02	지방자치법	………………………	46
CHAPTER 03	공무원법	………………………	148
CHAPTER 04	경찰행정법	………………………	222
CHAPTER 05	공물법, 급부행정법	………………………	274
CHAPTER 06	규제행정법	………………………	344
CHAPTER 07	공용부담법	………………………	382
CHAPTER 08	재무행정법	………………………	406

2022-2023
정인국 단기완성
행정법각론
기출문제집

2022-2023
정인국 단기완성
행정법각론
기출문제집

CHAPTER

01

행정조직법

CHAPTER 01 행정조직법

001
2017 국가직 7급

다음 설명의 ㉠~㉣에 해당하는 행정기관을 바르게 연결한 것은?

> ㉠ 행정주체의 의사를 결정하는 권한만을 가지고 이를 외부에 표시할 권한은 가지지 못하는 기관
> ㉡ 행정청의 명을 받아 행정청이 발한 의사를 집행하여 행정상 필요한 상태를 실현하는 기관
> ㉢ 행정주체의 의사를 자기의 이름으로 외부에 표시하는 권한을 가진 기관
> ㉣ 행정청에 소속되어 행정청의 의사결정을 보조하거나 그 명을 받아 사무에 종사하는 기관

	㉠	㉡	㉢	㉣
①	「국가공무원법」상 징계위원회	국가기록원	대전지방경찰청	행정각부의 차관보
②	서울특별시장	감사원	중앙행정심판위원회	행정각부의 차관보
③	「국가공무원법」상 징계위원회	소방공무원	중앙행정심판위원회	행정각부의 실장
④	과천시장	국립병원	경찰공무원	행정각부의 과장

해설

㉠ COMMENT 의결기관 – 행정주체의 의사를 결정하는 권한만을 가지고 이를 외부에 표시할 권한은 가지지 못하는 기관(예컨대 각종의 징계위원회, 지방의회, 교육위원회 등).

㉡ COMMENT 집행기관 – (ⅰ) 행정청의 명을 받아 행정청이 발한 의사를 집행하여 행정상 필요한 상태를 실현하는 기관(예컨대 경찰공무원, 소방공무원, 세무공무원), (ⅱ) 지방의회를 의결기관이라고 하는 것에 대비하여 지방자치단체를 집행기관이라고 부르기도 한다.

㉢ COMMENT 행정청 – 행정주체의 의사를 자기의 이름으로 외부에 표시하는 권한을 가진 기관
  (ⅰ) 독임제 행정청 – 1인의 기관구성자가 국가의 의사를 결정하고 책임을 지는 경우를 말한다.
  (ⅱ) 합의제 행정청 – 그 구성원이 2인 이상이고, 행정기관의 의사결정이 복수인 구성원의 합의에 의해 이루어지는 경우를 말한다. 위원회라고도 한다.

㉣ COMMENT 보조기관 – 행정청에 소속되어 행정청의 의사결정을 보조하거나 그 명을 받아 사무에 종사하는 기관(예컨대 행정각부의 차관·실장 등, 지자체의 부지사·부시장 등).

	㉠	㉡	㉢	㉣
①	의결기관	부속기관	특별지방행정기관	보좌기관
②	독임제 행정청	합의제 행정청	합의제 행정청	보좌기관
③	의결기관	집행기관	합의제 행정청	보조기관
④	독임제 행정청	영조물기관	집행기관	보조기관

001 ③

002

2017 국회직 8급

다음 기관의 설치근거에 대한 설명으로 옳지 않은 것은?

① 중앙선거관리위원회와 감사원은 헌법의 근거에 의하여 설치된다.
② 대통령비서실과 대통령경호처는 정부조직법에 설치근거를 두고 있다.
③ 지방의회는 헌법과 법률에 근거하여 설치된다.
④ 지방자치단체의 보조기관 중 부군수와 부구청장은 조례에 의하여 설치된다.
⑤ 지방자치단체는 조례에 근거하여 합의제 행정기관을 설치할 수 있다.

해설

① 헌법 제97조, 제114조

> **제97조** 국가의 세입·세출의 결산, 국가 및 법률이 정한 단체의 회계검사와 행정기관 및 공무원의 직무에 관한 감찰을 하기 위하여 대통령 소속하에 감사원을 둔다.
>
> **제114조** ① 선거와 국민투표의 공정한 관리 및 정당에 관한 사무를 처리하기 위하여 선거관리위원회를 둔다.

② 정부조직법 제14조, 제16조

> **제14조(대통령비서실)** ① 대통령의 직무를 보좌하기 위하여 대통령비서실을 둔다.
> ② 대통령비서실에 실장 1명을 두되, 실장은 정무직으로 한다.
>
> **제16조(대통령경호처)** ① 대통령 등의 경호를 담당하기 위하여 대통령경호처를 둔다.
> ② 대통령경호처에 처장 1명을 두되, 처장은 정무직으로 한다.
> ③ 대통령경호처의 조직·직무범위 그 밖에 필요한 사항은 따로 법률로 정한다.

③ 헌법 제118조, 지방자치법 제30조

> **헌법**
> **제118조** ① 지방자치단체에 의회를 둔다.
> ② 지방의회의 조직·권한·의원선거와 지방자치단체의 장의 선임방법 기타 지방자치단체의 조직과 운영에 관한 사항은 법률로 정한다.
>
> **지방자치법**
> **제30조(의회의 설치)** 지방자치단체에 주민의 대의기관인 의회를 둔다.
> **제31조(지방의회의원의 선거)** 지방의회의원은 주민이 보통·평등·직접·비밀선거에 따라 선출한다.

④ **COMMENT** 조례가 아니라 지방자치법이 설치의 근거가 된다(지방자치법 제123조 제1항).

> **제123조(부지사·부시장·부군수·부구청장)** ① 특별시·광역시 및 특별자치시에 부시장, 도와 특별자치도에 부지사, 시에 부시장, 군에 부군수, 자치구에 부구청장을 두며, 그 정수는 다음 각 호와 같다.
> 1. 특별시의 부시장의 정수: 3명을 넘지 아니하는 범위에서 대통령령으로 정한다.
> 2. 광역시와 특별자치시의 부시장 및 도와 특별자치도의 부지사의 정수: 2명(인구 800만 이상의 광역시나 도는 3명)을 초과하지 아니하는 범위에서 대통령령으로 정한다.
> 3. 시의 부시장, 군의 부군수 및 자치구의 부구청장의 정수: 1명으로 한다.

002 ④

⑤ 지방자치법 제129조 제1항

> **제129조(합의제행정기관)** ① 지방자치단체는 그 소관 사무의 일부를 독립하여 수행할 필요가 있으면 법령이나 그 지방자치단체의 조례로 정하는 바에 따라 합의제행정기관을 설치할 수 있다.
> ② 제1항의 합의제행정기관의 설치·운영에 관하여 필요한 사항은 대통령령이나 그 지방자치단체의 조례로 정한다.

003

2019 지방직 7급

행정기관에 대한 설명으로 옳지 않은 것은? (다툼이 있는 경우 판례에 의함)

① 정부조직법 상 중앙행정기관에는 소관 사무를 수행하기 위하여 필요한 때에는 특히 법률로 정한 경우를 제외하고는 대통령령으로 정하는 바에 따라 지방행정기관을 둘 수 있다.
② 일정한 관할 구역 내에서 널리 일반국가사무를 수행하는 행정기관을 국가의 보통지방행정기관이라 하고 세무서장이나 경찰서장이 이에 속한다.
③ 국가사무가 지방자치단체의 장에게 위임되어 수행되는 경우, 지방자치단체의 장은 국가사무를 처리하는 범위 내에서 국가의 보통지방행정기관의 지위에 있다.
④ 법령상 주어진 권한의 범위 내에서 행정주체의 행정에 관한 의사를 결정할 뿐 이를 외부에 표시하는 권한을 갖지 못하는 합의제 행정기관을 의결기관이라 한다.

해설

① 「정부조직법」제3조 제1항

> **제3조(특별지방행정기관의 설치)** ① 중앙행정기관에는 소관사무를 수행하기 위하여 필요한 때에는 특히 법률로 정한 경우를 제외하고는 대통령령으로 정하는 바에 따라 지방행정기관을 둘 수 있다.

② COMMENT 일정한 관할 구역 내에서 널리 일반국가사무를 수행하는 행정기관을 특별지방행정기관이라 하고 지방국세청, 지방병무청 등이 이에 속한다.
③ COMMENT 국가사무가 지방자치단체의 장에게 위임되어 수행되는 경우, 지방자치단체의 장은 국가사무를 처리하는 범위 내에서 국가의 보통지방행정기관의 지위에 있다.
④ COMMENT 의결기관은 행정주체의 의사를 결정하는 권한만을 가지고 이를 외부에 표시할 권한은 가지지 못하는 기관으로 징계위원회, 지방의회, 교육위원회 등이 있다.

003 ②

004

2008 관세사

상급행정관청의 훈령에 관한 설명 중 옳은 것은?

① 법령의 구체적 근거 없이도 직권으로 발할 수 있다.
② 훈령은 조문형식으로 발령되므로 재판기준이 된다.
③ 상관의 부하공무원에 대한 직무명령은 항상 훈령의 성질을 갖는다.
④ 훈령을 발한 공무원이 교체되면 그 훈령도 효력을 상실한다.
⑤ 관보에 게재하여 공포하는 것이 효력발생의 요건이다.

해설

① COMMENT 훈령이란 상급관청이 하급기관에 대해 그 소관사무에 관하여 발하는 행정규칙의 일종이다. 상급관청에 하급기관에 대한 법령상 지휘감독권이 인정되는 이상, 훈령에는 법령의 구체적 근거를 요하지 않는다.

② COMMENT 훈령은 행정규칙으로서 반드시 조문형식으로 발령되는 것이 아니다. 그 성격이 행정규칙에 불과한 이상 대외적 구속력이 없으므로 재판기준이 될 수 없다(즉 법원성이 없다).

③ COMMENT 직무명령은 상관이 부하인 공무원 개인에 대하여 그 직무에 발하는 명령으로서, 상급관청이 하급기관에 대해 그 소관사무에 관하여 발하는 훈령과는 구별된다. 훈령은 하급기관의 공무원에 대해서는 직무명령의 성질을 가질 수 있으나, 직무명령이 훈령의 성질을 가지는 것은 아니다.

④ COMMENT 훈령은 공무원 개개인에 대한 것이 아니라 행정기관에 발하는 것이므로 공무원이 교체되더라도 효력을 상실하지 않는다.

⑤ COMMENT 훈령은 실무상으로는 관보에 게재하여 공표하지만 관보에의 게재나 공표가 훈령의 효력요건은 아니다. 다만 처분의 기준이 되는 훈령은 공표하여야 한다(행정절차법 제20조).

> **제20조(처분기준의 설정·공표)** ① 행정청은 필요한 처분기준을 해당 처분의 성질에 비추어 되도록 구체적으로 정하여 공표하여야 한다. 처분기준을 변경하는 경우에도 또한 같다.

005

2016 국가직 7급

행정권한의 위임·위탁 및 대리에 대한 설명으로 옳지 않은 것은? (다툼이 있는 경우 판례에 의함)

① 수임 및 수탁사무의 처리에 관하여 위임 및 위탁기관은 수임 및 수탁기관에 대하여 사전승인을 받거나 협의를 할 것을 요구할 수 있다.
② 행정기관은 법령으로 정하는 바에 따라 그 소관사무 중 국민의 권리·의무와 직접 관계되지 아니하는 사무를 지방자치단체가 아닌 법인·단체 또는 그 기관뿐만 아니라 개인에게도 위탁할 수 있다.
③ 권한의 임의대리(수권대리)의 경우, 대리기관이 대리관계를 표시하고 피대리행정청을 대리하여 행정처분을 한 때에는 피대리행정청이 항고소송의 피고로 되어야 한다.
④ 지방자치단체장이 설치하여 관할 지방경찰청장에게 관리권한이 위임된 교통신호기의 고장으로 인하여 교통사고가 발생한 경우, 그 권한을 위임한 지방자치단체장이 소속된 지방자치단체뿐만 아니라 국가도 국가배상법에 의한 배상책임을 부담한다.

004 ① 005 ①

해설

① **COMMENT** 내부위임이나 대리가 아닌 한, 수임 및 수탁사무의 처리에 관하여 위임 및 위탁기관이 수임 및 수탁기관에 대하여 사전승인을 받거나 협의를 할 것을 요구하게 되면 위임 및 위탁의 본질에 반한다(행정권한의 위임 및 위탁에 관한 규정 제7조).

> **제7조(사전승인 등의 제한)** 수임 및 수탁사무의 처리에 관하여 위임 및 위탁기관은 수임 및 수탁기관에 대하여 사전승인을 받거나 협의를 할 것을 요구할 수 없다.

② 정부조직법 제6조 제3항

> **제6조(권한의 위임 또는 위탁)** ① 행정기관은 법령으로 정하는 바에 따라 그 소관사무의 일부를 보조기관 또는 하급행정기관에 위임하거나 다른 행정기관·지방자치단체 또는 그 기관에 위탁 또는 위임할 수 있다. 이 경우 위임 또는 위탁을 받은 기관은 특히 필요한 경우에는 법령으로 정하는 바에 따라 위임 또는 위탁을 받은 사무의 일부를 보조기관 또는 하급행정기관에 재위임할 수 있다.
> ② 보조기관은 제1항에 따라 위임받은 사항에 대하여는 그 범위에서 행정기관으로서 그 사무를 수행한다.
> ③ 행정기관은 법령으로 정하는 바에 따라 그 소관사무 중 조사·검사·검정·관리 업무 등 국민의 권리·의무와 직접 관계되지 아니하는 사무를 지방자치단체가 아닌 법인·단체 또는 그 기관이나 개인에게 위탁할 수 있다.

③ **COMMENT** 권한의 대리의 경우에는 권한이 변경되는 것이 아니므로 처분도 피대리행정청의 명의로 이루어진다. 따라서 항고소송의 피고는 피대리행정청이 된다.

④ **COMMENT** 이 경우 지방자치단체는 사무귀속자로서, 국가는 경찰관 등에게 봉급을 부담하는 비용부담자로서 책임을 부담한다(국가배상법 제6조).

> **제6조(비용부담자 등의 책임)** ① 제2조·제3조 및 제5조에 따라 국가나 지방자치단체가 손해를 배상할 책임이 있는 경우에 공무원의 선임·감독 또는 영조물의 설치·관리를 맡은 자와 공무원의 봉급·급여, 그 밖의 비용 또는 영조물의 설치·관리 비용을 부담하는 자가 동일하지 아니하면 그 비용을 부담하는 자도 손해를 배상하여야 한다.

> **대법원 1999.6.25., 선고, 99다11120., 판결**
> 지방자치단체장이 교통신호기를 설치하여 그 관리권한이 도로교통법 제71조의2 제1항의 규정에 의하여 관할 지방경찰청장에게 위임되어 지방자치단체 소속 공무원과 지방경찰청 소속 공무원이 합동근무하는 교통종합관제센터에서 그 관리업무를 담당하던 중 위 신호기가 고장난 채 방치되어 교통사고가 발생한 경우, 국가배상법 제2조 또는 제5조에 의한 배상책임을 부담하는 것은 지방경찰청장이 소속된 국가가 아니라, 그 권한을 위임한 지방자치단체장이 소속된 지방자치단체라고 할 것이나, 한편 국가배상법 제6조 제1항은 같은 법 제2조, 제3조 및 제5조의 규정에 의하여 국가 또는 지방자치단체가 손해를 배상할 책임이 있는 경우에 공무원의 선임·감독 또는 영조물의 설치·관리를 맡은 자와 공무원의 봉급·급여 기타의 비용 또는 영조물의 설치·관리의 비용을 부담하는 자가 동일하지 아니한 경우에는 그 비용을 부담하는 자도 손해를 배상하여야 한다고 규정하고 있으므로 교통신호기를 관리하는 지방경찰청장 산하 경찰관들에 대한 봉급을 부담하는 국가도 국가배상법 제6조 제1항에 의한 배상책임을 부담한다.

006

2018 서울시 7급(6월)

권한의 위임과 위탁에 대한 설명으로 가장 옳은 것은?

① 권한의 위임과 위탁은 법률의 명시적 근거를 필요로 한다.
② 수임사무의 처리에 드는 비용은 수임기관이 부담하는 것이 원칙이다.
③ 권한의 위탁은 수탁자가 자신의 이름으로 권한을 행사하고 그 권한의 행사의 효과는 위탁자에게 귀속한다.
④ 위임청은 기관위임사무의 수행에 대하여 지방자치단체의 기관을 지휘·감독할 수 없다.

해설

① 「정부조직법」 제6조 제1항

> **제6조(권한의 위임 또는 위탁)** ① 행정기관은 법령으로 정하는 바에 따라 그 소관사무의 일부를 보조기관 또는 하급행정기관에 위임하거나 다른 행정기관·지방자치단체 또는 그 기관에 위탁 또는 위임할 수 있다. 이 경우 위임 또는 위탁을 받은 기관은 특히 필요한 경우에는 법령으로 정하는 바에 따라 위임 또는 위탁을 받은 사무의 일부를 보조기관 또는 하급행정기관에 재위임할 수 있다.

② **COMMENT** 수임기관이 아니라 위임기관이 부담하여야 한다(지방재정법 제21조, 지방자치법 제158조).

> **지방재정법**
> **제21조(부담금과 교부금)** ② 국가가 스스로 하여야 할 사무를 지방자치단체나 그 기관에 위임하여 수행하는 경우 그 경비는 국가가 전부를 그 지방자치단체에 교부하여야 한다.
>
> **지방자치법**
> **제158조(경비의 지출)** 지방자치단체는 그 자치사무의 수행에 필요한 경비와 위임된 사무에 관하여 필요한 경비를 지출할 의무를 진다. 다만, 국가사무나 지방자치단체사무를 위임할 때에는 이를 위임한 국가나 지방자치단체에서 그 경비를 부담하여야 한다.

③ **COMMENT** 권한의 내부위임(내지 대리)의 경우 수임기관은 위임기관의 이름으로 권한을 행사하고, 그 권한의 행사의 효과는 위임기관에 귀속한다. 반면에 권한의 위임 내지 위탁은 수탁자가 자신의 이름으로 권한을 행사하고, 그 권한의 행사의 효과는 수탁자에게 귀속한다.

④ 「행정권한의 위임 및 위탁에 관한 규정」 제6조

> **제6조(지휘·감독)** 위임 및 위탁기관은 수임 및 수탁기관의 수임 및 수탁사무 처리에 대하여 지휘·감독하고, 그 처리가 위법하거나 부당하다고 인정될 때에는 이를 취소하거나 정지시킬 수 있다.

006 ①

007

2019 국회직 8급

권한의 위임·위탁·대리에 대한 설명으로 옳지 않은 것은? (다툼이 있는 경우 판례에 의함)

① 타 행정기관으로의 권한의 위임은 법률이 정한 권한배분을 행정기관이 다시 변경하는 것이므로 반드시 법적 근거가 있어야 한다.
② 행정권한의 내부위임은 법률이 위임을 허용하고 있지 아니한 경우에도 그의 보조기관 또는 하급행정관청으로 하여금 그의 권한을 사실상 행사하게 하는 것이다.
③ 국가사무로서 지방자치단체의 장에게 위임된 기관위임사무에 해당하는 경우에는 시·도지사가 지방자치단체의 조례에 의하여 이를 구청장 등에게 재위임할 수는 없다.
④ 구청장의 업무에 속하는 대집행권한을 한국토지공사가 위탁받은 경우 한국토지공사는 법령의 위탁에 의하여 대집행을 수권받은 자로서 지방자치단체 등의 기관이며 「국가배상법」 제2조의 공무원에 해당한다.
⑤ 법령에 의해서 자동적으로 확정되는 소득세에 있어서는 원천징수 의무자가 비록 과세관청과 같은 행정청이더라도 그의 원천징수행위는 법령에서 규정된 징수 및 납부의무를 이행하기 위한 것에 불과한 것이지 공권력의 행사로서의 행정처분을 한 경우에 해당 되지 아니한다.

해설

① COMMENT 행정권한의 위임은 권한의 법적인 귀속을 변경하는 것이므로 법률이 위임을 허용하고 있는 경우에 한하여 인정된다.
「정부조직법」 제6조 제1항

> **제6조(권한의 위임 또는 위탁)** ① 행정기관은 법령으로 정하는 바에 따라 그 소관사무의 일부를 보조기관 또는 하급행정기관에 위임하거나 다른 행정기관·지방자치단체 또는 그 기관에 위탁 또는 위임할 수 있다. 이 경우 위임 또는 위탁을 받은 기관은 특히 필요한 경우에는 법령으로 정하는 바에 따라 위임 또는 위탁을 받은 사무의 일부를 보조기관 또는 하급행정기관에 재위임할 수 있다.

② COMMENT 내부위임은 법률의 근거가 불요하다. 내부위임은 행정관청의 내부적인 사무처리의 편의를 도모하기 위하여 그 보조기관 또는 하급행정관청으로 하여금 그 권한을 사실상 행사하도록 하는 것에 불과하기 때문이다.

> **대법원 1995.11.28., 선고 94누6475 판결**
> 행정권한의 위임은 행정관청이 법률에 따라 특정한 권한을 다른 행정관청에 이전하여 수임관청의 권한으로 행사하도록 하는 것이어서 권한의 법적인 귀속을 변경하는 것이므로 법률이 위임을 허용하고 있는 경우에 한하여 인정된다 할 것이고, 이에 반하여 행정권한의 내부위임은 법률이 위임을 허용하고 있지 아니한 경우에도 행정관청의 내부적인 사무처리의 편의를 도모하기 위하여 그의 보조기관 또는 하급행정관청으로 하여금 그의 권한을 사실상 행사하게 하는 것이므로, 권한위임의 경우에는 수임관청이 자기의 이름으로 그 권한행사를 할 수 있지만 내부위임의 경우에는 수임관청은 위임관청의 이름으로만 그 권한을 행사할 수 있을 뿐 자기의 이름으로는 그 권한을 행사할 수 없다.

007 ④

③ COMMENT 기관위임사무를 재위임할 때에는 조례가 아니라 (위임기관의 승인을 받아) "규칙"으로 하여야 한다. 기관위임사무는 국가와 단체장간의 관계일 뿐 국가와 지차제와의 관계가 아니기 때문이다.

「행정권한의 위임 및 위탁에 관한 규정」제4조

> **제4조(재위임)** 특별시장·광역시장·특별자치시장·도지사 또는 특별자치도지사(특별시·광역시·특별자치시·도 또는 특별자치도의 교육감을 포함한다. 이하 같다)나 시장·군수 또는 구청장(자치구의 구청장을 말한다. 이하 같다)은 행정의 능률향상과 주민의 편의를 위하여 필요하다고 인정될 때에는 수임사무의 일부를 그 <u>위임기관의 장의 승인을 받아</u> <u>규칙</u>으로 정하는 바에 따라 시장·군수·구청장(교육장을 포함한다) 또는 읍·면·동장, 그 밖의 소속기관의 장에게 <u>다시 위임할 수 있다</u>.

④
> 대법원 2011.9.8., 선고, 2010다48240, 판결
> 대한주택공사(2009. 5. 22. 법률 제9706호 한국토지주택공사법 부칙 제8조에 의하여 원고에게 권리·의무가 포괄승계되었다)는 구 대한주택공사법 제2조, 제5조에 의하여 정부가 자본금의 전액을 출자하여 설립한 법인이고, 대한주택공사가 택지개발촉진법에 따른 택지개발사업을 수행하는 경우 이러한 사업에 관하여는 법 제9조 제1항 제2호, 제9조 제2항 제7호, 구 대한주택공사법 시행령 제10조 제1항 제2호, 공익사업을 위한 토지 등의 취득 및 보상에 관한 법률 제89조 제2항에 따라 시·도지사나 시장·군수 또는 구청장의 업무에 속하는 대집행권한을 대한주택공사에 위탁하도록 되어 있다. 따라서 <u>대한주택공사는 위 사업을 수행함에 있어 법령에 의하여 대집행권한을 위탁받은 자로서 공무인 대집행을 실시함에 따르는 권리·의무 및 책임이 귀속되는 행정주체의 지위에 있다고 볼 것이다.</u>

⑤
> 대법원 1990.3.23., 선고, 89누4789, 판결
> 원천징수하는 소득세에 있어서는 납세의무자의 신고나 과세관청의 부과결정이 없이 법령이 정하는 바에 따라 그 세액이 자동적으로 확정되고, 원천징수의무자는 소득세법 제142조 및 제143조의 규정에 의하여 이와 같이 자동적으로 확정되는 세액을 수급자로부터 징수하여 과세관청에 납부하여야 할 의무를 부담하고 있으므로, 원천징수의무자가 비록 과세관청과 같은 행정청이더라도 그의 원천징수행위는 법령에서 <u>규정된 징수 및 납부의무를 이행하기 위한 것에 불과한 것이지, 공권력의 행사로서의 행정처분을 한 경우에 해당되지 아니한다.</u>

008

2021 국회직 8급

행정권한의 위임과 대리에 대한 설명으로 옳지 않은 것은? (다툼이 있는 경우 판례에 의함)

① 행정권한의 위임은 개별법률에 근거가 있는 경우뿐만 아니라 정부조직법 등 일반법적 근거가 있는 경우에도 허용된다.
② 수임사무의 처리에 관하여 위임기관은 수임기관에 대하여 사전 승인을 받거나 협의를 할 것을 요구할 수 있다.
③ 행정권한을 내부위임 받은 행정청은 위임행정청의 이름으로 권한을 행사하여야 하며 자신의 이름으로 한 처분은 위법한 것이 된다.
④ 행정권한을 내부위임 받은 하급행정청이 자신의 명의로 처분을 한 경우, 그에 대한 항고소송의 피고는 수임기관인 하급행정청이 된다.
⑤ 행정권한을 대리하는 대리기관이 대리관계를 표시하고 피대리행정청을 대리하여 처분을 한 경우, 그에 대한 항고소송의 피고는 피대리행정청이 된다.

해설

① **COMMENT** 권한의 위임은 행정청이 그의 권한의 일부를 다른 행정기관에 실질적으로 이전하여 수임기관의 권한으로 행사하게 하는 것으로 법령이 정한 권한분배를 대외적으로 변경하는 것이므로 법령의 명시적 근거를 필요로 한다. 근거 없는 권한의 위임은 위임행위에 의하여 법령을 개정하는 결과를 가져오기 때문이다.

> **대법원 1990.2.27., 선고, 89누5287, 판결**
> 정부조직법 제5조 제1항(현 정부조직법 제6조 제1항 : 편집자 주)은 법문상 권한의 위임 및 재위임의 근거규정임이 명백하고 같은 법이 국가행정기관의 설치, 조직, 직무범위의 대상을 정하는데 그 목적이 있다는 이유만으로 권한위임, 재위임에 관한 위 규정마저 권한위임 등에 관한 대강을 정한 것에 불과할 뿐 권한위임의 근거규정이 아니라고 할 수는 없으므로 충청남도지사가 자기의 수임권한을 위임기관인 동력자원부장관의 승인을 얻은 후 충청남도의 사무 시, 군위임규칙에 따라 군수에게 재위임하였다면 이는 위 조항 후문 및 행정권한의 위임 및 위탁에 관한 규정 제4조에 근거를 둔 것으로서 적법한 권한의 재위임에 해당하는 것이다.

> **제6조(권한의 위임 또는 위탁)** ① 행정기관은 법령으로 정하는 바에 따라 그 소관사무의 일부를 보조기관 또는 하급행정기관에 위임하거나 다른 행정기관·지방자치단체 또는 그 기관에 위탁 또는 위임할 수 있다. 이 경우 위임 또는 위탁을 받은 기관은 특히 필요한 경우에는 법령으로 정하는 바에 따라 위임 또는 위탁을 받은 사무의 일부를 보조기관 또는 하급행정기관에 재위임할 수 있다.
> ② 보조기관은 제1항에 따라 위임받은 사항에 대하여는 그 범위에서 행정기관으로서 그 사무를 수행한다.
> ③ 행정기관은 법령으로 정하는 바에 따라 그 소관사무 중 조사·검사·검정·관리 업무 등 국민의 권리·의무와 직접 관계되지 아니하는 사무를 지방자치단체가 아닌 법인·단체 또는 그 기관이나 개인에게 위탁할 수 있다.

② 「행정권한의 위임 및 위탁에 관한 규정」 제7조

> **제7조(사전승인 등의 제한)** 수임 및 수탁사무의 처리에 관하여 위임 및 위탁기관은 수임 및 수탁기관에 대하여 사전승인을 받거나 협의를 할 것을 요구할 수 <u>없다</u>.

008 ②

③
> **대법원 1993.5.27., 선고, 93누6621, 판결**
> 체납취득세에 대한 압류처분권한은 도지사로부터 시장에게 권한위임된 것이고 <u>시장으로부터 압류처분 권한을 내부위임받은 데 불과한 구청장으로서는 시장 명의로 압류처분을 대행처리할 수 있을 뿐이고 자신의 명의로 이를 할 수 없다 할 것이므로 구청장이 자신의 명의로 한 압류처분은 권한 없는 자에 의하여 행하여진 위법무효의</u> 처분이다.

④ COMMENT 권한의 위임 자체가 이루어졌는지 아니면 내부위임에 불과한지 처분의 상대방으로서는 알 수가 없다. 따라서 처분의 상대방은 처분명의자인 행정청을 피고로 소송을 제기하면 된다.

⑤ COMMENT 권한의 대리의 경우에는 권한이 변경되는 것이 아니므로 처분도 피대리행정청의 명의로 이루어진다. 따라서 항고소송의 피고는 피대리행정청이 된다.

009
2011 국회직 8급

권한의 위임에 관한 설명으로 옳지 않은 것은? (다툼이 있는 경우 판례에 따름)

① 위임 및 위탁기관은 수임 및 수탁기관의 수임 및 수탁사무 처리에 대하여 지휘·감독하고, 그 처리가 위법하거나 부당하다고 인정될 때에는 이를 취소하거나 정지시킬 수 있다.
② 수임 및 수탁사무의 처리에 관하여 위임 및 위탁기관은 수임 및 수탁기관에 대하여 사전승인을 받거나 협의를 할 것을 요구할 수 있다.
③ 행정기관의 장은 행정권한을 위임 및 위탁할 때에는 위임 및 위탁하기 전에 수임기관의 수임능력 여부를 점검하고, 필요한 인력 및 예산을 이관하여야 한다.
④ 행정기관의 장은 행정권한을 위임 및 위탁할 때에는 위임 및 위탁하기 전에 단순한 사무인 경우를 제외하고는 수임 및 수탁기관에 대하여 수임 및 수탁사무 처리에 필요한 교육을 하여야 한다.
⑤ 기관위임사무는 조례에 의하여 재위임할 수 없고, 「행정권한의 위임 및 위탁에 관한 규정」 제4조에 의하여 위임기관의 장의 승인을 얻은 후 지방자치단체의 장이 제정한 규칙이 정하는 바에 따라 재위임하는 것만이 가능하다.

│해설│

① 「행정권한의 위임 및 위탁에 관한 규정」 제6조

> **제6조(지휘·감독)** 위임 및 위탁기관은 수임 및 수탁기관의 수임 및 수탁사무 처리에 대하여 지휘·감독하고, <u>그 처리가 위법하거나 부당하다고 인정될 때에는 이를 취소하거나 정지시킬 수 있다.</u>

② 동규정 제7조

> **제7조(사전승인 등의 제한)** 수임 및 수탁사무의 처리에 관하여 위임 및 위탁기관은 수임 및 수탁기관에 대하여 사전승인을 받거나 협의를 할 것을 요구할 수 <u>없</u>다.

009 ②

CHAPTER 01 행정조직법 **17**

③ 동규정 제3조 제2항

> **제3조(위임 및 위탁의 기준 등)** ② 행정기관의 장은 행정권한을 위임 및 위탁할 때에는 위임 및 위탁하기 전에 수임기관의 수임능력 여부를 점검하고, 필요한 인력 및 예산을 이관하여야 한다.

④ 동규정 제3조 제3항

> **제3조(위임 및 위탁의 기준 등)** ③ 행정기관의 장은 행정권한을 위임 및 위탁할 때에는 위임 및 위탁하기 전에 단순한 사무인 경우를 제외하고는 수임 및 수탁기관에 대하여 수임 및 수탁사무 처리에 필요한 교육을 하여야 하며, 수임 및 수탁사무의 처리지침을 통보하여야 한다.

⑤ COMMENT 기관위임사무를 재위임할 때에는 조례가 아니라 (위임기관의 승인을 받아) 규칙으로 하여야 한다. 기관위임사무는 국가와 단체장 간의 관계일 뿐 국가와 지자체와의 관계가 아니기 때문이다.

동규정 제4조

> **제4조(재위임)** 특별시장·광역시장·특별자치시장·도지사 또는 특별자치도지사(특별시·광역시·특별자치시·도 또는 특별자치도의 교육감을 포함한다. 이하 같다)나 시장·군수 또는 구청장(자치구의 구청장을 말한다. 이하 같다)은 행정의 능률향상과 주민의 편의를 위하여 필요하다고 인정될 때에는 수임사무의 일부를 그 위임기관의 장의 승인을 받아 규칙으로 정하는 바에 따라 시장·군수·구청장(교육장을 포함한다) 또는 읍·면·동장, 그 밖의 소속기관의 장에게 다시 위임할 수 있다.

010

2014 지방직 7급

행정권한의 내부위임에 대한 설명으로 옳지 않은 것은? (다툼이 있는 경우 판례에 의함)

① 행정권한의 내부위임은 법률의 근거를 요하지 아니한다.
② 수임관청이 내부위임된 바에 따라 위임관청의 이름으로 권한을 행사하였다면, 그 처분의 취소나 무효확인을 구하는 소송의 피고는 위임관청이다.
③ 내부위임을 받아 원행정청 명의를 밝히지 아니하고는 그의 명의로 처분 등을 할 권한이 없는 행정청이 권한 없이 그의 명의로 한 처분에 대하여 항고소송이 제기된 경우, 처분명의자인 행정청이 피고가 된다.
④ 행정관청 내부의 전결규정에 위반하여 원래의 전결권자 아닌 보조기관 등이 처분권자인 행정관청의 이름으로 행정처분을 한 경우, 그 처분은 권한 없는 자에 의하여 행하여진 무효인 처분이다.

해설

① COMMENT 행정권한의 위임은 위임청의 권한 자체가 수임청에게 넘어가는 것이므로 법적인 근거가 반드시 필요하다. 반면에 행정권한의 내부위임의 경우에는 대외적 권한은 여전히 위임청에 남아있으므로 별도의 법적인 근거가 없어도 가능하다.

010 ④

② **COMMENT** 대외적으로 위임청의 이름으로 권한이 행사되었다면 처분의 상대방은 위임청을 피고로 하여 항고소송을 제기하여야 한다.
③ **COMMENT** 권한의 위임 자체가 이루어졌는지 아니면 내부위임에 불과한지 처분의 상대방으로서는 알 수가 없다. 따라서 처분의 상대방은 처분명의자인 행정청을 피고로 소송을 제기하면 된다.
④ **COMMENT** 내부의 전결규정에 위반한 것만으로는 처분의 하자가 중대명백하다고 볼 수 없으므로 무효인 처분이 아니다.

> **대법원 1998.2.27., 선고, 97누1105, 판결**
> 전결과 같은 행정권한의 내부위임은 법령상 처분권자인 행정관청이 내부적인 사무처리의 편의를 도모하기 위하여 그의 보조기관 또는 하급 행정관청으로 하여금 그의 권한을 사실상 행사하게 하는 것으로서 법률이 위임을 허용하지 않는 경우에도 인정되는 것이므로, 설사 행정관청 내부의 사무처리규정에 불과한 전결규정에 위반하여 원래의 전결권자 아닌 보조기관 등이 처분권자인 행정관청의 이름으로 행정처분을 하였다고 하더라도 그 처분이 권한 없는 자에 의하여 행하여진 무효의 처분이라고는 할 수 없다.

011

2014 서울시 7급

권한의 위임에 관한 다음의 설명 중 옳지 않은 것은?

① 권한의 위임은 위임의 해제, 종기의 도래 및 근거법령의 소멸 등에 의해 종료된다.
② 수임청은 그 권한을 위임청의 이름으로 행사하며 그에 관한 소송의 피고는 위임청이 된다.
③ 권한의 위임은 위임청의 권한의 일부에 한해서만 가능하다.
④ 법령의 근거가 없는 권한의 위임은 무효이다.
⑤ 수임청은 위임받은 권한의 일부를 하급행정청에 재위임할 수 있다.

해설

① **COMMENT** 권한의 위임은 (ⅰ) 법령의 규정에 의해서 직접 위임된 경우에는 당해 규정의 개정 내지 폐지로, (ⅱ) 위임청의 개별적 위임에 의해 위임된 경우에는 위임의 해제, 종기의 도래 등에 의해 종료된다.
② **COMMENT** 권한이 '위임'된 경우 수임청은 자신의 명의로 처분을 하며 소송의 피고가 된다.

> **대법원 1997.2.28., 선고, 96누1757, 판결**
> 세무서장의 위임에 의하여 성업공사가 한 공매처분에 대하여 피고 지정을 잘못하여 피고적격이 없는 세무서장을 상대로 그 공매처분의 취소를 구하는 소송이 제기된 경우, 법원으로서는 석명권을 행사하여 피고를 성업공사로 경정하게 하여 소송을 진행하여야 한다.

③ **COMMENT** 권한의 전부위임은 위임청의 권한의 폐지에 해당하기 때문에 법률에 근거가 없는 한 허용되지 않는다.
④ **COMMENT** 권한의 위임은 법령이 정한 권한을 "대외적으로" 변경하는 것이므로 법령의 명시적 근거를 필요로 한다. 법령의 근거 없는 권한의 위임은 그 하자가 중대명백하여 당연무효이다.

011 ②

⑤ 정부조직법 제6조 제1항

> **제6조(권한의 위임 또는 위탁)** ① 행정기관은 법령으로 정하는 바에 따라 그 소관사무의 일부를 보조기관 또는 하급행정기관에 위임하거나 다른 행정기관·지방자치단체 또는 그 기관에 위탁 또는 위임할 수 있다. 이 경우 <u>위임 또는 위탁</u>을 받은 기관은 특히 필요한 경우에는 법령으로 정하는 바에 따라 <u>위임 또는 위탁</u>을 받은 사무의 일부를 보조기관 또는 하급행정기관에 재위임할 수 있다.

012
2014 국회직 8급

다음 중 항고소송이 제기될 경우에 적절한 피고를 명시한 것은?

① 행정안전부장관을 대리하여 전자정부국장이 행한 행위에 대한 소송에서 전자정부국장
② 행정안전부장관의 위임을 받아 전자정부국장이 행한 행위에 대한 소송에서 행정안전부장관
③ 행정안전부장관이 해외 출장 중 행정안전부 제1차관이 행한 행위에 대한 소송에서 행정안전부 제1차관
④ 행정안전부장관이 경기도지사에게 내부위임하여 행한 행위에 대한 소송에서 경기도지사
⑤ 행정안전부 위임전결규정에 따라 전자정부국장이 행한 행위에 대한 소송에서 행정안전부장관

해설

① COMMENT 권한의 대리의 경우에는 권한이 변경되는 것이 아니므로 처분도 피대리행정청의 명의로 이루어진다. 따라서 항고소송의 피고는 피대리행정청인 행정안전부장관이다.
② COMMENT 권한의 위임의 경우에는 수임청인 전자정부국장은 그 권한을 수임청의 이름으로 행사하며 그에 관한 소송의 피고도 수임청이 된다.
③ COMMENT 이 경우 행정안전부 제1차관은 행정안전부장관을 "대리하여" 행한 행위로 보아야 한다.
④ COMMENT 내부위임과 위임전결은 공통적으로 (ⅰ) 권한이 내부적으로 위임되고, (ⅱ) 외부적으로는 위임행정청이 권한을 가지며, (ⅲ) 법적 근거를 요하지 않는다. 내부위임의 경우 수임청은 위임청의 명의로 권한을 행사할 수 있다. 따라서 행정안전부장관이 피고가 된다.
⑤ COMMENT 위임전결의 경우 위임청인 행정안전부장관이 피고가 된다.

012 ⑤

013

2015 지방직 7급

다음 설명 중 옳지 않은 것은? (다툼이 있는 경우 판례에 의함)

① 행정권한의 위임에 관한 개별규정이 없는 경우, 정부조직법 등의 일반적 규정이 권한의 위임 및 재위임의 법적 근거가 될 수 있다.
② 경찰은 소극적으로 공공의 안녕이나 질서의 유지를 도모할 수 있을 뿐만 아니라, 적극적으로 공공복리의 증진을 도모할 수도 있다.
③ 공용수용에 있어서 사업인정의 고시가 있게 되면 수용의 목적물이 확정되는 효과가 발생한다.
④ 토지거래허가제에 있어서 토지거래허가는 그 명칭에도 불구하고 인가로서의 법적 성질을 갖는다.

해설

①
> **대법원 1990.2.27., 선고, 89누5287, 판결**
> 정부조직법 제5조 제1항(현 정부조직법 제6조 제1항: 편집자 주)은 법문상 권한의 위임 및 재위임의 근거규정임이 명백하고 같은 법이 국가행정기관의 설치, 조직, 직무범위의 대상을 정하는데 그 목적이 있다는 이유만으로 권한위임, 재위임에 관한 위 규정마저 권한위임 등에 관한 대강을 정한 것에 불과할 뿐 권한위임의 근거규정이 아니라고 할 수는 없으므로 충청남도지사가 자기의 수임권한을 위임기관인 동력자원부장관의 승인을 얻은 후 충청남도의 사무 시, 군위임규칙에 따라 군수에게 재위임하였다면 이는 위 조항 후문 및 행정권한의 위임 및 위탁에 관한 규정 제4조에 근거를 둔 것으로서 적법한 권한의 재위임에 해당하는 것이다.

> **제6조(권한의 위임 또는 위탁)** ① 행정기관은 법령으로 정하는 바에 따라 그 소관사무의 일부를 보조기관 또는 하급행정기관에 위임하거나 다른 행정기관·지방자치단체 또는 그 기관에 위탁 또는 위임할 수 있다. 이 경우 위임 또는 위탁을 받은 기관은 특히 필요한 경우에는 법령으로 정하는 바에 따라 위임 또는 위탁을 받은 사무의 일부를 보조기관 또는 하급행정기관에 재위임할 수 있다.
> ② 보조기관은 제1항에 따라 위임받은 사항에 대하여는 그 범위에서 행정기관으로서 그 사무를 수행한다.
> ③ 행정기관은 법령으로 정하는 바에 따라 그 소관사무 중 조사·검사·검정·관리 업무 등 국민의 권리·의무와 직접 관계되지 아니하는 사무를 지방자치단체가 아닌 법인·단체 또는 그 기관이나 개인에게 위탁할 수 있다.

② **COMMENT** 경찰권은 사회공공의 안녕과 질서의 유지라는 소극적 목적을 위하여 발동되는 작용이지, 적극적으로 사회공공의 복리증진을 위하여 발동될 수는 없다는 점에서 복리행정과 구별된다. 이를 경찰소극의 원칙이라 한다.

013 ②

③ COMMENT 사업인정은 일정한 수용절차를 거칠 것을 조건으로 사업시행자에 대해 수용권을 설정한다. 사업인정의 고시에는 토지의 세목이 포함되므로(토지보상법 제22조 제1항) 사업인정이 고시되면 수용목적물이 확정된다.

> **제22조(사업인정의 고시)** ① 국토교통부장관은 제20조에 따른 사업인정을 하였을 때에는 지체 없이 그 뜻을 사업시행자, 토지소유자 및 관계인, 관계 시·도지사에게 통지하고 사업시행자의 성명이나 명칭, 사업의 종류, 사업지역 및 수용하거나 사용할 토지의 세목을 관보에 고시하여야 한다.
> ② 제1항에 따라 사업인정의 사실을 통지받은 시·도지사(특별자치도지사는 제외한다)는 관계 시장·군수 및 구청장에게 이를 통지하여야 한다.
> ③ 사업인정은 제1항에 따라 고시한 날부터 그 효력이 발생한다.

④
> **대법원 1991.12.24., 선고, 90다12243, 전원합의체 판결**
> 같은 법 제21조의3 제1항 소정의 허가가 규제지역 내의 모든 국민에게 전반적으로 토지거래의 자유를 금지하고 일정한 요건을 갖춘 경우에만 금지를 해제하여 계약체결의 자유를 회복시켜 주는 성질의 것이라고 보는 것은 위 법의 입법취지를 넘어선 지나친 해석이라고 할 것이고, 규제지역 내에서도 토지거래의 자유가 인정되나 다만 위 허가를 허가 전의 유동적 무효 상태에 있는 법률행위의 효력을 완성시켜 주는 인가적 성질을 띤 것이라고 보는 것이 타당하다.

014
2015 국회직 8급

다음 중 권한의 위임에 대한 설명으로 옳지 않은 것은? (다툼이 있는 경우 판례에 의함)

① 행정권한의 위임은 법률이 위임을 허용하고 있는 경우에 한하여 인정된다.
② 전결과 같은 행정기관의 내부위임은 법률이 위임을 허용하지 않는 경우에도 인정된다.
③ 법령상 규칙의 방식으로 위임하여야 함에도 조례의 방식으로 위임하여 행해진 수임기관의 처분은 중대명백설에 따라 위법하여 당연무효이다.
④ 교육감의 학교법인 임원 취임의 승인취소권을 조례가 아닌 규칙에 의하여 교육장에게 권한위임을 한 것은 무효이다.
⑤ 내부위임의 경우에는 수임관청은 위임관청의 이름으로만 그 권한을 행사할 수 있을 뿐 자기의 이름으로는 그 권한을 행사할 수 없다.

해설

①
> **대법원 1995.11.28., 선고, 94누6475, 판결**
> 행정권한의 위임은 행정관청이 법률에 따라 특정한 권한을 다른 행정관청에 이전하여 수임관청의 권한으로 행사하도록 하는 것이어서 권한의 법적인 귀속을 변경하는 것이므로 법률이 위임을 허용하고 있는 경우에 한하여 인정된다 할 것이고, 이에 반하여 행정권한의 내부위임은 법률이 위임을 허용하고 있지 아니한 경우에도 행정관청의 내부적인 사무처리의 편의를 도모하기 위하여 그의 보조기관 또는 하급행정관청으로 하여금 그의 권한을 사실상 행사하게 하는 것이므로, 권한위임의 경우에는 수임관청이 자기의 이름으로 그 권한행사를 할 수 있지만 내부위임의 경우에는 수임관청은 위임관청의 이름으로만 그 권한을 행사할 수 있을 뿐 자기의 이름으로는 그 권한을 행사할 수 없다.

014 ③

② 대법원 1998.2.27., 선고, 97누1105, 판결
전결과 같은 행정권한의 내부위임은 법령상 처분권자인 행정관청이 내부적인 사무처리의 편의를 도모하기 위하여 그의 보조기관 또는 하급 행정관청으로 하여금 그의 권한을 사실상 행사하게 하는 것으로서 법률이 위임을 허용하지 않는 경우에도 인정되는 것이므로, 설사 행정관청 내부의 사무처리규정에 불과한 전결규정에 위반하여 원래의 전결권자 아닌 보조기관 등이 처분권자인 행정관청의 이름으로 행정처분을 하였다고 하더라도 그 처분이 권한 없는 자에 의하여 행하여진 무효의 처분이라고는 할 수 없다.

③ 대법원 1995.8.22., 선고, 94누5694, 전원합의체 판결
무효인 서울특별시행정권한위임조례의 규정에 근거한 관리처분계획의 인가 등 처분은 결과적으로 적법한 위임 없이 권한 없는 자에 의하여 행하여진 것과 마찬가지가 되어 그 하자가 중대하나, 지방자치단체의 사무에 관한 조례와 규칙은 조례가 보다 상위규범이라고 할 수 있고, 또한 헌법 제107조 제2항의 "규칙"에는 지방자치단체의 조례와 규칙이 모두 포함되는 등 이른바 규칙의 개념이 경우에 따라 상이하게 해석되는 점 등에 비추어 보면, 위 처분의 위임과정의 하자가 객관적으로 명백한 것이라고 할 수 없으므로 결국 당연무효 사유는 아니라고 봄이 상당하다고 한 사례.

④ 대법원 1997.6.19., 선고, 95누8669, 전원합의체 판결
사립학교법 제4조 제1항, 제20조의2 제1항에 규정된 교육감의 학교법인 임원취임의 승인취소권은 교육감이 지방자치단체의 교육·학예에 관한 사무의 특별집행기관으로서 가지는 권한이고 정부조직법상의 국가행정기관의 일부로서 가지는 권한이라고 할 수 없으므로 국가행정기관의 사무나 지방자치단체의 기관위임사무 등에 관한 권한위임의 근거규정인 정부조직법 제5조 제1항, 행정권한의위임및위탁에관한규정 제4조에 의하여 교육장에게 권한위임을 할 수 없고, 구 지방교육자치에관한법률(1995. 7. 26. 법률 제4951호로 개정되기 전의 것) 제36조 제1항, 제44조에 의하여 조례에 의하여서만 교육장에게 권한위임이 가능하다 할 것이므로, 행정권한의위임및위탁에관한규정 제4조에 근거하여 교육감의 학교법인 임원취임의 승인취소권을 교육장에게 위임함을 규정한 대전직할시교육감소관행정권한의위임에관한규칙 제6조 제4호는 조례로 정하여야 할 사항을 규칙으로 정한 것이어서 무효이다.

⑤ 대법원 1995.11.28., 선고, 94누6475, 판결
행정권한의 위임은 행정관청이 법률에 따라 특정한 권한을 다른 행정관청에 이전하여 수임관청의 권한으로 행사하도록 하는 것이어서 권한의 법적인 귀속을 변경하는 것이므로 법률이 위임을 허용하고 있는 경우에 한하여 인정된다 할 것이고, 이에 반하여 행정권한의 내부위임은 법률이 위임을 허용하고 있지 아니한 경우에도 행정관청의 내부적인 사무처리의 편의를 도모하기 위하여 그의 보조기관 또는 하급행정관청으로 하여금 그의 권한을 사실상 행사하게 하는 것이므로, 권한위임의 경우에는 수임관청이 자기의 이름으로 그 권한행사를 할 수 있지만 내부위임의 경우에는 수임관청은 위임관청의 이름으로만 그 권한을 행사할 수 있을 뿐 자기의 이름으로는 그 권한을 행사할 수 없다.

015

2016 서울시 7급

권한의 위임에 대한 설명으로 가장 옳지 않은 것은?

① 행정권한의 위임은 행정관청이 법률에 따라 특정한 권한을 다른 행정관청에 이전하여 수임관청의 권한을 행사하도록 하는 것이어서 권한의 법적인 귀속을 변경하는 것이므로 법률의 위임을 허용하고 있는 경우에 한하여 인정된다.
② 권한의 내부위임에 있어서는 권한이 내부적으로만 이전되며 법률에서 정한 권한분배에 변경이 가해지는 것이 아니므로 법률에 근거가 없어도 가능하다.
③ 권한의 위임의 경우에는 수임자가 자기의 명의로 권한을 행사할 수 있으나, 내부위임의 경우에는 수임자는 위임관청의 명의로 이를 할 수 있을 뿐이다.
④ 국가사무로서 지방자치단체의 장에게 위임된 기관위임사무의 경우에는 지방자치단체의 조례에 의하여 구청장등에게 재위임 할 수 있다.

해설

① COMMENT 행정권한의 위임은 권한의 법적인 귀속을 변경하는 것이므로 법률이 위임을 허용하고 있는 경우에 한하여 인정된다.
② COMMENT 내부위임은 법률의 근거가 불필요하다. 내부위임은 행정관청의 내부적인 사무처리의 편의를 도모하기 위하여 그 보조기관 또는 하급행정관청으로 하여금 그 권한을 사실상 행사하도록 하는 것에 불과하기 때문이다.
③ COMMENT 권한'위임'의 경우에는 수임청이 자기의 명의로 권한을 행사할 수 있으나, '내부위임'의 경우 수임청은 위임청의 명의로 이를 할 수 있을 뿐이다.
④ COMMENT 기관위임사무를 재위임할 때에는 조례가 아니라 (위임기관의 승인을 받아) 규칙으로 하여야 한다. 기관위임사무는 국가와 단체장간의 관계일 뿐 국가와 지자체와의 관계가 아니기 때문이다.

> **행정권한의 위임 및 위탁에 관한 규정**
> **제4조(재위임)** 특별시장·광역시장·특별자치시장·도지사 또는 특별자치도지사(특별시·광역시·특별자치시·도 또는 특별자치도의 교육감을 포함한다. 이하 같다)나 시장·군수 또는 구청장(자치구의 구청장을 말한다. 이하 같다)은 행정의 능률향상과 주민의 편의를 위하여 필요하다고 인정될 때에는 수임사무의 일부를 그 위임기관의 장의 승인을 받아 규칙으로 정하는 바에 따라 시장·군수·구청장(교육장을 포함한다) 또는 읍·면·동장, 그 밖의 소속기관의 장에게 다시 위임할 수 있다.

015 ④

016

권한의 위임에 대한 설명으로 옳지 않은 것은? (다툼이 있는 경우 판례에 의함)

① 내부의 위임전결규정에 위반하여 처분이 이루어진 경우 그 처분은 권한배분질서에 위반된 권한행사에 의해 이루어진 것이어서 권한 없는 자에 의하여 행하여진 무효의 처분이다.
② 위임의 개별 근거규정이 없는 경우 「정부조직법」 제6조 제1항, 「행정권한의 위임위탁에 관한 규정」 제3조, 제4조 등의 일반규정만을 근거로 권한의 위임을 할 수 있다.
③ 기관위임사무를 재위임할 때에는 조례가 아니라 규칙으로 하여야 한다.
④ 권한의 위임이 있는 경우뿐만 아니라, 내부위임이나 대리권을 수여받은 경우에 불과하여 원행정청의 명의나 대리관계를 밝히지 아니하고는 그의 명의로 처분 등을 할 권한이 없는 행정청이 그의 명의로 한 처분에 대하여도 처분명의자인 행정청이 피고가 되어야 한다.
⑤ 권한의 위임이 이루어지면 수임청이 자기 명의로 권한을 행사한다.

해설

① **대법원 1998.2.27., 선고, 97누1105, 판결**
전결과 같은 행정권한의 내부위임은 법령상 처분권자인 행정관청이 내부적인 사무처리의 편의를 도모하기 위하여 그의 보조기관 또는 하급 행정관청으로 하여금 그의 권한을 사실상 행사하게 하는 것으로서 법률이 위임을 허용하지 않는 경우에도 인정되는 것이므로, 설사 행정관청 내부의 사무처리규정에 불과한 전결규정에 위반하여 원래의 전결권자 아닌 보조기관 등이 처분권자인 행정관청의 이름으로 행정처분을 하였다고 하더라도 그 처분이 권한 없는 자에 의하여 행하여진 무효의 처분이라고는 할 수 없다.

② **대법원 1995.7.11., 선고, 94누4615, 전원합의체판결**
구 건설업법 제57조 제1항, 같은법시행령 제53조 제1항 제1호에 의하면 건설부장관의 권한에 속하는 같은 법 제50조 제2항 제3호 소정의 영업정지 등 처분권한은 서울특별시장·직할시장 또는 도지사에게 위임되었을 뿐 시·도지사가 이를 구청장·시장·군수에게 재위임할 수 있는 근거규정은 없으나, 정부조직법 제5조 제1항과 이에 기한 행정권한의위임및위탁에관한규정 제4조에 재위임에 관한 일반적인 근거규정이 있으므로 시·도지사는 그 재위임에 관한 일반적인 규정에 따라 위임받은 위 처분권한을 구청장 등에게 재위임할 수 있다.

③ COMMENT 기관위임사무를 재위임할 때에는 조례가 아니라 (위임기관의 승인을 받아) 규칙으로 하여야 한다. 기관위임사무는 국가와 단체장간의 관계일 뿐 국가와 지자체와의 관계가 아니기 때문이다. 「행정권한의 위임 및 위탁에 관한 규정」 제4조

> **제4조(재위임)** 특별시장·광역시장·특별자치시장·도지사 또는 특별자치도지사(특별시·광역시·특별자치시·도 또는 특별자치도의 교육감을 포함한다. 이하 같다)나 시장·군수 또는 구청장(자치구의 구청장을 말한다. 이하 같다)은 행정의 능률향상과 주민의 편의를 위하여 필요하다고 인정될 때에는 수임사무의 일부를 그 위임기관의 장의 승인을 받아 규칙으로 정하는 바에 따라 시장·군수·구청장(교육장을 포함한다) 또는 읍·면·동장, 그 밖의 소속기관의 장에게 다시 위임할 수 있다.

016 ①

④ **대법원 1995.12.22., 선고, 95누14688, 판결**
행정처분의 취소 또는 무효확인을 구하는 행정소송은 다른 법률에 특별한 규정이 없는 한 소송의 대상인 행정처분 등을 외부적으로 그의 명의로 행한 행정청을 피고로 하여야 하는 것으로서 그 행정처분을 하게 된 연유가 상급행정청이나 타행정청의 지시나 통보에 의한 것이라 하여 다르지 않다고 할 것이며, 권한의 위임이나 위탁을 받아 수임행정청이 정당한 권한에 기하여 그 명의로 한 처분에 대하여는 말할 것도 없고, 내부위임이나 대리권을 수여받은 데 불과하여 원행정청 명의나 대리관계를 밝히지 아니하고는 그의 명의로 처분 등을 할 권한이 없는 행정청이 권한 없이 그의 명의로 한 처분에 대하여도 처분명의자인 행정청이 피고가 되어야 할 것이다.

⑤ COMMENT 수임청의 권한이 되므로 수임청은 자기 명의로 권한을 행사하고 그 처분에 대한 소송에서 피고가 된다.

대법원 1992.9.22., 선고 91누11292 판결
권한의 위임이 있으면 위임청은 위임사무의 처리에 대한 권한을 잃고 그 사무에 관한 권한은 수임청의 권한이 된다.

017
2017 지방직 7급

행정권한의 위임에 대한 설명으로 옳지 않은 것은? (다툼이 있는 경우 판례에 의함)

① 권한의 위임은 권한의 일부를 위임하는 것을 의미하고, 권한의 전부를 위임하는 것은 허용되지 않는다.
② 권한의 위임은 법률이 위임을 허용하고 있는 경우에 한하여 인정된다.
③ 개별 법률의 명시적 근거 없이 정부조직법 제6조 제1항을 근거로 권한을 재위임하는 것은 허용될 수 없다.
④ 내부위임을 받은 행정기관이 자신의 이름으로 행정처분을 한 경우, 그 처분은 무효이므로 처분의 상대방은 내부위임을 받은 행정기관을 피고로 하여 항고소송을 제기할 수 있다.

해설

① COMMENT 권한의 위임이란 행정청이 "권한의 일부를" 스스로 행사하지 않고 그 권한을 다른 행정기관에 실질적으로 이전하여 수임기관이 자기의 이름과 책임으로 위임받은 권한을 행사할 수 있게 하는 것을 의미한다. 즉 권한의 전부를 위임하는 것은 허용되지 않는다.
② COMMENT 권한의 위임은 법령이 정한 권한분배를 이란 행정청이 그의 권한의 일부를 다른 행정기관에 실질적으로 이전하여 수임기관의 권한으로 행사하게 하는 것으로 법령이 정한 권한분배를 대외적으로 변경하는 것이므로 법령의 명시적 근거를 필요로 한다. 근거 없는 권한의 위임은 위임행위에 의하여 법령을 개정하는 결과를 가져오기 때문이다. 그리고 전부위임 또는 중요부분은 할 수 없다.

017 ③

③
대법원 1995.7.11., 선고, 94누4615, 전원합의체판결
구 건설업법 제57조 제1항, 같은법시행령 제53조 제1항 제1호에 의하면 건설부장관의 권한에 속하는 같은 법 제50조 제2항 제3호 소정의 영업정지 등 처분권한은 서울특별시장·직할시장 또는 도지사에게 위임되었을 뿐 시·도지사가 이를 구청장·시장·군수에게 재위임할 수 있는 근거규정은 없으나, 정부조직법 제5조 제1항과 이에 기한 행정권한의위임및위탁에관한규정 제4조에 재위임에 관한 일반적인 근거규정이 있으므로 시·도지사는 그 재위임에 관한 일반적인 규정에 따라 위임받은 위 처분권한을 구청장 등에게 재위임할 수 있다.

④
대법원 1993.5.27., 선고, 93누6621, 판결
체납취득세에 대한 압류처분권한은 도지사로부터 시장에게 권한위임된 것이고 시장으로부터 압류처분권한을 내부위임받은 데 불과한 구청장으로서는 시장 명의로 압류처분을 대행처리할 수 있을 뿐이고 자신의 명의로 이를 할 수 없다 할 것이므로 구청장이 자신의 명의로 한 압류처분은 권한 없는 자에 의하여 행하여진 위법무효의 처분이다.

대법원 1989.11.14., 선고, 89누4765, 판결
행정처분의 취소 또는 무효확인을 구하는 행정소송은 다른 법률에 특별한 규정이 없는 한 그 처분을 행한 행정청을 피고로 하여야 하며, 행정처분을 행할 적법한 권한있는 상급행정청으로부터 내부위임을 받은데 불과한 하급행정청이 권한없이 행정처분을 한 경우에도 실제로 그 처분을 행한 하급행정청을 피고로 할 것이지 그 상급행정청을 피고로 할 것은 아니다.

018
2019 서울시 7급(2월)

행정청의 권한의 위임에 관한 설명으로 가장 옳지 않은 것은?

① 위임기관은 수임기관의 수임사무처리에 대하여 지휘·감독하고, 그 처리가 위법 또는 부당하다고 인정되는 때에는 이를 취소하거나 정지시킬 수 있다.
② 행정권한의 위임이 있는 경우에는 수임관청이 자기의 이름으로 그 권한행사를 할 수 있다.
③ 행정권한의 위임을 받은 자는 특히 필요한 때, 법령이 정하는 바에 의하여 위임받은 사무의 일부를 보조 기관 또는 하급행정기관 등에 재위임할 수 있다.
④ 행정권한의 위임 또는 위탁이 있을 때 취소소송에서의 피고는 위임청이 된다.

해설

① 「행정권한의 위임 및 위탁에 관한 규정」제6조

> **제6조(지휘·감독)** 위임 및 위탁기관은 수임 및 수탁기관의 수임 및 수탁사무 처리에 대하여 지휘·감독하고, 그 처리가 위법하거나 부당하다고 인정될 때에는 이를 취소하거나 정지시킬 수 있다.

018 ④

②
> 대법원 1989.3.14., 선고, 88누10985, 판결
> 행정권한의 위임은 위임관청이 법률에 따라 하는 특정권한에 대한 법정귀속의 변경임에 대하여 내부위임은 행정관청의 내부적인 사무처리의 편의를 도모하기 위하여 그 보조기관 또는 하급행정관청으로 하여금 그 권한을 사실상 행하게 하는데 그치는 것이므로 권한위임의 경우에는 수임자가 자기의 명의로 권한을 행사할 수 있으나 내부위임의 경우에는 수임자는 위임관청의 명의로 이를 할 수 있을 뿐이다.

③ 「정부조직법」 제6조 제1항

> **제6조(권한의 위임 또는 위탁)** ① 행정기관은 법령으로 정하는 바에 따라 그 소관사무의 일부를 보조기관 또는 하급행정기관에 위임하거나 다른 행정기관·지방자치단체 또는 그 기관에 위탁 또는 위임할 수 있다. 이 경우 위임 또는 위탁을 받은 기관은 특히 필요한 경우에는 법령으로 정하는 바에 따라 위임 또는 위탁을 받은 사무의 일부를 보조기관 또는 하급행정기관에 재위임할 수 있다.

④ COMMENT 권한을 위임 또는 위탁받은 기관은 자기의 명의로 사무를 수행하므로 행정쟁송법상으로 수임청이 피청구인 또는 피고가 된다.

> 대법원 2007.8.23., 선고, 2005두3776, 판결
> 에스에이치공사가 택지개발사업 시행자인 서울특별시장으로부터 이주대책 수립권한을 포함한 택지개발사업에 따른 권한을 위임 또는 위탁받은 경우, 이주대책 대상자들이 에스에이치공사 명의로 이루어진 이주대책에 관한 처분에 대한 취소소송을 제기함에 있어 정당한 피고는 에스에이치공사가 된다고 한 사례.

019

2019 국가직 7급

국토교통부장관은 X국도 중 A도에 속한 X1, X2, X3 구간의 유지·관리에 관한 권한을 A도지사에게 위임하였고, A도지사는 그중 A도 B군에 속한 X1 구간의 유지·관리에 관한 권한을 B군수에게 재위임하였다. 이에 대한 설명으로 옳지 않은 것은? (다툼이 있는 경우 판례에 의함)

① 국토교통부장관의 A도지사에 대한 권한위임은 법률이 위임을 허용하는 경우에 한하여 인정된다.
② A도지사가 B군수에게 권한을 재위임하기 위해서는 국토교통부장관의 승인이 필요하다.
③ 권한의 위임과 재위임이 적법하게 이루어진 경우 X국도의 X1구간에 대하여 B군수가 유지·관리 권한을 갖고 국토교통부장관은 그 권한을 잃는다.
④ 권한의 위임과 재위임이 적법하게 이루어진 경우 X국도 X1구간의 유지·관리 사무의 귀속주체는 B군이다.

해설

① COMMENT 행정권한의 위임은 위임청의 권한 자체가 수임청에게 넘어가는 것이므로 법적인 근거가 반드시 필요하다.

② 「지방자치법」 제104조 제4항

> **제104조(사무의 위임 등)** ① 지방자치단체의 장은 조례나 규칙으로 정하는 바에 따라 그 권한에 속하는 사무의 일부를 보조기관, 소속 행정기관 또는 하부행정기관에 위임할 수 있다.
> ② 지방자치단체의 장은 조례나 규칙으로 정하는 바에 따라 그 권한에 속하는 사무의 일부를 관할 지방자치단체나 공공단체 또는 그 기관(사업소·출장소를 포함한다)에 위임하거나 위탁할 수 있다.
> ③ 지방자치단체의 장은 조례나 규칙으로 정하는 바에 따라 그 권한에 속하는 사무 중 조사·검사·검정·관리업무 등 주민의 권리·의무와 직접 관련되지 아니하는 사무를 법인·단체 또는 그 기관이나 개인에게 위탁할 수 있다.
> ④ 지방자치단체의 장이 위임받거나 위탁받은 사무의 일부를 제1항부터 제3항까지의 규정에 따라 다시 위임하거나 위탁하려면 미리 그 사무를 위임하거나 위탁한 기관의 장의 승인을 받아야 한다.

③
> **대법원 1996.11.8., 선고, 96다21331, 판결**
> 도로의 유지·관리에 관한 상위 지방자치단체의 행정권한이 행정권한 위임조례에 의하여 하위 지방자치단체장에게 위임되었다면 그것은 기관위임이지 단순한 내부위임이 아니고 권한을 위임받은 하위 지방자치단체장은 도로의 관리청이 되며 위임 관청은 사무처리의 권한을 잃는다.

④
> **대법원 1996.11.8., 선고, 96다21331, 판결**
> 지방자치단체장 간의 기관위임의 경우에 위임받은 하위 지방자치단체장은 상위 지방자치단체 산하 행정기관의 지위에서 그 사무를 처리하는 것이므로 사무귀속의 주체가 달라진다고 할 수 없고, 따라서 하위 지방자치단체장을 보조하는 하위 지방자치단체 소속 공무원이 위임사무처리에 있어 고의 또는 과실로 타인에게 손해를 가하였더라도 상위 지방자치단체는 여전히 그 사무귀속 주체로서 손해배상책임을 진다.

020   2020 군무원 7급

행정청의 권한의 위임에 대한 설명으로 옳지 않은 것은? (다툼이 있는 경우 판례에 의함)

① 행정권한의 위임은 법률이 위임을 허용하고 있는 경우에 한하여 인정된다.
② 시·도지사는 지방자치단체의 조례에 의하여 기관위임사무를 구청장 등에게 재위임할 수는 없다.
③ 수임사무의 처리가 부당한지 여부의 판단은 위법성 판단과 달리 합목적적·정책적 고려도 포함된다.
④ 전결규정에 위반하여 원래의 전결권자가 아닌 보조기관 등이 처분권자인 행정관청의 이름으로 행한 행정처분은 무효의 처분이다.

│해설│

① **COMMENT** 위임은 권한의 대외적 이전이 이루어지므로 법적 근거를 요한다.

020 ④

② COMMENT 기관위임사무를 재위임할 때에는 조례가 아니라 (위임기관의 승인을 받아) 규칙으로 하여야 한다. 기관위임사무는 국가와 단체장간의 관계일 뿐 국가와 지자체와의 관계가 아니기 때문이다.

> **행정권한의 위임 및 위탁에 관한 규정**
> **제4조(재위임)** 특별시장·광역시장·특별자치시장·도지사 또는 특별자치도지사(특별시·광역시·특별자치시·도 또는 특별자치도의 교육감을 포함한다. 이하 같다)나 시장·군수 또는 구청장(자치구의 구청장을 말한다. 이하 같다)은 행정의 능률향상과 주민의 편의를 위하여 필요하다고 인정될 때에는 <u>수임사무의 일부를 그 위임기관의 장의 승인을 받아 규칙으로 정하는 바에 따라 시장·군수·구청장 (교육장을 포함한다) 또는 읍·면·동장, 그 밖의 소속기관의 장에게 다시 위임할 수 있다.</u>

> **대법원 1995.8.22., 선고, 94누5694, 전원합의체 판결**
> 관리처분계획의 인가 등에 관한 사무는 국가사무로서 지방자치단체의 장에게 위임된 이른바 <u>기관위임사무에 해당하므로, 시·도지사가 지방자치단체의 조례에 의하여 이를 구청장 등에게 재위임할 수는 없고</u>, 행정권한의위임및위탁에관한규정 제4조에 의하여 위임기관의 장의 승인을 얻은 후 <u>지방자치단체의 장이 제정한 규칙이 정하는 바에 따라 재위임하는 것만이 가능하다.</u>

③
> **대법원 2017.9.21., 선고, 2016두55629, 판결**
> 정부조직법 제6조 등에 따른 행정권한의 위임 및 위탁에 관한 규정 제6조는 "위임 및 위탁기관은 수임 및 수탁기관의 수임 및 수탁사무 처리에 대하여 지휘·감독하고, 그 처리가 위법하거나 부당하다고 인정될 때에는 이를 취소하거나 정지시킬 수 있다."라고 규정하고 있다. <u>수임 및 수탁사무의 처리가 부당한지 여부의 판단은 위법성 판단과 달리 합목적적·정책적 고려도 포함되므로, 위임 및 위탁기관이 그 사무처리에 관하여 일반적인 지휘·감독을 하는 경우는 물론이고 나아가 수임 및 수탁사무의 처리가 부당하다는 이유로 그 사무처리를 취소하는 경우에도 광범위한 재량이 허용된다고 보아야 한다.</u>

④ COMMENT 보조기관 등이 자신의 이름으로 행정처분을 한 경우라야 무효가 된다. 이를 "주체의 하자"라 한다.

> **대법원 1998.2.27., 선고, 97누1105, 판결**
> 전결과 같은 행정권한의 내부위임은 법령상 처분권자인 행정관청이 내부적인 사무처리의 편의를 도모하기 위하여 그의 보조기관 또는 하급 행정관청으로 하여금 그의 권한을 사실상 행사하게 하는 것으로서 법률이 위임을 허용하지 않는 경우에도 인정되는 것이므로, 설사 행정관청 내부의 사무처리규정에 <u>불과한 전결규정에 위반하여 원래의 전결권자 아닌 보조기관 등이 처분권자인 행정관청의 이름으로 행정처분을 하였다고 하더라도 그 처분이 권한 없는 자에 의하여 행하여진 무효의 처분이라고는 할 수 없다.</u>

021

행정권한의 위임에 대한 설명으로 가장 옳은 것은?

① 위임기관은 수임사무의 처리가 위법하거나 부당하다고 인정될 때에는 수임기관에 대하여 이를 취소하거나 정지할 것을 요구할 수 있을 뿐, 이를 직접 취소하거나 정지시킬 수 없다.
② 수임관청이 내부위임에 따라 위임관청의 이름으로 권한을 행사하여 처분을 한 경우 그 처분의 취소나 무효확인을 구하는 소송의 피고는 위임관청으로 삼아야 한다.
③ 행정관청 내부의 사무처리규정인 전결규정에 위반하여 원래의 전결권자가 아닌 보조기관이 처분권자인 행정관청의 이름으로 행정처분을 하였다면 그 처분은 권한 없는 자에 의하여 행하여진 것으로서 무효이다.
④ 「정부조직법」 제6조와 「행정권한의 위임 및 위탁에 관한 규정」은 행정권한의 위임 및 재위임에 관한 일반적인 근거 규정이므로 개별 법령에서 특정사항을 재위임할 때는 별도의 법적 근거를 요한다.

해설

①
> **행정위임위탁규정 제6조(지휘·감독)** 위임 및 위탁기관은 수임 및 수탁기관의 수임 및 수탁사무 처리에 대하여 지휘·감독하고, 그 처리가 위법하거나 부당하다고 인정될 때에는 이를 취소하거나 정지시킬 수 있다.

②
> **대법원 1991.10.8., 선고 91누520 판결**
> 행정관청이 특정한 권한을 법률에 따라 다른 행정관청에 이관한 경우와 달리 내부적인 사무처리의 편의를 도모하기 위하여 그의 보조기관 또는 하급행정관청으로 하여금 그의 권한을 사실상 행하도록 하는 내부위임의 경우에는 수임관청이 그 위임된 바에 따라 위임관청의 이름으로 권한을 행사하였다면 그 처분청은 위임관청이므로 그 처분의 취소나 무효확인을 구하는 소송의 피고는 위임관청으로 삼아야 한다.

③
> **대법원 1998 2.27., 선고 97누1105 판결**
> 전결과 같은 행정권한의 내부위임은 법령상 처분권자인 행정관청이 내부적인 사무처리의 편의를 도모하기 위하여 그의 보조기관 또는 하급 행정관청으로 하여금 그의 권한을 사실상 행사하게 하는 것으로서 법률이 위임을 허용하지 않는 경우에도 인정되는 것이므로, 설사 행정관청 내부의 사무처리규정에 불과한 전결규정에 위반하여 원래의 전결권자 아닌 보조기관 등이 처분권자인 행정관청의 이름으로 행정처분을 하였다고 하더라도 그 처분이 권한 없는 자에 의하여 행하여진 무효의 처분이라고는 할 수 없다.

④ COMMENT 재위임에 관한 일반적인 근거 규정이므로 별도의 법적 근거 없이도 이를 근거로 재위임할 수 있다.

대법원 1995.7.11., 선고 94누4615 전원합의체 판결
구 건설업법 제57조 제1항, 같은법시행령 제53조 제1항 제1호에 의하면 건설부장관의 권한에 속하는 같은 법 제50조 제2항 제3호 소정의 영업정지 등 처분권한은 서울특별시장·직할시장 또는 도지사에게 위임되었을 뿐 시·도지사가 이를 구청장·시장·군수에게 재위임할 수 있는 근거규정은 없으나, 정부조직법 제5조 제1항과 이에 기한 행정권한의위임및위탁에관한규정 제4조에 재위임에 관한 일반적인 근거규정이 있으므로 시·도지사는 그 재위임에 관한 일반적인 규정에 따라 위임받은 위 처분권한을 구청장 등에게 재위임할 수 있다.

022

2009 지방직 7급

행정조직상의 권한에 관한 설명으로 옳지 않은 것은?

① 대통령은 국방부장관의 처분이 부당하다고 인정할 때에는 직접 이를 취소할 수 있다.
② 판례는 내부위임이나 대리권을 수여받은 데 불과하여 원행정청 명의나 대리관계를 밝히지 아니하고는 그의 명의로 처분 등을 할 권한이 없는 행정청이, 권한 없이 그의 명의로 한 처분에 대하여도 처분명의자인 행정청이 피고가 되어야 한다고 본다.
③ 협의의 법정대리란 법정사실이 발생하였을 때 일정한 자가 대리자를 지정함으로써 비로소 대리관계가 발생하는 경우를 말하며, 정부조직법에서 그 근거를 찾을 수 있다.
④ 임의대리의 수권은 권한의 일부에 대해서만 인정될 수 있고, 권한 전부에 대한 대리는 인정되지 않는다.

해설

① 정부조직법 제11조

제11조(대통령의 행정감독권) ① 대통령은 정부의 수반으로서 법령에 따라 모든 중앙행정기관의 장을 지휘·감독한다.
② 대통령은 국무총리와 중앙행정기관의 장의 명령이나 처분이 위법 또는 부당하다고 인정하면 이를 중지 또는 취소할 수 있다.

②
대법원 1991.2.22., 선고, 90누5641, 판결
행정처분의 취소 또는 무효확인을 구하는 행정소송은 다른 법률에 특별한 규정이 없는 한 그 처분을 행한 행정청을 피고로 하여야 하며, 행정처분을 행할 적법한 권한 있는 상급행정청으로부터 내부위임을 받은데 불과한 하급행정청이 권한 없이 행정처분을 한 경우에도 실제로 그 처분을 행한 하급행정청을 피고로 하여야 할 것이지 그 처분을 행할 적법한 권한 있는 상급행정청을 피고로 할 것이 아니므로 부산직할시장의 산하기관인 부산직할시 금강공원 관리사업소장이 한 공단사용료 부과처분에 대하여 가사 위 사업소장이 부산직할시로부터 단순히 내부위임만을 받은 경우라 하더라도 이의 취소를 구하는 소송은 위 금강공원 관리사업소장을 피고로 하여야 한다.

022 ③

③ COMMENT 「지정대리」에 대한 설명이다.

「정부조직법」 제22조

> **제22조(국무총리의 직무대행)** 국무총리가 사고로 직무를 수행할 수 없는 경우에는 기획재정부장관이 겸임하는 부총리, 교육부장관이 겸임하는 부총리의 순으로 직무를 대행하고, 국무총리와 부총리가 모두 사고로 직무를 수행할 수 없는 경우에는 대통령의 지명이 있으면 그 지명을 받은 국무위원이, 지명이 없는 경우에는 제26조제1항에 규정된 순서에 따른 국무위원이 그 직무를 대행한다.

④ COMMENT 임의대리의 범위는 수권행위에 의해서 정해지지만 권한의 일부에 대해서만 가능하다. 왜냐하면 포괄적인 대리권 부여는 법령에 의해서 정해진 권한을 사실상 포기하는 것을 의미하기 때문이다.

023

2009 국가직 7급

행정권한의 대리에 관한 설명으로 옳은 것은?

① 임의대리를 인정하는 법적 근거가 없는 경우에도 임의대리가 허용되는지의 여부에 관하여 반드시 법적 근거가 필요하다고 보는 것이 일반적 견해이다.
② 임의대리는 행정청이 임의로 하는 것이므로 그 성격상 권한의 전부에 대한 수권이 가능하다.
③ 사고 등 법정사실이 발생하였을 때 일정한 자가 대리자를 지정함으로써 대리관계가 발생하는 것을 협의의 법정대리라고 한다.
④ 법정대리의 경우 대리권의 범위는 법령에서 특별한 규정이 없는 한 피대리청 권한의 전부에 미친다.

해설

① COMMENT 임의대리는 권한의 이전을 가져오는 것이 아니므로 권한의 위임과는 달리 법적인 근거를 요구하지 않는다.
② COMMENT 임의대리의 범위는 수권행위에 의해서 정해지지만 권한의 일부에 대해서만 가능하다. 왜냐하면 포괄적인 대리권 부여는 법령에 의해서 정해진 권한을 사실상 포기하는 것을 의미하기 때문이다.
③ COMMENT 사고 등 법정사실이 발생하였을 때 일정한 자가 대리자를 지정함으로써 대리관계가 발생하는 것을 지정대리라 한다.
④ COMMENT 법정대리는 법령의 규정에 의하여 대리관계가 발생하기 때문에 임의대리와는 달리 대리관청(예컨대 기획재정부장관이 겸임하는 부총리)의 대리권이 피대리관청(국무총리)의 권한의 전부에 미치는 것이 원칙이다.

023 ④

024

2003 국가직 7급

헌법 제71조는 대통령이 궐위 또는 사고로 직무를 수행할 수 없는 때에는 국무총리, 법률이 정하는 국무위원의 순서로 권한을 대행한다고 규정하고 있다. 이러한 유형의 권한대리를 무엇이라 하는가?

① 임의대리
② 지정대리
③ 서리
④ 협의의 법정대리

해설

④ COMMENT 법정대리란 법정사실의 발생에 의해서 법령상 당연히 대리관계가 발생하는 경우를 말한다. 법정대리 중에서 (ⅰ) 대리자가 법령에서 정해진 경우를 협의의 법정대리라고 하고, (ⅱ) 일정한 자가 대리자를 지정함으로써 대리관계가 발생하는 경우를 지정대리라고 한다. 위의 경우 헌법 제71조에 의해 대리자가 정하여져 있으므로 협의의 법정대리에 해당한다.

025

2007 국가직 7급

행정관청의 권한에 관한 설명으로 옳지 않은 것은?

① 권한의 대리와 권한의 위임은 권한이 다른 행정기관에 이전된다는 점에서는 동일하지만, 법적근거의 필요성 유무에 있어서는 차이가 있다.
② 권한의 이양은 권한의 위임과는 달리 권한 자체가 법률상 이전되는 것, 즉 수권규범의 변경이 있는 것을 말한다.
③ 행정조직 내부에서 수임자가 위임자의 권한을 위임자의 명의와 책임으로 사실상 행사하는 것을 권한의 내부위임이라고 한다.
④ 민법상 위임은 민법상 계약관계인 데 대하여, 권한의 위임은 법률의 규정·행정행위 등에 의해 설정되는 공법상의 제도인 점에서 양자는 구별된다.

해설

① COMMENT 권한의 위임은 수임청에 권한이 이전되지만, 권한의 대리는 권한이 이전되지 않는다. 따라서 권한의 위임에는 법적 근거가 필요하나, 권한의 대리 중 (법정대리가 아닌) 임의대리의 경우에는 법적 근거가 필요하지 않다.
② COMMENT 권한의 이양이란 권한 자체가 법률상 이전되는 것이므로, 수권규범의 변경이 없는 한 권한의 회수는 불가능하다. 반면에 권한의 위임은 잠정적이고 위임청이 언제나 회수할 수 있다.
③ COMMENT 권한의 내부위임은 위임자가 권한을 여전히 가지고 있는 상태에서 수임자가 위임청의 권한을 사실상 행사할 뿐이다.
④ COMMENT 민법상 위임은 양자 사이의 계약에 의한 것이나, 권한의 위임은 법률의 규정 내지 행정행위에 의해 이루어진다.

024 ④ 025 ①

026

2019 서울시 7급(6월)

행정기관의 권한에 대한 설명으로 가장 옳지 않은 것은?

① 대리권을 수여받은 데 불과하여 그 자신의 명의로는 행정처분을 할 권한이 없는 행정청이 대리관계를 밝힘이 없이 그 자신의 명의로 행정처분을 하였다면, 원칙적으로 처분명의자인 당해 행정청이 그에 대한 항고소송의 피고가 되어야 한다.

② 행정관청 내부의 사무처리규정인 전결규정에 위반하여 원래의 전결권자 아닌 보조기관 등이 처분권자인 행정관청의 이름으로 행정처분을 하였다면 그 처분은 무효이다.

③ 「정부조직법」 제6조 제1항과 이에 근거한 「행정권한의 위임 및 위탁에 관한 규정」 제4조는 행정기관의 권한의 재위임에 관한 일반적인 근거규정이 된다.

④ 행정처분을 하게 된 연유가 상급행정청이나 타행정청의 지시나 통보에 의한 것이라 하여도, 취소소송에서의 피고는 원칙적으로 행정처분 등을 외부적으로 그의 명의로 행한 행정청이 된다.

해설

①

대법원 2006.2.23., 자 2005부4 결정
대리권을 수여받은 데 불과하여 그 자신의 명의로는 행정처분을 할 권한이 없는 행정청의 경우 대리관계를 밝힘이 없이 그 자신의 명의로 행정처분을 하였다면 그에 대하여는 처분명의자인 당해 행정청이 항고소송의 피고가 되어야 하는 것이 원칙이지만, 비록 대리관계를 명시적으로 밝히지는 아니하였다 하더라도 처분명의자가 피대리 행정청 산하의 행정기관으로서 실제로 피대리 행정청으로부터 대리권한을 수여받아 피대리 행정청을 대리한다는 의사로 행정처분을 하였고 처분명의자는 물론 그 상대방도 그 행정처분이 피대리 행정청을 대리하여 한 것임을 알고서 이를 받아들인 예외적인 경우에는 피대리 행정청이 피고가 되어야 한다.

② **COMMENT** 보조기관 등이 자신의 이름으로 행정처분을 한 경우라야 무효가 된다.

대법원 1998.2.27., 선고, 97누1105, 판결
전결과 같은 행정권한의 내부위임은 법령상 처분권자인 행정관청이 내부적인 사무처리의 편의를 도모하기 위하여 그의 보조기관 또는 하급 행정관청으로 하여금 그의 권한을 사실상 행사하게 하는 것으로서 법률이 위임을 허용하지 않는 경우에도 인정되는 것이므로, 설사 행정관청 내부의 사무처리규정에 불과한 전결규정에 위반하여 원래의 전결권자 아닌 보조기관 등이 처분권자인 행정관청의 이름으로 행정처분을 하였다고 하더라도 그 처분이 권한 없는 자에 의하여 행하여진 무효의 처분이라고는 할 수 없다.

③

대법원 1995.7.11., 선고, 94누4615, 전원합의체판결
구 건설업법 제57조 제1항, 같은법시행령 제53조 제1항 제1호에 의하면 건설부장관의 권한에 속하는 같은 법 제50조 제2항 제3호 소정의 영업정지 등 처분권한은 서울특별시장·직할시장 또는 도지사에게 위임되었을 뿐 시·도지사가 이를 구청장·시장·군수에게 재위임할 수 있는 근거규정은 없으나, 정부조직법 제5조 제1항과 이에 기한 행정권한의위임및위탁에관한규정 제4조에 재위임에 관한 일반적인 근거규정이 있으므로 시·도지사는 그 재위임에 관한 일반적인 규정에 따라 위임받은 위 처분권한을 구청장 등에게 재위임할 수 있다.

④
> **대법원 1995.12.22., 선고, 95누14688, 판결**
> 행정처분의 취소 또는 무효확인을 구하는 행정소송은 다른 법률에 특별한 규정이 없는 한 소송의 대상인 행정처분 등을 외부적으로 그의 명의로 행한 행정청을 피고로 하여야 하는 것으로서 그 행정처분을 하게 된 연유가 상급행정청이나 타행정청의 지시나 통보에 의한 것이라 하여 다르지 않다고 할 것이며, 권한의 위임이나 위탁을 받아 수임행정청이 정당한 권한에 기하여 그 명의로 한 처분에 대하여는 말할 것도 없고, 내부위임이나 대리권을 수여받은 데 불과하여 원행정청 명의나 대리관계를 밝히지 아니하고는 그의 명의로 처분 등을 할 권한이 없는 행정청이 권한 없이 그의 명의로 한 처분에 대하여도 처분명의자인 행정청이 피고가 되어야 할 것이다.

027
2021 군무원 7급

행정조직법상 권한에 대한 설명으로 옳지 않은 것은? (단, 다툼이 있는 경우 판례에 의함)

① 체납취득세에 대한 압류처분권한은 도지사로부터 시장에게 권한위임된 것이고 시장으로부터 압류처분권한을 내부위임받은 데 불과한 구청장이 자신의 명의로 한 압류처분은 권한 없는 자에 의하여 행하여진 위법무효의 처분이다.
② 대리권을 수여받은 데 불과하여 원행정청과 대리관계를 밝히지 아니하고는 그의 명의로 처분 등을 할 권한이 없는 행정청이 권한 없이 그의 명의로 한 처분에서 그 취소소송 시 피고는 본 처분 권한이 있는 행정청이 된다.
③ 행정권한의 위임은 법률이 위임을 허용하고 있는 경우에 한하여 인정된다.
④ 권한의 위임에 관한 개별규정이 없는 경우 정부조직법 제6조, 행정권한의 위임 및 위탁에 관한 규정, 지방자치법 제104조와 같은 일반적 규정에 따라 행정청은 위임받은 권한을 재위임할 수 있다.

해설

①
> **대법원 1993.5.27., 선고, 93누6621, 판결**
> 체납취득세에 대한 압류처분권한은 도지사로부터 시장에게 권한위임된 것이고 시장으로부터 압류처분권한을 내부위임받은 데 불과한 구청장으로서는 시장 명의로 압류처분을 대행처리할 수 있을 뿐이고 자신의 명의로 이를 할 수 없다 할 것이므로 구청장이 자신의 명의로 한 압류처분은 권한 없는 자에 의하여 행하여진 위법무효의 처분이다.

②
> **대법원 2006.2.23., 자 2005부4 결정**
> 대리권을 수여받은 데 불과하여 그 자신의 명의로는 행정처분을 할 권한이 없는 행정청의 경우 대리관계를 밝힘이 없이 그 자신의 명의로 행정처분을 하였다면 그에 대하여는 처분명의자인 당해 행정청이 항고소송의 피고가 되어야 하는 것이 원칙이지만, 비록 대리관계를 명시적으로 밝히지는 아니하였다 하더라도 처분명의자가 피대리 행정청 산하의 행정기관으로서 실제로 피대리 행정청으로부터 대리권한을 수여받아 피대리 행정청을 대리한다는 의사로 행정처분을 하였고 처분명의자는 물론 그 상대방도 그 행정처분이 피대리 행정청을 대리하여 한 것임을 알고서 이를 받아들인 예외적인 경우에는 피대리 행정청이 피고가 되어야 한다.

027 ②

③ COMMENT 위임은 권한의 대외적 이전이 이루어지므로 법적 근거를 요한다.

> **대법원 1995.11.28., 선고, 94누6475, 판결**
> 행정권한의 위임은 행정관청이 법률에 따라 특정한 권한을 다른 행정관청에 이전하여 수임관청의 권한으로 행사하도록 하는 것이어서 권한의 법적인 귀속을 변경하는 것이므로 법률이 위임을 허용하고 있는 경우에 한하여 인정된다 할 것이고, 이에 반하여 행정권한의 내부위임은 법률이 위임을 허용하고 있지 아니한 경우에도 행정관청의 내부적인 사무처리의 편의를 도모하기 위하여 그의 보조기관 또는 하급행정관청으로 하여금 그의 권한을 사실상 행사하게 하는 것이므로, 권한위임의 경우에는 수임관청이 자기의 이름으로 그 권한행사를 할 수 있지만 내부위임의 경우에는 수임관청은 위임관청의 이름으로만 그 권한을 행사할 수 있을 뿐 자기의 이름으로는 그 권한을 행사할 수 없다.

④
> **대법원 1990.2.27., 선고, 89누5287, 판결**
> 정부조직법 제5조 제1항(현 정부조직법 제6조 제1항 : 편집자 주)은 법문상 권한의 위임 및 재위임의 근거규정임이 명백하고 같은 법이 국가행정기관의 설치, 조직, 직무범위의 대상을 정하는데 그 목적이 있다는 이유만으로 권한위임, 재위임에 관한 위 규정마저 권한위임 등에 관한 대강을 정한 것에 불과할 뿐 권한위임의 근거규정이 아니라고 할 수는 없으므로 충청남도지사가 자기의 수임권한을 위임기관인 동력자원부장관의 승인을 얻은 후 충청남도의 사무 시, 군위임규칙에 따라 군수에게 재위임하였다면 이는 위 조항 후문 및 행정권한의 위임 및 위탁에 관한 규정 제4조에 근거를 둔 것으로서 적법한 권한의 재위임에 해당하는 것이다.

> **제6조(권한의 위임 또는 위탁)** ① 행정기관은 법령으로 정하는 바에 따라 그 소관사무의 일부를 보조기관 또는 하급행정기관에 위임하거나 다른 행정기관·지방자치단체 또는 그 기관에 위탁 또는 위임할 수 있다. 이 경우 위임 또는 위탁을 받은 기관은 특히 필요한 경우에는 법령으로 정하는 바에 따라 위임 또는 위탁을 받은 사무의 일부를 보조기관 또는 하급행정기관에 재위임할 수 있다.
> ② 보조기관은 제1항에 따라 위임받은 사항에 대하여는 그 범위에서 행정기관으로서 그 사무를 수행한다.
> ③ 행정기관은 법령으로 정하는 바에 따라 그 소관사무 중 조사·검사·검정·관리 업무 등 국민의 권리·의무와 직접 관계되지 아니하는 사무를 지방자치단체가 아닌 법인·단체 또는 그 기관이나 개인에게 위탁할 수 있다.

028

2008 지방직 7급

「행정권한의 위임 및 위탁에 관한 규정」과 관련한 설명으로 옳은 것은?

① 위임기관은 위임사무의 처리에 있어 적정성을 확보하기 위하여 필요한 경우에는 수임기관의 수임사무 처리상황을 수시로 감사할 수 있다.
② 수임기관은 수임사무의 처리에 관하여 위임기관의 사전승인을 얻거나 위임기관과 협의하여야 한다.
③ 판례는 전결권자가 아닌 보조기관 등이 전결규정을 위반하여 처분권자인 행정관청의 이름으로 행정처분을 한 경우에는 이를 무효의 처분으로 본다.
④ 위임기관은 위법 또는 부당한 수임사무 처리에 대하여 이를 취소하거나 정지할 것을 요구할 수 있으나, 이를 직접 취소 또는 정지하는 것은 허용되지 아니한다.

028 ①

해설

① 동 규정 제9조

> **제9조(권한의 위임 및 위탁에 따른 감사)** 위임 및 위탁기관은 위임 및 위탁사무 처리의 적정성을 확보하기 위하여 필요한 경우에는 수임 및 수탁기관의 수임 및 수탁사무 처리 상황을 수시로 감사할 수 있다.

② 동 규정 제7조

> **제7조(사전승인 등의 제한)** 수임 및 수탁사무의 처리에 관하여 위임 및 위탁기관은 수임 및 수탁기관에 대하여 사전승인을 받거나 협의를 할 것을 요구할 수 없다.

③ **COMMENT** 내부의 전결규정에 위반한 것만으로는 처분의 하자가 중대명백하다고 볼 수 없으므로 무효인 처분이 아니다.

> **대법원 1998.2.27., 선고, 97누1105, 판결**
> 전결과 같은 행정권한의 내부위임은 법령상 처분권자인 행정관청이 내부적인 사무처리의 편의를 도모하기 위하여 그의 보조기관 또는 하급 행정관청으로 하여금 그의 권한을 사실상 행사하게 하는 것으로서 법률이 위임을 허용하지 않는 경우에도 인정되는 것이므로, 설사 행정관청 내부의 사무처리규정에 불과한 전결규정에 위반하여 원래의 전결권자 아닌 보조기관 등이 처분권자인 행정관청의 이름으로 행정처분을 하였다고 하더라도 그 처분이 권한 없는 자에 의하여 행하여진 무효의 처분이라고는 할 수 없다.

④ 동 규정 제6조

> **제6조(지휘·감독)** 위임 및 위탁기관은 수임 및 수탁기관의 수임 및 수탁사무 처리에 대하여 지휘·감독하고, 그 처리가 위법하거나 부당하다고 인정될 때에는 이를 취소하거나 정지시킬 수 있다.

029

2017 서울시 7급

공무수탁사인에 관한 설명으로 옳은 것을 모두 고른 것은?

> ㄱ. 공무수탁사인은 행정주체이면서 동시에 행정청의 지위를 갖는다.
> ㄴ. 경찰과의 계약을 통해 주차위반차량을 견인하는 민간 사업자도 공무수탁사인에 해당한다.
> ㄷ. 중앙관서장뿐만 아니라 지방자치단체장도 자신의 사무 중 조사·검사·검정·관리업무 등 주민의 권리·의무와 직접 관련되지 아니하는 사무를 개인에게 위탁할 수 있다.
> ㄹ. 국가가 공무수탁사인의 공무수탁사무수행을 감독하는 경우 수탁사무수행의 합법성뿐만 아니라 합목적성까지도 감독할 수 있다.

① ㄱ, ㄴ
② ㄱ, ㄷ
③ ㄱ, ㄷ, ㄹ
④ ㄴ, ㄷ, ㄹ

029 ③

| 해설

ㄱ. COMMENT 공무수탁사인은 수탁받은 공무를 수행하는 범위 내에서 행정주체이면서 동시에 공무수탁사인의 명의로 처분이 이루어질 경우 행정청에 해당한다. 국가나 지방자치단체의 경우에 행정주체와 행정청이 구분되는 것과 대비된다.

ㄴ. COMMENT 이 경우 민간사업자는 경찰과 사법상 용역계약을 맺은 것이므로 공무수탁사인이 아닌 행정보조자에 불과하다.

ㄷ. COMMENT 권한의 위탁은 민간에 대해서 이루어질 수도 있으나, 행정권 중 공권력적 성격이 강한 권한 등 핵심적인 권한은 민간에 위탁하면 안된다. 따라서 조사·검사·검정·관리업무 등 주민의 권리·의무와 직접 관련되지 아니하는 사무만 위탁할 수 있다(정부조직법 제6조 제3항).

> **제6조(권한의 위임 또는 위탁)** ① 행정기관은 법령으로 정하는 바에 따라 그 소관사무의 일부를 보조기관 또는 하급행정기관에 위임하거나 다른 행정기관·지방자치단체 또는 그 기관에 위탁 또는 위임할 수 있다. 이 경우 위임 또는 위탁을 받은 기관은 특히 필요한 경우에는 법령으로 정하는 바에 따라 위임 또는 위탁을 받은 사무의 일부를 보조기관 또는 하급행정기관에 재위임할 수 있다.
> ② 보조기관은 제1항에 따라 위임받은 사항에 대하여는 그 범위에서 행정기관으로서 그 사무를 수행한다.
> ③ 행정기관은 법령으로 정하는 바에 따라 그 소관사무 중 조사·검사·검정·관리 업무 등 국민의 권리·의무와 직접 관계되지 아니하는 사무를 지방자치단체가 아닌 법인·단체 또는 그 기관이나 개인에게 위탁할 수 있다.

ㄹ. COMMENT 공무수탁사인의 지위에 관하여 규율하는 일반법은 없으나, 위탁자인 국가 또는 지방자치단체와 수탁사인의 관계는 공법상 위임관계에 해당한다. 따라서 공무수탁사인은 당연히 위임자의 감독 하에 놓이게 된다. 이 때 국가의 감독은 행정기관에 대한 감독의 경우와 마찬가지로 수탁사무 수행의 합목적성이나 적법성에도 미친다.

030

2010 국가직 7급

행정관청의 권한의 위임에 대한 설명으로 옳은 것은?

① 권한의 위임은 위임자의 권한을 법률상 수임자에게 이전하는 것이 아니므로 권한위임에 대한 법적 근거가 필요 없다.
② 국가가 스스로 행하여야 할 사무를 지방자치단체 또는 그 기관에 위임하여 수행하는 경우에, 그 소요되는 경비는 그 전부를 당해 지방자치단체에 교부하여야 한다.
③ 국가행정관청의 권한의 위임은 보조기관, 하급행정기관, 지방자치단체, 지방자치단체의 기관 등에 위임될 수 있으나, 민간에 위임될 수는 없다.
④ 권한을 위임받은 기관은 자기의 명의로 사무를 수행하나, 행정쟁송법상으로는 위임청이 피청구인 또는 피고가 되는 것이 원칙이다.

| 해설

① COMMENT 권한의 위임은 위임자의 권한이 수임자에게 이전되는 것이므로 법률의 근거가 필요하다.

030 ②

② COMMENT 이를 "교부금"이라 한다(지방재정법 제21조 제2항).

> **제21조(부담금과 교부금)** ① 지방자치단체나 그 기관이 법령에 따라 처리하여야 할 사무로서 국가와 지방자치단체 간에 이해관계가 있는 경우에는 원활한 사무처리를 위하여 국가에서 부담하지 아니하면 아니 되는 경비는 국가가 그 전부 또는 일부를 부담한다.
> ② 국가가 스스로 하여야 할 사무를 지방자치단체나 그 기관에 위임하여 수행하는 경우 그 경비는 국가가 전부를 그 지방자치단체에 교부하여야 한다.

③ COMMENT 민간에도 위임할 수 있다(정부조직법 제6조 제3항). 이 경우 공무를 위탁받은 사인을 공무수탁사인이라 한다.

> **제6조(권한의 위임 또는 위탁)** ① 행정기관은 법령으로 정하는 바에 따라 그 소관사무의 일부를 보조기관 또는 하급행정기관에 위임하거나 다른 행정기관·지방자치단체 또는 그 기관에 위탁 또는 위임할 수 있다. 이 경우 위임 또는 위탁을 받은 기관은 특히 필요한 경우에는 법령으로 정하는 바에 따라 위임 또는 위탁을 받은 사무의 일부를 보조기관 또는 하급행정기관에 재위임할 수 있다.
> ② 보조기관은 제1항에 따라 위임받은 사항에 대하여는 그 범위에서 행정기관으로서 그 사무를 수행한다.
> ③ 행정기관은 법령으로 정하는 바에 따라 그 소관사무 중 조사·검사·검정·관리 업무 등 국민의 권리·의무와 직접 관계되지 아니하는 사무를 지방자치단체가 아닌 법인·단체 또는 그 기관이나 개인에게 위탁할 수 있다.

④ COMMENT 권한을 위임받은 기관은 자기의 명의로 사무를 수행하므로 행정쟁송법상으로 수임청이 피청구인 또는 피고가 된다.

031

2011 지방직 7급

행정청의 권한에 대한 설명으로 옳지 않은 것은? (다툼이 있는 경우 판례에 의함)

① 권한의 내부위임은 위임전결과는 달리 법률적 근거가 필요하다.
② 행정권한의 위임은 법률에 근거가 있는 경우에 한하여 인정된다.
③ 권한의 내부위임의 경우 수임관청은 위임관청의 이름으로만 그 권한을 행사할 수 있다.
④ 국무총리는 중앙행정기관의 장의 명령이나 처분이 위법 또는 부당하다고 인정될 경우에는 대통령의 승인을 받아 이를 중지 또는 취소할 수 있다.

해설

① COMMENT 내부위임과 위임전결은 공통적으로 (ⅰ) 권한이 내부적으로 위임되고, (ⅱ) 외부적으로는 위임행정청이 권한을 가지며, (ⅲ) 법적 근거를 요하지 않는다. 사실 내부위임과 위임전결은 명확히 구분되지 않는다.

> **대법원 1998.2.27., 선고, 97누1105, 판결**
> 전결과 같은 행정권한의 내부위임은 법령상 처분권자인 행정관청이 내부적인 사무처리의 편의를 도모하기 위하여 그의 보조기관 또는 하급 행정관청으로 하여금 그의 권한을 사실상 행사하게 하는 것으로서 법률이 위임을 허용하지 않는 경우에도 인정되는 것이므로, 설사 행정관청 내부의 사무처리규정에 불과한 전결규정에 위반하여 원래의 전결권자 아닌 보조기관 등이 처분권자인 행정관청의 이름으로 행정처분을 하였다고 하더라도 그 처분이 권한 없는 자에 의하여 행하여진 무효의 처분이라고는 할 수 없다.

031 ①

② **COMMENT** 위임은 권한의 대외적 이전이 이루어지므로 법적 근거를 요한다.
③
> **대법원 1989.3.14., 선고, 88누10985, 판결**
> 행정권한의 위임은 위임관청이 법률에 따라 하는 특정권한에 대한 법정귀속의 변경임에 대하여 내부위임은 행정관청의 내부적인 사무처리의 편의를 도모하기 위하여 그 보조기관 또는 하급행정관청으로 하여금 그 권한을 사실상 행하게 하는데 그치는 것이므로 <u>권한위임의 경우에는 수임자가 자기의 명의로 권한을 행사할 수 있으나 내부위임의 경우에는 수임자는 위임관청의 명의로 이를 할 수 있을 뿐이다.</u>

④ **COMMENT** 이 경우 대통령의 승인을 요한다(정부조직법 제18조 제2항).

> **제18조(국무총리의 행정감독권)** ① 국무총리는 대통령의 명을 받아 각 중앙행정기관의 장을 지휘·감독한다.
> ② <u>국무총리는 중앙행정기관의 장의 명령이나 처분이 위법 또는 부당하다고 인정될 경우에는 대통령의 승인을 받아 이를 중지 또는 취소할 수 있다.</u>

032
2013 국가직 7급

행정청의 권한에 대한 설명으로 옳지 않은 것은?

① 행정청의 권한은 그 권한이 부여된 특정의 행정청만이 행사할 수 있고, 타 행정청은 특별한 사유가 없는 한 이를 행사할 수 없다.
② 권한의 이양의 경우에는 수권규범의 변경이 있으나, 권한의 위임의 경우에는 수권규범의 변경없이 위임근거규정을 통해 이루어진다.
③ 판례에 따르면 행정권한의 위임의 경우에는 수임자가 자기의 명의로 권한을 행사할 수 있으나, 내부위임의 경우에는 수임자는 위임관청의 명의로 이를 할 수 있을 뿐이다.
④ 국가가 스스로 하여야 할 사무를 지방자치단체나 그 기관에 위임하여 수행하는 경우, 국가가 그 경비의 일부를 그 지방자치단체에 교부하여야 한다.

해설

① **COMMENT** 행정청의 권한은 원칙적으로 법률에 정해져야만 한다(행정권한법정주의). 따라서 행정청의 권한은 원칙적으로 그 권한이 부여된 특정의 행정청만이 행사할 수 있다.
② **COMMENT** 권한의 위임은 권한을 정하는 법령(수권규범)의 규정은 그대로 둔 채 별도의 위임규정에 근거하여 권한이 이전되는 경우를 말하고, 권한의 이양은 수권규범 자체를 개정하여 권한을 다른 행정기관의 고유한 권한으로 이관시키는 것을 말한다.

032 ④

③
> 대법원 1989.3.14., 선고, 88누10985, 판결
> 행정권한의 위임은 위임관청이 법률에 따라 하는 특정권한에 대한 법정귀속의 변경임에 대하여 내부위임은 행정관청의 내부적인 사무처리의 편의를 도모하기 위하여 그 보조기관 또는 하급행정관청으로 하여금 그 권한을 사실상 행하게 하는데 그치는 것이므로 <u>권한위임의 경우에는 수임자가 자기의 명의로 권한을 행사할 수 있으나 내부위임의 경우에는 수임자는 위임관청의 명의로 이를 할 수 있을 뿐이다.</u>

④ **COMMENT** 경비의 일부가 아니라 그 '전부'를 교부하여야 한다(지방재정법 제21조 제2항).

> **제21조(부담금과 교부금)** ② 국가가 스스로 하여야 할 사무를 지방자치단체나 그 기관에 위임하여 수행하는 경우 그 경비는 국가가 전부를 그 지방자치단체에 교부하여야 한다.

033
2013 국회직 8급

행정권한의 위임에 대한 설명으로 옳지 않은 것은? (다툼이 있는 경우 판례에 따름)

① 행정권한의 위임은 위임관청이 법률에 따라 하는 특정 권한에 대한 법정귀속의 변경임에 대하여 내부위임은 행정관청의 내부적인 사무처리의 편의를 도모하기 위하여 그 보조기관 또는 하급행정관청으로 하여금 그 권한을 사실상 행하게 하는 데 그치는 것이다.
② 권한위임의 경우에는 수임자가 자기의 명의로 권한을 행사할 수 있으나 내부위임의 경우에는 위임관청의 명의로 권한을 행사해야 한다.
③ 판례에 의하면 권한위임과 내부위임 모두 법률의 위임이 있는 경우에만 할 수 있다.
④ 대법원은 법령상 규칙으로 위임해야 함에도 조례로 한 위법한 위임에 따라 행해진 수임기관의 처분은 취소사유가 있는 것에 불과하다고 본다.
⑤ 대법원은 내부위임을 받은 수임기관이 자신의 이름으로 처분을 한 경우 당해 처분을 무권한의 행위로서 무효로 보고 있다.

해설

①, ②
> 대법원 1989.3.14., 선고, 88누10985, 판결
> 행정권한의 위임은 위임관청이 법률에 따라 하는 특정권한에 대한 법정귀속의 변경임에 대하여 내부위임은 행정관청의 내부적인 사무처리의 편의를 도모하기 위하여 그 보조기관 또는 하급행정관청으로 하여금 그 권한을 사실상 행하게 하는데 그치는 것이므로 권한위임의 경우에는 수임자가 자기의 명의로 권한을 행사할 수 있으나 내부위임의 경우에는 수임자는 위임관청의 명의로 이를 할 수 있을 뿐이다.

033 ③

③ COMMENT 내부위임은 법률의 위임이 없는 경우에도 할 수 있다.

> **대법원 1998.2.27., 선고, 97누1105, 판결**
> 전결과 같은 행정권한의 내부위임은 법령상 처분권자인 행정관청이 내부적인 사무처리의 편의를 도모하기 위하여 그의 보조기관 또는 하급 행정관청으로 하여금 그의 권한을 사실상 행사하게 하는 것으로서 법률이 위임을 허용하지 않는 경우에도 인정되는 것이므로, 설사 행정관청 내부의 사무처리규정에 불과한 전결규정에 위반하여 원래의 전결권자 아닌 보조기관 등이 처분권자인 행정관청의 이름으로 행정처분을 하였다고 하더라도 그 처분이 권한 없는 자에 의하여 행하여진 무효의 처분이라고는 할 수 없다.

④
> **대법원 1995.8.22., 선고, 94누5694, 전원합의체 판결**
> 무효인 서울특별시행정권한위임조례의 규정에 근거한 관리처분계획의 인가 등 처분은 결과적으로 적법한 위임 없이 권한 없는 자에 의하여 행하여진 것과 마찬가지가 되어 그 하자가 중대하나, 지방자치단체의 사무에 관한 조례와 규칙은 조례가 보다 상위규범이라고 할 수 있고, 또한 헌법 제107조 제2항의 "규칙"에는 지방자치단체의 조례와 규칙이 모두 포함되는 등 이른바 규칙의 개념이 경우에 따라 상이하게 해석되는 점 등에 비추어 보면, 위 처분의 위임과정의 하자가 객관적으로 명백한 것이라고 할 수 없으므로 결국 당연무효 사유는 아니라고 봄이 상당하다고 한 사례.

⑤
> **대법원 1993.5.27, 선고, 93누6621, 판결**
> 체납취득세에 대한 압류처분권한은 도지사로부터 시장에게 권한위임된 것이고 시장으로부터 압류처분권한을 내부위임받은 데 불과한 구청장으로서는 시장 명의로 압류처분을 대행처리할 수 있을 뿐이고 자신의 명의로 이를 할 수 없다 할 것이므로 구청장이 자신의 명의로 한 압류처분은 권한 없는 자에 의하여 행하여진 위법무효의 처분이다.

034

2016 지방직 7급

간접국가행정에 대한 설명으로 옳지 않은 것은? (다툼이 있는 경우 판례에 의함)

① 국가로부터 독립한 법인격 있는 단체를 통해 수행되는 국가 행정을 간접국가행정이라고 하고, 이를 행하는 간접국가행정조직으로는 공법상 사단, 공법상 재단, 공법상 영조물법인 등이 있다.
② 헌법재판소는 정부투자기관(한국토지공사)의 출자로 설립된 회사(한국토지신탁) 내부의 근무관계(인사상의 차별 및 해고)에 관한 사항은 특별한 공법적 규정이 존재하는 경우라도 사법 관계에 속하는 것이라고 본다.
③ 대법원은 농지개량조합(현 한국농어촌공사)과 그 직원과의 관계는 사법상의 근로계약관계가 아닌 공법상의 특별권력관계이고, 그 조합의 직원에 대한 징계처분의 취소를 구하는 소송은 행정소송사항에 속한다고 본다.
④ 헌법재판소는 한국방송공사의 직원 채용관계는 특별한 공법적 규제 없이 한국방송공사의 자율에 맡겨진 셈이 되므로 이는 사법적인 관계에 해당한다고 봄이 상당하고, 직원 채용관계가 사법적인 것이라면 그러한 채용에 필수적으로 따르는 사전절차로 채용시험의 응시자격을 정한 공고 또한 사법적인 성격을 지닌다고 할 것이므로, 이러한 채용시험공고는 헌법소원으로 다툴 수 있는 공권력의 행사에 해당하지 않는다고 한다.

해설

① COMMENT 간접국가행정이란 조직상·법적으로 독립된 공공단체들인 지방자치단체, 공공조합, 영조물법인 등의 행정주체에 의해 수행되는 행정을 의미한다.

② COMMENT 특별한 공법적 규정이 존재한다면 사법관계에 속하는 것으로 볼 수 없다.

> 2001헌마464, 2002.3.28.
> 정부투자기관(한국토지공사)의 출자로 설립된 회사(한국토지신탁) 내부의 근무관계(인사상의 차별 및 해고)에 관한 사항은, 이를 규율하는 특별한 공법적 규정이 존재하지 않는 한, 원칙적으로 사법관계에 속하므로 헌법소원의 대상이 되는 공권력 작용이라고 볼 수 없다.

③
> 대법원 1995.6.9., 94누10870
> 농지개량조합과 그 직원과의 관계는 사법상의 근로계약관계가 아닌 공법상의 특별권력관계이고, 그 조합의 직원에 대한 징계처분의 취소를 구하는 소송은 행정소송사항에 속한다.

④
> 2006.11.30., 2005헌마855
> 방송법은 "한국방송공사 직원은 정관이 정하는 바에 따라 사장이 임면한다."고 규정하는 외에는(제52조) 직원의 채용관계에 관하여 달리 특별한 규정을 두고 있지 않으므로, 피청구인의 이 사건 공고 내지 직원 채용은 피청구인의 정관과 내부 인사규정 및 그 시행세칙에 근거하여 이루어질 수밖에 없다. 그렇다면 피청구인의 직원 채용관계는 특별한 공법적 규제 없이 피청구인의 자율에 맡겨진 셈이 되므로 이는 사법적인 관계에 해당한다고 봄이 상당하다. 또한 직원 채용관계가 사법적인 것이라면, 그러한 채용에 필수적으로 따르는 사전절차로서 채용시험의 응시자격을 정한 이 사건 공고 또한 사법적인 성격을 지닌다고 할 것이다. 그렇다면 이 사건 공고는 헌법소원으로 다툴 수 있는 '공권력의 행사'에 해당하지 않는다.

034 ②

CHAPTER

02

지방자치법

CHAPTER 02 지방자치법

035
2014 국가직 7급

지방자치법의 내용에 대한 설명으로 옳지 않은 것은?

① 지방자치단체의 장은 지방의회가 성립되지 아니한 때와 지방의회의 의결사항 중 주민의 생명과 재산보호를 위하여 긴급하게 필요한 사항으로서 지방의회를 소집할 시간적 여유가 없거나 지방의회에서 의결이 지체되어 의결되지 아니할 때에는 선결처분을 할 수 있다.
② 지방자치단체의 장이 선결처분을 할 경우에는 지체 없이 지방의회에 보고하여 승인을 받아야 하며, 승인을 받지 못한 경우 그 선결처분은 그때부터 효력을 상실한다.
③ 지방자치단체는 그 소관 사무의 일부를 독립하여 수행할 필요가 있으면 법령으로 정하는 바에 따라 합의제 행정기관을 설치할 수 있지만, 이를 지방자치단체의 조례로 정할 수는 없다.
④ 지방자치단체의 장은 지방의회의 의결이 월권이거나 법령에 위반되거나 공익을 현저히 해친다고 인정되면 그 의결사항을 이송받은 날부터 20일 이내에 이유를 붙여 재의를 요구할 수 있다.

해설

①, ② **COMMENT** 지방자치단체장의 선결처분에 대한 내용이다(지방자치법 제122조).

> **제122조(지방자치단체의 장의 선결처분)** ① 지방자치단체의 장은 지방의회가 지방의회의원이 구속되는 등의 사유로 제73조에 따른 의결정족수에 미달될 때와 지방의회의 의결사항 중 주민의 생명과 재산보호를 위하여 긴급하게 필요한 사항으로서 지방의회를 소집할 시간적 여유가 없거나 지방의회에서 의결이 지체되어 의결되지 아니할 때에는 선결처분(先決處分)을 할 수 있다.
> ② 제1항에 따른 선결처분은 지체 없이 지방의회에 보고하여 승인을 받아야 한다.
> ③ 지방의회에서 제2항의 승인을 받지 못하면 그 선결처분은 그때부터 효력을 상실한다.
> ④ 지방자치단체의 장은 제2항이나 제3항에 관한 사항을 지체 없이 공고하여야 한다.

③ 동법 제129조 제1항

> **제129조(합의제행정기관)** ① 지방자치단체는 그 소관 사무의 일부를 독립하여 수행할 필요가 있으면 법령이나 그 지방자치단체의 조례로 정하는 바에 따라 합의제행정기관을 설치할 수 있다.
> ② 제1항의 합의제행정기관의 설치·운영에 관하여 필요한 사항은 대통령령이나 그 지방자치단체의 조례로 정한다.

④ 동법 제120조 제1항

> **제120조(지방의회의 의결에 대한 재의요구와 제소)** ① 지방자치단체의 장은 지방의회의 의결이 월권이거나 법령에 위반되거나 공익을 현저히 해친다고 인정되면 그 의결사항을 이송받은 날부터 20일 이내에 이유를 붙여 재의를 요구할 수 있다.
> ② 제1항의 요구에 대하여 재의한 결과 재적의원 과반수의 출석과 출석의원 3분의 2 이상의 찬성으로 전과 같은 의결을 하면 그 의결사항은 확정된다.

035 ③

036

2016 국회직 8급

현행 「지방자치법」에 대한 설명으로 옳지 않은 것은?

① 지방자치단체는 다른 법률에 특별한 규정이 없는 한 농산물·임산물·축산물·수산물 및 양곡의 수급조절과 수출입 등 전국적 규모의 사무를 처리할 수 없다.
② 주민은 그 지방자치단체의 장 및 지방의회의원을 소환할 권리가 있으나, 비례대표 지방의회의원에 대해서는 그러하지 아니하다.
③ 지방의회는 매년 2회 정례회를 개최하며, 지방의회의장은 지방자치단체의 장이나 조례로 정하는 수 이상의 지방의회의원이 요구하면 15일 이내에 임시회를 소집하여야 한다.
④ 지방자치단체의 장은 주무부장관 또는 시·도지사의 직무이행명령에 이의가 있으면, 주무부장관의 이행명령에 대해서는 대법원에, 시·도지사의 이행명령에 대해서는 고등법원에 각각 소를 제기할 수 있다.
⑤ 조례가 주민의 권리 제한 또는 의무 부과에 관한 사항이나 벌칙을 정할 때에는 법률의 위임이 있어야 한다.

해설

① 「지방자치법」 제15조 제3호

> **제15조(국가사무의 처리제한)** 지방자치단체는 다음 각 호에 해당하는 국가사무를 처리할 수 없다. 다만, 법률에 이와 다른 규정이 있는 경우에는 국가사무를 처리할 수 있다.
> 3. 농산물·임산물·축산물·수산물 및 양곡의 수급조절과 수출입 등 전국적 규모의 사무

② 동법 제25조 제1항

> **제25조(주민소환)** ① 주민은 그 지방자치단체의 장 및 지방의회의원(비례대표 지방의회의원은 제외한다)을 소환할 권리를 가진다.

③ 동법 제53조 제1항

> **제53조(정례회)** ① 지방의회는 매년 2회 정례회를 개최한다.

동법 제54조 제3항

> **제54조(임시회)** ③ 지방의회의 의장은 지방자치단체의 장이나 조례로 정하는 수 이상의 지방의회의원이 요구하면 15일 이내에 임시회를 소집하여야 한다. 다만, 지방의회의 의장과 부의장이 부득이한 사유로 임시회를 소집할 수 없을 때에는 지방의회의원 중 최다선의원이, 최다선의원이 2명 이상인 경우에는 그 중 연장자의 순으로 소집할 수 있다.

036 ④

④ 동법 제189조 제1항, 제6항. 주무부장관의 이행명령 뿐만 아니라 시·도지사의 이행명령에 대해서도 '대법원'에 소를 제기할 수 있다.

> **189조(지방자치단체의 장에 대한 직무이행명령)** ① 지방자치단체의 장이 법령에 따라 그 의무에 속하는 국가위임사무나 시·도위임사무의 관리와 집행을 명백히 게을리하고 있다고 인정되면 시·도에 대해서는 주무부장관이, 시·군 및 자치구에 대해서는 시·도지사가 기간을 정하여 서면으로 이행할 사항을 명령할 수 있다.
> ⑥ 지방자치단체의 장은 제1항 또는 제4항에 따른 이행명령에 이의가 있으면 이행명령서를 접수한 날부터 15일 이내에 대법원에 소를 제기할 수 있다. 이 경우 지방자치단체의 장은 이행명령의 집행을 정지하게 하는 집행정지결정을 신청할 수 있다.

⑤ 동법 제28조 제1항

> **제28조(조례)** ① 지방자치단체는 법령의 범위 안에서 그 사무에 관하여 조례를 제정할 수 있다. 다만, 주민의 권리 제한 또는 의무 부과에 관한 사항이나 벌칙을 정할 때에는 법률의 위임이 있어야 한다.

037

2014 지방직 7급

조례에 대한 설명으로 옳지 않은 것은? (다툼이 있는 경우 판례에 의함)

① 지방자치법상 지방자치단체의 장이 제기하는 조례안 재의결에 대한 무효확인소송의 관할법원은 대법원이다.
② 조례안은 그 일부가 위법한 경우에 그 전부를 취소하여야 한다.
③ 주민에 의한 조례의 제정이나 개폐의 청구가 요건을 갖춘 적법한 것이라면 지방자치단체의 장은 청구를 수리한 날부터 60일 이내에 주민청구조례안을 지방의회에 부의하여야 한다.
④ 조례 그 자체가 직접 주민의 법률상의 이익을 침해한다면 그러한 조례는 항고소송의 대상이 되는 처분에 해당하고 무효확인소송의 대상이 된다.

해설

① 지방자치법 제120조 제3항

> **제120조(지방의회의 의결에 대한 재의 요구와 제소)** ① 지방자치단체의 장은 지방의회의 의결이 월권이거나 법령에 위반되거나 공익을 현저히 해친다고 인정되면 그 의결사항을 이송받은 날부터 20일 이내에 이유를 붙여 재의를 요구할 수 있다.
> ② 제1항의 요구에 대하여 재의한 결과 재적의원 과반수의 출석과 출석의원 3분의 2 이상의 찬성으로 전과 같은 의결을 하면 그 의결사항은 확정된다.
> ③ 지방자치단체의 장은 제2항에 따라 재의결된 사항이 법령에 위반된다고 인정되면 대법원에 소(訴)를 제기할 수 있다. 이 경우에는 제192조제4항을 준용한다.

037 ③

② COMMENT 조례안의 일부가 무효인 경우에는 그 조례안에 대한 재의결은 전부가 무효가 된다.

> 대법원 1992.7.28., 선고, 92추31, 판결
> 의결의 일부에 대한 효력배제는 결과적으로 전체적인 의결의 내용을 변경하는 것에 다름 아니어서 의결기관인 지방의회의 고유권한을 침해하는 것이 될 뿐 아니라, 그 일부만의 효력배제는 자칫 전체적인 의결내용을 지방의회의 당초의 의도와는 다른 내용으로 변질시킬 우려가 있으며, 또 재의요구가 있는 때에는 재의요구에서 지적한 이의사항이 의결의 일부에 관한 것이라고 하여도 의결 전체가 실효되고 재의결만이 의결로서 효력을 발생하는 것이어서 의결의 일부에 대한 재의요구나 수정재의 요구가 허용되지 않는 점에 비추어 보아도 재의결의 내용 전부가 아니라 그 일부만이 위법한 경우에도 대법원은 의결 전부의 효력을 부인할 수밖에 없다.

③ COMMENT 법개정으로 인하여 현재는 지방의회 의장이 수리하며 30일 이내에 지방의회 의장 명의로 발의한다.

> **지방자치법 제19조(조례의 제정과 개정·폐지 청구)** ① 주민은 지방자치단체의 조례를 제정하거나 개정하거나 폐지할 것을 청구할 수 있다.
> ② 조례의 제정·개정 또는 폐지 청구의 청구권자·청구대상·청구요건 및 절차 등에 관한 사항은 따로 법률로 정한다.
> **주민조례발안에 관한 법률 제10조(청구인명부의 제출 등)** ① 대표자는 청구인명부에 서명(전자서명을 포함한다. 이하 같다)한 청구권자의 수가 제5조제1항에 따른 해당 지방자치단체의 조례로 정하는 청구권자 수 이상이 되면 제8조제1항에 따른 서명요청 기간이 지난 날부터 시·도의 경우에는 10일 이내에, 시·군 및 자치구의 경우에는 5일 이내에 지방의회의 의장에게 청구인명부를 제출하여야 한다.
> **주민조례발안에 관한 법률 제12조(청구의 수리 및 각하)** ① 지방의회의 의장은 다음 각 호의 어느 하나에 해당하는 경우로서 제4조, 제5조 및 제10조제1항(제11조제5항에서 준용하는 경우를 포함한다)에 따른 요건에 적합한 경우에는 주민조례청구를 수리하고, 요건에 적합하지 아니한 경우에는 주민조례청구를 각하하여야 한다. 이 경우 수리 또는 각하 사실을 대표자에게 알려야 한다.
> ③ 지방의회의 의장은 「지방자치법」 제76조제1항에도 불구하고 이 조 제1항에 따라 주민조례청구를 수리한 날부터 30일 이내에 지방의회의 의장 명의로 주민청구조례안을 발의하여야 한다.

④
> 대법원 1996.9.20., 선고, 95누8003, 판결
> 조례가 집행행위의 개입 없이도 그 자체로서 직접 국민의 구체적인 권리의무나 법적 이익에 영향을 미치는 등의 법률상 효과를 발생하는 경우 그 조례는 항고소송의 대상이 되는 행정처분에 해당하고, 이러한 조례에 대한 무효확인소송을 제기함에 있어서 행정소송법 제38조 제1항, 제13조에 의하여 피고적격이 있는 처분 등을 행한 행정청은, 행정주체인 지방자치단체 또는 지방자치단체의 내부적 의결기관으로서 지방자치단체의 의사를 외부에 표시한 권한이 없는 지방의회가 아니라, 구 지방자치법(1994. 3. 16. 법률 제4741호로 개정되기 전의 것) 제19조 제2항, 제92조에 의하여 지방자치단체의 집행기관으로서 조례로서의 효력을 발생시키는 공포권이 있는 지방자치단체의 장이다.

038

지방자치단체의 조례에 대한 설명으로 옳지 않은 것은? (다툼이 있는 경우 판례에 의함)

① 조례안재의결 무효확인소송에서의 심리대상은 지방의회에 재의를 요구할 당시 이의사항으로 지적되어 재의결에서 심의의 대상이 된 것에 국한된다.
② 특정사항에 관하여 국가법령이 이미 존재하지만 그 규정의 취지가 반드시 전국에 걸쳐 일률적인 규율을 하려는 것이 아니라 각 지방자치단체가 그 지방의 실정에 맞게 별도로 규율하는 것을 용인하고 있다고 해석될 경우, 조례가 국가법령에서 정하지 아니하는 사항을 규정하고 있다면 법령에 위반되는 것이라고 할 수 있다.
③ 조례에 위임할 사항은 헌법 제75조 소정의 행정입법에 위임할 사항보다 더 포괄적이어도 헌법에 반하지 않는다.
④ 조례가 집행행위의 개입 없이도 그 자체로서 직접 국민의 구체적인 권리의무나 법적 이익에 영향을 미치는 등의 법률상 효과를 발생하는 경우 그 조례는 항고소송의 대상이 되는 행정처분에 해당한다.

해설

① 대법원 2015.5.14., 선고, 2013추98, 판결
조례안재의결 무효확인소송에서의 심리대상은 지방자치단체의 장이 지방의회에 재의를 요구할 당시 이의사항으로 지적하여 재의결에서 심의의 대상이 된 것에 국한된다. 이러한 법리는 주무부장관이 지방자치법 제172조 제7항에 따라 지방의회의 의결에 대하여 직접 제소함에 따른 조례안의결 무효확인소송에도 마찬가지로 적용되므로, 조례안의결 무효확인소송의 심리대상은 주무부장관이 재의요구 요청에서 이의사항으로 지적한 것에 한정된다.

② 대법원 2000.11.24., 선고, 2000추29, 판결
지방자치법 제15조에서 말하는 '법령의 범위 안'이라는 의미는 '법령에 위반되지 아니하는 범위 안'이라는 의미로 풀이되는 것으로서, 특정 사항에 관하여 국가 법령이 이미 존재할 경우에도 그 규정의 취지가 반드시 전국에 걸쳐 일률적인 규율을 하려는 것이 아니라 각 지방자치단체가 그 지방의 실정에 맞게 별도로 규율하는 것을 용인하고 있다고 해석될 때에는 조례가 국가 법령에서 정하지 아니하는 사항을 규정하고 있다고 하더라도 이를 들어 법령에 위반되는 것이라고 할 수가 없다.

③ 헌재 전원재판부 2012헌바97, 2012.11.29.
조례에 대한 법률의 위임은 법규명령에 대한 법률의 위임과 같이 반드시 구체적으로 범위를 정하여 할 필요가 없으며 포괄적으로도 가능하다고 할 것이고, 이 사건 법률조항은 일정범위의 도시계획결정에 대한 권한의 주체를 위임했다고 봄이 상당하며, 위임의 방법 내지 한계를 일탈한 것이라고 할 수 없다.

038 ②

④ **대법원 1996.9.20., 선고, 95누8003, 판결**
조례가 집행행위의 개입 없이도 그 자체로서 직접 국민의 구체적인 권리의무나 법적 이익에 영향을 미치는 등의 법률상 효과를 발생하는 경우 그 조례는 항고소송의 대상이 되는 행정처분에 해당하고, 이러한 조례에 대한 무효확인소송을 제기함에 있어서 행정소송법 제38조 제1항, 제13조에 의하여 피고적격이 있는 처분 등을 행한 행정청은, 행정주체인 지방자치단체 또는 지방자치단체의 내부적 의결기관으로서 지방자치단체의 의사를 외부에 표시한 권한이 없는 지방의회가 아니라, 구 지방자치법 제19조 제2항, 제92조에 의하여 지방자치단체의 집행기관으로서 조례로서의 효력을 발생시키는 공포권이 있는 지방자치단체의 장이다.

039

2016 서울시 7급

다음 중 조례에 대한 내용으로 가장 옳은 것은?

① 조례는 행정입법의 성격을 갖기 때문에 법률우위의 원칙은 적용되지 않는다.
② 지방자치단체가 제정한 조례가 법령에 위반되는 경우에도 그 조례가 취소되기 전까지는 유효하다.
③ 헌법재판소는 법률이 주민의 권리의무에 관한 사항을 조례에 위임하는 경우 그 위임의 정도는 구체적 위임이어야 한다고 본다.
④ 기관위임사무에 있어서도 그에 관한 개별법령에서 일정한 사항을 조례로 정하도록 위임하고 있는 경우에는 그 범위 내에서 조례를 정할 수 있다.

해설

① COMMENT 모든 행정작용에는 법률우위의 원칙이 적용된다. 조례의 경우 법률우위의 원칙에 대한 명문규정이 존재한다(지방자치법 제28조).

> **제28조(조례)** 지방자치단체는 법령의 범위 안에서 그 사무에 관하여 조례를 제정할 수 있다. 다만, 주민의 권리 제한 또는 의무 부과에 관한 사항이나 벌칙을 정할 때에는 법률의 위임이 있어야 한다.

② COMMENT 행정입법에 대해서는 공정력이 인정되지 않는다. 따라서 조례가 법령에 위반될 경우 해당 조례는 무효가 된다.

> **대법원 2009.4.9., 선고, 2007추103, 판결**
> 지방자치법 제22조 본문은 "지방자치단체는 법령의 범위 안에서 그 사무에 관하여 조례를 제정할 수 있다"고 규정한다. 여기서 '법령의 범위 안에서'란 '법령에 위반되지 아니하는 범위 내에서'를 말하고, 지방자치단체가 제정한 조례가 법령에 위배되는 경우에는 효력이 없다.

039 ④

③
> **헌재 92헌마264, 1995.4.20.**
> 조례의 제정권자인 지방의회는 선거를 통해서 그 지역적인 민주적 정당성을 지니고 있는 주민의 대표기관이고 헌법이 지방자치단체에 포괄적인 자치권을 보장하고 있는 취지로 볼 때, 조례에 대한 법률의 위임은 법규명령에 대한 법률의 위임과 같이 반드시 구체적으로 범위를 정하여 할 필요가 없으며 포괄적인 것으로 족하다.

④
> **대법원 2000.5.30., 선고, 99추85, 판결**
> 지방자치법 제15조, 제9조에 의하면, 지방자치단체가 자치조례를 제정할 수 있는 사항은 지방자치단체의 고유사무인 자치사무와 개별법령에 의하여 지방자치단체에 위임된 단체위임사무에 한하는 것이고, 국가사무가 지방자치단체의 장에게 위임된 기관위임사무는 원칙적으로 자치조례의 제정범위에 속하지 않는다 할 것이고, 다만 기관위임사무에 있어서도 그에 관한 개별법령에서 일정한 사항을 조례로 정하도록 위임하고 있는 경우에는 위임받은 사항에 관하여 개별법령의 취지에 부합하는 범위 내에서 이른바 위임조례를 정할 수 있다.

040
2016 지방직 7급

지방자치법 상의 조례에 대한 설명으로 옳지 않은 것은? (다툼이 있는 경우 판례에 의함)

① 지방자치법 제28조 본문은 "지방자치단체는 법령의 범위 안에서 그 사무에 관하여 조례를 제정할 수 있다"고 규정한다. 여기서 '법령의 범위 안에서'란 '법령에 위반되지 아니하는 범위 내에서'를 말하고, 지방자치단체가 제정한 조례가 법령에 위배되는 경우에는 무효이다.
② 지방의회에 의하여 재의결된 조례안의 일부 규정이 법령에 위반된 이상, 다른 규정이 법령에 위반되지 아니한다고 하더라도 조례안에 대한 재의결은 그 효력을 모두 부정할 수밖에 없다.
③ 조례 제정권의 범위를 벗어나 국가사무를 대상으로 한 무효인 서울특별시행정권한위임조례의 규정에 근거하여 위임된 권한에 의해 구청장이 건설업영업정지처분을 한 경우, 그 처분은 결과적으로 적법한 위임 없이 권한 없는 자에 의하여 행하여진 것과 마찬가지가 되어 그 하자가 중대하고 명백하여 이러한 위법한 조례에 근거한 행정행위는 당연무효이다.
④ 특정 사항에 관하여 국가 법령이 이미 존재할 경우에도 그 규정의 취지가 반드시 전국에 걸쳐 일률적인 규율을 하려는 것이 아니라 각 지방자치단체가 그 지방의 실정에 맞게 별도로 규율하는 것을 용인하고 있다고 해석될 때에는, 조례가 국가 법령에서 정하지 아니하는 사항을 규정하고 있다고 하더라도 이를 들어 법령에 위반되는 것이라고 할 수가 없다.

해설

①
> **대법원 2009.4.9., 선고, 2007추103, 판결**
> 지방자치법 제22조 본문은 "지방자치단체는 법령의 범위 안에서 그 사무에 관하여 조례를 제정할 수 있다"고 규정한다. 여기서 '법령의 범위 안에서'란 '법령에 위반되지 아니하는 범위 내에서'를 말하고, 지방자치단체가 제정한 조례가 법령에 위배되는 경우에는 효력이 없다.

040 ③

② 대법원 1992.7.28., 선고, 92추31, 판결

의결의 일부에 대한 효력배제는 결과적으로 전체적인 의결의 내용을 변경하는 것에 다름 아니어서 의결기관인 지방의회의 고유권한을 침해하는 것이 될 뿐 아니라, 그 일부만의 효력배제는 자칫 전체적인 의결내용을 지방의회의 당초의 의도와는 다른 내용으로 변질시킬 우려가 있으며, 또 재의요구가 있는 때에는 재의요구에서 지적한 이의사항이 의결의 일부에 관한 것이라고 하여도 의결 전체가 실효되고 재의결만이 의결로서 효력을 발생하는 것이어서 의결의 일부에 대한 재의요구나 수정재의 요구가 허용되지 않는 점에 비추어 보아도 재의결의 내용 전부가 아니라 그 일부만이 위법한 경우에도 대법원은 의결 전부의 효력을 부인할 수밖에 없다.

③ 대법원 1995.7.11., 선고, 94누4615, 전원합의체판결

조례 제정권의 범위를 벗어나 국가사무를 대상으로 한 무효인 서울특별시행정권한위임조례의 규정에 근거하여 구청장이 건설업영업정지처분을 한 경우, 그 처분은 결과적으로 적법한 위임 없이 권한 없는 자에 의하여 행하여진 것과 마찬가지가 되어 그 하자가 중대하나, 지방자치단체의 사무에 관한 조례와 규칙은 조례가 보다 상위규범이라고 할 수 있고, 또한 헌법 제107조 제2항의 "규칙"에는 지방자치단체의 조례와 규칙이 모두 포함되는 등 이른바 규칙의 개념이 경우에 따라 상이하게 해석되는 점 등에 비추어 보면 위 처분의 위임 과정의 하자가 객관적으로 명백한 것이라고 할 수 없으므로 이로 인한 하자는 결국 당연무효사유는 아니라고 봄이 상당하다.

④ 대법원 1997.4.25., 선고, 96추244, 판결

지방자치단체는 법령에 위반되지 아니하는 범위 내에서 그 사무에 관하여 조례를 제정할 수 있는 것이고, 조례가 규율하는 특정사항에 관하여 그것을 규율하는 국가의 법령이 이미 존재하는 경우에도 조례가 법령과 별도의 목적에 기하여 규율함을 의도하는 것으로서 그 적용에 의하여 법령의 규정이 의도하는 목적과 효과를 전혀 저해하는 바가 없는 때, 또는 양자가 동일한 목적에서 출발한 것이라고 할지라도 국가의 법령이 반드시 그 규정에 의하여 전국에 걸쳐 일률적으로 동일한 내용을 규율하려는 취지가 아니고 각 지방자치단체가 그 지방의 실정에 맞게 별도로 규율하는 것을 용인하는 취지라고 해석되는 때에는 그 조례가 국가의 법령에 위반되는 것은 아니다.

041

2017 서울시 7급

「지방자치법」에 대한 설명으로 옳지 않은 것은? (다툼이 있는 경우 판례에 의함)

① 조례개폐청구권은 지방세 및 부담금 등의 부과·징수를 포함한 조례제정권이 미치는 모든 조례규정 사항을 대상으로 한다.
② 지방의회 의장에 대한 불신임의결은 의장으로서의 권한을 박탈하는 행정처분의 일종으로서 항고소송의 대상이 된다.
③ 조례안에 대해서 재의결이 이루어졌고 자치단체장이 재의결의 일부에 대해서만 소로써 무효를 주장하는 경우 재의결의 일부만의 효력을 부인하는 것은 허용되지 않으며 그 재의결 전부의 효력을 부인해야 한다.
④ 지방자치단체가 조례를 제정할 수 있는 것은 원칙적으로 자치사무와 단체위임사무에 한하며, 예외적으로 기관위임사무라도 개별법령에서 일정한 사항을 조례로 정하도록 위임하고 있는 경우에는 조례를 제정할 수 있다.

해설

① 지방자치법 제19조 제2항, 주민조례발안에 관한 법률 제4조

> **지방자치법 제19조(조례의 제정과 개정·폐지 청구)** ① 주민은 지방자치단체의 조례를 제정하거나 개정하거나 폐지할 것을 청구할 수 있다.
> ② 조례의 제정·개정 또는 폐지 청구의 청구권자·청구대상·청구요건 및 절차 등에 관한 사항은 따로 법률로 정한다.
>
> **주민조례발안에 관한 법률 제4조(주민조례청구 제외 대상)** 다음 각 호의 사항은 주민조례청구 대상에서 제외한다.
> 1. 법령을 위반하는 사항
> 2. 지방세·사용료·수수료·부담금을 부과·징수 또는 감면하는 사항
> 3. 행정기구를 설치하거나 변경하는 사항
> 4. 공공시설의 설치를 반대하는 사항

②
> 대법원 1994.10.11., 94두23, 결정
> 지방의회를 대표하고 의사를 정리하며 회의장 내의 질서를 유지하고 의회의 사무를 감독하며 위원회에 출석하여 발언할 수 있는 등의 직무권한을 가지는 지방의회 의장에 대한 불신임의결은 의장으로서의 권한을 박탈하는 행정처분의 일종으로서 항고소송의 대상이 된다.

③
> 대법원 1992.7.28., 선고, 92추31, 판결
> 의결의 일부에 대한 효력배제는 결과적으로 전체적인 의결의 내용을 변경하는 것에 다름 아니어서 의결기관인 지방의회의 고유권한을 침해하는 것이 될 뿐 아니라, 그 일부만의 효력배제는 자칫 전체적인 의결내용을 지방의회의 당초의 의도와는 다른 내용으로 변질시킬 우려가 있으며, 또 재의요구가 있는 때에는 재의요구에서 지적한 이의사항이 의결의 일부에 관한 것이라고 하여도 의결 전체가 실효되고 재의결만이 의결로서 효력을 발생하는 것이어서 의결의 일부에 대한 재의요구나 수정재의 요구가 허용되지 않는 점에 비추어 보아도 재의결의 내용 전부가 아니라 그 일부만이 위법한 경우에도 대법원은 의결 전부의 효력을 부인할 수밖에 없다.

041 ①

⑤ **대법원 1999.9.17., 선고, 99추30, 판결**

[1] 헌법 제117조 제1항과 지방자치법 제15조에 의하면 지방자치단체는 법령의 범위 안에서 그 사무에 관하여 자치조례를 제정할 수 있으나 이 때 사무란 지방자치법 제9조 제1항에서 말하는 지방자치단체의 자치사무와 법령에 의하여 지방자치단체에 속하게 된 단체위임사무를 가리키므로 지방자치단체가 자치조례를 제정할 수 있는 것은 원칙적으로 이러한 자치사무와 단체위임사무에 한하므로, 국가사무가 지방자치단체의 장에게 위임된 기관위임사무와 같이 지방자치단체의 장이 국가기관의 지위에서 수행하는 사무일 뿐 지방자치단체 자체의 사무라고 할 수 없는 것은 원칙적으로 자치조례의 제정범위에 속하지 않는다.

[2] 기관위임사무에 있어서도 그에 관한 개별 법령에서 일정한 사항을 조례로 정하도록 위임하고 있는 경우에는 지방자치단체의 자치조례 제정권과 무관하게 이른바 위임조례를 정할 수 있다고 하겠으나 이 때에도 그 내용은 개별 법령이 위임하고 있는 사항에 관한 것으로서 개별 법령의 취지에 부합하는 것이라야만 하고, 그 범위를 벗어난 경우에는 위임조례로서의 효력도 인정할 수 없다.

042

2018 지방직 7급

「**지방자치법**」에 대한 설명으로 옳지 않은 것은? (다툼이 있는 경우 판례에 의함)

① 지방자치단체의 사무에 관한 그 장의 명령이나 처분이 법령에 위반되거나 현저히 부당하여 공익을 해친다고 인정되면 시·군 및 자치구에 대하여는 시·도지사가 기간을 정하여 서면으로 시정할 것을 명하고, 그 기간에 이행하지 아니하면 이를 취소하거나 정지할 수 있는데, 이와 관련해서 시·군 및 구청장은 시·도지사의 시정명령의 취소를 구하는 소를 대법원에 제기할 수 없다.

② 지방자치단체의 자치사무가 당해 지방자치단체에 내부적인 효과만을 발생시키는 것이 아니라 그 사무로 인하여 다른 지방자치단체나 그 주민의 보호할 만한 가치가 있는 이익을 침해하는 경우에는 「지방자치법」에서 정한 분쟁조정 대상 사무가 될 수 있다.

③ 시·군 및 자치구의회에서 재의결된 사항이 법령에 위반된다고 판단됨에도 불구하고 해당 시장·군수 및 구청장이 소를 제기하지 아니하면 주무부장관은 해당 시장·군수 및 구청장에게 제소를 지시하거나 직접 제소할 수 있다.

④ 지방자치단체 상호 간이나 지방자치단체의 장 상호 간 사무를 처리할 때 의견이 달라 다툼이 생겨서 내린 행정안전부장관의 분쟁조정결정에 대해 지방자치단체가 불복하는 경우, 지방자치단체가 분쟁조정결정 자체의 취소를 구하는 소송을 대법원에 제기하는 것은 「지방자치법」상 허용되지 아니한다.

042 ③

■ 해설

① 「지방자치법」제188조 제6항

> **제188조(위법·부당한 명령·처분의 시정)** ① 지방자치단체의 사무에 관한 지방자치단체의 장(제103조 제2항에 따른 사무의 경우에는 지방의회의 의장을 말한다. 이하 이 조에서 같다)의 명령이나 처분이 법령에 위반되거나 현저히 부당하여 공익을 해친다고 인정되면 시·도에 대해서는 주무부장관이, 시·군 및 자치구에 대해서는 시·도지사가 기간을 정하여 서면으로 시정할 것을 명하고, 그 기간에 이행하지 아니하면 이를 취소하거나 정지할 수 있다.
> ⑤ 제1항부터 제4항까지의 규정에 따른 자치사무에 관한 명령이나 처분에 대한 주무부장관 또는 시·도지사의 시정명령, 취소 또는 정지는 법령을 위반한 것에 한정한다.
> ⑥ 지방자치단체의 장은 제1항, 제3항 또는 제4항에 따른 자치사무에 관한 명령이나 처분의 취소 또는 정지에 대하여 이의가 있으면 그 취소처분 또는 정지처분을 통보받은 날부터 15일 이내에 대법원에 소를 제기할 수 있다.

대법원 2014.2.27., 선고, 2012추183, 판결
지방교육자치에 관한 법률 제3조에 의하여 준용되는 지방자치법 제169조 제2항(편저자: 現 제188조 제6항)은 자치사무에 관한 명령이나 처분의 취소 또는 정지에 대하여서만 소를 제기할 수 있다고 규정하고, 주무부장관이 지방자치법 제169조 제1항(편저자: 現 제188조 제1항)에 따라 시·도에 대하여 행한 시정명령에 대하여도 대법원에 소를 제기할 수 있다는 규정을 두고 있지 않으므로, 시정명령의 취소를 구하는 소송은 허용되지 않는다.

②
대법원 2016.7.22., 선고, 2012추121, 판결
지방자치법 제148조 제1항, 제3항, 제4항의 내용 및 체계에다가 지방자치법이 분쟁조정절차를 둔 입법 취지가 지방자치단체 상호 간이나 지방자치단체의 장 상호 간 사무처리 과정에서 분쟁이 발생하는 경우 당사자의 신청 또는 직권으로 구속력 있는 조정절차를 진행하여 이를 해결하고자 하는 데 있는 점, 분쟁조정 대상에서 자치사무를 배제하고 있지 않은 점 등을 종합하면, 지방자치단체의 자치사무라도 당해 지방자치단체에 내부적인 효과만을 발생시키는 것이 아니라 그 사무로 인하여 다른 지방자치단체나 그 주민의 보호할 만한 가치가 있는 이익을 침해하는 경우에는 지방자치법 제148조에서 정한 분쟁조정 대상 사무가 될 수 있다.

③ **COMMENT** 주무부장관이 아니라 시·도지사가 제소를 지시하거나 직접 제소할 수 있다.

대법원 2016.9.22., 선고 2014추521 전원합의체 판결
(1) 이와 같은 지방의회 의결의 재의와 제소에 관한 지방자치법 제172조 제4항, 제6항의 문언과 입법 취지, 제·개정 연혁 및 지방자치법령의 체계 등을 종합적으로 고려하여 보면, 아래에서 보는 바와 같이 지방자치법 제172조 제4항, 제6항에서 지방의회 재의결에 대하여 제소를 지시하거나 직접 제소할 수 있는 주체로 규정된 '주무부장관이나 시·도지사'는 시·도에 대하여는 주무부장관을, 시·군 및 자치구에 대하여는 시·도지사를 각 의미한다고 해석하는 것이 타당하다.
주무부장관의 경우 재의요구 지시 권한과 상관없이 모든 지방의회의 재의결에 대한 제소 등 권한이 있다고 본다면 시·군 및 자치구의회의 재의결에 관하여는 주무부장관과 시·도지사의 제소 등 권한이 중복됨에도 지방자치법은 그 상호관계를 규율하는 규정을 두고 있지 아니하다. 이는 주무부장관과 시·도지사의 지도·감독 권한이 중복되는 경우에 관한 지방자치법 제163조 제1항 및 제167조 제1항이 '1차로 시·도지사의, 2차로 행정안전부장관 또는 주무부장관의 지도·감독을 받는다'는 명시적인 규정을 두어 중복되는 권한 사이의 상호관계를 규율하고 있는 입법태도와 명백하게 다르다.
…중략…
피고의 이 사건 조례안 재의결에 대하여는 인천광역시장이 강화군수에게 제소를 지시하거나 직접 제소할 수 있을 뿐, 원고(편저자: 주무부장관인 행정자치부장관)가 강화군수에게 제소를 지시하거나 직접 제소할 수는 없다고 할 것이므로, 이 사건 소는 법률상 근거가 없는 소로서 부적법하다.

④
대법원 2015.9.24., 선고, 2014추613, 판결
지방자치법 제148조 제4항, 제7항, 제170조 제3항의 내용과 체계, 지방자치법 제148조 제1항에 따른 지방자치단체 또는 지방자치단체의 장 상호 간 분쟁에 대한 조정결정(이하 '분쟁조정결정'이라 한다)의 법적 성격 및 분쟁조정결정과 이행명령 사이의 관계 등에 비추어 보면, 행정안전부장관이나 시·도지사의 분쟁조정결정에 대하여는 후속의 이행명령을 기다려 대법원에 이행명령을 다투는 소를 제기한 후 그 사건에서 이행의무의 존부와 관련하여 분쟁조정결정의 위법까지 함께 다투는 것이 가능할 뿐, 별도로 분쟁조정결정 자체의 취소를 구하는 소송을 대법원에 제기하는 것은 지방자치법상 허용되지 아니한다. 나아가 분쟁조정결정은 상대방이나 내용 등에 비추어 행정소송법상 항고소송의 대상이 되는 처분에 해당한다고 보기 어려우므로, 통상의 항고소송을 통한 불복의 여지도 없다.

043

2020 군무원 7급

「지방자치법」에 대한 설명으로 옳지 않은 것은? (다툼이 있는 경우 판례에 의함)

① 국가사무가 지방자치단체의 장에게 위임된 기관위임사무와 같이 지방자치단체의 장이 국가기관의 지위에서 수행하는 사무라고 할 수 있는 것은 원칙적으로 자치조례의 제정범위에 속한다.
② 지방자치단체는 법인으로 한다.
③ 지방자치단체는 법령이나 상급 지방자치단체의 조례를 위반하여 그 사무를 처리할 수 없다.
④ 지방자치단체는 조례를 위반한 행위에 대하여 조례로써 1천만원 이하의 과태료를 정할 수 있다.

해설

① 대법원 1999.9.17., 선고, 99추30, 판결
헌법 제117조 제1항과 지방자치법 제15조에 의하면 지방자치단체는 법령의 범위 안에서 그 사무에 관하여 자치조례를 제정할 수 있으나 이 때 사무란 지방자치법 제9조 제1항에서 말하는 지방자치단체의 자치사무와 법령에 의하여 지방자치단체에 속하게 된 단체위임사무를 가리키므로 지방자치단체가 자치조례를 제정할 수 있는 것은 원칙적으로 이러한 자치사무와 단체위임사무에 한하므로, 국가사무가 지방자치단체의 장에게 위임된 기관위임사무와 같이 지방자치단체의 장이 국가기관의 지위에서 수행하는 사무일 뿐 지방자치단체 자체의 사무라고 할 수 없는 것은 원칙적으로 자치조례의 제정범위에 속하지 않는다.

② 「지방자치법」 제3조 제1항

> **제3조(지방자치단체의 법인격과 관할)** ① 지방자치단체는 법인으로 한다.

③ 동법 제30조

> **제30조(조례와 규칙의 입법한계)** 시·군 및 자치구의 조례나 규칙은 시·도의 조례나 규칙을 위반하여서는 아니 된다.

④ 동법 제34조 제1항

> **제34조(조례위반에 대한 과태료)** ① 지방자치단체는 조례를 위반한 행위에 대하여 조례로써 1천만원 이하의 과태료를 정할 수 있다.
> ② 제1항에 따른 과태료는 해당 지방자치단체의 장이나 그 관할 구역의 지방자치단체의 장이 부과·징수한다.

044

2020 국회직 8급

지방자치에 대한 설명으로 옳은 것만을 <보기>에서 모두 고른 것은? (다툼이 있는 경우 판례에 의함)

> ㄱ. 「지방자치법」상 지방의회에서 의결할 의안은 지방자치단체의 장이나 재적의원 5분의 1 이상 또는 의원 20명 이상의 연서로 발의한다.
> ㄴ. 「지방자치법」상 시·도가 처리하는 것으로 되어 있는 사무를 제외한 사무는 기초지방자치단체(시·군 및 자치구)의 사무로 한다. 다만, 인구 50만 이상의 시에 대하여는 도가 처리하는 사무의 일부를 직접 처리하게 할 수 있다.
> ㄷ. 「지방자치법」상 지방자치단체 및 그 장이 위임받아 처리하는 국가사무와 시·도의 사무에 대하여 국회와 시·도의회가 직접 감사하기로 한 사무 외에는 그 감사를 각각 해당 시·도의회와 시·군 및 자치구의회가 할 수 있다.
> ㄹ. 담배소매업을 영위하는 주민들에게 자판기 설치를 제한하는 것을 내용으로 하는 조례는 주민의 권리·의무에 관한 사항을 규율하는 조례라고 할 수 있으므로 지방자치단체가 이러한 조례를 제정함에 있어서는 법률의 위임을 필요로 한다.

① ㄱ, ㄴ
② ㄴ, ㄷ
③ ㄷ, ㄹ
④ ㄱ, ㄴ, ㄷ
⑤ ㄴ, ㄷ, ㄹ

해설

ㄱ. **COMMENT** 출제 당시 지방자치법 상으로도 틀린 지문이고 현행 지방자치법에 의하더라도 틀린 지문이다.

> **舊 지방자치법 제66조(의안의 발의)** ① 지방의회에서 의결할 의안은 <u>지방자치단체의 장</u>이나 <u>재적의원 5분의 1 이상</u> 또는 <u>의원 10명 이상</u>의 연서로 발의한다.
> ② <u>위원회</u>는 그 직무에 속하는 사항에 관하여 의안을 제출할 수 있다.
>
> **現 지방자치법 제76조(의안의 발의)** ① 지방의회에서 의결할 의안은 <u>지방자치단체의 장</u>이나 <u>조례로 정하는 수 이상의 지방의회의원의 찬성</u>으로 발의한다.
> ② <u>위원회</u>는 그 직무에 속하는 사항에 관하여 의안을 제출할 수 있다.
> ※ 조례로 정하는 수는 각 지방자치단체마다 상이하지만 대체로 재적 지방의회의원 수 5분의 1이상의 연서로 발의하는 것으로 규정되어 있다.

ㄴ. 동법 제14조 제1항

> **제14조(지방자치단체의 종류별 사무배분기준)** ① 제13조에 따른 지방자치단체의 사무를 지방자치단체의 종류별로 배분하는 기준은 다음 각 호와 같다. 다만, 제13조 제2항 제1호의 사무는 각 지방자치단체에 공통된 사무로 한다.
> 1. 시·도
>   가. 행정처리 결과가 2개 이상의 시·군 및 자치구에 미치는 광역적 사무
>   나. 시·도 단위로 동일한 기준에 따라 처리되어야 할 성질의 사무
>   다. 지역적 특성을 살리면서 시·도 단위로 통일성을 유지할 필요가 있는 사무
>   라. 국가와 시·군 및 자치구 사이의 연락·조정 등의 사무
>   마. 시·군 및 자치구가 독자적으로 처리하기에 부적당한 사무
>   바. 2개 이상의 시·군 및 자치구가 공동으로 설치하는 것이 적당하다고 인정되는 규모의 시설을 설치하고 관리하는 사무
> 2. 시·군 및 자치구
>   제1호에서 시·도가 처리하는 것으로 되어 있는 사무를 제외한 사무. 다만, 인구 50만 이상의 시에 대하여는 도가 처리하는 사무의 일부를 직접 처리하게 할 수 있다.

ㄷ. 동법 제49조 제3항

> **제49조(행정사무 감사권 및 조사권)** ③ 지방자치단체 및 그 장이 위임받아 처리하는 국가사무와 시·도의 사무에 대하여 국회와 시·도의회가 직접 감사하기로 한 사무 외에는 그 감사를 각각 해당 시·도의회와 시·군 및 자치구의회가 할 수 있다. 이 경우 국회와 시·도의회는 그 감사결과에 대하여 그 지방의회에 필요한 자료를 요구할 수 있다.

ㄹ.

> 92헌마264, 1995.4.20.
> 이 사건 조례들은 담배소매업을 영위하는 주민들에게 자판기 설치를 제한하는 것을 내용으로 하고 있으므로 주민의 직업선택의 자유 특히 직업수행의 자유를 제한하는 것이 되어 지방자치법 제15조 단서 소정의 주민의 권리의무에 관한 사항을 규율하는 조례라고 할 수 있으므로 지방자치단체가 이러한 조례를 제정함에 있어서는 법률의 위임을 필요로 한다.

045

2009 지방직 7급

조례에 관한 설명으로 옳지 않은 것은?

① 시·군 및 자치구의 조례나 규칙은 시·도의 조례나 규칙을 위반해서는 안 된다.
② 지방자치단체가 세 자녀 이상의 세대 중 세 번째 이후의 자녀에게 양육비 등을 지원하는 조례제정에 개별적 법률위임이 따로 필요하지 않다.
③ 조례가 규율하는 특정한 사항에 관하여 그것을 규율하는 국가의 법령이 이미 존재하는 경우에 조례가 법령규정의 목적과 효과를 전혀 저해하는 바가 없더라도 그 조례는 국가의 법령에 위반된다.
④ 지방자치단체의 장은 지방의회가 재의결한 사항이 법령에 위반된다고 판단한 경우 대법원에 소를 제기할 수 있다.

해설

① 지방자치법 제30조

> **제30조(조례와 규칙의 입법한계)** 시·군 및 자치구의 조례나 규칙은 시·도의 조례나 규칙을 위반하여서는 아니 된다.

②
> 대법원 2006.10.12., 선고, 2006추38, 판결
> 지방자치법 제15조에 의하면 지방자치단체는 그 내용이 주민의 권리의 제한 또는 의무의 부과에 관한 사항이거나 벌칙에 관한 사항이 아닌 한 법률의 위임이 없더라도 그의 사무에 관하여 조례를 제정할 수 있는바, 지방자치단체의 세자녀 이상 세대 양육비 등 지원에 관한 조례안은 저출산 문제의 국가적·사회적 심각성을 십분 감안하여 향후 지방자치단체의 출산을 적극 장려토록 하여 인구정책을 보다 전향적으로 실효성 있게 추진하고자 세 자녀 이상 세대 중 세 번째 이후 자녀에게 양육비 등을 지원할 수 있도록 하는 것으로서, 위와 같은 사무는 지방자치단체 고유의 자치사무 중 주민의 복지증진에 관한 사무를 규정한 지방자치법 제9조 제2항 제2호 (라)목에서 예시하고 있는 아동·청소년 및 부녀의 보호와 복지증진에 해당되는 사무이고, 또한 위 조례안에는 주민의 편의 및 복리증진에 관한 내용을 담고 있어 그 제정에 있어서 반드시 법률의 개별적 위임이 따로 필요한 것은 아니다.

③
> 대법원 1997.4.25., 선고, 96추244, 판결
> 지방자치단체는 법령에 위반되지 아니하는 범위 내에서 그 사무에 관하여 조례를 제정할 수 있는 것이고, 조례가 규율하는 특정사항에 관하여 그것을 규율하는 국가의 법령이 이미 존재하는 경우에도 조례가 법령과 별도의 목적에 기하여 규율함을 의도하는 것으로서 그 적용에 의하여 법령의 규정이 의도하는 목적과 효과를 전혀 저해하는 바가 없는 때, 또는 양자가 동일한 목적에서 출발한 것이라고 할지라도 국가의 법령이 반드시 그 규정에 의하여 전국에 걸쳐 일률적으로 동일한 내용을 규율하려는 취지가 아니고 각 지방자치단체가 그 지방의 실정에 맞게 별도로 규율하는 것을 용인하는 취지라고 해석되는 때에는 그 조례가 국가의 법령에 위반되는 것은 아니다.

045 ③

④ 동법 제120조 제1항, 제3항, 제192조 제4항

> **제120조(지방의회의 의결에 대한 재의요구와 제소)** ① 지방자치단체의 장은 지방의회의 의결이 월권이거나 법령에 위반되거나 공익을 현저히 해친다고 인정되면 그 의결사항을 이송받은 날부터 20일 이내에 이유를 붙여 재의를 요구할 수 있다.
> ② 제1항의 요구에 대하여 재의한 결과 재적의원 과반수의 출석과 출석의원 3분의 2 이상의 찬성으로 전과 같은 의결을 하면 그 의결사항은 확정된다.
> ③ 지방자치단체의 장은 제2항에 따라 재의결된 사항이 법령에 위반된다고 인정되면 대법원에 소(訴)를 제기할 수 있다. 이 경우에는 제192조제4항을 준용한다.
>
> **제192조(지방의회 의결의 재의와 제소)** ① 지방의회의 의결이 법령에 위반되거나 공익을 현저히 해친다고 판단되면 시·도에 대해서는 주무부장관이, 시·군 및 자치구에 대해서는 시·도지사가 해당 지방자치단체의 장에게 재의를 요구하게 할 수 있고, 재의 요구 지시를 받은 지방자치단체의 장은 의결사항을 이송받은 날부터 20일 이내에 지방의회에 이유를 붙여 재의를 요구하여야 한다.
> ② 시·군 및 자치구의회의 의결이 법령에 위반된다고 판단됨에도 불구하고 시·도지사가 제1항에 따라 재의를 요구하게 하지 아니한 경우 주무부장관이 직접 시장·군수 및 자치구의 구청장에게 재의를 요구하게 할 수 있고, 재의 요구 지시를 받은 시장·군수 및 자치구의 구청장은 의결사항을 이송받은 날부터 20일 이내에 지방의회에 이유를 붙여 재의를 요구하여야 한다.
> ③ 제1항 또는 제2항의 요구에 대하여 재의한 결과 재적의원 과반수의 출석과 출석의원 3분의 2 이상의 찬성으로 전과 같은 의결을 하면 그 의결사항은 확정된다.
> ④ 지방자치단체의 장은 제3항에 따라 재의결된 사항이 법령에 위반된다고 판단되면 재의결된 날부터 20일 이내에 대법원에 소를 제기할 수 있다. 이 경우 필요하다고 인정되면 그 의결의 집행을 정지하게 하는 집행정지결정을 신청할 수 있다.

046

2017 하반기 국가직 7급

지방자치단체의 조례에 대한 설명으로 옳지 않은 것은? (다툼이 있는 경우 판례에 의함)

① 지방자치단체장의 권한으로 정하고 있는 자체평가업무에 대한 사항에 대하여 지방의회가 견제의 범위 내에서 소극적·사후적으로 개입한 정도가 아니라 사전에 적극적으로 개입하는 내용을 지방자치단체의 조례로 정하는 것은 허용되지 않는다.
② 「지방자치법」상 주민투표의 실시 여부는 지방자치단체장의 재량에 맡겨져 있다 하더라도, 지방의회가 특정한 사항에 대하여 일정한 기간 내에 반드시 주민투표를 실시하도록 규정한 조례안은 지방자치단체장의 고유권한을 침해하는 것이 아니다.
③ 지방의회가 선임한 검사위원이 결산에 대한 검사 결과, 필요한 경우 검사의견서에 지방자치단체장에 대한 추징, 환수, 변상 등의 시정조치에 관한 의견을 담을 수 있는 등의 개정조례안은 지방의회가 법령에 의해 주어진 권한의 범위를 넘어서 집행기관의 고유권한을 침해하는 것으로 허용될 수 없다.
④ 지방자치단체가 조례를 제정함에 있어 그 내용이 주민의 권리제한 또는 의무부과에 관한 사항이나 벌칙인 경우에는 법률의 위임이 있어야 하므로, 법률의 위임 없이 주민의 권리제한 또는 의무부과에 관한 사항을 정한 조례는 효력이 없다.

🔒 046 ②

해설

① 대법원 2007.2.9., 선고, 2006추45, 판결
정부업무평가기본법 제18조에서 지방자치단체의 장의 권한으로 정하고 있는 자체평가업무에 관한 사항에 대하여 지방의회가 견제의 범위 내에서 소극적·사후적으로 개입한 정도가 아니라 사전에 적극적으로 개입하는 내용을 지방자치단체의 조례로 정하는 것은 허용되지 않는다.

② 대법원 2002.4.26., 선고, 2002추23, 판결
지방자치법은 지방의회와 지방자치단체의 장에게 독자적 권한을 부여하고 상호 견제와 균형을 이루도록 하고 있으므로, 법률에 특별한 규정이 없는 한 조례로써 견제의 범위를 넘어서 고유권한을 침해하는 규정을 둘 수 없다 할 것인바, 위 지방자치법 제13조의2 제1항에 의하면, 주민투표의 대상이 되는 사항이라 하더라도 주민투표의 시행 여부는 지방자치단체의 장의 임의적 재량에 맡겨져 있음이 분명하므로, 지방자치단체의 장의 재량으로서 투표실시 여부를 결정할 수 있도록 한 법규정에 반하여 지방의회가 조례로 정한 특정한 사항에 관하여는 일정한 기간 내에 반드시 투표를 실시하도록 규정한 조례안은 지방자치단체의 장의 고유권한을 침해하는 규정이다.

③ 대법원 2009.4.9, 선고, 2007추103, 판결
지방의회가 선임한 검사위원이 결산에 대한 검사 결과, 필요한 경우 결산검사의견서에 추징, 환수, 변상 및 책임공무원에 대한 징계 등의 시정조치에 관한 의견을 담을 수 있고, 그 의견에 대하여 시장이 시정조치 결과나 시정조치 계획을 의회에 알리도록 하는 내용의 개정조례안은, 사실상 지방의회가 단체장에 대하여 직접 추징 등이나 책임공무원에 대한 징계 등을 요구하는 것으로서 지방의회가 법령에 의하여 주어진 권한의 범위를 넘어서 집행기관에 대하여 새로운 견제장치를 만드는 것에 해당하여 위법하다고 한 사례.

④ 대법원 2012.11.22., 선고, 2010두19270, 전원합의체 판결
지방자치법 제22조, 행정규제기본법 제4조 제3항에 의하면 지방자치단체가 조례를 제정함에 있어 그 내용이 주민의 권리제한 또는 의무부과에 관한 사항이나 벌칙인 경우에는 법률의 위임이 있어야 하므로, 법률의 위임 없이 주민의 권리제한 또는 의무부과에 관한 사항을 정한 조례는 효력이 없다.

047

2013 서울시 7급

조례에 대한 설명 중 옳지 않은 것은?

① 판례는 지방자치단체의 사무에 관한 조례와 규칙 중 조례가 상위규범이라고 한다.
② 지방자치단체의 장은 조례안에 대해 이의가 있으면 이유를 붙여 일부환부나 수정환부를 할 수 있다.
③ 지방의회는 새로운 재정부담이 따르는 조례나 안건을 의결하려면 미리 지방자치단체의 장의 의견을 들어야 한다.
④ 판례는 헌법 제117조 제1항에서 규정하는 법령에는 법규명령으로서 기능하는 행정규칙이 포함된다고 한다.
⑤ 판례는 기관위임사무에 있어서도 그에 관한 개별법령에서 일정한 사항을 조례로 정하도록 위임하고 있는 경우에는 그 범위 내에서 위임조례를 제정할 수 있다고 한다.

해설

①
> 대법원 1995.8.22., 선고, 94누5694, 전원합의체 판결
> 무효인 서울특별시행정권한위임조례의 규정에 근거한 관리처분계획의 인가 등 처분은 결과적으로 적법한 위임 없이 권한 없는 자에 의하여 행하여진 것과 마찬가지가 되어 그 하자가 중대하나, 지방자치단체의 사무에 관한 조례와 규칙은 조례가 보다 상위규범이라고 할 수 있고, 또한 헌법 제107조 제2항의 "규칙"에는 지방자치단체의 조례와 규칙이 모두 포함되는 등 이른바 규칙의 개념이 경우에 따라 상이하게 해석되는 점 등에 비추어 보면, 위 처분의 위임과정의 하자가 객관적으로 명백한 것이라고 할 수 없으므로 결국 당연무효 사유는 아니라고 봄이 상당하다고 한 사례.

② 지방자치법 제32조 제3항 단서

> **제32조(조례와 규칙의 제정 절차 등)** ① 조례안이 지방의회에서 의결되면 지방의회의 의장은 의결된 날부터 5일 이내에 그 지방자치단체의 장에게 이송하여야 한다.
> ② 지방자치단체의 장은 제1항의 조례안을 이송받으면 20일 이내에 공포하여야 한다.
> ③ 지방자치단체의 장은 이송받은 조례안에 대하여 이의가 있으면 제2항의 기간에 이유를 붙여 지방의회로 환부(還付)하고, 재의(再議)를 요구할 수 있다. 이 경우 지방자치단체의 장은 조례안의 일부에 대하여 또는 조례안을 수정하여 재의를 요구할 수 없다.

③ 지방자치법 제148조

> **제148조(재정부담이 따르는 조례 제정 등)** 지방의회는 새로운 재정부담이 따르는 조례나 안건을 의결하려면 미리 지방자치단체의 장의 의견을 들어야 한다.

④ 헌법 제117조 제1항

> **제117조** ① 지방자치단체는 주민의 복리에 관한 사무를 처리하고 재산을 관리하며, 법령의 범위안에서 자치에 관한 규정을 제정할 수 있다.

047 ②

헌재 전원재판부 2001헌라1, 2002.10.31.
헌법 제117조 제1항에서 규정하고 있는 '법령'에 법률 이외에 헌법 제75조 및 제95조 등에 의거한 '대통령령', '총리령' 및 '부령'과 같은 법규명령이 포함되는 것은 물론이지만, 헌법재판소의 "법령의 직접적인 위임에 따라 수임행정기관이 그 법령을 시행하는데 필요한 구체적 사항을 정한 것이면, 그 제정형식은 비록 법규명령이 아닌 고시, 훈령, 예규 등과 같은 행정규칙이더라도, 그것이 상위법령의 위임한계를 벗어나지 아니하는 한, 상위법령과 결합하여 대외적인 구속력을 갖는 법규명령으로서 기능하게 된다고 보아야 한다"고 판시 한 바에 따라, 헌법 제117조 제1항에서 규정하는 '법령'에는 법규명령으로서 기능하는 행정규칙이 포함된다.

⑤ 지방자치법 제28조

> **제28조(조례)** 지방자치단체는 법령의 범위 안에서 그 사무에 관하여 조례를 제정할 수 있다. 다만, 주민의 권리 제한 또는 의무 부과에 관한 사항이나 벌칙을 정할 때에는 법률의 위임이 있어야 한다.

대법원 2000.5.30., 선고, 99추85, 판결
지방자치법 제15조, 제9조에 의하면, 지방자치단체가 자치조례를 제정할 수 있는 사항은 지방자치단체의 고유사무인 자치사무와 개별법령에 의하여 지방자치단체에 위임된 단체위임사무에 한하는 것이고, 국가사무가 지방자치단체의 장에게 위임된 기관위임사무는 원칙적으로 자치조례의 제정범위에 속하지 않는다 할 것이고, 다만 기관위임사무에 있어서도 그에 관한 개별법령에서 일정한 사항을 조례로 정하도록 위임하고 있는 경우에는 위임받은 사항에 관하여 개별법령의 취지에 부합하는 범위 내에서 이른바 위임조례를 정할 수 있다.

048

2011 국가직 7급

A도의 도의회가 학교급식을 위해 국내 우수농산물을 사용하는 자에게 식재료나 구입비의 일부를 지원하는 것 등을 내용으로 하는 조례안을 의결하였다. 이와 관련한 설명으로 옳지 않은 것은?

① A도의 도지사는 지방의회에서 의결한 조례안이 법령에 위반된다고 인정되면 지방의회에 재의를 요구할 수 있다.
② A도의 도지사의 재의요구에 대하여 재의한 결과 재적의원 과반수의 출석과 출석의원 3분의 2이상의 찬성으로 전과 같은 의결을 하면 그 의결사항은 확정된다.
③ A도의 도지사는 재의결된 사항이 공익을 현저히 해친다고 인정되면 대법원에 소를 제기할 수 있다.
④ 판례는 위와 같은 조례안이 「1994년 관세 및 무역에 관한 일반협정(General Agreement on Tariffs and Trade 1994)」에 위반되어 그 효력이 없다고 하였다.

048 ③

■ 해설

①, ② COMMENT 조례안에 대한 재의요구의 이유에는 제한이 없다(지방자치법 제32조 제3항).

> **제32조(조례와 규칙의 제정 절차 등)** ① 조례안이 지방의회에서 의결되면 지방의회의 의장은 의결된 날부터 5일 이내에 그 지방자치단체의 장에게 이송하여야 한다.
> ② 지방자치단체의 장은 제1항의 조례안을 이송받으면 20일 이내에 공포하여야 한다.
> ③ 지방자치단체의 장은 이송받은 조례안에 대하여 이의가 있으면 제2항의 기간에 이유를 붙여 지방의회로 환부(還付)하고, 재의(再議)를 요구할 수 있다. 이 경우 지방자치단체의 장은 조례안의 일부에 대하여 또는 조례안을 수정하여 재의를 요구할 수 없다.
> ④ 지방의회는 제3항에 따라 재의 요구를 받으면 조례안을 재의에 부치고 재적의원 과반수의 출석과 출석의원 3분의 2 이상의 찬성으로 전(前)과 같은 의결을 하면 그 조례안은 조례로서 확정된다.

③ COMMENT 재의결된 사항이 '법령에 위반되는 경우에만' 대법원에 소를 제기할 수 있다(동법 제120조 제3항).

> **제120조(지방의회의 의결에 대한 재의요구와 제소)** ① 지방자치단체의 장은 지방의회의 의결이 월권이거나 법령에 위반되거나 공익을 현저히 해친다고 인정되면 그 의결사항을 이송받은 날부터 20일 이내에 이유를 붙여 재의를 요구할 수 있다.
> ② 제1항의 요구에 대하여 재의한 결과 재적의원 과반수의 출석과 출석의원 3분의 2 이상의 찬성으로 전과 같은 의결을 하면 그 의결사항은 확정된다.
> ③ 지방자치단체의 장은 제2항에 따라 재의결된 사항이 법령에 위반된다고 인정되면 대법원에 소(訴)를 제기할 수 있다. 이 경우에는 제192조제4항을 준용한다.

④
> 대법원 2005.9.9., 선고, 2004추10, 판결
> 특정 지방자치단체의 초·중·고등학교에서 실시하는 학교급식을 위해 위 지방자치단체에서 생산되는 우수 농수축산물과 이를 재료로 사용하는 가공식품(이하 '우수농산물'이라고 한다)을 우선적으로 사용하도록 하고 그러한 우수농산물을 사용하는 자를 선별하여 식재료나 식재료 구입비의 일부를 지원하며 지원을 받은 학교는 지원금을 반드시 우수농산물을 구입하는 데 사용하도록 하는 것을 내용으로 하는 위 지방자치단체의 조례안이 내국민대우원칙을 규정한 '1994년 관세 및 무역에 관한 일반협정'(General Agreement on Tariffs and Trade 1994)에 위반되어 그 효력이 없다고 한 사례.

049

2010 지방직 7급

지방자치단체의 조례에 관한 설명으로 옳지 않은 것은?

① 지방자치단체의 장은 지방자치법 제192조 제3항에 따라 재의결된 사항이 법령에 위반되거나 공익을 현저히 해친다고 판단되면 재의결된 날부터 20일 이내에 대법원에 소를 제기할 수 있다.
② 지방의회의 의결이 법령에 위반되거나 공익을 현저히 해친다고 판단되면 시·도에 대하여는 주무부장관이, 시·군 및 자치구에 대하여는 시·도지사가 재의를 요구하게 할 수 있고, 재의요구를 받은 지방자치단체의 장은 의결사항을 이송받은 날부터 20일 이내에 지방의회에 이유를 붙여 재의를 요구하여야 한다.
③ 대법원은 재의결의 내용 전부가 아니라 그 일부만이 위법한 경우에도 재의결 전부의 효력을 부인할 수밖에 없다고 판시한 바 있다.
④ 조례안이 지방의회에서 의결되면 의장은 의결된 날부터 5일 이내에 그 지방자치단체의 장에게 이를 이송하여야 한다.

해설

①, ② COMMENT 공익을 현저히 해치는 경우에는 재의요구는 가능하나(동법 제192조 제1항), 제소는 법령에 위반되는 경우에 한정된다(동조 제4항).

> **제192조(지방의회 의결의 재의와 제소)** ① 지방의회의 의결이 법령에 위반되거나 공익을 현저히 해친다고 판단되면 시·도에 대해서는 주무부장관이, 시·군 및 자치구에 대해서는 시·도지사가 해당 지방자치단체의 장에게 재의를 요구하게 할 수 있고, 재의 요구 지시를 받은 지방자치단체의 장은 의결사항을 이송받은 날부터 20일 이내에 지방의회에 이유를 붙여 재의를 요구하여야 한다.
> ② 시·군 및 자치구의회의 의결이 법령에 위반된다고 판단됨에도 불구하고 시·도지사가 제1항에 따라 재의를 요구하게 하지 아니한 경우 주무부장관이 직접 시장·군수 및 자치구의 구청장에게 재의를 요구하게 할 수 있고, 재의 요구 지시를 받은 시장·군수 및 자치구의 구청장은 의결사항을 이송받은 날부터 20일 이내에 지방의회에 이유를 붙여 재의를 요구하여야 한다.
> ③ 제1항 또는 제2항의 요구에 대하여 재의한 결과 재적의원 과반수의 출석과 출석의원 3분의 2 이상의 찬성으로 전과 같은 의결을 하면 그 의결사항은 확정된다.
> ④ 지방자치단체의 장은 제3항에 따라 재의결된 사항이 법령에 위반된다고 판단되면 재의결된 날부터 20일 이내에 대법원에 소를 제기할 수 있다. 이 경우 필요하다고 인정되면 그 의결의 집행을 정지하게 하는 집행정지결정을 신청할 수 있다.

049 ①

지방의회 의결에 대한 불복수단

구분	제32조에 의한 재의요구	제120조 및 제121조에 의한 재의요구	제192조에 의한 재의요구
재의요구 대상요건	조례안	지방의회 의결	지방의회 의결
재의요구 요건	이의가 있을 때	• 월권·법령위반 또는 공익을 현저히 해한다고 인정할 때 • 예산상 집행 불가능한 경비의 의결, 또는 의무비·응급복구비 등의 삭감	법령에 위반되거나 공익을 현저히 해한다고 판단될 때
재의 요구권자	지방자치단체의 장	좌동	상급기관의 요구에 따라 지방자치단체의 장
재의요구 기간	조례안 이송일로부터 20일 이내	의결사항을 송부받은 날부터 20일 이내	의결사항을 이송받은 날부터 20일 이내
일부 또는 수정재의 요구	불허	좌동	명문규정 없음 (제32조와 같이 해석)
의결정족수	재적의원 과반수 출석, 출석의원 2/3이상 찬성	좌동	좌동
대법원 제소	명문규정 없음 (제120조, 제121조 및 제192조와 같이 해석)	재의결 사항이 법령에 위반된다고 인정되는 경우 재의결된 날부터 20일 이내	• 재의결된 사항이 법령에 위반된다고 판단되면 재의결된 날부터 20일 이내 • 상급기관이 제소지시하거나 직접 제소

③
> 대법원 1992.7.28., 선고, 92추31, 판결
> 의결의 일부에 대한 효력배제는 결과적으로 전체적인 의결의 내용을 변경하는 것에 다름 아니어서 의결기관인 지방의회의 고유권한을 침해하는 것이 될 뿐 아니라, 그 일부만의 효력배제는 자칫 전체적인 의결내용을 지방의회의 당초의 의도와는 다른 내용으로 변질시킬 우려가 있으며, 또 재의요구가 있는 때에는 재의요구에서 지적한 이의사항이 의결의 일부에 관한 것이라고 하여도 의결 전체가 실효되고 재의결만이 의결로서 효력을 발생하는 것이어서 의결의 일부에 대한 재의요구나 수정재의 요구가 허용되지 않는 점에 비추어 보아도 <u>재의결의 내용 전부가 아니라 그 일부만이 위법한 경우에도 대법원은 의결 전부의 효력을 부인할 수밖에 없다.</u>

④ 동법 제32조 제1항

> **제32조(조례와 규칙의 제정 절차 등)** ① 조례안이 지방의회에서 의결되면 의장은 의결된 날부터 5일 이내에 그 지방자치단체의 장에게 이를 이송하여야 한다.

050

조례에 대한 설명으로 옳지 않은 것은? (다툼이 있는 경우 판례에 의함)

① 조례가 법률 등 상위법령에 위배되면 비록 그 조례를 무효라고 선언한 대법원의 판결이 선고되지 않았더라도 그 조례에 근거한 행정처분은 당연무효가 된다.

② 시(市)세의 과세 또는 면제에 관한 조례가 납세의무자에게 불리하게 개정된 경우에 있어서 개정 조례 부칙에서 종전의 규정을 개정 조례 시행 후에도 계속 적용한다는 경과규정을 두지 아니한 이상, 다른 특별한 사정이 없는 한 법률불소급의 원칙상 개정 전후의 조례 중에서 납세의무가 성립한 당시에 시행되는 조례를 적용하여야 할 것이다.

③ 시·도의회에 의하여 재의결된 사항이 법령에 위반된다고 판단되면 주무부장관은 시·도지사에게 대법원에 제소를 지시하거나 직접 제소할 수 있다. 다만 재의결된 사항이 둘 이상의 부처와 관련되거나 주무부장관이 불분명하면 행정안전부장관이 제소를 지시하거나 직접 제소할 수 있다.

④ 법률이 주민의 권리의무에 관한 사항에 관하여 구체적으로 범위를 정하지 않은 채 조례로 정하도록 포괄적으로 위임한 경우에도 지방자치단체는 법령에 위반되지 않는 범위 내에서 주민의 권리의무에 관한 사항을 조례로 제정할 수 있다.

⑤ 조례안 재의결 내용 전부가 아니라 일부가 법령에 위반되어 위법한 경우에도 대법원은 재의결 전부의 효력을 부인하여야 한다.

해설

①
> 대법원 2009.10.29., 선고, 2007두26285, 판결
> 하자 있는 행정처분이 당연무효로 되려면 그 하자가 법규의 중요한 부분을 위반한 중대한 것이어야 할 뿐 아니라 객관적으로 명백한 것이어야 하므로, 행정청이 위법하여 무효인 조례를 적용하여 한 행정처분이 당연무효로 되려면 그 규정이 행정처분의 중요한 부분에 관한 것이어서 결과적으로 그에 따른 행정처분의 중요한 부분에 하자가 있는 것으로 귀착되고, 또한 그 규정의 위법성이 객관적으로 명백하여 그에 따른 행정처분의 하자가 객관적으로 명백한 것으로 귀착되어야 하는바, 일반적으로 조례가 법률 등 상위법령에 위배된다는 사정은 <u>그 조례의 규정을 위법하여 무효라고 선언한 대법원의 판결이 선고되지 아니한 상태에서는 그 조례 규정의 위법 여부가 해석상 다툼의 여지가 없을 정도로 명백하였다고 인정되지 아니하는 이상 객관적으로 명백한 것이라 할 수 없으므로, 이러한 조례에 근거한 행정처분의 하자는 취소사유에 해당할 뿐 무효사유가 된다고 볼 수는 없다.</u>

②
> 대법원 1999.9.3., 선고, 98두15788, 판결
> 시시의 괴세 또는 면제에 관한 조례기 납세의무자에게 불리하게 개정된 경우에 있어서 납세의무자의 기득권 내지 신뢰보호를 위하여 특별히 경과규정을 두어 납세의무자에게 유리한 종전 조례를 적용하도록 하고 있는 경우에는 종전 조례를 적용해야 할 것이지만(대법원 1985. 4. 9. 선고 83누453 판결, 1987. 5. 12. 선고 87누88 판결, 1990. 4. 10. 선고 89누4468 판결 각 참조), <u>개정 조례 부칙에서 종전의 규정을 개정 조례 시행 후에도 계속 적용한다는 경과규정을 두지 아니한 이상, 다른 특별한 사정이 없는 한 법률불소급의 원칙상 개정 전후의 조례 중에서 납세의무가 성립한 당시에 시행되는 조례를 적용하여야 할 것이다</u>(대법원 1995. 8. 22. 선고 95누825 판결 참조).

050 ①

③ 「지방자치법」 제192조

제192조(지방의회 의결의 재의와 제소) ① 지방의회의 의결이 법령에 위반되거나 공익을 현저히 해친다고 판단되면 시·도에 대해서는 주무부장관이, 시·군 및 자치구에 대해서는 시·도지사가 해당 지방자치단체의 장에게 재의를 요구하게 할 수 있고, 재의 요구 지시를 받은 지방자치단체의 장은 의결사항을 이송받은 날부터 20일 이내에 지방의회에 이유를 붙여 재의를 요구하여야 한다.
② 시·군 및 자치구의회의 의결이 법령에 위반된다고 판단됨에도 불구하고 시·도지사가 제1항에 따라 재의를 요구하게 하지 아니한 경우 주무부장관이 직접 시장·군수 및 자치구의 구청장에게 재의를 요구하게 할 수 있고, 재의 요구 지시를 받은 시장·군수 및 자치구의 구청장은 의결사항을 이송받은 날부터 20일 이내에 지방의회에 이유를 붙여 재의를 요구하여야 한다.
③ 제1항 또는 제2항의 요구에 대하여 재의한 결과 재적의원 과반수의 출석과 출석의원 3분의 2 이상의 찬성으로 전과 같은 의결을 하면 그 의결사항은 확정된다.
④ 지방자치단체의 장은 제3항에 따라 재의결된 사항이 법령에 위반된다고 판단되면 재의결된 날부터 20일 이내에 대법원에 소를 제기할 수 있다. 이 경우 필요하다고 인정되면 그 의결의 집행을 정지하게 하는 집행정지결정을 신청할 수 있다.
⑤ 주무부장관이나 시·도지사는 재의결된 사항이 법령에 위반된다고 판단됨에도 불구하고 해당 지방자치단체의 장이 소를 제기하지 아니하면 시·도에 대해서는 주무부장관이, 시·군 및 자치구에 대해서는 시·도지사(제2항에 따라 주무부장관이 직접 재의 요구 지시를 한 경우에는 주무부장관을 말한다. 이하 이 조에서 같다)가 그 지방자치단체의 장에게 제소를 지시하거나 직접 제소 및 집행정지결정을 신청할 수 있다.
⑥ 제5항에 따른 제소의 지시는 제4항의 기간이 지난 날부터 7일 이내에 하고, 해당 지방자치단체의 장은 제소 지시를 받은 날부터 7일 이내에 제소하여야 한다.
⑦ 주무부장관이나 시·도지사는 제6항의 기간이 지난 날부터 7일 이내에 제5항에 따른 직접 제소 및 집행정지결정을 신청할 수 있다.
⑧ 제1항 또는 제2항에 따라 지방의회의 의결이 법령에 위반된다고 판단되어 주무부장관이나 시·도지사로부터 재의 요구 지시를 받은 해당 지방자치단체의 장이 재의를 요구하지 아니하는 경우(법령에 위반되는 지방의회의 의결사항이 조례안인 경우로서 재의 요구 지시를 받기 전에 그 조례안을 공포한 경우를 포함한다)에는 주무부장관이나 시·도지사는 제1항 또는 제2항에 따른 기간이 지난 날부터 7일 이내에 대법원에 직접 제소 및 집행정지 결정을 신청할 수 있다.
⑨ 제1항 또는 제2항에 따른 지방의회의 의결이나 제3항에 따라 재의결된 사항이 둘 이상의 부처와 관련되거나 주무부장관이 불분명하면 행정안전부장관이 재의 요구 또는 제소를 지시하거나 직접 제소 및 집행정지 결정을 신청할 수 있다.

④ 대법원 1991.8.27., 선고, 90누6613, 판결
법률이 주민의 권리의무에 관한 사항에 관하여 구체적으로 아무런 범위도 정하지 아니한 채 조례로 정하도록 포괄적으로 위임하였다고 하더라도, 행정관청의 명령과는 달라, 조례도 주민의 대표기관인 지방의회의 의결로 제정되는 지방자치단체의 자주법인 만큼, 지방자치단체가 법령에 위반되지 않는 범위 내에서 주민의 권리의무에 관한 사항을 조례로 제정할 수 있는 것이다.

⑤ **대법원 1992.7.28., 선고, 92추31, 판결**
의결의 일부에 대한 효력배제는 결과적으로 전체적인 의결의 내용을 변경하는 것에 다름 아니어서 의결기관인 지방의회의 고유권한을 침해하는 것이 될 뿐 아니라, 그 일부만의 효력배제는 자칫 전체적인 의결내용을 지방의회의 당초의 의도와는 다른 내용으로 변질시킬 우려가 있으며, 또 재의요구가 있는 때에는 재의요구에서 지적한 이의사항이 의결의 일부에 관한 것이라고 하여도 의결 전체가 실효되고 재의결만이 의결로서 효력을 발생하는 것이어서 의결의 일부에 대한 재의요구나 수정재의 요구가 허용되지 않는 점에 비추어 보아도 재의결의 내용 전부가 아니라 그 일부만이 위법한 경우에도 대법원은 의결 전부의 효력을 부인할 수밖에 없다.

051

2019 서울시 7급(2월)

조례의 통제에 관한 설명으로 가장 옳지 않은 것은?

① 지방자치단체의 장이 제기하는 조례안의 재의결에 대한 무효확인소송은 조례가 공포된 경우에도 소의 이익이 있으므로 제소기간 내이면 제기될 수 있다.
② 지방자치단체의 장에 의해 제기되는 위법한 조례안의 재의결에 대한 무효확인소송은 대법원에 제기된다.
③ 조례가 처분성을 갖는 경우 항고소송의 대상이 되며 이 경우 피고는 조례를 의결한 지방의회가 된다.
④ 조례 자체에 의해 직접 기본권을 침해받은 자는 조례 자체에 대하여 헌법소원을 제기할 수 있다.

해설

①, ② **COMMENT** 「지방자치법」제192조 제4항. 조례안의 재의결에 대한 무효확인소송은 제소기간 내에 제기되었다면 적법한 것이지 재의결에 의하여 확정된 조례의 공포 여부와는 무관하다.

> **제120조(지방의회의 의결에 대한 재의요구와 제소)** ① 지방자치단체의 장은 지방의회의 의결이 월권이거나 법령에 위반되거나 공익을 현저히 해친다고 인정되면 그 의결사항을 이송받은 날부터 20일 이내에 이유를 붙여 재의를 요구할 수 있다.
> ② 제1항의 요구에 대하여 재의한 결과 재적의원 과반수의 출석과 출석의원 3분의 2 이상의 찬성으로 전과 같은 의결을 하면 그 의결사항은 확정된다.
> ③ 지방자치단체의 장은 제2항에 따라 재의결된 사항이 법령에 위반된다고 인정되면 대법원에 소(訴)를 제기할 수 있다. 이 경우에는 제192조제4항을 준용한다.
> **제192조(지방의회 의결의 재의와 제소)** ④ 지방자치단체의 장은 제3항에 따라 재의결된 사항이 법령에 위반된다고 판단되면 재의결된 날부터 20일 이내에 대법원에 소를 제기할 수 있다. 이 경우 필요하다고 인정되면 그 의결의 집행을 정지하게 하는 집행정지결정을 신청할 수 있다.

051 ③

③
> 대법원 1996.9.20., 선고, 95누8003, 판결
> 조례가 집행행위의 개입 없이도 그 자체로서 직접 국민의 구체적인 권리의무나 법적 이익에 영향을 미치는 등의 법률상 효과를 발생하는 경우 그 조례는 항고소송의 대상이 되는 행정처분에 해당하고, 이러한 조례에 대한 무효확인소송을 제기함에 있어서 행정소송법 제38조 제1항, 제13조에 의하여 피고적격이 있는 처분 등을 행한 행정청은, 행정주체인 지방자치단체 또는 지방자치단체의 내부적 의결기관으로서 지방자치단체의 의사를 외부에 표시할 권한이 없는 지방의회가 아니라, 구 지방자치법 제19조 제2항, 제92조에 의하여 지방자치단체의 집행기관으로서 조례로서의 효력을 발생시키는 공포권이 있는 지방자치단체의 장이다.

④
> 헌재 92헌마264, 1995.4.20.
> 조례는 지방자치단체가 그 자치입법권에 근거하여 자주적으로 지방의회의 의결을 거쳐 제정한 법규이기 때문에 조례 자체로 인하여 직접 그리고 현재 자기의 기본권을 침해받은 자는 그 권리구제의 수단으로서 조례에 대한 헌법소원을 제기할 수 있다.

052
2008 관세사

지방자치단체가 수행하는 사무에 관한 설명 중 옳은 것은?

① 지방자치단체장의 기관위임사무 처리의 법적 효과는 지방자치단체에 귀속한다.
② 단체위임사무는 별도의 법률의 수권이 없는 경우에도 조례제정의 대상이 된다.
③ 자치사무에 대한 국가의 감독수단으로서의 시정명령은 적법성 통제 및 합목적성의 통제를 포함한다.
④ 기관위임사무의 수행에 필요한 경비는 국가와 지방자치단체가 분담하는 것이 타당하다.
⑤ 지방의회는 지방자치단체장의 선결처분에 관한 사전승인권을 가진다.

해설

① COMMENT 기관위임사무의 귀속주체는 국가 등 위임청이다. 따라서 그 사무처리의 법적 효과는 국가 등에 귀속한다.
② COMMENT 지방자치단체는 법령의 범위 안에서 "그 사무에 관하여" 조례를 제정할 수 있다(지방자치법 제28조 본문). 여기에서 "그 사무"란 자치사무와 단체위임사무를 말하고, 기관위임사무는 포함되지 않는다.

> **제28조(조례)** 지방자치단체는 법령의 범위 안에서 그 사무에 관하여 조례를 제정할 수 있다. 다만, 주민의 권리 제한 또는 의무 부과에 관한 사항이나 벌칙을 정할 때에는 법률의 위임이 있어야 한다.

052 ②

대법원 1999.9.17., 선고, 99추30, 판결
헌법 제117조 제1항과 지방자치법 제15조에 의하면 지방자치단체는 법령의 범위 안에서 그 사무에 관하여 자치조례를 제정할 수 있으나 이 때 사무란 지방자치법 제9조 제1항에서 말하는 지방자치단체의 자치사무와 법령에 의하여 지방자치단체에 속하게 된 단체위임사무를 가리키므로 지방자치단체가 자치조례를 제정할 수 있는 것은 원칙적으로 이러한 자치사무와 단체위임사무에 한하므로, 국가사무가 지방자치단체의 장에게 위임된 기관위임사무와 같이 지방자치단체의 장이 국가기관의 지위에서 수행하는 사무일 뿐 지방자치단체 자체의 사무라고 할 수 없는 것은 원칙적으로 자치조례의 제정범위에 속하지 않는다.

③ COMMENT 자치사무는 해당 지자체의 고유사무이므로 이에 대한 통제는 위임사무와는 달리 적법성 통제에 그친다(동법 제188조 제5항).

> 제188조(위법·부당한 명령·처분의 시정) 지방자치단체의 사무에 관한 지방자치단체의 장(제103조제2항에 따른 사무의 경우에는 지방의회의 의장을 말한다. 이하 이 조에서 같다)의 명령이나 처분이 법령에 위반되거나 현저히 부당하여 공익을 해친다고 인정되면 시·도에 대해서는 주무부장관이, 시·군 및 자치구에 대해서는 시·도지사가 기간을 정하여 서면으로 시정할 것을 명하고, 그 기간에 이행하지 아니하면 이를 취소하거나 정지할 수 있다.
> ⑤ 제1항부터 제4항까지의 규정에 따른 자치사무에 관한 명령이나 처분에 대한 주무부장관 또는 시·도지사의 시정명령, 취소 또는 정지는 법령을 위반한 것에 한정한다.

④ COMMENT 국가가 스스로 행하여야 할 사무를 지방자치단체 또는 그 기관에 위임하여 수행하는 경우에, 그 소요되는 경비는 그 전부를 당해 지방자치단체에 교부하여야 한다. 이를 "교부금"이라 한다(지방재정법 제21조 제2항).

> 제21조(부담금과 교부금) ① 지방자치단체나 그 기관이 법령에 따라 처리하여야 할 사무로서 국가와 지방자치단체 간에 이해관계가 있는 경우에는 원활한 사무처리를 위하여 국가에서 부담하지 아니하면 아니 되는 경비는 국가가 그 전부 또는 일부를 부담한다.
> ② 국가가 스스로 하여야 할 사무를 지방자치단체나 그 기관에 위임하여 수행하는 경우 그 경비는 국가가 전부를 그 지방자치단체에 교부하여야 한다.

⑤ COMMENT 지방의회는 단체장의 선결처분에 대한 사후승인권을 갖는 것이지 사전승인권이 아니다(동법 제122조).

> 제122조(지방자치단체의 장의 선결처분) ① 지방자치단체의 장은 지방의회가 지방의회의원이 구속되는 등의 사유로 제73조에 따른 의결정족수에 미달될 때와 지방의회의 의결사항 중 주민의 생명과 재산 보호를 위하여 긴급하게 필요한 사항으로서 지방의회를 소집할 시간적 여유가 없거나 지방의회에서 의결이 지체되어 의결되지 아니할 때에는 선결처분(先決處分)을 할 수 있다.
> ② 제1항에 따른 선결처분은 지체 없이 지방의회에 보고하여 승인을 받아야 한다.
> ③ 지방의회에서 제2항의 승인을 받지 못하면 그 선결처분은 그때부터 효력을 상실한다.
> ④ 지방자치단체의 장은 제2항이나 제3항에 관한 사항을 지체 없이 공고하여야 한다.

053

2008 지방직 8급

지방자치단체의 사무에 대한 설명으로 옳지 않은 것은? (다툼이 있는 경우 판례에 의함)

① 학교급식시설의 지원에 관한 사무는 광역자치단체의 자치사무이다.
② 자치사무나 단체위임사무에 관한 조례는 국가법에 적용되는 일반적인 위임입법의 한계가 적용될 여지는 없다.
③ 기관위임사무의 경우 사무의 관리와 집행을 명백히 게을리하고 있다고 인정되면 주무부장관 및 광역지방자치단체장은 직무이행명령의 발령과 대집행을 할 수 있다.
④ 기관위임사무는 국가의 적법성 통제뿐만 아니라 합목적성의 통제도 받는다.

해설

①
> 대법원 1996.11.29., 선고, 96추84, 판결
> 학교급식의 실시에 관한 사항은 고등학교 이하 각급 학교의 설립·경영·지휘·감독에 관한 사무로서 지방자치단체 중 특별시·광역시·도의 사무에 해당하나, 학교급식시설의 지원에 관한 사무는 고등학교 이하 각급 학교에서 학교급식의 실시에 필요한 경비의 일부를 보조하는 것이어서 그것이 곧 학교급식의 실시에 관한 사무에 해당한다고 보기 어려울 뿐만 아니라, 지방교육재정교부금법 제11조 제5항은 시·군·자치구가 관할구역 안에 있는 고등학교 이하 각급 학교의 교육에 소요되는 경비의 일부를 보조할 수 있다고 규정하고 있으므로, 학교급식시설의 지원에 관한 사무는 시·군·자치구의 자치사무에 해당한다.

②
> 대법원 2000.11.24., 선고, 2000추29, 판결
> 지방자치법 제9조 제1항과 제15조 등의 관련 규정에 의하면 지방자치단체는 원칙적으로 그 고유사무인 자치사무와 법령에 의하여 위임된 단체위임사무에 관하여 이른바 자치조례를 제정할 수 있는 외에, 개별 법령에서 특별히 위임하고 있을 경우에는 그러한 사무에 속하지 아니하는 기관위임사무에 관하여도 그 위임의 범위 내에서 이른바 위임조례를 제정할 수 있지만, 조례가 규정하고 있는 사항이 그 근거 법령 등에 비추어 볼 때 자치사무나 단체위임사무에 관한 것이라면 이는 자치조례로서 지방자치법 제15조가 규정하고 있는 '법령의 범위 안'이라는 사항적 한계가 적용될 뿐, 위임조례와 같이 국가법에 적용되는 일반적인 위임입법의 한계가 적용될 여지는 없다.

③ 지방자치법 제189조 제1항, 제2항

> **189조(지방자치단체의 장에 대한 직무이행명령)** ① 지방자치단체의 장이 법령에 따라 그 의무에 속하는 국가위임사무나 시·도위임사무의 관리와 집행을 명백히 게을리하고 있다고 인정되면 시·도에 대해서는 주무부장관이, 시·군 및 자치구에 대해서는 시·도지사가 기간을 정하여 서면으로 이행할 사항을 명령할 수 있다.
> ② 주무부장관이나 시·도지사는 해당 지방자치단체의 장이 제1항의 기간에 이행명령을 이행하지 아니하면 그 지방자치단체의 비용부담으로 대집행 또는 행정상·재정상 필요한 조치(이하 이 조에서 "대집행등"이라 한다)를 할 수 있다. 이 경우 행정대집행에 관하여는 「행정대집행법」을 준용한다.

053 ①

④ 동법 제188조 제1항. 위임사무인 단체위임사무와 기관위임사무는 국가의 감독에 해당하므로 적법성 감독뿐만 아니라 합목적성 감독까지 할 수 있다.

> **제188조(위법·부당한 명령·처분의 시정)** ① 지방자치단체의 사무에 관한 지방자치단체의 장(제103조 제2항에 따른 사무의 경우에는 지방의회의 의장을 말한다. 이하 이 조에서 같다)의 명령이나 처분이 법령에 위반되거나 현저히 부당하여 공익을 해친다고 인정되면 시·도에 대해서는 주무부장관이, 시·군 및 자치구에 대해서는 시·도지사가 기간을 정하여 서면으로 시정할 것을 명하고, 그 기간에 이행하지 아니하면 이를 취소하거나 정지할 수 있다.
> ⑤ 제1항부터 제4항까지의 규정에 따른 자치사무에 관한 명령이나 처분에 대한 주무부장관 또는 시·도지사의 시정명령, 취소 또는 정지는 법령을 위반한 것에 한정한다.

054

2004 국가직 7급

지방자치단체의 사무에 대한 설명으로 옳은 것은?

① 현행 지방자치법상 지방의회는 기관위임사무에 대해서는 감사를 행할 수 없다.
② 대표적인 기관위임사무로는 상하수도의 설치·관리 등이 있다.
③ 판례에 따르면 기관위임사무에 해당하는가를 판단하는 경우 그에 대한 경비부담과 최종적인 책임귀속의 주체를 우선 고려하여야 한다.
④ 지방의회는 법령에 의하여 특별히 위임받은 경우를 제외하고는 기관위임사무에 대한 조례를 제정할 수 없다.

해설

① 지방자치법 제49조 제3항

> **제49조(행정사무 감사권 및 조사권)** ① 지방의회는 매년 1회 그 지방자치단체의 사무에 대하여 시·도에서는 14일의 범위에서, 시·군 및 자치구에서는 9일의 범위에서 감사를 실시하고, 지방자치단체의 사무 중 특정 사안에 관하여 본회의 의결로 본회의나 위원회에서 조사하게 할 수 있다.
> ② 제1항의 조사를 발의할 때에는 이유를 밝힌 서면으로 하여야 하며, 재적의원 3분의 1 이상의 연서가 있어야 한다.
> ③ 지방자치단체 및 그 장이 위임받아 처리하는 국가사무와 시·도의 사무에 대하여 국회와 시·도의회가 직접 감사하기로 한 사무 외에는 그 감사를 각각 해당 시·도의회와 시·군 및 자치구의회가 할 수 있다. 이 경우 국회와 시·도의회는 그 감사결과에 대하여 그 지방의회에 필요한 자료를 요구할 수 있다.

054 ④

② **COMMENT** 상하수도의 설치·관리 등은 자치사무에 해당한다(동법 제13조 제2항 제4호 자.목)

> **제13조(지방자치단체의 사무범위)** ① 지방자치단체는 관할 구역의 자치사무와 법령에 따라 지방자치단체에 속하는 사무를 처리한다.
> ② 제1항에 따른 지방자치단체의 사무를 예시하면 다음 각 호와 같다. 다만, 법률에 이와 다른 규정이 있으면 그러하지 아니하다.
> 1. 지방자치단체의 구역, 조직, 행정관리 등에 관한 사무
>   가. ~ 카. 생략
> 2. 주민의 복지증진에 관한 사무
>   가. ~차. 생략
> 3. 농림·상공업 등 산업 진흥에 관한 사무
>   가. ~하. 생략
> 4. 지역개발과 주민의 생활환경시설의 설치·관리에 관한 사무
>   가. 지역개발사업
>   나. 지방 토목·건설사업의 시행
>   다. 도시계획사업의 시행
>   라. 지방도(地方道), 시군도의 신설·개수(改修) 및 유지
>   마. 주거생활환경 개선의 장려 및 지원
>   바. 농촌주택 개량 및 취락구조 개선
>   사. 자연보호활동
>   아. 지방하천 및 소하천의 관리
>   자. <u>상수도·하수도의 설치 및 관리</u>
>   차. 간이급수시설의 설치 및 관리
>   카. 도립공원·군립공원 및 도시공원, 녹지 등 관광·휴양시설의 설치 및 관리
>   타. 지방 궤도사업의 경영
>   파. 주차장·교통표지 등 교통편의시설의 설치 및 관리
>   하. 재해대책의 수립 및 집행
>   거. 지역경제의 육성 및 지원

③
> 대법원 2003.4.22., 선고, 2002두10483, 판결
> 법령상 지방자치단체의 장이 처리하도록 규정하고 있는 사무가 자치사무인지 아니면 기관위임사무인지를 판단함에 있어서는 <u>그에 관한 법령의 규정 형식과 취지를 우선 고려하여야 하지만 그 외에도 그 사무의 성질이 전국적으로 통일적인 처리가 요구되는 사무인지 여부나 그에 관한 경비부담과 최종적인 책임귀속의 주체 등도 아울러 고려하여야 한다.</u>

④
> 대법원 2000.5.30., 선고, 99추85, 판결
> 지방자치법 제15조, 제9조에 의하면, <u>지방자치단체가 자치조례를 제정할 수 있는 사항은 지방자치단체의 고유사무인 자치사무와 개별법령에 의하여 지방자치단체에 위임된 단체위임사무에 한하는 것이고, 국가사무가 지방자치단체의 장에게 위임된 기관위임사무는 원칙적으로 자치조례의 제정범위에 속하지 않는다</u> 할 것이고, 다만 기관위임사무에 있어서도 그에 관한 개별법령에서 일정한 사항을 조례로 정하도록 위임하고 있는 경우에는 위임받은 사항에 관하여 개별법령의 취지에 부합하는 범위 내에서 이른바 위임조례를 정할 수 있다.

055

「지방자치법」상 지방자치단체의 사무에 대한 설명으로 가장 옳지 않은 것은?

① 국가가 위임한 단체위임사무는 국가사무가 지방자치단체에 위임되었기 때문에 국가의 감독은 적법성감독과 더불어 합목적성감독을 포함한다.
② 지방자치단체는 원칙적으로 그 고유사무인 자치사무에 대하여는 자치조례를 제정할 수 있으나 법령에 의하여 위임된 단체위임사무에 관하여는 조례를 제정할 수 없다.
③ 국가의 기관위임사무에 대한 감독은 국가의 하급행정기관에 대한 감독에 해당하기 때문에 적법성 여부뿐만 아니라 합목적성 여부에 대한 감독까지 포함한다.
④ 국가사무가 지방자치단체의 장에게 위임된 기관위임사무와 같이 지방자치단체의 장이 국가기관의 지위에서 수행하는 사무일 뿐 지방자치단체 자체의 사무라고 할 수 없는 것은 원칙적으로 자치조례의 제정범위에 속하지 않는다.

해설

①, ③ 「지방자치법」 제188조 제5항 지방자치단체 자신의 고유한 업무인 자치사무에 대한 국가의 감독은 적법성 감독으로 제한되고 합목적성 감독은 할 수 없으나, 위임사무인 단체위임사무와 기관위임사무는 국가사무에 해당하므로 적법성 감독 뿐만 아니라 합목적성 감독까지 할 수 있다.

> **제188조(위법·부당한 명령·처분의 시정)** ① 지방자치단체의 사무에 관한 지방자치단체의 장(제103조 제2항에 따른 사무의 경우에는 지방의회의 의장을 말한다. 이하 이 조에서 같다)의 명령이나 처분이 법령에 위반되거나 현저히 부당하여 공익을 해친다고 인정되면 시·도에 대해서는 주무부장관이, 시·군 및 자치구에 대해서는 시·도지사가 기간을 정하여 서면으로 시정할 것을 명하고, 그 기간에 이행하지 아니하면 이를 취소하거나 정지할 수 있다.
> ⑤ 제1항부터 제4항까지의 규정에 따른 자치사무에 관한 명령이나 처분에 대한 주무부장관 또는 시·도지사의 시정명령, 취소 또는 정지는 법령을 위반한 것에 한정한다.

② **COMMENT** 지방자치단체는 법령의 범위 안에서 "그 사무에 관하여" 조례를 제정할 수 있다(지방자치법 제28조 본문). 여기에서 "그 사무"란 자치사무와 단체위임사무를 말하고, 기관위임사무는 포함되지 않는다.

> **제28조(조례)** 지방자치단체는 법령의 범위 안에서 그 사무에 관하여 조례를 제정할 수 있다. 다만, 주민의 권리 제한 또는 의무 부과에 관한 사항이나 벌칙을 정할 때에는 법률의 위임이 있어야 한다.

대법원 1999.9.17., 선고, 99추30, 판결
헌법 제117조 제1항과 지방자치법 제15조에 의하면 지방자치단체는 법령의 범위 안에서 그 사무에 관하여 자치조례를 제정할 수 있으나 이 때 사무란 지방자치법 제9조 제1항에서 말하는 지방자치단체의 자치사무와 법령에 의하여 지방자치단체에 속하게 된 단체위임사무를 가리키므로 지방자치단체가 자치조례를 제정할 수 있는 것은 원칙적으로 이러한 자치사무와 단체위임사무에 한하므로, 국가사무가 지방자치단체의 장에게 위임된 기관위임사무와 같이 지방자치단체의 장이 국가기관의 지위에서 수행하는 사무일 뿐 지방자치단체 자체의 사무라고 할 수 없는 것은 원칙적으로 자치조례의 제정범위에 속하지 않는다.

055 ②

④
> 대법원 2000.5.30., 선고, 99추85, 판결
> 지방자치법 제15조, 제9조에 의하면, 지방자치단체가 자치조례를 제정할 수 있는 사항은 지방자치단체의 고유사무인 자치사무와 개별법령에 의하여 지방자치단체에 위임된 단체위임사무에 한하는 것이고, 국가사무가 지방자치단체의 장에게 위임된 기관위임사무는 원칙적으로 자치조례의 제정범위에 속하지 않는다 할 것이고, 다만 기관위임사무에 있어서도 그에 관한 개별법령에서 일정한 사항을 조례로 정하도록 위임하고 있는 경우에는 위임받은 사항에 관하여 개별법령의 취지에 부합하는 범위 내에서 이른바 위임조례를 정할 수 있다.

056
2021 군무원 7급

지방자치단체의 사무에 대한 설명으로 옳지 않은 것은? (단, 다툼이 있는 경우 판례에 의함)

① 부랑인선도시설 및 정신질환자요양시설에 대한 지방자치단체장의 지도·감독사무는 국가사무이다.
② 인천광역시장이 원고로서 인천광역시의회를 피고로 인천광역시 공항고속도로통행료지원조례안재의결 무효확인청구소송을 제기하였는데, 이 조례안에서 지역주민에게 통행료를 지원하는 내용의 사무는 자치사무이다.
③ 법령상 지방자치단체의 장이 처리하도록 규정하고 있는 사무가 자치사무인지 기관위임사무인지를 판단할 때 그에 관한 경비부담의 주체는 사무의 성질결정의 본질적 요소가 아니므로 부차적인 것으로도 고려요소가 될 수 없다.
④ 지방자치단체의 자치사무에 관한 그 장의 명령이나 처분에 대한 시정명령의 경우 법령을 위반하는 것에 한한다.

해설

①
> 대법원 2006.7.28., 선고, 2004다759, 판결
> 부랑인선도시설 및 정신질환자요양시설의 지도·감독사무에 관한 법규의 규정 형식과 취지가 보건사회부장관 또는 보건복지부장관이 위 각 시설에 대한 지도·감독권한을 시장·군수·구청장에게 위임 또는 재위임하고 있는 것으로 보이는 점, 위 각 시설에 대한 지도·감독사무가 성질상 전국적으로 통일적인 처리가 요구되는 것인 점, 위 각 시설에 대한 대부분의 시설운영비 등의 보조금을 국가가 부담하고 있는 점, 장관이 정기적인 보고를 받는 방법으로 최종적인 책임을 지고 있는 것으로 보이는 점 등을 종합하여, 부랑인선도시설 및 정신질환자요양시설에 대한 지방자치단체장의 지도·감독사무를 보건복지부장관 등으로부터 기관위임된 국가사무로 판단한 사례.

②
> 대법원 2008.6.12., 선고, 2007추42, 판결
> 인천광역시의회가 의결한 '인천광역시 공항고속도로 통행료지원 조례안'이 규정하고 있는 인천국제공항고속도로를 이용하는 지역주민에게 통행료를 지원하는 내용의 사무는, 구 지방자치법(2007. 5. 11. 법률 제8423호로 전문 개정되기 전의 것) 제9조 제2항 제2호 (가)목에 정한 주민복지에 관한 사업으로서 지방자치사무이다.

056 ③

③
> **대법원 2009.6.11., 선고, 2008도6530, 판결**
> 국가가 본래 그의 사무의 일부를 지방자치단체의 장에게 위임하여 처리하게 하는 기관위임사무의 경우 지방자치단체는 국가기관의 일부로 볼 수 있고, 지방자치단체가 그 고유의 자치사무를 처리하는 경우 지방자치단체는 국가기관의 일부가 아니라 국가기관과는 별도의 독립한 공법인으로서 양벌규정에 의한 처벌대상이 되는 법인에 해당한다. 또한, 법령상 지방자치단체의 장이 처리하도록 하고 있는 사무가 자치사무인지, 기관위임사무에 해당하는지 여부를 판단하는 때에는 그에 관한 법령의 규정 형식과 취지를 우선 고려하여야 하며, 그 외에도 그 사무의 성질이 전국적으로 통일적인 처리가 요구되는 사무인지 여부나 그에 관한 경비부담과 최종적인 책임귀속의 주체 등도 아울러 고려하여 판단하여야 한다.

④ 지방자치법 제188조 제1항, 제5항

> **제188조(위법·부당한 명령·처분의 시정)** ① 지방자치단체의 사무에 관한 지방자치단체의 장(제103조 제2항에 따른 사무의 경우에는 지방의회의 의장을 말한다. 이하 이 조에서 같다)의 명령이나 처분이 법령에 위반되거나 현저히 부당하여 공익을 해친다고 인정되면 시·도에 대해서는 주무부장관이, 시·군 및 자치구에 대해서는 시·도지사가 기간을 정하여 서면으로 시정할 것을 명하고, 그 기간에 이행하지 아니하면 이를 취소하거나 정지할 수 있다.
> ⑤ 제1항부터 제4항까지의 규정에 따른 자치사무에 관한 명령이나 처분에 대한 주무부장관 또는 시·도지사의 시정명령, 취소 또는 정지는 법령을 위반한 것에 한정한다.

057

2000 행정고시

지방자치단체의 기관위임사무에 관한 설명으로 옳은 것은?

① 지방의회는 이 사무에 대해서도 조례를 제정할 수 있다.
② 이에 대하여 지방의회는 행정사무감사를 할 수 있다.
③ 이 사무수행에 대한 감독기관의 감독권 행사는 적법성 여부만을 그 대상으로 한다.
④ 대표적인 기관위임사무로는 상수도의 설치·관리, 하수도의 설치·관리 등이 있다.
⑤ 판례에 의하면 이 사무수행상 발생한 손해에 대해 당해 지방자치단체는 그 배상책임이 부정된다.

해설

① COMMENT 지방자치단체는 법령의 범위 안에서 "그 사무에 관하여" 조례를 제정할 수 있다(지방자치법 제28조 본문). 여기에서 "그 사무"란 자치사무와 단체위임사무를 말하고, 기관위임사무는 포함되지 않는다.

> **제28조(조례)** 지방자치단체는 법령의 범위 안에서 그 사무에 관하여 조례를 제정할 수 있다. 다만, 주민의 권리 제한 또는 의무 부과에 관한 사항이나 벌칙을 정할 때에는 법률의 위임이 있어야 한다.

057 ②

대법원 1999.9.17., 선고, 99추30, 판결
헌법 제117조 제1항과 지방자치법 제15조에 의하면 지방자치단체는 법령의 범위 안에서 그 사무에 관하여 자치조례를 제정할 수 있으나 이 때 사무란 지방자치법 제9조 제1항에서 말하는 지방자치단체의 자치사무와 법령에 의하여 지방자치단체에 속하게 된 단체위임사무를 가리키므로 지방자치단체가 자치조례를 제정할 수 있는 것은 원칙적으로 이러한 자치사무와 단체위임사무에 한하므로, 국가사무가 지방자치단체의 장에게 위임된 기관위임사무와 같이 지방자치단체의 장이 국가기관의 지위에서 수행하는 사무일 뿐 지방자치단체 자체의 사무라고 할 수 없는 것은 원칙적으로 자치조례의 제정범위에 속하지 않는다.

② 지방자치법 제49조 제3항

> **제49조(행정사무 감사권 및 조사권)** ① 지방의회는 매년 1회 그 지방자치단체의 사무에 대하여 시·도에서는 14일의 범위에서, 시·군 및 자치구에서는 9일의 범위에서 감사를 실시하고, 지방자치단체의 사무 중 특정 사안에 관하여 본회의 의결로 본회의나 위원회에서 조사하게 할 수 있다.
> ② 제1항의 조사를 발의할 때에는 이유를 밝힌 서면으로 하여야 하며, 재적의원 3분의 1 이상의 연서가 있어야 한다.
> ③ 지방자치단체 및 그 장이 위임받아 처리하는 국가사무와 시·도의 사무에 대하여 국회와 시·도의회가 직접 감사하기로 한 사무 외에는 그 감사를 각각 해당 시·도의회와 시·군 및 자치구의회가 할 수 있다. 이 경우 국회와 시·도의회는 그 감사결과에 대하여 그 지방의회에 필요한 자료를 요구할 수 있다.

③ 동법 제188조 제1항

> **제188조(위법·부당한 명령·처분의 시정)** ① 지방자치단체의 사무에 관한 그 장의 명령이나 처분이 법령에 위반되거나 현저히 부당하여 공익을 해친다고 인정되면 시·도에 대하여는 주무부장관이, 시·군 및 자치구에 대하여는 시·도지사가 기간을 정하여 서면으로 시정할 것을 명하고, 그 기간에 이행하지 아니하면 이를 취소하거나 정지할 수 있다. 이 경우 자치사무에 관한 명령이나 처분에 대하여는 법령을 위반하는 것에 한한다.

④ COMMENT 상하수도의 설치·관리 등은 자치사무에 해당한다(동법 제13조 제2항 제4호 자.목)

> **제13조(지방자치단체의 사무범위)** ① 지방자치단체는 관할 구역의 자치사무와 법령에 따라 지방자치단체에 속하는 사무를 처리한다.
> ② 제1항에 따른 지방자치단체의 사무를 예시하면 다음 각 호와 같다. 다만, 법률에 이와 다른 규정이 있으면 그러하지 아니하다.
> 1. 지방자치단체의 구역, 조직, 행정관리 등에 관한 사무
>   가. ~ 카. 생략
> 2. 주민의 복지증진에 관한 사무
>   가. ~차. 생략
> 3. 농림·상공업 등 산업 진흥에 관한 사무
>   가. ~하. 생략
> 4. 지역개발과 주민의 생활환경시설의 설치·관리에 관한 사무
>   가. 지역개발사업
>   나. 지방 토목·건설사업의 시행
>   다. 도시계획사업의 시행

라. 지방도(地方道), 시군도의 신설・개수(改修) 및 유지
　　마. 주거생활환경 개선의 장려 및 지원
　　바. 농촌주택 개량 및 취락구조 개선
　　사. 자연보호활동
　　아. 지방하천 및 소하천의 관리
　　자. 상수도・하수도의 설치 및 관리
　　차. 간이급수시설의 설치 및 관리
　　카. 도립공원・군립공원 및 도시공원, 녹지 등 관광・휴양시설의 설치 및 관리
　　타. 지방 궤도사업의 경영
　　파. 주차장・교통표지 등 교통편의시설의 설치 및 관리
　　하. 재해대책의 수립 및 집행
　　거. 지역경제의 육성 및 지원

⑤ COMMENT 비용부담자로서의 손해배상책임을 진다(국가배상법 제6조 제1항)

> **제6조 (비용부담자 등의 책임)** ① 제2조・제3조 및 제5조에 따라 국가나 지방자치단체가 손해를 배상할 책임이 있는 경우에 공무원의 선임・감독 또는 영조물의 설치・관리를 맡은 자와 공무원의 봉급・급여, 그 밖의 비용 또는 영조물의 설치・관리 비용을 부담하는 자가 동일하지 아니하면 그 비용을 부담하는 자도 손해를 배상하여야 한다.
> ② 제1항의 경우에 손해를 배상한 자는 내부관계에서 그 손해를 배상할 책임이 있는 자에게 구상할 수 있다.

> 대법원 1995.2.24., 선고, 94다57671, 판결
> 여의도광장의 관리는 광장의 관리에 관한 별도의 법령이나 규정이 없으므로 서울특별시는 여의도광장을 도로법 제2조 제2항 소정의 "도로와 일체가 되어 그 효용을 다하게 하는 시설"로 보고 같은 법의 규정을 적용하여 관리하고 있으며, 그 관리사무 중 일부를 영등포구청장에게 권한위임하고 있어, 여의도광장의 관리청이 본래 서울특별시장이라 하더라도 그 관리사무의 일부가 영등포구청장에게 위임되었다면, 그 위임된 관리사무에 관한 한 여의도광장의 관리청은 영등포구청장이 되고, 같은 법 제56조에 의하면 도로에 관한 비용은 건설부장관이 관리하는 도로 이외의 도로에 관한 것은 관리청이 속하는 지방자치단체의 부담으로 하도록 되어 있어 여의도광장의 관리비용부담자는 그 위임된 관리사무에 관한 한 관리를 위임받은 영등포구청장이 속한 영등포구가 되므로, 영등포구는 여의도광장에서 차량진입으로 일어난 인신사고에 관하여 국가배상법 제6조 소정의 비용부담자로서의 손해배상책임이 있다.

058

지방자치단체의 사무와 그 감독에 대한 설명으로 옳은 것은? (다툼이 있는 경우 판례에 의함)

① 대법원은 전라북도교육감이 행한 자율형 사립고등학교 지정·고시처분의 취소처분에 대해 정부가 내린 시정명령에 대하여 전라북도교육감이 취소를 구한 사건에서 시정명령에 대한 소 제기규정이 없다는 이유로 각하하였다.
② 법령상 지방자치단체의 장이 처리하도록 정하고 있는 사무가 자치사무인지 아니면 기관위임사무인지 여부를 판단함에 있어서 법령의 규정내용과 취지를 근거로 판단하여야 하는바, 「골재채취법」상 골재채취업 등록사무는 자치사무에 해당한다.
③ 광역지방자치단체장이 국가로부터 위임받은 기관위임사무의 집행을 명백히 게을리 할 경우 주무부장관은 기간을 정하여 서면으로 이행할 사항을 명령할 수 있으며, 광역지방자치단체장은 이 명령에 이의가 있더라도 대법원에 제소할 수 없다.
④ 농산물·임산물·축산물·수산물 및 양곡의 수급조절과 수출입 등의 사무는 지방자치단체만이 처리할 수 있다.

해설

①

> 대법원 2014.2.27., 선고, 2012추183, 판결
> 지방교육자치에 관한 법률 제3조에 의하여 준용되는 지방자치법 제169조 제2항은 자치사무에 관한 명령이나 처분의 취소 또는 정지에 대하여서만 소를 제기할 수 있다고 규정하고, 주무부장관이 지방자치법 제169조 제1항에 따라 시·도에 대하여 행한 시정명령에 대하여도 대법원에 소를 제기할 수 있다는 규정을 두고 있지 않으므로, 시정명령의 취소를 구하는 소송은 허용되지 않는다.

구 지방자치법 제169조

> **제169조(위법·부당한 명령·처분의 시정)** ① 지방자치단체의 사무에 관한 그 장의 명령이나 처분이 법령에 위반되거나 현저히 부당하여 공익을 해친다고 인정되면 시·도에 대하여는 주무부장관이, 시·군 및 자치구에 대하여는 시·도지사가 기간을 정하여 서면으로 시정할 것을 명하고, 그 기간에 이행하지 아니하면 이를 취소하거나 정지할 수 있다. 이 경우 자치사무에 관한 명령이나 처분에 대하여는 법령을 위반하는 것에 한한다.
> ② 지방자치단체의 장은 제1항에 따른 자치사무에 관한 명령이나 처분의 취소 또는 정지에 대하여 이의가 있으면 그 취소처분 또는 정지처분을 통보받은 날부터 15일 이내에 대법원에 소(訴)를 제기할 수 있다.

058 ①

② 대법원 2004.6.11., 선고, 2004추34, 판결

건설교통부장관은 산업자원부장관으로부터 통보받은 전국의 골재자원에 관한 기초조사와 골재자원에 관한 실지조사 등을 종합하여 관계 중앙행정기관의 장과 협의를 거쳐 골재의 장기수요전망·골재의 장기공급전망·골재자원의 개발방향 등이 포함된 골재수급기본계획을 매 5년마다 수립·시행하는 한편, 시·도지사로부터 다음 연도의 골재수급계획을 제출받고, 중앙행정기관의 장으로부터 골재가 소요되는 사업에 있어서의 사업계획서를 통보받아 이를 총괄·조정한 후 다음 연도의 골재수급계획을 수립하여 이를 관계 중앙행정기관의 장 및 시·도지사에게 통보하여야 하며, 또한, 건설교통부장관은 골재의 수급불균형으로 인하여 국민경제 운용에 중대한 지장이 초래될 우려가 있다고 인정되는 때에는 골재의 집중개발·비축·수출입조정 기타 골재의 수급안정을 위하여 필요한 조치를 할 수 있도록 하고 있으므로 <u>골재채취업등록 및 골재채취허가사무는 전국적으로 통일적 처리가 요구되는 중앙행정기관인 건설교통부장관의 고유업무인 국가사무로서 지방자치단체의 장에게 위임된 기관위임사무에 해당한다고 할 것이다.</u>

③ `COMMENT` 지방자치법 제189조 제1,6항. (직무)이행명령과 시정명령을 구별해야 한다.

> **189조(지방자치단체의 장에 대한 직무이행명령)** ① <u>지방자치단체의 장이 법령에 따라 그 의무에 속하는 국가위임사무나 시·도위임사무의 관리와 집행을 명백히 게을리하고 있다고 인정되면 시·도에 대해서는 주무부장관이, 시·군 및 자치구에 대해서는 시·도지사가 기간을 정하여 서면으로 이행할 사항을 명령할 수 있다.</u>
> ⑥ <u>지방자치단체의 장은 제1항 또는 제4항에 따른 이행명령에 이의가 있으면 이행명령서를 접수한 날부터 15일 이내에 대법원에 소를 제기할 수 있다.</u> 이 경우 지방자치단체의 장은 이행명령의 집행을 정지하게 하는 <u>집행정지결정을 신청할 수 있다.</u>

④ `COMMENT` 지방자치법 제15조 제3호. 지방자치단체가 처리할 수 없다.

> **제15조(국가사무의 처리제한)** 지방자치단체는 다음 각 호에 해당하는 국가사무를 처리할 수 없다. 다만, 법률에 이와 다른 규정이 있는 경우에는 국가사무를 처리할 수 있다.
> 1. 외교, 국방, 사법(司法), 국세 등 국가의 존립에 필요한 사무
> 2. 물가정책, 금융정책, 수출입정책 등 전국적으로 통일적 처리를 요하는 사무
> 3. <u>농산물·임산물·축산물·수산물 및 양곡의 수급조절과 수출입 등 전국적 규모의 사무</u>
> 4. 국가종합경제개발계획, 국가하천, 국유림, 국토종합개발계획, 지정항만, 고속국도·일반국도, 국립공원 등 전국적 규모나 이와 비슷한 규모의 사무
> 5. 근로기준, 측량단위 등 전국적으로 기준을 통일하고 조정하여야 할 필요가 있는 사무
> 6. 우편, 철도 등 전국적 규모나 이와 비슷한 규모의 사무
> 7. 고도의 기술을 요하는 검사·시험·연구, 항공관리, 기상행정, 원자력개발 등 지방자치단체의 기술과 재정능력으로 감당하기 어려운 사무

059

2008 국가직 7급

지방자치법상 직무이행명령에 관한 설명으로 옳은 것은?

① 직무이행명령의 대상이 되는 사무는 기관위임사무와 단체위임사무를 포함한다고 보는 것이 다수설의 입장이다.
② 주무부장관 또는 시·도지사는 해당 지방자치단체의 장이 직무이행명령에서 정한 기간에 이를 이행하지 아니하는 경우 그 지방자치단체의 비용부담으로 대집행을 할 수 있다.
③ 직무이행명령에 이의가 있는 지방자치단체의 장은 그 이행명령에 대하여 취소소송의 형식으로 불복할 수 있다.
④ 직무이행명령은 명백한 직무 부작위뿐만 아니라 위법 또는 부당한 직무집행행위에 대해서도 가능하다.

해설

① **COMMENT** 직무이행명령의 대상이 되는 사무는 위임사무에 한정되고 자치사무는 포함되지 않는다(지방자치법 제189조 제1항). 이때 '위임사무'의 의미에 대해서는 기관위임사무에 한정된다는 견해와 단체위임사무도 포함한다는 견해가 대립한다.

> **189조(지방자치단체의 장에 대한 직무이행명령)** ① 지방자치단체의 장이 법령에 따라 그 의무에 속하는 국가위임사무나 시·도위임사무의 관리와 집행을 명백히 게을리하고 있다고 인정되면 시·도에 대해서는 주무부장관이, 시·군 및 자치구에 대해서는 시·도지사가 기간을 정하여 서면으로 이행할 사항을 명령할 수 있다.

② 동조 제2항

> **189조(지방자치단체의 장에 대한 직무이행명령)** ② 주무부장관이나 시·도지사는 해당 지방자치단체의 장이 제1항의 기간에 이행명령을 이행하지 아니하면 그 지방자치단체의 비용부담으로 대집행 또는 행정상·재정상 필요한 조치(이하 이 조에서 "대집행등"이라 한다)를 할 수 있다. 이 경우 행정대집행에 관하여는 「행정대집행법」을 준용한다.

③ **COMMENT** 동조 제6항의 소송의 의미에 대해서는 견해가 대립된다(특수소송설, 기관소송설, 권한쟁의심판설, 항고소송설).

> **189조(지방자치단체의 장에 대한 직무이행명령)** ⑥ 지방자치단체의 장은 제1항 또는 제4항에 따른 이행명령에 이의가 있으면 이행명령서를 접수한 날부터 15일 이내에 대법원에 소를 제기할 수 있다. 이 경우 지방자치단체의 장은 이행명령의 집행을 정지하게 하는 집행정지결정을 신청할 수 있다.

④ **COMMENT** 직무이행명령은 "명백한" 의무불이행에 한정되고, 위법 또는 부당한 직무집행행위는 포함하지 않는다.

059 ②

060

지방자치단체의 사무에 관한 설명으로 옳지 않은 것은?

① 지방의회는 매년 1회 그 지방자치단체의 사무에 대해서 시·도에서는 14일의 범위에서, 시·군 및 자치구에서 9일의 범위에서 감사를 실시하고, 지방자치단체의 사무 중 특정 사안에 관하여 본회의 의결로 본회의나 위원회에서 조사하게 할 수 있다.
② 시·도와 시·군 및 자치구는 사무를 처리할 때 서로 경합하지 아니하도록 하여야 하며, 사무가 서로 경합하면 시·군 및 자치구에서 먼저 처리한다.
③ 판례는 기초지방자치단체인 시·군·구의 장의 자치사무의 일종인 당해 지방자치단체 소속 공무원에 대한 승진처분이 재량권을 일탈·남용하여 위법하게 된 경우 시·도지사는 지방자치법에 따라 그에 대한 시정명령이나 취소 또는 정지를 할 수 있다고 보았다.
④ 지방자치단체의 장이 법령의 규정에 따라 그 의무에 속하는 자치사무의 관리 및 집행을 명백히 게을리하고 있다고 인정되면 시·도에 대하여는 주무부장관이, 시·군 및 자치구에 대하여는 시·도지사가 기간을 정하여 서면으로 이행할 사항을 명령할 수 있다.

해설

① 지방자치법 제49조 제1항

> **제49조(행정사무 감사권 및 조사권)** ① 지방의회는 매년 1회 그 지방자치단체의 사무에 대하여 시·도에서는 14일의 범위에서, 시·군 및 자치구에서는 9일의 범위에서 감사를 실시하고, 지방자치단체의 사무 중 특정 사안에 관하여 본회의 의결로 본회의나 위원회에서 조사하게 할 수 있다.

② 동법 제14조 제3항

> **제14조(지방자치단체의 종류별 사무배분기준)** ① 제13조에 따른 지방자치단체의 사무를 지방자치단체의 종류별로 배분하는 기준은 다음 각 호와 같다. 다만, 제13조제2항제1호의 사무는 각 지방자치단체에 공통된 사무로 한다.
> 1. 시·도
>   가. 행정처리 결과가 2개 이상의 시·군 및 자치구에 미치는 광역적 사무
>   나. 시·도 단위로 동일한 기준에 따라 처리되어야 할 성질의 사무
>   다. 지역적 특성을 살리면서 시·도 단위로 통일성을 유지할 필요가 있는 사무
>   라. 국가와 시·군 및 자치구 사이의 연락·조정 등의 사무
>   마. 시·군 및 자치구가 독자적으로 처리하기에 부적당한 사무
>   바. 2개 이상의 시·군 및 자치구가 공동으로 설치하는 것이 적당하다고 인정되는 규모의 시설을 설치하고 관리하는 사무
> 2. 시·군 및 자치구
>   제1호에서 시·도가 처리하는 것으로 되어 있는 사무를 제외한 사무. 다만, 인구 50만 이상의 시에 대하여는 도가 처리하는 사무의 일부를 직접 처리하게 할 수 있다.
> ② 제1항의 배분기준에 따른 지방자치단체의 종류별 사무는 대통령령으로 정한다.
> ③ 시·도와 시·군 및 자치구는 사무를 처리할 때 서로 경합하지 아니하도록 하여야 하며, 사무가 서로 경합하면 시·군 및 자치구에서 먼저 처리한다.

060 ④

③ COMMENT 동법 제188조 제1항, 제5항. 자치사무가 재량권 일탈·남용하여 위법한 경우 이는 법령을 위반한 것이므로 시정명령이나 취소·정지의 대상이 된다.

> **제188조(위법·부당한 명령·처분의 시정)** ① 지방자치단체의 사무에 관한 지방자치단체의 장(제103조 제2항에 따른 사무의 경우에는 지방의회의 의장을 말한다. 이하 이 조에서 같다)의 명령이나 처분이 법령에 위반되거나 현저히 부당하여 공익을 해친다고 인정되면 시·도에 대해서는 주무부장관이, 시·군 및 자치구에 대해서는 시·도지사가 기간을 정하여 서면으로 시정할 것을 명하고, 그 기간에 이행하지 아니하면 이를 취소하거나 정지할 수 있다.
> ⑤ 제1항부터 제4항까지의 규정에 따른 자치사무에 관한 명령이나 처분에 대한 주무부장관 또는 시·도지사의 시정명령, 취소 또는 정지는 법령을 위반한 것에 한정한다.

> **대법원 2007.3.22., 선고, 2005추62, 전원합의체 판결**
> 지방자치법 제157조 제1항 전문은 "지방자치단체의 사무에 관한 그 장의 명령이나 처분이 법령에 위반되거나 현저히 부당하여 공익을 해한다고 인정될 때에는 시·도에 대하여는 주무부장관이, 시·군 및 자치구에 대하여는 시·도지사가 기간을 정하여 서면으로 시정을 명하고 그 기간 내에 이행하지 아니할 때에는 이를 취소하거나 정지할 수 있다"고 규정하고 있고, 같은 항 후문은 "이 경우 자치사무에 관한 명령이나 처분에 있어서는 법령에 위반하는 것에 한한다"고 규정하고 있는바, 지방자치법 제157조 제1항 전문 및 후문에서 규정하고 있는 지방자치단체의 사무에 관한 그 장의 명령이나 처분이 법령에 위반되는 경우라 함은 명령이나 처분이 현저히 부당하여 공익을 해하는 경우, 즉 합목적성을 현저히 결하는 경우와 대비되는 개념으로, 시·군·구의 장의 사무의 집행이 명시적인 법령의 규정을 구체적으로 위반한 경우뿐만 아니라 그러한 사무의 집행이 재량권을 일탈·남용하여 위법하게 되는 경우를 포함한다고 할 것이므로, 시·군·구의 장의 자치사무의 일종인 당해 지방자치단체 소속 공무원에 대한 승진처분이 재량권을 일탈·남용하여 위법하게 된 경우 시·도지사는 지방자치법 제157조 제1항 후문에 따라 그에 대한 시정명령이나 취소 또는 정지를 할 수 있다.

④ COMMENT 직무이행명령은 시정명령과는 달리 자치사무에 대해서는 할 수 없다(동법 제189조 제1항).

> **189조(지방자치단체의 장에 대한 직무이행명령)** ① 지방자치단체의 장이 법령에 따라 그 의무에 속하는 국가위임사무나 시·도위임사무의 관리와 집행을 명백히 게을리하고 있다고 인정되면 시·도에 대해서는 주무부장관이, 시·군 및 자치구에 대해서는 시·도지사가 기간을 정하여 서면으로 이행할 사항을 명령할 수 있다.

061

지방자치법의 내용으로 옳지 않은 것은?

① 지방자치단체의 사무에 관한 그 장의 명령이나 처분에 대하여 감독청은 시정명령을 내릴 수 있다.
② 행정안전부장관은 지방자치단체의 자치사무의 적법성과 타당성에 대하여 감사를 실시할 수 있다.
③ 지방자치단체의 사무에 대한 행정사무감사 및 조사권은 지방의회의 권한이다.
④ 지방자치단체나 그 장이 위임받아 처리하는 국가사무에 관하여 시·도에서는 주무부장관의, 시·군 및 자치구에서는 1차로 시·도지사의, 2차로 주무부장관의 지도·감독을 받는다.

해설

① 동법 제188조 제1항

> **제188조(위법·부당한 명령·처분의 시정)** ① 지방자치단체의 사무에 관한 지방자치단체의 장(제103조 제2항에 따른 사무의 경우에는 지방의회의 의장을 말한다. 이하 이 조에서 같다)의 명령이나 처분이 법령에 위반되거나 현저히 부당하여 공익을 해친다고 인정되면 시·도에 대해서는 주무부장관이, 시·군 및 자치구에 대해서는 시·도지사가 기간을 정하여 서면으로 시정할 것을 명하고, 그 기간에 이행하지 아니하면 이를 취소하거나 정지할 수 있다.

② **COMMENT** 행정안전부장관은 자치사무에 대해서는 적법상 감사만 할 수 있고, 타당성 감사는 할 수 없다(동법 제190조 제1항).

> **제190조(지방자치단체의 자치사무에 대한 감사)** ① 행정안전부장관이나 시·도지사는 지방자치단체의 자치사무에 관하여 보고를 받거나 서류·장부 또는 회계를 감사할 수 있다. 이 경우 감사는 법령위반 사항에 대하여만 실시한다.

③ **COMMENT** 지방의회는 당해 지자체의 사무에 관한 행정사무감사 및 조사권을 갖는다(동법 제49조 제1항).

> **제49조(행정사무 감사권 및 조사권)** ① 지방의회는 매년 1회 그 지방자치단체의 사무에 대하여 시·도에서는 14일의 범위에서, 시·군 및 자치구에서는 9일의 범위에서 감사를 실시하고, 지방자치단체의 사무 중 특정 사안에 관하여 본회의 의결로 본회의나 위원회에서 조사하게 할 수 있다.

> **대법원 1992.7.28., 선고, 92추31, 판결**
> 지방자치법은 의결기관으로서의 의회의 권한과 집행기관으로서의 단체장의 권한을 분리하여 배분하는 한편, 의회는 행정사무감사와 조사권 등에 의하여 단체장의 사무집행을 감시 통제할 수 있게 하고 단체장은 의회의 의결에 대한 재의요구권 등으로 의회의 의결권행사에 제동을 가할 수 있게 함으로써 상호 견제와 균형을 유지하도록 하고 있는 것인바, 위와 같은 의회의 의결권과 집행기관에 대한 행정감사 및 조사권은 의결기관인 의회 자체의 권한이니 의회를 구성하는 의원 개인의 권한이 아닌바, 의원은 의회의 본회의 및 위원회의 의결과 안건의 심사 처리에 있어서 발의권, 질문권, 토론권 및 표결권을 가지며 의회가 행하는 지방자치단체사무에 대한 행정감사 및 조사에서 직접 감사 및 조사를 담당하여 시행하는 권능이 있으나, 이는 의회의 구성원으로서 의회의 권한행사를 담당하는 권능이지 의원 개인의 자격으로 가지는 권능이 아니므로 의원은 의회의 본회의 및 위원회의 활동과 아무런 관련 없이 의원 개인의 자격에서 집행기관의 사무집행에 간섭할 권한이 없으며, 이러한 권한은 법이 규정하는 의회의 권한 밖의 일로서 집행기관과의 권한한계를 침해하는 것이어서 허용될 수 없다.

061 ②

④ 동법 제185조 제1항

> **제185조(국가사무나 시·도사무 처리의 지도·감독)** ① 지방자치단체나 그 장이 위임받아 처리하는 국가사무에 관하여 시·도에서는 주무부장관의, 시·군 및 자치구에서는 1차로 시·도지사의, 2차로 주무부장관의 지도·감독을 받는다.

062

2009 지방직 7급

지방자치단체의 권한쟁의심판에 관한 헌법재판소의 결정으로 옳지 않은 것은?

① 지방자치단체의 장이 국가위임사무에 대해 국가기관의 지위에서 처분을 행한 경우 권한쟁의심판청구의 당사자가 될 수 있다.
② ○○주식회사에 대한 피청구인 순천시장의 과세처분과 관련된 지방세 과세권한을 둘러싼 다툼에 있어, 순천시장은 권한쟁의심판청구의 당사자가 될 수 있다.
③ 강남구선거관리위원회가 강남구의회로 하여금 다음 해 예산을 편성할 때 지방선거에 소요되는 비용을 산입하도록 예상되는 비용을 강남구에 미리 통보한 행위는 권한쟁의심판의 대상이 되는 처분에 해당하지 않는다.
④ 지방자치단체는 도시계획사업실시계획인가사무에 대하여 권한쟁의심판을 청구할 수 없다.

해설

①
> **헌재 전원재판부 2003헌라1, 2006.8.31.**
> 권한쟁의 심판청구는 헌법과 법률에 의하여 권한을 부여받은 자가 그 권한의 침해를 다투는 헌법소송으로서 이러한 권한쟁의심판을 청구할 수 있는 자에 대하여는 헌법 제111조 제1항 제4호와 헌법재판소법 제62조 제1항 제3호가 정하고 있는바, 이에 의하면 지방자치단체의 장은 원칙적으로 권한쟁의 심판청구의 당사자가 될 수 없다. 다만 지방자치단체의 장이 국가위임 사무에 대해 국가기관의 지위에서 처분을 행한 경우에는 권한쟁의 심판청구의 당사자가 될 수 있다.

②
> **헌재 전원재판부 2003헌라1, 2006.8.31.**
> 권한쟁의 심판청구는 헌법과 법률에 의하여 권한을 부여받은 자가 그 권한의 침해를 다투는 헌법소송으로서 이러한 권한쟁의심판을 청구할 수 있는 자에 대하여는 헌법 제111조 제1항 제4호와 헌법재판소법 제62조 제1항 제3호가 정하고 있는바, 이에 의하면 지방자치단체의 장은 원칙적으로 권한쟁의 심판청구의 당사자가 될 수 없다. 다만 지방자치단체의 장이 국가위임 사무에 대해 국가기관의 지위에서 처분을 행한 경우에는 권한쟁의 심판청구의 당사자가 될 수 있다. 그런데 이 사건 ○○ 주식회사에 대한 피청구인 순천시장의 과세처분은 지방자치단체의 권한에 속하는 사항에 대하여 지방자치단체사무의 집행기관으로서 한 과세처분에 불과하므로 피청구인 순천시장은 이 사건 지방세 과세 권한을 둘러싼 다툼에 있어 권한쟁의 심판청구의 당사자가 될 수 없고, 청구인 광양시장 또한 마찬가지이다. 따라서 청구인 광양시장의 피청구인들에 대한 심판청구와 청구인 광양시의 피청구인 순천시장에 대한 심판청구는 모두 당사자능력을 결한 청구로서 부적법하다.

062 ②

③ 헌재 전원재판부 2005헌라7, 2008.6.26.
권한쟁의심판청구의 대상이 되는 '처분'에 해당하려면 처분이라고 주장된 행위가 청구인의 법적 지위에 구체적으로 영향을 미칠 가능성이 있는 것이어야 한다. 그런데 위에서 살펴본 바와 같이 피청구인 강남구선거관리위원회는 공직선거법 제277조 제2항에 따라 2006년 지방선거를 앞두고 지방선거를 원활하게 치르도록 하기 위해 강남구의회가 다음해 예산을 편성할 때 지방선거에 소요되는 비용을 산입할 수 있도록 예상되는 비용을 미리 통보하였다. 이러한 통보행위가 권한쟁의심판청구의 대상이 되는 처분에 해당하기 위해서는 이것이 청구인 서울특별시 강남구에 새로운 의무를 부과한다거나 법적 지위에 어떤 변화를 초래하여야 한다. 그런데 청구인 서울특별시 강남구의 선거비용 부담은 공직선거법에서 그렇게 정하고 있기 때문에 발생하는 것이지 피청구인 강남구선거관리위원회가 이 사건 통보행위를 하였기 때문에 새롭게 발생한 것은 아니다. 또한 피청구인 강남구선거관리위원회의 선거비용 통보행위는 미래에 발생할 선거비용을 다음 연도 예산에 반영하도록 하기 위해 미리 안내한 것에 불과하며, 이 통보행위 자체만으로 청구인 서울특별시 강남구가 2006년 예산편성 권한을 행사하는데 법적 구속을 받게 된 것은 아니다. 따라서 청구인 서울특별시 강남구의 법적 지위에 어떤 변화도 가져오지 않는 피청구인 강남구선거관리위원회의 이 사건 통보행위는 권한쟁의 심판의 대상이 되는 처분에 해당한다고 볼 수 없고, 청구인 서울특별시 강남구의 지방재정권을 침해하거나 침해할 가능성도 없다고 할 것이다.

④ 헌재 전원재판부 98헌라4, 1999.7.22.
지방자치단체는 헌법 또는 법률에 의하여 부여받은 그의 권한, 즉 지방자치단체의 사무에 관한 권한이 침해되거나 침해될 우려가 있는 때에 한하여 권한쟁의심판을 청구할 수 있다고 할 것인데, 도시계획사업실시계획인가사무는 건설교통부장관으로부터 시·도지사에게 위임되었고, 다시 시장·군수에게 재위임된 기관위임사무로서 국가사무라고 할 것이므로, 청구인의 이 사건 심판청구 중 도시계획사업실시계획인가처분에 대한 부분은 지방자치단체의 권한에 속하지 아니하는 사무에 관한 것으로서 부적법하다고 할 것이다.

063

2020 국가직 7급

지방자치에 대한 설명으로 옳은 것은? (다툼이 있는 경우 판례에 의함)

① 구「지방자치법」제17조 제2항 제2호에 규정된 주민소송에서 다툼의 대상이 된 처분은 그 처분으로 인해 지방자치단체의 재정에 손실이 발생하였다는 사실만으로도 위법성이 인정된다.
② 지방자치단체는 기관위임사무의 집행에 관한 권한의 존부 및 범위에 관한 권한분쟁을 이유로 기관위임사무를 집행하는 국가기관을 상대로 권한쟁의심판을 청구할 당사자적격이 없다.
③ 교육감이 「지방교육자치에 관한 법률」에 따라 독자적인 권한으로 지방의회의 조례안 의결에 대해 재의요구를 한 경우 지방의회가 재의결하기 전이라도 교육감은 그 재의요구를 철회할 수 없다.
④ 지방자치단체의 장이 국가가 위임한 사무에 대해 국가기관의 지위에서 처분을 한 경우 그 지방자치단체의 장은 권한쟁의 심판청구의 당사자가 될 수 없다.

063 ②

> 해설

① 대법원 2019.10.17., 선고 2018두104 판결
지방자치법 제16조, 제17조 제1항, 제2항 제2호, 제17항의 내용과 체계에다가 주민소송 제도의 입법 취지와 법적 성질 등을 종합하면, 주민소송에서 다툼의 대상이 된 처분의 위법성은 행정소송법상 항고소송에서와 마찬가지로 헌법, 법률, 그 하위의 법규명령, 법의 일반원칙 등 객관적 법질서를 구성하는 모든 법규범에 위반되는지 여부를 기준으로 판단하여야 하는 것이지, 해당 처분으로 지방자치단체의 재정에 손실이 발생하였는지만을 기준으로 판단할 것은 아니다.

② 전원재판부 2009헌라5, 2011.9.29.
지방자치단체가 권한쟁의심판을 청구하기 위해서는 헌법 또는 법률에 의하여 부여받은 권한, 즉 지방자치단체의 사무에 관한 권한이 침해되거나 침해될 우려가 있어야 한다. 그런데 지방자치단체의 사무 중 국가가 지방자치단체의 장 등에게 위임한 기관위임사무는 그 처리의 효과가 국가에 귀속되는 국가의 사무로서 지방자치단체의 사무라 할 수 없고, 지방자치단체의 장 등은 기관위임사무의 집행권한과 관련된 범위에서는 그 사무를 위임한 국가기관의 지위에 서게 될 뿐 지방자치단체의 기관이 아니므로, 지방자치단체는 기관위임사무의 집행에 관한 권한의 존부 및 범위에 관한 권한분쟁을 이유로 기관위임사무를 집행하는 국가기관 또는 다른 지방자치단체의 장을 상대로 권한쟁의심판을 청구할 수 없다 할 것이다.

③ 헌재 전원재판부 2012헌라1, 2013.9.26.
지방교육자치에 관한 법률 제28조 제1항 제1문이 규정한 교육·학예에 관한 시·도의회의 의결사항에 대한 교육감의 재의요구 권한과, 같은 항 제2문이 규정한 교육부장관의 재의요구 요청 권한은 중복하여 행사될 수 있는 별개의 독립된 권한이다. 지방의회의 조례안 의결에 대하여 재의요구를 한 교육감은 지방의회가 재의결을 하기 전까지 재의요구를 철회할 수 있다. 그렇다면, 서울특별시교육감의 재의요구 철회가 교육부장관의 재의요구 요청권한을 침해하지 아니한다.

④ 헌재 전원재판부 2003헌라1, 2006.8.31.
권한쟁의 심판청구는 헌법과 법률에 의하여 권한을 부여받은 자가 그 권한의 침해를 다투는 헌법소송으로서 이러한 권한쟁의심판을 청구할 수 있는 자에 대하여는 헌법 제111조 제1항 제4호와 헌법재판소법 제62조 제1항 제3호가 정하고 있는바, 이에 의하면 지방자치단체의 장은 원칙적으로 권한쟁의 심판청구의 당사자가 될 수 없다. 다만 지방자치단체의 장이 국가위임 사무에 대해 국가기관의 지위에서 처분을 행한 경우에는 권한쟁의 심판청구의 당사자가 될 수 있다.

064

지방자치에 대한 설명으로 옳은 것은? (다툼이 있는 경우 판례에 의함)

① 도 교육감이 도를 대표하여 도지사가 대표하는 도를 상대로 제기한 소유권 확인의 소는 자기가 자기를 상대로 제기한 것으로 권리보호의 이익이 없어 부적법하다.
② 지방의회의원이 지방자치단체의 장이 조례안으로써 제안한 행정기구를 종류 및 업무가 다른 행정기구로 전환하는 수정안을 발의한 경우, 지방의회는 그 수정안을 의결 및 재의결할 수 있다.
③ 구 호적법상 호적사무는 그 성질상 전국적으로 통일적 처리가 요구되는 국가의 사무로서 국가의 기관위임에 의하여 수행되는 사무이다.
④ 지방자치단체의 장에 대한 직무이행명령의 대상은 법령의 규정에 의하여 지방자치단체의 업무에 속하는 자치사무이다.

해설

① **대법원 2001.5.8., 선고, 99다69341, 판결**
지방자치단체로서의 도는 1개의 법인이 존재할 뿐이고, 다만 사무의 영역에 따라 도지사와 교육감이 별개의 집행 및 대표기관으로 병존할 뿐이므로 도 교육감이 도를 대표하여 도지사가 대표하는 도를 상대로 제기한 소유권 확인의 소는 자기가 자기를 상대로 제기한 것으로 권리보호의 이익이 없어 부적법하다.

② **대법원 2005.8.19., 선고, 2005추48, 판결**
지방자치법령은 지방자치단체의 장으로 하여금 지방자치단체의 대표자로서 당해 지방자치단체의 사무와 법령에 의하여 위임된 사무를 관리·집행하는 데 필요한 행정기구를 설치할 고유한 권한과 이를 위한 조례안의 제안권을 가지도록 하는 반면 지방의회로 하여금 지방자치단체의 장의 행정기구의 설치권한을 견제하도록 하기 위하여 지방자치단체의 장이 조례안으로서 제안한 행정기구의 축소, 통폐합의 권한을 가지는 것으로 하고 있으므로, 지방의회의원이 지방자치단체의 장이 조례안으로서 제안한 행정기구를 종류 및 업무가 다른 행정기구로 전환하는 수정안을 발의하여 지방의회가 의결 및 재의결하는 것은 지방자치단체의 장의 고유 권한에 속하는 사항의 행사에 관하여 사전에 적극적으로 개입하는 것으로서 허용되지 아니한다.

③ **대법원 1995.3.28., 선고, 94다45654, 판결**
호적법 및 지방자치법의 제규정에 비추어 보면 호적사무는 국가의 사무로서 국가의 기관위임에 의하여 수행되는 사무가 아니고 지방자치법 제9조가 정하는 지방자치단체의 사무라 할 것이고, 단지 일반 행정사무와는 달리 사법적 성질이 강하여 법원의 감독을 받게 하는 데 지나지 아니한다.

④ **COMMENT** 직무이행명령의 대상이 되는 사무는 위임사무에 한정되고 자치사무는 포함되지 않는다(지방자치법 제189조 제1항). 이때 '위임사무'의 의미에 대해서는 기관위임사무에 한정된다는 견해와 단체위임사무도 포함한다는 견해가 대립한다.

064 ①

> 제189조(지방자치단체의 장에 대한 직무이행명령) ① 지방자치단체의 장이 법령의 규정에 따라 그 의무에 속하는 국가위임사무나 시·도위임사무의 관리와 집행을 명백히 게을리하고 있다고 인정되면 시·도에 대하여는 주무부장관이, 시·군 및 자치구에 대하여는 시·도지사가 기간을 정하여 서면으로 이행할 사항을 명령할 수 있다.

065

2013 국회직 8급

지방의회와 지방자치단체장의 관계에 대한 판례의 태도로 옳지 않은 것은?

① 지방의회와 지방자치단체장은 상호 독립되어 있고 상호 견제와 균형을 이루는 관계에 있는 것이므로 법률에 특별한 규정이 없는 한 조례로써 견제의 범위를 넘어서 상대방의 고유권한을 침해하는 규정을 제정할 수 없다.
② 조례안 규정에서 민간위탁적격자심사위원회의 위원 중 2명을 시의원 중에서 위촉하도록 정한 것은 법령상 근거 없는 새로운 견제장치에 해당한다고 볼 수 없다.
③ 조례안에 주민들의 행정심판청구에 대한 지원 여부를 결정하기 위한 전제로서 당해 행정처분의 정당성 여부를 지방의회에서 판단하도록 규정하고 있다면 법률에 근거가 없는 새로운 견제장치를 만드는 것이 된다.
④ 지방의회가 합의제 행정기관의 설치에 관한 조례안을 발의하여 이를 그대로 의결, 재의결하는 것은 지방자치단체의 장의 고유권한에 속하는 사항의 행사에 관하여 지방의회가 사전에 적극적으로 개입하는 것으로서 관련 법령에 위반되어 허용되지 않는다.
⑤ 지방자치단체 사무의 민간위탁에 관하여 지방의회의 사전동의를 받도록 한 것은 지방자치단체장의 집행권한을 본질적으로 침해하는 것으로 보아야 한다.

해설

①

> 대법원 1996.5.14., 선고, 96추15, 판결
> 지방자치법은 지방의회와 지방자치단체의 장에게 독자적 권한을 부여하고 상호견제와 균형을 이루도록 하고 있으므로, 법률에 특별한 규정이 없는 한 조례로써 견제의 범위를 넘어서 고유권한을 침해하는 규정을 할 수 없고, 일방의 고유권한을 타방이 행사하게 하는 내용의 조례는 지방자치법에 위배된다. 그러므로 지방의회가 집행기관의 인사권에 관하여 소극적, 사후적으로 개입하는 것은 그것이 견제의 범위 안에 드는 경우에는 허용되나, 집행기관의 인사권을 독자적으로 행사하거나 동등한 지위에서 합의하여 행사할 수 없고, 사전에 적극적으로 개입하는 것도 원칙적으로 허용되지 아니한다. 따라서 지방의회 의장과 의원 개인의 지위 및 권한에 비추어 볼 때 집행기관의 인사권에 의장 개인의 자격으로는 관여할 수 있는 권한이 없고, 조례로서 이를 허용할 수도 없다. 그렇다면 공유재산심의회 위원 중 9명을 시의원으로 구성하고 그 위원이 될 시의원을 의장이 추천하여 시장이 위촉하도록 한 것은 사실상 인사권을 공동 행사하자는 것으로서, 공유재산심의회가 시장의 자문에 응하여 또는 자발적으로 시장의 의사결정에 참가가 될 의견을 제공하는 것에 불과하고 시장이 그 의견에 기속되는 것은 아니라고 하더라도, 공유재산심의회의 활동은 지방자치단체의 집행사무에 속하고, 그에 대한 책임은 궁극적으로 집행기관의 장이 지게 되는 것임에 비추어 볼 때, 공유재산심의회 위원이 될 시의원 9명을 의장이 추천하게 하는 것은 집행기관의 인사권에 사전에 적극적으로 개입하는 것으로서 특별한 사정이 없는 한 허용될 수 없다.

065 ⑤

② 대법원 2012.11.29., 선고, 2011추87, 판결
지방자치단체는 그 소관 사무의 일부를 독립하여 수행할 필요가 있을 때 합의제 행정기관을 설치할 수 있고(지방자치법 제116조 제1항), 합의제 행정기관의 설치·운영에 관하여 필요한 사항은 조례로 정할 수 있다(지방자치법 제116조 제2항). 이와 같이 지방자치법에서 합의제 행정기관의 설치·운영에 관하여 필요한 사항을 조례로 정하도록 위임한 취지는 각 지방자치단체의 특수성을 고려하여 그 실정에 맞게 합의제 행정기관을 조직하도록 한 것이어서, 해당 지방자치단체가 합의제 행정기관의 일종인 민간위탁적격자심사위원회의 공평한 구성 및 운영에 대한 적절한 통제를 위하여 민간위탁적격자심사위원회 위원의 정수 및 위원의 구성비를 어떻게 정할 것인지는 해당 지방의회가 조례로써 정할 수 있는 입법재량에 속하는 문제로서 조례제정권의 범위 내라고 보는 것이 타당하다.

③ 대법원 1997.3.28., 선고, 96추60, 판결
당해 지방자치단체의 주민을 상대로 한 모든 행정기관의 행정처분에 대한 행정심판청구를 지원하는 것을 내용으로 하는 조례안은 지방자치단체의 사무에 관한 조례제정권의 한계를 벗어난 것일 뿐 아니라, 가사 그 조례안이 당해 지방자치단체의 행정처분에 대한 행정심판청구만을 지원한다는 의미로 이해한다고 하더라도, 그 지원 여부를 결정하기 위한 전제로서 당해 행정처분의 정당성 여부를 지방의회에서 판단하도록 규정하고 있다면 이는 결국 지방의회가 스스로 행정처분의 정당성 판단을 함으로써 자치단체의 장을 견제하려는 것으로서 이는 법률에 규정이 없는 새로운 견제장치를 만드는 것이 되어 지방자치단체의 장의 고유권한을 침해하는 것이 되어 효력이 없다.

④ 대법원 2009.9.24., 선고, 2009추53, 판결
지방자치법상 지방자치단체의 집행기관과 지방의회는 서로 분립되어 각기 그 고유권한을 행사하되 상호 견제의 범위 내에서 상대방의 권한 행사에 대한 관여가 허용되나, 지방의회는 집행기관의 고유권한에 속하는 사항의 행사에 관하여는 견제의 범위 내에서 소극적·사후적으로 개입할 수 있을 뿐 사전에 적극적으로 개입하는 것은 허용되지 않는다. 이에 더하여, 지방자치법 제116조에 그 설치의 근거가 마련된 합의제 행정기관은 지방자치단체의 장이 통할하여 관리·집행하는 지방자치단체의 사무를 일부 분담하여 수행하는 기관으로서 그 사무를 독립하여 수행한다 할지라도 이는 어디까지나 집행기관에 속하는 것이지 지방의회에 속한다거나 집행기관이나 지방의회 어디에도 속하지 않는 독립된 제3의 기관에 해당하지 않는 점, 지방자치단체의 행정기구와 정원기준 등에 관한 규정 제3조 제1항의 규정에 비추어 지방자치단체의 장은 집행기관에 속하는 행정기관 전반에 대하여 조직편성권을 가진다고 해석되는 점을 종합해 보면, 지방자치단체의 장은 합의제 행정기관을 설치할 고유의 권한을 가지며 이러한 고유권한에는 그 설치를 위한 조례안의 제안권이 포함된다고 봄이 상당하므로, 지방의회가 합의제 행정기관의 설치에 관한 조례안을 발의하여 이를 그대로 의결, 재의결하는 것은 지방자치단체장의 고유권한에 속하는 사항의 행사에 관하여 지방의회가 사전에 적극적으로 개입하는 것으로서 관련 법령에 위반되어 허용되지 않는다.

⑤ 대법원 2011.2.10., 선고, 2010추11, 판결
이 사건 조례안이 지방자치단체 사무의 민간위탁에 관하여 지방의회의 사전 동의를 받도록 한 것은 지방자치단체장의 민간위탁에 대한 일방적인 독주를 제어하여 민간위탁의 남용을 방지하고 그 효율성과 공정성을 담보하기 위한 장치에 불과하고, 민간위탁의 권한을 지방자치단체장으로부터 박탈하려는 것이 아니므로, 지방자치단체장의 집행권한을 본질적으로 침해하는 것으로 볼 수 없다. 또한 지방자치단체장이 동일 수탁자에게 위탁사무를 재위탁하거나 기간연장 등 기존 위탁계약의 중요한 사항을 변경하고자 할 때 지방의회의 동의를 받도록 한 목적은 민간위탁에 관한 지방의회의 적절한 견제기능이 최초의 민간위탁 시뿐만 아니라 그 이후에도 지속적으로 이루어질 수 있도록 하는 데 있으므로, 이에 관한 이 사건 조례안 역시 지방자치단체장의 집행권한을 본질적으로 침해하는 것으로 볼 수 없다.

066 2017 국가직 7급

지방의회와 지방자치단체의 장의 권한 및 그 상호 통제에 대한 설명으로 옳지 않은 것은? (다툼이 있는 경우 판례에 의함)

① 지방자치법 및 지방재정법에 따르면, 공유재산의 관리는 그 행위의 성질 등에 있어 그 취득이나 처분과는 달리 지방자치단체장의 고유권한에 속하는 것으로서 지방의회가 사전에 관여하여서는 아니되는 사항이다.
② 집행기관의 고유권한에 속하는 인사권의 행사에 있어서 지방의회는 견제의 범위 내에서 소극적·사후적으로 개입할 수 있을 뿐 사전에 적극적으로 개입하는 것은 허용되지 아니한다.
③ 당해 지방자치단체의 주민을 상대로 한 모든 행정기관의 행정처분에 대한 행정심판청구를 지원하는 것을 내용으로 하는 조례안은 지방자치단체의 사무에 관한 조례제정권의 한계를 벗어난 것이다.
④ 지방의회가 조례로 정한 특정한 사항에 대하여 일정한 기간 내에 반드시 주민투표를 실시하도록 규정한 조례안은 지방자치법에 위반하여 지방자치단체의 장의 고유권한을 침해하는 규정이다.

해설

① 대법원 2000.11.24., 선고, 2000추29, 판결
지방자치법 제35조 제1항 제6호 및 그 시행령 제15조의3과 지방재정법 제77조 및 그 시행령 제84조는 일정한 중요재산의 취득과 처분에 관하여는 관리계획으로 정하여 지방의회의 의결을 받도록 규정하면서도 공유재산의 대부와 같은 관리행위가 지방의회의 의결사항인지 여부에 관하여는 명시적으로 규정하고 있지 아니하지만, 우선 지방자치법 제35조 제2항에서 그 제1항이 정하고 있는 사항 이외에 지방의회에서 의결되어야 할 사항을 조례로써 정할 수 있도록 규정하고 있을 뿐만 아니라, 일반적으로 공유재산의 관리가 그 행위의 성질 등에 있어 그 취득이나 처분과는 달리 지방자치단체장의 고유권한에 속하는 것으로서 지방의회가 사전에 관여하여서는 아니되는 사항이라고 볼 근거는 없는 것이므로, 지방자치법과 지방재정법 등의 국가 법령에서 위와 같이 중요재산의 취득과 처분에 관하여 지방의회의 의결을 받도록 규정하면서 공유재산의 관리행위에 관하여는 별도의 규정을 두고 있지 아니하더라도 이는 공유재산의 관리행위를 지방의회의 의결사항으로 하는 것을 일률적으로 배제하고자 하는 취지는 아니고 각각의 지방자치단체에서 그에 관하여 조례로써 별도로 정할 것을 용인하고 있는 것이라고 보아야 한다.

066 ①

② 대법원 2009.9.24., 선고, 2009추53, 판결
지방의회가 집행기관의 인사권에 관하여 견제의 범위 내에서 소극적·사후적으로 개입하는 것은 허용되나, 집행기관의 인사권을 독자적으로 행사하거나 동등한 지위에서 합의하여 행사할 수는 없고, 그에 관하여 사전에 적극적으로 개입하는 것도 원칙적으로 허용되지 아니한다.

③ 대법원 1997.3.28., 선고, 96추60, 판결
당해 지방자치단체의 주민을 상대로 한 모든 행정기관의 행정처분에 대한 행정심판청구를 지원하는 것을 내용으로 하는 조례안은 지방자치단체의 사무에 관한 조례제정권의 한계를 벗어난 것일 뿐 아니라, 가사 그 조례안이 당해 지방자치단체의 행정처분에 대한 행정심판청구만을 지원한다는 의미로 이해한다고 하더라도, 그 지원 여부를 결정하기 위한 전제로서 당해 행정처분의 정당성 여부를 지방의회에서 판단하도록 규정하고 있다면 이는 결국 지방의회가 스스로 행정처분의 정당성 판단을 함으로써 자치단체의 장을 견제하려는 것으로서 이는 법률에 규정이 없는 새로운 견제장치를 만드는 것이 되어 지방자치단체의 장의 고유권한을 침해하는 것이 되어 효력이 없다.

④ 대법원 2002.4.26., 선고, 2002추23, 판결
지방자치법은 지방의회와 지방자치단체의 장에게 독자적 권한을 부여하고 상호 견제와 균형을 이루도록 하고 있으므로, 법률에 특별한 규정이 없는 한 조례로써 견제의 범위를 넘어서 고유권한을 침해하는 규정을 둘 수 없다 할 것인바, 위 지방자치법 제13조의2 제1항에 의하면, 주민투표의 대상이 되는 사항이라 하더라도 주민투표의 시행 여부는 지방자치단체의 장의 임의적 재량에 맡겨져 있음이 분명하므로, 지방자치단체의 장의 재량으로서 투표실시 여부를 결정할 수 있도록 한 법규정에 반하여 지방의회가 조례로 정한 특정한 사항에 관하여는 일정한 기간 내에 반드시 투표를 실시하도록 규정한 조례안은 지방자치단체의 장의 고유권한을 침해하는 규정이다.

067

지방자치단체의 장과 지방의회의 관계에 대한 설명으로 옳지 않은 것은? (다툼이 있는 경우 판례에 의함)

① 「지방자치법」상 합의제 행정기관의 설치·운영에 관하여 해당 지방자치단체가 민간위탁적격자심사위원회 위원의 정수 및 위원의 구성비를 어떻게 정할 것인지는 조례제정권의 범위 내에 있다.
② 지방의회가 합의제 행정기관의 설치에 관한 조례안을 발의하여 이를 그대로 의결, 재의결하는 것은 지방자치단체의 장의 고유권한에 속하는 사항의 행사에 관하여 지방의회가 사전에 적극적으로 개입하는 것으로서 위법하다.
③ 조례안에서 지방자치단체의 장이 재단법인 광주비엔날레의 업무 수행을 지원하기 위하여 소속 지방공무원을 위 재단법인에 파견함에 있어 그 파견기관과 인원을 정하여 지방의회의 동의를 얻도록 하고 이미 위 재단법인에 파견된 소속 지방공무원에 대하여는 조례안이 조례로서 시행된 후 최초로 개회되는 지방의회에서 동의를 얻도록 규정하고 있는 경우 그 조례안 규정은 법령에 위반된다.
④ 조례안이 지방자치단체 사무의 민간위탁에 관하여 지방의회의 사전 동의를 받도록 한 것은 민간위탁 권한을 지방자치단체의 장으로부터 박탈하려는 것이 아니므로 지방자치단체의 장의 집행권한을 본질적으로 침해하는 것으로 볼 수 없다.
⑤ 개정조례안 중 동정자치위원회를 구성하는 위원의 위촉과 해촉에 관한 권한을 동장에게 부여하면서 그 위촉과 해촉에 있어서 당해 지역 구의원과 협의하도록 한 규정은 적법하다.

해설

①
> 대법원 2012.11.29., 선고, 2011추87, 판결
> 지방자치단체는 그 소관 사무의 일부를 독립하여 수행할 필요가 있을 때 합의제 행정기관을 설치할 수 있고(지방자치법 제116조 제1항), 합의제 행정기관의 설치·운영에 관하여 필요한 사항은 조례로 정할 수 있다(지방자치법 제116조 제2항). 이와 같이 지방자치법에서 합의제 행정기관의 설치·운영에 관하여 필요한 사항을 조례로 정하도록 위임한 취지는 각 지방자치단체의 특수성을 고려하여 그 실정에 맞게 합의제 행정기관을 조직하도록 한 것이어서, 해당 지방자치단체가 합의제 행정기관의 일종인 민간위탁적격자심사위원회의 공평한 구성 및 운영에 대한 적절한 통제를 위하여 민간위탁적격자심사위원회 위원의 정수 및 위원의 구성비를 어떻게 정할 것인지는 해당 지방의회가 조례로써 정할 수 있는 입법재량에 속하는 문제로서 조례제정권의 범위 내라고 보는 것이 타당하다.

067 ⑤

② 대법원 2014.11.13., 선고, 2013추111, 판결

지방자치법상 지방자치단체의 집행기관과 지방의회는 서로 분립되어 각기 그 고유권한을 행사하되 상호 견제의 범위 내에서 상대방의 권한 행사에 대한 관여가 허용되나, 지방의회는 집행기관의 고유권한에 속하는 사항의 행사에 관하여는 견제의 범위 내에서 소극적·사후적으로 개입할 수 있을 뿐 사전에 적극적으로 개입하는 것은 허용되지 아니한다(대법원 2001. 12. 11. 선고 2001추64 판결 참조). 그리고 지방자치법 제101조, 제103조, 제112조, 제127조, 지방자치단체의 행정기구와 정원기준 등에 관한 규정(이하 '행정기구규정'이라 한다) 제5조, 제7조, 제36조 제2항의 각 규정을 종합하면, 지방자치법령은 지방자치단체의 장으로 하여금 지방자치단체의 대표자로서 당해 지방자치단체의 사무와 법령에 의하여 위임된 사무를 관리·집행하는 데 필요한 행정기구를 설치할 고유권한과 이를 위한 조례안의 제안권을 가지도록 하는 반면 지방의회로 하여금 지방자치단체장의 행정기구 설치권한을 견제하도록 하기 위하여 지방자치단체의 장이 조례안으로써 제안한 행정기구를 축소·통폐합할 권한을 가지도록 하고 있다(대법원 2005. 8. 19. 선고 2005추48 판결 참조). 이에 더하여, 지방자치단체의 장은 합의제 행정기관을 설치할 고유의 권한을 가지며 이러한 고유권한에는 그 설치를 위한 조례안의 제안권이 포함된다고 봄이 타당하므로, 지방의회가 합의제 행정기관의 설치에 관한 조례안을 발의하여 이를 그대로 의결, 재의결하는 것은 지방자치단체장의 고유권한에 속하는 사항의 행사에 관하여 지방의회가 사전에 적극적으로 개입하는 것으로서 위 관련 법령에 위반되어 허용되지 아니한다.

③ 대법원 2001.2.23., 선고, 2000추67, 판결

조례안에서 지방자치단체의 장이 재단법인 광주비엔날레의 업무수행을 지원하기 위하여 소속 지방공무원을 위 재단법인에 파견함에 있어 그 파견기관과 인원을 정하여 지방의회의 동의를 얻도록 하고, 이미 위 재단법인에 파견된 소속 지방공무원에 대하여는 조례안이 조례로서 시행된 후 최초로 개회되는 지방의회에서 동의를 얻도록 규정하고 있는 경우, 그 조례안 규정은 지방자치단체의 장의 고유권한에 속하는 소속 지방공무원에 대한 임용권 행사에 대하여 지방의회가 동의 절차를 통하여 단순한 견제의 범위를 넘어 적극적으로 관여하는 것을 허용하고 있다는 이유로 법령에 위반된다고 한 사례.

④ 대법원 2011.2.10., 선고, 2010추11, 판결

이 사건 조례안이 지방자치단체 사무의 민간위탁에 관하여 지방의회의 사전 동의를 받도록 한 것은 지방자치단체장의 민간위탁에 대한 일방적인 독주를 제어하여 민간위탁의 남용을 방지하고 그 효율성과 공정성을 담보하기 위한 장치에 불과하고, 민간위탁의 권한을 지방자치단체장으로부터 박탈하려는 것이 아니므로, 지방자치단체장의 집행권한을 본질적으로 침해하는 것으로 볼 수 없다. 또한 지방자치단체장이 동일 수탁자에게 위탁사무를 재위탁하거나 기간연장 등 기존 위탁계약의 중요한 사항을 변경하고자 할 때 지방의회의 동의를 받도록 한 목적은 민간위탁에 관한 지방의회의 적절한 견제기능이 최초의 민간위탁 시뿐만 아니라 그 이후에도 지속적으로 이루어질 수 있도록 하는 데 있으므로, 이에 관한 이 사건 조례안 역시 지방자치단체장의 집행권한을 본질적으로 침해하는 것으로 볼 수 없다.

⑤ 대법원 1992.7.28., 선고, 92추31, 판결
광주직할시서구동정자문위원회조례 중 개정조례안 중 동정자치위원회를 구성하는 위원의 위촉과 해촉에 관한 권한을 동장에게 부여하면서 그 위촉과 해촉에 있어서 당해 지역 구의원과 협의하도록 한 규정은 지방자치단체의 하부집행기관인 동장에게 인사와 관련된 사무권한의 행사에 있어서 당해 지역 구의원과 협의하도록 의무를 부과하는 한편 구의원에게는 협의의 권능을 부여한 것이나, 이는 <u>구의회의 본회의 또는 위원회의 활동과 관련 없이 구의원 개인에게 하부집행기관의 사무집행에 관여하도록 함으로써 하부집행기관의 권능을 제약한 것에 다름 아니므로, 이러한 규정은 법이 정한 의결기관과 집행기관 사이의 권한분리 및 배분의 취지에 위반되는 위법한 규정</u>이라고 볼 수밖에 없다.

068

2012 국회직 8급

지방자치법에 관한 설명으로 옳지 않은 것은? (다툼이 있는 경우 판례에 따름)

① 지방자치법 제120조 또는 제192조에 따라 지방자치단체장은 지방의회의 위법한 재의결에 대해 대법원에 소를 제기할 수 있다. 다만, 같은 법 제192조에 따라 주무부장관이나 시·도지사는 지방자치단체의 장이 재의요구 또는 제소의 지시에 응하지 않는 경우 직접 대법원에 제소를 할 수 있다.
② 지방자치법상의 주민소송은 감사청구를 필요적 전치절차로 하며, 이는 행정소송법상 민중소송에 해당한다.
③ 지방자치법 제190조에서 규정하는 지방자치단체의 자치사무에 대한 감사는 위법성 여부에 한정되지만 그 대상과 범위는 일반적·포괄적일 수 있다.
④ 지방의회의장의 불신임의결과 지방의회의원의 징계는 취소소송 등의 대상이 되며, 이때 소송의 피고는 지방의회가 된다.
⑤ 지방자치법 제188조에 따라 시·도지사는 시장, 군수 또는 자치구청장에 의한 위법한 자치사무에 관한 명령이나 처분에 대하여 취소 또는 정지를 행할 수 있고, 해당 시장, 군수 또는 자치구청장은 이의가 있으면 대법원에 제소할 수 있다.

068 ③

① 지방자치법 제120조 제3항, 제192조 제5항, 제7항, 제8항

> **제120조(지방의회의 의결에 대한 재의요구와 제소)** ① 지방자치단체의 장은 지방의회의 의결이 월권이거나 법령에 위반되거나 공익을 현저히 해친다고 인정되면 그 의결사항을 이송받은 날부터 20일 이내에 이유를 붙여 재의를 요구할 수 있다.
> ② 제1항의 요구에 대하여 재의한 결과 재적의원 과반수의 출석과 출석의원 3분의 2 이상의 찬성으로 전과 같은 의결을 하면 그 의결사항은 확정된다.
> ③ 지방자치단체의 장은 제2항에 따라 재의결된 사항이 법령에 위반된다고 인정되면 대법원에 소(訴)를 제기할 수 있다. 이 경우에는 제192조제4항을 준용한다.
>
> **제192조(지방의회 의결의 재의와 제소)** ① 지방의회의 의결이 법령에 위반되거나 공익을 현저히 해친다고 판단되면 시·도에 대해서는 주무부장관이, 시·군 및 자치구에 대해서는 시·도지사가 해당 지방자치단체의 장에게 재의를 요구하게 할 수 있고, 재의 요구 지시를 받은 지방자치단체의 장은 의결사항을 이송받은 날부터 20일 이내에 지방의회에 이유를 붙여 재의를 요구하여야 한다.
> ② 시·군 및 자치구의회의 의결이 법령에 위반된다고 판단됨에도 불구하고 시·도지사가 제1항에 따라 재의를 요구하게 하지 아니한 경우 주무부장관이 직접 시장·군수 및 자치구의 구청장에게 재의를 요구하게 할 수 있고, 재의 요구 지시를 받은 시장·군수 및 자치구의 구청장은 의결사항을 이송받은 날부터 20일 이내에 지방의회에 이유를 붙여 재의를 요구하여야 한다.
> ③ 제1항 또는 제2항의 요구에 대하여 재의한 결과 재적의원 과반수의 출석과 출석의원 3분의 2 이상의 찬성으로 전과 같은 의결을 하면 그 의결사항은 확정된다.
> ④ 지방자치단체의 장은 제3항에 따라 재의결된 사항이 법령에 위반된다고 판단되면 재의결된 날부터 20일 이내에 대법원에 소를 제기할 수 있다. 이 경우 필요하다고 인정되면 그 의결의 집행을 정지하게 하는 집행정지결정을 신청할 수 있다.
> ⑤ 주무부장관이나 시·도지사는 재의결된 사항이 법령에 위반된다고 판단됨에도 불구하고 해당 지방자치단체의 장이 소를 제기하지 아니하면 시·도에 대해서는 주무부장관이, 시·군 및 자치구에 대해서는 시·도지사(제2항에 따라 주무부장관이 직접 재의 요구 지시를 한 경우에는 주무부장관을 말한다. 이하 이 조에서 같다)가 그 지방자치단체의 장에게 제소를 지시하거나 직접 제소 및 집행정지결정을 신청할 수 있다.
> ⑥ 제5항에 따른 제소의 지시는 제4항의 기간이 지난 날부터 7일 이내에 하고, 해당 지방자치단체의 장은 제소 지시를 받은 날부터 7일 이내에 제소하여야 한다.
> ⑦ 주무부장관이나 시·도지사는 제6항의 기간이 지난 날부터 7일 이내에 제5항에 따른 직접 제소 및 집행정지결정을 신청할 수 있다.
> ⑧ 제1항 또는 제2항에 따라 지방의회의 의결이 법령에 위반된다고 판단되어 주무부장관이나 시·도지사로부터 재의 요구 지시를 받은 해당 지방자치단체의 장이 재의를 요구하지 아니하는 경우(법령에 위반되는 지방의회의 의결사항이 조례안인 경우로서 재의 요구 지시를 받기 전에 그 조례안을 공포한 경우를 포함한다)에는 주무부장관이나 시·도지사는 제1항 또는 제2항에 따른 기간이 지난 날부터 7일 이내에 대법원에 직접 제소 및 집행정지 결정을 신청할 수 있다.
> ⑨ 제1항 또는 제2항에 따른 지방의회의 의결이나 제3항에 따라 재의결된 사항이 둘 이상의 부처와 관련되거나 주무부장관이 불분명하면 행정안전부장관이 재의 요구 또는 제소를 지시하거나 직접 제소 및 집행정지 결정을 신청할 수 있다.

② 지방자치법 제22조 제1항

> **제22조(주민소송)** ① 제21조제1항에 따라 공금의 지출에 관한 사항, 재산의 취득·관리·처분에 관한 사항, 해당 지방자치단체를 당사자로 하는 매매·임차·도급 계약이나 그 밖의 계약의 체결·이행에 관한 사항 또는 지방세·사용료·수수료·과태료 등 공금의 부과·징수를 게을리한 사항을 감사청구한 주민은 다음 각 호의 어느 하나에 해당하는 경우에 그 감사청구한 사항과 관련이 있는 위법한 행위나 업무를 게을리 한 사실에 대하여 해당 지방자치단체의 장(해당 사항의 사무처리에 관한 권한을 소속 기관의 장에게 위임한 경우에는 그 소속 기관의 장을 말한다. 이하 이 조에서 같다)을 상대방으로 하여 소송을 제기할 수 있다.

③ COMMENT 자치사무에 관한 감사는 법령위반사항에 한정되며, 이 경우 그 감사권은 그 대상과 범위가 한정된 제한적인 감사권이다.

> 헌재 전원재판부 2006헌라6, 2009.5.28.
> 지방자치제 실시를 유보하던 개정전 헌법 부칙 제10조를 삭제한 현행헌법 및 이에 따라 자치사무에 관한 감사규정은 존치하되 '위법성 감사'라는 단서를 추가하여 자치사무에 대한 감사를 축소한 구 지방자치법 제158조 신설경위, 자치사무에 관한 한 중앙행정기관과 지방자치단체의 관계가 상하의 감독관계에서 상호보완적 지도·지원의 관계로 변화된 지방자치법의 취지, 중앙행정기관의 감독권 발동은 지방자치단체의 구체적 법위반을 전제로 하여 작동되도록 제한되어 있는 점, 그리고 국가감독권 행사로서 지방자치단체의 자치사무에 대한 감사원의 사전적·포괄적 합목적성 감사가 인정되므로 국가의 중복감사의 필요성이 없는 점 등을 종합하여 보면, 중앙행정기관의 지방자치단체의 자치사무에 대한 구 지방자치법 제158조 단서 규정의 감사권은 사전적·일반적인 포괄감사권이 아니라 그 대상과 범위가 한정적인 제한된 감사권이라 해석함이 마땅하다.

④
> 대법원 1993.11.26., 선고, 93누7341, 판결
> 지방자치법 제78조 내지 제81조의 규정에 의거한 지방의회의 의원징계의결은 그로 인해 의원의 권리에 직접 법률효과를 미치는 행정처분의 일종으로서 행정소송의 대상이 되고, 그와 같은 의원징계의결의 당부를 다투는 소송의 관할법원에 관하여는 동법에 특별한 규정이 없으므로 일반법인 행정소송법의 규정에 따라 지방의회의 소재지를 관할하는 고등법원이 그 소송의 제1심 관할법원이 된다.
>
> 대법원 1994.10.11., 94두23, 결정
> 지방의회를 대표하고 의사를 정리하며 회의장 내의 질서를 유지하고 의회의 사무를 감독하며 위원회에 출석하여 발언할 수 있는 등의 직무권한을 가지는 지방의회 의장에 대한 불신임의결은 의장으로서의 권한을 박탈하는 행정처분의 일종으로서 항고소송의 대상이 된다.

⑤ 지방자치법 제188조

> **제188조(위법·부당한 명령·처분의 시정)** ① 지방자치단체의 사무에 관한 지방자치단체의 장(제103조 제2항에 따른 사무의 경우에는 지방의회의 의장을 말한다. 이하 이 조에서 같다)의 명령이나 처분이 법령에 위반되거나 현저히 부당하여 공익을 해친다고 인정되면 시·도에 대해서는 주무부장관이, 시·군 및 자치구에 대해서는 시·도지사가 기간을 정하여 서면으로 시정할 것을 명하고, 그 기간에 이행하지 아니하면 이를 취소하거나 정지할 수 있다.
> ⑤ 제1항부터 제4항까지의 규정에 따른 자치사무에 관한 명령이나 처분에 대한 주무부장관 또는 시·도지사의 시정명령, 취소 또는 정지는 법령을 위반한 것에 한정한다.
> ⑥ 지방자치단체의 장은 제1항, 제3항 또는 제4항에 따른 자치사무에 관한 명령이나 처분의 취소 또는 정지에 대하여 이의가 있으면 그 취소처분 또는 정지처분을 통보받은 날부터 15일 이내에 대법원에 소를 제기할 수 있다.

069

2011 국가직 7급 변형

지방자치법상 주민의 권리에 대한 설명으로 옳지 않은 것은?

① 조례의 제정 또는 개폐에 관한 주민의 청구는 지방의회 의장에게 하여야 한다.
② 지방자치법이 규정하는 주민투표권은 헌법이 보장하는 기본권 또는 헌법상 제도적으로 보장되는 주관적 공권으로 볼 수 없다.
③ 임기개시일부터 1년이 경과하지 아니하였거나 또는 임기만료일부터 1년 미만이 남아 있는 지방자치단체의 장에 대해서도 주민소환투표의 실시를 청구할 수 있다.
④ 외국인에게도 일정요건하에서 지방자치단체의 의회의원 및 장의 선거권이 인정된다.

해설

① COMMENT 출제 당시에는 틀린 지문이었으나 주민조례발안에 관한 법률 제정으로 인하여 현재는 옳은 지문이다.

> **지방자치법 제19조(조례의 제정과 개정·폐지 청구)** ① 주민은 지방자치단체의 조례를 제정하거나 개정하거나 폐지할 것을 청구할 수 있다.
> ② 조례의 제정·개정 또는 폐지 청구의 청구권자·청구대상·청구요건 및 절차 등에 관한 사항은 따로 법률로 정한다.
>
> **주민조례발안에 관한 법률 제10조(청구인명부의 제출 등)** ① 대표자는 청구인명부에 서명(전자서명을 포함한다. 이하 같다)한 청구권자의 수가 제5조제1항에 따른 해당 지방자치단체의 조례로 정하는 청구권자 수 이상이 되면 제8조제1항에 따른 서명요청 기간이 지난 날부터 시·도의 경우에는 10일 이내에, 시·군 및 자치구의 경우에는 5일 이내에 지방의회의 의장에게 청구인명부를 제출하여야 한다.
>
> **주민조례발안에 관한 법률 제12조(청구의 수리 및 각하)** ① 지방의회의 의장은 다음 각 호의 어느 하나에 해당하는 경우로서 제4조, 제5조 및 제10조제1항(제11조제5항에서 준용하는 경우를 포함한다)에 따른 요건에 적합한 경우에는 주민조례청구를 수리하고, 요건에 적합하지 아니한 경우에는 주민조례청구를 각하하여야 한다. 이 경우 수리 또는 각하 사실을 대표자에게 알려야 한다.

069 ③

② 헌재 전원재판부 2000헌마735, 2001.6.28.
우리 헌법은 법률이 정하는 바에 따른 '선거권'과 '공무담임권' 및 국가안위에 관한 중요정책과 헌법개정에 대한 '국민투표권'만을 헌법상의 참정권으로 보장하고 있으므로, 지방자치법 제13조의2에서 규정한 주민투표권은 그 성질상 선거권, 공무담임권, 국민투표권과 전혀 다른 것이어서 이를 법률이 보장하는 참정권이라고 할 수 있을지언정 헌법이 보장하는 참정권이라고 할 수는 없다.

③ 주민소환에 관한 법률 제8조

제8조(주민소환투표의 청구제한기간) 제7조제1항 내지 제3항의 규정에 불구하고, 다음 각 호의 어느 하나에 해당하는 때에는 주민소환투표의 실시를 청구할 수 없다.
1. 선출직 지방공직자의 임기개시일부터 1년이 경과하지 아니한 때
2. 선출직 지방공직자의 임기만료일부터 1년 미만일 때
3. 해당선출직 지방공직자에 대한 주민소환투표를 실시한 날부터 1년 이내인 때

④ 공직선거법 제15조 제2항 제3호

제15조(선거권) ② 18세 이상으로서 제37조제1항에 따른 선거인명부작성기준일 현재 다음 각 호의 어느 하나에 해당하는 사람은 그 구역에서 선거하는 지방자치단체의 의회의원 및 장의 선거권이 있다.
1. 「주민등록법」 제6조제1항제1호 또는 제2호에 해당하는 사람으로서 해당 지방자치단체의 관할 구역에 주민등록이 되어 있는 사람
2. 「주민등록법」 제6조제1항제3호에 해당하는 사람으로서 주민등록표에 3개월 이상 계속하여 올라 있고 해당 지방자치단체의 관할구역에 주민등록이 되어 있는 사람
3. 「출입국관리법」 제10조에 따른 영주의 체류자격 취득일 후 3년이 경과한 외국인으로서 같은 법 제34조에 따라 해당 지방자치단체의 외국인등록대장에 올라 있는 사람

070
2014 지방직 7급

지방자치단체의 주민의 권리·의무에 대한 설명으로 옳은 것은? (다툼이 있는 경우 판례에 의함)

① 주민소환법상 주민소환의 청구사유에는 제한이 없다.
② 주민투표권은 헌법이 보장하는 참정권 또는 헌법상 제도적으로 보장되는 주관적 공권에 해당한다.
③ 지방자치법상 주민의 의무로서 소속 지방자치단체의 비용분담의무와 상하수도와 같은 공적 시설의 이용강제의무가 규정되어 있다.
④ 지방자치단체의 장은 주민에게 과도한 부담을 주거나 중대한 영향을 미치는 지방자치단체의 주요 결정사항 등을 주민투표에 부쳐야 한다.

070 ①

> 해설

① 주민소환법 제7조 제1항

> **제7조(주민소환투표의 청구)** ① 전년도 12월 31일 현재 주민등록표 및 외국인등록표에 등록된 제3조 제1항제1호 및 제2호에 해당하는 자(이하 "주민소환투표청구권자"라 한다)는 해당 지방자치단체의 장 및 지방의회의원(비례대표선거구시·도의회의원 및 비례대표선거구자치구·시·군의회의원은 제외하며, 이하 "선출직 지방공직자"라 한다)에 대하여 다음 각 호에 해당하는 주민의 서명으로 그 소환사유를 서면에 구체적으로 명시하여 관할선거관리위원회에 주민소환투표의 실시를 청구할 수 있다.
> 1. 특별시장·광역시장·도지사(이하 "시·도지사"라 한다): 당해 지방자치단체의 주민소환투표청구권자 총수의 100분의 10이상
> 2. 시장·군수·자치구의 구청장: 당해 지방자치단체의 주민소환투표청구권자 총수의 100분의 15이상
> 3. 지역선거구시·도의회의원(이하 "지역구시·도의원"이라 한다) 및 지역선거구자치구·시·군의회의원(이하 "지역구자치구·시·군의원"이라 한다): 당해 지방의회의원의 선거구 안의 주민소환투표청구권자 총수의 100분의 20이상

헌재 전원재판부 2007헌마843, 2009.3.26.
법 제7조 제1항 제2호 중 시장에 대한 부분이 주민소환의 청구사유에 제한을 두지 않은 것은 주민소환제를 기본적으로 정치적인 절차로 설계함으로써 위법행위를 한 공직자뿐만 아니라 정책적으로 실패하거나 무능하고 부패한 공직자까지도 그 대상으로 삼아 공직에서의 해임이 가능하도록 하여 책임정치 혹은 책임행정의 실현을 기하려는데 그 입법목적이 있다.

②

헌재 전원재판부 2000헌마735, 2001.6.28.
우리 헌법은 법률이 정하는 바에 따른 '선거권'과 '공무담임권' 및 국가안위에 관한 중요정책과 헌법개정에 대한 '국민투표권'만을 헌법상의 참정권으로 보장하고 있으므로, 지방자치법 제13조의2에서 규정한 주민투표권은 그 성질상 선거권, 공무담임권, 국민투표권과 전혀 다른 것이어서 이를 법률이 보장하는 참정권이라고 할 수 있을지언정 헌법이 보장하는 참정권이라고 할 수는 없다.

③ COMMENT 지방자치법상으로 주민은 법령으로 정하는 바에 따라 소속지방자치단체의 비용을 분담하여야 할 의무를 질뿐이다(지방자치법 제27조). 공적 시설의 이용강제의무는 지방자치법상 규정된 바도 없고 규정할 수도 없다.

> **제27조(주민의 의무)** 주민은 법령으로 정하는 바에 따라 소속 지방자치단체의 비용을 분담하여야 하는 의무를 진다.

④ COMMENT 지방자치단체의 장이 주민투표에 부칠지 여부는 재량사항이다(지방자치법 제18조).

> **제18조(주민투표)** ① 지방자치단체의 장은 주민에게 과도한 부담을 주거나 중대한 영향을 미치는 지방자치단체의 주요 결정사항 등에 대하여 주민투표에 부칠 수 있다.
> ② 주민투표의 대상·발의자·발의요건, 그 밖에 투표절차 등에 관한 사항은 따로 법률로 정한다.

071

「지방자치법」상 주민에 대한 설명으로 옳지 않은 것은? (다툼이 있는 경우 판례에 의함)

① 지방자치법은 주민이 지방자치단체로부터 행정적 혜택을 균등하게 받을 수 있는 권리를 규정하고 있지만, 위 규정에 의하여 주민에게 지방자치단체에 대한 구체적 권리가 발생하는 것은 아니다.
② 지방세·사용료·수수료·부담금의 부과·징수 또는 감면에 관한 사항은 주민의 조례제정개폐청구 대상에서 제외된다.
③ 주민감사청구의 상대방은 시·도에서는 행정안전부장관, 시·군 및 자치구에서는 시·도지사이다.
④ 지방자치단체의 자치사무라도 당해 지방자치단체에 내부적인 효과만을 발생시키는 것이 아니라 그 사무로 인하여 다른 지방자치단체의 주민의 보호할 만한 가치가 있는 이익을 침해하는 경우에는 「지방자치법」상 분쟁조정 대상이 될 수 있다.

해설

①

> 대법원 2008.6.12., 선고, 2007추42, 판결
> 원고는, 이 사건 조례안은 주민은 법령이 정하는 바에 의하여 지방자치단체로부터 균등하게 행정의 혜택을 받을 권리를 가진다는 지방자치법 제13조에 위배된다고 주장하나, 지방자치법 제13조 제1항은 주민이 지방자치단체로부터 행정적 혜택을 균등하게 받을 수 있다는 권리를 추상적이고 선언적으로 규정한 것으로서, 위 규정에 의하여 주민이 지방자치단체에 대하여 구체적이고 특정한 권리가 발생하는 것이 아닐 뿐만 아니라, 지방자치단체가 주민에 대하여 균등한 행정적 혜택을 부여할 구체적인 법적 의무가 발생하는 것도 아니므로, 이 사건 조례안으로 인하여 주민들 가운데 일정한 조건에 해당하는 일부 주민이 지원을 받게 되는 혜택이 발생하였다고 하여 위 조례안이 지방자치법 제13조 제1항에 위반한 것이라고 볼 수는 없으므로, 원고의 위 주장은 이유 없다.

② 「지방자치법」 제19조, 주민조례발안에 관한 법률 제4조 제2호

> **지방자치법 제19조(조례의 제정과 개정·폐지 청구)** ① 주민은 지방자치단체의 조례를 제정하거나 개정하거나 폐지할 것을 청구할 수 있다.
> ② 조례의 제정·개정 또는 폐지 청구의 청구권자·청구대상·청구요건 및 절차 등에 관한 사항은 따로 법률로 정한다.
>
> **주민조례발안에 관한 법률 제4조(주민조례청구 제외 대상)** 다음 각 호의 사항은 주민조례청구 대상에서 제외한다.
> 1. 법령을 위반하는 사항
> 2. 지방세·사용료·수수료·부담금을 부과·징수 또는 감면하는 사항
> 3. 행정기구를 설치하거나 변경하는 사항
> 4. 공공시설의 설치를 반대하는 사항

071 ③

③ **COMMENT** 지방자치법 제21조. 행정안전부장관이 아니라 주무부장관이다.

> **제21조(주민의 감사 청구)** ① 지방자치단체의 18세 이상의 주민으로서 다음 각 호의 어느 하나에 해당하는 사람(「공직선거법」 제18조에 따른 선거권이 없는 사람은 제외한다. 이하 이 조에서 "18세 이상의 주민"이라 한다)은 시·도는 300명, 제198조에 따른 인구 50만 이상 대도시는 200명, 그 밖의 시·군 및 자치구는 150명 이내에서 그 지방자치단체의 조례로 정하는 수 이상의 18세 이상의 주민이 연대 서명하여 그 지방자치단체와 그 장의 권한에 속하는 사무의 처리가 법령에 위반되거나 공익을 현저히 해친다고 인정되면 시·도의 경우에는 주무부장관에게, 시·군 및 자치구의 경우에는 시·도지사에게 감사를 청구할 수 있다.

④
> **대법원 2016.7.22., 선고, 2012추121, 판결**
> 지방자치법 제148조 제1항, 제3항, 제4항의 내용 및 체계에다가 지방자치법이 분쟁조정절차를 둔 입법 취지가 지방자치단체 상호 간이나 지방자치단체의 장 상호 간 사무처리 과정에서 분쟁이 발생하는 경우 당사자의 신청 또는 직권으로 구속력 있는 조정절차를 진행하여 이를 해결하고자 하는 데 있는 점, 분쟁조정 대상에서 자치사무를 배제하고 있지 않은 점 등을 종합하면, 지방자치단체의 자치사무라도 당해 지방자치단체에 내부적인 효과만을 발생시키는 것이 아니라 그 사무로 인하여 다른 지방자치단체나 그 주민의 보호할 만한 가치가 있는 이익을 침해하는 경우에는 지방자치법 제148조에서 정한 분쟁조정 대상 사무가 될 수 있다.

072

2021 서울시 7급

지방자치제도에 대한 설명으로 가장 옳지 않은 것은?

① 지방자치단체 주민으로서의 자치권 또는 주민권은 헌법에 의하여 직접 보장된 개인의 주관적 공권이다.
② 헌법상의 지방자치제도의 보장은 지방자치단체에 의한 자치행정을 일반적으로 보장한다는 것뿐이고 특정자치단체의 존속을 보장한다는 것은 아니다.
③ 공물인 도로를 특정 사인이 배타적으로 사용하도록 하는 점용허가가 도로의 본래 기능 및 목적과 무관하게 그 사용가치를 실현·활용하기 위한 것으로 평가되는 경우에는 주민소송의 대상이 되는 재산의 관리·처분에 해당한다.
④ 지방의회는 집행기관의 고유 권한에 속하는 사항의 행사에 관하여는 견제의 범위 내에서 소극적·사후적으로 개입할 수 있을 뿐 사전에 적극적으로 개입하는 것은 허용되지 않는다.

해설

①
> **헌재 전원재판부 2003헌마837, 2006.3.30.**
> 지방자치단체 주민으로서의 자치권 또는 주민권은 "헌법에 의하여 직접 보장된 개인의 주관적 공권"이 아니어서, 그 침해만을 이유로 하여 국가사무인 고속철도의 역의 명칭 결정의 취소를 구하는 헌법소원 심판을 청구할 수 없다.

072 ①

②
헌재 전원재판부 2005헌마1190, 2006.4.27.
헌법 제117조 제2항은 지방자치단체의 종류를 법률로 정하도록 규정하고 있을 뿐 지방자치단체의 종류 및 구조를 명시하고 있지 않으므로 이에 관한 사항은 기본적으로 입법자에게 위임된 것으로 볼 수 있다. 헌법상 지방자치제도보장의 핵심영역 내지 본질적 부분이 특정 지방자치단체의 존속을 보장하는 것이 아니며 지방자치단체에 의한 자치행정을 일반적으로 보장하는 것이므로, 현행법에 따른 지방자치단체의 중층구조 또는 지방자치단체로서 특별시·광역시 및 도와 함께 시·군 및 구를 계속하여 존속하도록 할지 여부는 결국 입법자의 입법형성권의 범위에 들어가는 것으로 보아야 한다. 같은 이유로 일정구역에 한하여 당해 지역 내의 지방자치단체인 시·군을 모두 폐지하여 중층구조를 단층화하는 것 역시 입법자의 선택범위에 들어가는 것이다.

③
대법원 2016.5.27., 선고, 2014두8490, 판결
주민소송 제도는 지방자치단체 주민이 지방자치단체의 위법한 재무회계행위의 방지 또는 시정을 구하거나 그로 인한 손해의 회복 청구를 요구할 수 있도록 함으로써 지방자치단체의 재무행정의 적법성과 지방재정의 건전하고 적정한 운영을 확보하려는 데 목적이 있다. 그러므로 주민소송은 원칙적으로 지방자치단체의 재무회계에 관한 사항의 처리를 직접 목적으로 하는 행위에 대하여 제기할 수 있고, 지방자치법 제17조 제1항에서 주민소송의 대상으로 규정한 '재산의 취득·관리·처분에 관한 사항'에 해당하는지도 그 기준에 의하여 판단하여야 한다. 특히 도로 등 공물이나 공공용물을 특정 사인이 배타적으로 사용하도록 하는 점용허가가 도로 등의 본래 기능 및 목적과 무관하게 그 사용가치를 실현·활용하기 위한 것으로 평가되는 경우에는 주민소송의 대상이 되는 재산의 관리·처분에 해당한다.

④
대법원 2009.9.24., 선고, 2009추53, 판결
지방자치법상 지방자치단체의 집행기관과 지방의회는 서로 분립되어 각기 그 고유권한을 행사하되 상호 견제의 범위 내에서 상대방의 권한 행사에 대한 관여가 허용되나, 지방의회는 집행기관의 고유권한에 속하는 사항의 행사에 관하여는 견제의 범위 내에서 소극적·사후적으로 개입할 수 있을 뿐 사전에 적극적으로 개입하는 것은 허용되지 않는다.

073

지방자치법상의 주민소송·주민감사청구권과 관련된 다음의 설명 중 틀린 것은?

① 주민소송은 감사청구권을 전제로 한다.
② 주민감사청구는 감독청에 청구할 수 있고, 주민소송의 피고는 당해 지방자치단체장이다.
③ 주민감사청구는 1인으로 불가하지만, 1인에 의한 주민소송은 가능하다.
④ 지방자치법상 직접민주제도는 감사청구와 주민소송이 있으며, 기타 권리는 모두 대의제의 원리에 의한다.

073 ④

> 해설

① 지방자치법 제22조 제1항

> **제22조(주민소송)** ① 제21조제1항에 따라 공금의 지출에 관한 사항, 재산의 취득·관리·처분에 관한 사항, 해당 지방자치단체를 당사자로 하는 매매·임차·도급 계약이나 그 밖의 계약의 체결·이행에 관한 사항 또는 지방세·사용료·수수료·과태료 등 공금의 부과·징수를 게을리한 사항을 감사 청구한 주민은 다음 각 호의 어느 하나에 해당하는 경우에 그 감사 청구한 사항과 관련이 있는 위법한 행위나 업무를 게을리한 사실에 대하여 해당 지방자치단체의 장(해당 사항의 사무처리에 관한 권한을 소속 기관의 장에게 위임한 경우에는 그 소속 기관의 장을 말한다. 이하 이 조에서 같다)을 상대방으로 하여 소송을 제기할 수 있다.

② 동법 제21조 제1항, 제22조 제1항

> **제21조(주민의 감사 청구)** ① 지방자치단체의 18세 이상의 주민으로서 다음 각 호의 어느 하나에 해당하는 사람(「공직선거법」 제18조에 따른 선거권이 없는 사람은 제외한다. 이하 이 조에서 "18세 이상의 주민"이라 한다)은 시·도는 300명, 제198조에 따른 인구 50만 이상 대도시는 200명, 그 밖의 시·군 및 자치구는 150명 이내에서 그 지방자치단체의 조례로 정하는 수 이상의 18세 이상의 주민이 연대 서명하여 그 지방자치단체와 그 장의 권한에 속하는 사무의 처리가 법령에 위반되거나 공익을 현저히 해친다고 인정되면 시·도의 경우에는 주무부장관에게, 시·군 및 자치구의 경우에는 시·도지사에게 감사를 청구할 수 있다.

③ COMMENT 주민소송은 주민감사를 청구한 주민이라면 단 1명이라도 가능하다.

> **제21조(주민의 감사 청구)** ① 지방자치단체의 18세 이상의 주민으로서 다음 각 호의 어느 하나에 해당하는 사람(「공직선거법」 제18조에 따른 선거권이 없는 사람은 제외한다. 이하 이 조에서 "18세 이상의 주민"이라 한다)은 시·도는 300명, 제198조에 따른 인구 50만 이상 대도시는 200명, 그 밖의 시·군 및 자치구는 150명 이내에서 그 지방자치단체의 조례로 정하는 수 이상의 18세 이상의 주민이 연대 서명하여 그 지방자치단체와 그 장의 권한에 속하는 사무의 처리가 법령에 위반되거나 공익을 현저히 해친다고 인정되면 시·도의 경우에는 주무부장관에게, 시·군 및 자치구의 경우에는 시·도지사에게 감사를 청구할 수 있다.
>
> **제22조(주민소송)** ① 제21조제1항에 따라 공금의 지출에 관한 사항, 재산의 취득·관리·처분에 관한 사항, 해당 지방자치단체를 당사자로 하는 매매·임차·도급 계약이나 그 밖의 계약의 체결·이행에 관한 사항 또는 지방세·사용료·수수료·과태료 등 공금의 부과·징수를 게을리한 사항을 감사 청구한 주민은 다음 각 호의 어느 하나에 해당하는 경우에 그 감사 청구한 사항과 관련이 있는 위법한 행위나 업무를 게을리한 사실에 대하여 해당 지방자치단체의 장(해당 사항의 사무처리에 관한 권한을 소속 기관의 장에게 위임한 경우에는 그 소속 기관의 장을 말한다. 이하 이 조에서 같다)을 상대방으로 하여 소송을 제기할 수 있다.

④ COMMENT 지방자치법상 직접민주제도는 주민감사청구와 주민소송 이외에도 주민투표제·조례의 제정 및 개폐청구·주민소환제도도 존재한다.

074

2008 국회직 8급

주민참여제도에 관한 설명으로 옳지 않은 것은?

① 주민은 그 지방자치단체의 장과 비례대표 지방의회의원이 아닌 지방의회의원을 소환할 권리를 가진다.
② 법정주민소송으로는 중지청구소송, 취소소송 및 무효등확인소송, 태만사실의 위법확인소송, 손해배상청구 등의 이행소송이 있다.
③ 주민소송에 대하여 부당이득반환청구를 명하는 판결에도 불구하고 기한 내에 해당 당사자가 부당이득반환금을 지불하지 아니하는 때에는 지방자치단체의 장은 지방세 체납처분의 예에 따라 이를 징수할 수 있다.
④ 지방자치단체의 장은 국가정책에 대한 주민투표를 발의할 수 있지만, 주민투표의 결과는 법적 구속력이 없다.
⑤ 주민소환투표대상자는 주민소환투표안을 공고한 때부터 주민소환투표결과를 공표할 때까지 권한행사가 정지된다.

해설

① 지방자치법 제25조 제1항

> **제25조(주민소환)** ① 주민은 그 지방자치단체의 장 및 지방의회의원(비례대표 지방의회의원은 제외한다)을 소환할 권리를 가진다.
> ② 주민소환의 투표 청구권자·청구요건·절차 및 효력 등에 관하여는 따로 법률로 정한다.

② 동법 제22조 제2항

> **제22조(주민소송)** ② 제1항에 따라 주민이 제기할 수 있는 소송은 다음 각 호와 같다.
> 1. 해당 행위를 계속하면 회복하기 어려운 손해를 발생시킬 우려가 있는 경우에는 그 행위의 전부나 일부를 중지할 것을 요구하는 소송
> 2. 행정처분인 해당 행위의 취소 또는 변경을 요구하거나 그 행위의 효력 유무 또는 존재 여부의 확인을 요구하는 소송
> 3. 게을리한 사실의 위법 확인을 요구하는 소송
> 4. 해당 지방자치단체의 장 및 직원, 지방의회의원, 해당 행위와 관련이 있는 상대방에게 손해배상청구 또는 부당이득반환청구를 할 것을 요구하는 소송. 다만, 그 지방자치단체의 직원이 「회계관계직원 등의 책임에 관한 법률」 제4조에 따른 변상책임을 져야 하는 경우에는 변상명령을 할 것을 요구하는 소송을 말한다.

③ **COMMENT** 행정법관계에서 금전납부의무를 부과한 것이 아니라 법원의 판결에 따라서 금전납부의무가 발생된 것이기 때문에, 행정상 의무이행강제수단으로서 체납처분절차를 진행할 수는 없다. 지자체는 해당 상대방을 상대로 소송을 제기하여야 한다(동법 제23조 제2항).

074 ③

제23조(손해배상금 등의 지급청구 등) ① 지방자치단체의 장(해당 사항의 사무처리에 관한 권한을 소속 기관의 장에게 위임한 경우에는 그 소속 기관의 장을 말한다. 이하 이 조에서 같다)은 제22조제2항제4호 본문에 따른 소송에 대하여 손해배상청구나 부당이득반환청구를 명하는 판결이 확정되면 판결이 확정된 날부터 60일 이내를 기한으로 하여 당사자에게 그 판결에 따라 결정된 손해배상금이나 부당이득반환금의 지급을 청구하여야 한다. 다만, 손해배상금이나 부당이득반환금을 지급하여야 할 당사자가 지방자치단체의 장이면 지방의회의 의장이 지급을 청구하여야 한다.
② 지방자치단체는 제1항에 따라 지급청구를 받은 자가 같은 항의 기한까지 손해배상금이나 부당이득반환금을 지급하지 아니하면 손해배상·부당이득반환의 청구를 목적으로 하는 소송을 제기하여야 한다. 이 경우 그 소송의 상대방이 지방자치단체의 장이면 그 지방의회의 의장이 그 지방자치단체를 대표한다.

〈비교〉
제24조(변상명령 등) ① 지방자치단체의 장은 제22조제2항제4호 단서에 따른 소송에 대하여 변상할 것을 명하는 판결이 확정되면 판결이 확정된 날부터 60일 이내를 기한으로 하여 당사자에게 그 판결에 따라 결정된 금액을 변상할 것을 명령하여야 한다.
② 제1항에 따라 변상할 것을 명령받은 자가 같은 항의 기한까지 변상금을 지급하지 아니하면 지방세 체납처분의 예에 따라 징수할 수 있다.
③ 제1항에 따라 변상할 것을 명령받은 자는 그 명령에 불복하는 경우 행정소송을 제기할 수 있다. 다만, 「행정심판법」에 따른 행정심판청구는 제기할 수 없다.

④ **COMMENT** 지자체에서 국가정책에 대한 주민투표를 한다고 해서 그 결과가 국가정책을 구속할 수는 없다(주민투표법 제8조 제3,4항, 제13조 제1항 제1호, 제24조 제5항).

제13조(주민투표의 발의) ① 지방자치단체의 장은 다음 각 호의 어느 하나에 해당하는 경우에는 지체없이 그 요지를 공표하고 관할선거관리위원회에 통지하여야 한다.
1. 제8조제3항의 규정에 의하여 관계 중앙행정기관의 장에게 주민투표를 발의하겠다고 통지한 경우

제8조(국가정책에 관한 주민투표) ① 중앙행정기관의 장은 지방자치단체의 폐치(廢置)·분합(分合) 또는 구역변경, 주요시설의 설치 등 국가정책의 수립에 관하여 주민의 의견을 듣기 위하여 필요하다고 인정하는 때에는 주민투표의 실시구역을 정하여 관계 지방자치단체의 장에게 주민투표의 실시를 요구할 수 있다. 이 경우 중앙행정기관의 장은 미리 행정안전부장관과 협의하여야 한다.
② 지방자치단체의 장은 제1항의 규정에 의하여 주민투표의 실시를 요구받은 때에는 지체없이 이를 공표하여야 하며, 공표일부터 30일 이내에 그 지방의회의 의견을 들어야 한다.
③ 제2항의 규정에 의하여 지방의회의 의견을 들은 지방자치단체의 장은 그 결과를 관계 중앙행정기관의 장에게 통지하여야 한다.
④ 제1항의 규정에 의한 주민투표에 관하여는 제7조, 제16조, 제24조제1항·제5항·제6항, 제25조 및 제26조의 규정을 적용하지 아니한다.

제24조(주민투표결과의 확정) ① 주민투표에 부쳐진 사항은 주민투표권자 총수의 3분의 1 이상의 투표와 유효투표수 과반수의 득표로 확정된다. 다만, 다음 각 호의 어느 하나에 해당하는 경우에는 찬성과 반대 양자를 모두 수용하지 아니하거나, 양자택일의 대상이 되는 사항 모두를 선택하지 아니하기로 확정된 것으로 본다.
1. 전체 투표수가 주민투표권자 총수의 3분의 1에 미달되는 경우
2. 주민투표에 부쳐진 사항에 관한 유효득표수가 동수인 경우
② 전체 투표수가 주민투표권자 총수의 3분의 1에 미달되는 때에는 개표를 하지 아니한다.
③ 관할선거관리위원회는 개표가 끝난 때에는 지체없이 그 결과를 공표한 후 지방자치단체의 장에게 통지하여야 한다. 제2항의 규정에 의하여 개표를 하지 아니한 때에도 또한 같다.

④ 지방자치단체의 장은 제3항의 규정에 의하여 주민투표결과를 통지받은 때에는 지체없이 이를 지방의회에 보고하여야 하며, 제8조의 규정에 의한 국가정책에 관한 주민투표인 때에는 관계 중앙행정기관의 장에게 주민투표결과를 통지하여야 한다.
⑤ 지방자치단체의 장 및 지방의회는 주민투표결과 확정된 내용대로 행정·재정상의 필요한 조치를 하여야 한다.
⑥ 지방자치단체의 장 및 지방의회는 주민투표결과 확정된 사항에 대하여 2년 이내에는 이를 변경하거나 새로운 결정을 할 수 없다. 다만, 제1항 단서의 규정에 의하여 찬성과 반대 양자를 모두 수용하지 아니하거나 양자택일의 대상이 되는 사항 모두를 선택하지 아니하기로 확정된 때에는 그러하지 아니하다.

⑤ 주민소환에 관한 법률 제21조 제1항

> **제21조(권한행사의 정지 및 권한대행)** ① 주민소환투표대상자는 관할선거관리위원회가 제12조제2항의 규정에 의하여 주민소환투표안을 공고한 때부터 제22조제3항의 규정에 의하여 주민소환투표결과를 공표할 때까지 그 권한행사가 정지된다.
> ② 제1항의 규정에 의하여 지방자치단체의 장의 권한이 정지된 경우에는 부지사·부시장·부군수·부구청장(이하 "부단체장"이라 한다)이 「지방자치법」 제124조제4항의 규정을 준용하여 그 권한을 대행하고, 부단체장이 권한을 대행할 수 없는 경우에는 「지방자치법」 제124조제5항의 규정을 준용하여 그 권한을 대행한다.
> ③ 제1항의 규정에 따라 권한행사가 정지된 지방의회의원은 그 정지기간 동안 「공직선거법」 제111조의 규정에 의한 의정활동보고를 할 수 없다. 다만, 인터넷에 의정활동보고서를 게재할 수는 있다.

075

2014 국회직 8급

「지방자치법」에 관한 설명으로 옳지 않은 것은? (다툼이 있는 경우 판례에 따름)

① 주민감사청구와 주민소송은 '지방자치단체와 그 장의 권한에 속하는 사무의 처리가 법령에 위반된다고 인정되는 경우'가 그 대상이라는 점에서 공통점이 있다.
② 주민소송에서 당사자는 법원의 허가를 받지 않고서 소의 취하, 소송의 화해 또는 청구의 포기를 할 수 없다.
③ 현행 「가족관계의 등록 등에 관한 법률」은 가족관계 등록사무를 국가사무로 규정하나 (구) 「호적법」에서 호적사무는 국가의 기관 위임사무가 아니라 「지방자치법」 제9조가 정하는 지방자치단체의 사무였다.
④ 기관위임사무는 원칙적으로 조례 제정의 대상이 아니다.
⑤ 공립·사립학교의 장이 행하는 학생생활기록부 작성에 관한 교육감의 지도·감독 사무는 국가사무로서 교육감에 위임된 기관위임사무이다.

해설

① COMMENT 「지방자치법」 제21조 제1항, 제22조 제1항. 주민감사청구에 관하여는 옳은 설명이지만 주민소송에 관하여는 틀렸다.

075 ①

> **제21조(주민의 감사 청구)** ① 지방자치단체의 18세 이상의 주민으로서 다음 각 호의 어느 하나에 해당하는 사람(「공직선거법」 제18조에 따른 선거권이 없는 사람은 제외한다. 이하 이 조에서 "18세 이상의 주민"이라 한다)은 시·도는 300명, 제198조에 따른 인구 50만 이상 대도시는 200명, 그 밖의 시·군 및 자치구는 150명 이내에서 그 지방자치단체의 조례로 정하는 수 이상의 18세 이상의 주민이 연대 서명하여 그 지방자치단체와 그 장의 권한에 속하는 사무의 처리가 법령에 위반되거나 공익을 현저히 해친다고 인정되면 시·도의 경우에는 주무부장관에게, 시·군 및 자치구의 경우에는 시·도지사에게 감사를 청구할 수 있다.
>
> **제22조(주민소송)** ① 제21조제1항에 따라 공금의 지출에 관한 사항, 재산의 취득·관리·처분에 관한 사항, 해당 지방자치단체를 당사자로 하는 매매·임차·도급 계약이나 그 밖의 계약의 체결·이행에 관한 사항 또는 지방세·사용료·수수료·과태료 등 공금의 부과·징수를 게을리한 사항을 감사 청구한 주민은 다음 각 호의 어느 하나에 해당하는 경우에 그 감사 청구한 사항과 관련이 있는 위법한 행위나 업무를 게을리한 사실에 대하여 해당 지방자치단체의 장(해당 사항의 사무처리에 관한 권한을 소속 기관의 장에게 위임한 경우에는 그 소속 기관의 장을 말한다. 이하 이 조에서 같다)을 상대방으로 하여 소송을 제기할 수 있다.
> 1. 주무부장관이나 시·도지사가 감사 청구를 수리한 날부터 60일(제21조제9항 단서에 따라 감사기간이 연장된 경우에는 연장된 기간이 끝난 날을 말한다)이 지나도 감사를 끝내지 아니한 경우
> 2. 제21조제9항 및 제10항에 따른 감사 결과 또는 같은 조 제12항에 따른 조치 요구에 불복하는 경우
> 3. 제21조제12항에 따른 주무부장관이나 시·도지사의 조치 요구를 지방자치단체의 장이 이행하지 아니한 경우
> 4. 제21조제12항에 따른 지방자치단체의 장의 이행 조치에 불복하는 경우

② 동법 제22조 제14항

> **제22조(주민소송)** ⑭ 제2항에 따른 소송에서 당사자는 법원의 허가를 받지 아니하고는 소의 취하, 소송의 화해 또는 청구의 포기를 할 수 없다.
> ⑮ 법원은 제14항에 따른 허가를 하기 전에 감사 청구에 연대 서명한 다른 주민에게 그 사실을 알려야 하며, 알린 때부터 1개월 이내에 허가 여부를 결정하여야 한다. 이 경우 통지방법 등에 관하여는 제8항 후단을 준용한다.

③ COMMENT 구 「호적법」에서 호적사무는 지방자치단체의 사무였으나, 현행 「가족관계의 등록 등에 관한 법률」에서는 호적사무를 국가사무(대법원 관장)로 규정하고 있다.

「가족관계의 등록 등에 관한 법률」 제2조, 제3조

> **제2조(관장)** 가족관계의 발생 및 변동사항에 관한 등록과 그 증명에 관한 사무(이하 "등록사무"라 한다)는 대법원이 관장한다.
>
> **제3조(권한의 위임)** ① 대법원장은 등록사무의 처리에 관한 권한을 시·읍·면의 장(도농복합형태의 시에 있어서 동지역에 대하여는 시장, 읍·면지역에 대하여는 읍·면장으로 한다. 이하 같다)에게 위임한다.
> ② 특별시 및 광역시와 구를 둔 시에 있어서는 이 법 중 시, 시장 또는 시의 사무소라 함은 각각 구, 구청장 또는 구의 사무소를 말한다. 다만, 광역시에 있어서 군지역에 대하여는 읍·면, 읍·면의 장 또는 읍·면의 사무소를 말한다.
> ③ 대법원장은 등록사무의 감독에 관한 권한을 시·읍·면의 사무소 소재지를 관할하는 가정법원장에게 위임한다. 다만, 가정법원지원장은 가정법원장의 명을 받아 그 관할 구역 내의 등록사무를 감독한다.

④ COMMENT 지방자치단체는 법령의 범위 안에서 "그 사무에 관하여" 조례를 제정할 수 있다(「지방자치법」 제28조 본문). 여기에서 "그 사무"란 자치사무와 단체위임사무를 말하고, 기관위임사무는 포함되지 않는다.

> **제28조(조례)** ① 지방자치단체는 법령의 범위에서 그 사무에 관하여 조례를 제정할 수 있다. 다만, 주민의 권리 제한 또는 의무 부과에 관한 사항이나 벌칙을 정할 때에는 법률의 위임이 있어야 한다.

> **대법원 2000.5.30., 선고 99추85 판결**
> 지방자치법 제15조, 제9조에 의하면, 지방자치단체가 자치조례를 제정할 수 있는 사항은 지방자치단체의 고유사무인 자치사무와 개별법령에 의하여 지방자치단체에 위임된 단체위임사무에 한하는 것이고, 국가사무가 지방자치단체의 장에게 위임된 기관위임사무는 원칙적으로 자치조례의 제정범위에 속하지 않는다 할 것이고, 다만 기관위임사무에 있어서도 그에 관한 개별법령에서 일정한 사항을 조례로 정하도록 위임하고 있는 경우에는 위임받은 사항에 관하여 개별법령의 취지에 부합하는 범위 내에서 이른바 위임조례를 정할 수 있다.

⑤
> **대법원 2014.2.27., 선고, 2012추183, 판결**
> 학교의 장이 행하는 학교생활기록의 작성에 관한 사무는 국민 전체의 이익을 위하여 통일적으로 처리되어야 할 성격의 사무이다. 따라서 전국적으로 통일적 처리를 요하는 학교생활기록의 작성에 관한 사무에 대한 감독관청의 지도·감독 사무도 국민 전체의 이익을 위하여 통일적으로 처리되어야 할 성격의 사무라고 보아야 하므로, 공립·사립학교의 장이 행하는 학교생활기록부 작성에 관한 교육감의 지도·감독 사무는 국가사무로서 교육감에 위임된 사무이다.

076
2019 서울시 7급(6월)

지방자치에서의 주민참가에 대한 설명으로 가장 옳지 않은 것은?

① 「지방자치법」상의 주민투표권은 법률이 보장하는 권리일 뿐 헌법상의 기본권이거나 헌법상 제도적으로 보장되는 주관적 공권은 아니다.
② 주민소송의 대상으로서의 '공금의 지출에 관한 사항'은 지출원인행위를 의미하며, 이에는 지출원인행위를 수반하게 하는 당해 지방자치단체의 장 및 직원, 지방의회의원의 결정 등과 같은 행위도 포함된다.
③ 도로 등 공물이나 공공용물을 특정 사인이 배타적으로 사용하도록 하는 점용허가가 도로 등의 본래 기능 및 목적과 무관하게 그 사용가치를 실현·활용하기 위한 것으로 평가되는 경우에는 주민소송의 대상이 되는 재산의 관리·처분에 해당한다.
④ 구 「지방자치법」 제14조에 따라 주민투표의 대상이 되는 사항이라 하더라도 주민투표의 시행 여부는 지방자치단체의 장의 임의적 재량에 맡겨져 있으므로, 지방의회가 조례로 정한 특정한 사항은 반드시 주민투표를 거치도록 규정한 조례안은 지방자치단체의 장의 고유권한을 침해하는 규정이다.

076 ②

해설

① 헌재 전원재판부 2004헌마530, 2005.12.22.

지방자치법은 주민에게 주민투표권(제13조의2), 조례의 제정 및 개폐청구권(제13조의3), 감사청구권(제13조의4) 등을 부여함으로써 주민이 지방자치사무에 직접 참여할 수 있는 길을 일부 열어 놓고 있지만 이러한 제도는 어디까지나 입법에 의하여 채택된 것일 뿐 헌법에 의하여 이러한 제도의 도입이 보장되고 있는 것은 아니다. 그렇다면 <u>주민투표권은 법률이 보장하는 권리일 뿐이지 헌법이 보장하는 기본권 또는 헌법상 제도적으로 보장되는 주관적 공권으로 볼 수 없다.</u>

② 대법원 2011.12.22., 선고, 2009두14309, 판결

구 지방자치법 제13조의5 제1항에 규정된 주민소송의 대상으로서 '공금의 지출에 관한 사항'이란 지<u>출원인행위 즉, 지방자치단체의 지출원인이 되는 계약 그 밖의 행위로서 당해 행위에 의하여 지방자치단체가 지출의무를 부담하는 예산집행의 최초 행위와 그에 따른 지급명령 및 지출 등에 한정되고, 특별한 사정이 없는 한 이러한 지출원인행위 등에 선행하여 그러한 지출원인행위를 수반하게 하는 당해 지방자치단체의 장 및 직원, 지방의회 의원의 결정 등과 같은 행위는 포함되지 않는다고 보아야 한다.</u>

③ 대법원 2016.5.27., 선고, 2014두8490, 판결

주민소송 제도는 지방자치단체 주민이 지방자치단체의 위법한 재무회계행위의 방지 또는 시정을 구하거나 그로 인한 손해의 회복 청구를 요구할 수 있도록 함으로써 지방자치단체의 재무행정의 적법성과 지방재정의 건전하고 적정한 운영을 확보하려는 데 목적이 있다. 그러므로 주민소송은 원칙적으로 지방자치단체의 재무회계에 관한 사항의 처리를 직접 목적으로 하는 행위에 대하여 제기할 수 있고, 지방자치법 제17조 제1항에서 주민소송의 대상으로 규정한 '재산의 취득·관리·처분에 관한 사항'에 해당하는지도 그 기준에 의하여 판단하여야 한다. 특히 <u>도로 등 공물이나 공공용물을 특정 사인이 배타적으로 사용하도록 하는 점용허가가 도로 등의 본래 기능 및 목적과 무관하게 그 사용가치를 실현·활용하기 위한 것으로 평가되는 경우에는 주민소송의 대상이 되는 재산의 관리·처분에 해당한다.</u>

④ 대법원 2002.4.26., 선고, 2002추23, 판결

지방자치법은 지방의회와 지방자치단체의 장에게 독자적 권한을 부여하고 상호 견제와 균형을 이루도록 하고 있으므로, 법률에 특별한 규정이 없는 한 조례로써 견제의 범위를 넘어서 고유권한을 침해하는 규정을 둘 수 없다 할 것인바, 위 지방자치법 제13조의2 제1항에 의하면, <u>주민투표의 대상이 되는 사항이라 하더라도 주민투표의 시행 여부는 지방자치단체의 장의 임의적 재량에 맡겨져 있음이 분명하므로, 지방자치단체의 장의 재량으로서 투표실시 여부를 결정할 수 있도록 한 법규정에 반하여 지방의회가 조례로 정한 특정한 사항에 관하여는 일정한 기간 내에 반드시 투표를 실시하도록 규정한 조례안은 지방자치단체의 장의 고유권한을 침해하는 규정이다.</u>

077

2008 지방직 7급

지방자치법상의 주민감사청구제도에 대한 설명으로 옳지 않은 것은?

① 주민감사청구는 시·도에서는 주무부장관, 시·군 및 자치구에서는 시·도지사에게 할 수 있다.
② 지방자치단체와 그 장의 권한에 속하는 사무의 처리가 법령에 위반되거나 공익을 현저히 해친다고 인정되면 주민감사를 청구할 수 있다.
③ 주민감사청구는 당해 사무처리가 있었던 날 또는 종료된 날부터 2년 이내에 하여야 하나, 정당한 사유가 있는 경우에는 그러하지 아니하다.
④ 주민감사청구를 하기 위해서는 18세 이상 주민의 일정수 이상의 연서를 받아야 한다.

해설

①, ②, ④ 동법 제22조 제1항

> **제21조(주민의 감사 청구)** ① 지방자치단체의 18세 이상의 주민으로서 다음 각 호의 어느 하나에 해당하는 사람(「공직선거법」 제18조에 따른 선거권이 없는 사람은 제외한다. 이하 이 조에서 "18세 이상의 주민"이라 한다)은 시·도는 300명, 제198조에 따른 인구 50만 이상 대도시는 200명, 그 밖의 시·군 및 자치구는 150명 이내에서 그 지방자치단체의 조례로 정하는 수 이상의 18세 이상의 주민이 연대 서명하여 그 지방자치단체와 그 장의 권한에 속하는 사무의 처리가 법령에 위반되거나 공익을 현저히 해친다고 인정되면 시·도의 경우에는 주무부장관에게, 시·군 및 자치구의 경우에는 시·도지사에게 감사를 청구할 수 있다.

③ **COMMENT** 동법 제22조 제3항. 3년 이내에 하여야 하며 정당한 사유로 인한 예외는 인정되지 않는다.

> **제22조(주민의 감사청구)**
> ③ 제1항에 따른 청구는 사무처리가 있었던 날이나 끝난 날부터 3년이 지나면 제기할 수 없다.

078

2013 국가직 7급

지방자치법상 주민소송에 대한 설명으로 옳지 않은 것은?

① 지방자치법 제21조 제1항에 따라 공금의 지출에 관한 사항 등을 감사청구한 주민은 원고적격이 있다.
② 주민소송은 행정소송법 제3조에서 규정하고 있는 민중소송에 해당한다.
③ 주민소송의 대상에는 원칙적으로 지방자치단체의 공금의 지출원인행위 및 그러한 지출원인행위를 수반하게 하는 당해 지방자치단체의 장 및 직원, 지방의회의원의 선행행위가 포함된다.
④ 주민소송에서 당사자는 법원의 허가를 얻지 않고는 소의 취하, 소송의 화해 또는 청구의 포기를 할 수 없다.

077 ③ 078 ③

해설

① 지방자치법 제22조 제1항

> **제22조(주민소송)** ① 제21조제1항에 따라 공금의 지출에 관한 사항, 재산의 취득·관리·처분에 관한 사항, 해당 지방자치단체를 당사자로 하는 매매·임차·도급 계약이나 그 밖의 계약의 체결·이행에 관한 사항 또는 지방세·사용료·수수료·과태료 등 공금의 부과·징수를 게을리한 사항을 감사 청구한 주민은 다음 각 호의 어느 하나에 해당하는 경우에 그 감사 청구한 사항과 관련이 있는 위법한 행위나 업무를 게을리한 사실에 대하여 해당 지방자치단체의 장(해당 사항의 사무처리에 관한 권한을 소속 기관의 장에게 위임한 경우에는 그 소속 기관의 장을 말한다. 이하 이 조에서 같다)을 상대방으로 하여 소송을 제기할 수 있다.

② COMMENT 주민소송은 원고 자신에 대한 구체적인 권익의 침해 없이도 지방행정에 대한 적법성 통제를 목적으로 제기할 수 있다. 따라서 주민소송은 객관적 소송 중 민중소송에 해당한다.

> **제3조(행정소송의 종류)** 행정소송은 다음의 네가지로 구분한다.
> 1. 항고소송: 행정청의 처분등이나 부작위에 대하여 제기하는 소송
> 2. 당사자소송: 행정청의 처분등을 원인으로 하는 법률관계에 관한 소송 그 밖에 공법상의 법률관계에 관한 소송으로서 그 법률관계의 한쪽 당사자를 피고로 하는 소송
> 3. 민중소송: 국가 또는 공공단체의 기관이 법률에 위반되는 행위를 한 때에 직접 자기의 법률상 이익과 관계없이 그 시정을 구하기 위하여 제기하는 소송
> 4. 기관소송: 국가 또는 공공단체의 기관상호간에 있어서의 권한의 존부 또는 그 행사에 관한 다툼이 있을 때에 이에 대하여 제기하는 소송. 다만, 헌법재판소법 제2조의 규정에 의하여 헌법재판소의 관장사항으로 되는 소송은 제외한다.

③
> 대법원 2011.12.22., 선고, 2009두14309, 판결
> 구 지방자치법 제13조의5 제1항에 규정된 주민소송의 대상으로서 '공금의 지출에 관한 사항'이란 지출원인행위 즉, 지방자치단체의 지출원인이 되는 계약 그 밖의 행위로서 당해 행위에 의하여 지방자치단체가 지출의무를 부담하는 예산집행의 최초 행위와 그에 따른 지급명령 및 지출 등에 한정되고, 특별한 사정이 없는 한 이러한 지출원인행위 등에 선행하여 그러한 지출원인행위를 수반하게 하는 당해 지방자치단체의 장 및 직원, 지방의회 의원의 결정 등과 같은 행위는 포함되지 않는다고 보아야 한다.

④ 지방자치법 제22조 제14항

> **제22조(주민소송)** ⑭ 제2항에 따른 소송에서 당사자는 법원의 허가를 받지 아니하고는 소의 취하, 소송의 화해 또는 청구의 포기를 할 수 없다.
> ⑮ 법원은 제14항에 따른 허가를 하기 전에 감사 청구에 연대 서명한 다른 주민에게 그 사실을 알려야 하며, 알린 때부터 1개월 이내에 허가 여부를 결정하여야 한다. 이 경우 통지방법 등에 관하여는 제8항 후단을 준용한다.

079

2009 국가직 7급

지방자치법상의 주민소송에 관한 설명으로 옳지 않은 것은?

① 공금의 부과·징수의 해태와 관련이 있는 위반한 행위나 업무를 게을리한 사실도 주민소송의 대상이 된다.
② 주민소송의 계속 중에 소송을 제기한 주민이 사망한 경우에도 소송절차는 중단되지 아니한다.
③ 주민소송이 계속 중인 때에는 다른 주민은 동일한 사항에 대하여 별도의 소송을 제기할 수 없다.
④ 주민소송의 관할법원은 당해 지방자치단체의 사무소 소재지를 관할하는 행정법원이다.

해설

①, ②, ③, ④ 동법 제22조 제1항, 제5항, 제6항, 9항

> **제22조(주민소송)** ① 제21조제1항에 따라 공금의 지출에 관한 사항, 재산의 취득·관리·처분에 관한 사항, 해당 지방자치단체를 당사자로 하는 매매·임차·도급 계약이나 그 밖의 계약의 체결·이행에 관한 사항 또는 지방세·사용료·수수료·과태료 등 공금의 부과·징수를 게을리한 사항을 감사 청구한 주민은 다음 각 호의 어느 하나에 해당하는 경우에 그 감사 청구한 사항과 관련이 있는 위법한 행위나 업무를 게을리한 사실에 대하여 해당 지방자치단체의 장(해당 사항의 사무처리에 관한 권한을 소속 기관의 장에게 위임한 경우에는 그 소속 기관의 장을 말한다. 이하 이 조에서 같다)을 상대방으로 하여 소송을 제기할 수 있다.
> ⑤ 제2항 각 호의 소송이 진행 중이면 다른 주민은 같은 사항에 대하여 별도의 소송을 제기할 수 없다.
> ⑥ 소송의 계속(繫屬) 중에 소송을 제기한 주민이 사망하거나 제16조에 따른 주민의 자격을 잃으면 소송절차는 중단된다. 소송대리인이 있는 경우에도 또한 같다.
> ⑨ 제2항에 따른 소송은 해당 지방자치단체의 사무소 소재지를 관할하는 행정법원(행정법원이 설치되지 아니한 지역에서는 행정법원의 권한에 속하는 사건을 관할하는 지방법원 본원을 말한다)의 관할로 한다.

079 ②

080

2015 서울시 7급

「지방자치법」상 주민소송에 관한 설명으로 옳은 것은?

① 주민소송은 지방자치단체장의 부당이나 위법행위로 인해 권익이 침해되거나 재산상 손실을 입은 자만이 제기할 수 있다.
② 주민소송의 피고는 지방자치단체이다.
③ 소송의 계속중에 소송을 제기한 주민이 사망한 경우 소송 절차는 중단된다. 소송대리인이 있는 경우에도 또한 같다.
④ 주민소송이 진행 중이라도 다른 주민도 같은 사항에 대하여 별도의 소송을 제기할 수 있다.

해설

① COMMENT 주민소송은 주관소송이 아니라 객관소송이기 때문에 법률상 이익의 침해 여부가 문제되지 않는다. 주민소송은 공금의 지출에 관한 사항 등을 감사청구한 주민에게 원고적격이 인정된다(지방자치법 제22조 제1항).

> **제22조(주민소송)** ① 제21조제1항에 따라 공금의 지출에 관한 사항, 재산의 취득·관리·처분에 관한 사항, 해당 지방자치단체를 당사자로 하는 매매·임차·도급 계약이나 그 밖의 계약의 체결·이행에 관한 사항 또는 지방세·사용료·수수료·과태료 등 공금의 부과·징수를 게을리한 사항을 감사청구한 주민은 다음 각 호의 어느 하나에 해당하는 경우에 그 감사청구한 사항과 관련이 있는 위법한 행위나 업무를 게을리 한 사실에 대하여 해당 지방자치단체의 장(해당 사항의 사무처리에 관한 권한을 소속 기관의 장에게 위임한 경우에는 그 소속 기관의 장을 말한다. 이하 이 조에서 같다)을 상대방으로 하여 소송을 제기할 수 있다.
> 1. 주무부장관이나 시·도지사가 감사청구를 수리한 날부터 60일(제16조제3항 단서에 따라 감사기간이 연장된 경우에는 연장기간이 끝난 날을 말한다)이 지나도 감사를 끝내지 아니한 경우
> 2. 제16조제3항 및 제4항에 따른 감사결과 또는 제16조제6항에 따른 조치요구에 불복하는 경우
> 3. 제16조제6항에 따른 주무부장관이나 시·도지사의 조치요구를 지방자치단체의 장이 이행하지 아니한 경우
> 4. 제16조제6항에 따른 지방자치단체의 장의 이행 조치에 불복하는 경우

② COMMENT 동법 제22조 제1항. 지방자치단체의 장이 피고적격을 갖는다.
③ 동법 제22조 제6항

> **제22조(주민소송)** ⑥ 소송의 계속(繫屬) 중에 소송을 제기한 주민이 사망하거나 제16조에 따른 주민의 자격을 잃으면 소송절차는 중단된다. 소송대리인이 있는 경우에도 또한 같다.

④ 동법 제22조 제5항

> **제22조(주민소송)** ⑤ 제2항 각 호의 소송이 진행 중이면 다른 주민은 같은 사항에 대하여 별도의 소송을 제기할 수 없다.

080 ③

081

2011 국회직 8급

「**지방자치법**」상의 구역에 관한 설명으로 옳지 않은 것은? (다툼이 있는 경우 판례에 따름)

① 지방자치단체의 명칭과 구역은 종전과 같이 하고, 명칭과 구역을 바꾸거나 지방자치단체를 폐지하거나 설치하거나 나누거나 합칠 때에는 법률로 정한다. 다만, 지방자치단체의 관할 구역 경계변경과 한자 명칭의 변경은 대통령령으로 정한다.

② 지방자치단체를 폐지하거나 설치하거나 나누거나 합칠 때 또는 그 명칭이나 구역을 변경할 때에는 관계 지방자치단체의 의회의 의견을 들어야 한다. 다만, 「주민투표법」제8조에 따라 주민투표를 한 경우에는 그러하지 아니하다.

③ 「공유수면 관리 및 매립에 관한 법률」에 따른 매립지가 속할 지방자치단체는 행정안전부장관이 정한다.

④ 지방자치단체의 구역변경이나 폐치·분합에 따라 새로 그 지역을 관할하게 된 지방자치단체가 승계하게 되는 '재산'이라 함은 현금 외의 모든 재산적 가치가 있는 물건 및 권리만을 의미하고, 채무는 이에 포함되지 않는다.

⑤ 기초지방자치단체의 경계에 관해 분쟁이 있는 경우, 당해 지방자치단체 간의 협의가 성립하지 않을 때에는 시·도지사가 직권으로 조정한다.

해설

① 「지방자치법」제5조 제1항, 제2항

> **제5조(지방자치단체의 명칭과 구역)** ① 지방자치단체의 명칭과 구역은 종전과 같이 하고, 명칭과 구역을 바꾸거나 지방자치단체를 폐지하거나 설치하거나 나누거나 합칠 때에는 법률로 정한다.
> ② 제1항에도 불구하고 지방자치단체의 구역변경 중 관할 구역 경계변경(이하 "경계변경"이라 한다)과 지방자치단체의 한자 명칭의 변경은 대통령령으로 정한다. 이 경우 경계변경의 절차는 제6조에서 정한 절차에 따른다.

② 동법 제5조 제3항

> **제5조(지방자치단체의 명칭과 구역)** ③ 다음 각 호의 어느 하나에 해당할 때에는 관계 지방의회의 의견을 들어야 한다. 다만, 「주민투표법」제8조에 따라 주민투표를 한 경우에는 그러하지 아니하다.
> 1. 지방자치단체를 폐지하거나 설치하거나 나누거나 합칠 때
> 2. 지방자치단체의 구역을 변경할 때(경계변경을 할 때는 제외한다)
> 3. 지방자치단체의 명칭을 변경할 때(한자 명칭을 변경할 때를 포함한다)

③ 동법 제5조 제4항 제1호

> **제5조(지방자치단체의 명칭과 구역)** ④ 제1항 및 제2항에도 불구하고 다음 각 호의 지역이 속할 지방자치단체는 제5항부터 제8항까지의 규정에 따라 행정안전부장관이 결정한다.
> 1. 「공유수면 관리 및 매립에 관한 법률」에 따른 매립지
> 2. 「공간정보의 구축 및 관리 등에 관한 법률」제2조 제19호의 지적공부(이하 "지적공부"라 한다)에 등록이 누락되어 있는 토지

081 ⑤

④ 동법 제8조, 제159조 제1항

> **제8조(구역의 변경 또는 폐지·설치·분리·합병 시의 사무와 재산의 승계)** ① 지방자치단체의 구역을 변경하거나 지방자치단체를 폐지하거나 설치하거나 나누거나 합칠 때에는 새로 그 지역을 관할하게 된 지방자치단체가 그 사무와 재산을 승계한다.
>
> **제159조(재산과 기금의 설치)** ① 지방자치단체는 행정목적을 달성하기 위한 경우나 공익상 필요한 경우에는 재산(현금 외의 모든 재산적 가치가 있는 물건과 권리를 말한다)을 보유하거나 특정한 자금을 운용하기 위한 기금을 설치할 수 있다.

> **대법원 2008.2.1., 선고 2007다8914 판결**
> 구 지방자치법(2007. 5. 11. 법률 제8423호로 전문 개정되기 전의 것) 제5조 제1항은 지방자치단체의 구역변경이나 폐치·분합이 있는 때에는 새로 그 지역을 관할하게 된 지방자치단체가 그 사무와 재산을 승계하도록 규정하고 있는바, 같은 법 제133조 제1항 및 제3항의 규정 내용에 비추어 볼 때 위 법률조항에 규정된 '재산'이라 함은 현금 외의 모든 재산적 가치가 있는 물건 및 권리만을 의미하고, 채무는 이에 포함되지 않는다.

⑤ **COMMENT** 협의가 성립되지 않을 경우 당사자의 신청에 따라 시·도지사가 조정하는 것이 원칙이다. 동법 제165조 제1항

> **제165조(지방자치단체 상호 간의 분쟁조정)** ① 지방자치단체 상호 간이나 지방자치단체의 장 상호 간 사무를 처리할 때 의견이 달라 다툼(이하 "분쟁"이라 한다)이 생기면 다른 법률에 특별한 규정이 없으면 행정안전부장관이나 시·도지사가 당사자의 신청을 받아 조정할 수 있다. 다만, 그 분쟁이 공익을 현저히 저해하여 조속한 조정이 필요하다고 인정되면 당사자의 신청이 없어도 직권으로 조정할 수 있다.

082

2013 국회직 8급 수정

지방자치법상 지방자치단체에 대한 내용으로 옳지 않은 것은?

① 지방자치단체는 법인으로 한다.
② 특별시, 광역시, 특별자치시, 도, 특별자치도는 정부의 직할(直轄)로 두고, 시는 도의 관할 구역 안에, 군은 광역시나 도의 관할 구역 안에 두며, 자치구는 특별시와 광역시의 관할 구역 안에 둔다.
③ 특별시·광역시 또는 특별자치시가 아닌 인구 50만 이상의 시에는 자치구가 아닌 구를 둘 수 있고, 군에는 읍·면을 두며, 시와 구에는 동을, 읍·면에는 리를 둔다.
④ 지방자치단체의 명칭과 구역은 종전과 같이 하고, 명칭과 구역을 바꾸거나 지방자치단체를 폐지하거나 설치하거나 나누거나 합칠 때에는 대통령령으로 정한다.
⑤ 자치구가 아닌 구와 읍·면·동의 명칭과 구역은 종전과 같이 하고, 이를 폐지하거나 설치하거나 나누거나 합칠 때에는 행정안전부장관의 승인을 받아 그 지방자치단체의 조례로 정한다.

082 ④

> 해설

①, ②, ③ 지방자치법 제3조

> **제3조(지방자치단체의 법인격과 관할)** ① 지방자치단체는 법인으로 한다.
> ② 특별시, 광역시, 특별자치시, 도, 특별자치도(이하 "시·도"라 한다)는 정부의 직할(直轄)로 두고, 시는 도의 관할 구역 안에, 군은 광역시나 도의 관할 구역 안에 두며, 자치구는 특별시와 광역시의 관할 구역 안에 둔다.
> ③ 특별시·광역시 또는 특별자치시가 아닌 인구 50만 이상의 시에는 자치구가 아닌 구를 둘 수 있고, 군에는 읍·면을 두며, 시와 구(자치구를 포함한다)에는 동을, 읍·면에는 리를 둔다.
> ④ 제10조제2항에 따라 설치된 시에는 도시의 형태를 갖춘 지역에는 동을, 그 밖의 지역에는 읍·면을 두되, 자치구가 아닌 구를 둘 경우에는 그 구에 읍·면·동을 둘 수 있다.

④ **COMMENT** 지방자치단체의 명칭과 구역을 바꾸거나 지방자치단체를 폐지하거나 설치하거나 나누거나 합칠 때에는 '법률로' 정한다(동법 제5조 제1항).

> **제5조(지방자치단체의 명칭과 구역)** ① 지방자치단체의 명칭과 구역은 종전과 같이 하고, 명칭과 구역을 바꾸거나 지방자치단체를 폐지하거나 설치하거나 나누거나 합칠 때에는 법률로 정한다. 다만, 지방자치단체의 관할 구역 경계변경과 한자 명칭의 변경은 대통령령으로 정한다.

⑤ 동법 제7조

> **제7조(자치구가 아닌 구와 읍·면·동 등의 명칭과 구역)** ① 자치구가 아닌 구와 읍·면·동의 명칭과 구역은 종전과 같이 하고, 자치구가 아닌 구와 읍·면·동을 폐지하거나 설치하거나 나누거나 합칠 때에는 행정안전부장관의 승인을 받아 그 지방자치단체의 조례로 정한다. 다만, 명칭과 구역의 변경은 그 지방자치단체의 조례로 정하고, 그 결과를 특별시장·광역시장·도지사에게 보고하여야 한다.

083

2013 지방직 7급

지방자치단체의 종류와 법적 지위에 대한 설명으로 옳은 것만을 모두 고른 것은? (다툼이 있는 경우 판례에 의함)

> ㉠ 지방자치법에서 명시하고 있는 지방자치단체의 종류로는 특별시, 광역시, 특별자치시, 도, 특별자치도 및 시, 군, 구이다.
> ㉡ 지방자치단체 소속 공무원이 고유의 자치사무를 수행하다가 법규를 위반한 경우, 지방자치단체는 양벌규정의 적용대상이 된다.
> ㉢ 지방자치단체도 기본권 주체성이 인정되어 헌법소원심판청구권이 인정된다.
> ㉣ 지방자치단체는 독립된 법주체이므로 소송의 당사자가 될 수 있다.

① ㉠, ㉡, ㉢   ② ㉠, ㉡, ㉣
③ ㉠, ㉢, ㉣   ④ ㉡, ㉢, ㉣

083 ②

| 해설

⊙ 지방자치법 제2조 제1항

> **제2조(지방자치단체의 종류)** ① 지방자치단체는 다음의 두 가지 종류로 구분한다.
> 1. 특별시, 광역시, 특별자치시, 도, 특별자치도
> 2. 시, 군, 구
> ② 지방자치단체인 구(이하 "자치구"라 한다)는 특별시와 광역시의 관할 구역 안의 구만을 말하며, 자치구의 자치권의 범위는 법령으로 정하는 바에 따라 시·군과 다르게 할 수 있다.
> ③ 제1항의 지방자치단체 외에 특정한 목적을 수행하기 위하여 필요하면 따로 특별지방자치단체를 설치할 수 있다. 이 경우 특별지방자치단체의 설치 등에 관하여는 제12장에서 정하는 바에 따른다.

ⓒ
> 대법원 2005.11.10., 선고, 2004도2657, 판결
> 헌법 제117조, 지방자치법 제3조 제1항, 제9조, 제93조, 도로법 제54조, 제83조, 제86조의 각 규정을 종합하여 보면, 국가가 본래 그의 사무의 일부를 지방자치단체의 장에게 위임하여 그 사무를 처리하게 하는 기관위임사무의 경우에는 지방자치단체는 국가기관의 일부로 볼 수 있는 것이지만, 지방자치단체가 그 고유의 자치사무를 처리하는 경우에는 지방자치단체는 국가기관의 일부가 아니라 국가기관과는 별도의 독립한 공법인이므로, 지방자치단체 소속 공무원이 지방자치단체 고유의 자치사무를 수행하던 중 도로법 제81조 내지 제85조의 규정에 의한 위반행위를 한 경우에는 지방자치단체는 도로법 제86조의 양벌규정에 따라 처벌대상이 되는 법인에 해당한다.

ⓒ
> 헌재 전원재판부 96헌마345, 1998.3.26.
> 기본권의 보장에 관한 각 헌법규정의 해석상 국민(또는 국민과 유사한 지위에 있는 외국인과 사법인)만이 기본권의 주체라 할 것이고, 국가나 국가기관 또는 국가조직의 일부나 공법인은 기본권의 '수범자(受範者)'이지 기본권의 주체로서 그 '소지자'가 아니고 오히려 국민의 기본권을 보호 내지 실현해야 할 책임과 의무를 지니고 있는 지위에 있을 뿐이므로, 공법인인 지방자치단체의 의결기관인 청구인 의회는 기본권의 주체가 될 수 없고 따라서 헌법소원을 제기할 수 있는 적격이 없다.

ⓔ COMMENT 지방자치단체는 행정주체로서 독립된 법인격을 가진 공법인이므로, 민사소송이나 당사자소송의 당사자가 될 수는 있다.

084

2013 서울시 7급

지방자치단체의 행정조직에 대한 설명으로 옳지 않은 것은?

① 제주특별자치도의 제주시와 서귀포시는 기초지방자치단체이다.
② 경기도 성남시 분당구는 지방자치단체가 아니다.
③ 면장은 지방자치단체의 하급행정기관이다.
④ 제주특별자치도에는 자치경찰단을 두되 그 장은 도지사가 임명한다.
⑤ 정무직 또는 일반직공무원으로 보하는 부시장·부지사는 시·도지사의 제청으로 행정안전부장관을 거쳐 대통령이 임명한다.

해설

① **COMMENT** 제주시와 서귀포시는 기초지방자치단체가 아니라 제주특별자치도를 구성하는 행정시에 해당한다(제주특별자치도 설치 및 국제자유도시 조성을 위한 특별법 제10조 제2항).

> **제10조(행정시의 폐지·설치·분리·합병 등)** ① 제주자치도는 「지방자치법」 제2조제1항 및 제3조제2항에도 불구하고 그 관할구역에 지방자치단체인 시와 군을 두지 아니한다.
> ② 제주자치도의 관할구역에 지방자치단체가 아닌 시(이하 "행정시"라 한다)를 둔다.
> ③ 다른 법령에서 시를 인용하는 경우 해당 법령에 특별한 규정이 없으면 행정시는 포함되지 아니한다.
> ④ 행정시의 폐지·설치·분리·합병, 명칭 및 구역은 도조례로 정한다. 이 경우 도지사는 그 결과를 행정안전부장관에게 보고하여야 한다.
> ⑤ 행정시의 사무소 소재지는 도조례로 정하되, 도의회 재적의원 과반수의 찬성을 받아야 한다.

② **COMMENT** 성남시는 기초지자치단체이므로 그 관할구역 안의 구는 자치구가 아닌 구이다(지방자치법 제2조 제2항).

> **제2조(지방자치단체의 종류)** ① 지방자치단체는 다음의 두 가지 종류로 구분한다. 〈개정 2011. 5.30.〉
> 1. 특별시, 광역시, 특별자치시, 도, 특별자치도
> 2. 시, 군, 구
> ② 지방자치단체인 구(이하 "자치구"라 한다)는 특별시와 광역시의 관할 구역 안의 구만을 말하며, 자치구의 자치권의 범위는 법령으로 정하는 바에 따라 시·군과 다르게 할 수 있다.
> ③ 제1항의 지방자치단체 외에 특정한 목적을 수행하기 위하여 필요하면 따로 특별지방자치단체를 설치할 수 있다.
> ④ 특별지방자치단체의 설치·운영에 관하여 필요한 사항은 대통령령으로 정한다.

③ 지방자치법 제132조 제2항

> **제132조(하부행정기관의 장의 임명)** ① 자치구가 아닌 구의 구청장은 일반직 지방공무원으로 보하되, 시장이 임명한다.
> ② 읍장·면장·동장은 일반직 지방공무원으로 보하되, 시장·군수 및 자치구의 구청장이 임명한다.

084 ①

④ 제주특별자치도 설치 및 국제자유도시 조성을 위한 특별법 제 88조 제1항, 제89조 제1항

> **제88조(자치경찰기구의 설치)** ① 제90조에 따른 자치경찰사무를 처리하기 위하여 「국가경찰과 자치경찰의 조직 및 운영에 관한 법률」 제18조에 따라 설치되는 제주특별자치도자치경찰위원회(이하 "자치경찰위원회"라 한다) 소속으로 자치경찰단을 둔다.
> ① 제90조에 따른 자치경찰사무를 처리하기 위하여 도지사 소속으로 자치경찰단을 둔다.
> ② 자치경찰단의 조직과 자치경찰공무원의 정원 등에 관한 사항은 도조례로 정한다.
> **제89조(자치경찰단장의 임명)** ① 자치경찰단장은 도지사가 임명하며, 자치경찰위원회의 지휘·감독을 받는다.

⑤ 지방자치법 제123조 제3항

> **제123조(부지사·부시장·부군수·부구청장)** ① 특별시·광역시 및 특별자치시에 부시장, 도와 특별자치도에 부지사, 시에 부시장, 군에 부군수, 자치구에 부구청장을 두며, 그 정수는 다음 각 호와 같다.
> 1. 특별시의 부시장의 정수: 3명을 넘지 아니하는 범위에서 대통령령으로 정한다.
> 2. 광역시와 특별자치시의 부시장 및 도와 특별자치도의 부지사의 정수: 2명(인구 800만 이상의 광역시나 도는 3명)을 초과하지 아니하는 범위에서 대통령령으로 정한다.
> 3. 시의 부시장, 군의 부군수 및 자치구의 부구청장의 정수: 1명으로 한다.
> ② 특별시·광역시 및 특별자치시의 부시장, 도와 특별자치도의 부지사는 대통령령으로 정하는 바에 따라 정무직 또는 일반직 국가공무원으로 보한다. 다만, 제1항제1호와 제2호에 따라 특별시·광역시 및 특별자치시의 부시장, 도와 특별자치도의 부지사를 2명이나 3명 두는 경우에 1명은 대통령령으로 정하는 바에 따라 정무직·일반직 또는 별정직 지방공무원으로 보하되, 정무직과 별정직 지방공무원으로 보할 때의 자격기준은 해당 지방자치단체의 조례로 정한다.
> ③ 제2항의 정무직 또는 일반직 국가공무원으로 보하는 부시장·부지사는 시·도지사의 제청으로 행정안전부장관을 거쳐 대통령이 임명한다. 이 경우 제청된 자에게 법적 결격사유가 없으면 30일 이내에 그 임명절차를 마쳐야 한다.

085

2015 국회직 8급

다음 중 지방자치제도에 대한 설명으로 옳지 않은 것은? (다툼이 있는 경우 판례에 의함)

① 자치사무에 대한 시·도의 명령이나 처분이 법령에 위반되거나, 현저히 공익을 해친다고 인정되면 주무부장관은 해당 법령이나 처분을 취소할 수 있다.
② 주민소송의 계속 중에 소송을 제기한 주민이 사망하거나 「지방자치법」 제16조에 따른 주민의 자격을 잃으면 소송절차는 중단된다.
③ 지방의회 의장에 대한 불신임의결은 의장으로서의 권한을 박탈하는 것으로서 행정처분에 해당한다.
④ 제주특별자치도의회가 발의하여 의결 및 재의결한 제주특별자치도 연구위원회 설치 및 운영에 관한 조례안은 제주특별자치도지사의 고유권한에 속하는 사항과 인사권에 관하여 제주특별자치도의회가 사전에 적극적으로 개입한 것으로서 그 조례안에 대한 재의결은 효력이 없다.
⑤ 중앙행정기관의 지방자치단체의 자치사무에 대한 감사권은 사전적·일반적인 포괄감사권이 아니라 그 대상과 범위가 한정적인 제한된 감사권이다.

> 해설

① COMMENT 「지방자치법」 제188조 제1항. 자치사무에 관한 명령·처분은 법령을 위반한 경우에 한하여 감독청이 취소할 수 있다.

> **제188조(위법·부당한 명령·처분의 시정)** 지방자치단체의 사무에 관한 지방자치단체의 장(제103조제2항에 따른 사무의 경우에는 지방의회의 의장을 말한다. 이하 이 조에서 같다)의 명령이나 처분이 법령에 위반되거나 현저히 부당하여 공익을 해친다고 인정되면 시·도에 대해서는 주무부장관이, 시·군 및 자치구에 대해서는 시·도지사가 기간을 정하여 서면으로 시정할 것을 명하고, 그 기간에 이행하지 아니하면 이를 취소하거나 정지할 수 있다.
> ② 주무부장관은 지방자치단체의 사무에 관한 시장·군수 및 자치구의 구청장의 명령이나 처분이 법령에 위반되거나 현저히 부당하여 공익을 해침에도 불구하고 시·도지사가 제1항에 따른 시정명령을 하지 아니하면 시·도지사에게 기간을 정하여 시정명령을 하도록 명할 수 있다.
> ③ 주무부장관은 시·도지사가 제2항에 따른 기간에 시정명령을 하지 아니하면 제2항에 따른 기간이 지난 날부터 7일 이내에 직접 시장·군수 및 자치구의 구청장에게 기간을 정하여 서면으로 시정할 것을 명하고, 그 기간에 이행하지 아니하면 주무부장관이 시장·군수 및 자치구의 구청장의 명령이나 처분을 취소하거나 정지할 수 있다.
> ④ 주무부장관은 시·도지사가 시장·군수 및 자치구의 구청장에게 제1항에 따라 시정명령을 하였으나 이를 이행하지 아니한 데 따른 취소·정지를 하지 아니하는 경우에는 시·도지사에게 기간을 정하여 시장·군수 및 자치구의 구청장의 명령이나 처분을 취소하거나 정지할 것을 명하고, 그 기간에 이행하지 아니하면 주무부장관이 이를 직접 취소하거나 정지할 수 있다.
> ⑤ 제1항부터 제4항까지의 규정에 따른 자치사무에 관한 명령이나 처분에 대한 주무부장관 또는 시·도지사의 시정명령, 취소 또는 정지는 법령을 위반한 것에 한정한다.
> ⑥ 지방자치단체의 장은 제1항, 제3항 또는 제4항에 따른 자치사무에 관한 명령이나 처분의 취소 또는 정지에 대하여 이의가 있으면 그 취소처분 또는 정지처분을 통보받은 날부터 15일 이내에 대법원에 소를 제기할 수 있다.

② 동법 제22조

> **제22조(주민소송)** ⑥ 소송의 계속(繫屬) 중에 소송을 제기한 주민이 사망하거나 제16조에 따른 주민의 자격을 잃으면 소송절차는 중단된다. 소송대리인이 있는 경우에도 또한 같다.

③
> 대법원 1994.10.11., 94두23, 결정
> 지방의회를 대표하고 의사를 정리하며 회의장 내의 질서를 유지하고 의회의 사무를 감독하며 위원회에 출석하여 발언할 수 있는 등의 직무권한을 가지는 지방의회 의장에 대한 불신임의결은 의장으로서의 권한을 박탈하는 행정처분의 일종으로서 항고소송의 대상이 된다.

④
> 대법원 2009.9.24., 선고, 2009추53, 판결
> 제주특별자치도의회가 발의하여 의결 및 재의결한 '제주특별자치도 연구위원회 설치 및 운영에 관한 조례안'은, 제주특별자치도지사의 고유권한에 속하는 사항과 인사권에 관하여 제주특별자치도의회가 사전에 적극적으로 개입한 것으로서 그 일부가 법령에 위배되어 위법하므로, 그 조례안에 대한 재의결은 효력이 없다.

⑤
전원재판부 2006헌라6, 2009.5.28.
지방자치제 실시를 유보하던 개정전 헌법 부칙 제10조를 삭제한 현행헌법 및 이에 따라 자치사무에 관한 감사규정은 존치하되 '위법성 감사'라는 단서를 추가하여 자치사무에 대한 감사를 축소한 구 지방자치법 제158조 신설경위, 자치사무에 관한 한 중앙행정기관과 지방자치단체의 관계가 상하의 감독관계에서 상호보완적 지도·지원의 관계로 변화된 지방자치법의 취지, 중앙행정기관의 감독권 발동은 지방자치단체의 구체적 법위반을 전제로 하여 작동되도록 제한되어 있는 점, 그리고 국가감독권 행사로서 지방자치단체의 자치사무에 대한 감사원의 사전적·포괄적 합목적성 감사가 인정되므로 국가의 중복감사의 필요성이 없는 점 등을 종합하여 보면, <u>중앙행정기관의 지방자치단체의 자치사무에 대한 구 지방자치법 제158조 단서 규정의 감사권은 사전적·일반적인 포괄감사권이 아니라 그 대상과 범위가 한정적인 제한된 감사권이라 해석함이 마땅하다.</u>

086
[2017 서울시 7급]

지방자치에 대한 설명으로 옳지 않은 것은?

① 대법원은 인천광역시 중구의 수도 미설치 지역에 거주하는 주민들의 지하수 개발·이용에 따른 경제적 부담을 해소시키기 위한 재정적 지원을 내용으로 하는 인천광역시 중구 지하수 개발·이용 주민 조례안이 그 상위 법령인 구「지방자치법」제8조 제3항 등에 위배되지 않는다고 본다.

② 대법원은 법령상 지방자치단체의 장이 처리하도록 하고 있는 사무가 자치사무인지, 기관위임사무에 해당하는지 여부를 판단하면서는 그에 관한 법령의 규정 형식과 취지를 우선 고려하여야 할 것이지만, 그 외에도 그 사무의 성질이 전국적으로 통일적인 처리가 요구되는 사무인지 여부나 그에 관한 경비부담과 최종적인 책임귀속의 주체 등도 아울러 고려하여 판단하여야 한다고 본다.

③ 대법원은 점용허가가 도로 등의 본래 기능 및 목적과 무관하게 그 사용가치를 실현·활용하기 위한 것으로 평가되는 경우에 주민소송의 대상이 되는 재산의 관리·처분에 해당하지 않는다고 본다.

④ 대법원은 지방의회 의원에 대한 제명의결 취소소송 계속 중 의원의 임기가 만료된 사안에서, 제명의결의 취소로 의원의 지위를 회복할 수는 없다 하더라도 제명의결시부터 임기만료일까지의 기간에 대한 월정수당의 지급을 구할 수 있는 등 여전히 그 제명의결의 취소를 구할 법률상 이익이 있다고 본다.

해설

①
대법원 2009.12.24., 선고, 2008추87, 판결
원고는 이 사건 조례안의 인천광역시 중구 주민에 대한 지하수 개발비 등의 지원이 '인천광역시 수도급수조례'(이하 '수도급수조례'라 한다) 제11조 제1항의 '급수공사비용은 당해 급수공사 신청인의 부담으로 한다'는 내용과 배치되는 것으로 지방자치법 제8조 제3항의 '지방자치단체는 법령이나 상급 지방자치단체의 조례를 위반하여 그 사무를 처리할 수 없다'는 지방자치단체의 사무처리 원칙을 위반한 것이라고 주장한다. 그러나 <u>이 사건 조례안에 의해 혜택을 받게 되는 지역은 인천광역시 중구 지역 중 아직까지 상수도가 설치되지 않은 수도 미설치 지역으로 수도급수조례가 적용될 수 없는 지역이어서 이 사건 조례안과 수도급수조례 제11조는 그 규율 대상을 서로 달리하고 있다고 할 것이므로 이 사건 조례안이 지방자치법 제8조 제3항을 위반하고 있다는 원고의 주장은 이유 없다.</u>

구 지방자치법
제8조(사무처리의 기본원칙) ① 지방자치단체는 그 사무를 처리할 때 주민의 편의와 복리증진을 위하여 노력하여야 한다.
② 지방자치단체는 조직과 운영을 합리적으로 하고 그 규모를 적정하게 유지하여야 한다.
③ 지방자치단체는 법령이나 상급 지방자치단체의 조례를 위반하여 그 사무를 처리할 수 없다.

②
대법원 2010.12.9., 선고, 2008다71575, 판결
법령상 지방자치단체의 장이 처리하도록 하고 있는 사무가 자치사무인지 아니면 기관위임사무인지 여부를 판단함에 있어서는 그에 관한 법령의 규정 형식과 취지를 우선 고려하여야 할 것이지만, 그 밖에 그 사무의 성질이 전국적으로 통일적인 처리가 요구되는 사무인지, 그에 관한 경비부담과 최종적인 책임귀속의 주체가 누구인지 등도 함께 고려하여 판단하여야 한다.

③
대법원 2016.5.27., 선고, 2014두8490, 판결
주민소송 제도는 지방자치단체 주민이 지방자치단체의 위법한 재무회계행위의 방지 또는 시정을 구하거나 그로 인한 손해의 회복 청구를 요구할 수 있도록 함으로써 지방자치단체의 재무행정의 적법성과 지방재정의 건전하고 적정한 운영을 확보하려는 데 목적이 있다. 그러므로 주민소송은 원칙적으로 지방자치단체의 재무회계에 관한 사항의 처리를 직접 목적으로 하는 행위에 대하여 제기할 수 있고, 지방자치법 제17조 제1항에서 주민소송의 대상으로 규정한 '재산의 취득·관리·처분에 관한 사항'에 해당하는지도 그 기준에 의하여 판단하여야 한다. 특히 도로 등 공물이나 공공용물을 특정 사인이 배타적으로 사용하도록 하는 점용허가가 도로 등의 본래 기능 및 목적과 무관하게 그 사용가치를 실현·활용하기 위한 것으로 평가되는 경우에는 주민소송의 대상이 되는 재산의 관리·처분에 해당한다.

④
대법원 2009.1.30., 선고, 2007두13487, 판결
지방의회 의원에 대한 제명의결 취소소송 계속중 의원의 임기가 만료된 사안에서, 제명의결의 취소로 의원의 지위를 회복할 수는 없다 하더라도 제명의결시부터 임기만료일까지의 기간에 대한 월정수당의 지급을 구할 수 있는 등 여전히 그 제명의결의 취소를 구할 법률상 이익이 있다고 본 사례

087

지방자치법에 대한 설명으로 옳지 않은 것은? (다툼이 있는 경우 판례에 의함)

① 지방의회의원에 대하여 유급 보좌 인력을 두는 것은 지방의회의원의 신분·지위 및 처우에 관한 현행 법령상의 제도에 중대한 변경을 초래하는 것으로서 법률로 규정하여야 할 입법사항이다.
② 시·도의 자치사무에 관한 시·도지사의 명령·처분이 법령에 위반되면 주무부장관이 기간을 정하여 서면으로 시정할 것을 명하고 그 기간에 이행하지 아니하면 이를 취소하거나 정지할 수 있는데, 그 취소·정지의 대상인 명령·처분은 항고소송의 대상이 되는 행정처분으로 제한되는 것은 아니다.
③ 개별 법령에서 일정한 사항을 조례로 정하도록 위임하고 있는 경우에도 자치사무나 단체위임사무에 속하지 아니하는 기관위임사무에 관하여는 조례를 제정할 수 없다.
④ 도로 등 공물을 특정 사인이 배타적으로 사용하도록 하는 점용허가가 도로 등의 본래 기능 및 목적과 무관하게 그 사용가치를 실현·활용하기 위한 것으로 평가되는 경우에는 주민소송의 대상이 되는 재산의 관리·처분에 해당한다.

해설

①
대법원 2017.3.30., 선고, 2016추5087, 판결
지방의회의원에 대하여 유급 보좌 인력을 두는 것은 지방의회의원의 신분·지위 및 처우에 관한 현행 법령상의 제도에 중대한 변경을 초래하는 것으로서 국회의 법률로 규정하여야 할 입법사항이다.

②
대법원 2017.3.30., 선고 2016추5087 판결
행정소송법상 항고소송은 행정청이 행하는 구체적 사실에 관한 법집행으로서의 공권력의 행사 또는 거부와 그 밖에 이에 준하는 행정작용을 대상으로 하여 위법상태를 배제함으로써 국민의 권익을 구제함을 목적으로 하는 것과 달리, 지방자치법 제169조 제1항은 지방자치단체의 자치행정 사무처리가 법령 및 공익의 범위 내에서 행해지도록 감독하기 위한 규정이므로 적용대상을 항고소송의 대상이 되는 행정처분으로 제한할 이유가 없다.

③
대법원 2000.5.30., 선고, 99추85, 판결
지방자치법 제15조, 제9조에 의하면, 지방자치단체가 자치조례를 제정할 수 있는 사항은 지방자치단체의 고유사무인 자치사무와 개별법령에 의하여 지방자치단체에 위임된 단체위임사무에 한하는 것이고, 국가사무가 지방자치단체의 장에게 위임된 기관위임사무는 원칙적으로 자치조례의 제정범위에 속하지 않는다 할 것이고, 다만 기관위임사무에 있어서도 그에 관한 개별법령에서 일정한 사항을 조례로 정하도록 위임하고 있는 경우에는 위임받은 사항에 관하여 개별법령의 취지에 부합하는 범위 내에서 이른바 위임조례를 정할 수 있다.

087 ③

④ 대법원 2016.5.27., 선고, 2014두8490, 판결
주민소송 제도는 지방자치단체 주민이 지방자치단체의 위법한 재무회계행위의 방지 또는 시정을 구하거나 그로 인한 손해의 회복 청구를 요구할 수 있도록 함으로써 지방자치단체의 재무행정의 적법성과 지방재정의 건전하고 적정한 운영을 확보하려는 데 목적이 있다. 그러므로 주민소송은 원칙적으로 지방자치단체의 재무회계에 관한 사항의 처리를 직접 목적으로 하는 행위에 대하여 제기할 수 있고, 지방자치법 제17조 제1항에서 주민소송의 대상으로 규정한 '재산의 취득·관리·처분에 관한 사항'에 해당하는지도 그 기준에 의하여 판단하여야 한다. 특히 도로 등 공물이나 공공용물을 특정 사인이 배타적으로 사용하도록 하는 점용허가가 도로 등의 본래 기능 및 목적과 무관하게 그 사용가치를 실현·활용하기 위한 것으로 평가되는 경우에는 주민소송의 대상이 되는 재산의 관리·처분에 해당한다.

088

2017 국회직 8급

지방자치에 대한 설명으로 옳은 것은? (다툼이 있는 경우 판례에 의함)

① 「공유수면관리 및 매립에 관한 법률」에 따른 매립지의 지방자치단체 귀속과 관련된 분쟁이 있는 경우 지방자치단체중앙분쟁조정위원회의 심의의결에 따라 행정자치부장관이 그 귀속여부를 정하고, 이에 대하여서 관계 지방자치단체의 장이 이의가 있을 때에는 헌법재판소에 제소할 수 있다.
② 「지방자치법」상 주민소송의 대상으로서 '공금의 지출에 관한 사항'이란 지출원인행위, 즉 지방자치단체의 지출원인이 되는 계약 그 밖의 행위로서 당해 행위에 의하여 지방자치단체가 지출의무를 부담하는 예산집행의 최초행위와 그에 따른 지급명령 및 지출뿐만 아니라 이러한 지출원인행위를 수반하게 되는 당해 지방자치단체의 장 및 직원, 지방의회의원의 결정과 같은 행위도 원칙적으로 포함된다.
③ 주민소송의 원고는 주민이 되며, 주민소송은 감사청구를 반드시 거칠 필요가 없다.
④ 지방자치단체의 장이 조례안으로써 제안한 행정기구를 지방의회의원이 그 종류 및 업무가 다른 행정기구로 전환하는 수정안을 발의하여 지방의회가 의결 및 재의결하는 것은, 지방자치단체의 장의 고유권한에 속하는 사항의 행사에 관하여 사전에 적극적으로 개입하는 것으로서 허용되지 아니한다.
⑤ 지방자치단체는 원칙적으로 그 고유사무인 자치사무와 법령에 의하여 위임된 단체위임사무에 관하여서만 자치조례를 제정할 수 있으며, 개별법령의 위임이 있다고 하더라도 그러한 사무에 속하지 아니하는 기관위임사무에 대하여는 조례를 제정할 수 없다.

해설

① COMMENT 「지방자치법」 제5조 제7항, 제9항, 이의가 제기되지 않은 경우에는 지방자치단체중앙분쟁조정위원회의 심의·의결을 거치지 아니하고도 행정안전부장관이 결정할 수 있다. 또한, 결정에 이의가 있는 자는 대법원에 제소할 수 있다.

> **제5조(지방자치단체의 명칭과 구역)** ④ 제1항 및 제2항에도 불구하고 다음 각 호의 지역이 속할 지방자치단체는 제5항부터 제8항까지의 규정에 따라 **행정안전부장관이 결정**한다.
> 1. 「공유수면 관리 및 매립에 관한 법률」에 따른 매립지
> 2. 「공간정보의 구축 및 관리 등에 관한 법률」 제2조 제19호의 지적공부(이하 "지적공부"라 한다)에 등록이 누락되어 있는 토지

088 ④

⑦ 행정안전부장관은 제6항에 따른 기간이 끝나면 다음 각 호에서 정하는 바에 따라 결정하고, 그 결과를 면허관청이나 지적소관청, 관계 지방자치단체의 장 등에게 통보하고 공고하여야 한다.
1. 제6항에 따른 기간 내에 신청내용에 대하여 이의가 제기된 경우: 제166조에 따른 지방자치단체중앙분쟁조정위원회의 심의·의결에 따라 제4항 각 호의 지역이 속할 지방자치단체를 결정
2. 제6항에 따른 기간 내에 신청내용에 대하여 이의가 제기되지 아니한 경우: 위원회의 심의·의결을 거치지 아니하고 신청내용에 따라 제4항 각 호의 지역이 속할 지방자치단체를 결정
⑧ 위원회의 위원장은 제7항제1호에 따른 심의과정에서 필요하다고 인정되면 관계 중앙행정기관 및 지방자치단체의 공무원 또는 관련 전문가를 출석시켜 의견을 듣거나 관계 기관이나 단체에 자료 및 의견 제출 등을 요구할 수 있다. 이 경우 관계 지방자치단체의 장에게는 의견을 진술할 기회를 주어야 한다.
⑨ 관계 지방자치단체의 장은 제4항부터 제7항까지의 규정에 따른 행정안전부장관의 결정에 이의가 있으면 그 결과를 통보받은 날부터 15일 이내에 대법원에 소송을 제기할 수 있다.

② 대법원 2011.12.22., 선고, 2009두14309, 판결
구 지방자치법 제13조의5 제1항에 규정된 주민소송의 대상으로서 '공금의 지출에 관한 사항'이란 지출원인행위 즉, 지방자치단체의 지출원인이 되는 계약 그 밖의 행위로서 당해 행위에 의하여 지방자치단체가 지출의무를 부담하는 예산집행의 최초 행위와 그에 따른 지급명령 및 지출 등에 한정되고, 특별한 사정이 없는 한 이러한 지출원인행위 등에 선행하여 그러한 지출원인행위를 수반하게 하는 당해 지방자치단체의 장 및 직원, 지방의회 의원의 결정 등과 같은 행위는 포함되지 않는다고 보아야 한다.

③ COMMENT 감사청구한 주민만 주민소송을 제기할 수 있다. 따라서 감사청구를 반드시 거쳐야 한다.
「지방자치법」 제22조

제22조(주민소송) ① 제21조제1항에 따라 공금의 지출에 관한 사항, 재산의 취득·관리·처분에 관한 사항, 해당 지방자치단체를 당사자로 하는 매매·임차·도급 계약이나 그 밖의 계약의 체결·이행에 관한 사항 또는 지방세·사용료·수수료·과태료 등 공금의 부과·징수를 게을리한 사항을 감사 청구한 주민은 다음 각 호의 어느 하나에 해당하는 경우에 그 감사 청구한 사항과 관련이 있는 위법한 행위나 업무를 게을리한 사실에 대하여 해당 지방자치단체의 장(해당 사항의 사무처리에 관한 권한을 소속 기관의 장에게 위임한 경우에는 그 소속 기관의 장을 말한다. 이하 이 조에서 같다)을 상대방으로 하여 소송을 제기할 수 있다.

④ 대법원 2005.8.19., 선고, 2005추48, 판결
지방자치법령은 지방자치단체의 장으로 하여금 지방자치단체의 대표자로서 당해 지방자치단체의 사무와 법령에 의하여 위임된 사무를 관리·집행하는 데 필요한 행정기구를 설치할 고유한 권한과 이를 위한 조례안의 제안권을 가지도록 하는 반면 지방의회로 하여금 지방자치단체의 장의 행정기구의 설치권한을 견제하도록 하기 위하여 지방자치단체의 장이 조례안으로서 제안한 행정기구의 축소, 통폐합외 권한을 가지는 것으로 하고 있으므로, 지방의회의원이 지방자치단체의 장이 조례안으로서 제안한 행정기구를 종류 및 업무가 다른 행정기구로 전환하는 수정안을 발의하여 지방의회가 의결 및 재의결하는 것은 지방자치단체의 장의 고유 권한에 속하는 사항의 행사에 관하여 사전에 적극적으로 개입하는 것으로서 허용되지 아니한다.

⑤ 대법원 2000.5.30., 선고, 99추85, 판결
지방자치법 제15조, 제9조에 의하면, 지방자치단체가 자치조례를 제정할 수 있는 사항은 지방자치단체의 고유사무인 자치사무와 개별법령에 의하여 지방자치단체에 위임된 단체위임사무에 한하는 것이고, 국가사무가 지방자치단체의 장에게 위임된 기관위임사무는 원칙적으로 자치조례의 제정범위에 속하지 않는다 할 것이고, 다만 기관위임사무에 있어서도 그에 관한 개별법령에서 일정한 사항을 조례로 정하도록 위임하고 있는 경우에는 위임받은 사항에 관하여 개별법령의 취지에 부합하는 범위 내에서 이른바 위임조례를 정할 수 있다.

089

2018 서울시 7급 (6월)

지방자치에 대한 설명으로 가장 옳지 않은 것은?

① 지방자치단체는 개별 법령에서 특별히 위임하고 있을 경우에도 기관위임사무에 관하여는 조례를 제정할 수 없다.
② 재의요구에 따라 지방의회가 한 재의결의 내용 일부만이 위법한 경우에도 대법원은 의결 전부의 효력을 부인하여야 한다.
③ 조례 자체로 인하여 직접 그리고 현재 자기의 기본권을 침해받은 자는 그 권리구제의 수단으로서 조례에 대한 헌법소원을 제기할 수 있다.
④ 지방자치단체의 의결기관인 의회는 기본권의 주체가 될 수 없고 따라서 헌법소원을 제기할 수 있는 적격이 없다.

해설

① 대법원 2000.11.24., 선고, 2000추29, 판결
지방자치법 제9조 제1항과 제15조 등의 관련 규정에 의하면 지방자치단체는 원칙적으로 그 고유사무인 자치사무와 법령에 의하여 위임된 단체위임사무에 관하여 이른바 자치조례를 제정할 수 있는 외에, 개별 법령에서 특별히 위임하고 있을 경우에는 그러한 사무에 속하지 아니하는 기관위임사무에 관하여도 그 위임의 범위 내에서 이른바 위임조례를 제정할 수 있지만, 조례가 규정하고 있는 사항이 그 근거 법령 등에 비추어 볼 때 자치사무나 단체위임사무에 관한 것이라면 이는 자치조례로서 지방자치법 제15조가 규정하고 있는 '법령의 범위 안'이라는 사항적 한계가 적용될 뿐, 위임조례와 같이 국가법에 적용되는 일반적인 위임입법의 한계가 적용될 여지는 없다.

089 ①

②
> **대법원 2017.12.5., 선고, 2016추5162, 판결**
> 조례안 일부가 법령에 위반되어 위법한 경우에 의결 일부에 대한 효력을 배제하는 것은 결과적으로 전체적인 의결 내용을 변경하는 것으로 의결기관인 지방의회의 고유권한을 침해하는 것이 된다. 뿐만 아니라 일부만의 효력 배제는 자칫 전체적인 의결 내용을 지방의회의 당초 의도와 다른 내용으로 변질시킬 우려가 있다. 또한 재의요구가 있는 때에는 재의요구에서 지적한 이의사항이 의결 일부에 관한 것이더라도 의결 전체가 실효되고 재의결만이 새로운 의결로서 효력이 생긴다. 따라서 의결 일부에 대한 재의요구나 수정 재의요구는 허용되지 않는다. 이러한 점들을 종합하면, 재의결 내용 전부가 아니라 일부만 위법한 경우에도 대법원은 의결 전부의 효력을 부인하여야 한다.

③
> **헌재 전원재판부 2003헌마338, 2003.9.25.**
> 조례는 지방자치단체가 그 자치입법권에 근거하여 자주적으로 지방의회의 의결을 거쳐 제정한 법규이기 때문에 조례 자체로 인하여 기본권을 침해받은 자는 그 권리구제의 수단으로서 조례에 대한 헌법소원을 제기할 수 있다고 할 것이다. 다만 이 경우에 그 적법요건으로서 조례가 별도의 구체적인 집행행위를 기다리지 아니하고 직접 그리고 현재 자기의 기본권을 침해하는 것이어야 함을 요한다.

④
> **헌재 전원재판부 96헌마345, 1998.3.26.**
> 기본권의 보장에 관한 각 헌법규정의 해석상 국민(또는 국민과 유사한 지위에 있는 외국인과 사법인)만이 기본권의 주체라 할 것이고, 국가나 국가기관 또는 국가조직의 일부나 공법인은 기본권의 '수범자(受範者)'이지 기본권의 주체로서 그 '소지자'가 아니고 오히려 국민의 기본권을 보호 내지 실현해야 할 책임과 의무를 지니고 있는 지위에 있을 뿐이므로, 공법인인 지방자치단체의 의결기관인 청구인 의회는 기본권의 주체가 될 수 없고 따라서 헌법소원을 제기할 수 있는 적격이 없다.

090

2019 국가직 7급

지방자치제도에 대한 설명으로 옳지 않은 것은? (다툼이 있는 경우 판례에 의함)

① 기관위임사무는 법령에 의하여 특별히 위임받은 경우를 제외하고는 조례로 이를 규율할 수 없다.
② 구 지방자치법 제169조제1항에 따라 주무부장관이 시·도에 대하여 법령위반을 이유로 행하는 직권취소의 대상은 항고소송의 대상이 되는 처분으로 제한된다.
③ 구 지방자치법 제172조제4항, 제6항에서 지방의회 재의결에 대하여 직접 제소할 수 있는 주체로 규정된 '주무부장관이나 시·도지사'는 시·도에 대하여는 주무부장관을, 시·군 및 자치구에 대하여는 시·도지사를 각 의미한다.
④ 지방자치단체는 법령이나 상급 지방자치단체의 조례를 위반하여 그 사무를 처리할 수 없다.

해설

① 대법원 2000.5.30., 선고, 99추85, 판결

지방자치법 제15조, 제9조에 의하면, 지방자치단체가 자치조례를 제정할 수 있는 사항은 지방자치단체의 고유사무인 자치사무와 개별법령에 의하여 지방자치단체에 위임된 단체위임사무에 한하는 것이고, 국가사무가 지방자치단체의 장에게 위임된 기관위임사무는 원칙적으로 자치조례의 제정범위에 속하지 않는다 할 것이고, 다만 기관위임사무에 있어서도 그에 관한 개별법령에서 일정한 사항을 조례로 정하도록 위임하고 있는 경우에는 위임받은 사항에 관하여 개별법령의 취지에 부합하는 범위 내에서 이른바 위임조례를 정할 수 있다.

② 대법원 2017.3.30., 선고, 2016추5087, 판결

행정소송법상 항고소송은 행정청이 행하는 구체적 사실에 관한 법집행으로서의 공권력의 행사 또는 거부와 그 밖에 이에 준하는 행정작용을 대상으로 하여 위법상태를 배제함으로써 국민의 권익을 구제함을 목적으로 하는 것과 달리, 지방자치법 제169조 제1항은 지방자치단체의 자치행정 사무처리가 법령 및 공익의 범위 내에서 행해지도록 감독하기 위한 규정이므로 적용대상을 항고소송의 대상이 되는 행정처분으로 제한할 이유가 없다.

③ 대법원 2016.9.22., 선고 2014추521 전원합의체 판결

지방의회 의결의 재의와 제소에 관한 지방자치법 제172조 제4항, 제6항의 문언과 입법 취지, 제·개정 연혁 및 지방자치법령의 체계 등을 종합적으로 고려하여 보면, 아래에서 보는 바와 같이 지방자치법 제172조 제4항, 제6항에서 지방의회 재의결에 대하여 제소를 지시하거나 직접 제소할 수 있는 주체로 규정된 '주무부장관이나 시·도지사'는 시·도에 대하여는 주무부장관을, 시·군 및 자치구에 대하여는 시·도지사를 각 의미한다.

④ 「지방자치법」 제12조 제3항

> **지방자치법 제12조(사무처리의 기본원칙)** ③ 지방자치단체는 법령을 위반하여 사무를 처리할 수 없으며, 시·군 및 자치구는 해당 구역을 관할하는 시·도의 조례를 위반하여 사무를 처리할 수 없다.

091

지방자치에 대한 설명으로 가장 옳지 않은 것은?

① 폐기물처리시설 설치비용 부과처분의 근거가 된 「서울특별시 송파구 택지개발에 따른 폐기물처리시설 설치비용 산정에 관한 조례」의 규정은 사업시행자에게 주민편익시설 설치비용에 상응하는 금액까지 납부할 의무를 부과하도록 하고 있는데 이는 법률의 위임이 없어 효력이 없다.
② 조례 제정권의 범위를 벗어나 국가사무를 대상으로 한 무효인 「서울특별시행정권한위임조례」에 근거하여 영등포구청장이 건설업영업정지처분을 한 경우 그 하자는 중대하나 당연무효는 아니다.
③ 매립지가 속할 지방자치단체를 정하는 결정에 대하여 대법원에 소송을 제기할 수 있는 주체는 관계 지방자치단체의 장일 뿐 지방자치단체가 아니다.
④ 지방자치단체의 장, 주무부장관, 시·도지사에 의해 제기되는 위법한 조례안의 재의결에 대한 무효 확인소송은 사전적·구체적 규범통제의 성질을 갖는다.

해설

①
> **대법원 2019.1.10., 선고, 2016두54039, 판결**
> 구청장이 구 폐기물처리시설 설치촉진 및 주변지역지원 등에 관한 법률 제6조에 따라 폐기물처리시설을 설치하거나 그 설치비용에 해당하는 금액을 납부할 의무를 부담하는 택지개발사업의 사업시행자에게 '서울특별시 송파구 택지개발에 따른 폐기물처리시설 설치비용 산정에 관한 조례' 규정에 따라 폐기물처리시설 설치비용 산정의 기준이 되는 부지면적에 주민편익시설의 면적을 포함시켜 산정한 폐기물처리시설 부담금을 부과한 사안에서, 위 조례 규정은 상위법령의 가능한 해석범위를 넘어 이를 확장함으로써 위임의 한계를 벗어난 새로운 입법을 한 것과 다름없으므로 효력이 없다고 한 사례.

②
> **대법원 1995.7.11., 선고, 94누4615, 전원합의체판결**
> 조례 제정권의 범위를 벗어나 국가사무를 대상으로 한 무효인 서울특별시행정권한위임조례의 규정에 근거하여 구청장이 건설업영업정지처분을 한 경우, 그 처분은 결과적으로 적법한 위임 없이 권한 없는 자에 의하여 행하여진 것과 마찬가지가 되어 그 하자가 중대하나, 지방자치단체의 사무에 관한 조례와 규칙은 조례가 보다 상위규범이라고 할 수 있고, 또한 헌법 제107조 제2항의 "규칙"에는 지방자치단체의 조례와 규칙이 모두 포함되는 등 이른바 규칙의 개념이 경우에 따라 상이하게 해석되는 점 등에 비추어 보면 위 처분의 위임 과정의 하자가 객관적으로 명백한 것이라고 할 수 없으므로 이로 인한 하자는 결국 당연무효사유는 아니라고 봄이 상당하다.

③
> **대법원 2013.11.14., 선고, 2010추73, 판결**
> 지방자치단체의 구역에 관하여 지방자치법은, 공유수면 관리 및 매립에 관한 법률에 따른 매립지가 속할 지방자치단체는 안전행정부장관이 결정한다고 규정하면서(제4조 제3항), 관계 지방자치단체의 장은 그 결정에 이의가 있으면 결과를 통보받은 날로부터 15일 이내에 대법원에 소송을 제기할 수 있다고 규정하고 있다(제4조 제8항). 따라서 매립지가 속할 지방자치단체를 정하는 결정에 대하여 대법원에 소송을 제기할 수 있는 주체는 관계 지방자치단체의 장일 뿐 지방자치단체가 아니다.

091 ④

④ COMMENT 구체적인 사건이 발생하지 않은 상태에서 해당 조례안에 대해서 대법원에 소송을 제기하는 것이므로, 구체적 규범통제가 아닌 추상적 규범통제에 해당한다.

092

2019 지방직 7급

지방자치에 대한 설명으로 옳지 않은 것은? (다툼이 있는 경우 판례에 의함)

① 도로 등 공물이나 공공용물을 특정 사인이 배타적으로 사용하도록 하는 점용허가가 도로 등의 본래 기능 및 목적과 무관하게 그 사용가치를 실현·활용하기 위한 것으로 평가되는 경우에는 주민소송의 대상이 되는 재산의 관리·처분에 해당한다.
② 지방자치단체의 사무에 관한 그 장의 명령이나 처분이 법령에 위반되거나 현저히 부당하여 공익을 해친다고 인정되면 시·도지사나 주무부장관은 시정명령을 내릴 수 있는데, 이때 시정명령의 대상인 처분은 행정소송법 상 처분에 한정되지 않는다.
③ 교육·학예에 관한 사무 중 자치사무에 대한 교육감의 명령이나 처분이 합목적성을 현저히 결하였다면 그러한 사무의 집행은 재량권을 일탈·남용한 경우로서 교육부장관은 그 시정을 명할 수 있다.
④ 행정안전부장관이 지방자치단체 상호 간의 사무비용 분담에 관한 다툼에 대하여 지방자치법 에 따른 분쟁조정결정을 한 경우 분쟁조정결정 자체의 취소를 구하는 소송을 대법원에 제기하는 것은 지방자치법상 허용되지 아니한다.

해설

①
대법원 2016.5.27., 선고, 2014두8490, 판결
주민소송 제도는 지방자치단체 주민이 지방자치단체의 위법한 재무회계행위의 방지 또는 시정을 구하거나 그로 인한 손해의 회복 청구를 요구할 수 있도록 함으로써 지방자치단체의 재무행정의 적법성과 지방재정의 건전하고 적정한 운영을 확보하려는 데 목적이 있다. 그러므로 주민소송은 원칙적으로 지방자치단체의 재무회계에 관한 사항의 처리를 직접 목적으로 하는 행위에 대하여 제기할 수 있고, 지방자치법 제17조 제1항에서 주민소송의 대상으로 규정한 '재산의 취득·관리·처분에 관한 사항'에 해당하는지도 그 기준에 의하여 판단하여야 한다. 특히 도로 등 공물이나 공공용물을 특정 사인이 배타적으로 사용하도록 하는 점용허가가 도로 등의 본래 기능 및 목적과 무관하게 그 사용가치를 실현·활용하기 위한 것으로 평가되는 경우에는 주민소송의 대상이 되는 재산의 관리·처분에 해당한다.

②
대법원 2017.3.30., 선고, 2016추5087, 판결
행정소송법상 항고소송은 행정청이 행하는 구체적 사실에 관한 법집행으로서의 공권력의 행사 또는 거부와 그 밖에 이에 준하는 행정작용을 대상으로 하여 위법상태를 배제함으로써 국민의 권익을 구제함을 목적으로 하는 것과 달리, 지방자치법 제169조 제1항은 지방자치단체의 자치행정 사무처리가 법령 및 공익의 범위 내에서 행해지도록 감독하기 위한 규정이므로 적용대상을 항고소송의 대상이 되는 행정처분으로 제한할 이유가 없다.

092 ③

구 「지방자치법」 제169조 제1항

> **제169조(위법·부당한 명령·처분의 시정)** ① 지방자치단체의 사무에 관한 그 장의 명령이나 처분이 법령에 위반되거나 현저히 부당하여 공익을 해친다고 인정되면 시·도에 대하여는 주무부장관이, 시·군 및 자치구에 대하여는 시·도지사가 기간을 정하여 서면으로 시정할 것을 명하고, 그 기간에 이행하지 아니하면 이를 취소하거나 정지할 수 있다. 이 경우 자치사무에 관한 명령이나 처분에 대하여는 법령을 위반하는 것에 한한다.

③ 대법원 2018.7.12., 선고, 2014추33, 판결
지방교육자치에 관한 법률 제3조, 지방자치법 제169조 제1항에 따르면, 시·도의 교육·학예에 관한 사무에 대한 교육감의 명령이나 처분이 법령에 위반되거나 현저히 부당하여 공익을 해친다고 인정되면 교육부장관이 기간을 정하여 서면으로 시정할 것을 명하고, 그 기간에 이행하지 아니하면 이를 취소하거나 정지할 수 있다. 특히 교육·학예에 관한 사무 중 '자치사무'에 대한 명령이나 처분에 대하여는 법령 위반 사항이 있어야 한다. 여기서 교육감의 명령이나 처분이 법령에 위반되는 경우란, '명령·처분이 현저히 부당하여 공익을 해하는 경우', 즉 합목적성을 현저히 결하는 경우와 대비되는 개념으로서, 교육감의 사무 집행이 명시적인 법령의 규정을 구체적으로 위반한 경우뿐만 아니라 그러한 사무의 집행이 재량권을 일탈·남용하여 위법하게 되는 경우를 포함한다.

④ 대법원 2015.9.24., 선고, 2014추613, 판결
지방자치법 제148조 제4항, 제7항, 제170조 제3항의 내용과 체계, 지방자치법 제148조 제1항에 따른 지방자치단체 또는 지방자치단체의 장 상호 간 분쟁에 대한 조정결정(이하 '분쟁조정결정'이라 한다)의 법적 성격 및 분쟁조정결정과 이행명령 사이의 관계 등에 비추어 보면, 행정안전부장관이나 시·도지사의 분쟁조정결정에 대하여는 후속의 이행명령을 기다려 대법원에 이행명령을 다투는 소를 제기한 후 그 사건에서 이행의무의 존부와 관련하여 분쟁조정결정의 위법까지 함께 다투는 것이 가능할 뿐, 별도로 분쟁조정결정 자체의 취소를 구하는 소송을 대법원에 제기하는 것은 지방자치법상 허용되지 아니한다. 나아가 분쟁조정결정은 상대방이나 내용 등에 비추어 행정소송법상 항고소송의 대상이 되는 처분에 해당한다고 보기 어려우므로, 통상의 항고소송을 통한 불복의 여지도 없다.

093

2020 군무원 7급

「지방자치법」에 대한 설명으로 옳지 않은 것은? (다툼이 있는 경우 판례에 의함)

① 법률의 위임 없이 보육시설 종사자의 정년을 규정한 조례안에 대한 재의결은 무효이다.
② 위임사무에 관한 명령이나 처분의 시정명령의 경우에는 그의 위법·부당성이 사유가 되나, 자치사무에 관한 명령이나 처분의 시정명령의 경우에는 그의 위법성만이 사유가 된다.
③ 법률이 주민의 권리의무에 관한 사항에 관하여 구체적으로 범위를 정하지 않은 채 조례로 정하도록 포괄적으로 위임한 경우에도 지방자치단체는 법령에 위반되지 않는 범위 내에서 각 지역의 실정에 맞게 주민의 권리의무에 관한 사항을 조례로 제정할 수 있다.
④ 지방의회의 의결이 법령에 위반되거나 공익을 현저히 해친다고 판단되면 주무부장관은 시·도에 대하여 재의를 요구하게 할 수 있는 동시에 그 시·도지사에게 그 의결에 대한 제소를 지시하거나 직접 제소 및 집행정지결정을 신청할 수 있다.

해설

①
> 대법원 2009.5.28., 선고, 2007추134, 판결
> 영유아보육법이 보육시설 종사자의 정년에 관한 규정을 두거나 이를 지방자치단체의 조례에 위임한다는 규정을 두고 있지 않음에도 보육시설 종사자의 정년을 규정한 '서울특별시 중구 영유아 보육조례 일부개정조례안' 제17조 제3항은, 법률의 위임 없이 헌법이 보장하는 직업을 선택하여 수행할 권리의 제한에 관한 사항을 정한 것이어서 그 효력을 인정할 수 없으므로, 위 조례안에 대한 재의결은 무효라고 한 사례.

② 「지방자치법」 제188조 제1항, 제5항

> 제188조(위법·부당한 명령·처분의 시정) ① 지방자치단체의 사무에 관한 지방자치단체의 장(제103조 제2항에 따른 사무의 경우에는 지방의회의 의장을 말한다. 이하 이 조에서 같다)의 명령이나 처분이 법령에 위반되거나 현저히 부당하여 공익을 해친다고 인정되면 시·도에 대해서는 주무부장관이, 시·군 및 자치구에 대해서는 시·도지사가 기간을 정하여 서면으로 시정할 것을 명하고, 그 기간에 이행하지 아니하면 이를 취소하거나 정지할 수 있다.
> ⑤ 제1항부터 제4항까지의 규정에 따른 자치사무에 관한 명령이나 처분에 대한 주무부장관 또는 시·도지사의 시정명령, 취소 또는 정지는 법령을 위반한 것에 한정한다.

③
> 대법원 1991.8.27., 선고, 90누6613, 판결
> 법률이 주민의 권리의무에 관한 사항에 관하여 구체적으로 아무런 범위도 정하지 아니한 채 조례로 정하도록 포괄적으로 위임하였다고 하더라도, 행정관청의 명령과는 달라, 조례도 주민의 대표기관인 지방의회의 의결로 제정되는 지방자치단체의 자주법인 만큼, 지방자치단체가 법령에 위반되지 않는 범위 내에서 주민의 권리의무에 관한 사항을 조례로 제정할 수 있는 것이다.

093 ④

④ COMMENT 동법 제192조 제1항, 제5항. 재의 요구와 동시에 그 의결에 대하여 제소지시 등을 할 수 있는 것이 아니라 재의 요구에 따라 재의결이 이루어진 후에 그 재의결을 대상으로 제소지시 등을 할 수 있는 것이다.

> **제192조(지방의회 의결의 재의와 제소)** ① 지방의회의 의결이 법령에 위반되거나 공익을 현저히 해친다고 판단되면 시·도에 대해서는 주무부장관이, 시·군 및 자치구에 대해서는 시·도지사가 해당 지방자치단체의 장에게 재의를 요구하게 할 수 있고, 재의 요구 지시를 받은 지방자치단체의 장은 의결사항을 이송받은 날부터 20일 이내에 지방의회에 이유를 붙여 재의를 요구하여야 한다.
> ② 시·군 및 자치구의회의 의결이 법령에 위반된다고 판단됨에도 불구하고 시·도지사가 제1항에 따라 재의를 요구하게 하지 아니한 경우 주무부장관이 직접 시장·군수 및 자치구의 구청장에게 재의를 요구하게 할 수 있고, 재의 요구 지시를 받은 시장·군수 및 자치구의 구청장은 의결사항을 이송받은 날부터 20일 이내에 지방의회에 이유를 붙여 재의를 요구하여야 한다.
> ③ 제1항 또는 제2항의 요구에 대하여 재의한 결과 재적의원 과반수의 출석과 출석의원 3분의 2 이상의 찬성으로 전과 같은 의결을 하면 그 의결사항은 확정된다.
> ④ 지방자치단체의 장은 제3항에 따라 재의결된 사항이 법령에 위반된다고 판단되면 재의결된 날부터 20일 이내에 대법원에 소를 제기할 수 있다. 이 경우 필요하다고 인정되면 그 의결의 집행을 정지하게 하는 집행정지결정을 신청할 수 있다.
> ⑤ 주무부장관이나 시·도지사는 재의결된 사항이 법령에 위반된다고 판단됨에도 불구하고 해당 지방자치단체의 장이 소를 제기하지 아니하면 시·도에 대해서는 주무부장관이, 시·군 및 자치구에 대해서는 시·도지사(제2항에 따라 주무부장관이 직접 재의 요구 지시를 한 경우에는 주무부장관을 말한다. 이하 이 조에서 같다)가 그 지방자치단체의 장에게 제소를 지시하거나 직접 제소 및 집행정지결정을 신청할 수 있다.

094

2020 서울시 7급

「지방자치법」상의 소송과 분쟁에 대한 설명으로 가장 옳지 않은 것은?

① 행정안전부장관의 공유수면매립지 구역결정에 이의가 있는 관계 지방자치단체의 장은 그 결과를 통보받은 날부터 15일 이내에 대법원에 소송을 제기할 수 있다.
② 주무부장관은 시·도의회에서 재의결된 사항이 법령에 위반된다고 판단됨에도 불구하고 해당 지방자치단체의 장이 소를 제기하지 아니하면 직접 대법원에 제소 및 집행정지결정을 신청할 수 있다.
③ 자치사무에 관한 주무부장관의 명령이나 처분의 취소 또는 정지에 대해 시·도지사가 제기하는 소송의 관할은 헌법재판소에 있으며, 대법원은 관할권이 없다.
④ 행정안전부장관이나 시·도지사는 지방자치단체 상호간의 분쟁이 공익을 현저히 저해하여 조속한 조정이 필요하다고 인정되면 당사자의 신청이 없어도 직권으로 조정할 수 있다.

094 ③

> 해설

① 지방자치법 제5조 제4항, 제5항

> **지방자치법 제5조(지방자치단체의 명칭과 구역)** ④ 제1항 및 제2항에도 불구하고 다음 각 호의 지역이 속할 지방자치단체는 제5항부터 제8항까지의 규정에 따라 행정안전부장관이 결정한다.
> 1. 「공유수면 관리 및 매립에 관한 법률」에 따른 매립지
> ⑨ 관계 지방자치단체의 장은 제4항부터 제7항까지의 규정에 따른 행정안전부장관의 결정에 이의가 있으면 그 결과를 통보받은 날부터 15일 이내에 대법원에 소송을 제기할 수 있다.

② 동법 제192조 제5항

> **제192조(지방의회 의결의 재의와 제소)** ⑤ 주무부장관이나 시·도지사는 재의결된 사항이 법령에 위반된다고 판단됨에도 불구하고 해당 지방자치단체의 장이 소를 제기하지 아니하면 시·도에 대해서는 주무부장관이, 시·군 및 자치구에 대해서는 시·도지사(제2항에 따라 주무부장관이 직접 재의 요구 지시를 한 경우에는 주무부장관을 말한다. 이하 이 조에서 같다)가 그 지방자치단체의 장에게 제소를 지시하거나 직접 제소 및 집행정지결정을 신청할 수 있다.

③ 동법 제188조 제6항. 대법원에 관할이 있다.

> **제188조(위법·부당한 명령이나 처분의 시정)** ⑥ 지방자치단체의 장은 제1항, 제3항 또는 제4항에 따른 자치사무에 관한 명령이나 처분의 취소 또는 정지에 대하여 이의가 있으면 그 취소처분 또는 정지처분을 통보받은 날부터 15일 이내에 대법원에 소를 제기할 수 있다.

④ 동법 제165조

> **제165조(지방자치단체 상호 간의 분쟁조정)** ① 지방자치단체 상호 간 또는 지방자치단체의 장 상호 간에 사무를 처리할 때 의견이 달라 다툼(이하 "분쟁"이라 한다)이 생기면 다른 법률에 특별한 규정이 없으면 행정안전부장관이나 시·도지사가 당사자의 신청을 받아 조정할 수 있다. 다만, 그 분쟁이 공익을 현저히 해쳐 조속한 조정이 필요하다고 인정되면 당사자의 신청이 없어도 직권으로 조정할 수 있다.

095

2021 국회직 8급

지방자치법에 대한 설명으로 옳은 것만을 〈보기〉에서 모두 고르면? (다툼이 있는 경우 판례에 의함)

〈 보기 〉

ㄱ. 지방자치단체는 법인격을 가지므로 권리·의무의 주체가 되지만 원칙적으로 기본권의 주체가 될 수 없다.
ㄴ. 국가하천에 관한 사무는 다른 법령에 특별한 정함이 없는 한 국가사무로 보아야 하고, 지방자치단체가 비용 일부를 부담한다고 해서 국가사무의 성격이 자치사무로 바뀌는 것은 아니다.
ㄷ. 지방자치단체가 자치조례를 제정할 수 있는 사항은 지방자치단체의 고유사무인 자치사무에 한하는 것이고, 개별법령에 의하여 지방자치단체에 위임된 단체위임사무나 국가사무가 지방자치단체의 장에게 위임된 기관위임사무는 원칙적으로 자치조례의 제정범위에 속하지 않는다.
ㄹ. 시·군·구의 장의 자치사무의 일종인 당해 지방자치단체 소속공무원에 대한 승진처분이 재량권을 일탈·남용하여 위법하게 될 경우 시·도지사는 그에 대한 시정명령이나 취소 또는 정지를 할 수 있다.
ㅁ. 주민소송의 대상은 주민감사를 청구한 사항과 동일하여야 한다.

① ㄱ, ㄴ, ㄷ
② ㄱ, ㄴ, ㄹ
③ ㄱ, ㄷ, ㅁ
④ ㄷ, ㄹ, ㅁ
⑤ ㄱ, ㄴ, ㄷ, ㄹ

해설

COMMENT 옳은 것은 ㄱ, ㄴ, ㄹ이다.

ㄱ. 지방자치법 제3조 제1항

> 제3조(지방자치단체의 법인격과 관할) ① 지방자치단체는 법인으로 한다.

> 헌재 전원재판부 96헌마345, 1998.3.26.
> 기본권의 보장에 관한 각 헌법규정의 해석상 국민(또는 국민과 유사한 지위에 있는 외국인과 사법인)만이 기본권의 주체라 할 것이고, 국가나 국가기관 또는 국가조직의 일부나 공법인은 기본권의 '수범자(受範者)'이지 기본권의 주체로서 그 '소지자'가 아니고 오히려 국민의 기본권을 보호 내지 실현해야 할 책임과 의무를 지니고 있는 지위에 있을 뿐이므로, 공법인인 지방자치단체의 의결기관인 청구인 의회는 기본권의 주체가 될 수 없고 따라서 헌법소원을 제기할 수 있는 적격이 없다.

095 ②

ㄴ.
대판 2020.12.30., 2019누35857
헌법 제117조 제1항은 "지방자치단체는 주민의 복리에 관한 사무를 처리하고 재산을 관리하며, 법령의 범위 안에서 자치에 관한 규정을 제정할 수 있다."라고 정하고 있다. 지방자치법 제9조 제1항은 "지방자치단체는 관할 구역의 자치사무와 법령에 따라 지방자치단체에 속하는 사무를 처리한다."라고 정하고, 제2항은 지방자치단체의 사무를 예시하고 있다. 지방자치법 제11조는 "지방자치단체는 다음 각호에 해당하는 국가사무를 처리할 수 없다. 다만, 법률에 이와 다른 규정이 있는 경우에는 국가사무를 처리할 수 있다."라고 정하고 있는데, 그 제4호에서 국가하천을 '전국적 규모나 이와 비슷한 규모의 사무'로서 지방자치단체가 처리할 수 없는 국가사무의 예로 정하고 있다. 하천법은 국가하천의 하천관리청은 국토교통부장관이고(제8조 제1항), 하천공사와 하천의 유지·보수는 원칙적으로 하천관리청이 시행한다고 정하고 있다(제27조 제5항). 위와 같은 규정에 따르면, 국가하천에 관한 사무는 다른 법령에 특별한 정함이 없는 한 국가사무로 보아야 한다. 지방자치단체가 비용 일부를 부담한다고 해서 국가사무의 성격이 자치사무로 바뀌는 것은 아니다.

ㄷ. COMMENT 단체위임사무는 자치조례의 제정범위에 속한다.

대법원 2000.5.30., 선고, 99추85, 판결
지방자치법 제15조, 제9조에 의하면, 지방자치단체가 자치조례를 제정할 수 있는 사항은 지방자치단체의 고유사무인 자치사무와 개별법령에 의하여 지방자치단체에 위임된 단체위임사무에 한하는 것이고, 국가사무가 지방자치단체의 장에게 위임된 기관위임사무는 원칙적으로 자치조례의 제정범위에 속하지 않는다 할 것이고, 다만 기관위임사무에 있어서도 그에 관한 개별법령에서 일정한 사항을 조례로 정하도록 위임하고 있는 경우에는 위임받은 사항에 관하여 개별법령의 취지에 부합하는 범위 내에서 이른바 위임조례를 정할 수 있다.

ㄹ. COMMENT 동법 제188조 제1항, 제5항, 재량권의 일탈·남용은 법령위반에 해당한다.

제188조(위법·부당한 명령·처분의 시정) ① 지방자치단체의 사무에 관한 지방자치단체의 장(제103조 제2항에 따른 사무의 경우에는 지방의회의 의장을 말한다. 이하 이 조에서 같다)의 명령이나 처분이 법령에 위반되거나 현저히 부당하여 공익을 해친다고 인정되면 시·도에 대해서는 주무부장관이, 시·군 및 자치구에 대해서는 시·도지사가 기간을 정하여 서면으로 시정할 것을 명하고, 그 기간에 이행하지 아니하면 이를 취소하거나 정지할 수 있다.
⑤ 제1항부터 제4항까지의 규정에 따른 자치사무에 관한 명령이나 처분에 대한 주무부장관 또는 시·도지사의 시정명령, 취소 또는 정지는 법령을 위반한 것에 한정한다.

대법원 2007.3.22., 선고, 2005추62, 전원합의체 판결

지방자치법 제157조 제1항 전문은 "지방자치단체의 사무에 관한 그 장의 명령이나 처분이 법령에 위반되거나 현저히 부당하여 공익을 해한다고 인정될 때에는 시·도에 대하여는 주무부장관이, 시·군 및 자치구에 대하여는 시·도지사가 기간을 정하여 서면으로 시정을 명하고 그 기간 내에 이행하지 아니할 때에는 이를 취소하거나 정지할 수 있다"고 규정하고 있고, 같은 항 후문은 "이 경우 자치사무에 관한 명령이나 처분에 있어서는 법령에 위반하는 것에 한한다"고 규정하고 있는바, 지방자치법 제157조 제1항 전문 및 후문에서 규정하고 있는 지방자치단체의 사무에 관한 그 장의 명령이나 처분이 법령에 위반되는 경우라 함은 명령이나 처분이 현저히 부당하여 공익을 해하는 경우, 즉 합목적성을 현저히 결하는 경우와 대비되는 개념으로, <u>시·군·구의 장의 사무의 집행이 명시적인 법령의 규정을 구체적으로 위반한 경우뿐만 아니라 그러한 사무의 집행이 재량권을 일탈·남용하여 위법하게 되는 경우를 포함한다고 할 것이므로, 시·군·구의 장의 자치사무의 일종인 당해 지방자치단체 소속 공무원에 대한 승진처분이 재량권을 일탈·남용하여 위법하게 된 경우 시·도지사는 지방자치법 제157조 제1항 후문에 따라 그에 대한 시정명령이나 취소 또는 정지를 할 수 있다.</u>

ㅁ. **대법원 2020.7.29., 선고 2017두63467 판결**

주민감사청구가 '지방자치단체와 그 장의 권한에 속하는 사무의 처리'를 대상으로 하는 데 반하여, 주민소송은 '그 감사청구한 사항과 관련이 있는 위법한 행위나 업무를 게을리한 사실'에 대하여 제기할 수 있는 것이므로, 주민소송의 대상은 주민감사를 청구한 사항과 관련이 있는 것으로 충분하고, 주민감사를 청구한 사항과 반드시 동일할 필요는 없다. 주민감사를 청구한 사항과 관련성이 있는지는 주민감사청구사항의 기초인 사회적 사실관계와 기본적인 점에서 동일한지에 따라 결정되는 것이며 그로부터 파생되거나 후속하여 발생하는 행위나 사실은 주민감사청구사항과 관련이 있다고 보아야 한다.

096

2021 국가직 7급

「지방자치법」의 내용에 대한 설명으로 옳은 것만을 모두 고른 것은? (다툼이 있는 경우 판례에 의함)

〈 보기 〉

ㄱ. 「지방자치법」에 따른 자치사무에 관한 명령이나 처분에 대한 취소 또는 정지의 적용대상은 항고소송의 대상이 되는 행정처분에 제한되지 않는다.
ㄴ. 이행강제금의 부과·징수를 게을리한 행위는 주민소송의 대상이 되는 공금의 부과·징수를 게을리한 사항에 해당한다.
ㄷ. 행정안전부장관의 지방자치단체 또는 지방자치단체의 장 상호 간 분쟁에 대한 조정결정은 항고소송의 대상이 된다.
ㄹ. 교육감의 교육청 소속 국가공무원인 교사에 대한 징계사무는 자치사무에 해당한다.

① ㄱ
② ㄱ, ㄴ
③ ㄴ, ㄷ
④ ㄱ, ㄴ, ㄷ, ㄹ

096 ②

해설

COMMENT 옳은 것은 ㄱ, ㄴ이다.

ㄱ.

> 대법원 2017.3.30., 선고, 2016추5087, 판결
> 행정소송법상 항고소송은 행정청이 행하는 구체적 사실에 관한 법집행으로서의 공권력의 행사 또는 거부와 그 밖에 이에 준하는 행정작용을 대상으로 하여 위법상태를 배제함으로써 국민의 권익을 구제함을 목적으로 하는 것과 달리, 지방자치법 제169조 제1항은 지방자치단체의 자치행정 사무처리가 법령 및 공익의 범위 내에서 행해지도록 감독하기 위한 규정이므로 적용대상을 항고소송의 대상이 되는 행정처분으로 제한할 이유가 없다.

ㄴ.

> 대법원 2015.9.10., 선고, 2013두16746, 판결
> 이행강제금은 지방자치단체의 재정수입을 구성하는 재원 중 하나로서 '지방세외수입금의 징수 등에 관한 법률'에서 이행강제금의 효율적인 징수 등에 필요한 사항을 특별히 규정하는 등 그 부과·징수를 재무회계 관점에서도 규율하고 있으므로, 이행강제금의 부과·징수를 게을리한 행위는 주민소송의 대상이 되는 공금의 부과·징수를 게을리한 사항에 해당한다.

ㄷ.

> 대법원 2015.9.24., 선고, 2014추613, 판결
> 지방자치법 제148조 제4항, 제7항, 제170조 제3항의 내용과 체계, 지방자치법 제148조 제1항에 따른 지방자치단체 또는 지방자치단체의 장 상호 간 분쟁에 대한 조정결정(이하 '분쟁조정결정'이라 한다)의 법적 성격 및 분쟁조정결정과 이행명령 사이의 관계 등에 비추어 보면, 행정안전부장관이나 시·도지사의 분쟁조정결정에 대하여는 후속의 이행명령을 기다려 대법원에 이행명령을 다투는 소를 제기한 후 그 사건에서 이행의무의 존부와 관련하여 분쟁조정결정의 위법까지 함께 다투는 것이 가능할 뿐, 별도로 분쟁조정결정 자체의 취소를 구하는 소송을 대법원에 제기하는 것은 지방자치법상 허용되지 아니한다. 나아가 분쟁조정결정은 상대방이나 내용 등에 비추어 행정소송법상 항고소송의 대상이 되는 처분에 해당한다고 보기 어려우므로, 통상의 항고소송을 통한 불복의 여지도 없다.

ㄹ.

> 대법원 2013.6.27., 선고, 2009추206, 판결
> 교육공무원 징계사무의 성격, 그 권한의 위임에 관한 교육공무원법령의 규정 형식과 내용 등에 비추어 보면, 국가공무원인 교사에 대한 징계는 국가사무이고, 그 일부인 징계의결요구 역시 국가사무에 해당한다고 보는 것이 타당하다. 따라서 교육감이 담당 교육청 소속 국가공무원인 교사에 대하여 하는 징계의결요구 사무는 국가위임사무라고 보아야 한다.

097

지방자치와 공유재산 관리에 관한 설명으로 옳지 않은 것은?

① 판례는 행정재산의 사용허가는 강학상 특허의 성질을 지니며 그에 의해 형성되는 이용관계는 공법관계로 보았다.
② 판례는 잡종재산(일반재산)의 대부행위는 공법상 계약이며 그에 의해 형성되는 이용관계는 공법관계로 보았다.
③ 주민은 법령으로 정하는 바에 따라 소속 지방자치단체의 재산과 공공시설을 이용할 권리와 그 지방자치단체로부터 균등하게 행정의 혜택을 받을 권리를 가진다.
④ 판례는 지방자치법 제13조 제1항에서 정한 '주민의 권리' 조항은 권리를 추상적·선언적으로 규정한 것으로 이 규정에 의하여 주민에게 지방자치단체에 대하여 구체적이고 특정한 권리가 발생하는 것은 아니라고 보았다.

해설

①
> **대법원 1998.2.27., 선고 97누1105 판결**
> 공유재산의 관리청이 행정재산의 사용·수익에 대한 허가는 순전히 사경제주체로서 행하는 사법상의 행위가 아니라 관리청이 공권력을 가진 우월적 지위에서 행하는 행정처분으로서 특정인에게 행정재산을 사용할 수 있는 권리를 설정하여 주는 강학상 특허에 해당한다.

②
> **대법원 2000.2.11., 선고 99다61675 판결**
> 국유재산법 제31조, 제32조 제3항, 산림법 제75조 제1항의 규정 등에 의하여 국유잡종재산에 관한 관리 처분의 권한을 위임받은 기관이 국유잡종재산을 대부하는 행위는 국가가 사경제 주체로서 상대방과 대등한 위치에서 행하는 사법상의 계약이고, 행정청이 공권력의 주체로서 상대방의 의사 여하에 불구하고 일방적으로 행하는 행정처분이라고 볼 수 없으며, 국유잡종재산에 관한 대부료의 납부고지 역시 사법상의 이행청구에 해당하고, 이를 행정처분이라고 할 수 없다.

③ 지방자치법 제17조 제2항
> **제17조(주민의 권리)** ② 주민은 법령으로 정하는 바에 따라 소속 지방자치단체의 재산과 공공시설을 이용할 권리와 그 지방자치단체로부터 균등하게 행정의 혜택을 받을 권리를 가진다.

④
> **대법원 2008.6.12., 선고 2007추42 판결**
> 원고는, 이 사건 조례안은 주민은 법령이 정하는 바에 의하여 지방자치단체로부터 균등하게 행정의 혜택을 받을 권리를 가진다는 지방자치법 제13조에 위배된다고 주장하나, 지방자치법 제13조 제1항은 주민이 지방자치단체로부터 행정적 혜택을 균등하게 받을 수 있다는 권리를 추상적이고 선언적으로 규정한 것으로서, 위 규정에 의하여 주민이 지방자치단체에 대하여 구체적이고 특정한 권리가 발생하는 것이 아닐 뿐만 아니라, 지방자치단체가 주민에 대하여 균등한 행정적 혜택을 부여할 구체적인 법적 의무가 발생하는 것도 아니므로, 이 사건 조례안으로 인하여 주민들 가운데 일정한 조건에 해당하는 일부 주민이 지원을 받게 되는 혜택이 발생하였다고 하여 위 조례안이 지방자치법 제13조 제1항에 위반한 것이라고 볼 수는 없으므로, 원고의 위 주장은 이유 없다.

097 ②

098

2016 국가직 7급 변형

「공유수면관리 및 매립에 관한 법률」에 따른 매립지가 속할 지방자치단체의 결정에 대한 설명으로 옳은 것은? (다툼이 있는 경우 판례에 의함)

① 행정안전부장관은 지방자치단체중앙분쟁조정위원회의 심의·의결에 따라 매립지가 속할 지방자치단체를 결정한다.
② 매립지가 속할 지방자치단체를 결정할 때에는 관계 지방자치단체의 장에게는 의견을 진술할 기회를 주어야 한다.
③ 매립지가 속할 지방자치단체를 결정할 때에는 국가기본도(지형도)상의 해상경계선이 정한대로 따라야 한다.
④ 관계 지방자치단체는 관할구역결정에 이의가 있으면 그 결과를 통보받은 날부터 15일 이내에 대법원에 소송을 제기할 수 있다.

해설

① **COMMENT** 이의제기가 없으면 위원회의 심의·의결 없이도 매립지가 속할 지방자치단체를 결정할 수 있다 (지방자치법 제5조 제7항 제2호).

> **제5조(지방자치단체의 명칭과 구역)** ④ 제1항 및 제2항에도 불구하고 다음 각 호의 지역이 속할 지방자치단체는 제5항부터 제8항까지의 규정에 따라 행정안전부장관이 결정한다.
> 1. 「공유수면 관리 및 매립에 관한 법률」에 따른 매립지
> 2. 「공간정보의 구축 및 관리 등에 관한 법률」 제2조 제19호의 지적공부(이하 "지적공부"라 한다)에 등록이 누락되어 있는 토지
>
> ⑤ 제4항제1호의 경우에는 「공유수면 관리 및 매립에 관한 법률」 제28조에 따른 매립면허관청(이하 이 조에서 "면허관청"이라 한다) 또는 관련 지방자치단체의 장이 같은 법 제45조에 따른 준공검사를 하기 전에, 제4항제2호의 경우에는 「공간정보의 구축 및 관리 등에 관한 법률」 제2조제18호에 따른 지적소관청(이하 이 조에서 "지적소관청"이라 한다)이 지적공부에 등록하기 전에 각각 해당 지역의 위치, 귀속희망 지방자치단체(복수인 경우를 포함한다) 등을 명시하여 행정안전부장관에게 그 지역이 속할 지방자치단체의 결정을 신청하여야 한다. 이 경우 제4항제1호에 따른 매립지의 매립면허를 받은 자는 면허관청에 해당 매립지가 속할 지방자치단체의 결정 신청을 요구할 수 있다.
>
> ⑥ 행정안전부장관은 제5항에 따른 신청을 받은 후 지체 없이 제5항에 따른 신청내용을 20일 이상 관보나 인터넷 홈페이지에 게재하는 등의 방법으로 널리 알려야 한다. 이 경우 알리는 방법, 의견 제출 등에 관하여는 「행정절차법」 제42조·제44조 및 제45조를 준용한다.
>
> ⑦ 행정안전부장관은 제6항에 따른 기간이 끝나면 다음 각 호에서 정하는 바에 따라 결정하고, 그 결과를 면허관청이나 지적소관청, 관계 지방자치단체의 장 등에게 통보하고 공고하여야 한다.
> 1. 제6항에 따른 기간 내에 신청내용에 대하여 이의가 제기된 경우: 제166조에 따른 지방자치단체중앙분쟁조정위원회의 심의·의결에 따라 제4항 각 호의 지역이 속할 지방자치단체를 결정
> 2. 제6항에 따른 기간 내에 신청내용에 대하여 이의가 제기되지 아니한 경우: 위원회의 심의·의결을 거치지 아니하고 신청내용에 따라 제4항 각 호의 지역이 속할 지방자치단체를 결정

098 ②

② (동법 제5조 제8항).

> **제5조(지방자치단체의 명칭과 구역)** ⑧ 위원회의 위원장은 제7항제1호에 따른 심의과정에서 필요하다고 인정되면 관계 중앙행정기관 및 지방자치단체의 공무원 또는 관련 전문가를 출석시켜 의견을 듣거나 관계 기관이나 단체에 자료 및 의견 제출 등을 요구할 수 있다. 이 경우 관계 지방자치단체의 장에게는 의견을 진술할 기회를 주어야 한다.

③

헌재 전원재판부 2010헌라2, 2015.7.30.
지방자치법 제4조 제1항은 지방자치단체의 관할구역 경계를 결정함에 있어서 '종전'에 의하도록 하고 있고, 지방자치법의 개정연혁에 비추어 보면 위 '종전'이라는 기준은 최초로 제정된 법률조항까지 순차 거슬러 올라가게 되므로 1948. 8. 15. 당시 존재하던 관할구역의 경계가 원천적인 기준이 된다. 그런데 지금까지 우리 법체계에서는 공유수면의 행정구역 경계에 관한 명시적인 법령상의 규정이 존재한 바 없으므로, 공유수면에 대한 행정구역 경계가 불문법상으로 존재한다면 그에 따라야 한다. 그리고 만약 해상경계에 관한 불문법도 존재하지 않으면, 주민, 구역과 자치권을 구성요소로 하는 지방자치단체의 본질에 비추어 지방자치단체의 관할구역에 경계가 없는 부분이 있다는 것을 상정할 수 없으므로, 헌법재판소가 지리상의 자연적 조건, 관련 법령의 현황, 연혁적인 상황, 행정권한 행사 내용, 사무 처리의 실상, 주민의 사회·경제적 편익 등을 종합하여 형평의 원칙에 따라 합리적이고 공평하게 해상경계선을 획정할 수밖에 없다. 국가기본도상의 해상경계선은 국토지리정보원이 국가기본도상 도서 등의 소속을 명시할 필요가 있는 경우 해당 행정구역과 관련하여 표시한 선으로서, 여러 도서 사이의 적당한 위치에 각 소속이 인지될 수 있도록 실지측량 없이 표시한 것에 불과하므로, 이 해상경계선을 공유수면에 대한 불문법상 행정구역에 경계로 인정해 온 종전의 결정은 이 결정의 견해와 저촉되는 범위 내에서 이를 변경하기로 한다.

④ COMMENT 지방자치단체가 아니라 단체장이 소송의 원고가 된다(동법 제5조 제9항).

> **제5조(지방자치단체의 명칭과 구역)** ⑨ 관계 지방자치단체의 장은 제4항부터 제7항까지의 규정에 따른 행정안전부장관의 결정에 이의가 있으면 그 결과를 통보받은 날부터 15일 이내에 대법원에 소송을 제기할 수 있다.

099

2021 군무원 7급

A시와 B시는 공유수면 매립지의 경계를 두고 이견이 있다. 이에 대한 최종적인 결정권을 가진 기관은 어디인가?

① 헌법재판소
② 대법원
③ 지방자치단체중앙분쟁조정위원회
④ 중앙행정심판위원회

해설

> 제5조(지방자치단체의 명칭과 구역) ④ 제1항 및 제2항에도 불구하고 다음 각 호의 지역이 속할 지방자치단체는 제5항부터 제8항까지의 규정에 따라 행정안전부장관이 결정한다.
> 1. 「공유수면 관리 및 매립에 관한 법률」에 따른 매립지
> 2. 「공간정보의 구축 및 관리 등에 관한 법률」제2조 제19호의 지적공부(이하 "지적공부"라 한다)에 등록이 누락되어 있는 토지
> ⑨ 관계 지방자치단체의 장은 제4항부터 제7항까지의 규정에 따른 행정안전부장관의 결정에 이의가 있으면 그 결과를 통보받은 날부터 15일 이내에 대법원에 소송을 제기할 수 있다.

COMMENT 공유수면 매립지와 관련하여 권한쟁의심판을 청구한 경우에 헌법재판소는 본안판단을 한 경우(2015헌라2)와 각하를 한 경우(2016헌라1, 2015헌라3)로 나뉘는데, 본안판단을 한 경우에는 매립지의 경계에 관하여 최종적인 결정을 한 셈이므로 이 부분에서 정답시비가 이루어졌고 모두 정답으로 처리한 것으로 보인다.

099 모두 정답
(가답안 ②에서 변경)

CHAPTER 03

공무원법

CHAPTER 03 공무원법

100
2014 국가직 7급

국가공무원법상 징계에 대한 설명으로 옳지 않은 것은?

① 공무원이 명백하게 직무상 의무를 위반하거나 직무를 태만히 한 때에는 징계권자는 징계위원회에 징계의결을 요구할 수 있고, 그 징계의결의 결과에 따라 징계처분을 하여야 한다.
② 소청심사위원회가 징계처분을 받은 자의 청구에 따라 소청을 심사할 경우에는 원징계처분보다 무거운 징계 결정을 하지 못한다.
③ 소청심사위원회의 취소명령 또는 변경명령 결정은 그에 따른 징계나 그 밖의 처분이 있을 때까지는 종전에 행한 징계처분에 영향을 미치지 아니한다.
④ 징계처분 또는 그 밖에 본인의 의사에 반한 불리한 처분이나 부작위에 관한 행정소송은 소청심사위원회의 심사·결정을 거치지 아니하면 제기할 수 없다.

해설

① **COMMENT** 징계를 요구할 수 있는 것이 아니라, 요구하여야 한다(국가공무원법 제78조 제1항).

> **제78조(징계 사유)** ① 공무원이 다음 각 호의 어느 하나에 해당하면 징계 의결을 요구하여야 하고 그 징계 의결의 결과에 따라 징계처분을 하여야 한다.
> 1. 이 법 및 이 법에 따른 명령을 위반한 경우
> 2. 직무상의 의무(다른 법령에서 공무원의 신분으로 인하여 부과된 의무를 포함한다)를 위반하거나 직무를 태만히 한 때
> 3. 직무의 내외를 불문하고 그 체면 또는 위신을 손상하는 행위를 한 때

② **COMMENT** 행정심판법상 불이익변경금지의 원칙은 소청심사의 경우에도 입법화되어 있다(동법 제14조 제8항)

> **제14조(소청심사위원회의 결정)** ⑧ 소청심사위원회가 징계처분 또는 징계부가금 부과처분(이하 "징계처분등"이라 한다)을 받은 자의 청구에 따라 소청을 심사할 경우에는 원징계처분보다 무거운 징계 또는 원징계부가금 부과처분보다 무거운 징계부가금을 부과하는 결정을 하지 못한다.

③ **COMMENT** 소청심사위원회의 결정에는 소급효가 인정되지 않는다(동법 제14조 제7항).

> **제14조(소청심사위원회의 결정)** ⑦ 소청심사위원회의 취소명령 또는 변경명령 결정은 그에 따른 징계나 그 밖의 처분이 있을 때까지는 종전에 행한 징계처분 또는 제78조의2에 따른 징계부가금(이하 "징계부가금"이라 한다) 부과처분에 영향을 미치지 아니한다.

④ **COMMENT** 필요적 전치주의에 해당한다(동법 제16조 제1항).

> **제16조(행정소송과의 관계)** ① 제75조에 따른 처분, 그 밖에 본인의 의사에 반한 불리한 처분이나 부작위(不作爲)에 관한 행정소송은 소청심사위원회의 심사·결정을 거치지 아니하면 제기할 수 없다.

100 ①

101

2014 서울시 7급

공무원관계의 변동에 대한 설명으로 옳지 않은 것은? (다툼이 있는 경우 판례에 의함)

① 관할 도지사의 공중보건의사 채용계약 해지의 의사표시에 대하여는 공법상의 당사자소송으로 그 의사표시의 무효확인을 청구할 수 있다.
② 4급 공무원이 당해 지방자치단체 인사위원회의 심의를 거쳐 3급 승진대상자로 결정되고 임용권자가 그 사실을 대내외에 공표한 경우 그 공무원에게 승진임용신청권이 있다.
③ 공무원의 사직의 의사표시는 사인의 공법행위이므로 민법상의 비진의의사표시의 무효에 관한 규정은 적용되지 않는다.
④ 당연퇴직 사유에 해당되어 공무원으로서의 신분을 상실한 자가 그 이후 사실상 공무원으로 계속 근무한 경우 당연퇴직 후의 사실상의 근무기간은 공무원연금법상의 재직기간에 합산된다.
⑤ 기간제로 임용되어 임용기간이 만료된 공립대학의 교원은 재임용 여부에 관하여 심사를 요구할 법규상 또는 조리상의 신청권을 가진다.

해설

①
> 대법원 1996.5.31., 선고, 95누10617, 판결
> 현행 실정법이 전문직공무원인 공중보건의사의 채용계약 해지의 의사표시는 일반공무원에 대한 징계처분과는 달라서 항고소송의 대상이 되는 처분 등의 성격을 가진 것으로 인정되지 아니하고, 일정한 사유가 있을 때에 관할 도지사가 채용계약 관계의 한쪽 당사자로서 대등한 지위에서 행하는 의사표시로 취급하고 있는 것으로 이해되므로, 공중보건의사 채용계약 해지의 의사표시에 대하여는 대등한 당사자간의 소송형식인 공법상의 당사자소송으로 그 의사표시의 무효확인을 청구할 수 있는 것이지, 이를 항고소송의 대상이 되는 행정처분이라는 전제하에서 그 취소를 구하는 항고소송을 제기할 수는 없다.

②
> 대법원 2008.4.10., 선고, 2007두18611, 판결
> 지방공무원법 제8조, 제38조 제1항, 지방공무원임용령 제38조의3의 각 규정을 종합하면, 2급 내지 4급 공무원의 승진임용은 임용권자가 행정실적·능력·경력·전공분야·인품 및 적성 등을 고려하여 하되 인사위원회의 사전심의를 거치도록 하고 있는바, 4급 공무원이 당해 지방자치단체 인사위원회의 심의를 거쳐 3급 승진대상자로 결정되고 임용권자가 그 사실을 대내외에 공표까지 하였다면, 그 공무원은 승진임용에 관한 법률상 이익을 가진 자로서 임용권자에 대하여 3급 승진임용 신청을 할 조리상의 권리가 있다.

③
> 대법원 1994.1.11., 선고, 93누10057, 판결
> 군인사정책상 필요에 의하여 복무연장지원서와 전역(여군의 경우 면역인)지원서를 동시에 제출하게 함에 피고측의 방침에 따라 위 양 지원서를 함께 제출한 이상, 그 취지는 복무연장지원의 의사표시를 우선으로 하되, 그것이 받아들여지지 아니하는 경우에 대비하여 원에 의하여 전역하겠다는 조건부 의사표시를 한 것이므로 그 전역지원의 의사표시도 유효한 것으로 보아야 하고, 가사 전역지원의 의사표시가 진의 아닌 의사표시라고 하더라도 그 무효에 관한 법리를 선언한 민법 제107조 제1항 단서의 규정은 그 성질상 사인의 공법행위에는 적용되지 않는다 할 것이므로 그 표시된 대로 유효한 것으로 보아야 할 것이다.

101 ④

④
> **대법원 2002.7.26., 선고, 2001두205, 판결**
> 공무원연금법에 의한 퇴직금은 적법한 공무원으로서의 신분을 취득하여 근무하다가 퇴직하는 경우에 지급되는 것이므로, 당연퇴직사유에 해당되어 공무원으로서의 신분을 상실한 자가 그 이후 사실상 공무원으로 계속 근무하여 왔다고 하더라도 당연퇴직 후의 사실상의 근무기간은 공무원연금법상의 재직기간에 합산될 수 없다.

⑤
> **대법원 2004.4.22., 선고, 2000두7735, 전원합의체 판결**
> 기간제로 임용되어 임용기간이 만료된 국·공립대학의 조교수는 교원으로서의 능력과 자질에 관하여 합리적인 기준에 의한 공정한 심사를 받아 위 기준에 부합되면 특별한 사정이 없는 한 재임용되리라는 기대를 가지고 재임용 여부에 관하여 합리적인 기준에 의한 공정한 심사를 요구할 법규상 또는 조리상 신청권을 가진다고 할 것이니, 임용권자가 임용기간이 만료된 조교수에 대하여 재임용을 거부하는 취지로 한 임용기간만료의 통지는 위와 같은 대학교원의 법률관계에 영향을 주는 것으로서 행정소송의 대상이 되는 처분에 해당한다.

102

2019 지방직 7급

공무원관계의 변동에 대한 설명으로 옳은 것은? (다툼이 있는 경우 판례에 의함)

① 국가공무원법 상 직위해제처분에 대해서는 처분의 사전통지 및 의견청취 등에 관한 행정절차법 규정이 적용된다.
② 공무원임용결격사유가 있는지의 여부는 채용후보자 명부에 등록한 때의 법률을 기준으로 하여 판단하여야 한다.
③ 지방자치단체의 장이 소속 공무원을 다른 지방자치단체로 전출하는 것은 임명권자를 달리하는 지방자치단체로의 이동인 점에 비추어 이 경우에는 반드시 당해 공무원의 동의를 전제로 하므로, 당해 공무원의 동의 없는 전출명령은 무효이다.
④ 지방공무원법에 따르면, 임용권자는 직제와 정원이 개정되거나 폐지되어 과원이 됨에 따라 소속 공무원을 면직시킬 때에는 임용형태, 업무실적, 직무수행능력, 징계처분 사실 등을 고려하여 면직 기준을 정하여야 하며, 이 경우 미리 해당 인사위원회의 의결을 거쳐야 한다.

해설

①
> **대법원 2014.5.16., 선고, 2012두26180, 판결**
> 국가공무원법상 직위해제처분은 구 행정절차법 제3조 제2항 제9호, 구 행정절차법 시행령 제2조 제3호에 의하여 당해 행정작용의 성질상 행정절차를 거치기 곤란하거나 불필요하다고 인정되는 사항 또는 행정절차에 준하는 절차를 거친 사항에 해당하므로, 처분의 사전통지 및 의견청취 등에 관한 행정절차법의 규정이 별도로 적용되지 않는다.

102 ④

② **대법원 1987.4.14., 선고, 86누459, 판결**
국가공무원법에 규정되어 있는 공무원임용결격사유는 공무원으로 임용되기 위한 절대적인 소극적 요건으로서 공무원관계는 국가공무원법 제38조, 공무원임용령 제11조의 규정에 의한 채용후보자 명부에 등록한 때가 아니라 국가의 임용이 있는 때에 설정되는 것이므로 <u>공무원임용결격사유가 있는지의 여부는 채용후보자 명부에 등록한 때가 아닌 임용당시에 시행되던 법률을 기준으로 하여 판단하여야 한다.</u>

③ **대법원 2001.12.11., 선고, 99두1823, 판결**
당해 공무원의 동의 없는 지방공무원법 제29조의3의 규정에 의한 전출명령은 위법하여 취소되어야 하므로, 그 전출명령이 적법함을 전제로 내린 징계처분은 그 전출명령이 공정력에 의하여 취소되기 전까지는 유효하다고 하더라도 징계양정에 있어 재량권을 일탈하여 위법하다고 한 사례.

④ 「지방공무원법」 제62조

> **제62조(직권면직)** ① 임용권자는 공무원이 다음 각 호의 어느 하나에 해당할 때에는 직권으로 면직시킬 수 있다.
> 1. 다음 각 목의 어느 하나에 해당하는 경우로서 직위가 없어지거나 <u>과원이 된 때</u>
>   가. 지방자치단체를 폐지하거나 설치하거나 나누거나 합친 경우
>   나. <u>직제와 정원이 개정되거나 폐지된 경우</u>
>   다. 예산이 감소된 경우
> ③ 임용권자는 제1항제1호에 따라 <u>소속 공무원을 면직시킬 때에는 임용형태, 업무실적, 직무수행능력, 징계처분 사실 등을 고려하여 면직 기준을 정하여야 한다.</u>
> ④ 제3항의 면직 기준을 정하거나 제1항제1호에 따라 면직 대상자를 결정할 때에는 <u>미리 해당 인사위원회의 의결을 거쳐야 한다.</u>

103

2019 서울시 7급(2월)

공무원법관계에 관한 내용으로 가장 옳지 않은 것은?

① 지방자치단체의 장은 다른 지방자치단체의 장의 동의를 얻어 그 소속 공무원이 전입하도록 할 수 있는데, 공무원 본인의 동의가 반드시 있어야 한다.
② 여성 교육공무원은 육아휴직과 별도로 출산휴가를 신청할 수 있으나, 육아휴직 중인 여성 교육공무원이 출산휴가를 받기 위해서는 복직이 선행되어야 한다.
③ 행정청이 공무원에 대하여 새로운 직위해제 사유에 의한 직위해제처분을 한 경우 그 이전에 한 직위해제 처분의 취소를 구하는 것은 소의 이익이 없어 부적법하다.
④ 퇴직사유가 발생하면 공무원법관계는 당연 소멸하는 것이 원칙이나 임용권자의 면직의 의사표시가 있어야 하며 이를 위한 별도의 통지를 갖추어야 한다.

103 ④

해설

① 대법원 2001.12.11., 선고, 99두1823, 판결

지방공무원법 제29조의3은 지방자치단체의 장은 다른 지방자치단체의 장의 동의를 얻어 그 소속공무원을 전입할 수 있다고 규정하고 있는바, 위 규정에 의하여 동의를 한 지방자치단체의 장이 소속 공무원을 전출하는 것은 임명권자를 달리하는 지방자치단체로의 이동인 점에 비추어 반드시 당해 공무원 본인의 동의를 전제로 하는 것이고, 위 법규정도 본인의 동의를 배제하는 취지의 규정은 아니어서 위헌·무효의 규정은 아니다.

② 대법원 2014.6.12., 선고, 2012두4852, 판결

출산휴가와 육아휴직은 그 목적과 근거 법령을 달리하는 제도이므로 여성 교육공무원은 육아휴직과 별도로 출산휴가를 신청할 수 있으나, 휴직 중인 공무원은 직무에 종사하지 못하므로(국가공무원법 제73조 제1항), 직무에 종사하는 것을 전제로 하여 일정한 사유가 발생한 경우 그 의무를 면제해 주는 휴가를 받을 수 없고, 육아휴직 중인 여성 교육공무원이 출산휴가를 받기 위해서는 복직이 선행되어야 한다.

③ 대법원 2003.10.10., 선고, 2003두5945, 판결

행정청이 공무원에 대하여 새로운 직위해제사유에 기한 직위해제처분을 한 경우 그 이전에 한 직위해제처분은 이를 묵시적으로 철회하였다고 봄이 상당하므로, 그 이전 처분의 취소를 구하는 부분은 존재하지 않는 행정처분을 대상으로 한 것으로서 그 소의 이익이 없어 부적법하다.

④ 대법원 1995.11.14., 선고, 95누2036, 판결

국가공무원법 제69조에 의하면 공무원(동법 제2조 제2항 제2호에 의하면 교육공무원을 포함한다)이 제33조 각호의 1에 해당할 때에는 당연히 퇴직한다고 규정하고 있으므로, 국가공무원법상 당연퇴직은 결격사유가 있을 때 법률상 당연히 퇴직하는 것이지 공무원관계를 소멸시키기 위한 별도의 행정처분을 요하는 것이 아니며, 당연퇴직의 인사발령은 법률상 당연히 발생하는 퇴직사유를 공적으로 확인하여 알려주는 이른바 관념의 통지에 불과하고 공무원의 신분을 상실시키는 새로운 형성적 행위가 아니므로 행정소송의 대상이 되는 독립한 행정처분이라고 할 수 없다.

104

공무원법관계에 대한 설명으로 옳은 것은? (다툼이 있는 경우 판례에 의함)

① 징계권자이자 임용권자인 지방자치단체장은 소속 공무원의 구체적인 행위가 「지방공무원법」상 징계사유에 해당하는지 여부에 관하여 판단할 재량은 있지만, 징계사유에 해당하는 것이 명백하다면 관할 인사위원회에 징계를 요구할 의무가 있다.
② 공무원법상 정년은 공무원의 정년퇴직시 구비서류로 요구되는 가족관계기록사항에 관한 증명서 중 기본증명서에 기재된 실제의 생년월일이 아니라, 공무원 임용신청 당시의 공무원 인사기록카드에 기재된 생년월일을 기준으로 산정해야 한다.
③ 공무원이 국가를 상대로 실질이 보수에 해당하는 금원의 지급을 구하려면 국가공무원법령 등 공무원의 보수에 관한 법률에 그 보수의 지급근거가 되는 명시적 규정이 있으면 족하고, 그 보수항목이 국가예산에 계상되어 있어야 하는 것은 아니다.
④ 국가공무원이 금고 이상의 형의 집행유예를 선고받고 집행유예기간의 경과로 형의 선고가 효력을 잃게 되었다면, 이미 발생한 그 공무원에 대한 당연퇴직의 효력은 소멸한다.

해설

①
대법원 2007.7.12., 선고, 2006도1390, 판결
지방공무원의 징계와 관련된 규정을 종합해 보면, 징계권자이자 임용권자인 지방자치단체장은 소속 공무원의 구체적인 행위가 과연 지방공무원법 제69조 제1항에 규정된 징계사유에 해당하는지 여부에 관하여 판단할 재량은 있지만, 징계사유에 해당하는 것이 명백한 경우에는 관할 인사위원회에 징계를 요구할 의무가 있다.

「지방공무원법」 제69조 제1항

제69조(징계사유) ① 공무원이 다음 각 호의 어느 하나에 해당하면 징계의결을 요구하여야 하고, 징계의결의 결과에 따라 징계처분을 하여야 한다.
1. 이 법 또는 이 법에 따른 명령이나 지방자치단체의 조례 또는 규칙을 위반하였을 때
2. 직무상의 의무(다른 법령에서 공무원의 신분으로 인하여 부과된 의무를 포함한다)를 위반하거나 직무를 태만히 하였을 때
3. 공무원의 품위를 손상하는 행위를 하였을 때

②
대법원 2009.3.26., 선고, 2008두21300, 판결
공무원이 자신의 인사기록카드를 열람하고 인사기록변경신청을 할 수 있도록 한 지방공무원 인사기록 및 인사사무 처리규칙 제6조 제3항, 같은 조 제4항 규정의 내용 및 위 규칙 [별표 3]이 지방공무원의 정년퇴직시 구비서류로 가족관계기록사항에 관한 증명서 중 기본증명서 1통을 요구하고 있는 점 등을 고려하면, 지방공무원법상의 정년은 지방공무원의 정년퇴직시 구비서류로 요구되는 가족관계기록사항에 관한 증명서 중 기본증명서에 기재된 실제의 생년월일을 기준으로 산정해야 한다고 봄이 상당하다.

③
대법원 2018.2.28., 선고, 2017두64606, 판결
공무원이 국가를 상대로 실질이 보수에 해당하는 금원의 지급을 구하려면 공무원의 '근무조건 법정주의'에 따라 국가공무원법령 등 공무원의 보수에 관한 법률에 그 지급근거가 되는 명시적 규정이 존재하여야 하고, 나아가 해당 보수 항목이 국가예산에도 계상되어 있어야만 한다.

④
대법원 2011.3.24., 선고, 2008다92022, 판결
구 국가공무원법 제69조는 "공무원이 제33조 각 호의 1에 해당할 때에는 당연히 퇴직한다."고 규정하고, 같은 법 제33조 제1항 제4호는 결격사유 중의 하나로 '금고 이상의 형을 받고 그 집행유예의 기간이 완료된 날로부터 2년을 경과하지 아니한 자'를 들고 있다. 같은 법 제69조에서 규정하고 있는 당연퇴직제도는 같은 법 제33조 제1항 각 호에 규정되어 있는 결격사유가 발생하는 것 자체에 의하여 임용권자의 의사표시 없이 결격사유에 해당하게 된 시점에 당연히 공무원 신분을 상실하게 하는 것이고, 당연퇴직의 효력이 생긴 후에 당연퇴직사유가 소멸한다는 것은 있을 수 없으므로, 국가공무원이 금고 이상의 형의 집행유예를 받은 경우에는 그 이후 형법 제65조에 따라 형의 선고가 효력을 잃게 되었다 하더라도 이미 발생한 당연퇴직의 효력에는 영향이 없다.

105

2003 행정고시

공무원에 관한 설명으로 옳은 것은?

① 국가공무원법상 전직(轉職)이란 동일 직렬·직급 내에서의 보직변경을 말한다.
② 공무원은 언제든지 사의를 표시할 수 있기 때문에 의원면직에서도 사의표시만으로 공무원관계가 소멸된다.
③ 공무원의 임명행위의 법적 성질에 대하여 다수설은 공법상 계약으로 본다.
④ 임용 전의 행위라도 경우에 따라서는 징계사유로 삼을 수 있다.
⑤ 임용 당시에 임용권자가 과실로 임용결격사유를 알지 못한 경우 그 임용의 취소는 신뢰보호의 원칙에 따라 제한된다.

해설

① COMMENT 동일 직렬·직급 내에서의 보직변경은 전보이고, 전직은 직렬을 달리하는 임명을 말한다(국가공무원법 제5조 제5호, 제6호).

> 제5조(정의) 이 법에서 사용하는 용어의 뜻은 다음과 같다.
> 1. "직위(職位)"란 1명의 공무원에게 부여할 수 있는 직무와 책임을 말한다.
> 2. "직급(職級)"이란 직무의 종류·곤란성과 책임도가 상당히 유사한 직위의 군을 말한다.
> 3. "정급(定級)"이란 직위를 직급 또는 직무등급에 배정하는 것을 말한다.
> 4. "강임(降任)"이란 같은 직렬 내에서 하위 직급에 임명하거나 하위 직급이 없어 다른 직렬의 하위 직급으로 임명하거나 고위공무원단에 속하는 일반직공무원(제4조제2항에 따라 같은 조 제1항의 계급 구분을 적용하지 아니하는 공무원은 제외한다)을 고위공무원단 직위가 아닌 하위 직위에 임명하는 것을 말한다.
> 5. "전직(轉職)"이란 직렬을 달리하는 임명을 말한다.
> 6. "전보(轉補)"란 같은 직급 내에서의 보직 변경 또는 고위공무원단 직위 간의 보직 변경(제4조제2항에 따라 같은 조 제1항의 계급 구분을 적용하지 아니하는 공무원은 고위공무원단 직위와 대통령령으로 정하는 직위 간의 보직 변경을 포함한다)을 말한다.
> 7. "직군(職群)"이란 직무의 성질이 유사한 직렬의 군을 말한다.
> 8. "직렬(職列)"이란 직무의 종류가 유사하고 그 책임과 곤란성의 정도가 서로 다른 직급의 군을 말한다.
> 9. "직류(職類)"란 같은 직렬 내에서 담당 분야가 같은 직무의 군을 말한다.
> 10. "직무등급"이란 직무의 곤란성과 책임도가 상당히 유사한 직위의 군을 말한다.

② **COMMENT** 공무원의 사직의 의사표시는 '수리를 요하는 신고'에 해당한다. 따라서 임용권자의 면직행위(신고의 수리)가 있어야 사직의 효과가 발생한다.

③ **COMMENT** 공무원에 대한 임명은 공무원이 되고자 하는 자의 신청이나 동의를 전제로 하는 '협력을 요하는 행정행위(처분)'의 성격을 가진다고 보는 것이 일반적이다.

④
> **대법원 1990.5.22., 선고, 89누7368, 판결**
> 국가공무원으로 임용되기 전의 행위는 국가공무원법 제78조 제2항, 제3항의 경우외에는 원칙적으로 재직중의 징계사유로 삼을 수 없다 할 것이나, 비록 임용전의 행위라 하더라도 이로 인하여 임용후의 공무원의 체면 또는 위신을 손상하게 된 경우에는 위 제1항 제3호의 징계사유로 삼을 수 있다고 보아야 할 것인바, 원고가 장학사 또는 공립학교 교사로 임용해 달라는 등의 인사청탁과 함께 금 1,000만원을 제3자를 통하여 서울시 교육감에게 전달함으로써 뇌물을 공여하였고, 그후 공립학교 교사로 임용되어 재직중 검찰에 의하여 위 뇌물공여죄로 수사를 받다가 기소되기에 이르렀으며 그와 같은 사실이 언론기관을 통하여 널리 알려졌다면, 비록 위와 같은 뇌물을 공여한 행위는 공립학교 교사로 임용되기 전이었더라도 그 때문에 임용후의 공립학교 교사로서의 체면과 위신이 크게 손상되었다고 하지 않을 수 없으므로 이를 징계사유로 삼은 것은 정당하다.

⑤
> **대법원 1987.4.14., 선고, 86누459, 판결**
> 임용당시 공무원임용결격사유가 있었다면 비록 국가의 과실에 의하여 임용결격자임을 밝혀내지 못하였다 하더라도 그 임용행위는 당연무효로 보아야 한다. 국가가 공무원임용결격사유가 있는 자에 대하여 결격사유가 있는 것을 알지 못하고 공무원으로 임용하였다가 사후에 결격사유가 있는 자임을 발견하고 공무원 임용행위를 취소하는 것은 당사자에게 원래의 임용행위가 당초부터 당연무효이었음을 통지하여 확인시켜 주는 행위에 지나지 아니하는 것이므로, 그러한 의미에서 당초의 임용처분을 취소함에 있어서는 신의칙 내지 신뢰의 원칙을 적용할 수 없고 또 그러한 의미의 취소권은 시효로 소멸하는 것도 아니다.

106

다음 설명 중 옳지 않은 것은? (다툼이 있는 경우 판례에 의함)

① 국가공무원법상 직위해제처분은 행정작용의 성질상 행정절차를 거치기 곤란하거나 불필요하다고 인정되는 사항 또는 행정절차에 준하는 절차를 거친 사항에 해당하므로, 처분의 사전통지 및 의견청취 등에 관한 행정절차법의 규정이 별도로 적용되지 않는다.
② 권고사직의 형식을 취하고 있더라도 사직의 권고가 공무원의 의사결정의 자유를 박탈할 정도의 강박에 해당하는 경우에는 당해 권고사직은 무효이다.
③ 사립학교법에 따른 학교법인 또는 사립학교 경영자가 사립학교 교원이 제기한 소청신청에 대한 교원소청심사위원회의 결정에 불복하고자 하는 경우, 그 결정서를 송달받은 날부터 90일 이내에 행정소송을 제기할 수 있다.
④ 행정청은 개인택시 운송사업의 양도·양수에 대한 인가가 있은 후에는 그 양도·양수 이전에 있었던 양도인에 대한 운송사업면허 취소사유를 들어 양수인의 운송사업면허를 취소할 수 없다.

해설

①
> 대법원 2014.5.16., 선고, 2012두26180, 판결
> 국가공무원법상 직위해제처분은 구 행정절차법 제3조 제2항 제9호, 구 행정절차법 시행령) 제2조 제3호에 의하여 당해 행정작용의 성질상 행정절차를 거치기 곤란하거나 불필요하다고 인정되는 사항 또는 행정절차에 준하는 절차를 거친 사항에 해당하므로, 처분의 사전통지 및 의견청취 등에 관한 행정절차법의 규정이 별도로 적용되지 않는다.

②
> 대법원 1997.12.12., 선고, 97누13962, 판결
> 사직서의 제출이 감사기관이나 상급관청 등의 강박에 의한 경우에는 그 정도가 의사결정의 자유를 박탈할 정도에 이른 것이라면 그 의사표시가 무효로 될 것이고 그렇지 않고 의사결정의 자유를 제한하는 정도에 그친 경우라면 그 성질에 반하지 아니하는 한 의사표시에 관한 민법 제110조의 규정을 준용하여 그 효력을 따져보아야 할 것이나, 감사담당 직원이 당해 공무원에 대한 비리를 조사하는 과정에서 사직하지 아니하면 징계파면이 될 것이고 또한 그렇게 되면 퇴직금 지급상의 불이익을 당하게 될 것이라는 등의 강경한 태도를 취하였다고 할지라도 그 취지가 단지 비리에 따른 객관적 상황을 고지하면서 사직을 권고·종용한 것에 지나지 않고 위 공무원이 그 비리로 인하여 징계파면이 될 경우 퇴직금 지급상의 불이익을 당하게 될 것 등 여러 사정을 고려하여 사직서를 제출한 경우라면 그 의사결정이 의원면직처분의 효력에 영향을 미칠 하자가 있었다고는 볼 수 없다.

106 ④

③ 교원지위향상을 위한 특별법 제9조 제1항, 제10조 제3항

> **제9조(소청심사의 청구 등)** ① 교원이 징계처분과 그 밖에 그 의사에 반하는 불리한 처분에 대하여 불복할 때에는 그 처분이 있었던 것을 안 날부터 30일 이내에 심사위원회에 소청심사를 청구할 수 있다. 이 경우에 심사청구인은 변호사를 대리인으로 선임(選任)할 수 있다.
> ② 본인의 의사에 반하여 파면·해임·면직처분을 하였을 때에는 그 처분에 대한 심사위원회의 최종결정이 있을 때까지 후임자를 보충 발령하지 못한다. 다만, 제1항의 기간 내에 소청심사청구를 하지 아니한 경우에는 그 기간이 지난 후에 후임자를 보충 발령할 수 있다.
> **제10조(소청심사 결정)** ① 심사위원회는 소청심사청구를 접수한 날부터 60일 이내에 이에 대한 결정을 하여야 한다. 다만, 심사위원회가 불가피하다고 인정하면 그 의결로 30일을 연장할 수 있다.
> ② 심사위원회의 결정은 처분권자를 기속한다.
> ③ 제1항에 따른 심사위원회의 결정에 대하여 교원, 「사립학교법」 제2조에 따른 학교법인 또는 사립학교 경영자 등 당사자는 그 결정서를 송달받은 날부터 90일 이내에 「행정소송법」으로 정하는 바에 따라 소송을 제기할 수 있다.
> ④ 소청심사의 청구·심사 및 결정 등 심사 절차에 관하여 필요한 사항은 대통령령으로 정한다.

④
> **대법원 1998.6.26., 선고, 96누18960, 판결**
> 위 소외인들이 위 양도 전에 그와 같이 각 그 자동차운전면허를 취소당하였다면 이는 구 자동차운수사업법 제31조 제1항 제1, 4호 소정의 자동차운송사업면허 취소사유인 "사업면허자가 직접 운전을 하여야 한다는 중대한 면허의 조건에 위반될 뿐 아니라 위 각 개인택시를 직접 운전함이 불가능하여 그 개인택시운송사업을 계속함에 적법하지 아니한 때"에도 해당되어 각 운송사업면허를 취소할 사유가 발생하였다 하겠고, <u>위 소외인들이 그 후 각 그 운송사업을 원고들에게 양도하였더라도 위 같은 법 제28조 제4항의 규정에 의하여 자동차운송사업을 양수한 양수인은 그 운송사업면허에 기인한 권리의무를 모두 승계하는 것이어서 그 양도·양수 후에라도 그 이전에 발생한 양도인에 대한 운송사업면허 취소사유를 이유로 양수인에 대하여 양수인의 운송사업면허를 취소할 수 있다.</u>

107

2017 국가직 7급

국가공무원법상 소청제도에 대한 설명으로 옳은 것은?

① 공무원이 그의 의사에 반하는 불리한 처분의 처분사유설명서를 받은 경우에 한하여 소청심사위원회에 이에 대한 심사를 청구할 수 있다.
② 처분의 취소 또는 변경을 구하거나 처분의 효력 유무 또는 존재 여부에 대한 확인을 구하는 심사청구를 할 수 있을 뿐, 위법 또는 부당한 거부처분이나 부작위에 대하여 의무 이행을 구하는 심사청구는 할 수 없다.
③ 소청심사위원회의 취소명령 또는 변경명령 결정이 있게 되면 종전에 행한 징계처분은 당연히 효력이 소멸된다.
④ 파면처분에 대한 소청심사가 청구된 경우, 소청심사위원회는 소청심사청구를 접수한 날부터 5일 이내에 해당 사건의 최종결정이 있을 때까지 후임자의 보충발령을 유예하게 하는 임시결정을 할 수 있다.

107 ④

> 해설

① **COMMENT** 본인의 의사에 반하여 불리한 처분을 받았을 때에 소청심사위원회에 심사를 청구할 수 있는 것이지, 처분사유 설명서의 교부가 소청심사의 요건인 것은 아니다(국가공무원법 제76조 제1항).

> **제75조(처분사유 설명서의 교부)** 공무원에 대하여 징계처분등을 할 때나 강임·휴직·직위해제 또는 면직처분을 할 때에는 그 처분권자 또는 처분제청권자는 처분사유를 적은 설명서를 교부(交付)하여야 한다. 다만, 본인의 원(願)에 따른 강임·휴직 또는 면직처분은 그러하지 아니하다.
>
> **제76조(심사청구와 후임자 보충 발령)** ① 제75조에 따른 처분사유 설명서를 받은 공무원이 그 처분에 불복할 때에는 그 설명서를 받은 날부터, 공무원이 제75조에서 정한 처분 외에 본인의 의사에 반한 불리한 처분을 받았을 때에는 그 처분이 있은 것을 안 날부터 각각 30일 이내에 소청심사위원회에 이에 대한 심사를 청구할 수 있다. 이 경우 변호사를 대리인으로 선임할 수 있다.

② **COMMENT** 동법 제14조 제6항 제5호(위법 또는 부당한 거부처분이나 부작위에 대하여 의무 이행을 구하는 심사 청구가 가능하다.)

> **제14조(소청심사위원회의 결정)** ⑥ 소청심사위원회의 결정은 다음과 같이 구분한다. 〈개정 2008. 3.28., 2011.5.23.〉
> 1. 심사 청구가 이 법이나 다른 법률에 적합하지 아니한 것이면 그 청구를 각하(却下)한다.
> 2. 심사 청구가 이유 없다고 인정되면 그 청구를 기각(棄却)한다.
> 3. 처분의 취소 또는 변경을 구하는 심사 청구가 이유 있다고 인정되면 처분을 취소 또는 변경하거나 처분 행정청에 취소 또는 변경할 것을 명한다.
> 4. 처분의 효력 유무 또는 존재 여부에 대한 확인을 구하는 심사 청구가 이유 있다고 인정되면 처분의 효력 유무 또는 존재 여부를 확인한다.
> 5. 위법 또는 부당한 거부처분이나 부작위에 대하여 의무 이행을 구하는 심사 청구가 이유 있다고 인정되면 지체 없이 청구에 따른 처분을 하거나 이를 할 것을 명한다.

③ 동법 제14조 제7항

> **제14조(소청심사위원회의 결정)** ① 소청 사건의 결정은 재적 위원 3분의 2 이상의 출석과 출석 위원 과반수의 합의에 따르되, 의견이 나뉠 경우에는 출석 위원 과반수에 이를 때까지 소청인에게 가장 불리한 의견에 차례로 유리한 의견을 더하여 그 중 가장 유리한 의견을 합의된 의견으로 본다.
> ⑦ 소청심사위원회의 취소명령 또는 변경명령 결정은 그에 따른 징계나 그 밖의 처분이 있을 때까지는 종전에 행한 징계처분 또는 제78조의2에 따른 징계부가금(이하 "징계부가금"이라 한다) 부과처분에 영향을 미치지 아니한다.

④ 동법 제76조 제3항

> **제76조(심사청구와 후임자 보충 발령)** ① 제75조에 따른 처분사유 설명서를 받은 공무원이 그 처분에 불복할 때에는 그 설명서를 받은 날부터, 공무원이 제75조에서 정한 처분 외에 본인의 의사에 반한 불리한 처분을 받았을 때에는 그 처분이 있은 것을 안 날부터 각각 30일 이내에 소청심사위원회에 이에 대한 심사를 청구할 수 있다. 이 경우 변호사를 대리인으로 선임할 수 있다.
> ③ 소청심사위원회는 제1항에 따른 소청심사청구가 파면 또는 해임이나 제70조제1항제5호에 따른 면직처분으로 인한 경우에는 그 청구를 접수한 날부터 5일 이내에 해당 사건의 최종 결정이 있을 때까지 후임자의 보충발령을 유예하게 하는 임시결정을 할 수 있다.

108

2014 서울시 7급

공무원의 직무활동에 관한 다음의 설명 중 옳지 않은 것은? (다툼이 있을 경우 판례에 의함)

① 공무원이 직무에 관하여 알게 된 사실에 관하여 증인으로 심문을 받을 경우 소속 기관장의 승인을 받은 사항에 관해서만 진술할 수 있다.
② 상관의 직무상 단순위법인 명령에 대해서 공무원이 복종하지 않더라도 징계는 받지 않는다.
③ 공무원의 징계사유가 공금의 횡령인 경우 횡령액의 5배 이내의 징계부가금의 부과처분을 할 수 있다.
④ 공무원은 상관의 직무상 명령이 위법·부당하다고 판단되면 자기의 의견을 진술할 수 있다.
⑤ 공무원의 품위유지의무는 직무집행 중일 때뿐만 아니라 사생활에서의 행동에도 적용된다.

해설

① 형사소송법 제147조 제1항

> **제147조(공무상 비밀과 증인자격)** ① 공무원 또는 공무원이었던 자가 그 직무에 관하여 알게 된 사실에 관하여 본인 또는 당해 공무소가 직무상 비밀에 속한 사항임을 신고한 때에는 그 소속공무소 또는 감독관공서의 승낙 없이는 증인으로 신문하지 못한다.
> ② 그 소속공무소 또는 당해 감독관공서는 국가에 중대한 이익을 해하는 경우를 제외하고는 승낙을 거부하지 못한다.

② **COMMENT** 공무원은 당연무효인 직무상 명령에 대해서는 복종하지 않을 수 있으나, 단순위법인 명령에 대해서는 복종하여야 하고 복종하지 않을 경우 징계의 대상이 된다.

③ 국가공무원법 제78조의2 제1항 제2호

> **제78조의2(징계부가금)** ① 제78조에 따라 공무원의 징계 의결을 요구하는 경우 그 징계 사유가 다음 각 호의 어느 하나에 해당하는 경우에는 해당 징계 외에 다음 각 호의 행위로 취득하거나 제공한 금전 또는 재산상 이득(금전이 아닌 재산상 이득의 경우에는 금전으로 환산한 금액을 말한다)의 5배 내의 징계부가금 부과 의결을 징계위원회에 요구하여야 한다.
> 1. 금전, 물품, 부동산, 향응 또는 그 밖에 대통령령으로 정하는 재산상 이익을 취득하거나 제공한 경우
> 2. 다음 각 목에 해당하는 것을 횡령(橫領), 배임(背任), 절도, 사기 또는 유용(流用)한 경우
>   가. 「국가재정법」에 따른 예산 및 기금
>   나. 「지방재정법」에 따른 예산 및 「지방자치단체 기금관리기본법」에 따른 기금
>   다. 「국고금 관리법」 제2조제1호에 따른 국고금
>   라. 「보조금 관리에 관한 법률」 제2조제1호에 따른 보조금
>   마. 「국유재산법」 제2조제1호에 따른 국유재산 및 「물품관리법」 제2조제1항에 따른 물품
>   바. 「공유재산 및 물품 관리법」 제2조제1호 및 제2호에 따른 공유재산 및 물품

④ 지방공무원법 제49조

> **제49조(복종의 의무)** 공무원은 직무를 수행할 때 소속 상사의 직무상 명령에 복종하여야 한다. 다만, 이에 대한 의견을 진술할 수 있다.

108 ②

⑤ 대법원 1998.2.27., 선고, 97누18172, 판결
국민으로부터 널리 공무를 수탁하여 국민 전체를 위해 근무하는 공무원의 지위를 고려할 때 공무원의 품위손상행위는 본인은 물론 공직사회에 대한 국민의 신뢰를 실추시킬 우려가 있으므로 지방공무원법 제55조는 국가공무원법 제63조와 함께 공무원에게 직무와 관련된 부분은 물론 사적인 부분에 있어서도 건실한 생활을 할 것을 요구하는 '품위유지의무'를 규정하고 있고, 여기에서 품위라 함은 주권자인 국민의 수임자로서의 직책을 맡아 수행해 나가기에 손색이 없는 인품을 말한다고 할 것이다.

109
2009 지방직 7급

공무원임용결격사유에 관한 판례의 내용으로 옳지 않은 것은?

① 공무원으로 임용된 후 70일 만에 형의 사면 등으로 결격사유가 소멸된 후 30년 3개월 동안 사실상 공무원으로 계속 근무하였더라도 임용권자가 묵시적으로 새로운 임용처분을 한 것으로 볼 수 없다.
② 퇴직한 공무원이 재임용되면서 종전 재직기간의 합산신청을 하는 경우, 이미 종전 재직기간에 산입된 현역병 복무기간을 따로 떼어내어 신청기간의 제한 없이 합산신청을 할 수는 없다.
③ 당연퇴직사유에 해당되어 공무원의 신분을 상실한 자가 그 이후 사실상 공무원으로 계속 근무하였더라도 당연퇴직 후의 사실상 근무기간은 공무원연금법상의 재직기간에 합산될 수 없다.
④ 당초 임용 당시 공무원결격사유가 있었던 자를 그 후의 공무원 경력을 바탕으로 특별임용한 경우, 특별임용 당시에는 공무원결격사유가 없었다 하더라도 위 특별임용은 당연무효이다.

해설

① 대법원 1996.2.27., 선고, 95누9617, 판결
경찰공무원으로 임용된 후 70일 만에 선고받은 형이 사면 등으로 실효되어 결격사유가 소멸된 후 30년 3개월 동안 사실상 공무원으로 계속 근무를 하였다고 하더라도 그것만으로는 임용권자가 묵시적으로 새로운 임용처분을 한 것으로 볼 수 없고, 임용 당시 결격자였다는 사실이 밝혀졌는데도 서울특별시 경찰국장이 일반사면령 등의 공포로 현재 결격사유에 해당하지 아니한다는 이유로 당연퇴직은 불가하다는 조치를 내려서 그 후 정년퇴직시까지 계속 사실상 근무하도록 한 것이 임용권자가 일반사면령의 시행으로 공무원자격을 구비한 후의 근무행위를 유효한 것으로 추인하였다거나 장래에 향하여 그를 공무원으로 새로 임용하는 효력이 있다고 볼 수 없을 뿐만 아니라, 1982. 당시 경장이었던 그의 임용권자는 당시 시행된 경찰공무원법 및 경찰공무원임용령의 규정상 서울특별시장이지 경찰국장이 아니었음이 분명하여, 무효인 임용행위를 임용권자가 추인하였다거나 장래에 향하여 공무원으로 임용하는 새로운 처분이 있었던 것으로 볼 수 없다고 한 사례.

109 ④

② 대법원 2002.11.8., 선고, 2001두7695, 판결
병역법에 의한 현역병의 복무기간은 공무원연금법 제23조 제1항, 제3항에 의하여 당해 공무원의 산입신청과 관계없이 당연히 재직기간에 산입되므로, 현역병의 복무기간이 종전의 적법한 공무원 재직기간에 산입된 경우에는 이후 공무원으로 다시 임용되더라도 이미 산입된 사병복무기간을 포함한 이전의 전체 재직기간에 대하여 같은 법 제24조 제1항 또는 같은 법 부칙 제5조가 정한 법정기간 내에 재직기간 합산신청을 하여야 하는 것이지, 현역병의 복무기간만이 그 후의 공무원 재직기간에 당연히 산입되거나, 그것만을 따로 떼어내어 기간의 제한 없이 재직기간 합산신청을 할 수 있는 것은 아니다.

③ 대법원 2002.7.26., 선고, 2001두205, 판결
공무원연금법에 의한 퇴직금은 적법한 공무원으로서의 신분을 취득하여 근무하다가 퇴직하는 경우에 지급되는 것이므로, 당연퇴직사유에 해당되어 공무원으로서의 신분을 상실한 자가 그 이후 사실상 공무원으로 계속 근무하여 왔다고 하더라도 당연퇴직 후의 사실상의 근무기간은 공무원연금법상의 재직기간에 합산될 수 없다.

④ 대법원 1998.10.23., 선고, 98두12932, 판결
당초 임용 이래 공무원으로 근무하여 온 경력에 바탕을 두고 구 지방공무원법 제27조 제2항 제3호 등을 근거로 하여 특별임용 방식으로 임용이 이루어졌다면 이는 당초 임용과는 별도로 그 자체가 하나의 신규임용이라고 할 것이므로, 그 효력도 특별임용이 이루어질 당시를 기준으로 판단하여야 할 것인데, 당초 임용 당시에는 집행유예 기간중에 있었으나 특별임용 당시 이미 집행유예 기간 만료일로부터 2년이 경과하였다면 같은 법 제31조 제4호에서 정하는 공무원 결격사유에 해당할 수 없고, 다만 당초 임용과의 관계에서는 공무원 결격사유에 해당하여 당초 처분 이후 공무원으로 근무하였다고 하더라도 그것이 적법한 공무원 경력으로 되지 아니하는 점에서 특별임용의 효력에 영향을 미친다고 할 수 있으나, 위 특별임용의 하자는 결국 소정의 경력을 갖추지 못한 자에 대하여 특별임용시험의 방식으로 신규임용을 한 하자에 불과하여 취소사유가 된다고 함은 별론으로 하고, 그 하자가 중대·명백하여 특별임용이 당연무효로 된다고 할 수는 없다.

110

2016 서울시 7급

결격사유가 있는 자가 공무원에 임용된 경우, 그 임용의 효력에 대한 설명으로 가장 옳지 않은 것은?

① 공무원임용결격사유가 있는지의 여부는 채용후보자 명부에 등록한 때가 아닌 임용당시에 시행되던 법률을 기준으로 하여 판단하여야 한다.
② 임용당시 공무원 임용결격사유가 있었다 하더라도 국가의 과실에 의하여 임용결격자임을 밝혀내지 못하였다면 그 임용행위는 당연무효라고 할 수 없다.
③ 임용결격자가 공무원으로 임용되어 사실상 근무하여 왔다고 하더라도 적법한 공무원으로서의 신분을 취득하지 못한 자로서는 공무원연금법 소정의 퇴직급여 등을 청구할 수 없다.
④ 허위의 고등학교 졸업증명서를 제출하는 사위의 방법에 의한 하사관 지원의 하자를 이유로 하사관 임용일로부터 33년이 경과한 후에 행정청이 행한 하사관 및 준사관 임용취소처분은 적법하다.

110 ②

해설

①

대법원 1987.4.14., 선고, 86누459, 판결
국가공무원법에 규정되어 있는 공무원임용결격사유는 공무원으로 임용되기 위한 절대적인 소극적 요건으로서 공무원관계는 국가공무원법 제38조, 공무원임용령 제11조의 규정에 의한 채용후보자 명부에 등록한 때가 아니라 국가의 임용이 있는 때에 설정되는 것이므로 공무원임용결격사유가 있는지의 여부는 채용후보자 명부에 등록한 때가 아닌 임용당시에 시행되던 법률을 기준으로 하여 판단하여야 한다.

②, ③

대법원 1998.1.23., 선고, 97누16985, 판결
공무원연금법에 의한 퇴직급여 등은 적법한 공무원으로서의 신분을 취득하여 근무하다가 퇴직하는 경우에 지급되는 것이고, 임용 당시 공무원 임용 결격사유가 있었다면 비록 국가의 과실에 의하여 임용결격자임을 밝혀내지 못하였다고 하더라도 그 임용행위는 당연무효로 보아야 하고, 당연무효인 임용행위에 의하여 공무원의 신분을 취득할 수는 없으므로, 임용 결격자가 공무원으로 임용되어 사실상 근무하여 왔다고 하더라도 적법한 공무원으로서의 신분을 취득하지 못한 자로서는 공무원연금법 소정의 퇴직급여 등을 청구할 수 없으며, 임용 결격사유가 소멸된 후에 계속 근무하여 왔다고 하더라도 그 때부터 무효인 임용행위가 유효로 되어 적법한 공무원의 신분을 회복하고 퇴직급여 등을 청구할 수 있다고 볼 수 없다.

④

대법원 2002.2.5., 선고, 2001두5286, 판결
[1] 행정처분에 하자가 있음을 이유로 처분청이 이를 취소하는 경우에도 그 처분이 국민에게 권리나 이익을 부여하는 처분인 때에는 그 처분을 취소하여야 할 공익상의 필요와 그 취소로 인하여 당사자가 입게 될 불이익을 비교교량한 후 공익상의 필요가 당사자가 입을 불이익을 정당화할 만큼 강한 경우에 한하여 취소할 수 있는 것이지만, 그 처분의 하자가 당사자의 사실은폐나 기타 사위의 방법에 의한 신청행위에 기인한 것이라면 당사자는 그 처분에 의한 이익이 위법하게 취득되었음을 알아 그 취소가능성도 예상하고 있었다고 할 것이므로 그 자신이 위 처분에 관한 신뢰이익을 원용할 수 없음은 물론 행정청이 이를 고려하지 아니하였다고 하여도 재량권의 남용이 되지 않는다.
[2] 허위의 고등학교 졸업증명서를 제출하는 사위의 방법에 의한 하사관 지원의 하자를 이유로 하사관 임용일로부터 33년이 경과한 후에 행정청이 행한 하사관 및 준사관 임용취소처분이 적법하다고 한 사례.

111

2017 국회직 8급

甲은 「국가공무원법」상 임용결격사유가 있는 자임에도 불구하고 국가공무원으로 임용되었다. 이에 대한 설명으로 옳은 것은? (다툼이 있는 경우 판례에 의함)

① 공무원 임용결격사유가 있는지의 여부는 임용 당시가 아니라 甲이 채용후보자 명부에 등록된 때를 기준으로 판단하여야 한다.
② 국가가 중대한 과실에 의하여 임용결격자임을 밝혀내지 못한 경우라면 甲에 대한 임용행위는 당연무효가 아닌 취소사유가 있는 행위가 된다.
③ 국가가 사후에 甲이 임용결격자임을 발견하고 甲에 대하여 임용행위를 취소하는 통지를 한 경우 그러한 임용취소통지는 항고소송의 대상이 되는 처분이다.
④ 甲은 공무원관계가 종료된 경우 임용 이후 사실상 공무원으로 근무하여 온 기간 동안에 대하여 퇴직금을 청구할 수 있다.
⑤ 甲이 공무원관계가 종료된 이후 자신의 임용결격사유가 해소되었음을 이유로 재임용을 신청하였으나 거부된 경우, 그러한 거부행위는 항고소송의 대상이 되는 행정처분이 아니다.

해설

①
> 대법원 1987.4.14., 선고, 86누459, 판결
> 국가공무원법에 규정되어 있는 공무원임용결격사유는 공무원으로 임용되기 위한 절대적인 소극적 요건으로서 공무원관계는 국가공무원법 제38조, 공무원임용령 제11조의 규정에 의한 채용후보자 명부에 등록한 때가 아니라 국가의 임용이 있는 때에 설정되는 것이므로 공무원임용결격사유가 있는지의 여부는 채용후보자 명부에 등록한 때가 아닌 임용당시에 시행되던 법률을 기준으로 하여 판단하여야 한다.

②
> 대법원 1998.1.23., 선고, 97누16985, 판결
> 공무원연금법에 의한 퇴직급여 등은 적법한 공무원으로서의 신분을 취득하여 근무하다가 퇴직하는 경우에 지급되는 것이고, 임용 당시 공무원 임용 결격사유가 있었다면 비록 국가의 과실에 의하여 임용결격자임을 밝혀내지 못하였다고 하더라도 그 임용행위는 당연무효로 보아야 하고, 당연무효인 임용행위에 의하여 공무원의 신분을 취득할 수는 없으므로, 임용 결격자가 공무원으로 임용되어 사실상 근무하여 왔다고 하더라도 적법한 공무원으로서의 신분을 취득하지 못한 자로서는 공무원연금법 소정의 퇴직급여 등을 청구할 수 없으며, 임용 결격사유가 소멸된 후에 계속 근무하여 왔다고 하더라도 그 때부터 무효인 임용행위가 유효로 되어 적법한 공무원의 신분을 회복하고 퇴직급여 등을 청구할 수 있다고 볼 수 없다.

111 ⑤

③ **대법원 1987.4.14., 선고, 86누459, 판결**
국가가 공무원임용결격사유가 있는 자에 대하여 결격사유가 있는 것을 알지 못하고 공무원으로 임용하였다가 사후에 결격사유가 있는 자임을 발견하고 공무원 임용행위를 취소하는 것은 당사자에게 원래의 임용행위가 당초부터 당연무효이었음을 통지하여 확인시켜 주는 행위에 지나지 아니하는 것이므로, 그러한 의미에서 당초의 임용처분을 취소함에 있어서는 신의칙 내지 신뢰의 원칙을 적용할 수 없고 또 그러한 의미의 취소권은 시효로 소멸하는 것도 아니다.

④ **대법원 1998.1.23., 선고, 97누16985, 판결**
공무원연금법에 의한 퇴직급여 등은 적법한 공무원으로서의 신분을 취득하여 근무하다가 퇴직하는 경우에 지급되는 것이고, 임용 당시 공무원 임용 결격사유가 있었다면 비록 국가의 과실에 의하여 임용결격자임을 밝혀내지 못하였다고 하더라도 그 임용행위는 당연무효로 보아야 하고, 당연무효인 임용행위에 의하여 공무원의 신분을 취득할 수는 없으므로, 임용 결격자가 공무원으로 임용되어 사실상 근무하여 왔다고 하더라도 적법한 공무원으로서의 신분을 취득하지 못한 자로서는 공무원연금법 소정의 퇴직급여 등을 청구할 수 없으며, 임용 결격사유가 소멸된 후에 계속 근무하여 왔다고 하더라도 그 때부터 무효인 임용행위가 유효로 되어 적법한 공무원의 신분을 회복하고 퇴직급여 등을 청구할 수 있다고 볼 수 없다.

⑤ **대법원 2005.11.25., 선고, 2004두12421, 판결**
과거에 법률에 의하여 당연퇴직된 공무원이 자신을 복직 또는 재임용시켜 줄 것을 요구하는 신청에 대하여 그와 같은 조치가 불가능하다는 행정청의 거부행위는 당연퇴직의 효과가 계속하여 존재한다는 것을 알려주는 일종의 안내에 불과하므로 당연퇴직된 공무원의 실체상의 권리관계에 직접적인 변동을 일으키는 것으로 볼 수 없고, 당연퇴직의 근거 법률이 헌법재판소의 위헌결정으로 효력을 잃게 되었다고 하더라도 당연퇴직된 이후 헌법소원 등의 청구기간이 도과한 경우에는 당연퇴직의 내용과 상반되는 처분을 요구할 수 있는 조리상의 신청권을 인정할 수도 없다고 할 것이어서, 이와 같은 경우 행정청의 복직 또는 재임용거부행위는 항고소송의 대상이 되는 행정처분에 해당한다고 할 수 없다.

112

2021 국가직 7급

다음 사례에 관한 설명으로 옳은 것만을 모두 고른 것은? (다툼이 있는 경우 판례에 의함)

> 甲은 1991. 10. 10. A행정청의 공무원으로 신규임용되어 근무하였는데, 2007. 12. 5. A행정청의 자체 조사 결과 위 신규임용 당시 甲은 범죄행위로 징역 3년형을 선고받고 집행이 종료된 지 5년을 지나지 아니한 자였음이 밝혀져, 임용당시 시행되던 「국가공무원법」상 공무원임용 결격사유에 해당함을 이유로 A행정청은 2008. 1. 25. 甲에 대한 임용을 취소하였다.

〈 보기 〉

ㄱ. 甲에 대한 신규 임용행위의 하자는 취소사유에 해당한다.
ㄴ. 甲에 대한 임용행위는 신뢰보호원칙에 따라 보호된다.
ㄷ. 甲은 공무원으로 신규임용되어 임용이 취소될 때까지 사실상 근무를 하였더라도 「공무원연금법」에 의한 퇴직급여를 청구할 수 없다.
ㄹ. 甲이 신규임용되어 임용이 취소될 때까지 공무원으로서 한 행위는 당연무효라고 할 수 없다.

① ㄷ
② ㄷ, ㄹ
③ ㄱ, ㄴ, ㄹ
④ ㄱ, ㄴ, ㄷ, ㄹ

해설

COMMENT 옳은 것은 ㄷ, ㄹ이다.

ㄱ.
> **대법원 1987.4.14., 선고 86누459 판결**
> 임용당시 공무원임용 결격사유가 있었다면 비록 국가의 과실에 의하여 임용 결격자임을 밝혀내지 못하였다 하더라도 그 임용행위는 당연무효로 보아야 한다.

ㄴ. **COMMENT** 하자가 무효인 경우에는 신뢰보호원칙이 적용되지 않는다. 뿐만 아니라 甲에게는 보호가치 있는 신뢰도 인정되지 않는다.

> **대법원 1987.4.14., 선고, 86누459, 판결**
> 국가가 공무원임용결격사유가 있는 자에 대하여 결격사유가 있는 것을 알지 못하고 공무원으로 임용하였다가 사후에 결격사유가 있는 자임을 발견하고 공무원 임용행위를 취소하는 것은 당사자에게 원래의 임용행위가 당초부터 당연무효이었음을 통지하여 확인시켜 주는 행위에 지나지 아니하는 것이므로, 그러한 의미에서 당초의 임용처분을 취소함에 있어서는 신의칙 내지 신뢰의 원칙을 적용할 수 없고 또 그러한 의미의 취소권은 시효로 소멸하는 것도 아니다.

112 ②

ㄷ.
> **대법원 2017.5.11., 선고, 2012다200486, 판결**
> 공무원연금법이나 근로자퇴직급여 보장법에서 정한 퇴직급여는 적법한 공무원으로서의 신분을 취득하거나 근로고용관계가 성립하여 근무하다가 퇴직하는 경우에 지급되는 것이다. 임용 당시 공무원 임용결격사유가 있었다면, 비록 국가의 과실에 의하여 임용결격자임을 밝혀내지 못하였다 하더라도 임용행위는 당연무효로 보아야 하고, 당연무효인 임용행위에 의하여 공무원의 신분을 취득한다거나 근로고용관계가 성립할 수는 없다. 따라서 <u>임용결격자가 공무원으로 임용되어 사실상 근무하여 왔다 하더라도 적법한 공무원으로서의 신분을 취득하지 못한 자로서는 공무원연금법이나 근로자퇴직급여 보장법에서 정한 퇴직급여를 청구할 수 없다.</u>

ㄹ. **COMMENT** 공무원이 아닌 자의 행위가 객관적으로 공무원의 행위라고 믿을 만한 사정하에서 행하여진 경우에는 상대방의 신뢰보호 및 법률생활의 안정을 위하여 그 행위를 유효로 보기도 한다(이른바 사실상 공무원 이론).

113
2003 관세사

공무원에 대한 직권면직의 사유에 해당되지 않는 것은?

① 직제와 정원의 개폐 또는 예산의 감소 등에 의하여 폐직 또는 과원이 되었을 때
② 휴직기간이 만료 또는 휴직사유가 소멸된 후에도 직무에 복귀하지 아니하거나 직무를 감당할 수 없을 때
③ 직무수행능력이 부족하거나 근무성적이 극히 불량한 때
④ 직무수행능력이 부족하거나 근무성적이 극히 불량하여 직위해제되어 대기명령을 받은 자가 그 기간 중 능력 또는 근무성적의 향상을 기대하기 어렵다고 인정된 때
⑤ 징병검사명령을 받고 정당한 이유 없이 기피하였을 때

해설

COMMENT 국가공무원법 제70조 제1항. <u>직무수행능력이 부족하거나 근무성적이 극히 나쁜 자는 직위해제</u>의 대상이다.

> **제70조(직권 면직)** ① 임용권자는 공무원이 다음 각 호의 어느 하나에 해당하면 직권으로 면직시킬 수 있다.
> 1. 삭제 〈1991.5.31.〉
> 2. 삭제 〈1991.5.31.〉
> 3. <u>직제와 정원의 개폐 또는 예산의 감소 등에 따라 폐직(廢職) 또는 과원(過員)이 되었을 때</u>
> 4. <u>휴직 기간이 끝나거나 휴직 사유가 소멸된 후에도 직무에 복귀하지 아니하거나 직무를 감당할 수 없을 때</u>
> 5. <u>제73조의3제3항에 따라 대기 명령을 받은 자가 그 기간에 능력 또는 근무성적의 향상을 기대하기 어렵다고 인정된 때</u>
> 6. 전직시험에서 세 번 이상 불합격한 자로서 직무수행 능력이 부족하다고 인정된 때
> 7. <u>징병검사·입영 또는 소집의 명령을 받고 정당한 사유 없이 이를 기피하거나 군복무를 위하여 휴직 중에 있는 자가 군복무 중 군무(軍務)를 이탈하였을 때</u>
> 8. 해당 직급·직위에서 직무를 수행하는데 필요한 자격증의 효력이 없어지거나 면허가 취소되어 담당 직무를 수행할 수 없게 된 때
> 9. 고위공무원단에 속하는 공무원이 제70조의2에 따른 적격심사 결과 부적격 결정을 받은 때

113 ③

제73조의3(직위해제) ① 임용권자는 다음 각 호의 어느 하나에 해당하는 자에게는 직위를 부여하지 아니할 수 있다.
1. 삭제 〈1973. 2. 5.〉
2. 직무수행 능력이 부족하거나 근무성적이 극히 나쁜 자
3. 파면·해임·강등 또는 정직에 해당하는 징계 의결이 요구 중인 자
4. 형사 사건으로 기소된 자(약식명령이 청구된 자는 제외한다)
5. 고위공무원단에 속하는 일반직공무원으로서 제70조의2제1항제2호부터 제5호까지의 사유로 적격심사를 요구받은 자
6. 금품비위, 성범죄 등 대통령령으로 정하는 비위행위로 인하여 감사원 및 검찰·경찰 등 수사기관에서 조사나 수사 중인 자로서 비위의 정도가 중대하고 이로 인하여 정상적인 업무수행을 기대하기 현저히 어려운 자

114

2008 지방직 7급

공무원의 책임에 대한 설명으로 옳지 않은 것은? (다툼이 있는 경우 판례에 의함)

① 징계처분에 대한 행정소송은 소청심사위원회의 심사·결정을 거치지 아니하면 이를 제기할 수 없다.
② 수개의 징계사유 중 그 일부가 인정되지 않는다 하더라도 인정되는 다른 일부 징계사유만으로도 당해 징계처분이 정당하다고 인정되는 경우에는 그 징계처분을 유지한다고 하여 위법하다 할 수 없다.
③ 행정규칙에 의한 '불문경고조치'는 차후 징계감경사유로 사용될 수 있었던 표창공적의 사용가능성을 소멸시키는 효과를 가지므로 항고소송의 대상이 되는 행정처분에 해당한다.
④ 공무원에게 징계사유가 인정되는 이상 관련 형사사건의 유죄확정 전에도 해당 공무원에 대하여 징계처분을 할 수 있지만, 형사사건에서 무죄가 확정된 경우에는 동 징계처분은 당연무효가 된다.

해설

① 국가공무원법 제16조 제1항

제16조(행정소송과의 관계) ① 제75조에 따른 처분, 그 밖에 본인의 의사에 반한 불리한 처분이나 부작위(不作爲)에 관한 행정소송은 소청심사위원회의 심사·결정을 거치지 아니하면 제기할 수 없다.

②

대법원 2002.9.24., 선고, 2002두6620, 판결

공무원인 피징계자에게 징계사유가 있어 징계처분을 하는 경우 어떠한 처분을 할 것인지는 징계권자의 재량에 맡겨진 것이고, 다만 징계권자가 그 재량권의 행사로서 한 징계처분이 사회통념상 현저하게 타당성을 잃어 징계권자에게 맡겨진 재량권을 남용한 것이라고 인정되는 경우에 한하여 그 처분을 위법한 것이라 할 것이고, 공무원에 대한 징계처분이 사회통념상 현저하게 타당성을 잃었다고 하려면 구체적인 사례에 따라 징계의 원인이 된 비위사실의 내용과 성질, 징계에 의하여 달성하려고 하는 행정목적, 징계 양정의 기준 등 여러 요소를 종합하여 판단할 때에 그 징계 내용이 객관적으로 명백히 부당하다고 인정할 수 있는 경우라야 하며, <u>수 개의 징계사유 중 일부가 인정되지 않더라도 인정되는 다른 일부 징계사유만으로도 당해 징계처분의 타당성을 인정하기에 충분한 경우에는 그 징계처분을 유지하여도 위법하지 아니하다</u> 할 것이다.

114 ④

③
대법원 2002.7.26., 선고, 2001두3532, 판결
행정규칙에 의한 '불문경고조치'가 비록 법률상의 징계처분은 아니지만 위 처분을 받지 아니하였다면 차후 다른 징계처분이나 경고를 받게 될 경우 징계감경사유로 사용될 수 있었던 표창공적의 사용가능성을 소멸시키는 효과와 1년 동안 인사기록카드에 등재됨으로써 그 동안은 장관표창이나 도지사표창 대상자에서 제외시키는 효과 등이 있다는 이유로 항고소송의 대상이 되는 행정처분에 해당한다고 한 사례.

④
대법원 1989.9.26., 선고, 89누4963, 판결
공무원인 갑이 그 직무에 관하여 뇌물을 받았음을 징계사유로 하여 파면처분을 받은 후 그에 대한 형사사건이 항소심까지 유죄로 인정되었고 그 형사사건에서 갑이 수사기관과 법정에서 금품수수사실을 자인하였으나 그후 대법원의 파기환송판결에 따라 <u>무죄의 확정판결</u>이 있었다면 <u>위 징계처분은 근거없는 사실을 징계사유로 삼은 것이 되어 위법하다고 할 수는 있을지언정 그것이 객관적으로 명백하다고는 할 수 없으므로 위 징계처분이 당연무효인 것은 아니다.</u>

115

2021 국가직 7급

공무원법관계에 대한 판례의 입장으로 옳은 것은?

① 직위해제 중에 자격정지 이상의 형의 선고유예를 받아 당연퇴직된 경찰공무원에게 임용권자가 복직처분을 한 상태에서 선고유예 기간이 경과된 경우 그 공무원의 신분이 회복된다 할 것이다.
② 공무원에 대한 직위해제처분은 공무원에 대하여 불이익한 처분에 해당하므로 동일한 사유에 대한 직위해제처분이 있은 후 다시 해임처분이 있었다면 일사부재리의 법리에 어긋난다.
③ 국가공무원이 금고 이상의 형의 집행유예를 받고 그 후 형의 선고가 효력을 잃게 된 경우 이미 발생한 당연퇴직의 효력은 소멸한다.
④ 구 「경찰공무원법」 소정의 부적격사유가 있어 직위해제처분을 받은 자가 그 처분에 대하여 소청심사위원회에 심사청구를 하지 않았다면 그 처분이 당연무효 사유가 아닌 한 이를 행정소송으로 다툴 수 없다.

115 ④

■ 해설

① 대법원 1997.7.8., 선고, 96누4275, 판결
경찰공무원이 재직 중 자격정지 이상의 형의 선고유예를 받음으로써 경찰공무원법 제7조 제2항 제5호에 정하는 임용결격사유에 해당하게 되면, 같은 법 제21조의 규정에 의하여 임용권자의 별도의 행위(공무원의 신분을 상실시키는 행위)를 기다리지 아니하고 그 선고유예 판결의 확정일에 당연히 경찰공무원의 신분을 상실(당연퇴직)하게 되는 것이고, 나중에 선고유예기간(2년)이 경과하였다고 하더라도 이미 발생한 당연퇴직의 효력이 소멸되어 경찰공무원의 신분이 회복되는 것은 아니며, 한편 직위해제처분은 형사사건으로 기소되는 등 국가공무원법 제73조의2 제1항 각 호에 정하는 귀책사유가 있을 때 당해 공무원에게 직위를 부여하지 아니하는 처분이고, 복직처분은 직위해제사유가 소멸되었을 때 직위해제된 공무원에게 국가공무원법 제73조의2 제2항의 규정에 의하여 다시 직위를 부여하는 처분일 뿐, 이들 처분들이 공무원의 신분을 박탈하거나 설정하는 처분은 아닌 것이므로, 임용권자가 임용결격사유의 발생 사실을 알지 못하고 직위해제되어 있던 중 임용결격사유가 발생하여 당연퇴직된 자에게 복직처분을 하였다고 하더라도 이 때문에 그 자가 공무의 신분을 회복하는 것은 아니다.

② 대법원 1984.2.28., 선고, 83누489, 판결
직위해제처분은 공무원에 대하여 불이익한 처분이긴 하나 징계처분과 같은 성질의 처분이라고는 볼 수 없으므로 동일한 사유에 대한 직위해제처분이 있은 후 다시 해임처분이 있었다 하여 일사부재리의 법리에 어긋난다고 할 수 없다.

③ 대법원 2011.3.24., 선고, 2009다27605, 판결
구「국가공무원법」제69조는 "공무원이 제33조 각 호의 1에 해당할 때에는 당연히 퇴직한다."고 규정하고, 같은 법 제33조 제1항 제4호는 결격사유 중의 하나로 '금고 이상의 형을 받고 그 집행유예의 기간이 완료된 날로부터 2년을 경과하지 아니한 자'를 들고 있다. 구「국가공무원법」제69조에서 규정하고 있는 당연퇴직제도는 같은 법 제33조 제1항 각 호에 규정되어 있는 결격사유가 발생하는 것 자체에 의하여 임용권자의 의사표시 없이 결격사유에 해당하게 된 시점에 당연히 그 공무원으로서의 신분을 상실하게 하는 것이고, 당연퇴직의 효력이 생긴 후에 당연퇴직사유가 소멸한다는 것은 있을 수 없으므로, 국가공무원이 금고 이상의 형의 집행유예를 받은 경우에는 그 이후「형법」제65조에 따라 형의 선고의 효력을 잃게 되었다 하더라도 이미 발생한 당연퇴직의 효력에는 영향이 없다.

④ 대법원 1984.9.11., 선고, 84누191, 판결
구 경찰공무원법(1982.12.31 법률 제3606호로 개정되기 전의 법) 제50조 제1항 제1호(직무수행능력의 부족) 제2호(소속부하에 대한 지휘감독능력의 현저한 부족) 소정의 부적격사유가 있는 자에 해당한다 하여 직위해제처분을 받은 자가 그 처분에 대하여 동법 제52조의 규정에 따라 소청심사위원회에 심사청구를 한 바 없다면 그 처분에 설사 위법사유가 있다 하더라도 그것이 당연무효 사유가 아닌 한 다툴 수 없다.

116

2008 지방직 7급

공무원의 권리·의무에 관한 설명으로 옳지 않은 것은?

① 공무원고충심사의 결정은 행정상 쟁송의 대상이 되는 행정처분에 해당한다.
② 공무원법상에 규정된 공무원의 의무를 위반한 경우에는 이에 대하여 징계의결을 요구하여야 한다.
③ 공무원은 직무상의 관계 여하를 불문하고 그 소속 상관에게 증여하거나 소속 공무원으로부터 증여를 받아서는 아니 된다.
④ 품위유지의무는 직무집행뿐만 아니라 직무집행과 관계가 없는 경우에도 존재한다.

해설

①

> 대법원 1987.12.8., 선고, 87누657, 판결
> 지방공무원법 제67조의2에서 규정하고 있는 고충심사제도는 공무원으로서의 권익을 보장하고 적정한 근무환경을 조성하여 주기 위하여 근무조건 또는 인사관리 기타 신상문제에 대하여 법률적인 쟁송의 절차에 의하여서가 아니라 사실상의 절차에 의하여 그 시정과 개선책을 청구하여 줄 것을 임용권자에게 청구할 수 있도록 한 제도로서, 고충심사결정 자체에 의하여는 어떠한 법률관계의 변동이나 이익의 침해가 직접적으로 생기는 것은 아니므로 고충심사의 결정은 행정상 쟁송의 대상이 되는 행정처분이라고 할 수 없다.

> 지방공무원법
> **제67조의2(고충처리)** ① 공무원은 누구나 인사·조직·처우 등 각종 근무조건과 그 밖의 신상문제와 관련한 고충에 대하여 상담을 신청하거나 심사를 청구할 수 있으며, 임용권자는 이를 이유로 불이익을 주는 처분이나 대우를 하여서는 아니 된다.
> ② 임용권자는 제1항에 따라 상담을 신청 받은 경우에는 소속 공무원을 지정하여 상담하게 하고, 심사를 청구 받은 경우에는 인사위원회 회의에 부쳐 심사하도록 하여야 하며 그 결과에 따라 고충의 해소 등 공정한 처리를 위하여 노력하여야 한다.
> ③ 인사위원회는 임용권자로부터 고충심사의 요구를 받으면 지체 없이 이를 심사하고 임용권자에게 보고하거나 알려야 한다.
> ④ 제3항에 따라 고충심사 결과에 대한 보고 또는 통지를 받은 임용권자는 심사결과를 청구인에게 알릴 뿐 아니라 직접 고충 해소를 위한 조치를 하거나 관계 기관의 장에게 시정요청을 할 수 있으며, 요청을 받은 관계 기관의 장은 특별한 사유가 없으면 이를 이행하고 그 처리 결과를 임용권자에게 알려야 한다. 다만, 부득이한 사유로 이행하지 못할 경우에는 그 사유를 알려야 한다.
> ⑤ 고충상담이나 고충심사의 절차, 그 밖에 필요한 사항은 대통령령으로 정한다.

② 국가공무원법 제78조 제1항 제2호

> **제78조(징계 사유)** ① 공무원이 다음 각 호의 어느 하나에 해당하면 징계 의결을 요구하여야 하고 그 징계 의결의 결과에 따라 징계처분을 하여야 한다.
> 1. 이 법 및 이 법에 따른 명령을 위반한 경우
> 2. 직무상의 의무(다른 법령에서 공무원의 신분으로 인하여 부과된 의무를 포함한다)를 위반하거나 직무를 태만히 한 때
> 3. 직무의 내외를 불문하고 그 체면 또는 위신을 손상하는 행위를 한 때

116 ①

③ 국가공무원법 제61조 제2항

> **제61조(청렴의 의무)** ① 공무원은 직무와 관련하여 직접적이든 간접적이든 사례·증여 또는 향응을 주거나 받을 수 없다.
> ② 공무원은 직무상의 관계가 있든 없든 그 소속 상관에게 증여하거나 소속 공무원으로부터 증여를 받아서는 아니 된다.

④ 국가공무원법 제63조

> **제63조(품위 유지의 의무)** 공무원은 직무의 내외를 불문하고 그 품위가 손상되는 행위를 하여서는 아니 된다.

117

2021 서울시 7급

공무원의 권리와 의무에 대한 설명으로 가장 옳지 않은 것은?

① 당연퇴직사유에 해당되어 공무원으로서의 신분을 상실한 자가 그 이후 사실상 공무원으로 계속 근무하여 왔다고 하더라도 당연퇴직 후의 사실상의 근무기간은 「공무원연금법」상의 재직기간에 합산될 수 없다.
② 국가공무원법령 등 공무원의 보수에 관한 법률에 지급근거가 되는 명시적 규정이 존재한다면, 국가예산에 계상되어 있지 아니하더라도 공무원 보수의 지급은 가능하다.
③ 감사원 공무원이 허위의 사실을 기자회견을 통하여 공표한 것은 감사원의 명예를 실추시키고 공무원으로서 품위를 손상한 행위로서 「국가공무원법」이 정하는 징계사유에 해당된다.
④ 공무원이 법정 연가일수의 범위 내에서 연가를 신청하였다고 할지라도 그에 대한 소속 행정기관의 장의 허가가 있기 이전에 근무지를 이탈한 행위는 특단의 사정이 없는 한 「국가공무원법」에 위반되는 행위로서 징계사유가 된다.

해설

①
> 대법원 2002.7.26., 선고, 2001두205, 판결
> 공무원연금법에 의한 퇴직금은 적법한 공무원으로서의 신분을 취득하여 근무하다가 퇴직하는 경우에 지급되는 것이므로, 당연퇴직사유에 해당되어 공무원으로서의 신분을 상실한 자가 그 이후 사실상 공무원으로 계속 근무하여 왔다고 하더라도 당연퇴직 후의 사실상의 근무기간은 공무원연금법상의 새식기간에 합산될 수 없다.

② 대법원 2016.8.25., 선고, 2013두14610, 판결

국가공무원법은 공무원의 보수 등에 관하여 이른바 '근무조건 법정주의'를 규정하고 있다. 이는 공무원이 헌법 제7조에 정한 직업공무원제도에 기하여 국민 전체에 대한 봉사자로서의 특수한 지위를 가지므로 국민 전체의 의사를 대표하는 국회에서 근무조건을 결정하도록 함이 타당할 뿐 아니라, 공무원의 보수 등은 국가예산에서 지급되는 것이므로 헌법 제54조에 따라 예산안 심의·확정 권한을 가진 국회가 예산상의 고려가 함께 반영된 법률로써 공무원의 근무조건을 정하도록 할 필요가 있기 때문이다. 그리고 공무원보수규정 제31조에 따라 공무원의 수당 등 보수는 예산의 범위에서 지급되는데, 여기서 '예산의 범위에서'란 문제 되는 보수 항목이 국가예산에 계상되어 있을 것을 요한다는 의미이다. 이와 같이 공무원 보수 등 근무조건은 법률로 정하여야 하고, 국가예산에 계상되어 있지 아니하면 공무원 보수의 지급이 불가능한 점 등에 비추어 볼 때, 공무원이 국가를 상대로 실질이 보수에 해당하는 금원의 지급을 구하려면 공무원의 '근무조건 법정주의'에 따라 국가공무원법령 등 공무원의 보수에 관한 법률에 지급근거가 되는 명시적 규정이 존재하여야 하고, 나아가 해당 보수 항목이 국가예산에도 계상되어 있어야만 한다.

③ 대법원 2002.9.27., 선고, 2000두2969, 판결

감사원 감사주사인 원고가 건설교통부 일반감사를 실시하면서 이 사건 콘도사업에 관하여 건설교통부 및 남양주시의 공무원들 및 경기도행정심판위원회의 심판위원들이 수도권정비위원회의 심의 대상임을 알면서도 사업자와의 유착 등을 통하여 그 심의를 받지 않도록 업무를 위법·부당하게 처리하였다고 볼 만한 자료를 밝혀내었다거나, 그 감사기간 중 감사를 중단하였다는 등의 사실이 없음에도, 기자회견을 통하여 위 관련 공무원들로부터 이 사건 콘도사업과 관련된 위법·부당한 업무처리사항을 밝혀내었지만 감사원 제4국장의 지시에 의하여 감사가 중단되었다고 주장한 사실이 인정되는바, 이는 결국 허위의 사실을 공표함으로써 감사원의 명예를 실추시키고 공무원으로서 품위를 손상한 행위라 할 것이어서 국가공무원법이 정하는 징계사유에 해당된다.

④ 대법원 1996.6.14., 선고, 96누2521, 판결

공무원이 그 법정 연가일수의 범위 내에서 연가를 신청하였다고 할지라도 그에 대한 소속 행정기관의 장의 허가가 있기 이전에 근무지를 이탈한 행위는 특단의 사정이 없는 한 국가공무원법 제58조에 위반되는 행위로서 징계사유가 된다.

118

2021 군무원 7급

공무원의 권리에 대한 설명으로 가장 옳은 것은? (단, 다툼이 있는 경우 판례에 의함)

① 고충심사결정은 행정상 쟁송의 대상이 되는 행정처분이다.
② 국가공무원에 대한 불리한 부작위에 대한 행정소송은 인사혁신처의 소청심사위원회의 심사·결정을 거치지 않아도 제기할 수 있다.
③ 공무원이 국가를 상대로 그 실질이 보수에 해당하는 금원의 지급을 구하는 경우 그 보수에 관한 법률에 지급근거인 명시적 규정이 존재하여야 하고, 해당 보수 항목이 국가예산에도 계상되어 있어야만 한다.
④ 공무원이 임용 당시 공무원 임용결격사유가 있었어도 사실상 근무에 대하여 공무원연금법령에서 정한 퇴직급여를 청구할 수 있다.

해설

①
> **대법원 1987.12.8., 선고, 87누657, 판결**
> 지방공무원법 제67조의2에서 규정하고 있는 고충심사제도는 공무원으로서의 권익을 보장하고 적정한 근무환경을 조성하여 주기 위하여 근무조건 또는 인사관리 기타 신상문제에 대하여 법률적인 쟁송의 절차에 의하여서가 아니라 사실상의 절차에 의하여 그 시정과 개선책을 청구하여 줄 것을 임용권자에게 청구할 수 있도록 한 제도로서, 고충심사결정 자체에 의하여는 어떠한 법률관계의 변동이나 이익의 침해가 직접적으로 생기는 것은 아니므로 고충심사의 결정은 행정상 쟁송의 대상이 되는 행정처분이라고 할 수 없다.

> **제67조의2(고충처리)** ① 공무원은 누구나 인사·조직·처우 등 각종 근무조건과 그 밖의 신상문제와 관련한 고충에 대하여 상담을 신청하거나 심사를 청구할 수 있으며, 임용권자는 이를 이유로 불이익을 주는 처분이나 대우를 하여서는 아니 된다.
> ② 임용권자는 제1항에 따라 상담을 신청 받은 경우에는 소속 공무원을 지정하여 상담하게 하고, 심사를 청구 받은 경우에는 인사위원회 회의에 부쳐 심사하도록 하여야 하며 그 결과에 따라 고충의 해소 등 공정한 처리를 위하여 노력하여야 한다.
> ③ 인사위원회는 임용권자로부터 고충심사의 요구를 받으면 지체 없이 이를 심사하고 임용권자에게 보고하거나 알려야 한다.
> ④ 제3항에 따라 고충심사 결과에 대한 보고 또는 통지를 받은 임용권자는 심사결과를 청구인에게 알릴 뿐 아니라 직접 고충 해소를 위한 조치를 하거나 관계 기관의 장에게 시정요청을 할 수 있으며, 요청을 받은 관계 기관의 장은 특별한 사유가 없으면 이를 이행하고 그 처리 결과를 임용권자에게 알려야 한다. 다만, 부득이한 사유로 이행하지 못할 경우에는 그 사유를 알려야 한다.
> ⑤ 고충상담이나 고충심사의 절차, 그 밖에 필요한 사항은 대통령령으로 정한다.

② 국가공무원법 제16조 제1항

> **제16조(행정소송과의 관계)** ① 제75조에 따른 처분, 그 밖에 본인의 의사에 반한 불리한 처분이나 부작위(不作爲)에 관한 행정소송은 소청심사위원회의 심사·결정을 거치지 아니하면 제기할 수 없다.

118 ③

③
대법원 2018.2.28., 선고, 2017두64606, 판결
공무원이 국가를 상대로 실질이 보수에 해당하는 금원의 지급을 구하려면 공무원의 '근무조건 법정주의'에 따라 국가공무원법령 등 공무원의 보수에 관한 법률에 그 지급근거가 되는 명시적 규정이 존재하여야 하고, 나아가 해당 보수 항목이 국가예산에도 계상되어 있어야만 한다.

④
대법원 2017.5.11., 선고, 2012다200486, 판결
공무원연금법이나 근로자퇴직급여 보장법에서 정한 퇴직급여는 적법한 공무원으로서의 신분을 취득하거나 근로고용관계가 성립하여 근무하다가 퇴직하는 경우에 지급되는 것이다. 임용 당시 공무원 임용결격사유가 있었다면, 비록 국가의 과실에 의하여 임용결격자임을 밝혀내지 못하였다 하더라도 그 임용행위는 당연무효로 보아야 하고, 당연무효인 임용행위에 의하여 공무원의 신분을 취득한다거나 근로고용관계가 성립할 수는 없다. 따라서 임용결격자가 공무원으로 임용되어 사실상 근무하여 왔다 하더라도 적법한 공무원으로서의 신분을 취득하지 못한 자로서는 공무원연금법이나 근로자퇴직급여 보장법에서 정한 퇴직급여를 청구할 수 없다(대법원 1987. 4. 14. 선고 86누459 판결, 대법원 2003. 5. 16. 선고 2001다61012 판결 등 참조).

119
2002 행정고시

공무원의 의무에 관한 설명 중 대법원 판례 또는 다수설에 의할 때 타당한 것은?

① 공무원은 소속 기관장의 허가를 받으면 영리업무에 종사할 수 있고, 겸직도 가능하다.
② 공무원이 법정 연가일수의 범위 내에서 연가를 신청한 경우라면 설사 소속 행정기관장의 허가가 있기 전에 근무지를 이탈한 행위라고 하여도 이는 정당한 사유에 의한 것으로 직장이탈금지의무위반이라 할 수 없다.
③ 국가공무원법상 공무원의 성실의무는 경우에 따라 근무시간 외에 근무지 밖에까지 미칠 수 있다.
④ 공무원이 국민 전체에 대한 봉사자로서 친절·공정히 집무하여야 함은 윤리적 의무에 지나지 않는다.
⑤ 둘 이상의 상관으로부터 서로 모순되는 직무명령이 발하여진 때에는 계층제의 구조상 최상급상관의 명령에 복종하여야 한다.

해설

① **COMMENT** 소속기관자의 허가를 받으면 겸직은 가능하지만 영리업무에는 종사할 수 없다(국가공무원법 제64조 제1항).

> **제64조(영리 업무 및 겸직 금지)** ① 공무원은 공무 외에 영리를 목적으로 하는 업무에 종사하지 못하며 소속 기관장의 허가 없이 다른 직무를 겸할 수 없다.
> ② 제1항에 따른 영리를 목적으로 하는 업무의 한계는 대통령령등으로 정한다.

119 ③

② **대법원 1996.6.14., 선고, 96누2521, 판결**
공무원이 그 법정 연가일수의 범위 내에서 연가를 신청하였다고 할지라도 그에 대한 소속 행정기관의 장의 허가가 있기 이전에 근무지를 이탈한 행위는 특단의 사정이 없는 한 국가공무원법 제58조에 위반되는 행위로서 징계사유가 된다.

③ **대법원 1997.2.11., 선고, 96누2125, 판결**
국가공무원법상 공무원의 성실의무는 경우에 따라 근무시간 외에 근무지 밖에까지 미칠 수도 있다. 전국기관차협의회가 주도하는 집회 및 철도파업은 정당한 단체행동의 범위 내에 있는 것으로 보기 어렵고, 또한 그 집회가 적법한 절차를 거쳐 개최되었고 근무시간 외에 사업장 밖에서 개최되었다고 하더라도 철도의 정상적인 운행을 수행하여야 할 철도기관사로서의 성실의무는 철도의 정상운행에 지장을 초래할 가능성이 높은 집회에 참석하지 아니할 의무에까지도 미친다고 보아, 철도기관사에 대하여 그 집회에 참석하지 못하도록 한 지방철도청장의 명령은 정당한 직무상 명령이라고 본 원심판결을 수긍한 사례.

④ **COMMENT** 친절·공정의무는 단순한 도덕상의 의무가 아니라 법적 의무이다(국가공무원법 제59조).

> **제59조(친절·공정의 의무)** 공무원은 국민 전체의 봉사자로서 친절하고 공정하게 직무를 수행하여야 한다.

⑤ **COMMENT** 서로 상하의 관계에 있는 상관이 상호 모순되는 명령을 발한 경우에는 행정조직의 계층적 질서를 보장하기 위하여 직근상관의 명령에 따라야 한다.

120
2009 국가직 7급

공무원의 의무에 관한 설명으로 옳지 않은 것은?

① 공무원이 성실의무를 위반한 것만으로도 징계사유가 된다.
② 국가공무원법상의 성실의무는 근무시간 외의 근무지 밖에까지 미친다.
③ 상관의 위법한 직무명령에 대하여 법령준수의무를 내세워 이를 거부하지 못한다.
④ 공무원은 직무상 또는 직무와 관련된 비밀에 대하여 비밀유지의무를 지며, 퇴직 후에도 비밀유지의무를 엄수하여야 한다.

120 ③

해설

① **COMMENT** 공무원의 성실의무는 법적 의무이므로 그 위반은 징계사유가 된다.

> 제56조(성실 의무) 모든 공무원은 법령을 준수하며 성실히 직무를 수행하여야 한다.
> 제78조(징계 사유) ① 공무원이 다음 각 호의 어느 하나에 해당하면 징계 의결을 요구하여야 하고 그 징계 의결의 결과에 따라 징계처분을 하여야 한다.
> 1. 이 법 및 이 법에 따른 명령을 위반한 경우
> 2. 직무상의 의무(다른 법령에서 공무원의 신분으로 인하여 부과된 의무를 포함한다)를 위반하거나 직무를 태만히 한 때
> 3. 직무의 내외를 불문하고 그 체면 또는 위신을 손상하는 행위를 한 때

②
> 대법원 1997.2.11. 선고, 96누2125, 판결
> 국가공무원법상 공무원의 성실의무는 경우에 따라 근무시간 외에 근무지 밖에까지 미칠 수도 있다. 전국기관차협의회가 주도하는 집회 및 철도파업은 정당한 단체행동의 범위 내에 있는 것으로 보기 어렵고, 또한 그 집회가 적법한 절차를 거쳐 개최되었고 근무시간 외에 사업장 밖에서 개최되었다고 하더라도 철도의 정상적인 운행을 수행하여야 할 철도기관사로서의 성실의무는 철도의 정상운행에 지장을 초래할 가능성이 높은 집회에 참석하지 아니할 의무에까지도 미친다고 보아, 철도기관사에 대하여 그 집회에 참석하지 못하도록 한 지방철도청장의 명령은 정당한 직무상 명령이라고 본 원심판결을 수긍한 사례.

③ **COMMENT** 상관의 직무명령의 위법성이 당연무효의 정도에 이를 경우에는 복종을 거부할 수 있다.

④ 국가공무원법 제60조

> 제60조(비밀 엄수의 의무) 공무원은 재직 중은 물론 퇴직 후에도 직무상 알게 된 비밀을 엄수(嚴守)하여야 한다.

121

2018 지방직 7급

「국가공무원법」상 공무원의 의무에 대한 설명으로 옳지 않은 것은? (다툼이 있는 경우 판례에 의함)

① 공무원의 성실의무는 경우에 따라 근무시간 외에 근무지 밖에까지 미칠 수도 있다.
② 공무원의 품위유지의무는 공무원이 직무의 내외를 불문하고, 국민의 수임자로서의 직책을 맡아 수행해 나가기에 손색이 없는 인품에 걸맞게 본인은 물론 공직사회에 대한 국민의 신뢰를 실추시킬 우려가 있는 행위를 하지 않아야 할 의무를 말한다.
③ 실제 여럿이 모이는 형태로 의사표현을 하는 것은 아니지만 발표문에 서명날인을 하는 등의 수단으로 여럿이 가담한 행위임을 표명하는 경우는 「국가공무원법」이 금지하는 '집단행위'에 해당한다.
④ 행정조직의 개선과 발전에 도움이 되고, 궁극적으로 행정청의 권한행사의 적정화에 기여하는 면이 있다면, 공무원이 외부에 자신의 상사 등을 비판하는 의견을 발표하는 행위는 공무원으로서의 체면이나 위신을 손상시키는 행위에 해당하지 아니한다.

121 ④

해설

① 대법원 1997.2.11., 선고, 96누2125, 판결
국가공무원법상 공무원의 성실의무는 경우에 따라 근무시간 외에 근무지 밖에까지 미칠 수도 있다.

② 대법원 2017.11.9., 선고, 2017두47472, 판결
국가공무원법 제63조는 "공무원은 직무의 내외를 불문하고 그 품위가 손상되는 행위를 하여서는 아니 된다."라고 규정하고 있다. 국민으로부터 널리 공무를 수탁받아 국민 전체를 위해 근무하는 공무원의 지위를 고려할 때 공무원의 품위손상행위는 본인은 물론 공직사회에 대한 국민의 신뢰를 실추시킬 우려가 있으므로, 모든 공무원은 국가공무원법 제63조에 따라 직무의 내외를 불문하고 품위를 손상하는 행위를 하여서는 아니 된다. 여기서 '품위'는 공직의 체면, 위신, 신용을 유지하고, 주권자인 국민의 수임을 받은 국민 전체의 봉사자로서의 직책을 다함에 손색이 없는 몸가짐을 뜻하는 것으로서, 직무의 내외를 불문하고, 국민의 수임자로서의 직책을 맡아 수행해 나가기에 손색이 없는 인품을 말한다. 이와 같은 국가공무원법 제63조의 규정 내용과 의미, 입법 취지 등을 종합하면, 국가공무원법 제63조에 규정된 품위유지의무란 공무원이 직무의 내외를 불문하고, 국민의 수임자로서의 직책을 맡아 수행해 나가기에 손색이 없는 인품에 걸맞게 본인은 물론 공직사회에 대한 국민의 신뢰를 실추시킬 우려가 있는 행위를 하지 않아야 할 의무라고 해석할 수 있다. 구체적으로 어떠한 행위가 품위손상행위에 해당하는가는 수범자인 평균적인 공무원을 기준으로 구체적 상황에 따라 건전한 사회통념에 따라 판단하여야 한다.

③ 대법원 2017.4.13., 선고, 2014두8469, 판결
공무원들의 어느 행위가 국가공무원법 제66조 제1항에 규정된 '집단행위'에 해당하려면, 그 행위가 반드시 같은 시간, 장소에서 행하여져야 하는 것은 아니지만, 공익에 반하는 어떤 목적을 위한 다수인의 행위로서 집단성이라는 표지를 갖추어야만 한다고 해석함이 타당하다. 따라서 여럿이 같은 시간에 한 장소에 모여 집단의 위세를 과시하는 방법으로 의사를 표현하거나 여럿이 단체를 결성하여 그 단체 명의로 의사를 표현하는 경우, 실제 여럿이 모이는 형태로 의사표현을 하는 것은 아니지만 발표문에 서명날인을 하는 등의 수단으로 여럿이 가담한 행위임을 표명하는 경우 또는 일제 휴가나 집단적인 조퇴, 초과근무 거부 등과 같이 정부활동의 능률을 저해하기 위한 집단적 태업 행위로 볼 수 있는 경우에 속하거나 이에 준할 정도로 행위의 집단성이 인정되어야 국가공무원법 제66조 제1항에 해당한다고 볼 수 있다.

④ 대법원 2017.4.13., 선고, 2014두8469, 판결
공무원이 외부에 자신의 상사 등을 비판하는 의견을 발표하는 행위는 그것이 비록 행정조직의 개선과 발전에 도움이 되고, 궁극적으로 행정청의 권한행사의 적정화에 기여하는 면이 있다고 할지라도, 국민들에게는 그 내용의 진위나 당부와 상관없이 그 자체로 행정청 내부의 갈등으로 비춰져, 행정에 대한 국민의 신뢰를 실추시키는 요인으로 작용할 수 있고, 특히 발표 내용 중에 진위에 의심이 가는 부분이 있거나 표현이 개인적인 감정에 휩쓸려 지나치게 단정적이고 과장된 부분이 있는 경우에는 그 자체로 국민들로 하여금 공무원 본인은 물론 행정조직 전체의 공정성, 중립성, 신중성 등에 대하여 의문을 갖게 하여 행정에 대한 국민의 신뢰를 실추시킬 위험성이 더욱 크므로, 그러한 발표행위는 공무원으로서의 체면이나 위신을 손상시키는 행위에 해당한다.

122

공무원의 의무에 대한 설명으로 옳지 않은 것은? (다툼이 있는 경우 판례에 의함)

2020 지방직 7급

① 공무원의 비밀엄수의무의 대상이 되는 직무상 비밀은 행정기관이 비밀이라고 형식적으로 정한 것을 의미한다.
② 공무원의 법정연가일수의 범위 내에서의 연가신청에 대한 허가가 있기 전에 근무지를 이탈한 행위는 직장이탈 금지 의무 위반에 해당한다.
③ 다수의 공무원이 일반계약직 공무원에 대한 계약연장 거부 결정에 대하여 비난하면서 릴레이 1인 시위 등을 한 행위는 '공무 외의 일을 위한 집단행위'에 해당하지 않는다.
④ 군인이 상관의 지시나 명령에 대하여 재판청구권을 행사하는 경우에 그것이 위헌·위법인 지시와 명령을 시정하려는 데 목적이 있을 뿐, 군 내부의 상명하복관계를 파괴하고 명령불복종수단으로서 재판청구권의 외형만을 빌리거나 그 밖에 다른 불순한 의도가 있지 않다면, 군인의 복종의무를 위반하였다고 볼 수 없다.

해설

①
> 대법원 1996.10.11., 선고, 94누7171, 판결
> 국가공무원법상 직무상 비밀이라 함은 국가 공무의 민주적, 능률적 운영을 확보하여야 한다는 이념에 비추어 볼 때 당해 사실이 일반에 알려질 경우 그러한 행정의 목적을 해할 우려가 있는지 여부를 기준으로 판단하여야 하며, 구체적으로는 행정기관이 비밀이라고 형식적으로 정한 것에 따를 것이 아니라 실질적으로 비밀로서 보호할 가치가 있는지, 즉 그것이 통상의 지식과 경험을 가진 다수인에게 알려지지 아니한 비밀성을 가졌는지, 또한 정부나 국민의 이익 또는 행정목적 달성을 위하여 비밀로서 보호할 필요성이 있는지 등이 객관적으로 검토되어야 한다고 한 원심판결을 수긍한 사례.

②
> 대법원 1987.12.8., 선고, 87누657, 판결
> 공무원이 법정연가일수의 범위내에서 연가신청을 하였고 그와 같은 연가신청에 대하여 행정기관의 장은 공무수행상 특별한 지장이 없는 한 이를 허가하여야 한다고 되어 있더라도 그 연가신청에 대한 허가도 있기 전에 근무지를 이탈한 행위는 지방공무원법 제50조 제1항에 위반되는 행위로서 징계사유가 된다.

122 ①

③
대법원 2017.4.13., 선고, 2014두8469, 판결

국가인권위원회가 그 소속 일반계약직공무원인 소외 1에 대하여 계약연장 거부결정을 한 것에 항의하려는 데 그 동기나 목적이 있는 점을 고려할 때, 공익을 위한 것은 아니라 할지라도 공익에 반하는 목적을 갖고 행한 것이라고까지 보기는 어렵고, 그 밖에 국가공무원법에서 공무원에 대하여 금지하는 특정의 정치적 활동에 해당하는 경우 또는 특정 정당이나 정치세력에 대한 지지 또는 반대의사를 직접적으로 표현하는 등 정치적 편향성 또는 당파성을 명백히 드러내는 행위 등과 같이 공무원의 정치적 중립성을 침해할 만한 직접적인 위험을 초래할 정도에 이르렀다고 볼 수 있는 경우도 아니다. 더구나 원고들은 점심시간을 이용하여 1인 시위를 하였고, 언론기고가 일과시간 중에 행하여졌다고 볼 뚜렷한 증거도 없으며, 그 밖에 기록상 이 사건 행위로 인해 원고들이 자신의 직무를 게을리하는 등 직무전념의무를 해태하였다고 볼 자료가 부족하다. 그럼에도 원심은 그 판시와 같은 이유만을 들어 <u>이 사건 행위가 국가공무원법 제66조 제1항의 '공무 외의 일을 위한 집단 행위'에 해당한다고 판단하였으니, 위와 같은 원심의 판단에는 국가공무원법 제66조 제1항의 '공무 외의 일을 위한 집단 행위'에 관한 법리를 오해하여 판결에 영향을 미친 잘못이 있다.</u>

④
대법원 2018.3.22., 선고, 2012두26401, 전원합의체 판결

<u>상관의 지시나 명령 그 자체를 따르지 않는 행위와 상관의 지시나 명령은 준수하면서도 그것이 위법·위헌이라는 이유로 재판청구권을 행사하는 행위는 구별되어야 한다.</u> 법원이나 헌법재판소에 법적 판단을 청구하는 것 자체로는 상관의 지시나 명령에 직접 위반되는 결과가 초래되지 않으며, 재판절차가 개시되더라도 종국적으로는 사법적 판단에 따라 위법·위헌 여부가 판가름 나므로 재판청구권 행사가 곧바로 군에 대한 심각한 위해나 혼란을 야기한다고 상정하기도 어렵다. 상관의 지시나 명령을 준수하는 이상 그에 대하여 소를 제기하거나 헌법소원을 청구하였다는 사실만으로 상관의 지시나 명령을 따르지 않겠다는 의사를 표명한 것으로 간주할 수도 없다. 종래 군인이 상관의 지시나 명령에 대하여 사법심사를 청구하는 행위를 무조건 하극상이나 항명으로 여겨 극도의 거부감을 보이는 태도 역시 모든 국가권력에 대하여 사법심사를 허용하는 법치국가의 원리에 반하는 것으로 마땅히 배격되어야 한다. 따라서 <u>군인이 상관의 지시나 명령에 대하여 재판청구권을 행사하는 경우에 그것이 위법·위헌인 지시와 명령을 시정하려는 데 목적이 있을 뿐, 군 내부의 상명하복관계를 파괴하고 명령불복종 수단으로서 재판청구권의 외형만을 빌리거나 그 밖에 다른 불순한 의도가 있지 않다면, 정당한 기본권의 행사이므로 군인의 복종의무를 위반하였다고 볼 수 없다.</u>

123

2009 국가직 7급

공무원의 징계에 관한 국가공무원법의 내용으로 옳은 것은?

① 공무원에 대한 징계의 종류로는 파면, 해임, 정직, 감봉, 견책의 다섯 가지가 있다.
② 징계의결의 요구는 징계사유가 발생한 날부터 2년, 특히 금품 및 향응수수와 공금의 횡령·유용의 경우에는 3년이 지나면 하지 못한다.
③ 징계처분권자는 법령의 적용, 증거 및 사실조사에 명백한 흠이 있음을 이유로 소청심사위원회 또는 법원에서 징계처분의 무효 또는 취소결정이나 판결을 받은 경우에는 다시 징계의결을 요구하여야 한다.
④ 감사원의 조사나 수사를 시작한 때에는 30일 내에 소속 기관의 장에게 그 사실을 통보하여야 하며, 감사원에서 조사 중인 사건에 대하여는 조사개시통보를 받은 날부터 징계의결의 요구나 그 밖의 징계절차를 진행하지 못한다.

123 ③

> 해설

① 국가공무원법 제79조

> **국가공무원법**
> **제79조(징계의 종류)** 징계는 파면·해임·강등·정직·감봉·견책(譴責)으로 구분한다.

② 동법 제83조의2 제1항, 78조의2 제1항 각호

> **제83조의2(징계 및 징계부가금 부과 사유의 시효)** ① 징계의결등의 요구는 징계 등 사유가 발생한 날부터 다음 각 호의 구분에 따른 기간이 지나면 하지 못한다. 〈개정 2021. 6. 8.〉
> 1. 징계 등 사유가 다음 각 목의 어느 하나에 해당하는 경우: 10년
>   가. 「성매매알선 등 행위의 처벌에 관한 법률」 제4조에 따른 금지행위
>   나. 「성폭력범죄의 처벌 등에 관한 특례법」 제2조에 따른 성폭력범죄
>   다. 「아동·청소년의 성보호에 관한 법률」 제2조제2호에 따른 아동·청소년대상 성범죄
>   라. 「양성평등기본법」 제3조제2호에 따른 성희롱
> 2. 징계 등 사유가 제78조의2제1항 각 호의 어느 하나에 해당하는 경우: 5년
> 3. 그 밖의 징계 등 사유에 해당하는 경우: 3년
>
> **제78조의2(징계부가금)** ① 제78조에 따라 공무원의 징계 의결을 요구하는 경우 그 징계 사유가 다음 각 호의 어느 하나에 해당하는 경우에는 해당 징계 외에 다음 각 호의 행위로 취득하거나 제공한 금전 또는 재산상 이득(금전이 아닌 재산상 이득의 경우에는 금전으로 환산한 금액을 말한다)의 5배 내의 징계부가금 부과 의결을 징계위원회에 요구하여야 한다. 〈개정 2015. 5. 18.〉
> 1. 금전, 물품, 부동산, 향응 또는 그 밖에 대통령령으로 정하는 재산상 이익을 취득하거나 제공한 경우
> 2. 다음 각 목에 해당하는 것을 횡령(橫領), 배임(背任), 절도, 사기 또는 유용(流用)한 경우

③ 동법 제78조의2 제1항 제1호

> **제78조의3(재징계의결 등의 요구)** ① 처분권자(대통령이 처분권자인 경우에는 처분 제청권자)는 다음 각 호에 해당하는 사유로 소청심사위원회 또는 법원에서 징계처분등의 무효 또는 취소(취소명령 포함)의 결정이나 판결을 받은 경우에는 다시 징계 의결 또는 징계부가금 부과 의결(이하 "징계의결등"이라 한다)을 요구하여야 한다. 다만, 제3호의 사유로 무효 또는 취소(취소명령 포함)의 결정이나 판결을 받은 감봉·견책처분에 대하여는 징계의결을 요구하지 아니할 수 있다.
> 1. 법령의 적용, 증거 및 사실 조사에 명백한 흠이 있는 경우
> 2. 징계위원회의 구성 또는 징계의결등, 그 밖에 절차상의 흠이 있는 경우
> 3. 징계양정 및 징계부가금이 과다(過多)한 경우

④ 동법 제83조 제1항, 제3항

> **제83조(감사원의 조사와의 관계 등)** ① 감사원에서 조사 중인 사건에 대하여는 제3항에 따른 조사개시 통보를 받은 날부터 징계 의결의 요구나 그 밖의 징계 절차를 진행하지 못한다.
> ② 검찰·경찰, 그 밖의 수사기관에서 수사 중인 사건에 대하여는 제3항에 따른 수사개시 통보를 받은 날부터 징계 의결의 요구나 그 밖의 징계 절차를 진행하지 아니할 수 있다.
> ③ 감사원과 검찰·경찰, 그 밖의 수사기관은 조사나 수사를 시작한 때와 이를 마친 때에는 10일 내에 소속 기관의 장에게 그 사실을 통보하여야 한다.

124

2020 지방직 7급

「지방공무원법」상 징계의 종류에 해당하는 것만을 모두 고르면?

ㄱ. 강등
ㄴ. 경고
ㄷ. 견책
ㄹ. 직권면직
ㅁ. 불문경고
ㅂ. 직위해제
ㅅ. 자격정지

① ㄱ, ㄷ
② ㄱ, ㅅ
③ ㄴ, ㄹ, ㅂ
④ ㄷ, ㅁ, ㅂ

해설

COMMENT 「지방공무원법」상 징계에 해당하는 것은 ㄱ, ㄷ이다(「지방공무원법」 제70조). 「국가공무원법」 상 징계의 종류와 동일하다.

> **제70조(징계의 종류)** 징계는 파면·해임·강등·정직·감봉 및 견책으로 구분한다.

125

2011 국회직 8급

공무원의 징계책임에 관한 판례의 내용으로 옳지 않은 것은?

① 동일한 사유로 직위해제처분을 한 후에 다시 감봉처분을 하였다면 일사부재리원칙에 위배된다고 할 수 있다.
② 「국가공무원법」상 징계원인은 「국가공무원법」과 동법에 따른 명령위반, 직무상 의무의 위반 또는 직무태만, 직무의 내외를 막론하고 그 체면 또는 위신을 손상하는 행위 등인바, 경우에 따라서는 임용 전의 행위도 징계원인이 될 수 있다.
③ 불문경고조치는 법률상 징계처분은 아니지만 항고소송의 대상이 되는 행정처분에 해당된다.
④ 지방자치단체장은 소속 공무원의 구체적인 행위가 징계사유에 해당하는지 여부에 관하여 판단할 재량은 있지만, 징계사유에 해당하는 것이 명백한 경우에는 관할 인사위원회에 징계를 요구할 의무를 지게 된다.
⑤ 교원소청심사위원회의 결정은 처분행정청을 기속하나, 교원소청심사위원회의 소청심사결정 중 임용기간이 만료된 교원에 대한 재임용거부처분을 취소하는 결정은 재임용거부처분을 취소함으로써 학교법인 등에게 해당 교원에 대한 재임용심사를 다시 하도록 하는 절차적 의무를 부과하는 데 그친다.

> 해설

① 대법원 1983.10.25., 선고, 83누184, 판결
직위해제처분이 공무원에 대한 불이익한 처분이긴 하나 징계처분과 같은 성질의 처분이라 할 수 없으므로 동일한 사유로 직위해제 처분을 하고 다시 감봉처분을 하였다 하여 일사부재리원칙에 위배된다 할 수 없다.

② 대법원 1990.5.22., 선고, 89누7368, 판결
국가공무원으로 임용되기 전의 행위는 국가공무원법 제78조 제2항, 제3항의 경우외에는 원칙적으로 재직중의 징계사유로 삼을 수 없다 할 것이나, 비록 임용전의 행위라 하더라도 이로 인하여 임용후의 공무원의 체면 또는 위신을 손상하게 된 경우에는 위 제1항 제3호의 징계사유로 삼을 수 있다고 보아야 할 것인바, 원고가 장학사 또는 공립학교 교사로 임용해 달라는 등의 인사청탁과 함께 금 1,000만원을 제3자를 통하여 서울시 교육감에게 전달함으로써 뇌물을 공여하였고, 그후 공립학교 교사로 임용되어 재직중 검찰에 의하여 위 뇌물공여죄로 수사를 받다가 기소되기에 이르렀으며 그와 같은 사실이 언론기관을 통하여 널리 알려졌다면, 비록 위와 같은 뇌물을 공여한 행위는 공립학교 교사로 임용되기 전이었더라도 그 때문에 임용후의 공립학교 교사로서의 체면과 위신이 크게 손상되었다고 하지 않을 수 없으므로 이를 징계사유로 삼은 것은 정당하다.

③ 대법원 2002.7.26., 선고, 2001두3532, 판결
행정규칙에 의한 '불문경고조치'가 비록 법률상의 징계처분은 아니지만 위 처분을 받지 아니하였다면 차후 다른 징계처분이나 경고를 받게 될 경우 징계감경사유로 사용될 수 있었던 표창공적의 사용가능성을 소멸시키는 효과와 1년 동안 인사기록카드에 등재됨으로써 그 동안은 장관표창이나 도지사표창 대상자에서 제외시키는 효과 등이 있다는 이유로 항고소송의 대상이 되는 행정처분에 해당한다고 한 사례.

④ 대법원 2007.7.12., 선고, 2006도1390, 판결
지방공무원의 징계와 관련된 규정을 종합해 보면, 징계권자이자 임용권자인 지방자치단체장은 소속 공무원의 구체적인 행위가 과연 지방공무원법 제69조 제1항에 규정된 징계사유에 해당하는지 여부에 관하여 판단할 재량은 있지만, 징계사유에 해당하는 것이 명백한 경우에는 관할 인사위원회에 징계를 요구할 의무가 있다.

⑤ 대법원 2011.9.8., 선고, 2009다65249, 판결
교원소청심사위원회의 소청심사결정 중 임용기간이 만료된 교원에 대한 재임용거부처분을 취소하는 결정은 재임용거부처분을 취소함으로써 학교법인 등에게 해당 교원에 대한 재임용심사를 다시 하도록 하는 절차적 의무를 부과하는 데 그칠 뿐, 학교법인 등에게 반드시 해당 교원을 재임용하여야 하는 의무를 부과하거나 혹은 그 교원이 바로 재임용되는 것과 같은 법적 효과까지 인정되는 것은 아니다.

126

2013 국회직 8급

공무원에 대한 징계처분 등 불이익처분에 대한 설명으로 옳지 않은 것은? (다툼이 있는 경우 판례에 따름)

① 징계의결 등을 요구한 기관의 장은 징계위원회의 의결이 가볍다고 인정하면 징계의결을 통보받은 날부터 30일 이내에 심사나 재심사를 청구할 수 있다.
② 소청심사위원회의 결정에 불복하여 행정소송을 제기하는 경우 행정소송은 원징계처분과 소청결정 중 원징계처분을 다투는 것이 원칙이다.
③ 공무원이 그에 불리한 처분을 다투는 경우에는 소청전치주의가 적용되어 소청심사위원회의 심사·결정을 아니하면 행정소송을 제기할 수 없다.
④ 교육공무원의 경우 교원소청심사위원회의 소청결정을 거쳐 행정소송을 제기하여야 하며 항고소송의 대상은 일반공무원의 경우와 동일하다.
⑤ 사립학교 교원의 경우 교원소청심사위원회의 결정에 불복하는 경우 교원소청심사위원회를 피고로 하여 항고소송을 제기할 수 있다.

해설

① COMMENT 15일 이내에 청구할 수 있다.

> **국가공무원법**
> **제82조(징계 등 절차)** ② 징계의결등을 요구한 기관의 장은 징계위원회의 의결이 가볍다고 인정하면 그 처분을 하기 전에 다음 각 호의 구분에 따라 심사나 재심사를 청구할 수 있다. 이 경우 소속 공무원을 대리인으로 지정할 수 있다.
> 1. 국무총리 소속으로 설치된 징계위원회의 의결: 해당 징계위원회에 재심사를 청구
> 2. 중앙행정기관에 설치된 징계위원회(중앙행정기관의 소속기관에 설치된 징계위원회는 제외한다)의 의결: 국무총리 소속으로 설치된 징계위원회에 심사를 청구
> 3. 제1호 및 제2호 외의 징계위원회의 의결: 직근 상급기관에 설치된 징계위원회에 심사를 청구
>
> **공무원징계령**
> **제24조(심사 또는 재심사 청구)** 징계의결등을 요구한 기관의 장은 법 제82조제2항에 따라 심사 또는 재심사를 청구하려면 징계의결등을 통보받은 날부터 15일 이내에 다음 각 호의 사항을 적은 징계의결 등 심사(재심사)청구서에 사건 관계 기록을 첨부하여 관할 징계위원회에 제출하여야 한다.
> 1. 심사 또는 재심사 청구의 취지
> 2. 심사 또는 재심사 청구의 이유 및 증명 방법
> 3. 징계등 의결서 사본 또는 징계부가금 감면 의결서 사본
> 4. 제17조에 따른 여러 정상

②

> **대법원 1994.2.8., 선고, 93누17874, 판결**
> 국공립학교교원에 대한 징계 등 불리한 처분은 행정처분이므로 국공립학교교원이 징계 등 불리한 처분에 대하여 불복이 있으면 교원징계재심위원회에 재심청구를 하고 위 재심위원회의 재심결정에 불복이 있으면 항고소송으로 이를 다투어야 할 것인데, 이 경우 그 소송의 대상이 되는 처분은 원칙적으로 원처분청의 처분이고, 원처분이 정당한 것으로 인정되어 재심청구를 기각한 재결에 대한 항고소송은 원처분의 하자를 이유로 주장할 수는 없고 그 재결 자체에 고유한 주체·절차·형식 또는 내용상의 위법이 있는 경우에 한한다고 할 것이므로, 도교육감의 해임처분의 취소를 구하는 재심청구를 기각한 재심결정에 사실오인의 위법이 있다거나 재량권의 남용 또는 그 범위를 일탈한 것으로서 위법하다는 사유는 재심결정 자체에 고유한 위법을 주장하는 것으로 볼 수 없어 재심결정의 취소사유가 될 수 없다.

③ **COMMENT** 공무원에 대한 징계처분에 대한 행정소송은 필요적 전치주의가 적용된다(국가공무원법 제16조 제1항).

> **국가공무원법**
> **제16조(행정소송과의 관계)** ① 제75조에 따른 처분, 그 밖에 본인의 의사에 반한 불리한 처분이나 부작위(不作爲)에 관한 행정소송은 소청심사위원회의 심사·결정을 거치지 아니하면 제기할 수 없다.

④ **COMMENT** 교육공무원의 경우에도 일반공무원과 마찬가지로 소청심사위원회의 심사·결정을 거쳐서 행정소송을 제기하여야 하고, 항고소송의 대상은 원처분주의가 적용된다.

⑤ **COMMENT** 사립학교 교원과 학교법인과의 근무관계는 사법관계이다. 따라서 학교법인의 징계처분에 대한 불복은 민사소송절차에 의한다. 다만 위 징계처분에 대해서는 교원소청심사위원회에 소청심사를 청구할 수 있고, 이에 대한 재심결정이 있게 되면 그 재심결정을 원처분으로 삼아 행정소송을 제기할 수 있다(교원지위향상을 위한 특별법 제9조 제1항).

> **교원지위향상을 위한 특별법**
> **제9조(소청심사의 청구 등)** ① 교원이 징계처분과 그 밖에 그 의사에 반하는 불리한 처분에 대하여 불복할 때에는 그 처분이 있었던 것을 안 날부터 30일 이내에 심사위원회에 소청심사를 청구할 수 있다. 이 경우에 심사청구인은 변호사를 대리인으로 선임(選任)할 수 있다.

127
2015 서울시 7급

공무원의 징계에 관한 설명으로 옳지 않은 것은? (다툼이 있는 경우 판례에 의함)

① 공무원에 대한 직위해제처분은 징계처분과는 별개의 처분이다.
② 정직은 1개월 이상 3개월 이하의 기간으로 하고, 정직 처분을 받은 자는 공무원의 신분은 보유하나 직무에 종사하지 못하며, 보수의 3분의 1을 감한다.
③ 지방공무원의 공금 횡령에 대한 징계의결요구는 그 징계 사유가 발생한 때부터 5년이 지나면 하지 못한다.
④ 징계로 해임을 당한 자는 3년간 지방공무원에 임용될 수 없다.

127 ②

해설

① 대법원 1984.2.28., 선고, 83누489, 판결

직위해제처분은 공무원에 대하여 불이익한 처분이긴 하나 징계처분과 같은 성질의 처분이라고는 볼 수 없으므로 동일한 사유에 대한 직위해제처분이 있은 후 다시 해임처분이 있었다 하여 일사부재리의 법리에 어긋난다고 할 수 없다.

② 국가공무원법 제80조 제3항

> **제80조(징계의 효력)** ③ 정직은 1개월 이상 3개월 이하의 기간으로 하고, 정직 처분을 받은 자는 그 기간 중 공무원의 신분은 보유하나 직무에 종사하지 못하며 보수의 전액을 감한다.

③ 동법 제83조의2 제1항

> **제83조의2(징계 및 징계부가금 부과 사유의 시효)** ① 징계의결 등의 요구는 징계 등의 사유가 발생한 날부터 3년(금품 및 향응 수수, 공금의 횡령·유용의 경우에는 5년)이 지나면 하지 못한다.
> ② 제83조제1항 및 제2항에 따라 징계 절차를 진행하지 못하여 제1항의 기간이 지나거나 그 남은 기간이 1개월 미만인 경우에는 제1항의 기간은 제83조제3항에 따른 조사나 수사의 종료 통보를 받은 날부터 1개월이 지난 날에 끝나는 것으로 본다.
> ③ 징계위원회의 구성·징계의결등, 그 밖에 절차상의 흠이나 징계양정 및 징계부가금의 과다(過多)를 이유로 소청심사위원회 또는 법원에서 징계처분등의 무효 또는 취소의 결정이나 판결을 한 경우에는 제1항의 기간이 지나거나 그 남은 기간이 3개월 미만인 경우에도 그 결정 또는 판결이 확정된 날부터 3개월 이내에는 다시 징계의결등을 요구할 수 있다.

④ 지방공무원법 제31조 제8호

> **제31조(결격사유)** 다음 각 호의 어느 하나에 해당하는 사람은 공무원이 될 수 없다.
> 1. 피성년후견인 또는 피한정후견인
> 2. 파산선고를 받고 복권되지 아니한 사람
> 3. 금고 이상의 형을 선고받고 그 집행이 끝나거나 집행을 받지 아니하기로 확정된 후 5년이 지나지 아니한 사람
> 4. 금고 이상의 형을 선고받고 그 집행유예기간이 끝난 날부터 2년이 지나지 아니한 사람
> 5. 금고 이상의 형의 선고유예를 선고받고 그 선고유예기간 중에 있는 사람
> 6. 법원의 판결 또는 다른 법률에 따라 자격이 상실되거나 정지된 사람
> 6의2. 공무원으로 재직기간 중 직무와 관련하여 「형법」 제355조및 제356조에 규정된 죄를 범한 사람으로서 300만원 이상의 벌금형을 선고받고 그 형이 확정된 후 2년이 지나지 아니한 사람
> 7. 징계로 파면처분을 받은 날부터 5년이 지나지 아니한 사람
> 8. 징계로 해임처분을 받은 날부터 3년이 지나지 아니한 사람

128

2018 서울시 7급(3월)

공무원의 징계책임에 대한 판례의 내용으로 가장 옳지 않은 것은?

① 징계권자이자 임용권자인 지방자치단체장은 소속 공무원의 구체적인 행위가 과연 「지방공무원법」에 규정된 징계사유에 해당하는지 여부에 관하여 판단할 재량은 있지만, 징계사유에 해당하는 것이 명백한 경우에는 관할 인사위원회에 징계를 요구할 의무가 있다.

② 법문에 의한 재심사 청구가 인정되지 않은 기관에 설치된 징계위원회 의결에 대하여는 그 기관의 상급기관에 징계 위원회가 설치되어 있지 않다고 하더라도 개별 법령에서 당해 징계위원회에 재심사를 청구할 수 있도록 규정되어 있지 않은 이상 「국가공무원법」에 근거하여 징계의결 요구권자가 당해 징계위원회에 재심사를 청구할 수는 없다.

③ 징계위원회의 심의과정에 반드시 제출되어야 하는 공적 사항이 제시되지 않은 상태에서 결정한 징계처분은 징계 양정이 결과적으로 적정한 경우에는 법령이 정한 징계절차를 지키지 않은 것으로서 위법하다고 할 수 없다.

④ 수 개의 징계사유 중 그 일부가 독립하여 징계사유가 되지 않는다 하더라도, 인정되는 타의 일부 징계사유만으로도 징계처분을 함에 족하다고 인정되는 경우에는 그 징계처분 자체가 무효로 되거나 취소되어야 한다고 볼 수 없다

해설

①
> 대법원 2007.7.12., 선고, 2006도1390, 판결
> 지방공무원의 징계와 관련된 규정을 종합해 보면, 징계권자이자 임용권자인 지방자치단체장은 소속 공무원의 구체적인 행위가 과연 지방공무원법 제69조 제1항에 규정된 징계사유에 해당하는지 여부에 관하여 판단할 재량은 있지만, 징계사유에 해당하는 것이 명백한 경우에는 관할 인사위원회에 징계를 요구할 의무가 있다.

②
> 대법원 2012.4.13., 선고, 2011두21003, 판결
> 국가공무원법 제82조 제1항, 제2항 규정의 취지 및 내용을 종합하여 살펴보면, 국무총리 소속으로 설치된 징계위원회 및 국회·법원·헌법재판소·선거관리위원회의 중앙인사관장기관에 설치된 상급 징계위원회의 의결에 대하여는 징계의결요구권자가 당해 징계위원회에 재심사를 청구할 수 있지만, 이와 같이 법문에 의한 재심사 청구가 인정되지 않은 기관에 설치된 징계위원회 의결에 대하여는 그 기관의 상급기관에 징계위원회가 설치되어 있지 않다고 하더라도 개별 법령에서 당해 징계위원회에 재심사를 청구할 수 있도록 규정되어 있지 않은 이상 국가공무원법 제82조 제2항에 근거하여 징계의결요구권자가 당해 징계위원회에 재심사를 청구할 수는 없다. 그런데 국가정보원의 직근 상급기관인 대통령에는 징계위원회가 설치되어 있지 않고, 국가정보원 직원에 관한 징계절차 등을 규정한 국가정보원직원법 및 같은 법 시행령에는 징계의결요구권자가 당해 징계위원회에 재심사를 청구할 수 있는 규정을 두고 있지 않다. 따라서 앞서 본 법리에 비추어 볼 때 국가정보원직원법 제30조에서 직원에 대하여 특별한 규정이 있는 경우를 제외하고 국가공무원법 중 일반직공무원에 관한 규정을 준용하도록 하고 있지만, 국가정보원 직원의 징계에 관하여는 국가공무원법 제82조 제2항에 근거하여 징계의결요구권자가 당해 징계위원회에 재심사를 청구할 수 없다고 보아야 한다.

128 ③

③ **대법원 2012.6.28., 선고, 2011두20505, 판결**
공무원징계령 제7조 제6항 제3호에 의하면, 공무원에 대한 징계의결을 요구할 때는 징계사유의 증명에 필요한 관계 자료뿐 아니라 '감경대상 공적 유무' 등이 기재된 확인서를 징계위원회에 함께 제출하여야 하고, 경찰공무원 징계양정 등에 관한 규칙 제9조 제1항 제2호 및 [별표 10]에 의하면 경찰청장의 표창을 받은 공적은 징계양정에서 감경할 수 있는 사유의 하나로 규정되어 있다. 위와 같은 관계 법령의 규정 및 기록에 비추어 보면, 징계위원회의 심의과정에 반드시 제출되어야 하는 공적(功績) 사항이 제시되지 않은 상태에서 결정한 징계처분은 징계양정이 결과적으로 적정한지 그렇지 않은지와 상관없이 법령이 정한 징계절차를 지키지 않은 것으로서 위법하다.

④ **대법원 2002.9.24., 선고, 2002두6620, 판결**
수 개의 징계사유 중 일부가 인정되지 않더라도 인정되는 다른 징계사유만으로도 당해 징계처분의 타당성을 인정하기에 충분한 경우에는 그 징계처분을 유지하여도 위법하지 아니하다.

129

2020 국회직 8급

「국가공무원법」에 대한 설명으로 옳지 않은 것은? (다툼이 있는 경우 판례에 의함)

① 징계의결 등을 요구한 기관의 장은 징계위원회의 의결이 가볍다고 인정하면 그 처분을 하기 전에 직근 상급기관이 없는 징계위원회의 의결에 대하여는 그 징계위원회에 심사나 재심사를 청구할 수 있다.
② 공무원의 징계처분 등을 의결하게 하기 위하여 대통령령 등으로 정하는 기관에 징계위원회를 둔다.
③ 본인의 원(願)에 따른 강임·휴직 또는 면직처분의 경우에도 그 처분권자 또는 처분제청권자는 처분 사유를 적은 설명서를 교부하여야 한다.
④ 징계 의결 요구는 5급 이상 공무원 및 고위공무원단에 속하는 일반직 공무원은 소속 장관이, 6급 이하의 공무원은 소속 기관의 장 또는 소속 상급기관의 장이 한다.
⑤ 징계의결이 요구는 징계 사유가 발생한 날부터 3년, 특히 금품 및 향응수수와 공금의 횡령·유용의 경우에는 5년이 지나면 하지 못한다.

해설

① 「국가공무원법」 제82조

> **제82조(징계 등 절차)** ① 공무원의 징계처분등은 징계위원회의 의결을 거쳐 징계위원회가 설치된 소속 기관의 장이 하되, 국무총리 소속으로 설치된 징계위원회(국회·법원·헌법재판소·선거관리위원회에 있어서는 해당 중앙인사관장기관에 설치된 상급 징계위원회를 말한다. 이하 같다)에서 한 징계의결등에 대하여는 중앙행정기관의 장이 한다. 다만, 파면과 해임은 징계위원회의 의결을 거쳐 각 임용권자 또는 임용권을 위임한 상급 감독기관의 장이 한다.
> ② 징계의결등을 요구한 기관의 장은 징계위원회의 의결이 가볍다고 인정하면 그 처분을 하기 전에 직근 상급기관에 설치된 징계위원회(직근 상급기관이 없는 징계위원회의 의결에 대하여는 그 징계위원회)에 심사나 재심사를 청구할 수 있다. 이 경우 소속 공무원을 대리인으로 지정할 수 있다.

129 ③

② 동법 제81조 제1항

> **제81조(징계위원회의 설치)** ① 공무원의 징계처분등을 의결하게 하기 위하여 대통령령등으로 정하는 기관에 징계위원회를 둔다.

③ 동법 제75조 제1항

> **제75조(처분사유 설명서의 교부)** ① 공무원에 대하여 징계처분등을 할 때나 강임·휴직·직위해제 또는 면직처분을 할 때에는 그 처분권자 또는 처분제청권자는 처분사유를 적은 설명서를 교부(交付)하여야 한다. 다만, 본인의 원(願)에 따른 강임·휴직 또는 면직처분은 그러하지 아니하다.

④ 동법 제78조 제4항

> **제78조(징계 사유)** ① 공무원이 다음 각 호의 어느 하나에 해당하면 징계 의결을 요구하여야 하고 그 징계 의결의 결과에 따라 징계처분을 하여야 한다.
> 1. 이 법 및 이 법에 따른 명령을 위반한 경우
> 2. 직무상의 의무(다른 법령에서 공무원의 신분으로 인하여 부과된 의무를 포함한다)를 위반하거나 직무를 태만히 한 때
> 3. 직무의 내외를 불문하고 그 체면 또는 위신을 손상하는 행위를 한 때
> ② 징계에 관하여 다른 법률의 적용을 받는 공무원이 이 법의 징계에 관한 규정을 적용받는 공무원으로 임용된 경우에 임용 이전의 다른 법률에 따른 징계 사유는 그 사유가 발생한 날부터 이 법에 따른 징계 사유가 발생한 것으로 본다.
> ③ 특수경력직공무원이 경력직공무원으로 임용된 경우에 임용 전의 해당 특수경력직공무원의 징계를 규율하는 법령상의 징계 사유는 그 사유가 발생한 날부터 이 장(章)에 따른 징계 사유가 발생한 것으로 본다.
> ④ 제1항의 징계 의결 요구는 5급 이상 공무원 및 고위공무원단에 속하는 일반직공무원은 소속 장관이, 6급 이하의 공무원은 소속 기관의 장 또는 소속 상급기관의 장이 한다. 다만, 국무총리·인사혁신처장 및 대통령령등으로 정하는 각급 기관의 장은 다른 기관 소속 공무원이 징계 사유가 있다고 인정하면 관계 공무원에 대하여 관할 징계위원회에 직접 징계를 요구할 수 있다.

⑤ 동법 제83조의2 제1항, 제78조의2 제1항

> **제83조의2(징계 및 징계부가금 부과 사유의 시효)** ① 징계의결등의 요구는 징계 등 사유가 발생한 날부터 다음 각 호의 구분에 따른 기간이 지나면 하지 못한다. 〈개정 2021. 6. 8.〉
> 1. 징계 등 사유가 다음 각 목의 어느 하나에 해당하는 경우: 10년
>   가. 「성매매알선 등 행위의 처벌에 관한 법률」 제4조에 따른 금지행위
>   나. 「성폭력범죄의 처벌 등에 관한 특례법」 제2조에 따른 성폭력범죄
>   다. 「아동·청소년의 성보호에 관한 법률」 제2조제2호에 따른 아동·청소년대상 성범죄
>   라. 「양성평등기본법」 제3조제2호에 따른 성희롱
> 2. 징계 등 사유가 제78조의2제1항 각 호의 어느 하나에 해당하는 경우: 5년
> 3. 그 밖의 징계 등 사유에 해당하는 경우: 3년
>
> **제78조의2(징계부가금)** ① 제78조에 따라 공무원의 징계 의결을 요구하는 경우 그 징계 사유가 다음 각 호의 어느 하나에 해당하는 경우에는 해당 징계 외에 다음 각 호의 행위로 취득하거나 제공한 금전 또는 재산상 이득(금전이 아닌 재산상 이득의 경우에는 금전으로 환산한 금액을 말한다)의 5배 내의 징계부가금 부과 의결을 징계위원회에 요구하여야 한다. 〈개정 2015. 5. 18.〉
> 1. 금전, 물품, 부동산, 향응 또는 그 밖에 대통령령으로 정하는 재산상 이익을 취득하거나 제공한 경우
> 2. 다음 각 목에 해당하는 것을 횡령(橫領), 배임(背任), 절도, 사기 또는 유용(流用)한 경우

130
2013 서울시 7급

공무원관계의 소멸에 해당하지 않는 것은?

① 임기만료
② 강임
③ 사망
④ 의원면직
⑤ 파면

해설

COMMENT 공무원관계의 소멸사유는 당연퇴직(임기만료, 사망, 정년)과 면직(의원면직, 강제면직)이 있다. 강제면직에는 징계면직(파면, 해임)과 직권면직(국가공무원법 제70조 제1항, 지방공무원법 제62조 제1항)이 있다. 강임(降任)은 공무원을 하위직급에 임명하는 것으로서 공무원관계의 변경사유에 해당한다.

131
2010 지방직 7급

지방공무원법의 규정내용으로 옳지 않은 것은?

① 공무원은 종교에 따른 차별 없이 직무를 수행하여야 하며, 소속 상관이 종교중립의 의무에 위배되는 직무상 명령을 한 경우에는 이에 따르지 아니할 수 있다.
② 임용권자는 공무원의 결원을 신규임용·승진임용·강임·전직 또는 전보의 방법으로 보충한다.
③ 징계는 원칙적으로 인사위원회의 의결을 거쳐 임용권자가 하며, 감사원에서 조사 중인 사건에 대하여는 조사개시통보를 받은 날부터 징계의결요구나 그 밖의 징계절차를 진행하지 아니할 수 있다.
④ 임용권자는 직제 또는 정원의 변경이나 예산의 감소 등으로 직위가 없어지거나 하위의 직위로 변경되어 과원이 되었을 때 본인이 동의한 경우에는 소속 공무원을 강임할 수 있다.

해설

① 지방공무원법 제51조의2

> **제51조의2(종교중립의 의무)** ① 공무원은 종교에 따른 차별 없이 직무를 수행하여야 한다.
> ② 공무원은 소속 상관이 제1항에 위배되는 직무상 명령을 한 경우에는 이에 따르지 아니할 수 있다.

② 동법 제26조

> **제26조(결원 보충 방법)** 임용권자는 공무원의 결원을 신규임용·승진임용·강임·전직 또는 전보의 방법으로 보충한다.

130 ② 131 ③

③ COMMENT 감사원에서 조사 중인 사건에 대하여는 조사개시통보를 받은 날부터 징계의결요구나 그 밖의 징계절차를 진행하지 못한다(동법 제72조 제1항, 제73조 제1항).

> **제72조(징계 등 절차)** ① 징계처분등은 인사위원회의 의결을 거쳐 임용권자가 한다. 다만, 5급 이상 공무원 또는 이와 관련된 하위직공무원의 징계처분등과 소속 기관(시·도와 구·시·군, 구·시·군)을 달리하는 동일사건에 관련된 사람의 징계처분등은 시·도의 인사위원회의 의결로 한다.
>
> **제73조(징계의 관리)** ① 감사원에서 조사 중인 사건이나 각 행정기관에서 대통령령으로 정하는 바에 따라 조사 중인 사건에 대하여는 제3항에 따른 조사개시 통보를 받은 날부터 징계의결 요구나 그 밖의 징계절차를 진행하지 못한다.

④ 동법 제65조의4 제1항

> **제65조의4(강임)** ① 임용권자는 직제 또는 정원의 변경이나 예산의 감소 등으로 직위가 없어지거나 하위의 직위로 변경되어 과원이 되었을 때 또는 본인이 동의한 경우에는 소속 공무원을 강임할 수 있다.
> ② 제1항에 따라 강임된 공무원은 상위 직급에 결원이 생기면 제38조, 제39조 및 제39조의2에도 불구하고 우선 임용된다. 다만, 본인이 동의하여 강임된 공무원은 본인의 경력과 해당 기관의 인력 사정 등을 고려하여 우선 임용될 수 있다.

132
2021 지방직 7급

지방공무원법상 공무원관계에 대한 설명으로 옳지 않은 것은?

① 교육부장관 또는 행정안전부장관은 지방자치단체의 5급 이상 공무원의 결원을 보충할 때 공개경쟁임용시험 합격자, 공개경쟁승진시험 합격자 및 일반승진시험 합격자의 보충임용이 적절한 균형을 유지하도록 조정할 수 있다.
② 지방자치단체의 장은 다른 지방자치단체의 장의 동의를 받아 그 소속 공무원을 전입하도록 할 수 있다.
③ 지방자치단체의 장은 업무의 특성 또는 기관의 사정 등을 고려하여 신규임용되는 공무원 또는 소속 공무원을 대통령령 또는 조례로 정하는 바에 따라 통상적인 근무시간보다 짧게 근무하는 공무원으로 임용할 수 있다.
④ 파면, 해임, 강등, 견책에 해당하는 징계의결요구 중인 공무원에 대하여 임용권자는 직위를 부여하지 아니할 수 있다.

132 ④

해설

① 지방공무원법 제30조 제2항

> **제30조(공개경쟁시험 합격자의 우선임용 및 결원 보충의 조정)** ① 결원을 보충할 때에는 공개경쟁임용시험 합격자와 공개경쟁승진시험 합격자를 우선하여 임용하여야 한다.
> ② 교육부장관 또는 행정안전부장관은 지방자치단체의 5급 이상 공무원의 결원을 보충할 때 공개경쟁임용시험 합격자, 공개경쟁승진시험 합격자 및 일반승진시험 합격자의 보충임용이 적절한 균형을 유지하도록 조정할 수 있다.

② 동법 제29조의3

> **제29조의3(전입)** 지방자치단체의 장은 다른 지방자치단체의 장의 동의를 받아 그 소속 공무원을 전입하도록 할 수 있다.

③ 동법 제25조의3

> **제25조의3(근무시간의 단축 임용)** 지방자치단체의 장과 지방의회의 의장은 업무의 특성 또는 기관의 사정 등을 고려하여 신규임용되는 공무원 또는 소속 공무원을 대통령령 또는 조례로 정하는 바에 따라 통상적인 근무시간보다 짧게 근무하는 공무원으로 임용할 수 있다.

④ COMMENT 동법 제65조의3. 견책이 아니라 정직의 경우에 직위를 부여하지 아니할 수 있다.

> **제65조의3(직위해제)** ① 임용권자는 다음 각 호의 어느 하나에 해당하는 사람에 대하여는 직위를 부여하지 아니할 수 있다.
> 1. 직무수행 능력이 부족하거나 근무성적이 극히 나쁜 사람
> 2. 파면·해임·강등·정직에 해당하는 징계의결이 요구되고 있는 사람
> 3. 형사사건으로 기소된 사람(약식명령이 청구된 사람은 제외한다)
> 4. 금품비위, 성범죄 등 대통령령으로 정하는 비위행위로 인하여 감사원 및 검찰·경찰 등 수사기관에서 조사나 수사 중인 자로서 비위의 정도가 중대하고 이로 인하여 정상적인 업무수행을 기대하기 현저히 어려운 자

133

2010 국가직 7급

공무원에 대한 설명으로 옳지 않은 것은?

① 국가공무원을 임용할 때에 법령에서 정하는 바에 따라 국가유공자를 우선 임용하여야 한다.
② 공무원 또는 공무원이었던 자는 국회로부터 증언의 요구를 받은 경우에 증언할 사실이나 제출할 서류의 내용이 직무상 비밀에 속한다는 이유로 증언이나 서류제출을 원칙적으로 거부할 수 있다.
③ 공무원연금법상 공무상 질병은 공무와 질병 사이에 인과관계가 있어야 하는데, 질병의 주된 발생원인이 공무와 직접 관련이 없어도 직무상 과로가 질병의 주된 발생원인에 겹쳐서 질병을 유발 또는 악화시켰다면 그 인과관계가 성립한다.
④ 공무원이 법정 연가일수 범위 내에서 연가를 신청한 경우 그에 대한 소속 행정기관장의 허가가 있기 전에 근무지를 이탈한 행위는 징계사유가 된다.

해설

① 국가공무원법 제42조 제1항

> **제42조(국가유공자 우선 임용)** ① 공무원을 임용할 때에 법령으로 정하는 바에 따라 국가유공자를 우선 임용하여야 한다.

② 국회에서의 증언·감정 등에 관한 법률 제4조

> **제4조(공무상 비밀에 관한 증언·서류등의 제출)** ① 국회로부터 공무원 또는 공무원이었던 자가 증언의 요구를 받거나, 국가기관이 서류등의 제출을 요구받은 경우에 증언할 사실이나 제출할 서류등의 내용이 직무상 비밀에 속한다는 이유로 증언이나 서류등의 제출을 거부할 수 없다. 다만, 군사·외교·대북관계의 국가기밀에 관한 사항으로서 그 발표로 말미암아 국가안위에 중대한 영향을 미친다는 주무부장관(대통령 및 국무총리의 소속기관에서는 당해 관서의 장)의 소명이 증언등의 요구를 받은 날로부터 5일이내에 있는 경우에는 그러하지 아니하다.

③ 대법원 1992.7.24., 선고, 92누5355, 판결
공무원연금법 제61조 제1항 소정의 유족보상금지급청구의 요건인 "공무상 질병으로 인한 사망"이라 함은 공무원의 공무집행중 이로 인하여 발생한 질병으로 사망한 경우를 뜻하므로 공무와 사망의 원인이 되는 질병과의 사이에 인과관계가 있어야 하는 것이지만, 질병의 주된 발생원인이 공무와 직접관련이 없다 하더라도 직무상 과로가 질병의 주된 발생원인에 겹쳐서 질병을 유발하거나 악화시켰다면 그 인과관계가 있다고 보아야 할 것이다.

④ 대법원 1987.12.8., 선고, 87누657, 판결
공무원이 법정연가일수의 범위내에서 연가신청을 하였고 그와 같은 연가신청에 대하여 행정기관의 장은 공무수행상 특별한 지장이 없는 한 이를 허가하여야 한다고 되어 있더라도 그 연가신청에 대한 허가도 있기 전에 근무지를 이탈한 행위는 지방공무원법 제50조 제1항에 위반되는 행위로서 징계사유가 된다.

133 ②

134

2011 지방직 7급

공무원법에 대한 설명으로 옳지 않은 것은? (다툼이 있는 경우 판례에 의함)

① 공무원의 임용 전의 행위라 하더라도 이로 인하여 임용 후의 공무원의 체면 또는 위신을 손상하게 된 경우에는 징계사유로 삼을 수 있다.
② 임용결격자의 임용은 임용상의 과실 유무에 관계없이 무효가 된다.
③ 대법원은 징계양정규칙의 법규성을 인정하여 불문경고조치의 처분성을 인정하였다.
④ 대법원은 지방공무원법상의 인사교류에 의한 전출도 당해 공무원의 동의를 요한다고 본다.

해설

①
> 대법원 1990.5.22., 선고, 89누7368, 판결
> 국가공무원으로 임용되기 전의 행위는 국가공무원법 제78조 제2항, 제3항의 경우 외에는 원칙적으로 재직중의 징계사유로 삼을 수 없다 할 것이나, 비록 임용전의 행위라 하더라도 이로 인하여 임용후의 공무원의 체면 또는 위신을 손상하게 된 경우에는 위 제1항 제3호의 징계사유로 삼을 수 있다고 보아야 할 것인바, 원고가 장학사 또는 공립학교 교사로 임용해 달라는 등의 인사청탁과 함께 금 1,000만원을 제3자를 통하여 서울시 교육감에게 전달함으로써 뇌물을 공여하였고, 그후 공립학교 교사로 임용되어 재직중 검찰에 의하여 위 뇌물공여죄로 수사를 받다가 기소되기에 이르렀으며 그와 같은 사실이 언론기관을 통하여 널리 알려졌다면, 비록 위와 같은 뇌물을 공여한 행위는 공립학교 교사로 임용되기 전이었더라도 그 때문에 임용후의 공립학교 교사로서의 체면과 위신이 크게 손상되었다고 하지 않을 수 없으므로 이를 징계사유로 삼은 것은 정당하다.

②
> 대법원 1998.1.23., 선고, 97누16985, 판결
> 공무원연금법에 의한 퇴직급여 등은 적법한 공무원으로서의 신분을 취득하여 근무하다가 퇴직하는 경우에 지급되는 것이고, 임용 당시 공무원 임용 결격사유가 있었다면 비록 국가의 과실에 의하여 임용결격자임을 밝혀내지 못하였다고 하더라도 그 임용행위는 당연무효로 보아야 하고, 당연무효인 임용행위에 의하여 공무원의 신분을 취득할 수는 없으므로, 임용 결격자가 공무원으로 임용되어 사실상 근무하여 왔다고 하더라도 적법한 공무원으로서의 신분을 취득하지 못한 자로서는 공무원연금법 소정의 퇴직급여 등을 청구할 수 없으며, 임용 결격사유가 소멸된 후에 계속 근무하여 왔다고 하더라도 그 때부터 무효인 임용행위가 유효로 되어 적법한 공무원의 신분을 회복하고 퇴직급여 등을 청구할 수 있다고 볼 수 없다.

③ COMMENT 불문경고의 처분성은 인정했지만, 징계양정규정의 법규성을 인정한 것은 아니다.

> 대법원 2002.7.26., 선고, 2001두3532, 판결
> 항고소송의 대상이 되는 행정처분이라 함은 원칙적으로 행정청의 공법상 행위로서 특정 사항에 대하여 법규에 의한 권리의 설정 또는 의무의 부담을 명하거나 기타 법률상 효과를 발생하게 하는 등으로 일반 국민의 권리 의무에 직접 영향을 미치는 행위를 가리키는 것이지만, 어떠한 처분의 근거나 법적인 효과가 행정규칙에 규정되어 있다고 하더라도, 그 처분이 행정규칙의 내부적 구속력에 의하여 상대방에게 권리의 설정 또는 의무의 부담을 명하거나 기타 법적인 효과를 발생하게 하는 등으로 그 상대방의 권리 의무에 직접 영향을 미치는 행위라면, 이 경우에도 항고소송의 대상이 되는 행정처분에 해당한다.

🔒 134 ③

④
대법원 2001.12.11., 선고, 99두1823, 판결
지방공무원법 제29조의3은 지방자치단체의 장은 다른 지방자치단체의 장의 동의를 얻어 그 소속공무원을 전입할 수 있다고 규정하고 있는바, 위 규정에 의하여 동의를 한 지방자치단체의 장이 소속 공무원을 전출하는 것은 임명권자를 달리하는 지방자치단체로의 이동인 점에 비추어 반드시 당해 공무원 본인의 동의를 전제로 하는 것이고, 위 법규정도 본인의 동의를 배제하는 취지의 규정은 아니어서 위헌·무효의 규정은 아니다. 당해 공무원의 동의 없는 지방공무원법 제29조의3의 규정에 의한 전출명령은 위법하여 취소되어야 하므로, 그 전출명령이 적법함을 전제로 내린 징계처분은 그 전출명령이 공정력에 의하여 취소되기 전까지는 유효하다고 하더라도 징계양정에 있어 재량권을 일탈하여 위법하다고 한 사례.

135

2015 국회직 8급

다음 중 공무원법에 대한 설명으로 옳지 않은 것은? (다툼이 있는 경우 판례에 의함)

① 「국가공무원법」상 직위해제처분은 불이익처분이므로 「행정절차법」상 처분의 사전통지 및 의견청취 등에 관한 규정이 적용된다.
② 임용 당시 공무원임용 결격사유가 있다면 국가의 과실에 의하여 임용 결격자임을 밝혀내지 못했더라도 그 임용행위는 당연무효로 보아야 한다.
③ 공무원임용의 결격사유가 모두 재직 중 당연퇴직사유가 되는 것은 아니다.
④ 「공무원연금법」상의 각종 급여는 기본적으로 모두 사회보장적 급여로서의 성격을 가짐과 동시에 공로보상 내지 후불임금으로서의 성격을 함께 가진다.
⑤ 「국가공무원법」이 금지하고 있는 "공무외의 집단적 행위"라 함은 공무원으로서 직무에 관한 기강을 저해하거나 기타 그 본분에 배치되는 등 공무의 본질을 해치는 특정 목적을 위한 다수인의 행위로서 단체의 결성단계에는 이르지 아니한 상태에서의 행위를 말한다.

해설

①
대법원 2014.5.16., 선고, 2012두26180, 판결
국가공무원법상 직위해제처분은 구 행정절차법 제3조 제2항 제9호, 구 행정절차법 시행령) 제2조 제3호에 의하여 당해 행정작용의 성질상 행정절차를 거치기 곤란하거나 불필요하다고 인정되는 사항 또는 행정절차에 준하는 절차를 거친 사항에 해당하므로, 처분의 사전통지 및 의견청취 등에 관한 행정절차법의 규정이 별도로 적용되지 않는다.

② 대법원 1998.1.23., 선고, 97누16985, 판결
공무원연금법에 의한 퇴직급여 등은 적법한 공무원으로서의 신분을 취득하여 근무하다가 퇴직하는 경우에 지급되는 것이고, <u>임용 당시 공무원 임용 결격사유가 있었다면</u> 비록 국가의 과실에 의하여 <u>임용 결격자임을 밝혀내지 못하였다고 하더라도 그 임용행위는 당연무효로 보아야 하고</u>, 당연무효인 임용행위에 의하여 공무원의 신분을 취득할 수는 없으므로, 임용 결격자가 공무원으로 임용되어 사실상 근무하여 왔다고 하더라도 적법한 공무원으로서의 신분을 취득하지 못한 자로서는 공무원연금법 소정의 퇴직급여 등을 청구할 수 없으며, 임용 결격사유가 소멸된 후에 계속 근무하여 왔다고 하더라도 그때부터 무효인 임용행위가 유효로 되어 적법한 공무원의 신분을 회복하고 퇴직급여 등을 청구할 수 있다고 볼 수 없다.

③ 「국가공무원법」 제33조, 제69조

> **제33조(결격사유)** 다음 각 호의 어느 하나에 해당하는 자는 공무원으로 임용될 수 없다.
> 1. 피성년후견인
> 2. 파산선고를 받고 복권되지 아니한 자
> 3. 금고 이상의 실형을 선고받고 그 집행이 종료되거나 집행을 받지 아니하기로 확정된 후 5년이 지나지 아니한 자
> 4~8. 이하 생략
>
> **제69조(당연퇴직)** 공무원이 다음 각 호의 어느 하나에 해당할 때에는 당연히 퇴직한다.
> 1. 제33조 각 호의 어느 하나에 해당하는 경우. 다만, 제33조 제2호는 파산선고를 받은 사람으로서 「채무자 회생 및 파산에 관한 법률」에 따라 신청기한 내에 면책신청을 하지 아니하였거나 면책불허가 결정 또는 면책 취소가 확정된 경우만 해당하고, 제33조 제5호는 「형법」 제129조부터 제132조까지, 「성폭력범죄의 처벌 등에 관한 특례법」 제2조, 「아동·청소년의 성보호에 관한 법률」 제2조 제2호 및 직무와 관련하여 「형법」 제355조 또는 제356조에 규정된 죄를 범한 사람으로서 금고 이상의 형의 선고유예를 받은 경우만 해당한다.
> 2. 임기제공무원의 근무기간이 만료된 경우

「지방공무원법」 제31조, 제61조

> **제31조(결격사유)** 다음 각 호의 어느 하나에 해당하는 사람은 공무원이 될 수 없다.
> 1. 피성년후견인
> 2. 파산선고를 받고 복권되지 아니한 사람
> 3. 금고 이상의 형을 선고받고 그 집행이 끝나거나 집행을 받지 아니하기로 확정된 후 5년이 지나지 아니한 사람
> 4~8호 이하 생략
>
> **제61조(당연퇴직)** 공무원이 다음 각 호의 어느 하나에 해당할 때에는 당연히 퇴직한다.
> 1. 제31조 각 호의 어느 하나에 해당하는 경우. 다만, 제31조 제2호는 파산선고를 받은 사람으로서 「채무자 회생 및 파산에 관한 법률」에 따라 신청기한 내에 면책신청을 하지 아니하였거나 면책불허가 결정 또는 면책 취소가 확정된 경우만 해당하고, 제31조 제5호는 「형법」 제129조부터 제132조까지, 「성폭력범죄의 처벌 등에 관한 특례법」 제2조, 「아동·청소년의 성보호에 관한 법률」 제2조 제2호 및 직무와 관련하여 「형법」 제355조 또는 제356조에 규정된 죄를 범한 사람으로서 금고 이상의 형의 선고유예를 받은 경우만 해당한다.
> 2. 임기제공무원의 근무기간이 만료된 경우

④
대법원 2014.7.16., 선고, 2013므2250, 전원합의체 판결
근로자퇴직급여보장법, 공무원연금법, 군인연금법, 사립학교교직원연금법이 각 규정하고 있는 퇴직급여는 사회보장적 급여로서의 성격 외에 임금의 후불적 성격과 성실한 근무에 대한 공로보상적 성격도 지닌다.

⑤
대법원 1998.5.12., 선고, 98도662, 판결
지방공무원법 제58조 제1항이 금지하는 '공무 외의 일을 위한 집단행위'라 함은 공무원으로서 직무에 관한 기강을 저해하거나 기타 그 본분에 배치되는 등 공무의 본질을 해치는 특정목적을 위한 다수인의 행위로서 단체의 결성단계에는 이르지 아니한 상태에서의 행위를 말한다.

136
2016 국회직 8급

공무원법에 대한 설명으로 옳지 않은 것을 <보기>에서 모두 고르면? (다툼이 있는 경우 판례에 의함)

〈 보기 〉

ㄱ. 고충심사위원회의 결정에는 기속력이 인정되며, 고충심사의 결정은 항고소송의 대상인 행정처분에 해당한다.
ㄴ. 징계처분을 받은 사립학교 교원은 교육부에 설치된 교원소청심사위원회에 불이익처분에 대한 심사청구를 할 수 있다.
ㄷ. 감사원에서 조사 중인 사건에 대하여는 조사개시 통보를 받은 날부터 징계 의결의 요구나 그 밖의 징계절차를 진행하지 못한다.
ㄹ. 「국가공무원법」 제82조(징계 등 절차)에 따른 공무원의 파면과 해임은 징계위원회의 의결을 거쳐 징계위원회가 설치된 소속 기관의 장이 한다.
ㅁ. 국가공무원이 파산선고를 받았다고 하여도 채무자 회생 및 파산에 관한 법률에 따라 신청기한 내에 면책신청을 하지 아니하였거나 면책불허가 결정 또는 면책 취소가 확정된 때에만 당연퇴직된다.

① ㄱ, ㄴ
② ㄱ, ㄹ
③ ㄴ, ㄷ
④ ㄱ, ㄴ, ㄹ
⑤ ㄱ, ㄷ, ㅁ

136 ②

> 해설

ㄱ.
> 대법원 1987.12.8., 선고, 87누657, 판결
> 지방공무원법 제67조의2에서 규정하고 있는 고충심사제도는 공무원으로서의 권익을 보장하고 적정한 근무환경을 조성하여 주기 위하여 근무조건 또는 인사관리 기타 신상문제에 대하여 법률적인 쟁송의 절차에 의하여서가 아니라 사실상의 절차에 의하여 그 시정과 개선책을 청구하여 줄 것을 임용권자에게 청구할 수 있도록 한 제도로서, 고충심사결정 자체에 의하여는 어떠한 법률관계의 변동이나 이익의 침해가 직접적으로 생기는 것은 아니므로 고충심사의 결정은 행정상 쟁송의 대상이 되는 행정처분이라고 할 수 없다.

「지방공무원법」 제67조의2

> **제67조의2(고충처리)** ① 공무원은 누구나 인사·조직·처우 등 각종 근무조건과 그 밖의 신상문제와 관련한 고충에 대하여 상담을 신청하거나 심사를 청구할 수 있으며, 누구나 기관 내 성폭력 범죄 또는 성희롱을 겪거나 그 발생 사실을 알게 된 경우 이를 신고할 수 있다. 이 경우 상담 신청이나 심사 청구 또는 신고를 이유로 불이익을 주는 처분이나 대우를 받지 아니한다.
> ② 임용권자는 제1항에 따라 상담을 신청 받은 경우에는 소속 공무원을 지정하여 상담하게 하고, 심사를 청구 받은 경우에는 인사위원회 회의에 부쳐 심사하도록 하여야 하며, 그 결과에 따라 고충의 해소 등 공정한 처리를 위하여 노력하여야 한다.
> ③ 임용권자는 기관 내 성폭력 범죄 또는 성희롱 발생 사실의 신고를 받은 경우에는 지체 없이 사실 확인을 위한 조사를 하고 그에 따라 필요한 조치를 하여야 한다.
> ④ 인사위원회는 임용권자로부터 고충심사의 요구를 받으면 지체 없이 이를 심사하고 임용권자에게 보고하거나 알려야 한다.

ㄴ. 「교원의 지위 향상 및 교육활동 보호를 위한 특별법」 제9조 제1항

> **제9조(소청심사의 청구 등)** ① 교원이 징계처분과 그 밖에 그 의사에 반하는 불리한 처분에 대하여 불복할 때에는 그 처분이 있었던 것을 안 날부터 30일 이내에 심사위원회에 소청심사를 청구할 수 있다. 이 경우에 심사청구인은 변호사를 대리인으로 선임(選任)할 수 있다.

ㄷ. 「국가공무원법」 제83조 제1조, 제2조

> **제83조(감사원의 조사와의 관계 등)** ① 감사원에서 조사 중인 사건에 대하여는 제3항에 따른 조사개시 통보를 받은 날부터 징계 의결의 요구나 그 밖의 징계 절차를 진행하지 못한다.
> ② 검찰·경찰, 그 밖의 수사기관에서 수사 중인 사건에 대하여는 제3항에 따른 수사개시 통보를 받은 날부터 징계 의결의 요구나 그 밖의 징계 절차를 진행하지 아니할 수 있다.

ㄹ. 동법 제82조 제1항

> **제82조(징계 등 절차)** ① 공무원의 징계처분등은 징계위원회의 의결을 거쳐 징계위원회가 설치된 소속 기관의 장이 하되, 국무총리 소속으로 설치된 징계위원회(국회·법원·헌법재판소·선거관리위원회에 있어서는 해당 중앙인사관장기관에 설치된 상급 징계위원회를 말한다. 이하 같다)에서 한 징계의결등에 대하여는 중앙행정기관의 장이 한다. 다만, 파면과 해임은 징계위원회의 의결을 거쳐 각 임용권자 또는 임용권을 위임한 상급 감독기관의 장이 한다.

ㅁ. 동법 제69조

> **제69조(당연퇴직)** 공무원이 다음 각 호의 어느 하나에 해당할 때에는 당연히 퇴직한다.
> 1. 제33조 각 호의 어느 하나에 해당하는 경우. 다만, 제33조 제2호는 파산선고를 받은 사람으로서 「채무자 회생 및 파산에 관한 법률」에 따라 신청기한 내에 면책신청을 하지 아니하였거나 면책불허가 결정 또는 면책 취소가 확정된 경우만 해당하고, 제33조 제5호는 「형법」 제129조부터 제132조까지, 「성폭력범죄의 처벌 등에 관한 특례법」 제2조, 「아동·청소년의 성보호에 관한 법률」 제2조 제2호 및 직무와 관련하여 「형법」 제355

137
2018 서울시 7급(6월)

공무원법과 관련하여 가장 옳지 않은 것은?

① 「국가공무원법」상 직무상 비밀이라 함은 국가 공무의 민주적, 능률적 운영을 확보하여야 한다는 이념에 비추어 볼 때 당해 사실이 일반에 알려질 경우 그러한 행정의 목적을 해할 우려가 있는지 여부를 기준으로 판단하여야 하며, 구체적으로는 행정기관이 비밀이라고 형식적으로 정한 것에 따를 것이 아니라 실질적으로 비밀로서 보호할 가치가 있는지 등이 객관적으로 검토되어야 한다.

② 「국가공무원법」 품위유지의무는 공무원에게 직무와 관련된 부분은 물론 사적인 부분에 있어서도 건실한 생활을 할 것을 요구하며, 여기에서 '품위'라 함은 주권자인 국민의 수임자로서의 직책을 맡아 수행해 나가기에 손색이 없는 인품을 말한다.

③ 「공무원연금법」에 의한 퇴직연금 등은 임용결격자가 공무원으로 임용되어 사실상 근무하여 왔고 또 공무원연금제도가 공무원의 재직 중의 성실한 복무에 대한 공로보상적 성격과 사회보장적 기능을 가지고 있으므로, 적법한 공무원으로서의 신분을 취득하지 못한 자라고 하더라도 공무원 연금법 소정의 퇴직연금을 청구할 수 있다고 할 것이다.

④ 공무원이 그 직무를 수행함에 즈음하여 하관은 소속 상관의 적법한 명령에 복종할 의무는 있으나 그 명령이 대통령 선거를 앞두고 특정후보에 대하여 반대하는 여론을 조성할 목적으로 확인되지도 않은 허위의 사실을 담은 책자를 발간·배포하거나 기사를 게재하도록 하라는 것과 같이 명백히 위법 내지 불법한 명령인 때에는 이는 벌써 직무상의 지시명령이라 할 수 없으므로 이에 따라야 할 의무가 없다.

해설

①
> **대법원 1996.10.11., 선고, 94누7171, 판결**
> 국가공무원법상 직무상 비밀이라 함은 국가 공무의 민주적, 능률적 운영을 확보하여야 한다는 이념에 비추어 볼 때 당해 사실이 일반에 알려질 경우 그러한 행정의 목적을 해할 우려가 있는지 여부를 기준으로 판단하여야 하며, 구체적으로는 행정기관이 비밀이라고 형식적으로 정한 것에 따를 것이 아니라 실질적으로 비밀로서 보호할 가치가 있는지, 즉 그것이 통상의 지식과 경험을 가진 다수인에게 알려지지 아니한 비밀성을 가졌는지, 또한 정부나 국민의 이익 또는 행정목적 달성을 위하여 비밀로서 보호할 필요성이 있는지 등이 객관적으로 검토되어야 한다고 한 원심판결을 수긍한 사례.

137 ③

② **대법원 2017.4.13., 선고, 2014두8469, 판결**
국민으로부터 널리 공무를 수탁받아 국민 전체를 위해 근무하는 공무원의 지위를 고려할 때 공무원의 품위손상행위는 본인은 물론 공직사회에 대한 국민의 신뢰를 실추시킬 우려가 있으므로, 모든 공무원은 국가공무원법 제63조에 따라 직무의 내외를 불문하고 품위를 손상하는 행위를 하여서는 아니 된다. 여기서 '품위'는 공직의 체면, 위신, 신용을 유지하고, 주권자인 국민의 수임을 받은 국민 전체 봉사자로서의 직책을 다함에 손색이 없는 몸가짐을 뜻하는 것으로서, 직무의 내외를 불문하고, 국민의 수임자로서의 직책을 맡아 수행해 나가기에 손색이 없는 인품을 말한다.

③ **대법원 1998.1.23., 선고, 97누16985, 판결**
공무원연금법에 의한 퇴직급여 등은 적법한 공무원으로서의 신분을 취득하여 근무하다가 퇴직하는 경우에 지급되는 것이고, 임용 당시 공무원 임용 결격사유가 있었다면 비록 국가의 과실에 의하여 임용결격자임을 밝혀내지 못하였다고 하더라도 그 임용행위는 당연무효로 보아야 하고, 당연무효인 임용행위에 의하여 공무원의 신분을 취득할 수는 없으므로, 임용 결격자가 공무원으로 임용되어 사실상 근무하여 왔다고 하더라도 적법한 공무원으로서의 신분을 취득하지 못한 자로서는 공무원연금법 소정의 퇴직급여 등을 청구할 수 없으며, 임용 결격사유가 소멸된 후에 계속 근무하여 왔다고 하더라도 그 때부터 무효인 임용행위가 유효로 되어 적법한 공무원의 신분을 회복하고 퇴직급여 등을 청구할 수 있다고 볼 수 없다.

④ **대법원 1999.4.23., 선고, 99도636, 판결**
공무원이 그 직무를 수행함에 즈음하여 상관은 하관에 대하여 범죄행위 등 위법한 행위를 하도록 명령할 직권이 없는 것이며, 또한 하관은 소속상관의 적법한 명령에 복종할 의무는 있으나 그 명령이 대통령 선거를 앞두고 특정후보에 대하여 반대하는 여론을 조성할 목적으로 확인되지도 않은 허위의 사실을 담은 책자를 발간·배포하거나 기사를 게재하도록 하라는 것과 같이 명백히 위법 내지 불법한 명령인 때에는 이는 벌써 직무상의 지시명령이라 할 수 없으므로 이에 따라야 할 의무가 없다.

138

2021 국회직 8급

공무원의 법률관계에 대한 설명으로 옳은 것은? (다툼이 있는 경우 판례에 의함)

① 국회 소속 공무원의 인사 사무에 대한 감사는 국회의장의 명을 받아 국회사무총장이 실시한다.
② 임용결격자라고 하더라도 공무원으로 임용되어 사실상 근무하여 왔다고 한다면 그 재직기간 동안에 해당하는 공무원연금법상의 퇴직급여를 청구할 수 있다.
③ 전문지식·기술이 요구되거나 임용관리에 특수성이 요구되는 업무를 담당하게 하기 위하여 일정기간을 정하여 근무하는 계약직 공무원을 임용할 수 있다.
④ 국가공무원으로 임용되기 전의 행위는 원칙적으로 재직중의 징계사유로 삼을 수 없다 할 것이므로, 임용전의 행위로 인하여 임용 후 공무원의 체면 또는 위신을 손상하게 된 경우라 하더라도 국가공무원법상의 징계 사유로 삼을 수 없다.
⑤ 감사보고서의 내용이 직무상 비밀에 속하지 않는다면, 그 보고서의 내용이 그대로 신문에 게재되게 한 공무원의 행위가 감사자료의 취급에 관한 내부수칙을 위반하였더라도 국가공무원법상 징계사유에 해당하는 것으로 볼 수 없다.

🔒 138 ①

해설

① 국가공무원법 제17조 제2항

> **제17조(인사에 관한 감사)** ② 국회·법원·헌법재판소 및 선거관리위원회 소속 공무원의 인사 사무에 대한 감사는 국회의장, 대법원장, 헌법재판소장 또는 중앙선거관리위원회위원장의 명을 받아 국회사무총장, 법원행정처장, 헌법재판소사무처장 및 중앙선거관리위원회사무총장이 각각 실시한다.

②

대법원 2017.5.11., 선고, 2012다200486, 판결
공무원연금법이나 근로자퇴직급여 보장법에서 정한 퇴직급여는 적법한 공무원으로서의 신분을 취득하거나 근로고용관계가 성립하여 근무하다가 퇴직하는 경우에 지급되는 것이다. 임용 당시 공무원 임용결격사유가 있었다면, 비록 국가의 과실에 의하여 임용결격자임을 밝혀내지 못하였다 하더라도 그 임용행위는 당연무효로 보아야 하고, 당연무효인 임용행위에 의하여 공무원의 신분을 취득한다거나 근로고용관계가 성립할 수는 없다. 따라서 임용결격자가 공무원으로 임용되어 사실상 근무하여 왔다 하더라도 적법한 공무원으로서의 신분을 취득하지 못한 자로서는 공무원연금법이나 근로자퇴직급여 보장법에서 정한 퇴직급여를 청구할 수 없다(대법원 1987. 4. 14. 선고 86누459 판결, 대법원 2003. 5. 16. 선고 2001다61012 판결 등 참조).

③ 동법 제26조의5

> **제26조의5(근무기간을 정하여 임용하는 공무원)** ① 임용권자는 전문지식·기술이 요구되거나 임용관리에 특수성이 요구되는 업무를 담당하게 하기 위하여 경력직공무원을 임용할 때에 일정기간을 정하여 근무하는 공무원(이하 "임기제공무원"이라 한다)을 임용할 수 있다.

④

대법원 1990.5.22., 선고, 89누7368, 판결
국가공무원으로 임용되기 전의 행위는 국가공무원법 제78조 제2항, 제3항의 경우 외에는 원칙적으로 재직중의 징계사유로 삼을 수 없다 할 것이나, 비록 임용전의 행위라 하더라도 이로 인하여 임용후의 공무원의 체면 또는 위신을 손상하게 된 경우에는 위 제1항 제3호의 징계사유로 삼을 수 있다고 보아야 할 것인바, 원고가 장학사 또는 공립학교 교사로 임용해 달라는 등의 인사청탁과 함께 금 1,000만원을 제3자를 통하여 서울시 교육감에게 전달함으로써 뇌물을 공여하였고, 그후 공립학교 교사로 임용되어 재직중 검찰에 의하여 위 뇌물공여죄로 수사를 받다가 기소되기에 이르렀으며 그와 같은 사실이 언론기관을 통하여 널리 알려졌다면, 비록 위와 같은 뇌물을 공여한 행위는 공립학교 교사로 임용되기 전이었더라도 그 때문에 임용후의 공립학교 교사로서의 체면과 위신이 크게 손상되었다고 하지 않을 수 없으므로 이를 징계사유로 삼은 것은 정당하다.

⑤

대법원 1996.10.11., 선고, 94누7171, 판결
감사보고서의 내용이 직무상 비밀에 속하지 않는다고 할지라도 그 보고서의 내용이 그대로 신문에 게재되게 한 감사원 감사관의 행위는 감사자료의 취급에 관한 내부수칙을 위반한 것이고, 이로 인하여 관련 기업이나 관계 기관의 신용에 적지 않은 피해를 입힌 것으로서 공무원의 성실의무 등 직무상의 의무를 위반한 것으로서 국가공무원법 제78조 소정의 징계사유에 해당하나, 그 감사관의 경력, 감사중단의 경위, 공개된 보고서의 내용과 영향, 법령 위반의 정도 등을 참작하여 볼 때, 그 감사관에 대한 징계의 종류로 가장 무거운 파면을 선택한 징계처분은 감사관이라는 신분을 감안하더라도 지나치게 무거워 재량권을 일탈하였다고 본 사례(원고 감사관 사건).

139

2012 국가직 7급

공무원법관계에 대한 판례의 태도로 옳은 것은?

① 직위해제처분이 있은 후 동일한 사유로 행하여진 해임처분은 일사부재리의 원칙에 반하지 않는다.
② 직위해제 중에 자격정지 이상의 형의 선고유예를 받아 당연퇴직된 경찰공무원에게 임용권자가 복직처분을 한 상태에서 선고유예기간이 경과된 경우 경찰공무원의 신분은 당연히 회복된다.
③ 기간제로 임용되어 임용기간이 만료된 국·공립대학의 조교수는 합리적 기준에 부합하면 특별한 사정이 없는 한 재임용에 관하여 공정한 심사를 요구할 법규상·조리상 신청권을 가지므로, 임용권자가 임용기간이 만료된 조교수에 대하여 재임용을 거부하는 취지로 한 임용기간만료의 통지는 항고소송의 대상이 아니다.
④ 유일한 면접대상자로 선정된 임용지원자에 대하여 국립대학교총장이 교원신규채용업무를 중단하는 조치는 항고소송의 대상이 아니다.

해설

①
대법원 1984.2.28., 선고, 83누489, 판결
직위해제처분은 공무원에 대하여 불이익한 처분이긴 하나 징계처분과 같은 성질의 처분이라고는 볼 수 없으므로 동일한 사유에 대한 직위해제처분이 있은 후 다시 해임처분이 있었다 하여 일사부재리의 법리에 어긋난다고 할 수 없다.

②
대법원 1997.7.8., 선고, 96누4275, 판결
경찰공무원이 재직 중 자격정지 이상의 형의 선고유예를 받음으로써 경찰공무원법 제7조 제2항 제5호에 정하는 임용결격사유에 해당하게 되면, 같은 법 제21조의 규정에 의하여 임용권자의 별도의 행위(공무원의 신분을 상실시키는 행위)를 기다리지 아니하고 그 선고유예 판결의 확정일에 당연히 경찰공무원의 신분을 상실(당연퇴직)하게 되는 것이고, 나중에 선고유예기간(2년)이 경과하였다고 하더라도 이미 발생한 당연퇴직의 효력이 소멸되어 경찰공무원의 신분이 회복되는 것은 아니며, 한편 직위해제처분은 형사사건으로 기소되는 등 국가공무원법 제73조의2 제1항 각 호에 정하는 귀책사유가 있을 때 당해 공무원에게 직위를 부여하지 아니하는 처분이고, 복직처분은 직위해제사유가 소멸되었을 때 직위해제된 공무원에게 국가공무원법 제73조의2 제2항의 규정에 의하여 다시 직위를 부여하는 처분일 뿐, 이들 처분들이 공무원의 신분을 박탈하거나 설정하는 처분은 아닌 것이므로, 임용권자가 임용결격사유의 발생 사실을 알지 못하고 직위해제되어 있던 중 임용결격사유가 발생하여 당연퇴직된 자에게 복직처분을 하였다고 하더라도 이 때문에 그 자가 공무원의 신분을 회복하는 것은 아니다.

③
대법원 2004.4.22., 선고, 2000두7735, 전원합의체 판결
기간제로 임용되어 임용기간이 만료된 국·공립대학의 조교수는 교원으로서의 능력과 자질에 관하여 합리적인 기준에 의한 공정한 심사를 받아 위 기준에 부합되면 특별한 사정이 없는 한 재임용되리라는 기대를 가지고 재임용 여부에 관하여 합리적인 기준에 의한 공정한 심사를 요구할 법규상 또는 조리상 신청권을 가진다고 할 것이니, 임용권자가 임용기간이 만료된 조교수에 대하여 재임용을 거부하는 취지로 한 임용기간만료의 통지는 위와 같은 대학교원의 법률관계에 영향을 주는 것으로서 행정소송의 대상이 되는 처분에 해당한다.

139 ①

④
대법원 2004.6.11., 선고, 2001두7053, 판결

구 교육공무원법 및 구 교육공무원임용령) 등 관계 법령에 대학교원의 신규임용에 있어서의 심사단계나 심사방법 등에 관하여 아무런 규정을 두지 않았다고 하더라도, 대학 스스로 교원의 임용규정이나 신규채용업무시행지침 등을 제정하여 그에 따라 교원을 신규임용하여 온 경우, 임용지원자가 당해 대학의 교원임용규정 등에 정한 심사단계 중 중요한 대부분의 단계를 통과하여 다수의 임용지원자 중 유일한 면접심사 대상자로 선정되는 등으로 장차 나머지 일부의 심사단계를 거쳐 대학교원으로 임용될 것을 상당한 정도로 기대할 수 있는 지위에 이르렀다면, 그러한 임용지원자는 임용에 관한 법률상 이익을 가진 자로서 임용권자에 대하여 나머지 심사를 공정하게 진행하여 그 심사에서 통과되면 대학교원으로 임용해 줄 것을 신청할 조리상의 권리가 있다고 보아야 할 것이고, 또한 유일한 면접심사 대상자로 선정된 임용지원자에 대한 교원신규채용업무를 중단하는 조치는 교원신규채용절차의 진행을 유보하였다가 다시 속개하기 위한 중간처분 또는 사무처리절차상 하나의 행위에 불과한 것이라고는 볼 수 없고, 유일한 면접심사 대상자로서 임용에 관한 법률상 이익을 가지는 임용지원자에 대한 신규임용을 사실상 거부하는 종국적인 조치에 해당하는 것이며, 임용지원자에게 직접 고지되지 않았다고 하더라도 임용지원자가 이를 알게 됨으로써 효력이 발생한 것으로 보아야 할 것이므로, 이는 임용지원자의 권리 내지 법률상 이익에 직접 관계되는 것으로서 항고소송의 대상이 되는 처분 등에 해당한다.

140

2017 하반기 국가직 7급

공무원관계에 대한 설명으로 옳지 않은 것은? (다툼이 있는 경우 판례에 의함)

① 공무원 임용 당시 공무원임용결격사유가 있었다면 비록 국가의 과실에 의하여 임용결격자임을 밝혀내지 못하였다 하더라도 그 임용행위는 당연무효이다.
② 공무원의 당연퇴직사유가 발생하여 행정청이 당해 공무원에게 한 당연퇴직의 통보는 항고소송의 대상이 되는 독립한 행정처분이 될 수 없다.
③ 어떤 사유에 기하여 공무원을 직위해제한 후 그 직위해제 사유와 동일한 사유를 이유로 징계처분을 하였다면 뒤에 이루어진 징계처분에 의하여 그 전에 있었던 직위해제처분은 그 효력을 상실한다.
④ 공무원에 대한 직위해제처분은 직권면직 또는 징계와 그 목적과 성질이 동일한 처분이므로 선행하는 직위해제처분의 위법사유를 들어 후행하는 면직처분의 효력을 다툴 수 있다.

해설

①
대법원 1998.1.23., 선고, 97누16985, 판결

공무원연금법에 의한 퇴직급여 등은 적법한 공무원으로서의 신분을 취득하여 근무하다가 퇴직하는 경우에 지급되는 것이고, 임용 당시 공무원 임용 결격사유가 있었다면 비록 국가의 과실에 의하여 임용결격자임을 밝혀내지 못하였다고 하더라도 그 임용행위는 당연무효로 보아야 하고, 당연무효인 임용행위에 의하여 공무원의 신분을 취득할 수는 없으므로, 임용 결격자가 공무원으로 임용되어 사실상 근무하여 왔다고 하더라도 적법한 공무원으로서의 신분을 취득하지 못한 자로서는 공무원연금법 소정의 퇴직급여 등을 청구할 수 없으며, 임용 결격사유가 소멸된 후에 계속 근무하여 왔다고 하더라도 그 때부터 무효인 임용행위가 유효로 되어 적법한 공무원의 신분을 회복하고 퇴직급여 등을 청구할 수 있다고 볼 수 없다.

140 ④

② **대법원 1995.11.14., 선고, 95누2036, 판결**
국가공무원법 제69조에 의하면 공무원이 제33조 각 호의 1에 해당할 때에는 당연히 퇴직한다고 규정하고 있으므로, 국가공무원법상 당연퇴직은 결격사유가 있을 때 법률상 당연히 퇴직하는 것이지 공무원관계를 소멸시키기 위한 별도의 행정처분을 요하는 것이 아니며, 당연퇴직의 인사발령은 법률상 당연히 발생하는 퇴직사유를 공적으로 확인하여 알려주는 이른바 관념의 통지에 불과하고 공무원의 신분을 상실시키는 새로운 형성적 행위가 아니므로 행정소송의 대상이 되는 독립한 행정처분이라고 할 수 없다.

③ **대법원 2010.7.29., 선고, 2007두18406, 판결**
직위해제처분은 근로자로서의 지위를 그대로 존속시키면서 다만 그 직위만을 부여하지 아니하는 처분이므로 만일 어떤 사유에 기하여 근로자를 직위해제한 후 그 직위해제 사유와 동일한 사유를 이유로 징계처분을 하였다면 뒤에 이루어진 징계처분에 의하여 그 전에 있었던 직위해제처분은 그 효력을 상실한다. 여기서 직위해제처분이 효력을 상실한다는 것은 직위해제처분이 소급적으로 소멸하여 처음부터 직위해제처분이 없었던 것과 같은 상태로 되는 것이 아니라 사후적으로 그 효력이 소멸한다는 의미이다. 따라서 직위해제처분에 기하여 발생한 효과는 당해 직위해제처분이 실효되더라도 소급하여 소멸하는 것이 아니므로, 인사규정 등에서 직위해제처분에 따른 효과로 승진·승급에 제한을 가하는 등의 법률상 불이익을 규정하고 있는 경우에는 직위해제처분을 받은 근로자는 이러한 법률상 불이익을 제거하기 위하여 그 실효된 직위해제처분에 대한 구제를 신청할 이익이 있다.

④ **대법원 1984.9.11., 선고, 84누191, 판결**
구 경찰공무원법 제50조 제1항에 의한 직위해제처분과 같은 제3항에 의한 면직처분은 후자가 전자의 처분을 전제로 한 것이기는 하나 각각 단계적으로 별개의 법률효과를 발생하는 행정처분이어서 선행 직위 해제처분의 위법사유가 면직처분에는 승계되지 아니한다 할 것이므로 선행된 직위해제 처분의 위법사유를 들어 면직처분의 효력을 다툴 수는 없다.

141
2018 국가직 7급

甲, 乙, 丙, 丁은 「국가공무원법」에 따라 일반직공무원으로 임용된 사람이다. 이와 관련한 법률관계에 대한 설명으로 옳지 않은 것은? (다툼이 있는 경우 판례에 의함)

① 임용 당시 甲에게 임용결격사유가 있었다면 비록 국가의 과실에 의하여 임용결격자임을 밝혀내지 못하였다 하더라도 그 임용행위는 당연무효이다.
② 임용 당시 乙에게 임용결격사유가 있음에도 임용되어 근무하다가 퇴직한 경우, 乙은 「공무원연금법」상 퇴직급여 청구 또는 「근로자퇴직급여 보장법」상 퇴직금 청구를 할 수 없다.
③ 丙이 외부에 자신의 상사 등을 비판하는 의견을 발표한 경우, 비록 그 표현에 개인적 감정에 휩쓸려 지나치게 단정적이고 과장된 부분이 있더라도, 행정조직의 개선과 발전에 도움이 되고 궁극적으로 행정청의 권한행사의 적정화에 기여하는 면이 있으므로, 품위유지의무 위반이 인정되지 않는다.
④ 행정기관이 보도자료를 작성할 때 증권 거래 등 일반인들에게 영향을 미칠 수 있는 정보가 포함되는 경우에, 담당 공무원 丁은 해당 정보의 진실성 여부 및 주식시장의 파급효과 등을 보다 면밀히 살펴 사실과 다르거나 오해를 낳을 수 있는 정보가 보도자료에 담기지 아니하도록 할 주의의무를 부담한다.

141 ③

해설

① 대법원 1998.1.23., 선고, 97누16985, 판결
공무원연금법에 의한 퇴직급여 등은 적법한 공무원으로서의 신분을 취득하여 근무하다가 퇴직하는 경우에 지급되는 것이고, 임용 당시 공무원 임용 결격사유가 있었다면 비록 국가의 과실에 의하여 임용결격자임을 밝혀내지 못하였다고 하더라도 그 임용행위는 당연무효로 보아야 하고, 당연무효인 임용행위에 의하여 공무원의 신분을 취득할 수는 없으므로, 임용 결격자가 공무원으로 임용되어 사실상 근무하여 왔다고 하더라도 적법한 공무원으로서의 신분을 취득하지 못한 자로서는 공무원연금법 소정의 퇴직급여 등을 청구할 수 없으며, 임용 결격사유가 소멸된 후에 계속 근무하여 왔다고 하더라도 그때부터 무효인 임용행위가 유효로 되어 적법한 공무원의 신분을 회복하고 퇴직급여 등을 청구할 수 있다고 볼 수 없다.

② 대법원 2017.5.11., 선고, 2012다200486, 판결
공무원연금법이나 근로자퇴직급여 보장법에서 정한 퇴직급여는 적법한 공무원으로서의 신분을 취득하거나 근로고용관계가 성립하여 근무하다가 퇴직하는 경우에 지급되는 것이다. 임용 당시 공무원 임용 결격사유가 있었다면, 비록 국가의 과실에 의하여 임용결격자임을 밝혀내지 못하였다 하더라도 그 임용행위는 당연무효로 보아야 하고, 당연무효인 임용행위에 의하여 공무원의 신분을 취득한다거나 근로고용관계가 성립할 수는 없다. 따라서 임용결격자가 공무원으로 임용되어 사실상 근무하여 왔다 하더라도 적법한 공무원으로서의 신분을 취득하지 못한 자로서는 공무원연금법이나 근로자퇴직급여 보장법에서 정한 퇴직급여를 청구할 수 없다(대법원 1987. 4. 14. 선고 86누459 판결, 대법원 2003. 5. 16. 선고 2001다61012 판결 등 참조).

③ 대법원 2017.4.13., 선고, 2014두8469, 판결
공무원이 외부에 자신의 상사 등을 비판하는 의견을 발표하는 행위는 그것이 비록 행정조직의 개선과 발전에 도움이 되고, 궁극적으로 행정청의 권한행사의 적정화에 기여하는 면이 있다고 할지라도, 국민들에게는 그 내용의 진위나 당부와는 상관없이 그 자체로 행정청 내부의 갈등으로 비춰져, 행정에 대한 국민의 신뢰를 실추시키는 요인으로 작용할 수 있고, 특히 발표 내용 중에 진위에 의심이 가는 부분이 있거나 표현이 개인적인 감정에 휩쓸려 지나치게 단정적이고 과장된 부분이 있는 경우에는 그 자체로 국민들로 하여금 공무원 본인은 물론 행정조직 전체의 공정성, 중립성, 신중성 등에 대하여 의문을 갖게 하여 행정에 대한 국민의 신뢰를 실추시킬 위험성이 더욱 크므로, 그러한 발표행위는 공무원으로서의 체면이나 위신을 손상시키는 행위에 해당한다.

④ 대법원 2017.12.22., 선고, 2016두38167, 판결
행정기관이 제작하는 보도자료는 국민의 알 권리를 보호하기 위한 차원에서 작성되어야 한다. 국정을 홍보하기 위하여 보도자료를 작성하는 과정에서 행정기관의 의견을 개진하거나 정책의 타당성 등을 옹호하는 것이 부당하다고 할 수는 없지만, 행정기관이 알고 있는 객관적인 사정과 달리 해당 사항의 긍정적인 측면만을 부각하거나 불확실한 점이 있음에도 과장되거나 단정적인 표현을 사용하여 국민이 해당 사항에 관하여 잘못된 인식을 가지도록 하여서는 아니 된다. 특히 증권 거래 등 일반인들에게 영향을 미칠 수 있는 정보가 보도자료에 포함되는 경우에, 국민으로서는 마치 그 정보가 행정기관의 검증을 거치거나 합리적 근거에 기초한 것으로서 공적으로 인정받았다고 인식하게 되고 실질적으로 해당 정보가 주식시장에 공시되는 것과 유사한 결과를 초래하므로, 담당 공무원은 해당 정보의 진실성 여부 및 주식시장에 미칠 파급효과 등에 관하여 보다 면밀히 살펴 사실과 다르거나 오해를 낳을 수 있는 정보가 보도자료에 담기지 아니하도록 할 주의의무를 부담한다.

142

공무원의 신분에 대한 판례의 내용으로 옳지 않은 것은?

① 인사규정 등에서 직위해제처분에 따른 효과로 승진·승급에 제한을 가하는 등의 법률상 불이익을 규정하고 있는 경우에는 직위해제처분을 받은 근로자는 이러한 법률상 불이익을 제거하기 위하여 그 실효된 직위해제처분에 대한 구제를 신청할 이익이 있다.
② 당연퇴직의 통보는 법률상 당연히 발생하는 퇴직사유를 공적으로 확인하여 알려주는 사실의 통보에 불과한 것이지 그 통보 자체가 징계파면이나 직권면직과 같이 공무원의 신분을 상실시키는 새로운 형성적 행위는 아니므로 항고소송의 대상이 되는 독립한 행정처분이 될 수는 없다.
③ 학교법인 또는 사립학교 경영자는 교원소청심사위원회의 결정에 대하여 행정소송을 제기할 수 없다.
④ 직위해제처분은 당해 공무원에게 직위를 부여하지 아니함으로써 직무에 종사하지 못하도록 하는 잠정적이고 가처분적인 성격을 갖는 조치이므로, 징벌적 제재로서의 징계 등에서 요구되는 것과 같은 동일한 절차적 보장을 요구할 수는 없다.

해설

①
대법원 2010.7.29., 선고, 2007두18406, 판결
직위해제처분은 근로자로서의 지위를 그대로 존속시키면서 다만 그 직위만을 부여하지 아니하는 처분이므로 만일 어떤 사유에 기하여 근로자를 직위해제한 후 그 직위해제 사유와 동일한 사유를 이유로 징계처분을 하였다면 뒤에 이루어진 징계처분에 의하여 그 전에 있었던 직위해제처분은 그 효력을 상실한다. 여기서 직위해제처분이 효력을 상실한다는 것은 직위해제처분이 소급적으로 소멸하여 처음부터 직위해제처분이 없었던 것과 같은 상태로 되는 것이 아니라 사후적으로 그 효력이 소멸한다는 의미이다. 따라서 직위해제처분에 기하여 발생한 효과는 당해 직위해제처분이 실효되더라도 소급하여 소멸하는 것이 아니므로, 인사규정 등에서 직위해제처분에 따른 효과로 승진·승급에 제한을 가하는 등의 법률상 불이익을 규정하고 있는 경우에는 직위해제처분을 받은 근로자는 이러한 법률상 불이익을 제거하기 위하여 그 실효된 직위해제처분에 대한 구제를 신청할 이익이 있다.

②
대법원 1995.11.14., 선고, 95누2036, 판결
국가공무원법 제69조에 의하면 공무원이 제33조 각 호의 1에 해당할 때에는 당연히 퇴직한다고 규정하고 있으므로, 국가공무원법상 당연퇴직은 결격사유가 있을 때 법률상 당연히 퇴직하는 것이지 공무원관계를 소멸시키기 위한 별도의 행정처분을 요하는 것이 아니며, 당연퇴직의 인사발령은 법률상 당연히 발생하는 퇴직사유를 공적으로 확인하여 알려주는 이른바 관념의 통지에 불과하고 공무원의 신분을 상실시키는 새로운 형성적 행위가 아니므로 행정소송의 대상이 되는 독립한 행정처분이라고 할 수 없다.

142 ③

③ 교원지위향상을 위한 특별법 제10조 제3항

> **제10조(소청심사 결정)** ① 심사위원회는 소청심사청구를 접수한 날부터 60일 이내에 이에 대한 결정을 하여야 한다. 다만, 심사위원회가 불가피하다고 인정하면 그 의결로 30일을 연장할 수 있다.
> ② 심사위원회의 결정은 처분권자를 기속한다.
> ③ 제1항에 따른 심사위원회의 결정에 대하여 교원,「사립학교법」제2조에 따른 학교법인 또는 사립학교 경영자 등 당사자는 그 결정서를 송달받은 날부터 90일 이내에「행정소송법」으로 정하는 바에 따라 소송을 제기할 수 있다.
> ④ 소청심사의 청구·심사 및 결정 등 심사 절차에 관하여 필요한 사항은 대통령령으로 정한다.

대법원 2011.6.24., 선고, 2008두9317, 판결
교원지위 향상을 위한 특별법 제10조 제3항, 대학교원 기간임용제 탈락자 구제를 위한 특별법 제10조 제2항, 사립학교법 제53조의2 제1항, 제2항 규정들의 내용 및 원래 교원만이 교원소청심사위원회의 결정에 대하여 행정소송을 제기할 수 있도록 한 구 교원지위 향상을 위한 특별법(2007. 5. 11. 법률 제8414호로 개정되기 전의 것) 제10조 제3항이 헌법재판소의 위헌결정(헌법재판소 2006. 2. 23. 선고 2005헌가7, 2005헌마1163 전원재판부 결정)에 따라 학교법인 및 사립학교 경영자뿐 아니라 소청심사의 피청구인이 된 학교의 장 등도 행정소송을 제기할 수 있도록 현재와 같이 개정된 경위, 학교의 장은 학교법인의 위임 등을 받아 교원에 대한 징계처분, 인사발령 등 각종 업무를 수행하는 등 독자적 기능을 수행하고 있어 이러한 경우 하나의 활동단위로 특정될 수 있는 점까지 아울러 고려하여 보면, 교원소청심사위원회의 결정에 대하여 행정소송을 제기할 수 있는 자에는 교원지위 향상을 위한 특별법 제10조 제3항에서 명시하고 있는 교원, 사립학교법 제2조에 의한 학교법인, 사립학교 경영자뿐 아니라 소청심사의 피청구인이 된 학교의 장도 포함된다고 보는 것이 타당하다.

④

대법원 2014.5.16., 선고, 2012두26180, 판결
국가공무원법(이하 '법'이라 한다) 제73조의3 제1항에 규정한 직위해제는 일반적으로 공무원이 직무수행능력이 부족하거나 근무성적이 극히 불량한 경우, 공무원에 대한 징계절차가 진행 중인 경우, 공무원이 형사사건으로 기소된 경우 등에 있어서 당해 공무원이 장래에 있어서 계속 직무를 담당하게 될 경우 예상되는 업무상의 장애, 공무집행 및 행정의 공정성과 그에 대한 국민의 신뢰저해 등을 예방하기 위하여 일시적인 인사조치로서 당해 공무원에게 직위를 부여하지 아니함으로써 직무에 종사하지 못하도록 하는 잠정적이고 가처분적인 성격을 가진 조치이다. 따라서 그 성격상 과거공무원의 비위행위에 대한 공직질서 유지를 목적으로 행하여지는 징벌적 제재로서의 징계 등에서 요구되는 것과 같은 동일한 절차적 보장을 요구할 수는 없는바(대법원 2003. 10. 10. 선고 2003두5945 판결, 대법원 2013. 5. 9. 선고 2012다64833 판결, 헌법재판소 2006. 5. 25. 선고 2004헌바12 전원재판부 결정 등 참조), 직위해제에 관한 법 제73조의3 제1항 제2호 및 제3항은 임용권자는 직무수행 능력이 부족하거나 근무성적이 극히 나쁜 자에게 직위해제 처분을 할 수 있고, 직위해제된 자에게는 3개월의 범위에서 대기를 명한다고 규정하면서, 법 제75조 및 제76조 제1항에서 공무원에 대하여 직위해제를 할 때에는 그 처분권자 또는 처분제청권자는 처분사유를 적은 설명서를 교부하도록 하고, 처분사유 설명서를 받은 공무원이 그 처분에 불복할 때에는 그 설명서를 받은 날부터 30일 이내에 소청심사청구를 할 수 있도록 함으로써 임용권자가 직위해제처분을 함에 있어서 구체적이고도 명확한 사실의 적시가 요구되는 처분사유 설명서를 반드시 교부하도록 하여 해당 공무원에게 방어의 준비 및 불복의 기회를 보장하고 임용권자의 판단에 신중함과 합리성을 담보하게 하고 있고, 직위해제처분을 받은 공무원은 사후적으로 소청이나 행정소송을 통하여 충분한 의견진술 및 자료제출의 기회를 보장하고 있다.

143

2012 국회직 8급

국가공무원법상의 신분상 불이익처분에 관한 설명으로 옳지 않은 것은?

① 신분상 불이익처분에 해당하는 대통령의 처분 또는 부작위에 대해 항고소송을 제기하는 경우에는 그 상대방인 공무원의 소속 장관이 피고가 된다.
② 직위해제는 신분상 불이익처분에 해당되고 직무수행정지, 보수삭감 등의 침해적 법률효과가 발생한다.
③ 징계처분권자는 징계위원회의 의결에 구속된다.
④ 징계시효 징계 등의 사유가 발생한 날부터 2년이지만 금품 및 향응수수, 공금의 횡령·유용의 경우에는 5년이 된다.
⑤ 고위공무원단에 속하는 일반직공무원이 국가공무원법상 적격심사를 요구받으면 직위해제의 사유가 되고, 적격심사의 결과 부적격결정을 받으면 직권면직될 수 있다. 이때 징계위원회의 의견청취절차는 같은 법상 요건이 아니다.

해설

① 국가공무원법 제16조 제2항

> **제16조(행정소송과의 관계)** ① 제75조에 따른 처분, 그 밖에 본인의 의사에 반한 불리한 처분이나 부작위(不作爲)에 관한 행정소송은 소청심사위원회의 심사·결정을 거치지 아니하면 제기할 수 없다.
> ② 제1항에 따른 행정소송을 제기할 때에는 <u>대통령의 처분 또는 부작위의 경우에는 소속 장관(대통령령으로 정하는 기관의 장을 포함한다. 이하 같다)을</u>, 중앙선거관리위원회위원장의 처분 또는 부작위의 경우에는 중앙선거관리위원회사무총장을 각각 피고로 한다.

② 국가공무원법 제73조의3 제1항, 공무원보수규정 제29조

> **국가공무원법**
> **제73조의3(직위해제)** ① 임용권자는 다음 각 호의 어느 하나에 해당하는 자에게는 직위를 부여하지 아니할 수 있다.
> 1. 삭제
> 2. 직무수행 능력이 부족하거나 근무성적이 극히 나쁜 자
> 3. 파면·해임·강등 또는 정직에 해당하는 징계 의결이 요구 중인 자
> 4. 형사 사건으로 기소된 자(약식명령이 청구된 자는 제외한다)
> 5. 고위공무원단에 속하는 일반직공무원으로서 제70조의2제1항제2호부터 제5호까지의 사유로 적격심사를 요구받은 자
> 6. 금품비위, 성범죄 등 대통령령으로 정하는 비위행위로 인하여 감사원 및 검찰·경찰 등 수사기관에서 조사나 수사 중인 자로서 비위의 정도가 중대하고 이로 인하여 정상적인 업무수행을 기대하기 현저히 어려운 자
>
> **공무원부수규정**
> **제29조(직위해제기간 중의 봉급 감액)** 직위해제된 사람에게는 다음 각 호의 구분에 따라 봉급(외무공무원의 경우에는 직위해제 직전의 봉급을 말한다. 이하 이 조에서 같다)의 일부를 지급한다.
> 1. 「국가공무원법」 제73조의3제1항제2호에 따라 직위해제된 사람: 봉급의 80퍼센트
> 2. 「국가공무원법」 제73조의3제1항제3호부터 제6호까지의 규정에 따라 직위해제된 사람: 봉급의 70퍼센트. 다만, 직위해제일부터 3개월이 지나도 직위를 부여받지 못한 경우에는 그 3개월이 지난 후의 기간 중에는 봉급의 40퍼센트를 지급한다.

143 ④

③ COMMENT 징계처분권자는 징계위원회의 의결에 구속된다(국가공무원법 제78조 제1항).

> **제78조(징계 사유)** ① 공무원이 다음 각 호의 어느 하나에 해당하면 징계 의결을 요구하여야 하고 그 <u>징계 의결의 결과에 따라 징계처분을 하여야 한다.</u>
> 1. 이 법 및 이 법에 따른 명령을 위반한 경우
> 2. 직무상의 의무(다른 법령에서 공무원의 신분으로 인하여 부과된 의무를 포함한다)를 위반하거나 직무를 태만히 한 때
> 3. 직무의 내외를 불문하고 그 체면 또는 위신을 손상하는 행위를 한 때

④ 동법 제83조의2 제1항, 제78조의2 제1항

> **제83조의2(징계 및 징계부가금 부과 사유의 시효)** ① 징계의결등의 요구는 징계 등 사유가 발생한 날부터 다음 각 호의 구분에 따른 기간이 지나면 하지 못한다. 〈개정 2021. 6. 8.〉
> 1. 징계 등 사유가 다음 각 목의 어느 하나에 해당하는 경우: 10년
>   가. 「성매매알선 등 행위의 처벌에 관한 법률」 제4조에 따른 금지행위
>   나. 「성폭력범죄의 처벌 등에 관한 특례법」 제2조에 따른 성폭력범죄
>   다. 「아동·청소년의 성보호에 관한 법률」 제2조제2호에 따른 아동·청소년대상 성범죄
>   라. 「양성평등기본법」 제3조제2호에 따른 성희롱
> 2. 징계 등 사유가 제78조의2제1항 각 호의 어느 하나에 해당하는 경우: 5년
> 3. 그 밖의 징계 등 사유에 해당하는 경우: 3년
>
> **제78조의2(징계부가금)** ① 제78조에 따라 공무원의 징계 의결을 요구하는 경우 그 징계 사유가 다음 각 호의 어느 하나에 해당하는 경우에는 해당 징계 외에 다음 각 호의 행위로 취득하거나 제공한 금전 또는 재산상 이득(금전이 아닌 재산상 이득의 경우에는 금전으로 환산한 금액을 말한다)의 5배 내의 징계부가금 부과 의결을 징계위원회에 요구하여야 한다. 〈개정 2015. 5. 18.〉
> 1. 금전, 물품, 부동산, 향응 또는 그 밖에 대통령령으로 정하는 재산상 이익을 취득하거나 제공한 경우
> 2. 다음 각 목에 해당하는 것을 <u>횡령(橫領), 배임(背任), 절도, 사기 또는 유용(流用)</u>한 경우

⑤ 동법 제73조의3 제1항 제5호, 제70조 제1항 제9호 및 제2항 본문

> **제73조의3(직위해제)** ① 임용권자는 다음 각 호의 어느 하나에 해당하는 자에게는 직위를 부여하지 아니할 수 있다.
> 1. 삭제 〈1973.2.5.〉
> 2. 직무수행 능력이 부족하거나 근무성적이 극히 나쁜 자
> 3. 파면·해임·강등 또는 정직에 해당하는 징계 의결이 요구 중인 자
> 4. 형사 사건으로 기소된 자(약식명령이 청구된 자는 제외한다)
> 5. <u>고위공무원단에 속하는 일반직공무원으로서 제70조의2제1항제2호부터 제5호까지의 사유로 적격심사를 요구받은 자</u>
> 6. 금품비위, 성범죄 등 대통령령으로 정하는 비위행위로 인하여 감사원 및 검찰·경찰 등 수사기관에서 조사나 수사 중인 자로서 비위의 정도가 중대하고 이로 인하여 정상적인 업무수행을 기대하기 현저히 어려운 자
>
> **제70조(직권 면직)** ① 임용권자는 공무원이 다음 각 호의 어느 하나에 해당하면 직권으로 면직시킬 수 있다.
> 1. 삭제
> 2. 삭제
> 3. 직제와 정원의 개폐 또는 예산의 감소 등에 따라 폐직(廢職) 또는 과원(過員)이 되었을 때

4. 휴직 기간이 끝나거나 휴직 사유가 소멸된 후에도 직무에 복귀하지 아니하거나 직무를 감당할 수 없을 때
5. 제73조의3제3항에 따라 대기 명령을 받은 자가 그 기간에 능력 또는 근무성적의 향상을 기대하기 어렵다고 인정된 때
6. 전직시험에서 세 번 이상 불합격한 자로서 직무수행 능력이 부족하다고 인정된 때
7. 징병검사·입영 또는 소집의 명령을 받고 정당한 사유 없이 이를 기피하거나 군복무를 위하여 휴직 중에 있는 자가 군복무 중 군무(軍務)를 이탈하였을 때
8. 해당 직급·직위에서 직무를 수행하는데 필요한 자격증의 효력이 없어지거나 면허가 취소되어 담당 직무를 수행할 수 없게 된 때
9. <u>고위공무원단에 속하는 공무원이 제70조의2에 따른 적격심사 결과 부적격 결정을 받은 때</u>
② 임용권자는 제1항제3호부터 제8호까지의 규정에 따라 면직시킬 경우에는 미리 관할 징계위원회의 의견을 들어야 한다. 다만, 제1항제5호에 따라 면직시킬 경우에는 징계위원회의 동의를 받아야 한다.

144

2012 지방직 7급

공무원관계의 변경과 소멸에 대한 설명으로 옳지 않은 것은?

① 권고사직과 명예퇴직은 의원면직에 속한다.
② 사직원의 제출 또는 그 철회에는 대리가 허용되지 않는다.
③ 직위해제는 징계처분으로서 공무원관계의 소멸사유이다.
④ 파면과 해임은 징계면직에 해당한다.

해설

① COMMENT 권고사직은 권고에 의해 강제성 없이 해당 공무원의 사직의사에 따라 공무원관계를 소멸시키는 것이므로 의원면직에 해당한다. 명예퇴직 역시 정년 이전에 해당 공무원의 사직의사에 따라 공무원관계를 소멸시키는 의원면직이다.
② COMMENT 사직원의 제출 또는 철회는 일신전속적 행위이므로 명문의 규정이 없는 한 대리가 허용되지 않는다.
③ COMMENT 직위해제는 공무원관계의 변경사유이지 소멸사유가 아니다. 공무원관계의 소멸사유로는 공무원법상 당연퇴직, 의원면직 및 강제면직이 있다.
④ COMMENT 징계면직이란 공무원의 공무원법상의 의무위반에 대한 징계로서 내려지는 파면과 해임을 말한다(국가공무원법 제79조).

제79조(징계의 종류) 징계는 <u>파면·해임·강등·정직(停職)·감봉·견책(譴責)</u>으로 구분한다.

145

공무원의 집단행위의 금지에 관한 설명으로 옳지 않은 것은?

① 지방공무원법상 '공무 이외의 일을 위한 집단행위'라고 함은 공무에 속하지 아니하는 어떤 일을 위하여 공무원들이 하는 모든 집단적 행위를 의미하는 것이 아니라 '공익에 반하는 목적을 위하여 직무전념의무를 해태하는 등의 영향을 가져오는 집단적 행위'를 말한다.
② 지방공무원법상 '공무 외의 일을 위한 집단행위'라 함은 공무원으로서 직무에 관한 기강을 저해하거나 기타 그 본분에 배치되는 등 공무의 본질을 해치는 특정목적을 위한 다수인의 행위로써 단체를 결성한 상태에서의 행위를 말한다.
③ 지방공무원법상의 집단행위의 금지는 사실상 노무에 종사하는 공무원에 대해서는 적용되지 아니하고, 교원인 공무원에게는 노동조합 설립·가입 및 단체교섭에 관한 권리가 인정되고 있다.
④ 지방공무원 복무조례개정안에 대한 의견을 표명하기 위하여 전국공무원노동조합 간부 10여 명과 함께 시장의 사택을 방문한 노동조합 시지부 사무국장의 파면처분이 징계권의 한계를 일탈하거나 재량권을 남용하였다고 볼 수 없다.
⑤ 장관 주재의 정례조회에서의 집단퇴장행위는 공무원으로서 직무에 관한 기강을 저해하거나 기타 그 본분에 배치되는 등 공무의 본질을 해치는 다수인의 행위로서 '공무 외의 집단적 행위'에 해당한다.

해설

①
> 대법원 1992.2.14., 선고, 90도2310, 판결
> 국가공무원법 제66조에서 금지한 '노동운동'은 헌법과 국가공무원법과의 관계 및 우리 헌법이 근로삼권을 집회, 결사의 자유와 구분하여 보장하면서도 근로삼권에 한하여 공무원에 대한 헌법적 제한규정을 두고 있는 점에 비추어 헌법 및 노동법적 개념으로서의 근로삼권, 즉 단결권, 단체교섭권, 단체행동권을 의미한다고 해석하여야 할 것이고, 제한되는 단결권은 종속근로자들이 사용자에 대하여 근로조건의 유지, 개선 등을 목적으로 조직한 경제적 결사인 노동조합을 결성하고 그에 가입, 활동하는 권리를 말한다고 할 것이며 또한 같은 법상의 '공무 이외의 일을 위한 집단적 행위'는 공무가 아닌 어떤 일을 위하여 공무원들이 하는 모든 집단적 행위를 의미하는 것은 아니고 언론, 출판, 집회, 결사의 자유를 보장하고 있는 헌법 제21조 제1항, 헌법상의 원리, 국가공무원법의 취지, 국가공무원법상의 성실의무 및 직무전념의무 등을 종합적으로 고려하여 '공익에 반하는 목적을 위하여 직무전념의무를 해태하는 등의 영향을 가져오는 집단적 행위'라고 축소해석하여야 할 것이다.

②
> 대법원 1992.3.27., 선고, 91누9145, 판결
> 국가공무원법 제66조 제1항이 금지하고 있는 "공무 외의 집단적 행위"라 함은 공무원으로서 직무에 관한 기강을 저해하거나 기타 그 본분에 배치되는 등 공무의 본질을 해치는 특정목적을 위한 다수인의 행위로써 단체의 결성단계에는 이르지 아니한 상태에서의 행위를 말한다.

145 ②

③ 국가공무원법 제66조 제1항 단서, 교원의 노동조합 설립 및 운영 등에 관한 법률 제1조

> **국가공무원법**
> **제66조(집단 행위의 금지)** ① 공무원은 노동운동이나 그 밖에 공무 외의 일을 위한 집단 행위를 하여서는 아니 된다. 다만, 사실상 노무에 종사하는 공무원은 예외로 한다.
> ② 제1항 단서의 사실상 노무에 종사하는 공무원의 범위는 대통령령등으로 정한다.
> ③ 제1항 단서에 규정된 공무원으로서 노동조합에 가입된 자가 조합 업무에 전임하려면 소속 장관의 허가를 받아야 한다.
> ④ 제3항에 따른 허가에는 필요한 조건을 붙일 수 있다.
>
> **교원의 노동조합 설립 및 운영 등에 관한 법률**
> **제1조(목적)** 이 법은 「국가공무원법」 제66조제1항 및 「사립학교법」 제55조에도 불구하고 「노동조합 및 노동관계조정법」 제5조 단서에 따라 교원의 노동조합 설립에 관한 사항을 정하고 교원에 적용할 「노동조합 및 노동관계조정법」에 대한 특례를 규정함을 목적으로 한다.
>
> **제4조(노동조합의 설립)** ① 제2조제1호·제2호에 따른 교원은 특별시·광역시·특별자치시·도·특별자치도(이하 "시·도"라 한다) 단위 또는 전국 단위로만 노동조합을 설립할 수 있다.
>
> **제4조의2(가입 범위)** 노동조합에 가입할 수 있는 사람의 범위는 다음 각 호와 같다.
> 1. 교원
> 2. 교원으로 임용되어 근무하였던 사람으로서 노동조합 규약으로 정하는 사람
>
> **제6조(교섭 및 체결 권한 등)** ① 노동조합의 대표자는 그 노동조합 또는 조합원의 임금, 근무 조건, 후생복지 등 경제적·사회적 지위 향상에 관하여 다음 각 호의 구분에 따른 자와 교섭하고 단체협약을 체결할 권한을 가진다.

④
> **대법원 2009.6.23., 선고, 2006두16786, 판결**
> 지방공무원 복무조례개정안에 대한 의견을 표명하기 위하여 전국공무원노동조합 간부 10여 명과 함께 시장의 사택을 방문한 위 노동조합 시지부 사무국장에게 지방공무원법 제58조에 정한 집단행위 금지의무를 위반하였다는 등의 이유로 징계권자가 파면처분을 한 사안에서, 그 징계처분이 사회통념상 현저하게 타당성을 잃거나 객관적으로 명백하게 부당하여 징계권의 한계를 일탈하거나 재량권을 남용하였다고 볼 수 없다고 한 사례.

⑤
> **대법원 1992.3.27., 선고 91누9145 판결**
> 장관 주재의 정례조회에서의 집단퇴장행위는 공무원으로서 직무에 관한 기강을 저해하거나 기타 그 본분에 배치되는 등 공무의 본질을 해치는 다수인의 행위라 할 것이므로, 비록 그것이 건설행정기구의 개편안에 관한 불만의 의사표시에서 비롯되었다 하더라도, 위 "가"항의 "공무 외의 집단적 행위"에 해당한다고 한 사례.

146

2013 국가직 7급

다음 사례에 대한 설명으로 옳지 않은 것은? (다툼이 있는 경우 판례에 의함)

> A가 지방공무원 시보로 임용될 당시 지방공무원법 제31조 제4호 소정의 '금고 이상의 형을 선고받고 그 집행유예기간이 끝난 날부터 2년이 지나지 아니한 사람'에 해당하여 임용결격자임에도 불구하고, 임용권자 B는 과실로 그러한 사정을 밝혀내지 못하였다. A의 공무원임용결격사유는 시보로 근무하던 중 해소되었으며, 해소된 이후에 정규공무원으로 임용되었다. 이러한 사실을 알게 된 B는 A의 시보임용처분을 취소하고 그에 따라 정규임용처분도 취소하였다.

① 시보임용처분과 정규임용처분은 별개의 처분이다.
② 시보임용처분은 당연무효이다.
③ 시보임용취소처분과 정규임용취소처분은 침익적 처분이지만, 임용결격사유가 있다는 것이 법원의 재판 등에 의하여 객관적으로 증명되었기 때문에 사전통지나 의견청취가 필요 없다.
④ 정규임용취소처분은 시보공무원으로서의 경력을 갖추지 못한 자에 대한 처분이지만 당연무효는 아니다.

해설

①
> 대법원 2005.7.28., 선고, 2003두469, 판결
> 지방공무원법상 정규공무원 임용행위는 시보임용행위와는 별도의 임용행위이므로 그 요건과 효력은 개별적으로 판단하여야 할 것인바, 이 사건 통지서의 문언에 의하면, 위 원고에 대한 1983. 10. 11.자 지방소방사시보 발령을 취소한다고만 기재되어 있고, 위 원고에 대한 지방소방사 임용행위를 취소하는지 여부에 대하여는 아무런 언급이 없으므로, 피고는 이 사건 통지서에 의하여 위 원고에 대한 시보임용행위만을 취소하였음이 문언상 분명하다고 할 것이고, 위 원고가 이 사건 통지에 대하여 아무런 이의를 제기한 사실이 없고, 임용특례법에 따라 퇴직보상금 지급을 신청하고 아울러 특별채용을 신청하여 특별채용되었다 하더라도 그와 같은 사정을 들어 피고의 이 사건 통지에 시보임용행위와는 별도의 행정행위인 정규공무원 임용행위까지도 취소한다는 취지가 포함되어 있었다고 볼 수는 없으므로, 위 원고는 여전히 당초의 정규공무원 임용에 따른 지방공무원으로서의 지위를 가지고 있다고 보아야 할 것이다.

②
> 대법원 1998.1.23., 선고, 97누16985, 판결
> 공무원연금법에 의한 퇴직급여 등은 적법한 공무원으로서의 신분을 취득하여 근무하다가 퇴직하는 경우에 지급되는 것이고, 임용 당시 공무원 임용 결격사유가 있었다면 비록 국가의 과실에 의하여 임용결격자임을 밝혀내지 못하였다고 하더라도 그 임용행위는 당연무효로 보아야 하고, 당연무효인 임용행위에 의하여 공무원의 신분을 취득할 수는 없으므로, 임용 결격자가 공무원으로 임용되어 사실상 근무하여 왔다고 하더라도 적법한 공무원으로서의 신분을 취득하지 못한 자로서는 공무원연금법 소정의 퇴직급여 등을 청구할 수 없으며, 임용 결격사유가 소멸된 후에 계속 근무하여 왔다고 하더라도 그 때부터 무효인 임용행위가 유효로 되어 적법한 공무원의 신분을 회복하고 퇴직급여 등을 청구할 수 있다고 볼 수 없다.

146 ③

③
대법원 2009.1.30., 선고, 2008두16155, 판결
정규공무원으로 임용된 사람에게 시보임용처분 당시 지방공무원법 제31조 제4호에 정한 공무원임용 결격사유가 있어 시보임용처분을 취소하고 그에 따라 정규임용처분을 취소한 사안에서, <u>정규임용처분을 취소하는 처분은 성질상 행정절차를 거치는 것이 불필요하여 행정절차법의 적용이 배제되는 경우에 해당하지 않으므로, 그 처분을 하면서 사전통지를 하거나 의견제출의 기회를 부여하지 않은 것은 위법하다</u>고 한 사례.

④
대법원 2009.1.30., 선고, 2008두16155, 판결
이 사건 처분과 같이 정규임용처분을 취소하는 처분은 원고의 이익을 침해하는 처분이라 할 것이고, 한편 지방공무원법 및 그 시행령에는 이 사건 처분과 같이 정규임용처분을 취소하는 처분을 함에 있어 행정절차에 준하는 절차를 거치도록 하는 규정이 없을 뿐만 아니라 위 처분이 성질상 행정절차를 거치기 곤란하거나 불필요하다고 인정되는 처분이라고 보기도 어렵다고 할 것이어서 이 사건 처분이 행정절차법의 적용이 제외되는 경우에 해당한다고 할 수 없으며, 나아가 <u>이 사건 처분은, 지방공무원법 제31조 제4호 소정의 공무원임용 결격사유가 있어 당연무효인 이 사건 시보임용처분과는 달리, 위 시보임용처분의 무효로 인하여 시보공무원으로서의 경력을 갖추지 못하였다는 이유만으로, 위 결격사유가 해소된 후에 한 별도의 정규임용처분을 취소하는 처분이어서 행정절차법 제21조 제4항 및 제22조 제4항에 따라 원고에게 사전통지를 하지 않거나 의견제출의 기회를 주지 아니하여도 되는 예외적인 경우에 해당한다고 할 수도 없다. 그렇다면 피고가 이 사건 처분을 함에 있어 원고에게 처분의 사전통지를 하거나 의견제출의 기회를 부여하지 아니한 이상, 이 사건 처분은 절차상 하자가 있어 위법하다</u>고 할 것이다.

147
2017 서울시 7급

공무원인 甲은 직무와 관련하여 「국가공무원법」상 청렴의무에 위반하여 뇌물을 받았다는 이유로 형사사건으로 기소되었다. 이에 관한 설명으로 가장 옳은 것은? (다툼이 있는 경우 판례에 의함)

① 甲에 대한 형사사건이 아직 유죄로 확정되지 아니하여도 징계권자는 징계처분을 할 수 있음은 물론 甲은 자신의 사직의사표시만으로 임용권자의 수리 여부에 관계없이 공무원관계를 소멸시킬 수도 있다.
② 형사기소를 당한 공무원이 계속 직위를 유지한 채 직무를 수행할 경우 공무집행의 공정성과 국민의 신뢰를 저해할 우려가 있지만, 임용권자는 형사사건으로 기소되었다는 사유만으로 甲에 대해 직위해제처분을 하여야만 하는 것은 아니다.
③ 임용권자가 형사기소를 당한 甲에 대해 「국가공무원법」에 따라 직위해제처분을 하려고 할 때에는 직위해제처분이 당사자에게 의무를 부과하거나 권익을 제한하는 처분이므로 「행정절차법」상 사전통지·의견청취 절차에 관한 규정이 적용된다.
④ 甲의 형사절차에서 당연퇴직사유에 해당하는 유죄판결이 확정되어 임용권자가 당연퇴직의 인사발령을 통지하였을 경우 위 통지는 항고소송의 대상이 되는 행정처분이다.

147 ②

> 해설

① COMMENT 공무원에 대한 형사사건이 아직 유죄로 확정되지 아니하여도 징계사유가 존재한다면 징계처분은 할 수 있다. 반면 사직의 의사표시는 수리를 요하는 신고에 해당하므로 공무원관계를 소멸시키기 위해서는 임용권자의 수리(의원면직처분)가 필요하다.

> 대법원 2001.11.9., 선고, 2001두4184, 판결
> 공무원에게 징계사유가 인정되는 이상 관련된 형사사건이 아직 유죄로 확정되지 아니하였다고 하더라도 징계처분을 할 수 있고(대법원 1998. 6. 12. 선고 98두6807 판결 등 참조), 서울특별시지방공무원 징계의양정에관한규칙 제7조 제1항은 국무총리 이상 표창을 받은 공적이 있는 경우 등에 "징계를 감경할 수 있다."고만 규정하고 있을 뿐, 반드시 감경하여야 하는 것으로 규정하고 있지 않을 뿐 아니라, 조의금 등 공금을 횡령한 경우에는 같은 항 단서에 따라 징계를 감경할 수 없으므로, 원고가 대통령 표창을 받은 바 있다 하여 그 징계를 감경할 수는 없다. 이 부분 상고이유의 주장도 그 이유 없다.
>
> 대법원 1993.7.27, 선고, 92누16942, 판결
> 공무원이 한 사직의 의사표시는 그에 터잡은 의원면직처분이 있을 때까지는 원칙적으로 이를 철회할 수 있는 것이지만, 다만 의원면직처분이 있기 전이라도 사직의 의사표시를 철회하는 것이 신의칙에 반한다고 인정되는 특별한 사정이 있는 경우에는 그 철회는 허용되지 아니한다.

② COMMENT 임용권자는 형사기소를 당한 공무원에 대해 직위해제처분을 할 수 있지만, 반드시 하여야 하는 것은 아니다(국가공무원법 제73조의3 제1항 제4호).

> **제73조의3(직위해제)** ① 임용권자는 다음 각 호의 어느 하나에 해당하는 자에게는 직위를 부여하지 아니할 수 있다.
> 1. 삭제 〈1973.2.5.〉
> 2. 직무수행 능력이 부족하거나 근무성적이 극히 나쁜 자
> 3. 파면·해임·강등 또는 정직에 해당하는 징계 의결이 요구 중인 자
> 4. 형사 사건으로 기소된 자(약식명령이 청구된 자는 제외한다)
> 5. 고위공무원단에 속하는 일반직공무원으로서 제70조의2제1항제2호부터 제5호까지의 사유로 적격심사를 요구받은 자
> 6. 금품비위, 성범죄 등 대통령령으로 정하는 비위행위로 인하여 감사원 및 검찰·경찰 등 수사기관에서 조사나 수사 중인 자로서 비위의 정도가 중대하고 이로 인하여 정상적인 업무수행을 기대하기 현저히 어려운 자

③
> 대법원 2014.5.16., 선고, 2012두26180, 판결
> 국가공무원법상 직위해제처분은 구 행정절차법 제3조 제2항 제9호, 구 행정절차법 시행령 제2조 제3호에 의하여 당해 행정작용의 성질상 행정절차를 거치기 곤란하거나 불필요하다고 인정되는 사항 또는 행정절차에 준하는 절차를 거친 사항에 해당하므로, 처분의 사전통지 및 의견청취 등에 관한 행정절차법의 규정이 별도로 적용되지 않는다.

④
> 대법원 1995.11.14., 95누2036
> 국가공무원법상 당연퇴직은 결격사유가 있을 때 법률상 당연히 퇴직하는 것이지, 공무원관계를 소멸시키기 위한 별도의 행정처분을 요하는 것이 아니며, 당연퇴직의 인사발령은 법률상 당연히 발생하는 퇴직사유를 공적으로 확인하여 알려주는 이른바 관념의 통지에 불과하고 공무원의 신분을 상실시키는 새로운 형성적 행위가 아니므로 행정소송의 대상이 되는 독립한 행정처분이라고 할 수 없다.

148

2017 지방직 7급

A부 소속 일반직 국가공무원 甲은 회식 중 동료 공무원을 폭행하였다는 이유로, A부 장관으로부터 정직 3개월의 징계처분을 받았다. 甲은 해당 징계처분이 과도하다고 생각하여 법적 구제수단을 통하여 불복하고자 한다. 이에 대한 설명으로 옳지 않은 것은? (다툼이 있는 경우 판례에 의함)

① 甲은 행정소송을 제기하려면 소청심사위원회의 심사·결정을 거쳐야 하는데, 이 경우 소청심사의 청구기간은 정직 3개월 처분의 처분사유 설명서를 받은 날부터 30일 이내이다.
② 징계위원회의 심의과정에 반드시 제출되어야 하는 甲의 공적사항이 제시되지 않은 상태에서 정직 3개월의 징계처분을 한 경우라면 결과적으로 징계양정이 적정한지 여부와 상관없이 위법한 처분이 된다.
③ 소청심사위원회에서 甲에 대한 징계를 정직 2개월로 변경하는 재결을 하였다면, A부 장관이 정직 2개월로 변경하는 처분을 하지 않더라도 정직 2개월의 기간이 만료되면 甲에 대한 정직처분은 자동적으로 효력이 소멸된다.
④ 소청심사위원회가 정직 3개월의 처분을 정직 2개월로 변경하라는 재결을 하여 A부 장관이 정직 2개월의 처분을 한 경우, 甲이 이에 불복하여 제기하는 취소소송의 제소기간은 정직 2개월 처분이 있음을 甲이 현실적·구체적으로 안 날로부터 기산한다.

해설

① 국가공무원법 제16조 제1항, 제75조, 제76조 제1항

> **제16조(행정소송과의 관계)** ① 제75조에 따른 처분, 그 밖에 본인의 의사에 반한 불리한 처분이나 부작위(不作爲)에 관한 행정소송은 소청심사위원회의 심사·결정을 거치지 아니하면 제기할 수 없다.
> **제75조(처분사유 설명서의 교부)** 공무원에 대하여 징계처분등을 할 때나 강임·휴직·직위해제 또는 면직처분을 할 때에는 그 처분권자 또는 처분제청권자는 처분사유를 적은 설명서를 교부(交付)하여야 한다. 다만, 본인의 원(願)에 따른 강임·휴직 또는 면직처분은 그러하지 아니하다.
> **제76조(심사청구와 후임자 보충 발령)** ① 제75조에 따른 처분사유 설명서를 받은 공무원이 그 처분에 불복할 때에는 그 설명서를 받은 날부터, 공무원이 제75조에서 정한 처분 외에 본인의 의사에 반한 불리한 처분을 받았을 때에는 그 처분이 있은 것을 안 날부터 각각 30일 이내에 소청심사위원회에 이에 대한 심사를 청구할 수 있다. 이 경우 변호사를 대리인으로 선임할 수 있다.

②
> **대법원 2012.10.11., 선고, 2012두13245, 판결**
> 경찰공무원에 대한 징계위원회의 심의과정에 감경사유에 해당하는 공적 사항이 제시되지 아니한 경우에는 그 징계양정이 결과적으로 적정한지와 상관없이 이는 관계 법령이 정한 징계절차를 지키지 않은 것으로서 위법하다. 다만 징계양정에서 임의적 감경사유가 되는 국무총리 이상의 표창은 징계대상자가 받은 것이어야 함은 관련 법령의 문언상 명백하고, 징계대상자가 위와 같은 표창을 받은 공적을 징계양정의 임의적 감경사유로 삼은 것은 징계의결이 요구된 사람이 국가 또는 사회에 공헌한 행적을 징계양정에 참작하려는 데 그 취지가 있으므로 징계대상자가 아니라 그가 속한 기관이나 단체에 수여된 국무총리 단체표창은 징계대상자에 대한 징계양정의 임의적 감경사유에 해당하지 않는다.

148 ④

③ COMMENT 소청심사위원회에서 甲에 대한 징계를 정직 2개월로 변경하는 재결을 하였다면 이는 이행재결이 아니라 형성재결에 해당한다. 따라서 당해 행정처분(정직 3개월 징계처분)은 별도의 행정처분(정직 2개월 변경처분)을 기다릴 필요도 없이 재결 자체에 의해 당연히 취소되어 소멸한다.

④ COMMENT 소청심사위원회가 정직 3개월의 처분을 정직 2개월로 변경하라는 재결을 하였다면 이는 형성재결이 아니라 이행재결에 해당한다. 재결에 불복하여 취소소송을 제기하는 경우에는 재결서의 정본을 송달받은 날로부터 기산한다.

> **행정소송법**
> **제20조(제소기간)** ① 취소소송은 처분등이 있음을 안 날부터 90일 이내에 제기하여야 한다. 다만, 제18조제1항 단서에 규정한 경우와 그 밖에 행정심판청구를 할 수 있는 경우 또는 행정청이 행정심판청구를 할 수 있다고 잘못 알린 경우에 행정심판청구가 있은 때의 기간은 <u>재결서의 정본을 송달받은 날부터 기산</u>한다.

149
2013 지방직 7급

공무원법관계에 대한 설명으로 옳지 않은 것은?

① 판례는 공무원의 근무관계를 공법관계로 보면서도 공무원에 대한 근로기준법의 적용가능성을 인정하고 있다.
② 국가공무원법상 임용결격자에 대한 임용취소처분은 항고소송의 적법한 대상이 되지 않는다.
③ 국가공무원법상 직위해제는 잠정적인 조치로서 보직의 해제를 의미할 뿐이고 징벌적 제재로서 징계와는 성격을 달리하므로 항고소송의 적법한 대상이 될 수 없다.
④ 공무원의 의사에 반한 불리한 처분에 관한 행정소송은 소청심사위원회의 심사·결정을 거치지 아니하면 제기할 수 없다.

해설

①
> **대법원 1979.3.27., 선고, 78다163, 판결**
> 근로기준법 제10조에 의하면 같은 법은 모든 사업 또는 사업장에 적용되고, 같은 법 제11조에 의하면 위 법은 국가, 서울특별시, 부산시, 도, 시, 군, 읍, 면 기타 이에 준할 것에 대하여도 적용되고, 같은 법 제14조에 의하면 같은 법에서 근로자라 함은 직업의 종류를 불문하고 사업 또는 사업장에 임금을 목적으로 근로를 제공하는 자를 말한다고 규정하고 있으므로 <u>국가 또는 지방공무원도 임금을 목적으로 근로를 제공하는 근로기준법 제14조 소정의 근로자라 할 것이니 그들에 대하여 적극적으로 근로기준법의 적용을 배제하는 규정이 없는 한 원칙적으로 근로자의 퇴직금에 관한 규정인 근로기준법 제28조가 적용되어야 할 것이다.</u>

149 ③

② **대법원 1987.4.14., 선고, 86누459, 판결**
국가가 공무원임용결격사유가 있는 자에 대하여 결격사유가 있는 것을 알지 못하고 공무원으로 임용하였다가 사후에 결격사유가 있는 자임을 발견하고 공무원 임용행위를 취소하는 것은 당사자에게 원래의 임용행위가 당초부터 당연무효이었음을 통지하여 확인시켜 주는 행위에 지나지 아니하는 것이므로, 그러한 의미에서 당초의 임용처분을 취소함에 있어서는 신의칙 내지 신뢰의 원칙을 적용할 수 없고 또 그러한 의미의 취소권은 시효로 소멸하는 것도 아니다.

③ **COMMENT** 직위해제처분은 행정소송법상 처분에 해당하므로 그 위법을 들어서 항고소송을 제기할 수 있다.

대법원 1999.9.17., 선고, 98두15412, 판결
단순히 일반 형사사건이 아닌 국가보안법위반으로 기소되었다는 사유만으로 구 국가공무원법 제73조의2 제1항 제4호에 의하여 직위해제처분을 한 것이 재량권의 범위를 일탈·남용하였다고 본 사례.

④ 국가공무원법 제16조 제1항

> **제16조(행정소송과의 관계)** ① 제75조에 따른 처분, 그 밖에 본인의 의사에 반한 불리한 처분이나 부작위(不作爲)에 관한 행정소송은 소청심사위원회의 심사·결정을 거치지 아니하면 제기할 수 없다.

150
2020 군무원 9급

「병역법」에 관련한 설명으로 옳지 않은 것은? (다툼이 있는 경우 판례에 의함)

① 현역입영대상자인 피고인이 정당한 사유 없이 병역의무부과통지서인 현역입영통지서의 수령을 거부하고 입영기일부터 3일이 경과하여도 입영하지 않은 경우 통지서 수령거부에 대한 처벌만 인정될 뿐 입영의 기피에 대한 처벌은 인정되지 않는다.
② 병역의무부과통지서인 현역입영통지서는 그 병역의무자에게 이를 송달함이 원칙이고, 이러한 송달은 병역의무자의 현실적인 수령행위를 전제로 하고 있다고 보아야 하므로, 병역의무자가 현역입영통지의 내용을 이미 알고 있는 경우에도 여전히 현역입영통지서의 송달은 필요하다.
③ 현역입영대상자로서는 현실적으로 입영을 하였다고 하더라도, 입영 이후의 법률관계에 영향을 미치고 있는 현역병입영통지처분 등을 한 관할지방병무청장을 상대로 위법을 주장하여 그 취소를 구할 소송상의 이익이 있다.
④ 「병역법」상 보충역편입처분과 공익근무요원소집처분이 각각 단계적으로 별개의 법률효과를 발생하는 독립된 행정처분이 아니므로, 불가쟁력이 생긴 보충역 편입처분의 위법을 이유로 공익근무요원소집처분의 효력을 다툴 수 있다.

해설

① 대법원 2009.6.25., 선고, 2009도3387, 판결
현역입영대상자인 피고인이 정당한 사유 없이 병역의무부과통지서인 현역입영통지서의 수령을 거부하였다고 인정하여 이 사건 예비적 공소사실을 유죄로 판단한 것은 정당하다.
피고인이 이 사건 현역입영통지서 수령을 거절하였을 뿐 이를 적법하게 수령하였다고 볼 수 없다는 이유로 현역병입영대상자인 피고인이 현역입영통지서를 받았음에도 정당한 사유 없이 입영기일부터 3일이 경과하여도 입영하지 않았다는 이 사건 주위적 공소사실에 대하여는 그 범죄의 증명이 없는 때에 해당한다고 판단한 것은 정당하다.

② 대법원 2009.6.25., 선고, 2009도3387, 판결
병역의무부과통지서인 현역입영통지서는 그 병역의무자에게 이를 송달함이 원칙이고(병역법 제6조 제1항 참조), 이러한 송달은 병역의무자의 현실적인 수령행위를 전제로 하고 있다고 보아야 하므로, 병역의무자가 현역입영통지의 내용을 이미 알고 있는 경우에도 여전히 현역입영통지서의 송달은 필요하고(대법원 1997. 5. 23. 선고 96누5094 판결, 대법원 2004. 4. 9. 선고 2003두13908 판결 등 참조), 다른 법령상의 사유가 없는 한 병역의무자로부터 근거리에 있는 책상 등에 일시 현역입영통지서를 둔 것만으로는 병역의무자의 현실적인 수령행위가 있었다고 단정할 수 없다.

③ 대법원 2003.12.26., 선고, 2003두1875, 판결
병역법 제2조 제1항 제3호에 의하면 '입영'이란 병역의무자가 징집·소집 또는 지원에 의하여 군부대에 들어가는 것이고, 같은 법 제18조 제1항에 의하면 현역은 입영한 날부터 군부대에서 복무하도록 되어 있으므로 현역병입영통지처분에 따라 현실적으로 입영을 한 경우에는 그 처분의 집행은 종료되지만, 한편, 입영으로 그 처분의 목적이 달성되어 실효되었다는 이유로 다툴 수 없도록 한다면, 병역법상 현역입영대상자로서는 현역병입영통지처분이 위법하다 하더라도 법원에 의하여 그 처분의 집행이 정지되지 아니하는 이상 현실적으로 입영을 할 수밖에 없으므로 현역병입영통지처분에 대하여는 불복을 사실상 원천적으로 봉쇄하는 것이 되고, 또한 현역입영대상자가 입영하여 현역으로 복무하는 과정에서 현역병입영통지처분 외에는 별도의 다른 처분이 없으므로 입영한 이후에는 불복할 아무런 처분마저 없게 되는 결과가 되며, 나아가 입영하여 현역으로 복무하는 자에 대한 병적을 당해 군 참모총장이 관리한다는 것은 입영 및 복무의 근거가 된 현역병입영통지처분이 적법함을 전제로 하는 것으로서 그 처분이 위법한 경우까지를 포함하는 의미는 아니라고 할 것이므로, 현역입영대상자로서는 현실적으로 입영을 하였다고 하더라도, 입영 이후의 법률관계에 영향을 미치고 있는 현역병입영통지처분 등을 한 관할지방병무청장을 상대로 위법을 주장하여 그 취소를 구할 소송상의 이익이 있다.

④ COMMENT 하자의 승계가 인정되지 않는다. 6유형을 제외하고는 일체 하자승계가 인정되지 않는다고 정리하면 된다.

> 대법원 2002.12.10., 선고, 2001두5422, 판결
> 구 병역법(1999. 12. 28. 법률 제6058호로 개정되기 전의 것) 제2조 제1항 제2호, 제9호, 제5조, 제11조, 제12조, 제14조, 제26조, 제29조, 제55조, 제56조의 각 규정에 의하면, 보충역편입처분 등의 병역처분은 구체적인 병역의무부과를 위한 전제로서 징병검사 결과 신체등위와 학력·연령 등 자질을 감안하여 역종을 부과하는 처분임에 반하여, 공익근무요원소집처분은 보충역편입처분을 받은 공익근무요원소집대상자에게 기초적 군사훈련과 구체적인 복무기관 및 복무분야를 정한 공익근무요원으로서의 복무를 명하는 구체적인 행정처분이므로, 위 두 처분은 후자의 처분이 전자의 처분을 전제로 하는 것이기는 하나 각각 단계적으로 별개의 법률효과를 발생하는 독립된 행정처분이라고 할 것이므로, 따라서 보충역편입처분의 기초가 되는 신체등위 판정에 잘못이 있다는 이유로 이를 다투기 위하여는 신체등위 판정을 기초로 한 보충역편입처분에 대하여 쟁송을 제기하여야 할 것이며, 그 처분을 다투지 아니하여 이미 불가쟁력이 생겨 그 효력을 다툴 수 없게 된 경우에는, 병역처분변경신청에 의하는 경우는 별론으로 하고, 보충역편입처분에 하자가 있다고 할지라도 그것이 당연무효라고 볼만한 특단의 사정이 없는 한 그 위법을 이유로 공익근무요원소집처분의 효력을 다툴 수 없다.

판례정리(하자승계를 인정한 6유형)

유형	내용
1. 강제집행절차 상호간	① 대집행의 각 절차 사이 ② 강제징수의 각 절차 사이 ③ 독촉과 가산금·중가산금 징수처분 사이
2. 공시지가결정과 후속처분	① 개별공시지가결정과 양도소득세 부과처분 ② 개별공시지가결정과 개발부담금 부과처분 ③ 표준지공시지가결정과 수용재결처분
3. 시험합격처분과 합격에 따른 면허처분	① 안경사시험합격무효처분과 안경사면허취소처분 ② 한지의사시험과 한지의사면허처분
4. 암매장 개장명령과 계고처분	
5. 귀속재산의 임대처분과 매각처분	
6. 친일반민족행위자 결정과 독립유공자 배제결정	

2022-2023
정인국 단기완성
행정법각론
기출문제집

CHAPTER 04

경찰행정법

CHAPTER 04 경찰행정법

151
2014 국가직 7급

경찰작용에 대한 설명으로 옳지 않은 것은? (다툼이 있는 경우 판례에 의함)

① 경찰관직무집행법은 손실발생의 원인에 대하여 책임이 없는 자가 경찰관의 적법한 직무집행으로 인하여 재산상의 손실을 입은 경우 국가는 정당한 보상을 해야 한다고 명시적으로 규정하고 있다.
② 경찰관이 구체적 상황에서 그 인적·물적 능력의 범위 내에서의 적절한 조치라는 판단에 따라 범죄의 진압 및 수사에 관한 직무를 수행한 경우, 그것이 객관적 정당성을 상실하여 현저하게 불합리하다고 인정되지 않는 한 그와 다른 조치를 취하지 아니한 부작위를 내세워 국가배상책임의 요건인 법령 위반에 해당한다고 할 수 없다.
③ 경찰공무원이 운전자의 음주 여부나 주취 정도를 측정함에 있어서 그 측정방법이나 측정횟수는 합리적인 필요한 한도에 그쳐야 하겠지만 그 한도 내에서는 어느 정도의 재량이 있다.
④ 경찰관은 수상한 행동이나 그 밖의 주위 사정을 합리적으로 판단하여 볼 때 어떠한 죄를 범하려 하고 있다고 의심할 만한 상당한 이유가 있는 사람을 정지시켜 질문할 수 있지만, 그에 수반하여 흉기의 소지 여부를 조사할 수는 없다.

해설

① 경찰관직무집행법 제11조의2

> **제11조의2(손실보상)** ① 국가는 경찰관의 적법한 직무집행으로 인하여 다음 각 호의 어느 하나에 해당하는 손실을 입은 자에 대하여 정당한 보상을 하여야 한다.
> 1. 손실발생의 원인에 대하여 책임이 없는 자가 생명·신체 또는 재산상의 손실을 입은 경우(손실발생의 원인에 대하여 책임이 없는 자가 경찰관의 직무집행에 자발적으로 협조하거나 물건을 제공하여 생명·신체 또는 재산상의 손실을 입은 경우를 포함한다)
> 2. 손실발생의 원인에 대하여 책임이 있는 자가 자신의 책임에 상응하는 정도를 초과하는 생명·신체 또는 재산상의 손실을 입은 경우
> ② 제1항에 따른 보상을 청구할 수 있는 권리는 손실이 있음을 안 날부터 3년, 손실이 발생한 날부터 5년간 행사하지 아니하면 시효의 완성으로 소멸한다.
> ③ 제1항에 따른 손실보상신청 사건을 심의하기 위하여 손실보상심의위원회를 둔다.

151 ④

②

> 대법원 2008.4.24., 선고, 2006다32132, 판결
>
> [1] 교통단속처리지침 제38조 제6항은 호흡측정기에 의한 측정결과의 오류방지와 음주운전 단속자에게 정확한 혈중알콜농도 측정의 기회를 제공하기 위한 규정으로서, 위 규정의 '주취운전자 적발보고서를 작성한 후 즉시'의 의미는 상당한 시간 경과 등으로 운전 당시의 혈중알콜농도 입증이 곤란하여지는 것 등을 방지하기 위하여 운전자가 경찰공무원에 대하여 호흡측정기에 의한 측정결과에 불복하고 혈액채취의 방법에 의한 측정을 요구한 때로부터 상당한 이유 없이 장시간 지체하지 않을 것을 의미한다고 해석함이 상당하다.
> [2] 범죄의 예방·진압 및 수사는 경찰관의 직무에 해당하며 그 직무행위의 구체적 내용이나 방법 등이 경찰관의 전문적 판단에 기한 합리적인 재량에 위임되어 있으므로, 경찰관이 구체적 상황 하에서 그 인적·물적 능력의 범위 내에서의 적절한 조치라는 판단에 따라 범죄의 진압 및 수사에 관한 직무를 수행한 경우, 경찰관에게 그와 같은 권한을 부여한 취지와 목적, 경찰관이 다른 조치를 취하지 아니함으로 인하여 침해된 국민의 법익 또는 국민에게 발생한 손해의 심각성 내지 그 절박한 정도, 경찰관이 그와 같은 결과를 예견하여 그 결과를 회피하기 위한 조치를 취할 수 있는 가능성이 있는지 여부 등을 종합적으로 고려하여 볼 때, 그것이 객관적 정당성을 상실하여 현저하게 불합리하다고 인정되지 않는다면 그와 다른 조치를 취하지 아니한 부작위를 내세워 국가배상책임의 요건인 법령 위반에 해당한다고 할 수 없다.
> [3] 경찰관이 음주운전 단속시 운전자의 요구에 따라 곧바로 채혈을 실시하지 않은 채 호흡측정기에 의한 음주측정을 하고 1시간 12분이 경과한 후에야 채혈을 하였다는 사정만으로는 위 행위가 법령에 위배된다거나 객관적 정당성을 상실하여 운전자가 음주운전 단속과정에서 받을 수 있는 권익이 현저하게 침해되었다고 단정하기 어렵다고 본 사례.

③

> 대법원 1992.4.28., 선고, 92도220, 판결
>
> 도로교통법 제41조 제2항에 의하여 경찰공무원이 운전자에 대하여 음주 여부나 주취정도를 측정함에 있어서는 그 측정방법이나 측정회수에 있어서 합리적인 필요한 한도에 그쳐야 하겠지만 그 한도 내에서는 어느 정도의 재량이 있다고 하여야 할 것인바, 경찰공무원이 승용차에 가족을 태우고 가던 술을 마시지 않은 운전자에게 음주 여부를 확인하려고 후렛쉬봉에 두 차례 입김을 불게 했으나 잘 알 수 없어 동료경찰관에게 확인해 줄 것을 부탁하였고 그가 위와 같은 방법으로 다시 확인하려 했으나 역시 알 수 없어 보다 정확한 음주측정기로 검사받을 것을 요구했다면 다른 사정이 없는 한 위와 같은 상황에서의 음주 여부의 확인을 위하여 한 위 경찰공무원의 행위는 합리적인 필요한 한도를 넘은 것이라고 할 수 없어 적법한 공무집행에 해당한다.

④ 동법 제3조 제1항 제1호, 제3항

> 제3조(불심검문) ① 경찰관은 다음 각 호의 어느 하나에 해당하는 사람을 정지시켜 질문할 수 있다.
> 1. 수상한 행동이나 그 밖의 주위 사정을 합리적으로 판단하여 볼 때 어떠한 죄를 범하였거나 범하려하고 있다고 의심할 만한 상당한 이유가 있는 사람
> 2. 이미 행하여진 범죄나 행하여지려고 하는 범죄행위에 관한 사실을 안다고 인정되는 사람
> ② 경찰관은 제1항에 따라 같은 항 각 호의 사람을 정지시킨 장소에서 질문을 하는 것이 그 사람에게 불리하거나 교통에 방해가 된다고 인정될 때에는 질문을 하기 위하여 가까운 경찰서·지구대·파출소 또는 출장소(지방해양경비안전관서를 포함하며, 이하 "경찰관서"라 한다)로 동행할 것을 요구할 수 있다. 이 경우 동행을 요구받은 사람은 그 요구를 거절할 수 있다.
> ③ 경찰관은 제1항 각 호의 어느 하나에 해당하는 사람에게 질문을 할 때에 그 사람이 흉기를 가지고 있는지를 조사할 수 있다.

152

경찰작용에 대한 설명으로 옳지 않은 것은? (다툼이 있는 경우 판례에 의함)

① 행정청이 행정대집행의 방법으로 건물철거의무이행을 실현하는 과정에서 부수적으로 건물 점유자에 대한 퇴거조치를 실현하려 하자 점유자들이 이를 위력을 행사하여 방해하는 경우에, 행정청은 「행정대집행법」에 명문의 규정이 없는 이상 「경찰관직무집행법」에 근거하여서는 경찰의 도움을 받을 수 없다.

② 경찰관이 구체적 상황 하에서 그 인적·물적 능력의 범위 내의 적절한 조치라는 판단에 따라 범죄수사 직무를 수행한 경우, 그것이 객관적 정당성을 상실하여 현저하게 불합리하다고 인정되지 않는다면 그와 다른 조치를 취하지 아니한 부작위는 국가배상책임의 요건인 법령 위반에 해당하지 않는다.

③ 경찰관의 무기 사용이 법률에 정한 요건을 충족하는지 여부를 판단함에 있어, 사람에게 위해를 가할 위험성이 큰 권총의 사용에 있어서는 그 요건을 더욱 엄격하게 판단하여야 한다.

④ 경찰관이 교통법규 등을 위반하고 도주하는 차량을 순찰차로 추적하는 직무를 집행하는 중에 그 도주차량의 주행에 의하여 제3자가 손해를 입었다고 하더라도 그 추적이 당해 직무 목적을 수행하는 데에 불필요하다거나 추적의 개시·계속 혹은 추적의 방법이 상당하지 않다는 등의 특별한 사정이 없는 한 그 추적행위를 위법하다고 할 수는 없다.

해설

①
> 대법원 2017.4.28., 선고, 2016다213916, 판결
> 행정청이 행정대집행의 방법으로 건물철거의무의 이행을 실현할 수 있는 경우에는 건물철거 대집행 과정에서 부수적으로 건물의 점유자들에 대한 퇴거 조치를 할 수 있고, 점유자들이 적법한 행정대집행을 위력을 행사하여 방해하는 경우 형법상 공무집행방해죄가 성립하므로, 필요한 경우에는 '경찰관 직무집행법'에 근거한 위험발생 방지조치 또는 형법상 공무집행방해죄의 범행방지 내지 현행범체포의 차원에서 경찰의 도움을 받을 수도 있다.

②
> 대법원 2008.4.24., 선고, 2006다32132, 판결
> 범죄의 예방·진압 및 수사는 경찰관의 직무에 해당하며 그 직무행위의 구체적 내용이나 방법 등이 경찰관의 전문적 판단에 기한 합리적인 재량에 위임되어 있으므로, 경찰관이 구체적 상황하에서 그 인적·물적 능력의 범위 내에서의 적절한 조치라는 판단에 따라 범죄의 진압 및 수사에 관한 직무를 수행한 경우, 경찰관에게 그와 같은 권한을 부여한 취지와 목적, 경찰관이 다른 조치를 취하지 아니함으로 인하여 침해된 국민의 법익 또는 국민에게 발생한 손해의 심각성 내지 그 절박한 정도, 경찰관이 그와 같은 결과를 예견하여 그 결과를 회피하기 위한 조치를 취할 수 있는 가능성이 있는지 여부 등을 종합적으로 고려하여 볼 때, 그것이 객관적 정당성을 상실하여 현저하게 불합리하다고 인정되지 않는다면 그와 다른 조치를 취하지 아니한 부작위를 내세워 국가배상책임의 요건인 법령 위반에 해당한다고 할 수 없다.

152 ①

③
대법원 1999.3.23., 선고, 98다63445, 판결
경찰관은 범인의 체포, 도주의 방지, 자기 또는 타인의 생명·신체에 대한 방호, 공무집행에 대한 항거의 억제를 위하여 무기를 사용할 수 있으나, 이 경우에도 무기는 목적달성에 필요하다고 인정되는 상당한 이유가 있을 때 그 사태를 합리적으로 판단하여 필요한 한도 내에서 사용하여야 하는바, 경찰관의 무기사용이 이러한 요건을 충족하는지 여부는 범죄의 종류, 죄질, 피해법익의 경중, 위해의 급박성, 저항의 강약, 범인과 경찰관의 수, 무기의 종류, 무기 사용의 태양, 주변의 상황 등을 고려하여 사회통념상 상당하다고 평가되는지 여부에 따라 판단하여야 하고, 특히 사람에게 위해를 가할 위험성이 큰 총기의 사용에 있어서는 그 요건을 더욱 엄격하게 판단하여야 한다.

④
대법원 2000.11.10., 선고, 2000다26807, 판결
경찰관은 수상한 거동 기타 주위의 사정을 합리적으로 판단하여 어떠한 죄를 범하였거나 범하려 하고 있다고 의심할 만한 상당한 이유가 있는 자 또는 이미 행하여진 범죄나 행하여지려고 하는 범죄행위에 관하여 그 사실을 안다고 인정되는 자를 정지시켜 질문할 수 있고, 또 범죄를 실행중이거나 실행 직후인 자는 현행범인으로, 누구임을 물음에 대하여 도망하려 하는 자는 준현행범인으로 각 체포할 수 있으며, 이와 같은 정지 조치나 질문 또는 체포 직무의 수행을 위하여 필요한 경우에는 대상자를 추적할 수도 있으므로, 경찰관이 교통법규 등을 위반하고 도주하는 차량을 순찰차로 추적하는 직무를 집행하는 중에 그 도주차량의 주행에 의하여 제3자가 손해를 입었다고 하더라도 그 추적이 당해 직무 목적을 수행하는 데에 불필요하다거나 또는 도주차량의 도주의 태양 및 도로교통상황 등으로부터 예측되는 피해발생의 구체적 위험성의 유무 및 내용에 비추어 추적의 개시·계속 혹은 추적의 방법이 상당하지 않다는 등의 특별한 사정이 없는 한 그 추적행위를 위법하다고 할 수는 없다.

153

2019 국가직 7급

경찰관 직무집행법 상 경찰작용에 대한 설명으로 옳지 않은 것은? (다툼이 있는 경우 판례에 의함)

① 국가는 경찰관의 적법한 직무집행으로 인하여 손실발생의 원인에 대하여 책임이 있는 자가 자신의 책임에 상응하는 정도의 재산상의 손실을 입은 경우 그 손실을 입은 자에게 정당한 보상을 하여야 한다.
② 경찰관은 공무집행에 대한 항거 제지의 직무를 수행하기 위하여 필요하다고 인정되는 상당한 이유가 있을 때에는 그 사태를 합리적으로 판단하여 필요한 한도에서 경찰장구와 경찰무기로 수갑과 포승, 권총 등을 사용할 수 있다.
③ 술에 취한 상태로 인하여 자기 또는 타인의 생명·신체와 재산에 위해를 미칠 우려가 있는 피구호자에 대한 보호조치는 경찰 행정상 즉시강제에 해당하므로, 그 조치가 불가피한 최소한도 내에서만 행사되도록 발동·행사 요건을 신중하고 엄격하게 해석하여야 한다
④ 경찰관이 살수차, 분사기, 최루탄 또는 무기를 사용하는 경우 그 책임자는 사용 일시·장소·대상, 현장책임자, 종류, 수량 등을 기록하여 보관하여야 한다.

153 ①

> **해설**

① COMMENT 손실발생의 원인에 대하여 책임이 있는 자가 자신의 책임에 상응하는 정도를 "초과하는" 손실을 입은 경우라야 국가의 보상책임이 있다(경찰관직무집행법 제11조의2).

> **제11조의2(손실보상)** ① 국가는 경찰관의 적법한 직무집행으로 인하여 다음 각 호의 어느 하나에 해당하는 손실을 입은 자에 대하여 정당한 보상을 하여야 한다.
> 1. 손실발생의 원인에 대하여 책임이 없는 자가 생명·신체 또는 재산상의 손실을 입은 경우(손실발생의 원인에 대하여 책임이 없는 자가 경찰관의 직무집행에 자발적으로 협조하거나 물건을 제공하여 생명·신체 또는 재산상의 손실을 입은 경우를 포함한다)
> 2. 손실발생의 원인에 대하여 책임이 있는 자가 자신의 책임에 상응하는 정도를 초과하는 생명·신체 또는 재산상의 손실을 입은 경우

② 동법 제10조의2 제1항 3호, 제10조의4 제1항

> **제10조의2(경찰장구의 사용)** ① 경찰관은 다음 각 호의 직무를 수행하기 위하여 필요하다고 인정되는 상당한 이유가 있을 때에는 그 사태를 합리적으로 판단하여 필요한 한도에서 경찰장구를 사용할 수 있다.
> 1. 현행범이나 사형·무기 또는 장기 3년 이상의 징역이나 금고에 해당하는 죄를 범한 범인의 체포 또는 도주 방지
> 2. 자신이나 다른 사람의 생명·신체의 방어 및 보호
> 3. 공무집행에 대한 항거(抗拒) 제지
> ② 제1항에서 "경찰장구"란 경찰관이 휴대하여 범인 검거와 범죄 진압 등의 직무 수행에 사용하는 수갑, 포승(捕繩), 경찰봉, 방패 등을 말한다.
>
> **제10조의4(무기의 사용)** ① 경찰관은 범인의 체포, 범인의 도주 방지, 자신이나 다른 사람의 생명·신체의 방어 및 보호, 공무집행에 대한 항거의 제지를 위하여 필요하다고 인정되는 상당한 이유가 있을 때에는 그 사태를 합리적으로 판단하여 필요한 한도에서 무기를 사용할 수 있다. 다만, 다음 각 호의 어느 하나에 해당할 때를 제외하고는 사람에게 위해를 끼쳐서는 아니 된다.
> 1. 「형법」에 규정된 정당방위와 긴급피난에 해당할 때
> 2. 다음 각 목의 어느 하나에 해당하는 때에 그 행위를 방지하거나 그 행위자를 체포하기 위하여 무기를 사용하지 아니하고는 다른 수단이 없다고 인정되는 상당한 이유가 있을 때
>   가. 사형·무기 또는 장기 3년 이상의 징역이나 금고에 해당하는 죄를 범하거나 범하였다고 의심할 만한 충분한 이유가 있는 사람이 경찰관의 직무집행에 항거하거나 도주하려고 할 때
>   나. 체포·구속영장과 압수·수색영장을 집행하는 과정에서 경찰관의 직무집행에 항거하거나 도주하려고 할 때
>   다. 제3자가 가목 또는 나목에 해당하는 사람을 도주시키려고 경찰관에게 항거할 때
>   라. 범인이나 소요를 일으킨 사람이 무기·흉기 등 위험한 물건을 지니고 경찰관으로부터 3회 이상 물건을 버리라는 명령이나 항복하라는 명령을 받고도 따르지 아니하면서 계속 항거할 때
> 3. 대간첩 작전 수행 과정에서 무장간첩이 항복하라는 경찰관의 명령을 받고도 따르지 아니할 때
> ② 제1항에서 "무기"란 사람의 생명이나 신체에 위해를 끼칠 수 있도록 제작된 권총·소총·도검 등을 말한다.

③
> 대법원 2012.12.13., 선고, 2012도11162, 판결
> 경찰관직무집행법 제4조 제1항 제1호(이하 '이 사건 조항'이라 한다)에서 규정하는 술에 취한 상태로 인하여 자기 또는 타인의 생명·신체와 재산에 위해를 미칠 우려가 있는 피구호자에 대한 보호조치는 <u>경찰 행정상 즉시강제에 해당하므로, 그 조치가 불가피한 최소한도 내에서만 행사되도록 발동·행사 요건을 신중하고 엄격하게 해석하여야 한다.</u>

④ 「경찰관직무집행법」제11조

> **제11조(사용기록의 보관)** 제10조제2항에 따른 살수차, 제10조의3에 따른 분사기, 최루탄 또는 제10조의4에 따른 무기를 사용하는 경우 그 책임자는 사용 일시·장소·대상, 현장책임자, 종류, 수량 등을 기록하여 보관하여야 한다.

154

2020 국가직 7급

「경찰관 직무집행법」에 따른 경찰권발동에 대한 설명으로 옳지 않은 것은? (다툼이 있는 경우 판례에 의함)

① 경찰관으로부터 임의동행 요구를 받은 상대방은 이를 거절할 수 있을 뿐만 아니라 임의동행 후 언제든지 경찰관서에서 퇴거할 자유가 있다.
② 불심검문을 하는 경찰관이 신분증을 제시하지 않았다 하더라도 검문하는 사람이 경찰관이고 검문하는 이유가 범죄행위에 관한 것임을 상대방이 충분히 알고 있었다면 그 불심검문은 위법한 공무집행이라고 할 수 없다.
③ 경찰관이 불심검문을 하기 위해서는 불심검문 대상자에게 반드시 「형사소송법」상 체포나 구속에 이를 정도의 혐의가 있을 것이 요구되지는 않는다.
④ 경찰관의 보호조치의 발동에 관하여는 재량이 인정되므로 술에 취하여 응급구호가 필요한 자를 가족에게 인계할 수 있음에도 특별한 사정없이 경찰관서에 보호조치하는 것은 위법이라 할 수 없다.

| 해설

①
> 대법원 1997.8.22., 선고, 97도1240, 판결
> <u>임의동행은 상대방의 동의 또는 승낙을 그 요건으로 하는 것이므로 경찰관으로부터 임의동행 요구를 받은 경우 상대방은 이를 거절할 수 있을 뿐만 아니라 임의동행 후 언제든지 경찰관서에서 퇴거할 자유가 있다</u> 할 것이고, 경찰관직무집행법 제3조 제6항이 임의동행한 경우 당해인을 6시간을 초과하여 경찰관서에 머물게 할 수 없다고 규정하고 있다고 하여 그 규정이 임의동행한 자를 6시간 동안 경찰관서에 구금하는 것을 허용하는 것은 아니다.

154 ④

② 대법원 2014.12.11., 선고, 2014도7976, 판결

경찰관직무집행법(이하 '법'이라 한다) 제3조 제4항은 경찰관이 불심검문을 하고자 할 때에는 자신의 신분을 표시하는 증표를 제시하여야 한다고 규정하고, 경찰관직무집행법 시행령 제5조는 위 법에서 규정한 신분을 표시하는 증표는 경찰관의 공무원증이라고 규정하고 있는데, 불심검문을 하게 된 경위, 불심검문 당시의 현장상황과 검문을 하는 경찰관들의 복장, 피고인이 공무원증 제시나 신분 확인을 요구하였는지 여부 등을 종합적으로 고려하여, 검문하는 사람이 경찰관이고 검문하는 이유가 범죄행위에 관한 것임을 피고인이 충분히 알고 있었다고 보이는 경우에는 신분증을 제시하지 않았다고 하여 그 불심검문이 위법한 공무집행이라고 할 수 없다.

③ 대법원 2014.2.27., 선고, 2011도13999, 판결

경찰관직무집행법(이하 '법'이라고 한다)의 목적, 법 제1조 제1항, 제2항, 제3조 제1항, 제2항, 제3항, 제7항의 내용 및 체계 등을 종합하면, 경찰관이 법 제3조 제1항에 규정된 대상자(이하 '불심검문 대상자'라 한다) 해당 여부를 판단할 때에는 불심검문 당시의 구체적 상황은 물론 사전에 얻은 정보나 전문적 지식 등에 기초하여 불심검문 대상자인지를 객관적·합리적인 기준에 따라 판단하여야 하나, 반드시 불심검문 대상자에게 형사소송법상 체포나 구속에 이를 정도의 혐의가 있을 것을 요한다고 할 수는 없다. 그리고 경찰관은 불심검문 대상자에게 질문을 하기 위하여 범행의 경중, 범행과의 관련성, 상황의 긴박성, 혐의의 정도, 질문의 필요성 등에 비추어 목적 달성에 필요한 최소한의 범위 내에서 사회통념상 용인될 수 있는 상당한 방법으로 대상자를 정지시킬 수 있고 질문에 수반하여 흉기의 소지 여부도 조사할 수 있다.

④ 대법원 2012.12.13, 선고, 2012도11162, 판결

경찰관직무집행법 제4조 제1항 제1호(이하 '이 사건 조항'이라 한다)에서 규정하는 술에 취한 상태로 인하여 자기 또는 타인의 생명·신체와 재산에 위해를 미칠 우려가 있는 피구호자에 대한 보호조치는 경찰 행정상 즉시강제에 해당하므로, 그 조치가 불가피한 최소한도 내에서만 행사되도록 발동·행사 요건을 신중하고 엄격하게 해석하여야 한다. 따라서 이 사건 조항의 '술에 취한 상태'란 피구호자가 술에 만취하여 정상적인 판단능력이나 의사능력을 상실할 정도에 이른 것을 말하고, 이 사건 조항에 따른 보호조치를 필요로 하는 피구호자에 해당하는지는 구체적인 상황을 고려하여 경찰관 평균인을 기준으로 판단하되, 그 판단은 보호조치의 취지와 목적에 비추어 현저하게 불합리하여서는 아니 되며, 피구호자의 가족 등에게 피구호자를 인계할 수 있다면 특별한 사정이 없는 한 경찰서에서 피구호자를 보호하는 것은 허용되지 않는다.

155

경찰관 직무집행법에 대한 설명으로 옳지 않은 것은? (다툼이 있는 경우 판례에 의함)

2021 지방직 7급

① 경찰관은 이미 행하여진 범죄나 행하여지려고 하는 범죄행위에 관한 사실을 안다고 인정되는 사람을 정지시켜 질문할 수 있지만, 질문을 받은 사람은 형사소송에 관한 법률에 따르지 아니하고는 신체를 구속당하지 아니하며, 그 의사에 반하여 답변을 강요당하지 아니한다.

② 경찰관은 보호조치를 하는 경우에 구호대상자가 휴대하고 있는 무기·흉기 등 위험을 일으킬 수 있는 것으로 인정되는 물건을 경찰관서에 임시로 영치하여 놓을 수 있지만, 그 기간은 10일을 초과할 수 없다.

③ 경찰관 직무집행법 제6조(범죄의 예방과 제지)상 범죄행위가 목전에 행하여지려고 하고 있다고 인정될 때 관계인에게 행하는 경찰관의 경고나 제지는 범죄의 예방을 위하여 범죄행위에 관한 실행의 착수 전에 행하여질 수 없고, 범죄행위가계속되는 중에 그 진압을 위하여만 행하여질 수 있다.

④ 보호조치가 필요한 피구호자에 해당하는지는 구체적인 상황을 고려하여 경찰관 평균인을 기준으로 판단하되, 그 판단은 보호조치의 취지와 목적에 비추어 현저하게 불합리하여서는 아니 되며, 피구호자의 가족 등에게 피구호자를 인계할 수 있다면 특별한 사정이 없는 한 경찰관서에서 피구호자를 보호하는 것은 허용되지 않는다.

해설

① 경찰관 직무집행법 제3조 제1항, 제7항

> **제3조(불심검문)** ① 경찰관은 다음 각 호의 어느 하나에 해당하는 사람을 정지시켜 질문할 수 있다.
> 1. 수상한 행동이나 그 밖의 주위 사정을 합리적으로 판단하여 볼 때 어떠한 죄를 범하였거나 범하려 하고 있다고 의심할 만한 상당한 이유가 있는 사람
> 2. 이미 행하여진 범죄나 행하여지려고 하는 범죄행위에 관한 사실을 안다고 인정되는 사람
> ⑦ 제1항부터 제3항까지의 규정에 따라 질문을 받거나 동행을 요구받은 사람은 형사소송에 관한 법률에 따르지 아니하고는 신체를 구속당하지 아니하며, 그 의사에 반하여 답변을 강요당하지 아니한다.

② 동법 제4조 제3항, 제7항

> **제4조(보호조치 등)** ① 경찰관은 수상한 행동이나 그 밖의 주위 사정을 합리적으로 판단해 볼 때 다음 각 호의 어느 하나에 해당하는 것이 명백하고 응급구호가 필요하다고 믿을 만한 상당한 이유가 있는 사람(이하 "구호대상자"라 한다)을 발견하였을 때에는 보건의료기관이나 공공구호기관에 긴급구호를 요청하거나 경찰관서에 보호하는 등 적절한 조치를 할 수 있다.
> 1. 정신착란을 일으키거나 술에 취하여 자신 또는 다른 사람의 생명·신체·재산에 위해를 끼칠 우려가 있는 사람
> 2. 자살을 시도하는 사람
> 3. 미아, 병자, 부상자 등으로서 적당한 보호자가 없으며 응급구호가 필요하다고 인정되는 사람. 다만, 본인이 구호를 거절하는 경우는 제외한다.

155 ③

② 제1항에 따라 긴급구호를 요청받은 보건의료기관이나 공공구호기관은 정당한 이유 없이 긴급구호를 거절할 수 없다.
③ 경찰관은 제1항의 조치를 하는 경우에 구호대상자가 휴대하고 있는 무기·흉기 등 위험을 일으킬 수 있는 것으로 인정되는 물건을 경찰관서에 임시로 영치(領置)하여 놓을 수 있다.
⑦ 제1항에 따라 구호대상자를 경찰관서에서 보호하는 기간은 24시간을 초과할 수 없고, 제3항에 따라 물건을 경찰관서에 임시로 영치하는 기간은 10일을 초과할 수 없다.

③
대법원 2013.9.26., 선고, 2013도643, 판결
경찰관직무집행법 제6조 제1항은 '경찰관은 범죄행위가 목전에 행하여지려고 하고 있다고 인정될 때에는 이를 예방하기 위하여 관계인에게 필요한 경고를 발하고, 그 행위로 인하여 인명·신체에 위해를 미치거나 재산에 중대한 손해를 끼칠 우려가 있어 긴급을 요하는 경우에는 그 행위를 제지할 수 있다'고 규정하고 있다. 여기에 규정된 경찰관의 경고나 제지는 그 문언과 같이 범죄의 예방을 위하여 범죄행위에 관한 실행의 착수 전에 행하여질 수 있을 뿐만 아니라, 이후 범죄행위가 계속되는 중에 그 진압을 위하여도 당연히 행하여질 수 있다고 보아야 한다.

④
대법원 2012.12.13., 선고, 2012도11162, 판결
경찰관직무집행법 제4조 제1항 제1호(이하 '이 사건 조항'이라 한다)에서 규정하는 술에 취한 상태로 인하여 자기 또는 타인의 생명·신체와 재산에 위해를 미칠 우려가 있는 피구호자에 대한 보호조치는 경찰 행정상 즉시강제에 해당하므로, 그 조치가 불가피한 최소한도 내에서만 행사되도록 발동·행사 요건을 신중하고 엄격하게 해석하여야 한다. 따라서 이 사건 조항의 '술에 취한 상태'란 피구호자가 술에 만취하여 정상적인 판단능력이나 의사능력을 상실할 정도에 이른 것을 말하고, 이 사건 조항에 따른 보호조치를 필요로 하는 피구호자에 해당하는지는 구체적인 상황을 고려하여 경찰관 평균인을 기준으로 판단하되, 그 판단은 보호조치의 취지와 목적에 비추어 현저하게 불합리하여서는 아니 되며, 피구호자의 가족 등에게 피구호자를 인계할 수 있다면 특별한 사정이 없는 한 경찰관서에서 피구호자를 보호하는 것은 허용되지 않는다.

156
2021 서울시 7급

「경찰관 직무집행법」상 경찰작용에 대한 설명으로 가장 옳지 않은 것은?

① 「경찰관 직무집행법」상의 불심검문은 그 대상자에게 반드시 형사소송법상 체포나 구속에 이를 정도의 혐의가 있을 것을 요하는 것은 아니다.
② 행정경찰 목적의 경찰활동으로 행하여지는 「경찰관직무집행법」상의 질문을 위한 동행요구에 있어서 그것이 「형사소송법」의 규율을 받는 수사로 이어지는 경우라면 「형사소송법」상의 임의수사의 원칙이 적용된다.
③ 「경찰관 직무집행법」 제6조에 따른 경찰관의 제지 조치가 적법한 직무집행으로 평가되기 위해서는, 형사처벌의 대상이 되는 행위가 행해질 개연성이 있는 것만으로도 충분하다.
④ 경찰관이 신분증을 제시하지 않고 「경찰관 직무집행법」상의 불심검문을 하였으나, 검문하는 사람이 경찰관이고 검문하는 이유가 범죄행위에 관한 것임을 상대방이 알고 있었다면 그 불심검문은 위법한 공무집행으로 볼 수 없다.

156 ③

> 해설

① 대법원 2014.2.27., 선고, 2011도13999, 판결

경찰관직무집행법(이하 '법'이라고 한다)의 목적, 법 제1조 제1항, 제2항, 제3조 제1항, 제2항, 제3항, 제7항의 내용 및 체계 등을 종합하면, 경찰관이 법 제3조 제1항에 규정된 대상자(이하 '불심검문 대상자'라 한다) 해당 여부를 판단할 때에는 <u>불심검문 당시의 구체적 상황은 물론 사전에 얻은 정보나 전문적 지식 등에 기초하여 불심검문 대상자인지를 객관적·합리적인 기준에 따라 판단하여야 하나, 반드시 불심검문 대상자에게 형사소송법상 체포나 구속에 이를 정도의 혐의가 있을 것을 요한다고 할 수는 없다.</u> 그리고 경찰관은 불심검문 대상자에게 질문을 하기 위하여 범행의 경중, 범행과의 관련성, 상황의 긴박성, 혐의의 정도, 질문의 필요성 등에 비추어 목적 달성에 필요한 최소한의 범위 내에서 사회통념상 용인될 수 있는 상당한 방법으로 대상자를 정지시킬 수 있고 질문에 수반하여 흉기의 소지 여부도 조사할 수 있다.

② 대법원 2006.7.6., 선고, 2005도6810, 판결

<u>형사소송법 제199조 제1항은 "수사에 관하여 그 목적을 달성하기 위하여 필요한 조사를 할 수 있다. 다만, 강제처분은 이 법률에 특별한 규정이 있는 경우에 한하며, 필요한 최소한도의 범위 안에서만 하여야 한다."고 규정하여 임의수사의 원칙을 명시하고 있는바,</u> 수사관이 수사과정에서 당사자의 동의를 받는 형식으로 피의자를 수사관서 등에 동행하는 것은, 상대방의 신체의 자유가 현실적으로 제한되어 실질적으로 체포와 유사한 상태에 놓이게 됨에도, 영장에 의하지 아니하고 그 밖에 강제성을 띤 동행을 억제할 방법도 없어서 제도적으로는 물론 현실적으로도 임의성이 보장되지 않을 뿐만 아니라, 아직 정식의 체포·구속단계 이전이라는 이유로 상대방에게 헌법 및 형사소송법이 체포·구속된 피의자에게 부여하는 각종의 권리보장 장치가 제공되지 않는 등 형사소송법의 원리에 반하는 결과를 초래할 가능성이 크므로, <u>수사관이 동행에 앞서 피의자에게 동행을 거부할 수 있음을 알려 주었거나 동행한 피의자가 언제든지 자유로이 동행과정에서 이탈 또는 동행장소로부터 퇴거할 수 있었음이 인정되는 등 오로지 피의자의 자발적인 의사에 의하여 수사관서 등에의 동행이 이루어졌음이 객관적인 사정에 의하여 명백하게 입증된 경우에 한하여, 그 적법성이 인정되는 것으로 봄이 상당하다.</u>

③ **COMMENT** (i) 형사처벌의 대상이 되는 행위가 행해질 개연성(형사처벌의 대상이 되는 행위가 눈앞에서 막 이루어지려고 하는 것이 객관적으로 인정될 수 있는 상황)만으로는 부족하고, (ii) 급박성(직접 제지하는 방법 외에는 위와 같은 결과를 막을 수 없는 절박한 사태)까지 인정되어야 한다.

대법원 2017.3.15., 선고, 2013도2168, 판결

구 경찰관 직무집행법은 제2조 제1호에서 경찰관이 수행하는 직무 중 하나로 '범죄의 예방'을 정하고 있고(현행법에서는 제2조 제2호에서 동일한 내용을 규정하고 있다), 제6조 제1항에서 "경찰관은 범죄행위가 목전에 행하여지려고 하고 있다고 인정될 때에는 이를 예방하기 위하여 관계인에게 필요한 경고를 하고, 그 행위로 인하여 인명·신체에 위해를 끼치거나 재산에 중대한 손해를 끼칠 우려가 있어 긴급을 요하는 경우에는 그 행위를 제지할 수 있다."라고 정하고 있다(현행법에서는 제6조에서 동일한 내용을 규정하고 있다). 위 법률에 따라 <u>범죄를 예방하기 위한 경찰관의 제지 조치가 적법한 직무집행으로 평가될 수 있기 위해서는 형사처벌의 대상이 되는 행위가 눈앞에서 막 이루어지려고 하는 것이 객관적으로 인정될 수 있는 상황이고, 그 행위를 당장 제지하지 않으면 곧 생명·신체에 위해를 미치거나 재산에 중대한 손해를 끼칠 우려가 있는 상황이어서, 직접 제지하는 방법 외에는 위와 같은 결과를 막을 수 없는 절박한 사태가 있어야 한다.</u>

④ **대법원 2014.12.11., 선고, 2014도7976, 판결**
경찰관직무집행법(이하 '법'이라 한다) 제3조 제4항은 경찰관이 불심검문을 하고자 할 때에는 자신의 신분을 표시하는 증표를 제시하여야 한다고 규정하고, 경찰관직무집행법 시행령 제5조는 위 법에서 규정한 신분을 표시하는 증표는 경찰관의 공무원증이라고 규정하고 있는데, 불심검문을 하게 된 경위, 불심검문 당시의 현장상황과 검문을 하는 경찰관들의 복장, 피고인이 공무원증 제시나 신분 확인을 요구하였는지 여부 등을 종합적으로 고려하여, 검문하는 사람이 경찰관이고 검문하는 이유가 범죄행위에 관한 것임을 피고인이 충분히 알고 있었다고 보이는 경우에는 신분증을 제시하지 않았다고 하여 그 불심검문이 위법한 공무집행이라고 할 수 없다.

157

2014 서울시 7급

경찰관직무집행법상 보호조치에 대한 설명으로 옳지 않은 것은?

① 경찰관은 수상한 행동이나 그 밖의 주위의 사정을 합리적으로 판단하여 자살을 기도함이 명백하여 응급의 구호를 요한다고 믿을 만한 상당한 이유가 있는 자를 발견한 때에는 보건의료기관 또는 공공구호기관에 긴급구호를 요청하거나 경찰관서에 보호하는 등 적당한 조치를 할 수 있다.
② 경찰관의 긴급구호요청을 받은 보건의료기관이나 공공구호기관은 정당한 이유 없이 긴급구호를 거절할 수 없다.
③ 미아·병자·부상자 등으로서 적당한 보호자가 없으며 응급의 구호를 요한다고 인정되는 자는 임의보호조치의 대상자이다.
④ 경찰관이 보호조치를 취하는 경우 피구호자가 휴대하고 있는 무기·흉기 등 위험을 야기할 수 있는 것으로 인정되는 물건은 경찰관서에 임시영치할 수 있으나 10일을 초과할 수 없다.
⑤ 피구호자를 공중보건의료기관 또는 공공구호기관에 인계한 경찰관은 즉시 그 사실을 당해 공중보건의료기관·공공구호기관의 장 및 그 감독행정청에 통보하여야 한다.

해설

① 동법 제4조 제1항 제2호
② 동법 제4조 제2항
③ 동법 제4조 제1항 제3호
④ 동법 제4조 제7항

157 ⑤

⑤ COMMENT 피구호자를 공중보건의료기관 또는 공공구호기관에 인계한 경찰관은 즉시 그 사실을 소속 경찰서장이나 지방해양경비안전관서의 장에게 보고하여야 한다(동법 제4조 제5항).

> **제4조(보호조치 등)** ① 경찰관은 수상한 행동이나 그 밖의 주위 사정을 합리적으로 판단해 볼 때 다음 각 호의 어느 하나에 해당하는 것이 명백하고 응급구호가 필요하다고 믿을 만한 상당한 이유가 있는 사람(이하 "구호대상자"라 한다)을 발견하였을 때에는 보건의료기관이나 공공구호기관에 긴급구호를 요청하거나 경찰서에 보호하는 등 적절한 조치를 할 수 있다.
> 1. 정신착란을 일으키거나 술에 취하여 자신 또는 다른 사람의 생명·신체·재산에 위해를 끼칠 우려가 있는 사람
> 2. 자살을 시도하는 사람
> 3. 미아, 병자, 부상자 등으로서 적당한 보호자가 없으며 응급구호가 필요하다고 인정되는 사람. 다만, 본인이 구호를 거절하는 경우는 제외한다.
> ② 제1항에 따라 긴급구호를 요청받은 보건의료기관이나 공공구호기관은 정당한 이유 없이 긴급구호를 거절할 수 없다.
> ③ 경찰관은 제1항의 조치를 하는 경우에 구호대상자가 휴대하고 있는 무기·흉기 등 위험을 일으킬 수 있는 것으로 인정되는 물건을 경찰서에 임시로 영치(領置)하여 놓을 수 있다.
> ④ 경찰관은 제1항의 조치를 하였을 때에는 지체 없이 구호대상자의 가족, 친지 또는 그 밖의 연고자에게 그 사실을 알려야 하며, 연고자가 발견되지 아니할 때에는 구호대상자를 적당한 공공보건의료기관이나 공공구호기관에 즉시 인계하여야 한다.
> ⑤ 경찰관은 제4항에 따라 구호대상자를 공공보건의료기관이나 공공구호기관에 인계하였을 때에는 즉시 그 사실을 소속 경찰서장이나 지방해양경비안전관서의 장에게 보고하여야 한다.
> ⑥ 제5항에 따라 보고를 받은 소속 경찰서장이나 지방해양경비안전관서의 장은 대통령령으로 정하는 바에 따라 구호대상자를 인계한 사실을 지체 없이 해당 공공보건의료기관 또는 공공구호기관의 장 및 그 감독행정청에 통보하여야 한다.
> ⑦ 제1항에 따라 구호대상자를 경찰서에서 보호하는 기간은 24시간을 초과할 수 없고, 제3항에 따라 물건을 경찰관서에 임시로 영치하는 기간은 10일을 초과할 수 없다.

158
2013 국회직 8급

경찰책임에 관한 설명 중 옳지 않은 것은?

① 상태책임을 지는 자가 경찰위반상태를 야기한 물건·동물 등에 대한 정당한 권한을 가진 자일 필요는 없다.
② 행위자에게 고의·과실이 없는 경우에도 경찰책임이 인정된다.
③ 사법상 권리능력 없는 사단도 경찰책임의 주체가 될 수 있다.
④ 행위자의 행위와 위해 사이의 인과관계 유무를 판단하는 경우에는 형법상의 인과관계론을 기준으로 하되 경찰상 위험의 특징도 고려해야 한다.
⑤ 가게 상품진열장에 TV를 설치하고 월드컵 축구경기를 방영함으로써 군중이 모여들어 교통의 혼잡을 초래한 경우 그 가게 경영자에게 경찰책임을 지우지 않고는 교통장해를 제거할 수 없는 때에는 그 경영자에게도 행위책임을 인정할 수 있다.

158 ④

해설

① **COMMENT** 상태책임의 주체는 경찰상 위해를 발생시키고 있는 물건을 현실적으로 지배하고 있는 자로서, 물건에 대한 권원의 정당성 유무와 관계없이 인정된다.
② **COMMENT** 경찰책임은 공공의 안녕과 질서유지를 목적으로 하는 것이지 상대방을 처벌하려는 것이 아니기 때문에 책임자의 고의·과실을 요하지 않는다.
③ **COMMENT** 자연인, 사법인뿐만 아니라 권리능력없는 사단(예컨대 법인등기하지 아니한 시민단체)도 경찰책임의 주체가 된다.
④ **COMMENT** 행위책임에 있어서의 인과관계에 관해서는 민·형사책임에서의 상당인과관계와 달리 경찰상 위험의 특징을 고려한 직접원인설이 다수설이다.
⑤ **COMMENT** 가게 상품진열장에 TV에서 방영되는 축구시합을 보러 축구시합을 보려고 모여든 군중이 도로통행을 방해한 경우 경찰책임은 그 군중에게 귀속될 뿐 가게 경영자에게는 책임이 인정되지 않는다(직접원인설). 그러나 상품진열장에 통행인의 흥미를 끌만한 내용을 전시함으로써 구경꾼이 모이고 이로 인해 교통의 혼잡을 초래한 경우 군중은 '직접적인 원인자'로서, 가게 경영자는 '목적적 원인제공자'로서 행위책임이 인정된다.

159
2014 지방직 7급

경찰책임에 대한 설명으로 옳지 않은 것은?

① 다른 국가기관이 국고작용을 수행하는 경우에는 당해 국가기관에 경찰권이 발동될 수 있다.
② 자기 집 정원에서 그림을 그리는 화가를 구경하기 위하여 통행인이 모여들어 교통장애가 야기된 경우, 그 화가에게 행위책임을 귀속시킬 수 없다.
③ 타인의 행위를 관리하고 있는 자는 그 권한의 범위 안에서 피관리자의 행위로 인하여 발생한 경찰위반상태에 대하여 피관리자를 대신하여 책임을 진다.
④ 경찰상 위해를 야기하고 있는 물건의 소유자인 상태책임자가 경찰책임을 면하기 위하여 소유권을 포기한 경우에는 소유권자의 상태책임이 배제되지 아니한다.

해설

① **COMMENT** 다른 국가기관이 국고작용을 수행하는 경우에 국고(國庫)작용을 수행하는 당해 기관은 사인(私人)과 같은 지위에 있다. 따라서 해당 국가기관에 대해서 경찰권이 발동될 수 있다.
② **COMMENT** 「행위책임」이란 자기 또는 자기의 보호·감독 하에 있는 사람의 행위로 인하여 질서위반의 상태가 발생한 경우에 지는 경찰상의 책임을 말한다. 행위책임에 대해서는 조건설·상당인과관계설·직접원인설이 대립하는데 직접원인설이 다수설이다. 이에 따르면 공공의 안녕과 질서에 대한 위해를 직접 발생시키는 행위만이 경찰책임의 대상이 된다. 결과발생의 간접적인 원인은 경찰책임과 관련 없는 것으로 배제되며, 일련의 인과관계의 고리에서 마지막의 그리고 결정적인 원인을 제공한 사람이 원칙적으로 행위책임자가 된다. 이에 따르면 교통장애를 일으킨 직접적이고 결정적인 원인을 제공한 사람인 '통행인'에게 행위책임을 귀속시킬 수 있을 뿐이고, 교통장애를 일으킨 간접적인 원인을 제공한 것에 불과한 '화가'에게는 행위책임을 귀속시킬 수 없다.

159 ③

③ COMMENT 타인을 보호·감독하는 자는 그 권한범위 내에서 피보호자 또는 피감독자의 행위로 인해 발생한 질서위반상태에 대해서 경찰책임을 지게 된다. 그러나 그 타인의 책임을 대신하여 책임을 지는 것(대위책임)이 아니라, 자신의 생활범위 내에서 질서위반 상태를 야기한 것 자체에 의해서 인정되는 자기책임에 해당한다.

④ COMMENT 「상태책임」이란 공공의 안녕과 질서에 대한 어떤 위해가 어떤 물건, 동물로부터 발생한 경우에 그 물건 등에 대한 소유자 또는 현실적인 지배권을 가지고 있는 자에게 그 부담이 귀속되는 책임을 말한다. 소유권을 포기한 경우 원칙적으로 상태책임에서 배제되지만, 소유권 포기 당시에 이미 경찰상 위해가 발생하고 있었던 때에는 원소유자의 경찰책임이 면제되지 않는다.

160

2014 국회직 8급

오염물질을 배출하는 기업이 타인의 토지에 오염물질을 매장하였으나 토지 소유자는 이를 알고서도 사실상 묵인하였다. 그런데 매장된 오염물질로 인하여 인근지역에 심각한 환경위험이 발생한 경우 그 제거를 위한 경찰작용과 가장 관계가 깊은 원칙은?

① 사주소불가침의 원칙
② 경찰책임의 원칙
③ 경찰소극목적의 원칙
④ 사생활불가침의 원칙
⑤ 민사관계불간섭의 원칙

해설

COMMENT 「경찰책임의 원칙」과 관련있다.

「행위책임」이란 자기 또는 자기의 보호·감독 하에 있는 사람의 행위로 인하여 질서위반의 상태가 발생한 경우에 지는 경찰상의 책임을 말한다. 행위책임에 대해서는 조건설·상당인과관계설·직접원인설이 대립하는데 직접원인설이 다수설이다. 이에 따르면 공공의 안녕과 질서에 대한 위해를 직접 발생시키는 행위만이 경찰책임의 대상이 된다. 결과발생의 간접적인 원인은 경찰책임과 관련 없는 것으로 배제되며, 일련의 인과관계의 고리에서 마지막의 그리고 결정적인 원인을 제공한 사람이 원칙적으로 행위책임자가 된다. 이에 따르면 타인의 토지에 오염물질을 매장한 직접적이고 결정적인 원인을 제공한 기업에게 행위책임을 귀속시킬 수 있다.

「상태책임」이란 공공의 안녕과 질서에 대한 어떤 위해가 어떤 물건, 동물로부터 발생한 경우에 그 물건 등에 대한 소유자 또는 현실적인 지배권을 가지고 있는 자에게 그 부담이 귀속되는 책임을 말한다. 소유권을 포기한 경우 원칙적으로 상태책임에서 배제되지만, 소유권 포기 당시에 이미 경찰상 위해가 발생하고 있었던 때에는 원소유자의 경찰책임이 면제되지 않는다. 이에 따르면 토지 소유자가 상태책임자가 된다.

160 ②

161

경찰책임에 대한 설명으로 옳은 것은? (다수설에 의함)

① 사실상 지배권을 행사하는 자에 대한 경찰상 상태책임의 인정 여부는 그 지배권의 권원유무에 따라 결정된다.
② 타인의 행위에 대한 경찰책임은 타인의 책임을 대신하여 지는 것이므로, 이때 원인행위를 한 자의 경찰책임은 면제된다.
③ 자연인과 사법인은 실질적 · 형식적 경찰책임을 질 수 있으며, 공법인 또는 행정기관도 실질적 경찰책임을 질 수 있다.
④ 경찰상 긴급상태의 경우에 행위 · 상태책임자가 위해나 장해를 제거할 수 있음에도 제3자에게 경찰책임을 지우는 것이 보다 효과적이라면 행위 · 상태책임이 없는 제3자에게 경찰책임을 지울 수 있다.

해설

① COMMENT 상태책임은 경찰위해의 물건을 현실적으로 지배하고 있는 자가 당해 물건의 상태나 동물의 행위로부터 야기된 경찰상의 위해에 대해서 지는 책임을 말한다. 따라서 물건에 대한 지배권원이 있는지를 불문하고 사실상의 지배권을 행사하는 모든 사람이 그 책임의 주체가 된다.

② COMMENT 타인을 보호 또는 감독하는 자는 피보호자 또는 피감독자의 행위로 인해 생긴 질서위반행위에 대하여 경찰상의 책임을 진다. 타인의 행위에 대하여 피보호자 또는 피감독자에게 경찰책임이 인정되는 경우에도 행위자의 경찰책임이 면제되는 것은 아니다. 즉, 실제의 행위자와 감독자가 동시에 경찰책임을 진다. 이 경우 양벌규정을 두는 경우가 많다.

③ COMMENT 실질적 경찰책임이란 경찰법규를 준수하여 공공의 안녕 · 질서에 대한 위해를 방지하여야 할 의무를 부담한다는 것을 의미한다. 법률우위의 원칙상 공법인이나 행정기관도 경찰법규를 준수하여야 할 의무를 진다. 다만 공법인이나 행정기관은 수행하는 공적 임무의 특수성으로 인해 경찰상 의무이행에서 면제되어야 할 경우도 존재한다. 예컨대 화재진압을 위해 소방차가 도로를 역주행한 경우라면 통행방법 등에 관한 도로교통법 규정의 적용이 면제된다.

④ COMMENT 「제3자에 대한 경찰권의 발동」이란 경찰권의 행사는 원칙적으로 경찰책임자에 대하여 이루어져야 하나, 예외적으로 경찰책임을 지지 않는 자에 대해서도 필요할 때 경찰권을 발동할 수 있다는 개념이다. 공공의 안녕과 질서유지를 위해 긴급한 필요가 있는 경우에 경찰책임이 없는 제3자에 대해서도 경찰권이 발동되더라도, 제1차적 경찰책임자에 대한 경찰권발동으로는 목적을 달성할 수 없거나 무의미하여야 한다. 따라서 경찰책임자가 위해나 장해를 제거할 수 있는 경우라면 경찰책임자에게 경찰권을 발동해야지 제3자에게 경찰책임을 지울 수는 없다.

161 ③

162

2014 지방직 7급

경찰관직무집행법상 경찰권의 발동과 한계에 대한 설명으로 옳은 것은?

① 경찰관은 범죄수사를 위하여 부득이하다고 인정하면 합리적으로 판단하여 필요한 한도에서 다른 사람의 토지·건물·배 또는 차에 출입할 수 있다.
② 경찰관은 직무수행에 필요하다고 인정되는 상당한 이유가 있을 때에는 국가기관이나 공사단체 등에 직무수행에 관련된 사실을 조회할 수 있다.
③ 경찰관은 이미 행하여진 범죄에 관한 사실을 안다고 인정되는 사람을 정지시켜 질문할 수 있으며, 정지시킨 장소에서 질문을 하는 것이 그 사람에게 불리하거나 교통에 방해가 된다고 인정될 때에는 질문을 하기 위하여 자신의 경찰관서로 동행할 것을 요구할 수 있으나, 동행을 요구받은 사람은 그 요구를 거절할 수 있다.
④ 장기 3년 이상의 금고에 해당하는 죄를 범한 사람이 경찰관의 직무집행에 항거할 때, 경찰관은 그 행위를 방지하거나 그 행위자를 체포하기 위하여 무기를 사용하지 아니하고는 다른 수단이 없다고 인정되는 상당한 이유가 있을 때에는 그 사태를 합리적으로 판단하여 필요한 한도에서 그 사람에 대하여 위해를 수반하는 무기사용을 할 수 있다.

해설

① **COMMENT** 위해방지나 피해자 구호를 위해서는 출입할 수 있으나, 범죄수사를 위한 출입은 금지된다(동법 제7조 제1항).

> **제7조(위험 방지를 위한 출입)** ① 경찰관은 제5조제1항·제2항 및 제6조에 따른 위험한 사태가 발생하여 <u>사람의 생명·신체 또는 재산에 대한 위해가 임박한 때에 그 위해를 방지하거나 피해자를 구조하기 위하여</u> 부득이하다고 인정하면 합리적으로 판단하여 필요한 한도에서 다른 사람의 토지·건물·배 또는 차에 출입할 수 있다.

② **COMMENT** 경찰관이 아니라 경찰관서의 장이 할 수 있다(동법 제8조 제1항).

> **제8조(사실의 확인 등)** ① <u>경찰관서의 장은</u> 직무 수행에 필요하다고 인정되는 상당한 이유가 있을 때에는 국가기관이나 공사(公私) 단체 등에 직무 수행에 관련된 사실을 조회할 수 있다. 다만, 긴급한 경우에는 소속 경찰관으로 하여금 현장에 나가 해당 기관 또는 단체의 장의 협조를 받아 그 사실을 확인하게 할 수 있다.
> ② 경찰관은 다음 각 호의 직무를 수행하기 위하여 필요하면 관계인에게 출석하여야 하는 사유·일시 및 장소를 명확히 적은 출석 요구서를 보내 경찰관서에 출석할 것을 요구할 수 있다.
> 1. 미아를 인수할 보호자 확인
> 2. 유실물을 인수할 권리자 확인
> 3. 사고로 인한 사상자(死傷者) 확인
> 4. 행정처분을 위한 교통사고 조사에 필요한 사실 확인

162 ④

③ COMMENT '자신의 경찰관서'가 아니라 '가까운 경찰관서'로 동행을 요구할 수 있다(동법 제3조 제2항).

> 제3조(불심검문) ① 경찰관은 다음 각 호의 어느 하나에 해당하는 사람을 정지시켜 질문할 수 있다.
> 1. 수상한 행동이나 그 밖의 주위 사정을 합리적으로 판단하여 볼 때 어떠한 죄를 범하였거나 범하려 하고 있다고 의심할 만한 상당한 이유가 있는 사람
> 2. 이미 행하여진 범죄나 행하여지려고 하는 범죄행위에 관한 사실을 안다고 인정되는 사람
> ② 경찰관은 제1항에 따라 같은 항 각 호의 사람을 정지시킨 장소에서 질문을 하는 것이 그 사람에게 불리하거나 교통에 방해가 된다고 인정될 때에는 질문을 하기 위하여 가까운 경찰서·지구대·파출소 또는 출장소(지방해양경비안전관서를 포함하며, 이하 "경찰관서"라 한다)로 동행할 것을 요구할 수 있다. 이 경우 동행을 요구받은 사람은 그 요구를 거절할 수 있다.

④ 동법 제10조의4 제1항 제2호

> 제10조의4(무기의 사용) ① 경찰관은 범인의 체포, 범인의 도주 방지, 자신이나 다른 사람의 생명·신체의 방어 및 보호, 공무집행에 대한 항거의 제지를 위하여 필요하다고 인정되는 상당한 이유가 있을 때에는 그 사태를 합리적으로 판단하여 필요한 한도에서 무기를 사용할 수 있다. 다만, 다음 각 호의 어느 하나에 해당할 때를 제외하고는 사람에게 위해를 끼쳐서는 아니 된다.
> 1. 「형법」에 규정된 정당방위와 긴급피난에 해당할 때
> 2. 다음 각 목의 어느 하나에 해당하는 때에 그 행위를 방지하거나 그 행위자를 체포하기 위하여 무기를 사용하지 아니하고는 다른 수단이 없다고 인정되는 상당한 이유가 있을 때
>   가. 사형·무기 또는 장기 3년 이상의 징역이나 금고에 해당하는 죄를 범하거나 범하였다고 의심할 만한 충분한 이유가 있는 사람이 경찰관의 직무집행에 항거하거나 도주하려고 할 때
>   나. 체포·구속영장과 압수·수색영장을 집행하는 과정에서 경찰관의 직무집행에 항거하거나 도주하려고 할 때
>   다. 제3자가 가목 또는 나목에 해당하는 사람을 도주시키려고 경찰관에게 항거할 때
>   라. 범인이나 소요를 일으킨 사람이 무기·흉기 등 위험한 물건을 지니고 경찰관으로부터 3회 이상 물건을 버리라는 명령이나 항복하라는 명령을 받고도 따르지 아니하면서 계속 항거할 때

163

2017 국가직 7급

경찰권 발동에 대한 설명으로 옳지 않은 것은? (다툼이 있는 경우 판례에 의함)

① 경찰관직무집행법상의 불심검문에 있어서, 불심검문의 대상자에게 형사소송법상 체포나 구속에 이를 정도의 혐의가 있을 것을 요하지 않는다.
② 경찰권은 원칙적으로 경찰상 위험의 발생 또는 위험의 제거에 책임이 있는 자에게 발동되어야 하고, 그 자의 고의 또는 과실은 문제되지 아니한다.
③ 경찰권의 발동의 객관적 정당성을 상실하여 현저하게 불합리하다고 인정되지 않더라도 그와 다른 조치를 취하지 아니한 부작위가 있다면, 그러한 부작위는 국가배상책임의 요건인 법령 위반에 해당한다.
④ 경찰관직무집행법상 '술에 취하여 자신 또는 다른 사람의 생명·신체·재산에 위해를 끼칠 우려가 있는 사람'에 대한 보호조치는, 가족 등에게 그 사람을 인계할 수 있다면 특별한 사정이 없는 한 허용될 수 없다.

163 ③

해설

① 대법원 2014.2.27., 선고, 2011도13999, 판결
경찰관직무집행법(이하 '법'이라고 한다)의 목적, 법 제1조 제1항, 제2항, 제3조 제1항, 제2항, 제3항, 제7항의 내용 및 체계 등을 종합하면, 경찰관이 법 제3조 제1항에 규정된 대상자(이하 '불심검문 대상자'라 한다) 해당 여부를 판단할 때에는 불심검문 당시의 구체적 상황은 물론 사전에 얻은 정보나 전문적 지식 등에 기초하여 불심검문 대상자인지를 객관적·합리적인 기준에 따라 판단하여야 하나, 반드시 불심검문 대상자에게 형사소송법상 체포나 구속에 이를 정도의 혐의가 있을 것을 요한다고 할 수는 없다. 그리고 경찰관은 불심검문 대상자에게 질문을 하기 위하여 범행의 경중, 범행과의 관련성, 상황의 긴박성, 혐의의 정도, 질문의 필요성 등에 비추어 목적 달성에 필요한 최소한의 범위 내에서 사회통념상 용인될 수 있는 상당한 방법으로 대상자를 정지시킬 수 있고 질문에 수반하여 흉기의 소지 여부도 조사할 수 있다.

② COMMENT 경찰책임이란 공공의 안녕이나 질서의 장해나 그에 대한 위험을 제거하는데 봉사하는 것이므로, 행위책임이나 상태책임 모두 책임자의 고의·과실과 무관하게 인정된다.

③ 대법원 2008.4.24., 선고, 2006다32132, 판결
범죄의 예방·진압 및 수사는 경찰관의 직무에 해당하며 그 직무행위의 구체적 내용이나 방법 등이 경찰관의 전문적 판단에 기한 합리적인 재량에 위임되어 있으므로, 경찰관이 구체적 상황하에서 그 인적·물적 능력의 범위 내에서의 적절한 조치라는 판단에 따라 범죄의 진압 및 수사에 관한 직무를 수행한 경우, 경찰관에게 그와 같은 권한을 부여한 취지와 목적, 경찰관이 다른 조치를 취하지 아니함으로 인하여 침해된 국민의 법익 또는 국민에게 발생한 손해의 심각성 내지 그 절박한 정도, 경찰관이 그와 같은 결과를 예견하여 그 결과를 회피하기 위한 조치를 취할 수 있는 가능성이 있는지 여부 등을 종합적으로 고려하여 볼 때, 그것이 객관적 정당성을 상실하여 현저하게 불합리하다고 인정되지 않는다면 그와 다른 조치를 취하지 아니한 부작위를 내세워 국가배상책임의 요건인 법령 위반에 해당한다고 할 수 없다.

④ 대법원 2012.12.13., 선고, 2012도11162, 판결
경찰관직무집행법 제4조 제1항 제1호(이하 '이 사건 조항'이라 한다)에서 규정하는 술에 취한 상태로 인하여 자기 또는 타인의 생명·신체와 재산에 위해를 미칠 우려가 있는 피구호자에 대한 보호조치는 경찰 행정상 즉시강제에 해당하므로, 그 조치가 불가피한 최소한도 내에서만 행사되도록 발동·행사 요건을 신중하고 엄격하게 해석하여야 한다. 따라서 이 사건 조항의 '술에 취한 상태'란 피구호자가 술에 만취하여 정상적인 판단능력이나 의사능력을 상실할 정도에 이른 것을 말하고, 이 사건 조항에 따른 보호조치를 필요로 하는 피구호자에 해당하는지는 구체적인 상황을 고려하여 경찰관 평균인을 기준으로 판단하되, 그 판단은 보호조치의 취지와 목적에 비추어 현저하게 불합리하여서는 아니 되며, 피구호자의 가족 등에게 피구호자를 인계할 수 있다면 특별한 사정이 없는 한 경찰관서에서 피구호자를 보호하는 것은 허용되지 않는다.

164

경찰작용에 대한 설명으로 옳지 않은 것은? (다툼이 있는 경우 판례에 의함)

① 경찰기관이 행하는 작용 중 권력적 수단에 의해 이루어지는 경찰작용은 조직법적 근거만으로는 부족하고, 작용법적 근거가 있어야 한다.
② 국가나 지방자치단체에 근무하는 청원경찰의 근무관계는 사법상의 고용계약관계이므로, 그에 대한 징계처분의 시정을 구하는 소는 민사소송으로 한다.
③ 임의동행요구에 응하지 않는다며 강제연행하려고 대상자의 양팔을 잡아 끈 경찰관의 행위는 적법한 공무집행이라고 할 수 없으므로 그 대상자가 이러한 불법연행으로부터 벗어나기 위하여 저항한 행위는 정당한 행위라고 할 것이다.
④ 경찰관서의 장은 직무 수행에 필요하다고 인정되는 상당한 이유가 있을 때에는 국가기관이나 공사(公私) 단체 등에 직무 수행에 관련된 사실을 조회할 수 있는데 긴급한 경우에는 소속 경찰관으로 하여금 현장에 나가 해당 기관 또는 단체의 장의 협조를 받아 그 사실을 확인하게 할 수 있다.

해설

① **COMMENT** 경찰기관이 행하는 작용 중 권력적 수단에 의해 이루어지는 경찰작용은 침익행정에 해당한다. 따라서 법률유보의 원칙이 엄격하게 적용되어 조직법적 근거뿐만 아니라 작용법적 근거가 요구된다.

②
> **대법원 1993.7.13., 선고, 92다47564, 판결**
> 국가나 지방자치단체에 근무하는 청원경찰은 국가공무원법이나 지방공무원법상의 공무원은 아니지만, 다른 청원경찰과는 달리 그 임용권자가 행정기관의 장이고, 국가나 지방자치단체로부터 보수를 받으며, 산업재해보상보험법이나 근로기준법이 아닌 공무원연금법에 따른 재해보상과 퇴직급여를 지급받고, 직무상의 불법행위에 대하여도 민법이 아닌 국가배상법이 적용되는 등의 특질이 있으며 그외 임용자격, 직무, 복무의무 내용 등을 종합하여 볼 때, 그 근무관계를 사법상의 고용계약관계로 보기는 어려우므로 그에 대한 징계처분의 시정을 구하는 소는 행정소송의 대상이지 민사소송의 대상이 아니다.

③
> **대법원 1992.5.26., 선고, 91다38334, 판결**
> 경찰관이 임의동행요구에 응하지 않는다 하여 강제연행하려고 대상자의 양팔을 잡아 끈 행위는 적법한 공무집행이라고 할 수 없으므로 그 대상자가 이러한 불법연행으로부터 벗어나기 위하여 저항한 행위는 정당한 행위라고 할 것이고 이러한 행위에 무슨 과실이 있다고 할 수 없다고 한 사례.

④ 경찰관직무집행법 제8조 제1항

> **제8조(사실의 확인 등)** ① 경찰관서의 장은 직무 수행에 필요하다고 인정되는 상당한 이유가 있을 때에는 국가기관이나 공사(公私) 단체 등에 직무 수행에 관련된 사실을 조회할 수 있다. 다만, 긴급한 경우에는 소속 경찰관으로 하여금 현장에 나가 해당 기관 또는 단체의 장의 협조를 받아 그 사실을 확인하게 할 수 있다.

164 ②

165

경찰권의 행사에 대한 설명으로 옳지 않은 것은? (다툼이 있는 경우 판례에 의함)

① 경찰관의 적법한 직무집행으로 인하여 손실발생의 원인에 대하여 책임이 있는 자가 자신의 책임에 상응하는 정도를 초과하는 재산상의 손실을 입은 경우, 국가는 그 자에 대하여 정당한 보상을 하여야 한다.
② 경찰관이 신분증을 제시하지 않고 불심검문을 한 경우, 검문하는 사람이 경찰관이고 검문하는 이유가 범죄행위에 관한 것임을 피고인이 충분히 알고 있었다고 보이더라도 그 불심검문은 위법한 공무집행이라 할 수 있다.
③ 「경찰관 직무집행법」에 의거한 경찰관의 범죄예방을 위한 제지조치는 경찰 행정상 즉시강제이자 권력적 사실행위에 해당한다.
④ 불심검문 대상자에 해당하는지 여부를 판단하는 때에는 당시의 구체적인 정황은 물론 사전에 얻은 정보나 전문적 지식 등에 기초하여 객관적·합리적으로 판단하여야 하나, 반드시 불심검문 대상자에게 「형사소송법」상 체포나 구속에 이를 정도의 혐의가 있을 것을 요한다고 할 수는 없다.

해설

① 「경찰관직무집행법」 제11조의2

> **제11조의2(손실보상)** ① 국가는 경찰관의 적법한 직무집행으로 인하여 다음 각 호의 어느 하나에 해당하는 손실을 입은 자에 대하여 정당한 보상을 하여야 한다.
> 1. 손실발생의 원인에 대하여 책임이 없는 자가 생명·신체 또는 재산상의 손실을 입은 경우(손실발생의 원인에 대하여 책임이 없는 자가 경찰관의 직무집행에 자발적으로 협조하거나 물건을 제공하여 생명·신체 또는 재산상의 손실을 입은 경우를 포함한다)
> 2. 손실발생의 원인에 대하여 책임이 있는 자가 자신의 책임에 상응하는 정도를 초과하는 생명·신체 또는 재산상의 손실을 입은 경우

②
> **대법원 2014.12.11., 선고, 2014도7976, 판결**
> 경찰관직무집행법(이하 '법'이라 한다) 제3조 제4항은 경찰관이 불심검문을 하고자 할 때에는 자신의 신분을 표시하는 증표를 제시하여야 한다고 규정하고, 경찰관직무집행법 시행령 제5조는 위 법에서 규정한 신분을 표시하는 증표는 경찰관의 공무원증이라고 규정하고 있는데, 불심검문을 하게 된 경위, 불심검문 당시의 현장상황과 검문을 하는 경찰관들의 복장, 피고인이 공무원증 제시나 신분 확인을 요구하였는지 여부 등을 종합적으로 고려하여, 검문하는 사람이 경찰관이고 검문하는 이유가 범죄행위에 관한 것임을 피고인이 충분히 알고 있었다고 보이는 경우에는 신분증을 제시하지 않았다고 하여 그 불심검문이 위법한 공무집행이라고 할 수 없다.

165 ②

③
대법원 2008.11.13., 선고, 2007도9794, 판결

경찰관직무집행법 제6조 제1항은 "경찰관은 범죄행위가 목전에 행하여지려고 하고 있다고 인정될 때에는 이를 예방하기 위하여 관계인에게 필요한 경고를 발하고, 그 행위로 인하여 인명·신체에 위해를 미치거나 재산에 중대한 손해를 끼칠 우려가 있어 긴급을 요하는 경우에는 그 행위를 제지할 수 있다."고 규정하고 있는데, 위 조항 중 경찰관의 제지에 관한 부분은 범죄의 예방을 위한 경찰 행정상 즉시강제 즉, 눈앞의 급박한 경찰상 장해를 제거하여야 할 필요가 있고 의무를 명할 시간적 여유가 없거나 의무를 명하는 방법으로는 그 목적을 달성하기 어려운 상황에서 의무불이행을 전제로 하지 아니하고 경찰이 직접 실력을 행사하여 경찰상 필요한 상태를 실현하는 권력적 사실행위에 관한 근거조항이다. 행정상 즉시강제는 그 본질상 행정 목적 달성을 위하여 불가피한 한도 내에서 예외적으로 허용되는 것이므로, 위 조항에 의한 경찰관의 제지 조치 역시 그러한 조치가 불가피한 최소한도 내에서만 행사되도록 그 발동·행사 요건을 신중하고 엄격하게 해석하여야 하고, 그러한 해석·적용의 범위 내에서만 우리 헌법상 신체의 자유 등 기본권 보장 조항과 그 정신 및 해석 원칙에 합치될 수 있다.

④
대법원 2014.2.27, 선고, 2011도13999, 판결

경찰관직무집행법(이하 '법'이라고 한다)의 목적, 법 제1조 제1항, 제2항, 제3조 제1항, 제2항, 제3항, 제7항의 내용 및 체계 등을 종합하면, 경찰관이 법 제3조 제1항에 규정된 대상자(이하 '불심검문 대상자'라 한다) 해당 여부를 판단할 때에는 불심검문 당시의 구체적 상황은 물론 사전에 얻은 정보나 전문적 지식 등에 기초하여 불심검문 대상자인지를 객관적·합리적인 기준에 따라 판단하여야 하나, 반드시 불심검문 대상자에게 형사소송법상 체포나 구속에 이를 정도의 혐의가 있을 것을 요한다고 할 수는 없다. 그리고 경찰관은 불심검문 대상자에게 질문을 하기 위하여 범행의 경중, 범행과의 관련성, 상황의 긴박성, 혐의의 정도, 질문의 필요성 등에 비추어 목적 달성에 필요한 최소한의 범위 내에서 사회통념상 용인될 수 있는 상당한 방법으로 대상자를 정지시킬 수 있고 질문에 수반하여 흉기의 소지 여부도 조사할 수 있다.

166

2019 지방직 7급

「**경찰관직무집행법**」상 경찰관의 직무집행에 대한 설명으로 옳은 것은? (다툼이 있는 경우 판례에 의함)

① 검문하는 사람이 경찰관이고 검문하는 이유가 범죄행위에 관한 것임을 상대방이 충분히 알고 있었다고 보이는 경우에도 신분증을 제시하지 않고 행한 경찰관의 불심검문은 위법한 공무집행이다.
② 행정대집행법상 적법한 행정대집행을 점유자들이 위력을 행사하여 방해하는 경우, 행정대집행법상의 근거가 없으므로 대집행을 하는 행정청은 경찰의 도움을 받을 수 없다.
③ 경찰관 직무집행법 상 범죄행위 예방을 위한 경찰관의 제지 조치가 적법한지 여부는 제지 조치 당시의 구체적 상황을 기초로 판단하여야 할 뿐만 아니라 사후적으로 순수한 객관적 기준에 의해서도 판단되어야 한다.
④ 경찰관의 질문을 위한 동행요구가 형사소송법의 규율을 받는 수사로 이어지는 경우, 그 동행요구는 피의자의 자발적인 의사에 의하여 수사관서 등에의 동행이 이루어졌음이 객관적인 사정에 의하여 명백하게 입증된 경우에만 그 적법성이 인정된다.

166 ④

해설

① 대법원 2014.12.11., 선고, 2014도7976, 판결
경찰관직무집행법(이하 '법'이라 한다) 제3조 제4항은 경찰관이 불심검문을 하고자 할 때에는 자신의 신분을 표시하는 증표를 제시하여야 한다고 규정하고, 경찰관직무집행법 시행령 제5조는 위 법에서 규정한 신분을 표시하는 증표는 경찰관의 공무원증이라고 규정하고 있는데, 불심검문을 하게 된 경위, 불심검문 당시의 현장상황과 검문을 하는 경찰관들의 복장, 피고인이 공무원증 제시나 신분 확인을 요구하였는지 여부 등을 종합적으로 고려하여, 검문하는 사람이 경찰관이고 검문하는 이유가 범죄행위에 관한 것임을 피고인이 충분히 알고 있었다고 보이는 경우에는 신분증을 제시하지 않았다고 하여 그 불심검문이 위법한 공무집행이라고 할 수 없다.

② 대법원 2017.4.28., 선고, 2016다213916, 판결
행정청이 행정대집행의 방법으로 건물철거의무의 이행을 실현할 수 있는 경우에는 건물철거 대집행 과정에서 부수적으로 건물의 점유자들에 대한 퇴거 조치를 할 수 있고, 점유자들이 적법한 행정대집행을 위력을 행사하여 방해하는 경우 형법상 공무집행방해죄가 성립하므로, 필요한 경우에는 '경찰관 직무집행법'에 근거한 위험발생 방지조치 또는 형법상 공무집행방해죄의 범행방지 내지 현행범체포의 차원에서 경찰의 도움을 받을 수도 있다.

③ 대법원 2013.6.13., 선고, 2012도9937, 판결
경찰관직무집행법 제6조 제1항에 따른 경찰관의 제지 조치가 적법한 직무집행으로 평가될 수 있기 위해서는, 형사처벌의 대상이 되는 행위가 눈앞에서 막 이루어지려고 하는 것이 객관적으로 인정될 수 있는 상황이고, 그 행위를 당장 제지하지 않으면 곧 인명·신체에 위해를 미치거나 재산에 중대한 손해를 끼칠 우려가 있는 상황이어서, 직접 제지하는 방법 외에는 위와 같은 결과를 막을 수 없는 절박한 사태이어야 한다. 다만, 경찰관의 제지 조치가 적법한지 여부는 제지 조치 당시의 구체적 상황을 기초로 판단하여야 하고 사후적으로 순수한 객관적 기준에서 판단할 것은 아니다.

④ 대법원 2006.7.6., 선고, 2005도6810, 판결
형사소송법 제199조 제1항은 "수사에 관하여 그 목적을 달성하기 위하여 필요한 조사를 할 수 있다. 다만, 강제처분은 이 법률에 특별한 규정이 있는 경우에 한하며, 필요한 최소한도의 범위 안에서만 하여야 한다."고 규정하여 임의수사의 원칙을 명시하고 있는바, 수사관이 수사과정에서 당사자의 동의를 받는 형식으로 피의자를 수사관서 등에 동행하는 것은, 상대방의 신체의 자유가 현실적으로 제한되어 실질적으로 체포와 유사한 상태에 놓이게 됨에도, 영장에 의하지 아니하고 그 밖에 강제성을 띤 동행을 억제할 방법도 없어서 제도적으로는 물론 현실적으로도 임의성이 보장되지 않을 뿐만 아니라, 아직 정식의 체포·구속단계 이전이라는 이유로 상대방에게 헌법 및 형사소송법이 체포·구속된 피의자에게 부여하는 각종 권리보장 장치가 제공되지 않는 등 형사소송법의 원리에 반하는 결과를 초래할 가능성이 크므로, 수사관이 동행에 앞서 피의자에게 동행을 거부할 수 있음을 알려 주었거나 동행한 피의자가 언제든지 자유로이 동행과정에서 이탈 또는 동행장소로부터 퇴거할 수 있었음이 인정되는 등 오로지 피의자의 자발적인 의사에 의하여 수사관서 등에의 동행이 이루어졌음이 객관적인 사정에 의하여 명백하게 입증된 경우에 한하여, 그 적법성이 인정되는 것으로 봄이 상당하다.

167

「경찰관직무집행법」상 경찰권 발동에 대한 설명으로 옳은 것은? (다툼이 있는 경우 판례에 의함)

① 야간에 집에서 음악을 크게 틀어 놓는 등 「경범죄처벌법」상 금지하는 인근소란행위에 해당하면서도 경찰관의 개문 요청을 거부하는 자를 집 밖으로 나오게 하기 위해 일시적으로 전기를 차단한 것은 「경찰관직무집행법」에 따른 적법한 직무집행으로 볼 수 있다.
② 임의동행의 형식으로 수사기관에 연행된 피내사자에게는 변호인 또는 변호인이 되려는 자와의 접견교통권이 인정되지 않는다.
③ 보호조치는 경찰관서에서 해야 하고 보건의료기관이나 공공구호기관에서는 할 수 없다.
④ 경찰관의 제지 조치가 적법한지 여부는 사후적으로 순수한 객관적 기준으로 판단할 것이지 제지 조치 당시의 구체적 상황을 기초로 판단할 것은 아니다.

해설

①
대법원 2018.12.13., 선고, 2016도19417, 판결
피고인은 평소 집에서 심한 고성과 욕설, 시끄러운 음악 소리 등으로 이웃 주민들로부터 수회에 걸쳐 112신고가 있어 왔던 사람인데, 피고인의 집이 소란스럽다는 112신고를 받고 출동한 경찰관 甲, 乙이 인터폰으로 문을 열어달라고 하였으나 욕설을 하였고, 경찰관들이 피고인을 만나기 위해 전기차단기를 내리자 화가 나 식칼(전체 길이 약 37cm, 칼날 길이 약 24cm)을 들고 나와 욕설을 하면서 경찰관들을 향해 찌를 듯이 협박함으로써 甲, 乙의 112신고 업무 처리에 관한 직무집행을 방해하였다고 하여 특수공무집행방해로 기소된 사안에서, 피고인이 자정에 가까운 한밤중에 음악을 크게 켜놓거나 소리를 지른 것은 경범죄 처벌법 제3조 제1항 제21호에서 금지하는 인근소란행위에 해당하고, 그로 인하여 인근 주민들이 잠을 이루지 못하게 될 수 있으며, 甲과 乙이 112신고를 받고 출동하여 눈앞에서 벌어지고 있는 범죄행위를 막고 주민들의 피해를 예방하기 위해 피고인을 만나려 하였으나 피고인은 문조차 열어주지 않고 소란행위를 멈추지 않았던 상황이라면 피고인의 행위를 제지하고 수사하는 것은 경찰관의 직무상 권한이자 의무라고 볼 수 있으므로, 위와 같은 상황에서 甲과 乙이 피고인의 집으로 통하는 전기를 일시적으로 차단한 것은 피고인을 집 밖으로 나오도록 유도한 것으로서, 피고인의 범죄행위를 진압·예방하고 수사하기 위해 필요하고도 적절한 조치로 보이고, 경찰관 직무집행법 제1조의 목적에 맞게 제2조의 직무 범위 내에서 제6조에서 정한 즉시강제의 요건을 충족한 적법한 직무집행으로 볼 여지가 있다는 이유로, 이와 달리 보아 공소사실을 무죄로 판단한 원심판결에 필요한 심리를 다하지 않은 채 논리와 경험의 법칙에 반하여 자유심증주의의 한계를 벗어나거나 경찰관 직무집행법의 해석과 적용, 공무집행의 적법성 등에 관한 법리를 오해한 잘못이 있다고 한 사례.

②
대법원 1996.6.3., 자, 96모18, 결정
변호인의 조력을 받을 권리를 실질적으로 보장하기 위하여는 변호인과의 접견교통권의 인정이 당연한 전제가 되므로, 임의동행의 형식으로 수사기관에 연행된 피의자에게도 변호인 또는 변호인이 되려는 자와의 접견교통권은 당연히 인정된다고 보아야 하고, 임의동행의 형식으로 연행된 피내사자의 경우에도 이는 마찬가지이다.

167 ①

③ 경찰관직무집행법 제4조 제1항

> **제4조(보호조치 등)** ① 경찰관은 수상한 행동이나 그 밖의 주위 사정을 합리적으로 판단해 볼 때 다음 각 호의 어느 하나에 해당하는 것이 명백하고 응급구호가 필요하다고 믿을 만한 상당한 이유가 있는 사람(이하 "구호대상자"라 한다)을 발견하였을 때에는 보건의료기관이나 공공구호기관에 긴급구호를 요청하거나 경찰관서에 보호하는 등 적절한 조치를 할 수 있다.
> 1. 정신착란을 일으키거나 술에 취하여 자신 또는 다른 사람의 생명·신체·재산에 위해를 끼칠 우려가 있는 사람
> 2. 자살을 시도하는 사람
> 3. 미아, 병자, 부상자 등으로서 적당한 보호자가 없으며 응급구호가 필요하다고 인정되는 사람. 다만, 본인이 구호를 거절하는 경우는 제외한다.

④
> **대법원 2013.6.13., 선고, 2012도9937, 판결**
> 경찰관직무집행법 제6조 제1항에 따른 경찰관의 제지 조치가 적법한 직무집행으로 평가될 수 있기 위해서는, 형사처벌의 대상이 되는 행위가 눈앞에서 막 이루어지려고 하는 것이 객관적으로 인정될 수 있는 상황이고, 그 행위를 당장 제지하지 않으면 곧 인명·신체에 위해를 미치거나 재산에 중대한 손해를 끼칠 우려가 있는 상황이어서, 직접 제지하는 방법 외에는 위와 같은 결과를 막을 수 없는 절박한 사태이어야 한다. 다만, 경찰관의 제지 조치가 적법한지 여부는 제지 조치 당시의 구체적 상황을 기초로 판단하여야 하고 사후적으로 순수한 객관적 기준에서 판단할 것은 아니다.

168
2011 국회직 8급

「경찰관직무집행법」의 규정 내용으로 옳지 않은 것은?

① 경찰관은 이미 행하여진 범죄나 행하여지려고 하는 범죄행위에 관하여 그 사실을 안다고 인정되는 자를 정지시켜 질문할 수 있으며, 이 경우에 당해인은 그 의사에 반하여 답변을 강요당하지 아니한다.
② 경찰관은 그 장소에서 불심검문하는 것이 당해인에게 불리하거나 교통의 방해가 된다고 인정되는 때에는 질문하기 위하여 부근의 경찰관서에 동행할 것을 요구할 수 있으며, 이 경우 당해인은 경찰관의 동행요구를 거절할 수 있다.
③ 경찰관의 동행요구에 따라 당해인이 임의동행을 한 경우 경찰관은 당해인을 6시간을 초과하여 경찰관서에 머물게 할 수 없다.
④ 경찰관은 응급의 구호를 요한다고 믿을 만한 상당한 이유가 있는 자를 발견한 때에는 경찰관서에 보호조치를 하거나 물건을 임시영치할 수 있으며, 이 경우 경찰관서에서의 보호는 48시간을, 임시영치는 7일을 초과할 수 없다.
⑤ 경찰관의 긴급구호요청을 받은 보건의료기관이나 공공구호기관은 정당한 이유없이 긴급구호를 거절할 수 없다.

해설

① 「경찰관직무집행법」 제3조 제1항 제2호, 제7조
② 동법 제3조 제2항

168 ④

③ 동법 제3조 제6항

> **제3조(불심검문)** ① 경찰관은 다음 각 호의 어느 하나에 해당하는 사람을 정지시켜 질문할 수 있다.
> 1. 수상한 행동이나 그 밖의 주위 사정을 합리적으로 판단하여 볼 때 어떠한 죄를 범하였거나 범하려 하고 있다고 의심할 만한 상당한 이유가 있는 사람
> 2. 이미 행하여진 범죄나 행하여지려고 하는 범죄행위에 관한 사실을 안다고 인정되는 사람
> ② 경찰관은 제1항에 따라 같은 항 각 호의 사람을 정지시킨 장소에서 질문을 하는 것이 그 사람에게 불리하거나 교통에 방해가 된다고 인정될 때에는 질문을 하기 위하여 가까운 경찰서·지구대·파출소 또는 출장소(지방해양경비안전관서를 포함하며, 이하 "경찰관서"라 한다)로 동행할 것을 요구할 수 있다. 이 경우 동행을 요구받은 사람은 그 요구를 거절할 수 있다.
> ③ 경찰관은 제1항 각 호의 어느 하나에 해당하는 사람에게 질문을 할 때에 그 사람이 흉기를 가지고 있는지를 조사할 수 있다.
> ④ 경찰관은 제1항이나 제2항에 따라 질문을 하거나 동행을 요구할 경우 자신의 신분을 표시하는 증표를 제시하면서 소속과 성명을 밝히고 질문이나 동행의 목적과 이유를 설명하여야 하며, 동행을 요구하는 경우에는 동행 장소를 밝혀야 한다.
> ⑤ 경찰관은 제2항에 따라 동행한 사람의 가족이나 친지 등에게 동행한 경찰관의 신분, 동행 장소, 동행 목적과 이유를 알리거나 본인으로 하여금 즉시 연락할 수 있는 기회를 주어야 하며, 변호인의 도움을 받을 권리가 있음을 알려야 한다.
> ⑥ 경찰관은 제2항에 따라 동행한 사람을 6시간을 초과하여 경찰관서에 머물게 할 수 없다.
> ⑦ 제1항부터 제3항까지의 규정에 따라 질문을 받거나 동행을 요구받은 사람은 형사소송에 관한 법률에 따르지 아니하고는 신체를 구속당하지 아니하며, 그 의사에 반하여 답변을 강요당하지 아니한다.

④ 동법 제4조 제7항

⑤ 동법 제4조 제2항

> **제4조(보호조치 등)** ① 경찰관은 수상한 행동이나 그 밖의 주위 사정을 합리적으로 판단해 볼 때 다음 각 호의 어느 하나에 해당하는 것이 명백하고 응급구호가 필요하다고 믿을 만한 상당한 이유가 있는 사람(이하 "구호대상자"라 한다)을 발견하였을 때에는 보건의료기관이나 공공구호기관에 긴급구호를 요청하거나 경찰관서에 보호하는 등 적절한 조치를 할 수 있다.
> 1. 정신착란을 일으키거나 술에 취하여 자신 또는 다른 사람의 생명·신체·재산에 위해를 끼칠 우려가 있는 사람
> 2. 자살을 시도하는 사람
> 3. 미아, 병자, 부상자 등으로서 적당한 보호자가 없으며 응급구호가 필요하다고 인정되는 사람. 다만, 본인이 구호를 거절하는 경우는 제외한다.
> ② 제1항에 따라 긴급구호를 요청받은 보건의료기관이나 공공구호기관은 정당한 이유 없이 긴급구호를 거절할 수 없다.
> ③ 경찰관은 제1항의 조치를 하는 경우에 구호대상자가 휴대하고 있는 무기·흉기 등 위험을 일으킬 수 있는 것으로 인정되는 물건을 경찰관서에 임시로 영치(領置)하여 놓을 수 있다.
> ④ 경찰관은 제1항의 조치를 하였을 때에는 지체 없이 구호대상자의 가족, 친지 또는 그 밖의 연고자에게 그 사실을 알려야 하며, 연고자가 발견되지 아니할 때에는 구호대상자를 적당한 공공보건의료기관이나 공공구호기관에 즉시 인계하여야 한다.
> ⑤ 경찰관은 제4항에 따라 구호대상자를 공공보건의료기관이나 공공구호기관에 인계하였을 때에는 즉시 그 사실을 소속 경찰서장이나 지방해양경비안전관서의 장에게 보고하여야 한다.
> ⑥ 제5항에 따라 보고를 받은 소속 경찰서장이나 지방해양경비안전관서의 장은 대통령령으로 정하는 바에 따라 구호대상자를 인계한 사실을 지체 없이 해당 공공보건의료기관 또는 공공구호기관의 장 및 그 감독행정청에 통보하여야 한다.
> ⑦ 제1항에 따라 구호대상자를 경찰관서에서 보호하는 기간은 24시간을 초과할 수 없고, 제3항에 따라 물건을 경찰관서에 임시로 영치하는 기간은 10일을 초과할 수 없다.

169

「경찰관직무집행법」의 내용으로 옳지 않은 것은?

① 주요인사 경호 및 대간첩·대테러 작전 수행은 경찰관의 직무범위에 포함된다.
② 경찰관은 공무집행에 대한 항거 제지를 위하여 필요하다고 인정되는 상당한 이유가 있을 때에는 그 사태를 합리적으로 판단하여 필요한 한도에서 수갑, 포승, 경찰봉, 방패 등의 경찰장구를 사용할 수 있다.
③ 경찰관은 미아, 병자, 부상자 등으로서 적당한 보호자가 없으며 응급구호가 필요한 것이 명백하고 응급구호가 필요하다고 믿을만한 상당한 이유가 있는 사람에 대하여는 보호조치를 할 수 있으나, 그 사람이 구호를 거절하는 경우에는 보호조치를 할 수 없다.
④ 손실발생의 원인에 대하여 책임이 있는 자는 경찰관의 적법한 직무집행으로 인하여 자신의 책임에 상응하는 정도를 초과하는 재산상의 손실을 입은 경우에도 손실보상을 받을 수 없다.

해설

① 경찰관직무집행법 제2조 제3호

> **제2조(직무의 범위)** 경찰관은 다음 각 호의 직무를 수행한다.
> 1. 국민의 생명·신체 및 재산의 보호
> 2. 범죄의 예방·진압 및 수사
> 3. 경비, 주요 인사(人士) 경호 및 대간첩·대테러 작전 수행
> 4. 치안정보의 수집·작성 및 배포
> 5. 교통 단속과 교통 위해(危害)의 방지
> 6. 외국 정부기관 및 국제기구와의 국제협력
> 7. 그 밖에 공공의 안녕과 질서 유지

② 동법 제10조의2 제1항 3호, 제2항

> **제10조의2(경찰장구의 사용)** ① 경찰관은 다음 각 호의 직무를 수행하기 위하여 필요하다고 인정되는 상당한 이유가 있을 때에는 그 사태를 합리적으로 판단하여 필요한 한도에서 경찰장구를 사용할 수 있다.
> 1. 현행범이나 사형·무기 또는 장기 3년 이상의 징역이나 금고에 해당하는 죄를 범한 범인의 체포 또는 도주 방지
> 2. 자신이나 다른 사람의 생명·신체의 방어 및 보호
> 3. 공무집행에 대한 항거(抗拒) 제지
> ② 제1항에서 "경찰장구"란 경찰관이 휴대하여 범인 검거와 범죄 진압 등의 직무 수행에 사용하는 수갑, 포승(捕繩), 경찰봉, 방패 등을 말한다.

169 ④

③ 동법 제4조

> **제4조(보호조치 등)** ① 경찰관은 수상한 행동이나 그 밖의 주위 사정을 합리적으로 판단해 볼 때 <u>다음 각 호의 어느 하나에 해당하는 것이 명백하고 응급구호가 필요하다고 믿을 만한 상당한 이유가 있는 사람</u>(이하 "구호대상자"라 한다)을 발견하였을 때에는 보건의료기관이나 공공구호기관에 긴급구호를 요청하거나 경찰관서에 보호하는 등 적절한 조치를 할 수 있다.
> 1. 정신착란을 일으키거나 술에 취하여 자신 또는 다른 사람의 생명·신체·재산에 위해를 끼칠 우려가 있는 사람
> 2. 자살을 시도하는 사람
> 3. 미아, 병자, 부상자 등으로서 적당한 보호자가 없으며 응급구호가 필요하다고 인정되는 사람. 다만, <u>본인이 구호를 거절하는 경우는 제외한다.</u>

④ 동법 제11조의2 제1항 2호

> **제11조의2(손실보상)** ① <u>국가는 경찰관의 적법한 직무집행으로 인하여 다음 각 호의 어느 하나에 해당하는 손실을 입은 자에 대하여 정당한 보상을 하여야 한다.</u>
> 1. 손실발생의 원인에 대하여 책임이 없는 자가 생명·신체 또는 재산상의 손실을 입은 경우(손실발생의 원인에 대하여 책임이 없는 자가 경찰관의 직무집행에 자발적으로 협조하거나 물건을 제공하여 생명·신체 또는 재산상의 손실을 입은 경우를 포함한다)
> 2. <u>손실발생의 원인에 대하여 책임이 있는 자가 자신의 책임에 상응하는 정도를 초과하는 생명·신체 또는 재산상의 손실을 입은 경우</u>

170

2005 중앙인사위 7급

실질적 의미의 경찰행정영역이 아닌 것은?

① 교통단속 ② 소방
③ 요인경호 ④ 범죄수사

해설

④ **COMMENT** 실질적 의의의 경찰이란 직접 사회공공의 안녕·질서를 유지하기 위하여 일반통치권에 의거하여 개인에게 명령·강제하는 작용을 말한다. 범죄의 예방이나 범죄의 수사는 실정법상으로 경찰기관의 권한에 속한다는 점에서 형식적 의미의 경찰작용이지만, 사회공공의 안녕·질서의 유지작용이 아니므로 실질적 의미의 경찰작용은 아니다.

170 ④

171

경찰책임에 관한 설명으로 옳지 않은 것은?

① 경찰책임은 책임자의 고의·과실을 요하지 아니한다.
② 긴급한 필요가 있는 때에는 예외적으로 경찰책임이 없는 자에 대해서도 경찰권을 발동할 수 있고 이 경우 손실보상의 문제가 발생한다.
③ 상태책임은 물건에 대한 사실상의 지배권을 행사하는 자의 책임으로서 그 지배권은 정당한 권원에 기초한 것이어야 한다.
④ 경찰책임의 승계 여부와 관련하여 학설이 일치하는 것은 아니지만 대체로 행위책임은 특정인의 행위에 대한 법적 평가이기 때문에 승계될 수 없으나, 상태책임은 물건의 상태와 관련된 책임이기 때문에 승계가 가능하다고 본다.

해설

① **COMMENT** 경찰책임은 공공의 안녕과 질서유지를 목적으로 하는 것이지 상대방을 처벌하려는 것이 아니기 때문에 책임자의 고의·과실을 요하지 않는다.
② 경찰관직무집행법 제11조의2

> **제11조의2(손실보상)** ① 국가는 경찰관의 적법한 직무집행으로 인하여 다음 각 호의 어느 하나에 해당하는 손실을 입은 자에 대하여 정당한 보상을 하여야 한다.
> 1. 손실발생의 원인에 대하여 책임이 없는 자가 생명·신체 또는 재산상의 손실을 입은 경우(손실발생의 원인에 대하여 책임이 없는 자가 경찰관의 직무집행에 자발적으로 협조하거나 물건을 제공하여 생명·신체 또는 재산상의 손실을 입은 경우를 포함한다)
> 2. 손실발생의 원인에 대하여 책임이 있는 자가 자신의 책임에 상응하는 정도를 초과하는 생명·신체 또는 재산상의 손실을 입은 경우

③ **COMMENT** 상태책임의 주체는 경찰상 위해를 발생시키고 있는 물건을 현실적으로 지배하고 있는 자로서, 물건에 대한 권원의 정당성 유무와 관계없이 인정된다.
④ **COMMENT** 행위책임은 특정인의 행위에 대한 법적 평가이기 때문에 인적 책임으로서 원칙상 양수인에게 양도가 인정되지 않는다. 상태책임은 물적 책임의 성질을 가지므로 물건의 이전과 함께 경찰책임도 이전된다는 점을 근거로 소유권을 양도한 자는 원칙적으로 상태책임을 면하고, 양수인이 상태책임을 진다고 본다.

171 ③

172

2002 입법고시

경찰권 발동에 대한 다음 설명 중 가장 옳지 않은 것은?

① 경찰편의주의란 경찰권 발동시 결정재량과 선택재량이 인정된다는 것을 의미한다.
② 경찰비례의 원칙을 구성하는 적합성의 원칙, 필요성의 원칙 그리고 상당성의 원칙(협의의 비례원칙)은 단계적으로 적용되어야 하는 것으로 보기도 한다.
③ 충분한 근거를 갖고 위험(위해)이 존재한다고 판단하여 경찰권을 발동하였다 하더라도 실제로는 위험(위해)이 없는 것으로 판명된 이상 그 경찰권 발동은 위법하다.
④ 경찰관직무집행법은 당해 위해나 장애발생에 관계없는 제3자에 대한 경찰권 발동의 가능성을 규정하고 있다.
⑤ 위험(위해)의 인정에 요구되는 피해발생의 개연성은 보호법익의 중요성과 피해정도에 좌우된다고 보기도 한다.

해설

① COMMENT 「경찰편의주의」란 경찰권의 발동여부 및 수단의 선택이 경찰의 재량에 맡겨진 것을 말한다. 반대로 「경찰법정주의」란 경찰권의 발동 및 수단이 법정되어 있는 것을 말한다.

② COMMENT 비례의 원칙은 적합성의 원칙(목적달성에 기여), 필요성의 원칙(최소침해적인 수단), 상당성의 원칙(공익과 사익의 비교형량)의 3단계 구조를 이루고 있다.

③ COMMENT 행정청이 개입하는 시점에서의 합리적인 판단에 의할 때 위험을 인정할 객관적인 근거는 존재하지만 사후에 위험이 실제로 존재하지 않았다는 것이 밝혀질 경우 이를 외관상 위험이라 한다. 경찰기관이 객관적 관찰자로서 주의의무를 다하여 판단한 것이라면 경찰권 발동은 적법하고, 다만 비례원칙 등 경찰권 행사의 한계가 문제될 수 있을 뿐이다.

④ 경찰관직무집행법 제5조 제1항 제3호

> **제5조(위험 발생의 방지 등)** ① 경찰관은 사람의 생명 또는 신체에 위해를 끼치거나 재산에 중대한 손해를 끼칠 우려가 있는 천재(天災), 사변(事變), 인공구조물의 파손이나 붕괴, 교통사고, 위험물의 폭발, 위험한 동물 등의 출현, 극도의 혼잡, 그 밖의 위험한 사태가 있을 때에는 다음 각 호의 조치를 할 수 있다.
> 1. 그 장소에 모인 사람, 사물(事物)의 관리자, 그 밖의 관계인에게 필요한 경고를 하는 것
> 2. 매우 긴급한 경우에는 위해를 입을 우려가 있는 사람을 필요한 한도에서 억류하거나 피난시키는 것
> 3. <u>그 장소에 있는 사람, 사물의 관리자, 그 밖의 관계인에게 위해를 방지하기 위하여 필요하다고 인정되는 조치를 하게 하거나 직접 그 조치를 하는 것</u>

⑤ COMMENT 경찰권의 발동요건이 되는 공공의 안녕이나 공공의 질서에 대한 위해는 구체적인 위해이어야 한다. 그리고 공공의 안녕이나 공공의 질서를 침해할 상당한 개연성이 있어야 한다. 침해의 가능성만으로는 안되고 개연성(명백하고 현존하는 위험)이 있어야 한다. 그 개연성은 보호법익의 중요성(생명·신체인지 재산상 법익인지)과 피해정도(경중)에 좌우된다.

172 ③

173

2008 국회직 8급 수정

다음 사례에 관한 설명으로 옳지 않은 것은?

> A는 유류판매업을 영위하는 자이다. A는 중소기업을 운영하는 B에게 연료용 석유 5톤을 공급하였다. 이 날은 마침 일요일이어서 다른 직원들이 출근하지 않아 B는 15세인 조카 C에게 지하에 설치된 유조탱크에 석유를 주유하게 하였다. C는 A의 유조차에서 주유하던 중 주유밸브를 열어둔 채 사무실에서 컴퓨터게임을 하였다. 그 사이 주유밸브가 빠져 석유가 D 소유의 인근토지에 스며들면서 지하수가 오염될 위험이 발생하였다. 마침 그곳을 순찰 중이던 경찰관 P가 이러한 상황을 목격하였다.

① 경찰관 P는 경찰관직무집행법상 개괄적 수권조항(제2조 제7호)에 근거하여 지하수오염방지를 위한 경찰권을 발동할 수 있다.
② A는 경찰책임자가 아니기 때문에 지하수오염을 방지할 책임이 없다.
③ B는 경찰책임자이며, 이 경우의 책임은 자기책임이다.
④ C는 행위책임자로서 과실 여부와 관계없이 경찰책임자이다.
⑤ D는 오염방지조치를 취할 경찰법상의 책임이 있다.

해설

① **COMMENT** 현행 경찰법규상 명시적인 개괄적 수권조항은 인정되고 있지 않으나, 경찰관직무집행법 제2조 '직무의 범위'에서 규정하고 있는 '기타 공공의 안녕과 질서유지(제7호)'를 개괄적 수권조항으로 볼 수 있다는 것이 다수설이다.

> **제2조(직무의 범위)** 경찰관은 다음 각 호의 직무를 수행한다.
> 1. 국민의 생명·신체 및 재산의 보호
> 2. 범죄의 예방·진압 및 수사
> 3. 경비, 주요 인사(人士) 경호 및 대간첩·대테러 작전 수행
> 4. 치안정보의 수집·작성 및 배포
> 5. 교통 단속과 교통 위해(危害)의 방지
> 6. 외국 정부기관 및 국제기구와의 국제협력
> 7. <u>그 밖에 공공의 안녕과 질서 유지</u>

② **COMMENT** A는 유조차의 소유자로서 주유밸브가 빠짐으로 인해 생긴 위해에 대해서 사실상 지배자인 C에 이어 보충적으로 상태책임을 진다.
③ **COMMENT** B는 C에게 주유탱크에 주유를 지시한 사람이므로 지배자책임(자기책임)이 인정된다.
④ **COMMENT** C의 행위에 의해 경찰상 위험이 발생한 것이므로 C에게는 행위자책임이 인정된다. 형사상 책임을 묻는 것이 아니므로 이 경우 C가 미성년자라거나 과실에 의한 행위라는 점은 경찰책임의 인정에 영향을 주지 않는다.
⑤ **COMMENT** D는 토지의 소유자로서 오염방지조치를 취할 상태책임이 인정된다.

🔒 173 ②

174

2006 국가직 7급

경찰권의 한계로 옳지 않은 것은?

① 종업원의 행위에 대해 책임을 지는 사용자는 종업원의 행위에 대한 대위책임이 아니라 사용자 자신의 책임을 지는 것이다.
② 사생활불가침의 원칙상 미성년자의 음주·흡연에 대한 경찰권을 발동할 수 없다.
③ 자신이 관리하는 창고에서 화재가 난 경우 고의나 과실과 무관하게, 그리고 타인에 의해 화재가 야기된 경우 관리자는 책임을 진다.
④ 사주소불가침의 원칙에 의해 경찰관은 국립대학 교수 연구실에 정당한 이유 없이 출입할 수 없다.

해설

① COMMENT 지배자책임은 지휘감독의무를 소홀히 한데 따른 책임이므로 자기책임의 성질을 갖는다.
② COMMENT 사생활불가침의 원칙이란 사회공공의 질서와 직접 관계없는 개인의 생활이나 행동에 간섭하여서는 아니된다는 원칙을 말한다. 그러나 개인적 생활활동이라도 사회공공의 안녕·질서에 영향을 미치는 경우(전염병의 발생, 정신착란자, 자살기도자, 미성년자의 음주 및 흡연)에는 경찰권 발동의 대상이 된다.
③ COMMENT 물건의 소유자 또는 사실상 지배력을 미치고 있는 자는 원칙적으로 경찰상 위해의 발생원인에 관계없이 책임을 진다(상태책임). 상태책임은 행위책임과는 달리 개인의 행위에 의해 위험이 야기되는 것이 아니라 물건의 상태 그 자체가 직접적으로 위험의 근원이 되고 있기 때문이다.
④ COMMENT 사주소불가침의 원칙에서 '사주소'란 일반 공중의 통행으로부터 차단된 장소를 말한다. 주택뿐만 아니라 비거주공간(사무실, 창고)등의 경우에도 사주소에 해당한다. 다만 불특정다수인이 항상 자유로이 출입할 수 있는 장소(흥행장, 여관, 음식점, 역, 버스터미널) 등은 그 공개시간 중에는 사주소에 해당하지 않는다.

175

2001 국가직 7급

"경찰관은 원칙적으로 사회공공의 안녕·질서에 대한 장해가 발생하거나 발생할 우려가 있는 경우 그러한 상태의 발생에 책임이 있는 자에 대하여만 발동할 수 있다."라는 경찰법상 원칙은?

① 경찰평등의 원칙
② 경찰공공의 원칙
③ 경찰비례의 원칙
④ 경찰책임의 원칙

해설

① COMMENT 경찰평등의 원칙이란, 경찰권의 행사에 있어서 모든 국민에 대하여 성별·종교·사회적 신분 등을 이유로 불합리한 차별이 있어서는 안된다는 원칙을 말한다.
② COMMENT 경찰공공의 원칙(사생활자유의 원칙)이란, 경찰은 개인의 활동에는 원칙상 개입할 수 없고 예외적으로 그 개인의 활동이 공공의 안녕과 질서의 유지에 위해를 가하는 경우에만 경찰권을 발동할 수 있다는 원칙을 말한다. 세부원칙으로 (ⅰ) 사생활불간섭의 원칙, (ⅱ) 사주소불가침의 원칙, (ⅲ) 민사관계불간섭의 원칙으로 나뉜다.

174 ② 175 ④

③ COMMENT 경찰비례의 원칙이란, 경찰목적(공공의 안녕과 질서유지)의 실현과 수단 사이에 합리적 비례관계가 있어야 함을 말한다. 과잉금지의 원칙이라고도 한다.
④ COMMENT 경찰책임은 행위책임(자기 또는 자기의 보호감독 하에 있는 자의 행위로 인해 위해가 발생한 경우에 지는 책임)과 상태책임(경찰위해의 물건을 현실적으로 지배하고 있는 자가 당해 물건의 상태나 동물의 행위로부터 야기된 경찰상의 위해에 대하여 지는 책임)으로 나뉜다.

176
2009 지방직 7급

경찰의 임무 중 하나는 '공공의 안녕과 질서에 대한 위험의 방지'인바, 이에 대한 설명으로 옳지 않은 것은?

① 공공의 안녕이란 신체·생명·자유·재산 등 개인의 권리보호와 객관적인 법질서의 유지, 국가의 존속과 그 기관의 시설 및 기능보호를 의미한다.
② 공공의 질서란 지배적인 사회의 가치관에 비추어 이를 준수하는 것이 원만한 공동생활을 위한 불가결의 전제조건이라고 간주되는 규율의 총체를 의미하는바, 성문의 법규범뿐만 아니라 불문의 규범도 포함된다.
③ 과거 공공의 질서에 포함되던 많은 영역이 그동안 성문화되어 공공의 질서의 적용범위가 축소되었다.
④ 위험이란 어떠한 행위나 상태가 제지되지 않고 진행되면 멀지 않은 장래에 경찰상 보호법익에 대한 침해가 발생할 충분한 개연성이 있는 상태를 말한다.

해설

① COMMENT 공공의 안녕에 대한 개념이다.
② COMMENT 성문의 법규범은 "객관적인 법질서의 유지"로서 공공의 질서가 아니라 공공의 안녕의 개념에 포함된다.
③ COMMENT 공공의 질서란 그때그때의 윤리관 및 가치관에 따를 때 공동생활을 위하여 불가결한 것으로 인식되는 불문규율의 총체이다. 경찰작용에 있어서 공공질서의 관념은 남용의 우려가 있으므로 공공의 질서에 해당하는 많은 영역이 성문화되고 있다.
④ COMMENT 공공의 안녕이나 공공의 질서를 침해할 위험을 말한다. 침해의 가능성만으로는 안되고 개연성이 있어야 하고, 그 개연성은 상당한 것이어야 한다.

177

경찰책임에 대한 설명으로 옳지 않은 것은?

① 경찰책임 중 행위책임은 과실책임이며, 상태책임은 무과실책임이다.
② 사법상 권리능력 없는 사단도 경찰책임의 주체가 된다.
③ 다른 국가기관이 국고작용을 수행하는 경우에도 당해 국가기관에 경찰권(형식적 경찰책임)이 발동될 수 있다.
④ 도로의 지상공작물이나 그 밖의 시설 또는 물건이 교통에 위험을 일으키게 하거나 교통에 뚜렷이 방해될 우려가 있는 때에 그 공작물 등의 소유자·점유자 또는 관리자가 지는 경찰책임은 상태책임이다.

해설

① COMMENT 행위책임이든 상태책임이든 책임주체의 고의·과실을 요하지 않는 무과실책임이다.
② COMMENT 자연인, 사법인뿐만 아니라 권리능력없는 사단(예컨대 법인등기하지 아니한 시민단체)도 경찰책임의 주체가 된다.
③ COMMENT 다른 국가기관의 공행정작용에 대해서 경찰권의 발동이 가능한가에 대해서는 견해의 대립이 있다. 그러나 다른 국가기관이 국고작용을 수행하는 경우에는 당해 국가기관에 경찰권이 발동될 수 있다는 것에 대해서 이견이 없다. 다른 국가기관이 국고작용을 하는 경우에는 사인과 같은 지위를 가지기 때문이다.
④ COMMENT 소유자·점유자 또는 관리자는 해당 시설 등에 대한 사실상의 지배권을 행사하는 자이므로 해당 시설 등의 교통상 위험에 대한 상태책임을 부담한다.

> **도로교통법**
> **제72조(도로의 지상 인공구조물 등에 대한 위험방지 조치)** ① 경찰서장은 도로의 지상(地上) 인공구조물이나 그 밖의 시설 또는 물건이 교통에 위험을 일으키게 하거나 교통에 뚜렷이 방해될 우려가 있으면 그 인공구조물 등의 소유자·점유자 또는 관리자에게 그것을 제거하도록 하거나 그 밖에 교통안전에 필요한 조치를 명할 수 있다.
> ② 경찰서장은 인공구조물 등의 소유자·점유자 또는 관리자의 성명·주소를 알지 못하여 제1항에 따른 조치를 명할 수 없을 때에는 스스로 그 인공구조물 등을 제거하는 등 조치를 한 후 보관하여야 한다. 이 경우 닳아 없어지거나 파괴될 우려가 있거나 보관하는 것이 매우 곤란한 인공구조물 등은 매각하여 그 대금을 보관할 수 있다.
> ③ 제2항에 따른 인공구조물 등의 보관 및 매각 등에 필요한 사항은 대통령령으로 정한다.

177 ①

178

2000 관세사

경찰책임에 대한 설명이다. 틀린 것은?

① 상태책임의 주체는 우선적으로 소유자가 아니라 사실상의 지배권을 행사하는 자이다.
② 상태책임은 법적 승계인에게도 그 책임이 이전된다.
③ 제3자에 대한 경찰책임은 손실보상을 필요로 한다.
④ 복합적 경찰책임은 동일인이 행위책임과 상태책임을 야기한 경우도 포함하는 개념이다.
⑤ 행위책임에는 타인의 행위에 대한 책임은 포함하지 않는다.

해설

① COMMENT 상태책임의 근거는 물건의 소유 그 자체가 아니라 물건에 대한 사실상의 지배권, 즉 물건의 위험한 상태에 대하여 영향력을 가할 수 있다는 가능성에 있다. 따라서 사실상의 지배권을 행사하는 자가 소유자에 우선하여 상태책임의 주체가 된다.
② COMMENT 상태책임은 물적 책임의 성질을 가지므로 물건의 이전과 함께 경찰책임도 이전된다.
③ COMMENT 제3자에 대한 경찰권의 발동으로 제3자가 특별한 손실을 입은 경우에는 그 손실을 보상하여야 한다.
④ COMMENT 복합적 경찰책임이란 다수의 경찰책임자가 경합하는 경우 또는 행위책임과 상태책임이 경합되는 경우를 말한다. (ⅰ) 행위책임과 상태책임이 경합하는 경우에는 행위책임이 우선한다. (ⅱ) 다수인의 행위책임 또는 다수인의 상태책임이 문제되는 경우에는 하나의 책임을 지는 자보다 여러 개의 책임을 지는 자가 우선적으로 경찰권 발동의 대상이 된다.
⑤ COMMENT 타인을 보호 또는 감독하는 자(지배자)는 피보호자 또는 피감독자(피지배자)의 행위로 인하여 생긴 질서위반의 상태에 대하여 경찰책임을 진다. 예컨대 미성년자의 행위에 대하여 보호자가 책임을 지는 경우이다.

179

2009 국가직 7급

경찰책임에 관한 설명으로 옳지 않은 것은?

① 행위책임이나 상태책임 모두 고의·과실을 묻지 않는다.
② 자신의 보호·감독하에 있는 자에 대하여 지는 경찰책임은 자기책임이다.
③ 행위책임에 있어서 그 주체는 자연인에 한한다.
④ 국내에 거주하는 외국인도 경찰책임을 부담한다.

해설

① COMMENT 경찰책임은 형사처벌을 하겠다는 것이 아니라 공공의 안녕과 질서유지를 위해 장애나 위해를 제거하겠다는 것이므로 책임자의 고의·과실을 묻지 않는다.

178 ⑤ 179 ③

② COMMENT 지배자책임은 대위책임이 아니라 자기책임이다.
③ COMMENT 경찰책임의 주체는 자연인뿐만 아니라 사법인, 권리능력 없는 사단, 국고작용을 하는 공법인도 포함된다. 다만 공법인의 공행정작용에 대해서는 경찰권발동이 가능할 것인지 견해대립이 있다.
④ COMMENT 경찰책임의 주체는 국적을 불문한다.

180
2003 행정고시

경찰책임의 원칙에 관한 설명으로 옳지 않은 것은?

① 자동차를 절도한 자가 당해 차량을 운행하던 중 자신의 과실로 사고가 난 경우, 차주(車主)는 경찰책임을 지지 않는다.
② 옷가게 내의 TV에서 방영되는 축구시합을 보려고 모여든 군중이 도로의 통행을 방해한 경우, 모인 군중에게 경찰책임이 귀속된다.
③ 경찰책임의 성립에 있어서 경찰책임자의 고의·과실이라는 주관적 요건은 요하지 않는다.
④ 현행 경찰관직무집행법은 경찰비책임자에 대한 경찰권 발동의 가능성을 규정하고 있지 않다.
⑤ 상태책임을 지는 자가 경찰위반상태를 야기한 물건·동물 등에 대한 정당한 권원을 가진 자일 필요는 없다.

해설

① COMMENT 이 경우 차주는 자동차를 운행한 자도 아니고 절도를 한 자에 대한 지배자의 지위도 아니므로 행위책임을 지지 않는다. 또한 도난당한 차량에 대한 사실상의 지배권도 갖지 않으므로 상태책임도 인정되지 않는다.
② COMMENT 행위책임에 관해서는 직접원인설이 통설이다. 이에 따르면 옷가게 TV의 축구방영이 도로의 통행 방해에 직접적 원인이 된다고 할 수 없으므로, 모인 군중만이 직접적 원인제공자로서 경찰책임을 부담한다.
③ COMMENT 경찰책임은 책임자의 고의·과실을 묻지 않는다.
④ 경찰관직무집행법 제5조 제1항 제3호

> **제5조(위험 발생의 방지 등)** ① 경찰관은 사람의 생명 또는 신체에 위해를 끼치거나 재산에 중대한 손해를 끼칠 우려가 있는 천재(天災), 사변(事變), 인공구조물의 파손이나 붕괴, 교통사고, 위험물의 폭발, 위험한 동물 등의 출현, 극도의 혼잡, 그 밖의 위험한 사태가 있을 때에는 다음 각 호의 조치를 할 수 있다.
> 1. 그 장소에 모인 사람, 사물(事物)의 관리자, 그 밖의 관계인에게 필요한 경고를 하는 것
> 2. 매우 긴급한 경우에는 위해를 입을 우려가 있는 사람을 필요한 한도에서 억류하거나 피난시키는 것
> 3. <u>그 장소에 있는 사람, 사물의 관리자, 그 밖의 관계인에게 위해를 방지하기 위하여 필요하다고 인정되는 조치를 하게 하거나 직접 그 조치를 하는 것</u>

⑤ COMMENT 상태책임의 주체는 경찰상 위해를 발생시키고 있는 물건의 소유자 및 당해 물건에 대하여 사실상 지배력을 미치고 있는 자로서 물건에 대한 권원의 정당성 유무와 관계없이 인정된다.

180 ④

181

경찰책임에 관한 다음 설명 중 옳은 것은?

① 자연인인 개인은 불법행위능력이 없으면 이 책임을 지지 않는다.
② 위험을 직접 발생시킨 자 이외에 다른 사람이 이 책임을 지는 경우는 없다.
③ 이 책임은 국적을 불문하므로 원칙적으로 외국인이나 무국적자도 지게 된다.
④ 사법상 권리능력 없는 사단은 이 책임을 지지 않는다.
⑤ 질서를 교란하는 물건의 소유자가 아닌 사실상 지배자는 이 책임이 없다.

해설

① COMMENT 자연인의 경우 경찰책임자의 고의·과실을 불문하고, 형사미성년자인지 성년자인지도 불문한다.
② COMMENT 위험을 직접 발생시킨 자(행위자)뿐만 아니라 그러한 타인을 보호 내지 감독하는 자는 피보호자 또는 피감독자의 행위로 인해 생긴 질서위반상태에 대하여 경찰상의 책임을 진다.
③ COMMENT 면책특권을 가진 외국인을 제외하고는, 외국인이나 무국적자도 책임을 부담한다.
④ COMMENT 사법인뿐만 아니라 권리능력 없는 사단도 경찰책임의 주체가 될 수 있다.
⑤ COMMENT 상태책임의 주체는 물건의 소유자 및 당해 물건에 대하여 사실상 지배력을 미치고 있는 자이다. 이 경우 사실상 지배력을 미치고 있는 자가 물건에 대한 권원의 정당성을 가지고 있는지는 불문한다.

182

경찰관직무집행법상 불심검문에 관한 기술 중 옳지 않은 것은?

① 경찰관은 수상한 거동, 기타 주위의 사정을 합리적으로 판단해 어떠한 범죄를 범했거나 범하려 하고 있다고 의심할 만한 상당한 이유가 있는 자 또는 이미 행해진 범죄나 행해지려고 하는 범죄행위에 관하여 그 사실을 안다고 인정되는 자를 정지시켜 질문을 할 수 있다.
② 질문시 또는 흉기의 조사시에 당해인은 형사소송에 관한 법률에 의하지 않고는 신체를 구속당하지 않지만, 그 의사에 반한 답변 강요는 허용된다.
③ 경찰관은 흉기의 소지 여부를 조사할 수 있다.
④ 질문을 하는 경찰관은 당해인에게 자신의 신분을 표시하는 증표를 제시하면서 소속과 성명을 밝히고 그 목적과 이유를 설명해야 한다.
⑤ 임의동행한 자를 6시간을 초과해서 경찰관서에 머물게 할 수 없다.

해설

① 경찰관직무집행법 제3조 제1항 제1호

181 ③ 182 ②

② COMMENT 그 의사에 반한 답변을 강요당하지 아니한다(동조 제7항).
③ 동조 제3항
④ 동조 제4항
⑤ 동조 제6항

> **제3조(불심검문)** ① 경찰관은 다음 각 호의 어느 하나에 해당하는 사람을 정지시켜 질문할 수 있다.
> 1. <u>수상한 행동이나 그 밖의 주위 사정을 합리적으로 판단하여 볼 때 어떠한 죄를 범하였거나 범하려고 하고 있다고 의심할 만한 상당한 이유가 있는 사람</u>
> 2. 이미 행하여진 범죄나 행하여지려고 하는 범죄행위에 관한 사실을 안다고 인정되는 사람
> ② 경찰관은 제1항에 따라 같은 항 각 호의 사람을 정지시킨 장소에서 질문을 하는 것이 그 사람에게 불리하거나 교통에 방해가 된다고 인정될 때에는 질문을 하기 위하여 가까운 경찰서·지구대·파출소 또는 출장소(지방해양경비안전관서를 포함하며, 이하 "경찰관서"라 한다)로 동행할 것을 요구할 수 있다. 이 경우 동행을 요구받은 사람은 그 요구를 거절할 수 있다.
> ③ 경찰관은 제1항 각 호의 어느 하나에 해당하는 사람에게 질문을 할 때에 그 사람이 <u>흉기를 가지고 있는지를 조사할 수 있다.</u>
> ④ 경찰관은 제1항이나 제2항에 따라 <u>질문을 하거나 동행을 요구할 경우 자신의 신분을 표시하는 증표를 제시하면서 소속과 성명을 밝히고 질문이나 동행의 목적과 이유를 설명하여야 하며, 동행을 요구하는 경우에는 동행 장소를 밝혀야 한다.</u>
> ⑤ 경찰관은 제2항에 따라 동행한 사람의 가족이나 친지 등에게 동행한 경찰관의 신분, 동행 장소, 동행 목적과 이유를 알리거나 본인으로 하여금 즉시 연락할 수 있는 기회를 주어야 하며, 변호인의 도움을 받을 권리가 있음을 알려야 한다.
> ⑥ 경찰관은 제2항에 따라 동행한 사람을 <u>6시간을 초과하여 경찰관서에 머물게 할 수 없다.</u>
> ⑦ 제1항부터 제3항까지의 규정에 따라 질문을 받거나 동행을 요구받은 사람은 형사소송에 관한 법률에 따르지 아니하고는 신체를 구속당하지 아니하며, <u>그 의사에 반하여 답변을 강요당하지 아니한다.</u>

183

2003 국가직 7급

경찰관직무집행법에 의한 경찰관직무와 관련된 설명 중 타당한 것은?

① 경찰관이 불심검문을 위하여 부근의 파출소에 동행을 요구하는 경우 당해인은 이를 거절할 수 있다.
② 경찰관은 모든 범죄인의 체포를 위하여 경찰장구를 사용할 수 있다.
③ 경찰관은 범인의 체포를 위하여 필요하다고 인정하는 경우 무기를 사용하여 사람에게 위해를 가할 수 있다.
④ 경찰관서의 장은 소요사태의 진압을 위하여 필요하다고 인정하는 상당한 경우에도 국가중요시설에 대한 통행을 금지하여서는 안 된다.

183 ①

해설

① 동법 제3조 제2항

> **제3조(불심검문)** ② 경찰관은 제1항에 따라 같은 항 각 호의 사람을 정지시킨 장소에서 질문을 하는 것이 그 사람에게 불리하거나 교통에 방해가 된다고 인정될 때에는 질문을 하기 위하여 가까운 경찰서·지구대·파출소 또는 출장소(지방해양경비안전관서를 포함하며, 이하 "경찰관서"라 한다)로 동행할 것을 요구할 수 있다. 이 경우 동행을 요구받은 사람은 그 요구를 거절할 수 있다.

② **COMMENT** 현행범이나 사형·무기 또는 장기 3년 이상의 징역이나 금고에 해당하는 죄를 범한 범인에 한한다(동법 제10조의2).

> **제10조의2(경찰장구의 사용)** ① 경찰관은 다음 각 호의 직무를 수행하기 위하여 필요하다고 인정되는 상당한 이유가 있을 때에는 그 사태를 합리적으로 판단하여 필요한 한도에서 경찰장구를 사용할 수 있다.
> 1. 현행범이나 사형·무기 또는 장기 3년 이상의 징역이나 금고에 해당하는 죄를 범한 범인의 체포 또는 도주 방지
> 2. 자신이나 다른 사람의 생명·신체의 방어 및 보호
> 3. 공무집행에 대한 항거(抗拒) 제지
> ② 제1항에서 "경찰장구"란 경찰관이 휴대하여 범인 검거와 범죄 진압 등의 직무 수행에 사용하는 수갑, 포승(捕繩), 경찰봉, 방패 등을 말한다.

③ **COMMENT** 필요한 한도 내에서 무기를 사용할 수는 있지만, 법률이 정하는 경우를 제외하고는 사람에게 위해를 주어서는 아니된다(동법 제10조의4 제1항).

> **제10조의4(무기의 사용)** ① 경찰관은 범인의 체포, 범인의 도주 방지, 자신이나 다른 사람의 생명·신체의 방어 및 보호, 공무집행에 대한 항거의 제지를 위하여 필요하다고 인정되는 상당한 이유가 있을 때에는 그 사태를 합리적으로 판단하여 필요한 한도에서 무기를 사용할 수 있다. 다만, 다음 각 호의 어느 하나에 해당할 때를 제외하고는 사람에게 위해를 끼쳐서는 아니 된다.
> 1. 「형법」에 규정된 정당방위와 긴급피난에 해당할 때
> 2. 다음 각 목의 어느 하나에 해당하는 때에 그 행위를 방지하거나 그 행위자를 체포하기 위하여 무기를 사용하지 아니하고는 다른 수단이 없다고 인정되는 상당한 이유가 있을 때
>   가. 사형·무기 또는 장기 3년 이상의 징역이나 금고에 해당하는 죄를 범하거나 범하였다고 의심할 만한 충분한 이유가 있는 사람이 경찰관의 직무집행에 항거하거나 도주하려고 할 때
>   나. 체포·구속영장과 압수·수색영장을 집행하는 과정에서 경찰관의 직무집행에 항거하거나 도주하려고 할 때
>   다. 제3자가 가목 또는 나목에 해당하는 사람을 도주시키려고 경찰관에게 항거할 때
>   라. 범인이나 소요를 일으킨 사람이 무기·흉기 등 위험한 물건을 지니고 경찰관으로부터 3회 이상 물건을 버리라는 명령이나 항복하라는 명령을 받고도 따르지 아니하면서 계속 항거할 때
> 3. 대간첩 작전 수행 과정에서 무장간첩이 항복하라는 경찰관의 명령을 받고도 따르지 아니할 때
> ② 제1항에서 "무기"란 사람의 생명이나 신체에 위해를 끼칠 수 있도록 제작된 권총·소총·도검 등을 말한다.
> ③ 대간첩·대테러 작전 등 국가안전에 관련되는 작전을 수행할 때에는 개인화기(個人火器) 외에 공용화기(共用火器)를 사용할 수 있다.

④ 동법 제5조 제2항

> **제5조(위험 발생의 방지 등)** ② 경찰관서의 장은 대간첩 작전의 수행이나 소요(騷擾) 사태의 진압을 위하여 필요하다고 인정되는 상당한 이유가 있을 때에는 대간첩 작전지역이나 경찰관서·무기고 등 국가중요시설에 대한 접근 또는 통행을 제한하거나 금지할 수 있다.

184
2011 지방직 7급

경찰관직무집행법의 내용으로 옳지 않은 것은?

① 경찰관은 수상한 거동 기타 주위의 사정을 합리적으로 판단하여 어떠한 죄를 범하였거나 범하려 하고 있다고 의심할 만한 상당한 이유가 있는 자 또는 이미 행하여진 범죄나 행하여지려고 하는 범죄행위에 관하여 그 사실을 안다고 인정되는 자를 정지시켜 질문할 수 있다.
② 경찰관은 인명 또는 신체에 위해를 미치거나 재산에 중대한 손해를 끼칠 우려가 있는 천재, 사변, 공작물의 손괴, 교통사고, 위험물의 폭발, 광견·분마류 등의 출현, 극단한 혼잡 기타 위험한 사태가 있을 때에는 그 장소에 집합한 자, 사물의 관리자 기타 관계인에게 필요한 경고를 발할 수 있다.
③ 경찰관은 범죄행위가 목전에 행하여지려고 하고 있다고 인정될 때에는 이를 예방하기 위하여 관계인에게 필요한 경고를 발하고, 그 행위로 인하여 인명·신체에 위해를 미치거나 재산에 중대한 손해를 끼칠 우려가 있어 긴급을 요하는 경우에는 그 행위를 제지할 수 있다.
④ 경찰관은 범인의 체포·도주의 방지 또는 불법집회·시위로 인하여 자기 또는 타인의 생명·신체와 재산 및 공공시설안전에 대한 현저한 위해의 발생을 억제하기 위하여 부득이한 경우 스스로의 판단으로 필요한 최소한의 범위 안에서 분사기 또는 최루탄을 사용할 수 있다.

해설

① 동법 제3조 제1항

> **제3조(불심검문)** ① 경찰관은 다음 각 호의 어느 하나에 해당하는 사람을 정지시켜 질문할 수 있다.
> 1. 수상한 행동이나 그 밖의 주위 사정을 합리적으로 판단하여 볼 때 어떠한 죄를 범하였거나 범하려 하고 있다고 의심할 만한 상당한 이유가 있는 사람
> 2. 이미 행하여진 범죄나 행하여지려고 하는 범죄행위에 관한 사실을 안다고 인정되는 사람

184 ④

② 동법 제5조 제1항 제1호

> **제5조(위험 발생의 방지 등)** ① 경찰관은 사람의 생명 또는 신체에 위해를 끼치거나 재산에 중대한 손해를 끼칠 우려가 있는 천재(天災), 사변(事變), 인공구조물의 파손이나 붕괴, 교통사고, 위험물의 폭발, 위험한 동물 등의 출현, 극도의 혼잡, 그 밖의 위험한 사태가 있을 때에는 다음 각 호의 조치를 할 수 있다.
> 1. 그 장소에 모인 사람, 사물(事物)의 관리자, 그 밖의 관계인에게 필요한 경고를 하는 것
> 2. 매우 긴급한 경우에는 위해를 입을 우려가 있는 사람을 필요한 한도에서 억류하거나 피난시키는 것
> 3. 그 장소에 있는 사람, 사물의 관리자, 그 밖의 관계인에게 위해를 방지하기 위하여 필요하다고 인정되는 조치를 하게 하거나 직접 그 조치를 하는 것

③ 동법 제6조

> **제6조(범죄의 예방과 제지)** 경찰관은 범죄행위가 목전(目前)에 행하여지려고 하고 있다고 인정될 때에는 이를 예방하기 위하여 관계인에게 필요한 경고를 하고, 그 행위로 인하여 사람의 생명·신체에 위해를 끼치거나 재산에 중대한 손해를 끼칠 우려가 있는 긴급한 경우에는 그 행위를 제지할 수 있다.

④ **COMMENT** 경찰관 스스로의 판단이 아니라 현장책임자의 판단으로 사용 여부를 결정해야 한다(동법 제10조의3).

> **제10조의3(분사기 등의 사용)** 경찰관은 다음 각 호의 직무를 수행하기 위하여 부득이한 경우에는 현장책임자가 판단하여 필요한 최소한의 범위에서 분사기(「총포·도검·화약류 등의 안전관리에 관한 법률」에 따른 분사기를 말하며, 그에 사용하는 최루 등의 작용제를 포함한다. 이하 같다) 또는 최루탄을 사용할 수 있다.
> 1. 범인의 체포 또는 범인의 도주 방지
> 2. 불법집회·시위로 인한 자신이나 다른 사람의 생명·신체와 재산 및 공공시설 안전에 대한 현저한 위해의 발생 억제

185

경찰권의 근거와 한계에 대한 설명으로 옳지 않은 것은?

① 경찰법상 일반적 수권조항(개괄조항)은 개별적 수권규정이 없는 경우에 보충적·제한적으로 적용되는 한계를 가진다.
② 경찰의 임무수행이 사인의 권리를 침해하게 되면, 그 근거로서 권한규범이 필요하게 된다.
③ 미성년자에 대한 술·담배 판매와 같은 민사상의 법률관계는 민사관계불간섭의 원칙에 따라 경찰권 발동의 대상이 되지 않는다.
④ 도난자동차로 인하여 발생된 교통장해는 그 자동차를 사실상 관리하고 있는 자가 상태책임을 지게 된다.

185 ③

| 해설

① **COMMENT** 일반조항은 남용의 우려가 있기 때문에 개별규정이 없는 경우에 입법의 공백을 메우기 위해서 제한적으로 사용되어야 한다.

② **COMMENT** 경찰행정은 대표적인 침익행정이므로 법률유보원칙이 강하게 요구된다.

③ **COMMENT** 민사관계라 할지라도 청소년에 대한 술과 담배의 판매금지 등과 같이 공공의 안녕·질서에 영향을 미치는 경우에는 경찰이 개입할 수 있다(청소년보호법 제28조).

> **제28조(청소년유해약물등의 판매·대여 등의 금지)** ① 누구든지 청소년을 대상으로 청소년유해약물등을 판매·대여·배포(자동기계장치·무인판매장치·통신장치를 통하여 판매·대여·배포하는 경우를 포함한다)하거나 무상으로 제공하여서는 아니 된다. 다만, 교육·실험 또는 치료를 위한 경우로서 대통령령으로 정하는 경우는 예외로 한다.
> ② 누구든지 청소년의 의뢰를 받아 청소년유해약물등을 구입하여 청소년에게 제공하여서는 아니 된다.
> ③ 청소년유해약물등을 판매·대여·배포하고자 하는 자는 그 상대방의 나이를 확인하여야 한다.
> ④ 다음 각 호의 어느 하나에 해당하는 자가 청소년유해약물 중 주류나 담배(이하 "주류등"이라 한다)를 판매·대여·배포하는 경우 그 업소(자동기계장치·무인판매장치를 포함한다)에 청소년을 대상으로 주류등의 판매·대여·배포를 금지하는 내용을 표시하여야 한다. 다만, 청소년 출입·고용금지업소는 제외한다.
> 1. 「주세법」에 따른 주류소매업의 영업자
> 2. 「담배사업법」에 따른 담배소매업의 영업자
> 3. 그 밖에 대통령령으로 정하는 업소의 영업자
> ⑤ 여성가족부장관은 청소년유해약물등 목록표를 작성하여 청소년유해약물등과 관련이 있는 관계기관등에 통보하여야 하고, 필요한 경우 약물 유통을 업으로 하는 개인·법인·단체에 통보할 수 있으며, 친권자등의 요청이 있는 경우 친권자등에게 통지할 수 있다.
> ⑥ 다음 각 호의 어느 하나에 해당하는 자는 청소년유해약물등에 대하여 청소년유해표시를 하여야 한다.
> 1. 청소년유해약물을 제조·수입한 자
> 2. 청소년유해물건을 제작·수입한 자
> ⑦ 제5항에 따른 청소년유해약물등 목록표의 작성 방법, 통보 시기, 통보 대상, 그 밖에 필요한 사항은 여성가족부령으로 정한다.
> ⑧ 제4항에 따른 표시의 문구, 크기와 제6항에 따른 청소년유해표시의 종류와 시기·방법, 그 밖에 필요한 사항은 대통령령으로 정한다.
> ⑨ 청소년유해약물등의 포장에 관하여는 제14조 및 제15조를 준용한다. 이 경우 "청소년유해매체물" 및 "매체물"은 각각 "청소년유해약물등"으로 본다.

④ **COMMENT** 물건의 상태로 인한 경찰책임에 대해서는 해당 물건에 사실상 지배력을 미치는 자가 경찰책임을 진다(상태책임). 도난된 경우와 같이 사실상 지배력을 미치고 있는 자가 소유자의 의사와 관계없이 지배력을 행사하고 있는 경우에는 소유권자는 상태책임을 지지 않는다.

186

경찰권 발동에 대한 설명으로 옳은 것은? (다툼이 있는 경우 판례에 의함)

2015 지방직 7급

① 경찰관으로부터 임의동행 요구를 받은 경우 상대방은 이를 거절할 수 있지만, 임의동행 후에는 경찰관서에서 퇴거가 제한된다.
② 경찰관은 불심검문 대상자에게 질문을 하기 위하여 목적 달성에 필요한 최소한의 범위 내에서 사회통념상 용인될 수 있는 상당한 방법으로 대상자를 정지시킬 수는 있지만, 질문에 수반하여 흉기의 소지 여부를 조사할 수는 없다.
③ 위법한 체포상태에서 음주측정요구가 이루어진 경우, 그에 불응하면 음주측정거부에관한 도로교통법위반죄로 처벌할 수 있다.
④ 경찰관이 교통법규 등을 위반하고 도주하는 차량을 순찰차로 추적하는 직무를 집행하는 중에 그 도주차량의 주행에 의하여 제3자가 손해를 입었다고 하더라도 그 추적이 당해 직무목적을 수행하는 데 불필요하다는 등의 특별한 사정이 없는 한 경찰관의 추적행위를 위법하다고 할 수는 없다.

해설

①
> 대법원 1997.8.22., 선고, 97도1240, 판결
> 임의동행은 상대방의 동의 또는 승낙을 그 요건으로 하는 것이므로 경찰관으로부터 임의동행 요구를 받은 경우 상대방은 이를 거절할 수 있을 뿐만 아니라 임의동행 후 언제든지 경찰관서에서 퇴거할 자유가 있다 할 것이고, 경찰관직무집행법 제3조 제6항이 임의동행한 경우 당해인을 6시간을 초과하여 경찰관서에 머물게 할 수 없다고 규정하고 있다고 하여 그 규정이 임의동행한 자를 6시간 동안 경찰관서에 구금하는 것을 허용하는 것은 아니다.

② 경찰관직무집행법 제3조 제1항, 제3항

> 제3조(불심검문) ① 경찰관은 다음 각 호의 어느 하나에 해당하는 사람을 정지시켜 질문할 수 있다.
> 1. 수상한 행동이나 그 밖의 주위 사정을 합리적으로 판단하여 볼 때 어떠한 죄를 범하였거나 범하려고 하고 있다고 의심할 만한 상당한 이유가 있는 사람
> 2. 이미 행하여진 범죄나 행하여지려고 하는 범죄행위에 관한 사실을 안다고 인정되는 사람
> ② 경찰관은 제1항에 따라 같은 항 각 호의 사람을 정지시킨 장소에서 질문을 하는 것이 그 사람에게 불리하거나 교통에 방해가 된다고 인정될 때에는 질문을 하기 위하여 가까운 경찰서·지구대·파출소 또는 출장소(지방해양경비안전관서를 포함하며, 이하 "경찰관서"라 한다)로 동행할 것을 요구할 수 있다. 이 경우 동행을 요구받은 사람은 그 요구를 거절할 수 있다.
> ③ 경찰관은 제1항 각 호의 어느 하나에 해당하는 사람에게 질문을 할 때에 그 사람이 흉기를 가지고 있는지를 조사할 수 있다.

186 ④

③

대법원 2012.12.13., 선고, 2012도11162, 판결
교통안전과 위험방지를 위한 필요가 없음에도 주취운전을 하였다고 인정할 만한 상당한 이유가 있다는 이유만으로 이루어지는 음주측정은 이미 행하여진 주취운전이라는 범죄행위에 대한 증거 수집을 위한 수사절차로서 의미를 가지는데, 도로교통법상 규정들이 음주측정을 위한 강제처분의 근거가 될 수 없으므로 위와 같은 음주측정을 위하여 운전자를 강제로 연행하기 위해서는 수사상 강제처분에 관한 형사소송법상 절차에 따라야 하고, 이러한 절차를 무시한 채 이루어진 강제연행은 위법한 체포에 해당한다. 이와 같은 위법한 체포 상태에서 음주측정요구가 이루어진 경우, 음주측정요구를 위한 위법한 체포와 그에 이은 음주측정요구는 주취운전이라는 범죄행위에 대한 증거 수집을 위하여 연속하여 이루어진 것으로서 개별적으로 적법 여부를 평가하는 것은 적절하지 않으므로 일련의 과정을 전체적으로 보아 위법한 음주측정요구가 있었던 것으로 볼 수밖에 없고, 운전자가 주취운전을 하였다고 인정할 만한 상당한 이유가 있다 하더라도 운전자에게 경찰공무원의 이와 같은 위법한 음주측정요구까지 응할 의무가 있다고 보아 이를 강제하는 것은 부당하므로 그에 불응하였다고 하여 음주측정거부에 관한 도로교통법 위반죄로 처벌할 수 없다.

④

대법원 2000.11.10., 선고, 2000다26807, 판결
경찰관은 수상한 거동 기타 주위의 사정을 합리적으로 판단하여 어떠한 죄를 범하였거나 범하려 하고 있다고 의심할 만한 상당한 이유가 있는 자 또는 이미 행하여진 범죄나 행하여지려고 하는 범죄행위에 관하여 그 사실을 안다고 인정되는 자를 정지시켜 질문할 수 있고, 또 범죄를 실행중이거나 실행 직후인 자는 현행범인으로, 누구임을 물음에 대하여 도망하려 하는 자는 준현행범인으로 각 체포할 수 있으며, 이와 같은 정지 조치나 질문 또는 체포 직무의 수행을 위하여 필요한 경우에는 대상자를 추적할 수도 있으므로, 경찰관이 교통법규 등을 위반하고 도주하는 차량을 순찰차로 추적하는 직무를 집행하는 중에 그 도주차량의 주행에 의하여 제3자가 손해를 입었다고 하더라도 그 추적이 당해 직무 목적을 수행하는 데에 불필요하다거나 또는 도주차량의 도주의 태양 및 도로교통상황 등으로부터 예측되는 피해발생의 구체적 위험성의 유무 및 내용에 비추어 추적의 개시·계속 혹은 추적의 방법이 상당하지 않다는 등의 특별한 사정이 없는 한 그 추적행위를 위법하다고 할 수는 없다.

187

2012 국가직 7급

경찰관직무집행법상의 불심검문에 대한 설명으로 옳지 않은 것은?

① 불심검문을 위하여 경찰관이 질문을 할 때, 흉기의 소지 여부를 조사할 수 있다.
② 경찰관의 동행요구에 따라 동행을 한 경우, 경찰관은 당해인을 6시간을 초과하여 경찰관서에 머물게 할 수 없다.
③ 판례는 경찰관의 임의동행은 오로지 피의자의 자발적인 의사에 의하여 수사관서 등에의 동행이 이루어졌음이 객관적인 사정에 의하여 명백하게 입증된 경우에 한하여 그 적법성이 인정된다고 보는 것이 타당하다고 보았다.
④ 판례는 임의동행 형식으로 수사기관에 연행된 피의자에게 변호인 또는 변호인이 되려는 자와의 접견교통권은 당연히 인정되는 반면, 임의동행 형식으로 연행된 피내사자의 경우에는 접견교통권은 인정되지 않는다고 보았다.

187 ④

해설

① 경찰관직무집행법 제3조 제3항

② 동법 제3조 제6항

> **제3조(불심검문)** ① 경찰관은 다음 각 호의 어느 하나에 해당하는 사람을 정지시켜 질문할 수 있다.
> 1. 수상한 행동이나 그 밖의 주위 사정을 합리적으로 판단하여 볼 때 어떠한 죄를 범하였거나 범하려 하고 있다고 의심할 만한 상당한 이유가 있는 사람
> 2. 이미 행하여진 범죄나 행하여지려고 하는 범죄행위에 관한 사실을 안다고 인정되는 사람
> ② 경찰관은 제1항에 따라 같은 항 각 호의 사람을 정지시킨 장소에서 질문을 하는 것이 그 사람에게 불리하거나 교통에 방해가 된다고 인정될 때에는 질문을 하기 위하여 가까운 경찰서·지구대·파출소 또는 출장소(지방해양경비안전관서를 포함하며, 이하 "경찰관서"라 한다)로 동행할 것을 요구할 수 있다. 이 경우 동행을 요구받은 사람은 그 요구를 거절할 수 있다.
> ③ 경찰관은 제1항 각 호의 어느 하나에 해당하는 사람에게 질문을 할 때에 그 사람이 흉기를 가지고 있는지를 조사할 수 있다.
> ⑥ 경찰관은 제2항에 따라 동행한 사람을 6시간을 초과하여 경찰관서에 머물게 할 수 없다.

③
대법원 2011.6.30., 선고, 2009도6717, 판결
형사소송법 제199조 제1항은 임의수사 원칙을 명시하고 있는데, 수사관이 수사과정에서 동의를 받는 형식으로 피의자를 수사관서 등에 동행하는 것은, 피의자의 신체의 자유가 제한되어 실질적으로 체포와 유사한데도 이를 억제할 방법이 없어서 이를 통해서는 제도적으로는 물론 현실적으로도 임의성을 보장할 수 없을 뿐만 아니라, 아직 정식 체포·구속단계 이전이라는 이유로 헌법 및 형사소송법이 체포·구속된 피의자에게 부여하는 각종 권리보장 장치가 제공되지 않는 등 형사소송법의 원리에 반하는 결과를 초래할 가능성이 크므로, 수사관이 동행에 앞서 피의자에게 동행을 거부할 수 있음을 알려주었거나 동행한 피의자가 언제든지 자유로이 동행과정에서 이탈 또는 동행장소에서 퇴거할 수 있었음이 인정되는 등 오로지 피의자의 자발적인 의사에 의하여 수사관서 등에 동행이 이루어졌다는 것이 객관적인 사정에 의하여 명백하게 입증된 경우에 한하여, 동행의 적법성이 인정된다고 보는 것이 타당하다.

④
대법원 1996.6.3., 자, 96모18, 결정
변호인의 조력을 받을 권리를 실질적으로 보장하기 위하여는 변호인과의 접견교통권의 인정이 당연한 전제가 되므로, 임의동행의 형식으로 수사기관에 연행된 피의자에게도 변호인 또는 변호인이 되려는 자와의 접견교통권은 당연히 인정된다고 보아야 하고, 임의동행의 형식으로 연행된 피내사자의 경우에도 이는 마찬가지이다.

188

경찰작용에 대한 판례의 입장으로 옳지 않은 것은?

① 운전자가 음주측정기에 의한 측정 결과에 불복하여 혈액을 채취하였으나 채취한 혈액이 분실, 오염 등의 사유로 감정이 불가능하게 된 때에는 음주측정기에 의한 측정 결과가 특히 신빙할 수 있다고 볼 수 있는 때에 한하여 음주측정기에 의한 측정 결과만으로 음주운전 사실 및 그 주취 정도를 증명할 수 있다.
② 경찰은 음주운전단속에 대하여 음주측정 후 운전자가 정당한 이유 없이 혈액채취를 거부하면서 시간을 보내다가 상당한 시간이 경과한 후에 호흡측정 결과에 이의를 제기하면서 혈액채취의 방법에 의한 측정을 요구하는 경우에는 경찰공무원이 혈액채취의 방법에 의한 측정을 실시하지 않았다고 하더라도 호흡측정기에 의한 측정의 결과만으로 음주운전 사실을 증명할 수 있다.
③ 경찰관이 농민들의 시위를 진압하고 시위과정에 도로상에 방치된 트랙터 1대에 대하여 이를 도로 밖으로 옮기거나 후방에 안전표지판을 설치하는 것과 같은 위험발생 방지조치를 취하지 아니한 채 그대로 방치하고 철수하여 버린 결과, 야간에 그 도로를 진행하던 운전자가 위 방치된 트랙터를 피하려다가 다른 트랙터에 부딪혀 상해를 입은 경우 경찰관직무집행법 제5조의 위험발생 방지조치는 경찰관에게 재량에 의한 직무수행권한을 부여하고 있으므로 국가배상책임이 인정되지 않는다.
④ 경찰관의 임의동행요구에 응하지 않는다고 하여 강제연행하려고 대상자의 양팔을 잡아끈 행위는 적법한 공무집행이라고 할 수 없으므로 그 대상자가 이러한 불법연행으로부터 벗어나기 위하여 저항한 행위는 정당한 행위이다.

해설

①
대법원 2002.10.11., 선고, 2002두6330, 판결
운전자가 음주측정기에 의한 측정 결과에 불복하면서 혈액채취 방법에 의한 측정을 요구한 때에는 경찰공무원은 반드시 가까운 병원 등에서 혈액을 채취하여 감정을 의뢰하여야 하고, 이를 위하여 채취한 혈액에 대한 보존 및 관리 등을 철저히 하여야 하는데, 만일 <u>채취한 혈액이 분실되거나 오염되는 등의 사유로 감정이 불능으로 된 때에는 음주측정기에 의한 측정 결과가 특히 신빙할 수 있다고 볼 수 있는 때에 한하여 음주측정기에 의한 측정 결과만으로 음주운전 사실 및 그 주취 정도를 증명할 수 있다.</u>

188 ③

② 대법원 2002.3.15., 선고, 2001도7121, 판결

운전자가 경찰공무원에 대하여 호흡측정기에 의한 측정결과에 불복하고 혈액채취의 방법에 의한 측정을 요구할 수 있는 것은 경찰공무원이 운전자에게 호흡측정의 결과를 제시하여 확인을 구하는 때로부터 상당한 정도로 근접한 시점에 한정된다 할 것이고(경찰청의 교통단속처리지침에 의하면, 운전자가 호흡측정 결과에 불복하는 경우에 2차, 3차 호흡측정을 실시하고 그 재측정결과에도 불복하면 운전자의 동의를 얻어 혈액을 채취하고 감정을 의뢰하도록 되어 있고, 한편 음주측정 요구에 불응하는 운전자에 대하여는 음주측정 불응에 따른 불이익을 10분 간격으로 3회 이상 명확히 고지하고 이러한 고지에도 불구하고 측정을 거부하는 때 즉, 최초 측정요구시로부터 30분이 경과한 때에 측정거부로 처리하도록 되어 있는바, 이와 같은 처리지침에 비추어 보면 위 측정결과의 확인을 구하는 때로부터 30분이 경과하기까지를 일응 상당한 시간 내의 기준으로 삼을 수 있을 것이다), 운전자가 정당한 이유 없이 그 확인을 거부하면서 시간을 보내다가 위 시점으로부터 상당한 시간이 경과한 후에야 호흡측정 결과에 이의를 제기하면서 혈액채취의 방법에 의한 측정을 요구하는 경우에는 이를 정당한 요구라고 할 수 없으므로, 이와 같은 경우에는 경찰공무원이 혈액채취의 방법에 의한 측정을 실시하지 않았다고 하더라도 호흡측정기에 의한 측정의 결과만으로 음주운전 사실을 증명할 수 있다.

③ 대법원 1998.8.25., 선고, 98다16890, 판결

[1] 경찰관직무집행법 제5조는 경찰관은 인명 또는 신체에 위해를 미치거나 재산에 중대한 손해를 끼칠 우려가 있는 위험한 사태가 있을 때에는 그 각 호의 조치를 취할 수 있다고 규정하여 형식상 경찰관에게 재량에 의한 직무수행권한을 부여한 것처럼 되어 있으나, 경찰관에게 그러한 권한을 부여한 취지와 목적에 비추어 볼 때 구체적인 사정에 따라 경찰관이 그 권한을 행사하여 필요한 조치를 취하지 아니하는 것이 현저하게 불합리하다고 인정되는 경우에는 그러한 권한의 불행사는 직무상의 의무를 위반한 것이 되어 위법하게 된다.

[2] 경찰관이 농민들의 시위를 진압하고 시위과정에 도로 상에 방치된 트랙터 1대에 대하여 이를 도로 밖으로 옮기거나 후방에 안전표지판을 설치하는 것과 같은 위험발생방지조치를 취하지 아니한 채 그대로 방치하고 철수하여 버린 결과, 야간에 그 도로를 진행하던 운전자가 위 방치된 트랙터를 피하려다가 다른 트랙터에 부딪혀 상해를 입은 사안에서 국가배상책임을 인정한 사례.

④ 대법원 1992.5.26., 선고, 91다38334, 판결

경찰관이 임의동행요구에 응하지 않는다 하여 강제연행하려고 대상자의 양팔을 잡아 끈 행위는 적법한 공무집행이라고 할 수 없으므로 그 대상자가 이러한 불법연행으로부터 벗어나기 위하여 저항한 행위는 정당한 행위라고 할 것이고 이러한 행위에 무슨 과실이 있다고 할 수 없다.

189

2012 지방직 7급

경찰책임에 대한 설명으로 옳지 않은 것은?

① 소유권을 포기한 경우 원칙적으로 상태책임에서 배제되지만 소유권의 포기 당시 경찰상 위해가 이미 발생하고 있었던 때에는 원소유권자의 경찰책임은 면제되지 않는다.
② 행위책임은 고의·과실과 무관하며, 행위자가 성년인가 미성년인가도 가리지 않는다.
③ 근로자가 직무수행상 위험을 야기한 행위에 대하여 사용자는 감독책임을 다하였다 하더라도 경찰책임이 감경되지 않는다.
④ 도로에 인접한 상점의 진열장에 통행인의 주의를 크게 끄는 진열을 하여 진열장 주위에 많은 사람들이 모여들어 교통에 중대한 방해를 가져오는 경우에도 진열장을 설치한 자에게는 경찰책임이 인정되지 않는다.

| 해설

① COMMENT 예컨대 자동차사고를 낸 운전자가 도망간 후에 발생한 교통장애에 대해서 운전자의 경찰책임은 면제되지 않는다.
② COMMENT 행위책임은 민사책임이나 형사책임과는 달리 행위자의 의사능력, 행위능력 및 고의과실 여부를 가리지 않고 인정되는 객관적 책임이다.
③ COMMENT 경찰책임은 행위자의 고의·과실과 무관하게 인정되는 책임이기 때문에, 사용자가 감독책임을 다하였다고 하더라도(즉 과실이 인정되지 않더라도) 감독자의 경찰책임이 감경되지 않는다.
④ COMMENT 옷가게 내의 TV에서 방영되는 축구시합을 보러 축구시합을 보려고 모여든 군중이 도로통행을 방해한 경우 경찰책임은 그 군중에게 귀속될 뿐 상점주인에게는 책임이 인정되지 않는다(직접책임설). 그러나 상품진열장에 통행인의 흥미를 끌만한 내용을 전시함으로써 구경꾼이 모이고 이로 인해 교통의 혼잡을 초래한 경우 군중은 '직접적인 원인자'로서, 상점주인은 '목적적 원인제공자'로서 행위책임이 인정된다.

190

2013 국가직 7급

경찰권의 한계에 대한 설명으로 옳지 않은 것은?

① 법률유보의 원칙상 국민의 권익을 침해하는 경찰권의 발동은 법률의 근거가 있어야 한다.
② 근거 법규의 효과부분이 경찰행정청에 재량을 부여하고 있다 하더라도 경찰행정청은 이를 의무에 합당하게 행사하여야 적법한 것으로 인정된다.
③ 경찰소극의 원칙이란 경찰권이 국가의 안전보장·질서유지·공공복리를 위해서만 발동될 수 있다는 원칙을 말한다.
④ 경찰평등의 원칙이란 경찰권의 행사에 있어서 성별·종교·사회적 신분 등을 이유로 차별이 있어서는 안 된다는 원칙을 말한다.

189 ④ 190 ③

해설

① **COMMENT** 경찰권의 발동은 국민의 자유와 권리를 제한하는 침익적 작용이므로 법률유보의 원칙이 강하게 요구된다.
② **COMMENT** 재량행사가 행정청의 임의나 자의를 의미하는 것은 아니므로 행정청의 재량권의 일탈이나 남용이 없이 재량을 행사해야 할 의무를 부담한다.
③ **COMMENT** 경찰권은 국가의 안전보장·질서유지라는 소극적 목적으로만 행사되어야 하며, 적극적인 공공복리의 목적으로 발동되어서는 아니된다.
④ **COMMENT** 경찰평등의 원칙이란 경찰권의 행사에 있어서 성별·종교·사회적 신분 등을 이유로 차별이 있어서는 안 된다는 원칙을 말한다.

191

2017 지방직 7급

경찰관직무집행법에 대한 설명으로 옳지 않은 것은? (다툼이 있는 경우 판례에 의함)

① 임의동행은 상대방의 동의 또는 승낙을 그 요건으로 하는 것은 아니므로, 경찰관으로부터 임의동행 요구를 받은 경우 상대방은 경찰관직무집행법에서 정하는 임의동행 허용시간인 6시간의 범위 내에서는 이에 따라야 한다.
② 불심검문의 경우, 검문하는 사람이 경찰관이고 검문하는 이유가 범죄행위에 관한 것임을 상대방이 충분히 알고 있었다고 보이는 경우에는 경찰관이 신분증을 제시하지 않았다고 하여 그 불심검문이 위법한 공무집행이라고 할 수 없다.
③ 술에 취한 상태로 인하여 자기 또는 타인의 생명·신체와 재산에 위해를 미칠 우려가 있는 피구호자에 대한 보호조치는 경찰행정상 즉시강제에 해당한다.
④ 형사처벌의 대상이 되는 행위가 눈앞에서 막 이루어지려고 하는 것이 객관적으로 인정될 수 있는 상황이고 그 행위를 당장 제지하지 않으면 곧 인명·신체에 위해를 미치거나 재산에 중대한 손해를 끼칠 우려가 있는 상황이어서 직접 제지하는 방법 외에는 위와 같은 결과를 막을 수 없는 절박한 사태인 경우에는 경찰관은 직접 그 행위를 제지할 수 있다.

해설

①

> **대법원 1997.8.22., 선고, 97도1240, 판결**
> 임의동행은 상대방의 동의 또는 승낙을 그 요건으로 하는 것이므로 경찰관으로부터 임의동행 요구를 받은 경우 상대방은 이를 거절할 수 있을 뿐만 아니라 임의동행 후 언제든지 경찰관서에서 퇴거할 자유가 있다 할 것이고, 경찰관직무집행법 제3조 제6항이 임의동행한 경우 당해인을 6시간을 초과하여 경찰관서에 머물게 할 수 없다고 규정하고 있다고 하여 그 규정이 임의동행한 자를 6시간 동안 경찰관서에 구금하는 것을 허용하는 것은 아니다.

② 대법원 2014.12.11., 선고, 2014도7976, 판결

경찰관직무집행법(이하 '법'이라 한다) 제3조 제4항은 경찰관이 불심검문을 하고자 할 때에는 자신의 신분을 표시하는 증표를 제시하여야 한다고 규정하고, 경찰관직무집행법 시행령 제5조는 위 법에서 규정한 신분을 표시하는 증표는 경찰관의 공무원증이라고 규정하고 있는데, 불심검문을 하게 된 경위, 불심검문 당시의 현장상황과 검문을 하는 경찰관들의 복장, 피고인이 공무원증 제시나 신분 확인을 요구하였는지 여부 등을 종합적으로 고려하여, 검문하는 사람이 경찰관이고 검문하는 이유가 범죄행위에 관한 것임을 피고인이 충분히 알고 있었다고 보이는 경우에는 신분증을 제시하지 않았다고 하여 그 불심검문이 위법한 공무집행이라고 할 수 없다.

③ 대법원 2012.12.13., 선고, 2012도11162, 판결

경찰관직무집행법 제4조 제1항 제1호(이하 '이 사건 조항'이라 한다)에서 규정하는 술에 취한 상태로 인하여 자기 또는 타인의 생명·신체와 재산에 위해를 미칠 우려가 있는 피구호자에 대한 보호조치는 경찰 행정상 즉시강제에 해당하므로, 그 조치가 불가피한 최소한도 내에서만 행사되도록 발동·행사 요건을 신중하고 엄격하게 해석하여야 한다. 따라서 이 사건 조항의 '술에 취한 상태'란 피구호자가 술에 만취하여 정상적인 판단능력이나 의사능력을 상실할 정도에 이른 것을 말하고, 이 사건 조항에 따른 보호조치를 필요로 하는 피구호자에 해당하는지는 구체적인 상황을 고려하여 경찰관 평균인을 기준으로 판단하되, 그 판단은 보호조치의 취지와 목적에 비추어 현저하게 불합리하여서는 아니 되며, 피구호자의 가족 등에게 피구호자를 인계할 수 있다면 특별한 사정이 없는 한 경찰관서에서 피구호자를 보호하는 것은 허용되지 않는다.

④ 대법원 2013.6.13., 선고, 2012도9937, 판결

경찰관직무집행법 제6조 제1항에 따른 경찰관의 제지 조치가 적법한 직무집행으로 평가될 수 있기 위해서는, 형사처벌의 대상이 되는 행위가 눈앞에서 막 이루어지려고 하는 것이 객관적으로 인정될 수 있는 상황이고, 그 행위를 당장 제지하지 않으면 곧 인명·신체에 위해를 미치거나 재산에 중대한 손해를 끼칠 우려가 있는 상황이어서, 직접 제지하는 방법 외에는 위와 같은 결과를 막을 수 없는 절박한 사태이어야 한다. 다만, 경찰관의 제지 조치가 적법한지 여부는 제지 조치 당시의 구체적 상황을 기초로 판단하여야 하고 사후적으로 순수한 객관적 기준에서 판단할 것은 아니다.

192

2020 지방직 7급

경찰작용에 대한 설명으로 옳지 않은 것은?

① 경찰서장은 범인을 검거하여 경찰공무원에게 인도한 사람에게 보상금심사위원회의 심사·의결에 따라 보상금을 지급할 수 있다.
② 경찰서장은 주차위반 차의 견인·보관 업무의 전부 또는 일부를 일정한 자격요건을 갖춘 법인·단체 또는 개인으로 하여금 대행하게 할 수 있다.
③ 경찰서장이 주차위반 차를 이동하거나 보관한 경우에 이에 들어간 비용은 그 차의 사용자가 부담하며, 그 비용 징수는 「행정대집행법」이 정한 바에 따른다.
④ 경찰관의 적법한 직무집행으로 인하여, 손실발생의 원인에 대하여 책임이 없는 자가 생명·신체 또는 재산상의 손실을 입은 경우 국가는 정당한 보상을 하여야 하되, 손실보상의 청구는 손실이 발생한 날부터 3년간 행사하지 않으면 소멸한다.

│해설│

① 「경찰관직무집행법」 제11조의3 제1항 제2호

> **제11조의3(범인검거 등 공로자 보상)** ① 경찰청장, 시·도경찰청장 또는 경찰서장은 다음 각 호의 어느 하나에 해당하는 사람에게 보상금을 지급할 수 있다.
> 2. 범인을 검거하여 경찰공무원에게 인도한 사람

② 「도로교통법」 제36조 제1항

> **제36조(차의 견인 및 보관업무 등의 대행)** ① 경찰서장이나 시장등은 제35조에 따라 견인하도록 한 차의 견인·보관 및 반환 업무의 전부 또는 일부를 그에 필요한 인력·시설·장비 등 자격요건을 갖춘 법인·단체 또는 개인(이하 "법인등"이라 한다)으로 하여금 대행하게 할 수 있다.

③ 「도로교통법」 제35조 제6항

> **제35조(주차위반에 대한 조치)** ⑥ 제2항부터 제5항까지의 규정에 따른 주차위반 차의 이동·보관·공고·매각 또는 폐차 등에 들어간 비용은 그 차의 사용자가 부담한다. 이 경우 그 비용의 징수에 관하여는 「행정대집행법」 제5조 및 제6조를 적용한다.

④ **COMMENT** 3년이 아니라 5년이다(「경찰관직무집행법」 제11조의2 제2항).

> **제11조의2(손실보상)** ① 국가는 경찰관의 적법한 직무집행으로 인하여 다음 각 호의 어느 하나에 해당하는 손실을 입은 자에 대하여 정당한 보상을 하여야 한다.
> 1. 손실발생의 원인에 대하여 책임이 없는 자가 생명·신체 또는 재산상의 손실을 입은 경우(손실발생의 원인에 대하여 책임이 없는 자가 경찰관의 직무집행에 자발적으로 협조하거나 물건을 제공하여 생명·신체 또는 재산상의 손실을 입은 경우를 포함한다)
> 2. 손실발생의 원인에 대하여 책임이 있는 자가 자신의 책임에 상응하는 정도를 초과하는 생명·신체 또는 재산상의 손실을 입은 경우
> ② 제1항에 따른 보상을 청구할 수 있는 권리는 손실이 있음을 안 날부터 3년, 손실이 발생한 날부터 5년간 행사하지 아니하면 시효의 완성으로 소멸한다.

192 ④

2022-2023
정인국 단기완성
행정법각론
기출문제집

CHAPTER

05

공물법,
급부행정법

CHAPTER 05 공물법, 급부행정법

193
2015 지방직 7급

특허기업의 법률관계에 대한 설명으로 옳지 않은 것은?

① 특허기업과 행정주체의 법률관계는 기본적으로 공법관계이므로 행정청은 특허기업에 대하여 감독권을 행사할 수 있다.
② 특허기업과 특허기업이용자와의 관계는 사법관계이므로 특허기업자는 특허기업의 이용자를 정당한 사유 없이도 차별적으로 취급할 수 있다.
③ 특허기업은 특허받은 한도 내에서 특허의 대상이 되는 사업을 배타적으로 경영할 수 있는 경영권을 갖는다.
④ 특허기업은 사업의 원활한 운영을 위하여 특별한 보호와 특권을 부여받으며, 그와 동시에 공익성의 보장을 위하여 필요한 의무와 부담을 진다.

해설

① **COMMENT** 특허기업과 행정주체의 법률관계는 기본적으로 공법관계이다. 행정청은 특허기업자에게 특허를 부여한 행정청이며 감독청의 지위를 갖는다.

② **COMMENT** 특허기업과 특허기업 이용자와의 관계는 사법관계이며, 그에 관한 분쟁에 대해서는 민사소송을 제기하여야 한다. 다만 특허기업이 제공하는 재화나 서비스는 이용자의 생활에 필수적인 것이기 때문에 그 이용자의 이용을 보장하기 위하여 특별한 법적 규율이 행해진다. 따라서 특허기업자는 정당한 사유 없이 그 이용자를 차별취급할 수 없다.

③ **COMMENT** 특허기업은 특허받은 사업의 원활한 수행을 위해 배타적 경영권을 인정받는 등 일정한 보호를 받는다. 경영권은 독점권을 포함하는 경우가 많으며, 독점권이 인정되지 않는 경우에도 특허받은 한도 내에서는 배타적 경영권을 갖는다.

④ **COMMENT** (ⅰ) 특허기업의 권리 - 특허기업은 사업의 원활한 수행을 위하여 보호와 특권을 부여받으며, 공용부담권이나 공물사용권(전기사업법 제87조) 등이 그 예이다.

> 제87조(다른 자의 토지 등의 사용) ① 전기사업자는 전기사업용전기설비의 설치나 이를 위한 실지조사·측량 및 시공 또는 전기사업용전기설비의 유지·보수를 위하여 필요한 경우에는 「공익사업을 위한 토지 등의 취득 및 보상에 관한 법률」에서 정하는 바에 따라 다른 자의 토지 또는 이에 정착된 건물이나 그 밖의 공작물(이하 "토지등"이라 한다)을 사용하거나 다른 자의 식물 또는 그 밖의 장애물을 변경 또는 제거할 수 있다.

COMMENT (ⅱ) 특허기업의 의무 - 특허기업은 사업의 공익성을 보장하기 위하여 필요한 의무와 부담을 지며 기업계속의무와 이용제공의무(전기사업법 제14조) 등이 그 예이다.

> 제14조(전기공급의 의무) 발전사업자, 전기판매사업자, 전기자동차충전사업자 및 재생에너지전기공급사업자는 대통령령으로 정하는 정당한 사유 없이 전기의 공급을 거부하여서는 아니 된다.

193 ②

194

국·공유재산에 대한 설명으로 옳지 않은 것은? (다툼이 있는 경우 판례에 의함)

① 행정재산의 사용·수익에 대한 허가는 순전히 사경제주체로서 행하는 사법상의 행위가 아니라 특정인에게 행정재산을 사용할 수 있는 권리를 설정하여 주는 강학상 특허에 해당한다.
② 일반재산은 사경제적 거래의 대상으로 사적 자치의 원칙이 지배하므로 그의 운용, 관리 등에 관하여는 공법적 규율이 전적으로 배제된다.
③ 공유재산에 대한 취득시효가 완성되기 위해서는 그 공유재산이 취득시효기간 동안 계속하여 시효취득의 대상이 될 수 있는 일반재산이어야 한다.
④ 국가가 토지를 점유할 수 있는 일정한 권원 없이 사유토지를 도로부지에 편입시킨 경우에는, 국가가 그 권원 없음을 잘 알면서 토지를 무단점유한 것임이 증명되었다고 보기 어려운 사정이 있는 경우에 해당하지 아니하는 이상, 자주점유의 추정은 깨어진다.

해설

① 대법원 2006.3.9., 선고, 2004다31074, 판결
국유재산 등의 관리청이 하는 행정재산의 사용·수익에 대한 허가는 순전히 사경제주체로서 행하는 사법상의 행위가 아니라 관리청이 공권력을 가진 우월적 지위에서 행하는 행정처분으로서 특정인에게 행정재산을 사용할 수 있는 권리를 설정하여 주는 강학상 특허에 해당한다.

② COMMENT 일반재산이라고 해서 공법적 규율이 전적으로 배제되는 것은 아니다. 국유재산법에서는 행정재산과 일반재산을 불문하고 관리·처분의 기본원칙을 제시하고 있다.

> 제3조(국유재산 관리·처분의 기본원칙) 국가는 국유재산을 관리·처분할 때에는 다음 각 호의 원칙을 지켜야 한다.
> 1. 국가전체의 이익에 부합되도록 할 것
> 2. 취득과 처분이 균형을 이룰 것
> 3. 공공가치와 활용가치를 고려할 것
> 3의2. 경제적 비용을 고려할 것
> 4. 투명하고 효율적인 절차를 따를 것

③ 대법원 2009.12.10., 선고, 2006다19177, 판결
구 지방재정법 제74조 제2항은 "공유재산은 민법 제245조의 규정에 불구하고 시효취득의 대상이 되지 아니한다. 다만, 잡종재산의 경우에는 그러하지 아니하다."라고 규정하고 있으므로, 구 지방재정법상 공유재산에 대한 취득시효가 완성되기 위하여는 그 공유재산이 취득시효기간 동안 계속하여 시효취득의 대상이 될 수 있는 잡종재산(현 일반재산: 편집자 주)이어야 하고, 이러한 점에 대한 증명책임은 시효취득을 주장하는 자에게 있다.

194 ②

④ **COMMENT** 자주점유의 추정이 깨어지면 취득시효가 인정되지 않는다. 따라서 국가는 해당 토지를 시효취득할 수 없다.

> 대법원 1998.5.29., 선고, 97다30349, 판결
> 지방자치단체나 국가가 자신의 부담이나 기부채납 등 지방재정법 또는 국유재산법 등에 정한 공공용 재산의 취득절차를 밟거나 그 소유자들의 사용승낙을 받는 등 토지를 점유할 수 있는 일정한 권원 없이 사유토지를 도로부지에 편입시킨 경우, 자주점유의 추정은 깨어지고 타주점유로 보아야 한다.

195

2021 국회직 8급

국·공유재산에 대한 설명으로 옳지 않은 것은? (다툼이 있는 경우 판례에 의함)

① 국유재산법상의 행정재산이란 공용재산, 공공용재산, 기업용재산 또는 보존용재산을 말한다.
② 일반재산의 사용 및 이용에 지장이 없고 재산의 활용가치를 높일 수 있는 경우로서 중앙관서의 장이 필요하다고 인정하는 경우 중앙관서의 장은 일반재산을 보존용재산으로 전환하여 관리할 수 있다.
③ 사용·수익 허가 없이 행정재산을 유형적·고정적으로 특정한 목적을 위하여 사용·수익하거나 점유하는 것은 공유재산 및 물품 관리법에서 정한 변상금 부과대상인 '무단점유'에 해당하는데, 반드시 그 사용이 독점적·배타적일 필요는 없으며, 점유 부분이 동시에 일반 공중의 이용에 제공되고 있다고 하여 점유가 아니라고 할 수는 없다.
④ 공용폐지의 의사표시는 묵시적인 방법으로도 가능하나 행정재산이 본래의 용도에 제공되지 않는 상태에 있다는 사정만으로는 묵시적인 공용폐지의 의사표시가 있다고 볼 수 없다.
⑤ 중앙관서의 장은 행정재산이 행정목적으로 사용되지 아니하게 된 경우에는 지체 없이 그 용도를 폐지하여야 한다.

해설

① 국유재산법 제6조 제2항

> 제6조(국유재산의 구분과 종류) ① 국유재산은 그 용도에 따라 행정재산과 일반재산으로 구분한다.
> ② 행정재산의 종류는 다음 각 호와 같다. 〈개정 2012. 12. 18.〉
> 1. 공용재산 : 국가가 직접 사무용·사업용 또는 공무원의 주거용(직무 수행을 위하여 필요한 경우로서 대통령령으로 정하는 경우로 한정한다)으로 사용하거나 대통령령으로 정하는 기한까지 사용하기로 결정한 재산
> 2. 공공용재산 : 국가가 직접 공공용으로 사용하거나 대통령령으로 정하는 기한까지 사용하기로 결정한 재산
> 3. 기업용재산 : 정부기업이 직접 사무용·사업용 또는 그 기업에 종사하는 직원의 주거용(직무 수행을 위하여 필요한 경우로서 대통령령으로 정하는 경우로 한정한다)으로 사용하거나 대통령령으로 정하는 기한까지 사용하기로 결정한 재산
> 4. 보존용재산 : 법령이나 그 밖의 필요에 따라 국가가 보존하는 재산
> ③ "일반재산"이란 행정재산 외의 모든 국유재산을 말한다.

195 ②

② 동법 제8조 2항, 제2조 10호

> **제8조(국유재산 사무의 총괄과 관리)** ① 총괄청은 국유재산에 관한 사무를 총괄하고 그 국유재산(제3항에 따라 중앙관서의 장이 관리·처분하는 국유재산은 제외한다)을 관리·처분한다. 〈개정 2011. 3. 30.〉
> ② 총괄청은 일반재산을 보존용재산으로 전환하여 관리할 수 있다.
>
> **제2조(정의)** 이 법에서 사용하는 용어의 뜻은 다음과 같다.
> 10. "총괄청"이란 기획재정부장관을 말한다.

③
대법원 2019.9.9., 선고, 2018두48298, 판결
공유재산 및 물품관리법(이하 '공유재산법'이라 한다) 제1조, 제6조 제1항, 제20조, 제22조, 제81조 제1항 본문의 내용과 변상금 제도의 입법 취지에 비추어 보면, 사용·수익허가 없이 행정재산을 유형적·고정적으로 특정한 목적을 위하여 사용·수익하거나 점유하는 경우 공유재산법 제81조 제1항에서 정한 변상금 부과대상인 '무단점유'에 해당하고, 반드시 그 사용이 독점적·배타적일 필요는 없으며, 점유 부분이 동시에 일반 공중의 이용에 제공되고 있다고 하여 점유가 아니라고 할 수는 없다.

④
대법원 2009.12.10., 선고, 2006다19528, 판결
공용폐지의 의사표시는 명시적이든 묵시적이든 상관이 없으나 적법한 의사표시가 있어야 하고, 행정재산이나 보존재산이 사실상 본래의 용도에 사용되고 있지 않다거나 행정주체가 점유를 상실하였다는 정도의 사정이나 무효인 매도행위를 가지고 묵시적 공용폐지가 있었다고 볼 수 없다(대법원 1983. 6. 14. 선고 83다카181 판결, 대법원 2003. 10. 9. 선고 2003다29890 판결 등 참조).

⑤ 동법 제40조 제1항 제1호

> **제40조(용도폐지)** ① 중앙관서의 장은 행정재산이 다음 각 호의 어느 하나에 해당하는 경우에는 지체 없이 그 용도를 폐지하여야 한다.
> 1. 행정목적으로 사용되지 아니하게 된 경우
> 2. 행정재산으로 사용하기로 결정한 날부터 5년이 지난 날까지 행정재산으로 사용되지 아니한 경우
> 3. 제57조에 따라 개발하기 위하여 필요한 경우

196

국유재산에 대한 설명으로 옳지 않은 것은? (단, 다툼이 있는 경우 판례에 의함)

① 국가가 국유재산의 무단점유자를 상대로 변상금의 부과 징수권의 행사와 별도로 국유재산의 소유자로서 민사상 부당이득반환청구의 소를 제기할 수 있다.
② 국유재산의 무단점유자에 대한 변상금부과는 관리청이 공권력을 가진 우월한 지위에서 행한 것으로 항고소송의 대상이 되는 행정처분의 성격을 갖는다.
③ 행정재산의 목적외 사용·수익허가의 법적성질은 특정인에게 행정재산을 사용할 수 있는권리를 설정하여 주는 강학상 특허에 해당한다.
④ 국유재산법에서는 행정재산의 사용·수익의 허가기간은 3년 이내로 한다.

해설

①
대법원 2014.7.16., 선고 2011다76402 전원합의체 판결
국유재산의 무단점유자에 대한 변상금 부과는 공권력을 가진 우월적 지위에서 행하는 행정처분이고, 그 부과처분에 의한 변상금 징수권은 공법상의 권리인 반면, 민사상 부당이득반환청구권은 국유재산의 소유자로서 가지는 사법상의 채권이다. 또한 변상금은 부당이득 산정의 기초가 되는 대부료나 사용료의 120%에 상당하는 금액으로서 부당이득금과 액수가 다르고, 이와 같이 할증된 금액의 변상금을 부과·징수하는 목적은 국유재산의 사용·수익으로 인한 이익의 환수를 넘어 국유재산의 효율적인 보존·관리라는 공익을 실현하는 데 있다. 그리고 대부 또는 사용·수익허가 없이 국유재산을 점유하거나 사용·수익하였지만 변상금 부과처분은 할 수 없는 때에도 민사상 부당이득반환청구권은 성립하는 경우가 있으므로, 변상금 부과·징수의 요건과 민사상 부당이득반환청구권의 성립 요건이 일치하는 것도 아니다. 이처럼 구 국유재산법 제51조 제1항, 제4항, 제5항에 의한 변상금 부과·징수권은 민사상 부당이득반환청구권과 법적 성질을 달리하므로, 국가는 무단점유자를 상대로 변상금 부과·징수권의 행사와 별도로 국유재산의 소유자로서 민사상 부당이득반환청구의 소를 제기할 수 있다. 그리고 이러한 법리는 구 국유재산법 제32조 제3항, 구 국유재산법 시행령 제33조 제2항에 의하여 국유재산 중 잡종재산(현행 국유재산법상의 일반재산에 해당한다)의 관리·처분에 관한 사무를 위탁받은 한국자산관리공사의 경우에도 마찬가지로 적용된다. (나) 부당이득반환의 경우 수익자가 반환하여야 할 이득의 범위는 손실자가 입은 손해의 범위에 한정되고, 손실자의 손해는 사회통념상 손실자가 당해 재산으로부터 통상 수익할 수 있을 것으로 예상되는 이익 상당액이다. 그런데 국가가 잡종재산으로부터 통상 수익할 수 있는 이익은 그에 관하여 대부계약이 체결되는 경우의 대부료이므로, 잡종재산의 무단점유자가 반환하여야 할 부당이득은 특별한 사정이 없는 한 국유재산 관련 법령에서 정한 대부료 상당액이다.

②
대법원 1988.2.23., 선고, 87누1046. 판결
국유재산법 제51조 제1항은 국유재산의 무단점유자에 대하여는 대부 또는 사용, 수익허가 등을 받은 경우에 납부하여야 할 대부료 또는 사용료 상당액 외에도 그 징벌적 의미에서 국가측이 일방적으로 그 2할 상당액을 추가하여 변상금을 징수토록 하고 있으며 동조 제2항은 변상금의 체납시 국세징수법에 의하여 강제징수토록 하고 있는 점 등에 비추어 보면 국유재산의 관리청이 그 무단점유자에 대하여 하는 변상금부과처분은 순전히 사경제 주체로서 행하는 사법상의 법률행위라 할 수 없고 이는 관리청이 공권력을 가진 우월적 지위에서 행한 것으로서 행정소송의 대상이 되는 행정처분이라고 보아야 한다.

196 ④

③
> 대법원 2006.3.9., 선고, 2004다31074, 판결
> 국유재산 등의 관리청이 하는 행정재산의 사용·수익에 대한 허가는 순전히 사경제주체로서 행하는 사법상의 행위가 아니라 관리청이 공권력을 가진 우월적 지위에서 행하는 행정처분으로서 특정인에게 행정재산을 사용할 수 있는 권리를 설정하여 주는 강학상 특허에 해당한다.

④ COMMENT   3년 이내가 아니라 5년 이내이다(국유재산법 제35조 제1항).

> **제35조(사용허가기간)** ① 행정재산의 사용허가기간은 5년 이내로 한다. 다만, 제34조제1항제1호의 경우에는 사용료의 총액이 기부를 받은 재산의 가액에 이르는 기간 이내로 한다.

197
<small>2014 국가직 7급</small>

공물에 대한 설명으로 옳지 않은 것은? (다툼이 있는 경우 판례에 의함)

① 하천점용권은 하천의 관리주체에 대하여 일정한 특별사용을 청구할 수 있는 채권에 불과한 것이 아니라 대세적 효력이 있는 물권에 해당한다.
② 공용폐지의 의사표시는 명시적이든 묵시적이든 적법한 의사표시가 있어야 하며, 행정재산이 사실상 본래의 용도에 사용되고 있지 않다는 사실만으로 공용폐지의 의사표시가 있었다고 볼 수는 없다.
③ 공공용물의 일반사용은 다른 개인의 자유이용과 국가 또는 지방자치단체 등의 공공목적을 위한 개발 또는 관리·보존행위를 방해하지 않는 범위 내에서 허용된다.
④ 국유 하천부지는 자연공물로서 별도의 공용개시행위가 없더라도 행정재산이 될 수 있다.

해설

①
> 대판 1990.2.13., 89다카23022
> 하천의 점용허가권은 특허에 의한 공물사용권의 일종으로서 하천의 관리주체에 대하여 일정한 특별사용을 청구할 수 있는 채권에 지나지 아니하고, 대세적 효력이 있는 물권이라 할 수 없다.

②
> 대판 2009.12.10., 2006다87538
> 공유수면으로서 자연공물인 바다의 일부가 매립에 의하여 토지로 변경된 경우에 다른 공물과 마찬가지로 공용폐지가 가능하다고 할 것이며, 이 경우 공용폐지의 의사표시는 명시적 의사표시뿐만 아니라 묵시적 의사표시도 무방하다. 공물의 공용폐지에 관하여 국가의 묵시적인 의사표시가 있다고 인정되려면 공물이 사실상 본래의 용도에 사용되고 있지 않다거나 행정주체가 점유를 상실하였다는 정도의 사정만으로는 부족하고, 주위의 사정을 종합하여 객관적으로 공용폐지 의사의 존재가 추단될 수 있어야 한다.

③
대판 2002.2.26., 99다35300
일반 공중의 이용에 제공되는 공공용물에 대하여 특허 또는 허가를 받지 않고 하는 일반사용은 다른 개인의 자유이용과 국가 또는 지방자치단체 등의 공공목적을 위한 개발 또는 관리·보존행위를 방해하지 않는 범위 내에서만 허용된다 할 것이다.

④
대판 2007.6.1., 2005도7523
국유 하천부지는 자연의 상태 그대로 공공용에 제공될 수 있는 실체를 갖추고 있는 이른바 자연공물로서 별도의 공용개시행위가 없더라도 행정재산이 된다.

198

2017 하반기 국가직 7급

공물에 대한 설명으로 옳지 않은 것은? (다툼이 있는 경우 판례에 의함)

① 자연 공공용물은 자연의 상태 그대로 일반 공중의 사용에 제공될 수 있는 실체를 갖추고 공용개시행위가 있으면 공물로 성립하며, 그 후 본래의 용도로 사용하지 않게 되면 별도의 폐지행위 없이 일반재산이 된다.
② 국가가 통제보호구역으로 지정된 사유지 위에 군사시설 등을 설치하여 그 부지 등으로 지속적·배타적으로 점유·사용하는 경우에 국가는 그 토지로 인하여 차임 상당의 이익을 얻고 이로 인하여 그 토지소유자에게 동액 상당의 손해를 주고 있다고 봄이 타당하므로 국가는 차임 상당의 이득을 부당이득금으로 반환하여야 할 의무가 있다.
③ 도로, 공원과 같은 인공적 공공용재산은 법령에 의하여 지정되거나 행정처분으로써 공공용으로 사용하기로 결정한 경우, 또는 행정재산으로 실제로 사용하는 경우의 어느 하나에 해당하면 행정재산이 된다.
④ 도로를 구성하는 부지, 옹벽, 그 밖의 시설물에 대해서는 사권(私權)을 행사할 수 없으나, 소유권을 이전하거나 저당권을 설정하는 경우에는 사권을 행사할 수 있다.

| 해설 |

①
대법원 2007.6.1., 선고, 2005도7523, 판결
국유 하천부지는 자연의 상태 그대로 공공용에 제공될 수 있는 실체를 갖추고 있는 이른바 자연공물로서 별도의 공용개시행위가 없더라도 행정재산이 되고 그 후 본래의 용도에 공여되지 않는 상태에 놓여 있더라도 국유재산법령에 의한 용도폐지를 하지 않은 이상 당연히 잡종재산으로 된다고는 할 수 없으며, 농로나 구거와 같은 이른바 인공적 공공용 재산은 법령에 의하여 지정되거나 행정처분으로 공공용으로 사용하기로 결정한 경우, 또는 행정재산으로 실제 사용하는 경우의 어느 하나에 해당하면 행정재산이 된다.

198 ①

② **대법원 2012.12.26., 선고, 2011다73144, 판결**
구 군사시설보호법과 군사기지 및 군사시설 보호법의 입법 취지와 규정 내용, 통제보호구역의 지정 목적과 그 범위 및 통제보호구역 내에서의 행위의 제한 등에 관한 규정 등을 종합하여 보면, 특정 토지가 통제보호구역으로 지정됨으로써 토지소유자의 출입 및 토지의 용도에 따른 사용·수익이 제한될 수 있다는 사정만으로는 국가가 계속적으로 그 토지를 점유·사용하는 것이 허용된다고 할 수 없고, 또한 국가가 그 토지를 점유·사용하면서 실질적인 이익을 얻고 있다고 보기 어려울 것이다. 한편 국가가 그 토지 위에 군사시설 등을 설치하여 그 부지 등으로 계속적, 배타적으로 점유·사용하는 경우에는, 국가가 그 토지를 점유·사용할 수 있는 정당한 권원이 있음을 주장·증명하지 아니하는 이상, 그 토지에 관하여 차임 상당의 이익을 얻고 이로 인하여 원고에게 동액 상당의 손해를 주고 있다고 봄이 타당하므로, 국가는 토지소유자에게 차임 상당의 이득을 부당이득금으로 반환할 의무가 있다.

③ **대법원 2014.11.27., 선고, 2014두10769, 판결**
국유재산법상의 행정재산이란 국가가 소유하는 재산으로서 직접 공용, 공공용, 또는 기업용으로 사용하거나 사용하기로 결정한 재산을 말한다. 그 중 도로, 공원과 같은 인공적 공공용 재산은 법령에 의하여 지정되거나 행정처분으로써 공공용으로 사용하기로 결정한 경우, 또는 행정재산으로 실제로 사용하는 경우의 어느 하나에 해당하면 행정재산이 되는 것인데, 1980. 1. 4. 법률 제3256호로 제정된 도시공원법이 시행되기 이전에 구 도시계획법상 공원으로 결정·고시된 국유토지라는 사정만으로는 행정처분으로써 공공용으로 사용하기로 결정한 것으로 보기는 부족하나, 서울특별시장이 구 공원법, 구 도시계획법에 따라 사업실시계획의 인가내용을 고시함으로써 공원시설의 종류, 위치 및 범위 등이 구체적으로 확정되거나 도시계획사업의 시행으로 도시공원이 실제로 설치된 토지라면 공공용물로서 행정재산에 해당한다.

④ 도로법 제4조

> **제4조(사권의 제한)** 도로를 구성하는 부지, 옹벽, 그 밖의 시설물에 대해서는 사권(私權)을 행사할 수 없다. 다만, 소유권을 이전하거나 저당권을 설정하는 경우에는 사권을 행사할 수 있다.

199
2018 국회직 8급

공물에 대한 설명으로 옳은 것은? (다툼이 있는 경우 판례에 의함)

① 「국유재산법」상 국유재산은 시효취득의 대상이 되지 아니한다.
② 국유 하천부지는 자연공물로서 공용개시행위 이후에 행정재산이 되고 그 후 본래의 용도에 공여되지 않는 상태에 놓이게 되면 국유재산법령에 의한 용도폐지 없이도 일반재산이 된다.
③ 토지의 지목이 도로이고 국유재산대장에 등재되어 있다는 사정만으로 바로 토지가 도로로서 행정재산에 해당한다고 할 수는 없다.
④ 공물의 공용폐지에 관하여 국가의 묵시적인 의사표시가 있다고 인정되려면 공물이 사실상 본래의 용도에 사용되고 있지 않다거나 행정주체가 점유를 상실하였다는 정도면 족하다.
⑤ 국유재산의 관리청이 행정재산의 사용·수익을 허가한 다음 그 사용·수익하는 자에 대하여 하는 사용료 부과는 사경제주체로서 행하는 사법상의 이행청구에 해당한다.

199 ③

해설

① COMMENT 국유재산 중 행정재산의 경우에만 시효취득이 인정되지 않는다. 일반재산에 대해서는 시효취득이 가능하다(국유재산법 제7조).

> **제7조(국유재산의 보호)** ① 누구든지 이 법 또는 다른 법률에서 정하는 절차와 방법에 따르지 아니하고는 국유재산을 사용하거나 수익하지 못한다.
> ② 행정재산은 「민법」 제245조에도 불구하고 시효취득(時效取得)의 대상이 되지 아니한다.

②, ④

> 대법원 1997.8.22., 선고, 96다10737, 판결
> 국유 하천부지는 공공용 재산이므로 그 일부가 사실상 대지화되어 그 본래의 용도에 공여되지 않는 상태에 놓여 있더라도 국유재산법령에 의한 용도폐지를 하지 않은 이상 당연히 잡종재산으로 된다고는 할 수 없는 것이며(당원 1969. 6. 24. 선고 68다2165 판결, 1972. 10. 31. 선고 72다1346 판결, 1993. 4. 13. 선고 92누18528 판결, 1994. 11. 14. 선고 94다42877 판결 등 참조), 이 경우, 공용폐지의 의사표시는 명시적이든 묵시적이든 상관없으나 적법한 의사표시가 있어야 하며, 행정재산이 사실상 본래의 용도에 사용되고 있지 않다는 사실만으로 공용폐지의 의사표시가 있었다고 볼 수는 없고, 원래의 행정재산이 공용폐지되어 취득시효의 대상이 된다는 입증책임은 시효취득을 주장하는 자에게 있는 것인바(당원 1994. 3. 22. 선고 93다56220 판결, 1994. 9. 13. 선고 94다12579 판결, 1994. 11. 14. 선고 94다42877 판결 등 참조), 위 계쟁 토지 부분이 사실상 대지화되었고, 그에 따라 관계 당국이 위 토지의 사용 목적을 대지로 분류해 놓고 있는 것만으로는 명시적 또는 묵시적인 공용폐지의 의사표시가 있었다고 보기 어렵고, 달리 위 공용폐지가 있었다는 원고의 주장 입증이 없는데도 원심이 위 토지가 취득시효의 대상이 된다고 단정한 것은 공물의 소멸에 대한 법리나 국유재산법상의 행정재산에 관한 법리를 오해하였거나 심리를 제대로 하지 아니하여 판결에 영향을 미친 위법이 있다 할 것이다. 이 점을 지적하는 논지는 이유 있으므로, 나머지 상고이유에 대한 판단의 필요 없이, 원심판결 중 위 토지 부분에 관하여 시효취득을 원인으로 한 소유권이전등기를 명한 부분은 파기를 면할 수 없다.

③

> 대법원 2000.2.25., 선고, 99다54332, 판결
> 국유재산법상의 행정재산이란 국가가 소유하는 재산으로서 직접 공용, 공공용, 또는 기업용으로 사용하거나 사용하기로 결정한 재산을 말하는 것이고, 그 중 도로와 같은 인공적 공공용 재산은 법령에 의하여 지정되거나 행정처분으로써 공공용으로 사용하기로 결정한 경우, 또는 행정재산으로 실제로 사용하는 경우의 어느 하나에 해당하여야 비로소 행정재산이 되는 것인데, 특히 도로는 도로로서의 형태를 갖추고, 도로법에 따른 노선의 지정 또는 인정의 공고 및 도로구역 결정·고시를 한 때 또는 도시계획법 또는 도시재개발법 소정의 절차를 거쳐 도로를 설치하였을 때에 공공용물로서 공용개시행위가 있다고 할 것이므로, 토지의 지목이 도로이고 국유재산대장에 등재되어 있다는 사정만으로 바로 그 토지가 도로로서 행정재산에 해당한다고 할 수는 없다.

⑤

> 대법원 1996.2.13., 선고, 95누11023, 판결
> 국유재산의 관리청이 행정재산의 사용·수익을 허가한 다음 그 사용·수익하는 자에 대하여 하는 사용료부과는 순전히 사경제주체로서 행하는 사법상의 이행청구라 할 수 없고, 이는 관리청이 공권력을 가진 우월적 지위에서 행한 것으로서 항고소송의 대상이 되는 행정처분이라 할 것이다.

200

공물에 대한 설명으로 옳은 것만을 모두 고르면? (다툼이 있는 경우 판례에 의함)

ㄱ. 국유재산법에 따르면, 기획재정부장관은 국유재산에 관한 사무의 총괄청으로서 국가재정법 제4조에 따라 설치된 특별회계 및 같은 법 제5조에 따라 설치된 기금에 속하는 국유재산을 관리·처분할 권한을 갖는다.
ㄴ. 공유수면 관리 및 매립에 관한 법률 상 공유수면에 대한 점용·사용허가에 의하여 부여되는 특별사용권은 행정주체에 대하여 공공용물의 배타적, 독점적인 사용을 청구할 수 있는 권리에 해당한다.
ㄷ. 국유재산의 무단점유자에 대하여 국유재산법에 의한 변상금 부과·징수권의 행사와 별도로 민사상 부당이득반환청구의 소를 제기할 수 있다.
ㄹ. 도로와 같은 인공적 공공용 재산은 법령에 의하여 지정되거나 행정처분으로 공공용으로 사용하기로 결정한 경우에만 행정재산이 되는 것이고 행정재산으로 실제 사용하는 것만으로 행정재산이 되는 것은 아니다.

① ㄱ, ㄴ
② ㄱ, ㄹ
③ ㄴ, ㄷ
④ ㄷ, ㄹ

해설

ㄱ. **COMMENT** 기획재정부장관이 국유재산에 관한 사무의 총괄청인 것은 맞으나(국유재산법 제2조 제10호), 총괄청이 아니라 중앙관서의 장이 관리·처분권을 갖는다(동법 제8조 제3항).

> **제2조(정의)** 이 법에서 사용하는 용어의 뜻은 다음과 같다.
> 10. "총괄청"이란 기획재정부장관을 말한다.
> 11. "중앙관서의 장등"이란 「국가재정법」 제6조에 따른 중앙관서의 장(이하 "중앙관서의 장"이라 한다)과 제42조제1항에 따라 일반재산의 관리·처분에 관한 사무를 위임·위탁받은 자를 말한다.
>
> **제8조(국유재산 사무의 총괄과 관리)** ① 총괄청은 국유재산에 관한 사무를 총괄하고 그 국유재산(제3항에 따라 중앙관서의 장이 관리·처분하는 국유재산은 제외한다)을 관리·처분한다.
> ② 총괄청은 일반재산을 보존용재산으로 전환하여 관리할 수 있다.
> ③ 중앙관서의 장은 「국가재정법」 제4조에 따라 설치된 특별회계 및 같은 법 제5조에 따라 설치된 기금에 속하는 국유재산과 제40조제2항 각 호에 따른 재산을 관리·처분한다.

200 ③

ㄴ.
헌재 전원재판부 2012헌바16, 2013.9.26.
공유수면의 점용·사용은 공유수면에 대하여 일반사용과는 별도로 특정부분을 유형적, 고정적으로 사용하는 이른바 특별사용을 뜻하는 것으로, 공유수면에 대한 점용·사용허가는 그러한 특별사용권을 설정해 주는 행정행위로서 강학상 특허이며, 재량행위로 볼 수 있다. 점용·사용허가에 의하여 부여되는 특별사용권은 행정주체에 대하여 공공용물의 배타적, 독점적인 사용을 청구할 수 있는 권리로서 공법상의 채권에 해당한다. 따라서 공유수면 점용료·사용료는 위와 같이 공유수면의 배타적, 독점적 사용을 청구할 수 있는 권리에 대한 대가로서, 특별사용에 대한 요금으로서의 반대급부적 성격을 가진다. 이 사건 법률조항은 공유수면관리청으로 하여금 점용허가를 받은 자로부터 매년 점용료를 징수할 것을 규율하면서도 그 구체적인 부과 방식에 대하여서는 직접 규율하지 않고 하위법령으로 정하도록 위임하고 있다.

ㄷ.
대법원 2014.7.16., 선고, 2011다76402, 전원합의체 판결
국유재산의 무단점유자에 대한 변상금 부과는 공권력을 가진 우월적 지위에서 행하는 행정처분이고, 그 부과처분에 의한 변상금 징수권은 공법상의 권리인 반면, 민사상 부당이득반환청구권은 국유재산의 소유자로서 가지는 사법상의 채권이다. 또한 변상금은 부당이득 산정의 기초가 되는 대부료나 사용료의 120%에 상당하는 금액으로서 부당이득금과 액수가 다르고, 이와 같이 할증된 금액의 변상금을 부과·징수하는 목적은 국유재산의 사용·수익으로 인한 이익의 환수를 넘어 국유재산의 효율적인 보존·관리라는 공익을 실현하는 데 있다. 그리고 대부 또는 사용·수익허가 없이 국유재산을 점유하거나 사용·수익하였지만 변상금 부과처분은 할 수 없는 때에도 민사상 부당이득반환청구권은 성립하는 경우가 있으므로, 변상금 부과·징수의 요건과 민사상 부당이득반환청구권의 성립 요건이 일치하는 것도 아니다. 이처럼 구 국유재산법 제51조 제1항, 제4항, 제5항에 의한 변상금 부과·징수권은 민사상 부당이득반환청구권과 법적 성질을 달리하므로, 국가는 무단점유자를 상대로 변상금 부과·징수권의 행사와 별도로 국유재산의 소유자로서 민사상 부당이득반환청구의 소를 제기할 수 있다.

ㄹ.
대법원 2009.10.15., 선고, 2009다41533, 판결
국유재산법상의 행정재산이란 국가가 소유하는 재산으로서 직접 공용, 공공용, 또는 기업용으로 사용하거나 사용하기로 결정한 재산을 말하는 것이고(국유재산법 제4조 제2항 참조), 그 중 도로와 같은 인공적 공공용 재산은 법령에 의하여 지정되거나 행정처분으로써 공공용으로 사용하기로 결정한 경우, 또는 행정재산으로 실제로 사용하는 경우의 어느 하나에 해당하여야 비로소 행정재산이 되는 것인데, 특히 도로는 도로로서의 형태를 갖추고, 도로법에 따른 노선의 지정 또는 인정의 공고 및 도로구역 결정·고시를 한 때 또는 도시계획법 또는 도시재개발법 소정의 절차를 거쳐 도로를 설치하였을 때에 공공용물로서 공용개시행위가 있다고 할 것이므로, 토지의 지목이 도로이고 국유재산대장에 등재되어 있다는 사정만으로 바로 그 토지가 도로로서 행정재산에 해당한다고 할 수는 없다.

201

2020 국가직 7급

공물에 대한 설명으로 옳지 않은 것은? (다툼이 있는 경우 판례에 의함)

① 관재당국이 착오로 행정재산을 사인의 재산과 교환하였다 하더라도 그러한 사정만으로 그 행정재산에 대한 적법한 공용폐지의 의사표시가 있다고 볼 수 없다.
② 「지방재정법」상 공유재산에 대한 취득시효가 완성되기 위하여는 그 공유재산이 취득시효기간 동안 계속하여 시효취득의 대상이 될 수 있는 일반재산이어야 한다.
③ 국유재산의 관리청은 국유재산에 대하여 점용·사용허가를 받지 아니한 채 국유재산을 사용한 자에 대하여 「국유재산법」에 따른 국유재산 사용료를 부과할 수 있다.
④ 도로의 관리청은 도로부지에 대한 소유권을 취득하였는지 여부와 관계없이 도로를 무단점용하는 자에 대하여 「도로법」에 따라 변상금을 부과할 수 있다.

해설

①
대판 1998.11.10., 98다42974
공용폐지의 의사표시는 묵시적인 방법으로도 가능하나 행정재산이 본래의 용도에 제공되지 않는 상태에 있다는 사정만으로는 묵시적인 공용폐지의 의사표시가 있다고 볼 수 없으며, 또한 공용폐지의 의사표시는 적법한 것이어야 하는바, 행정재산은 공용폐지가 되지 아니한 상태에서는 사법상 거래의 대상이 될 수 없으므로 관재당국이 착오로 행정재산을 다른 재산과 교환하였다 하여 그러한 사정만으로 적법한 공용폐지의 의사표시가 있다고 볼 수도 없다.

②
대법원 2009.12.10., 선고, 2006다19177, 판결
구 지방재정법 제74조 제2항은 "공유재산은 민법 제245조의 규정에 불구하고 시효취득의 대상이 되지 아니한다. 다만, 잡종재산의 경우에는 그러하지 아니하다."라고 규정하고 있으므로, 구 지방재정법상 공유재산에 대한 취득시효가 완성되기 위하여는 그 공유재산이 취득시효기간 동안 계속하여 시효취득의 대상이 될 수 있는 잡종재산(현 일반재산 : 편집자 주)이어야 하고, 이러한 점에 대한 증명책임은 시효취득을 주장하는 자에게 있다.

③ **COMMENT** 국유재산에 대하여 점용·사용허가를 받지 아니한 채 국유재산을 사용한 경우라면 무단점유에 해당한다. 따라서 사용료가 아니라 변상금(사용료의 120%)을 부과하여야 한다.

대법원 2000.1.14., 99두9735
지방재정법 제87조 제1항에 의한 변상금부과처분은 법률에 의한 대부 또는 사용·수익허가 등을 받지 아니하고 공유재산을 점유하거나 사용·수익한 자에 대하여는 정상적인 대부료 또는 사용료를 징수할 수 없으므로 그 대신에 대부 등을 받은 경우에 납부하여야 할 내부료 상당액 이외에 2할을 가산한 금원을 변상금으로 부과하는 행정처분으로 이는 무단점유에 대한 징벌적인 의미가 있는 것으로 법규의 규정형식으로 보아 처분청의 재량이 허용되지 않은 기속행위로서, 지방자치법 제127조 소정의 사용료 징수처분과는 그 근거 법령, 성립요건 등을 달리하는 것이므로 다른 특별한 명문의 준용규정이 없는 한 위 사용료징수처분에 대한 불복절차를 규정한 지방자치법 제131조의 각 규정은 변상금징수처분에 대한 불복절차에 준용 또는 적용될 수 없다 할 것이어서 위 변상금부과처분에 대한 항고소송의 제1심 관할 법원은 피고의 소재지를 관할하는 행정법원이 된다.

201 ③

④
대법원 2005.11.25., 선고, 2003두7194, 판결
도로법의 제반 규정에 비추어 보면, 같은 법 제80조의2의 규정에 의한 변상금 부과권한은 적정한 도로 관리를 위하여 도로의 관리청에게 부여된 권한이라 할 것이지 도로부지의 소유권에 기한 권한이라고 할 수 없으므로, 도로의 관리청은 도로부지에 대한 소유권을 취득하였는지 여부와는 관계없이 도로를 무단점용하는 자에 대하여 변상금을 부과할 수 있다.

202

2021 국가직 7급

공물에 대한 설명으로 옳은 것은? (다툼이 있는 경우 판례에 의함)

① 행정재산은 공용폐지가 되지 아니하는 한 사법상 거래의 대상이 될 수 없으므로 관재당국이 이를 모르고 행정재산을 매각하였다 하더라도 그 매매를 당연무효라 할 수 없다.
② 행정재산이 본래의 용도에 제공되지 않는 상태에 놓여 있다는 사실만으로도 관리청의 이에 대한 공용폐지의 의사표시가 있었다고 볼 수 있다.
③ 하천의 점용허가권은 특허에 의한 공물사용권의 일종으로서 대세적 효력이 있는 물권이라 할 수 있다.
④ 구체적으로 공물을 사용하지 않고 있는 이상 그 공물의 인접주민이라는 사정만으로는 공물에 대한 고양된 일반사용권이 인정될 수 없다.

해설

①
대법원 1996.5.28., 선고, 95다52383, 판결
행정재산은 공용폐지가 되지 아니하는 한 사법상 거래의 대상이 될 수 없으므로 시효취득의 대상이 되지 아니하고, 관재당국이 이를 모르고 행정재산을 매각하였다 하더라도 그 매매는 당연무효이다.

②
대판 1998.11.10., 98다42974
공용폐지의 의사표시는 묵시적인 방법으로도 가능하나 행정재산이 본래의 용도에 제공되지 않는 상태에 있다는 사정만으로는 묵시적인 공용폐지의 의사표시가 있다고 볼 수 없으며, 또한 공용폐지의 의사표시는 적법한 것이어야 하는바, 행정재산은 공용폐지가 되지 아니한 상태에서는 사법상 거래의 대상이 될 수 없으므로 관재당국이 착오로 행정재산을 다른 재산과 교환하였다 하여 그러한 사정만으로 적법한 공용폐지의 의사표시가 있다고 볼 수도 없다.

③ COMMENT 하천의 점용허가권은 물권(소유권 등 물건 자체에 대한 권리)이 아니라 채권(물건 소유자에 대하여 사용을 청구할 수 있는 권리)이라고만 정리하자.

대판 1990.2.13., 89다카23022
하천의 점용허가권은 특허에 의한 공물사용권의 일종으로서 하천의 관리주체에 대하여 일정한 특별사용을 청구할 수 있는 채권에 지나지 아니하고 대세적 효력이 있는 물권이라 할 수 없다.

202 ④

④
> 대법원 2006.12.22., 선고, 2004다68311, 판결
> 공물의 인접주민은 다른 일반인보다 인접공물의 일반사용에 있어 특별한 이해관계를 가지는 경우가 있고, 그러한 의미에서 다른 사람에게 인정되지 아니하는 이른바 고양된 일반사용권이 보장될 수 있으며, 이러한 고양된 일반사용권이 침해된 경우 다른 개인과의 관계에서 민법상으로도 보호될 수 있으나, 그 권리도 공물의 일반사용의 범위 안에서 인정되는 것이므로, 특정인에게 어느 범위에서 이른바 고양된 일반사용권으로서의 권리가 인정될 수 있는지의 여부는 당해 공물의 목적과 효용, 일반사용관계, 고양된 일반사용권을 주장하는 사람의 법률상의 지위와 당해 공물의 사용관계의 인접성, 특수성 등을 종합적으로 고려하여 판단하여야 한다. 따라서 구체적으로 공물을 사용하지 않고 있는 이상 그 공물의 인접주민이라는 사정만으로는 공물에 대한 고양된 일반사용권이 인정될 수 없다.

203
2014 지방직 7급

공물법에 대한 설명으로 옳은 것은? (다툼이 있는 경우 판례에 의함)

① 도로법상 도로점용허가는 도로의 일반사용을 위한 강학상 공물의 허가사용에 해당한다.
② 원래의 행정재산이 공용폐지되어 취득시효의 대상이 된다는 입증책임은 시효취득을 주장하는 자에게 있다.
③ 공용물은 그 성립에 있어서 공용개시행위를 필요로 하지 않으므로 그 소멸에 있어서도 별도의 공용폐지행위를 필요로 하지 아니한다.
④ 행정재산에 대해서 관재당국이 이를 모르고 매각한 경우에 그 매매는 당연무효라고 할 수 없고, 사인 간의 매매계약 역시 당연무효라고 할 수 없다.

해설

①
> 대판 2010.12.23., 2010두21204
> 도로법 제38조에 의한 도로점용 허가는 특정인에게 일정한 내용의 공물사용권을 설정하는 설권행위로서 공물관리자가 신청인의 적격성, 사용목적 및 공익상의 영향 등을 참작하여 허가를 할 것인지의 여부를 결정하는 재량행위라고 할 것이고, 공물관리자가 도로점용의 허가조건 내지 취소 사유로 명시한 사항에 관하여 도로 점용자의 위반이 있다는 이유로 도로점용 허가를 취소하는 처분도, 도로 점용자의 위반사항이 도로점용 허가를 취소할 정도에 이른다고 볼 것인지 여부에 관하여 공물관리자가 제반 사정을 고려하여 판단할 재량을 가진다는 점에서 재량행위에 해당한다 할 것이다.

②
> 대판 1995.11.14., 94다42877
> 공용폐지의 의사표시는 명시적이든 묵시적이든 상관없으나 적법한 의사표시가 있어야 하고, 행정재산이 사실상 본래의 용도에 사용되고 있지 않다는 사실만으로 공용폐지의 의사표시가 있었다고 볼 수는 없으며, 원래의 행정재산이 공용폐지되어 취득시효의 대상이 된다는 입증책임은 시효취득을 주장하는 자에게 있다.

203 ②

③
> 대법원 1994.3.22., 선고, 93다56220, 판결
> 행정재산은 공용이 폐지되지 않는 한 사법상 거래의 대상이 될 수 없으므로 취득시효의 대상이 되지 않는다.

④
> 대판 1995.11.14., 94다50922
> 행정재산은 사법상 거래의 대상이 되지 아니하는 불융통물이므로 비록 관재 당국이 이를 모르고 매각하였다 하더라도 그 매매는 당연무효가 아니할 수 없으며, 사인간의 매매계약 역시 불융통물에 대한 매매로서 무효임을 면할 수 없다.

204

2016 지방직 7급

공물과 관련한 법률관계에 대한 설명으로 옳지 않은 것은? (다툼이 있는 경우 판례에 의함)

① 국유 하천부지는 별도의 공용개시행위가 없더라도 행정재산이 되고, 농로나 구거와 같은 이른바 인공적 공공용 재산은 법령에 의하여 지정되거나 행정처분으로 공공용으로 사용 하기로 결정한 경우 또는 행정재산으로 실제 사용하는 경우의 어느 하나에 해당하면 행정재산이 된다.
② 공물의 공용폐지에 관하여 국가의 묵시적인 의사표시가 있다고 인정되려면, 공물이 사실상 본래의 용도에 사용되고 있지 않다거나 행정주체가 점유를 상실하였다는 정도의 사정만으로는 부족하고, 주위의 사정을 종합하여 객관적으로 공용폐지 의사의 존재가 추단될 수 있어야 한다.
③ 공물의 인접주민이라고 하더라도 구체적으로 당해 공물을 사용하고 있지 않는 이상 공물에 대한 고양된 일반사용권이 인정될 수 없다.
④ 지방자치단체의 공공용물에 대한 적법한 개발행위로 인해, 당해 공공용물에 대한 일정범위의 사람들의 일반사용이 제한받게 되어 입게 된 불이익은 원칙적으로 손실보상의 대상이 된다.

해설

①
> 대법원 2007.6.1., 선고, 2005도7523, 판결
> 국유 하천부지는 자연의 상태 그대로 공공용에 제공될 수 있는 실체를 갖추고 있는 이른바 자연공물로서 별도의 공용개시행위가 없더라도 행정재산이 되고 그 후 본래의 용도에 공여되지 않는 상태에 놓여 있더라도 국유재산법령에 의한 용도폐지를 하지 않은 이상 당연히 잡종재산으로 된다고는 할 수 없으며, 농로나 구거와 같은 이른바 인공적 공공용 재산은 법령에 의하여 지정되거나 행정처분으로 공공용으로 사용하기로 결정한 경우, 또는 행정재산으로 실제 사용하는 경우의 어느 하나에 해당하면 행정재산이 된다.

204 ④

② 대법원 2009.12.10., 선고, 2006다87538, 판결
공물의 공용폐지에 관하여 국가의 묵시적인 의사표시가 있다고 인정되려면 공물이 사실상 본래의 용도에 사용되고 있지 않다거나 행정주체가 점유를 상실하였다는 정도의 사정만으로는 부족하고, 주위의 사정을 종합하여 객관적으로 공용폐지 의사의 존재가 추단될 수 있어야 한다.

③ 대법원 2006.12.22., 선고, 2004다68311, 판결
공물의 인접주민은 다른 일반인보다 인접공물의 일반사용에 있어 특별한 이해관계를 가지는 경우가 있고, 그러한 의미에서 다른 사람에게 인정되지 아니하는 이른바 고양된 일반사용권이 보장될 수 있으며, 이러한 고양된 일반사용권이 침해된 경우 다른 개인과의 관계에서 민법상으로도 보호될 수 있으나, 그 권리도 공물의 일반사용의 범위 안에서 인정되는 것이므로, 특정인에게 어느 범위에서 이른바 고양된 일반사용권으로서의 권리가 인정될 수 있는지의 여부는 당해 공물의 목적과 효용, 일반사용관계, 고양된 일반사용권을 주장하는 사람의 법률상의 지위와 당해 공물의 사용관계의 인접성, 특수성 등을 종합적으로 고려하여 판단하여야 한다. 따라서 구체적으로 공물을 사용하지 않고 있는 이상 그 공물의 인접주민이라는 사정만으로는 공물에 대한 고양된 일반사용권이 인정될 수 없다.

④ 대법원 2002.2.26., 선고, 99다35300, 판결
일반 공중의 이용에 제공되는 공공용물에 대하여 특허 또는 허가를 받지 않고 하는 일반사용은 다른 개인의 자유이용과 국가 또는 지방자치단체 등의 공공목적을 위한 개발 또는 관리·보존행위를 방해하지 않는 범위 내에서만 허용된다 할 것이므로, 공공용물에 관하여 적법한 개발행위 등이 이루어짐으로 말미암아 이에 대한 일정범위의 사람들의 일반사용이 종전에 비하여 제한받게 되었다 하더라도 특별한 사정이 없는 한 그로 인한 불이익은 손실보상의 대상이 되는 특별한 손실에 해당한다고 할 수 없다.

205

공물법에 대한 설명으로 옳은 것을 모두 고르면?

> 가. 원래 공공용에 제공된 행정재산인 공유수면이 그 이후 매립에 의하여 사실상 공유수면으로서의 성질을 상실하였다면 국유재산법령에 의한 용도폐지를 하지 않더라도 공물로서의 성질이 소멸된다.
> 나. 공공용재산이라고 하여도 당해 공공용재산의 성질상 특정개인의 생활에 개별성이 강한 직접적이고 구체적인 이익을 부여하고 있어서 그에게 그로 인한 이익을 가지게 하는 것이 법률적인 관점으로도 이유가 있다고 인정되는 특별한 사정이 있는 경우에는 그와 같은 이익은 법률상 보호되어야 한다.
> 다. 도로의 점용이라 함은 일반공중의 교통에 공용되는 도로에 대하여 이러한 일반사용과는 별도로 도로의 특정부분을 유형적, 고정적으로 사용하는 이른바 특별사용을 뜻하는 것이고, 그와 같은 도로의 특별사용은 독점적, 배타적일 것을 요한다.
> 라. 행정재산의 목적외 사용에 대한 허가는 강학상 인가에 해당한다.
> 마. 「국유재산법」에 의한 변상금 부과·징수권은 민사상 부당이득반환청구권과 법적 성질을 달리하므로, 국가는 무단점유자를 상대로 변상금 부과·징수권의 행사와 별도로 국유재산의 소유자로서 민사상 부당이득반환 청구의 소를 제기할 수 있다.

① 가, 나
② 가, 다
③ 나, 마
④ 다, 라

해설

가. **COMMENT** 공용폐지가 되려면 객관적으로 공용으로 사용되지 않는 사실뿐만 아니라 주관적으로 공용폐지의 의사가 인정되어야 한다.

> 대법원 1995.11.14., 선고, 94다50922, 판결
> 원래 공공용에 제공된 행정재산인 공유수면이 그 이후 매립에 의하여 <u>사실상 공유수면으로서의 성질을 상실하였더라도 당시 시행되던 국유재산법령에 의한 용도폐지를 하지 않은 이상 당연히 잡종재산으로 된다고는 할 수 없다.</u>

205 ③

나. COMMENT 이른바 "고양된 일반사용권"은 법률상 이익으로 보호된다.

> 대법원 1992.9.22., 선고, 91누13212, 판결
> 일반적으로 도로는 국가나 지방자치단체가 직접 공중의 통행에 제공하는 것으로서 일반국민은 이를 자유로이 이용할 수 있는 것이기는 하나, 그렇다고 하여 그 이용관계로부터 당연히 그 도로에 관하여 특정한 권리나 법령에 의하여 보호되는 이익이 개인에게 부여되는 것이라고까지는 말할 수 없으므로, 일반적인 시민생활에 있어 도로를 이용만 하는 사람은 그 용도폐지를 다툴 법률상의 이익이 있다고 말할 수 없지만, 공공용재산이라고 하여도 당해 공공용재산의 성질상 특정개인의 생활에 개별성이 강한 직접적이고 구체적인 이익을 부여하고 있어서 그에게 그로 인한 이익을 가지게 하는 것이 법률적인 관점으로도 이유가 있다고 인정되는 특별한 사정이 있는 경우에는 그와 같은 이익은 법률상 보호되어야 할 것이고, 따라서 도로의 용도폐지처분에 관하여 이러한 직접적인 이해관계를 가지는 사람이 그와 같은 이익을 현실적으로 침해당한 경우에는 그 취소를 구할 법률상의 이익이 있다.

다.

> 대법원 1995.2.14., 선고, 94누5830, 판결
> 도로법 제40조, 제43조, 제80조의2에 규정된 도로의 점용이라 함은, 일반공중의 교통에 공용되는 도로에 대하여 이러한 일반사용과는 별도로 도로의 특정부분을 유형적, 고정적으로 사용하는 이른바 특별사용을 뜻하는 것이고, 그와 같은 도로의 특별사용은 반드시 독점적, 배타적인 것이 아니라 그 사용목적에 따라서는 도로의 일반사용과 병존이 가능한 경우도 있고, 이러한 경우에는 도로점용부분이 동시에 일반공중의 교통에 공용되고 있다고 하여 도로점용이 아니라고 말할 수 없는 것이며, 한편 당해 도로의 점용을 위와 같은 특별사용으로 볼 것인지 아니면 일반사용으로 볼 것인지는 그 도로점용의 주된 용도와 기능이 무엇인지에 따라 가려져야 한다.

라.

> 대법원 1998.2.27., 선고, 97누1105, 판결
> 공유재산의 관리청이 행정재산의 사용·수익에 대한 허가는 순전히 사경제주체로서 행하는 사법상의 행위가 아니라 관리청이 공권력을 가진 우월적 지위에서 행하는 행정처분으로서 특정인에게 행정재산을 사용할 수 있는 권리를 설정하여 주는 강학상 특허에 해당한다.

마.

> 대법원 2014.7.16., 선고, 2011다76402, 전원합의체 판결
> 국유재산의 무단점유자에 대한 변상금 부과는 공권력을 가진 우월적 지위에서 행하는 행정처분이고, 그 부과처분에 의한 변상금 징수권은 공법상의 권리인 반면, 민사상 부당이득반환청구권은 국유재산의 소유자로서 가지는 사법상의 채권이다. 또한 변상금은 부당이득 산정의 기초가 되는 대부료나 사용료의 120%에 상당하는 금액으로서 부당이득금과 액수가 다르고, 이와 같이 할증된 금액의 변상금을 부과·징수하는 목적은 국유재산의 사용·수익으로 인한 이익의 환수를 넘어 국유재산의 효율적인 보존·관리라는 공익을 실현하는 데 있다. 그리고 대부 또는 사용·수익허가 없이 국유재산을 점유하거나 사용·수익하였지만 변상금 부과처분은 할 수 없는 때에도 민사상 부당이득반환청구권은 성립하는 경우가 있으므로, 변상금 부과·징수의 요건과 민사상 부당이득반환청구권의 성립 요건이 일치하는 것도 아니다. 구 국유재산법(2009. 1. 30. 법률 제9401호로 전부 개정되기 전의 것, 이하 같다) 제51조 제1항, 제4항, 제5항에 의한 변상금 부과·징수권은 민사상 부당이득반환청구권과 법적 성질을 달리하므로, 국가는 무단점유자를 상대로 변상금 부과·징수권의 행사와 별도로 국유재산의 소유자로서 민사상 부당이득반환청구의 소를 제기할 수 있다.

206

공물법에 대한 설명으로 옳지 않은 것은? (다툼이 있는 경우 판례에 의함)

① 공물의 인접주민은 다른 일반인보다 인접공물의 일반사용에 있어 특별한 이해관계를 가지는 경우가 있고 그러한 의미에서 다른 사람에게 인정되지 아니하는 이른바 고양된 일반사용권이 보장될 수 있다.

② 도로구역이 결정·고시되어 공사가 진행 중인 경우에 해당 구역 내에 있지만 아직 공사가 진행되지 아니한 국유토지는 시효취득의 대상이 되지 아니한다.

③ 자연의 상태 그대로 공공용에 제공될 수 있는 실체를 갖추고 있는 자연공물은 자연력 등에 의한 현상변경으로 공공용에 제공될 수 없게 되고 그 회복이 사회통념상 불가능하게 되지 아니한 이상 공물로서의 성질이 상실되지 아니하며 시효취득의 대상도 되지 아니한다.

④ 도로 등 공물이나 공공용물을 특정 사인이 배타적으로 사용하도록 하는 점용허가가 도로 등의 본래 기능 및 그 목적과 무관하게 그 사용가치를 실현 활용하기 위한 것으로 평가되는 경우에도 주민소송의 대상이 되는 재산의 관리·처분에 해당하지 아니한다.

⑤ 「도로법」상 규정에 의한 변상금 부과 권한은 적정한 도로관리를 위하여 도로관리청에게 부여된 권한이지 도로부지의 소유권에 기한 권한이라고 할 수 없다.

해설

①
> 대법원 2006.12.22., 선고, 2004다68311, 판결
> 공물의 인접주민은 다른 일반인보다 인접공물의 일반사용에 있어 특별한 이해관계를 가지는 경우가 있고, 그러한 의미에서 다른 사람에게 인정되지 아니하는 이른바 고양된 일반사용권이 보장될 수 있으며, 이러한 고양된 일반사용권이 침해된 경우 다른 개인과의 관계에서 민법상으로도 보호될 수 있으나, 그 권리도 공물의 일반사용의 범위 안에서 인정되는 것이므로, 특정인에게 어느 범위에서 이른바 고양된 일반사용권으로서의 권리가 인정될 수 있는지의 여부는 당해 공물의 목적과 효용, 일반사용관계, 고양된 일반사용권을 주장하는 사람의 법률상의 지위와 당해 공물의 사용관계의 인접성, 특수성 등을 종합적으로 고려하여 판단하여야 한다. 따라서 구체적으로 공물을 사용하지 않고 있는 이상 그 공물의 인접주민이라는 사정만으로는 공물에 대한 고양된 일반사용권이 인정될 수 없다.

②
> 대법원 1994.5.10., 선고, 93다23442, 판결
> 이 사건 토지에 관하여 도로구역의 결정, 고시 등의 공물지정행위는 있었지만 아직 도로의 형태를 갖추지 못하여 완전한 공공용물이 성립되었다고는 할 수 없으므로 일종의 예정공물이라고 볼 수 있는데, 국유재산법 제4조 제2항 및 같은법시행령 제2조 제1항, 제2항에 의하여 국가가 1년 이내에 사용하기로 결정한 재산도 행정재산으로 간주하고 있는 점, 도시계획법 제82조가 도시계획구역 안의 국유지로서 도로의 시설에 필요한 토지에 대하여는 도시계획으로 정하여진 목적 이외의 목적으로 매각 또는 양도할 수 없도록 규제하고 있는 점, 위 토지를 포함한 일단의 토지에 관하여 도로확장공사를 실시할 계획이 수립되어 아직 위 토지에까지 공사가 진행되지는 아니하였지만 도로확장공사가 진행중인 점 등에 비추어 보면 이와 같은 경우에는 예정공물인 토지도 일종의 행정재산인 공공용물에 준하여 취급하는 것이 타당하다고 할 것이므로 구 국유재산법(1994.1.5. 법률 제4698호로 개정되기 전의 것) 제5조 제2항이 준용되어 시효취득의 대상이 될 수 없다.

206 ④

③
대법원 1994.8.12., 선고, 94다12593, 판결
자연의 상태 그대로 공공용에 제공될 수 있는 실체를 갖추고 있는 이른바 자연공물은 자연력 등에 의한 현상변경으로 공공용에 제공될 수 없게 되고 그 회복이 사회통념상 불가능하게 되지 아니한 이상 공물로서의 성질이 상실되지 않고 따라서 시효취득의 대상이 되지 아니한다.

④
대법원 2016.5.27., 선고, 2014두8490, 판결
주민소송 제도는 지방자치단체 주민이 지방자치단체의 위법한 재무회계행위의 방지 또는 시정을 구하거나 그로 인한 손해의 회복 청구를 요구할 수 있도록 함으로써 지방자치단체의 재무행정의 적법성과 지방재정의 건전하고 적정한 운영을 확보하려는 데 목적이 있다. 그러므로 주민소송은 원칙적으로 지방자치단체의 재무회계에 관한 사항의 처리를 직접 목적으로 하는 행위에 대하여 제기할 수 있고, 지방자치법 제17조 제1항에서 주민소송의 대상으로 규정한 '재산의 취득·관리·처분에 관한 사항'에 해당하는지도 그 기준에 의하여 판단하여야 한다. 특히 도로 등 공물이나 공공용물을 특정 사인이 배타적으로 사용하도록 하는 점용허가가 도로 등의 본래 기능 및 목적과 무관하게 그 사용가치를 실현·활용하기 위한 것으로 평가되는 경우에는 주민소송의 대상이 되는 재산의 관리·처분에 해당한다.

⑤
대법원 2005.11.25., 선고, 2003두7194, 판결
도로법의 제반 규정에 비추어 보면, 같은 법 제80조의2의 규정에 의한 변상금 부과권한은 적정한 도로관리를 위하여 도로의 관리청에게 부여된 권한이라 할 것이지 도로부지의 소유권에 기한 권한이라고 할 수 없으므로, 도로의 관리청은 도로부지에 대한 소유권을 취득하였는지 여부와는 관계없이 도로를 무단점용하는 자에 대하여 변상금을 부과할 수 있다.

207

2003 입법고시

공물의 성립에 형태적 요소는 필요하나 의사적 요소는 불필요한 것은?

① 도로
② 공원
③ 교량
④ 교도소
⑤ 중요문화재

해설

공물의 성립
1. 공공용물
   (1) 인공공공용물 – 그 성립을 위해 (i) 그 물건이 일반공중의 사용에 제공될 수 있는 형체적 요소와 (ii) 이것을 공공용물로서 일반공중의 사용에 제공한다는 취지의 행정주체의 의사적 행위, 즉 공용지정을 필요로 한다.
   (2) 자연공공용물 – 자연적 상태에 있어서 일반공중의 사용에 제공될 수 있는 실체를 갖추고 있으면 공용개시행위를 요함이 없이 그 자체로서 공물이 성립한다.

207 ④

> 2. 공용물
>   공용물로서의 형체를 갖추어 행정주체가 사실상 사용을 개시하는 것으로 족하며, 별도로 공용지정을 필요로 하지 않는다.
> 3. 보존공물
>   형체적 요소뿐만 아니라, 문화재지정 등 공용지정이 반드시 필요하다.

④ COMMENT 교도소는 공용물이므로 공용물로서 형태를 갖추어 행정주체가 사실상 사용을 하면 족하다. 의사적 요소로서 공용지정행위는 요하지 않는다.

208

2020 지방직 7급

공물의 성립 및 소멸에 대한 설명으로 옳지 않은 것은? (다툼이 있는 경우 판례에 의함)

① 토지의 지목이 도로이고 국유재산대장에 등재되어 있다는 사정만으로 바로 토지가 도로로서 행정재산에 해당한다.
② 국유 하천부지는 자연의 상태 그대로 공공용에 제공될 수 있는 실체를 갖추고 있는 이른바 자연공물로서, 별도의 공용개시 행위가 없더라도 행정재산이 된다.
③ 공유수면의 일부가 사실상 매립되어 대지화되었다고 하더라도 국가가 공유수면으로서의 공용폐지를 하지 아니하는 이상 법률상으로는 여전히 공유수면으로서의 성질을 보유하고 있다.
④ 학교장이, 학교 밖에 위치한 관사를 용도폐지한 후 국가로 귀속시키라는 지시를 어기고 사친회 이사회의 의결을 거쳐 개인에게 매각하였고, 그 후 오랫동안 국가가 이 매각절차상의 문제 등을 제기하지도 않았다면 이 용도폐지 자체는 국가의 지시에 의한 것으로 유효하다.

해설

①
> 대판 2000.2.25., 99다54332
> 국유재산법상의 행정재산이란 국가가 소유하는 재산으로서 직접 공용, 공공용, 또는 기업용으로 사용하거나 사용하기로 결정한 재산을 말하는 것이고, 그 중 <u>도로와 같은 인공적 공공용 재산은 법령에 의하여 지정되거나 행정처분으로써 공공용으로 사용하기로 결정한 경우, 또는 행정재산으로 실제로 사용하는</u> 경우의 어느 하나에 해당하여야 비로소 행정재산이 되는 것인데, 특히 도로는 도로로서의 형태를 갖추고, 도로법에 따른 노선의 지정 또는 인정의 공고 및 도로구역 결정·고시를 한 때 또는 도시계획법(현 「국토의 계획 및 이용에 관한 법률」) 또는 도시재개발법(현 「도시 및 주거환경정비법」) 소정의 절차를 거쳐 도로를 설치하였을 때에 공공용물로서 공용개시행위가 있다고 할 것이므로, <u>토지의 지목이 도로이고 국유재산대장에 등재되어 있다는 사정만으로 바로 그 토지가 도로로서 행정재산에 해당한다고 할 수는 없다.</u>

② 대판 2007.6.1., 2005도7523
국유 하천부지는 자연의 상태 그대로 공공용에 제공될 수 있는 실체를 갖추고 있는 이른바 자연공물로서 별도의 공용개시행위가 없더라도 행정재산이 되고 그 후 본래의 용도에 공여되지 않는 상태에 놓여 있더라도 국유재산법령에 의한 용도폐지를 하지 않은 이상 당연히 잡종재산으로 된다고는 할 수 없으며, 농로나 구거와 같은 이른바 인공적 공공용 재산은 법령에 의하여 지정되거나 행정처분으로 공공용으로 사용하기로 결정한 경우, 또는 행정재산으로 실제 사용하는 경우의 어느 하나에 해당하면 행정재산이 된다.

③ 대법원 2013.6.13., 선고, 2012두2764, 판결
공유수면은 소위 자연공물로서 그 자체가 직접 공공의 사용에 제공되는 것이므로 공유수면의 일부가 사실상 매립되어 대지화되었다고 하더라도 국가가 공유수면으로서의 공용폐지를 하지 아니하는 이상 법률상으로는 여전히 공유수면으로서의 성질을 보유하고 있다.

④ 대법원 1999.7.23., 선고, 99다15924, 판결
학교 교장이 학교 밖에 위치한 관사를 용도폐지한 후 재무부로 귀속시키라는 국가의 지시를 어기고 사친회 이사회의 의결을 거쳐 개인에게 매각한 경우, 이와 같이 교장이 국가의 지시대로 위 부동산을 용도폐지한 다음 비록 재무부에 귀속시키지 않고 바로 매각하였다고 하더라도 위 용도폐지 자체는 국가의 지시에 의한 것으로 유효하다고 아니할 수 없고, 그 후 오랫동안 국가가 위 매각절차상의 문제를 제기하지도 않고, 위 부동산이 관사 등 공공의 용도에 전혀 사용된 바가 없다면, 이로써 위 부동산은 적어도 묵시적으로 공용폐지 되어 시효취득의 대상이 되었다고 봄이 상당하다고 본 사례.

209
2008 국가직 7급

공물에 관한 판례의 내용으로 옳지 않은 것은?

① 비관리청이 항만시설을 조성한 경우 비관리청은 항만법에 의하여 총사업비의 범위 안에서 항만시설에 대한 무상사용권을 취득할 수 있으므로 이러한 무상사용권은 일반인에게 허용되지 아니하는 특별한 사용으로서 이른바 공물의 특허사용에 해당된다.
② 공공용물에 대하여 적법한 개발행위 등이 이루어짐에 따라 일정범위의 사람들의 일반사용이 종전에 비하여 제한받게 되었다 하더라도 특별한 사정이 없는 한 손실보상의 대상이 되는 특별한 손실에 해당한다고 할 수 없다.
③ 도로의 용도폐지처분에 있어서, 당해 도로가 특정 개인에게 개별성이 강한 직접적이고 구체적인 이익을 부여하고 있다고 인정되는 특별한 사정이 있는 경우 그와 같은 이익을 현실적으로 침해당한 자는 그 용도폐지처분의 취소를 구할 법률상 이익이 있다.
④ 하천점용허가의 이익은 특허에 의한 공물사용권의 일종으로서 제3자의 침해에 대한 방해배제 청구권·원상회복청구권이 인정되는 등 대세적 효력이 있는 물권이라 할 수 있다.

209 ④

해설

① 대법원 2001.8.24., 선고, 2001두2485, 판결
항만법 제17조 제1항은, 비관리청의 항만공사로 조성 또는 설치된 토지 및 항만시설은 준공과 동시에 국가 또는 지방자치단체에 귀속된다고 규정하고, 같은 조 제3항은, 비관리청은 그 귀속된 항만시설을 총사업비의 범위 안에서 대통령령이 정하는 바에 따라 무상사용할 수 있다고 규정하고 있는바, <u>비관리청이 행한 항만시설은 비관리청의 의사와 아무런 상관없이 항만법의 규정에 의하여 당연히 국가 또는 지방자치단체에 귀속하는 대신, 비관리청은 항만법에 의하여 총사업비의 범위 안에서 당해 항만시설에 대하여 무상사용권을 취득할 수 있으므로, 이에 따라 비관리청이 당해 항만시설을 무상사용하는 것은 일반인에게 허용되지 아니하는 특별한 사용으로서, 이른바 공물의 특허사용에 해당하고</u>, 비관리청이 당해 항만시설을 무상사용할 수 있는 기간은 총사업비에 의하여 결정되므로, 관리청이 적법한 기준에 미달하게 총사업비를 산정하였다면, 그 금액과 적법한 기준에 의한 총사업비의 차액에 따른 기간만큼 무상사용기간이 단축되므로, 그 차액에 해당하는 기간에 관하여는 비관리청이 무상사용할 수 없게 된다는 법적 불안·위험이 현존한다고 보아야 하고, 따라서 이를 제거하기 위하여 국가를 상대로 공법상의 당사자소송으로 권리범위의 확인을 구할 필요나 이익이 있으며, 이러한 방법이 가장 유효·적절한 수단이라고 할 것이나, 관리청이 총사업비를 산정하여야만 비관리청이 당해 항만시설을 무상사용할 수 있는 것이 아니므로, 관리청이 적법한 기준에 미달하게 총사업비를 산정하여 통보하였다 하더라도 그 산정통보 자체를 항고소송으로 다툴 수는 없다.

② 대법원 2002.2.26., 선고, 99다35300, 판결
일반 공중의 이용에 제공되는 공공용물에 대하여 특허 또는 허가를 받지 않고 하는 일반사용은 다른 개인의 자유이용과 국가 또는 지방자치단체 등의 공공목적을 위한 개발 또는 관리·보존행위를 방해하지 않는 범위 내에서만 허용된다 할 것이므로, <u>공공용물에 관하여 적법한 개발행위 등이 이루어짐으로 말미암아 이에 대한 일정범위의 사람들의 일반사용이 종전에 비하여 제한받게 되었다 하더라도 특별한 사정이 없는 한 그로 인한 불이익은 손실보상의 대상이 되는 특별한 손실에 해당한다고 할 수 없다.</u>

③ 대법원 1992.9.22., 선고, 91누13212, 판결
일반적으로 도로는 국가나 지방자치단체가 직접 공중의 통행에 제공하는 것으로서 일반국민은 이를 자유로이 이용할 수 있는 것이기는 하나, 그렇다고 하여 그 이용관계로부터 당연히 그 도로에 관하여 특정한 권리나 법령에 의하여 보호되는 이익이 개인에게 부여되는 것이라고까지는 말할 수 없으므로, 일반적인 시민생활에 있어 도로를 이용만 하는 사람은 그 용도폐지를 다툴 법률상의 이익이 있다고 말할 수 없지만, <u>공공용재산이라고 하여도 당해 공공용재산의 성질상 특정개인의 생활에 개별성이 강한 직접적이고 구체적인 이익을 부여하고 있어서 그에게 그로 인한 이익을 가지게 하는 것이 법률적인 관점으로도 이유가 있다고 인정되는 특별한 사정이 있는 경우에는 그와 같은 이익은 법률상 보호되어야 할 것이고, 따라서 도로의 용도폐지처분에 관하여 이러한 직접적인 이해관계를 가지는 사람이 그와 같은 이익을 현실적으로 침해당한 경우에는 그 취소를 구할 법률상의 이익이 있다.</u>

④ 대판 1990.2.13., 89다카23022
하천의 점용허가권은 특허에 의한 공물사용권의 일종으로서 하천의 관리주체에 대하여 일정한 특별사용을 청구할 수 있는 <u>채권에 지나지 아니하고 대세적 효력이 있는 물권이라 할 수 없다.</u>

210

2008 관세사

공물에 관한 설명 중 옳은 것은?

① 행정재산은 시효취득의 대상이 된다.
② 인접주민의 고양된 일반사용을 위하여는 허가를 받아야 한다.
③ 도로의 특별사용은 반드시 독점적·배타적인 것이 아니며 도로의 일반사용과 병존이 가능하다.
④ 일반재산의 무단사용에 대한 변상금부과에 대하여는 민사소송으로 다투어야 한다.
⑤ 행정재산의 사용·수익허가는 사법상 임대차계약이라는 것이 판례의 입장이다.

해설

①
대법원 1983.6.14., 선고, 83다카181, 판결
행정목적을 위하여 공용되는 행정재산은 공용폐지가 되지 않는 한 사법상 거래의 대상이 될 수 없으므로 취득시효의 대상도 될 수 없다.

② **COMMENT** 인접주민의 고양된 일반사용 역시 일반사용권의 한 유형에 해당한다. 따라서 특별사용과는 달리 일반사용의 경우 별도의 특허 내지 허가를 요하지 않는다.

③
대법원 1995.2.14., 선고, 94누5830, 판결
도로법 제40조, 제43조, 제80조의2에 규정된 도로의 점용이라 함은, 일반공중의 교통에 공용되는 도로에 대하여 이러한 일반사용과는 별도로 도로의 특정부분을 유형적, 고정적으로 사용하는 이른바 특별사용을 뜻하는 것이고, 그와 같은 <u>도로의 특별사용은 반드시 독점적, 배타적인 것이 아니라 그 사용목적에 따라서는 도로의 일반사용과 병존이 가능한 경우도 있고</u>, 이러한 경우에는 도로점용부분이 동시에 일반공중의 교통에 공용되고 있다고 하여 도로점용이 아니라고 말할 수 없는 것이며, 한편 당해 도로의 점용을 위와 같은 특별사용으로 볼 것인지 아니면 일반사용으로 볼 것인지는 그 도로점용의 주된 용도와 기능이 무엇인지에 따라 가려져야 한다.

④
대법원 1988.2.23., 선고, 87누1046, 판결
국유재산법 제51조 제1항은 국유재산의 무단점유자에 대하여는 대부 또는 사용, 수익허가 등을 받은 경우에 납부하여야 할 대부료 또는 사용료 상당액 외에도 그 징벌적 의미에서 국가측이 일방적으로 그 2할 상당액을 추가하여 변상금을 징수토록 하고 있으며 동조 제2항은 변상금의 체납시 국세징수법에 의하여 강제징수토록 하고 있는 점 등에 비추어 보면 <u>국유재산의 관리청이 그 무단점유자에 대하여 하는 변상금부과처분은 순전히 사경제 주체로서 행하는 사법상의 법률행위라 할 수 없고 이는 관리청이 공권력을 가진 우월적 지위에서 행한 것으로서 행정소송의 대상이 되는 행정처분</u>이라고 보아야 한다.

⑤
대법원 2006.3.9., 선고, 2004다31074, 판결
국유재산 등의 관리청이 하는 행정재산의 사용·수익에 대한 허가는 순전히 사경제주체로서 행하는 사법상의 행위가 아니라 관리청이 공권력을 가진 우월적 지위에서 행하는 행정처분으로서 특정인에게 행정재산을 사용할 수 있는 권리를 설정하여 주는 강학상 특허에 해당한다.

210 ③

211

공물에 대한 설명으로 옳지 않은 것은? (다툼이 있는 경우 판례에 의함)

① 공공용 행정재산으로서 용도폐지도 되지 않은 국유재산을 일반재산으로 오인하여 매각하였더라도 그 매도행위는 당연히 무효가 되는 것은 아니다.
② 국유 하천부지는 공공용 재산이므로 그 일부가 사실상 대지화되어 그 본래의 용도에 공여되지 않는 상태에 놓여 있더라도 국유재산법령에 의한 용도폐지를 하지 않은 이상 당연히 일반재산으로 된다고는 할 수 없다.
③ 공공폐지의 의사표시는 명시적이든 묵시적이든 적법한 의사표시가 있어야 하며, 행정재산이 사실상 본래의 용도에 사용되고 있지 않다는 사실만으로 공용폐지의 의사표시가 있었다고 볼 수는 없다.
④ 행정재산은 공용폐지가 되지 아니하는 한 취득시효의 대상이 되지 않는다.

해설

①
> 대판 1995.11.14., 94다50922
> 행정재산은 사법상 거래의 대상이 되지 아니하는 불융통물이므로 비록 관재 당국이 이를 모르고 매각하였다 하더라도 그 매매는 당연무효라 아니할 수 없으며, 사인간의 매매계약 역시 불융통물에 대한 매매로서 무효임을 면할 수 없다.

②
> 대판 2007.6.1., 2005도7523
> 국유 하천부지는 자연의 상태 그대로 공공용에 제공될 수 있는 실체를 갖추고 있는 이른바 자연공물로서 별도의 공용개시행위가 없더라도 행정재산이 되고 그 후 본래의 용도에 공여되지 않는 상태에 놓여 있더라도 국유재산법령에 의한 용도폐지를 하지 않은 이상 당연히 잡종재산으로 된다고는 할 수 없으며, 농로나 구거와 같은 이른바 인공적 공공용 재산은 법령에 의하여 지정되거나 행정처분으로 공공용으로 사용하기로 결정한 경우, 또는 행정재산으로 실제 사용하는 경우의 어느 하나에 해당하면 행정재산이 된다.

③, ④
> 대판 1994.9.13., 94다12579
> 행정재산은 공용이 폐지되지 않는 한 사법상의 거래의 대상이 될 수 없으므로 취득시효의 대상이 되지 아니하며, 공용폐지의 의사표시는 명시적이든 묵시적이든 상관없으나 적법한 의사표시가 있어야 하고, 행정재산이 사실상 본래의 용도에 사용되지 않고 있다는 사실만으로 용도폐지의 의사표시가 있었다고 볼 수는 없으며, 원래의 행정재산이 공용폐지되어 취득시효의 대상이 된다는 사실에 대한 입증책임은 시효취득을 주장하는 자에게 있다 할 것이다.

211 ①

212

공물에 관한 설명으로 옳지 않은 것은?

① 사유의 물건이라도 공적 목적에 제공된 것이면 공물에 해당한다.
② 도로가 공공용물로 성립하기 위한 절차 중 하나인 도로구역의 결정·고시는 공용지정행위에 해당한다.
③ 자연공물은 행정청에 의해 적법하게 용도폐지되지 않은 이상 당연히 일반재산으로 되는 것은 아니라고 하는 것이 판례의 입장이다.
④ 현행 국유재산법에 의하면 공물뿐만 아니라 일반재산도 시효취득의 대상이 된다.

해설

① **COMMENT** 개인 소유의 땅을 도로로 지정한 것을 사도(私道)라 한다. 즉 소유권은 사인에게 있으나 행정주체에 의하여 공용지정되어 공공목적에 이용되면 '사유공물'이 된다.

②
> **대법원 2000.2.25., 선고, 99다54332, 판결**
> 국유재산법상의 행정재산이란 국가가 소유하는 재산으로서 직접 공용, 공공용, 또는 기업용으로 사용하거나 사용하기로 결정한 재산을 말하는 것이고, 그 중 도로와 같은 인공적 공공용 재산은 법령에 의하여 지정되거나 행정처분으로써 공공용으로 사용하기로 결정한 경우, 또는 행정재산으로 실제로 사용하는 경우의 어느 하나에 해당하여야 비로소 행정재산이 되는 것인데, 특히 도로는 도로로서의 형태를 갖추고, 도로법에 따른 노선의 지정 또는 인정의 공고 및 도로구역 결정·고시를 한 때 또는 도시계획법 또는 도시재개발법 소정의 절차를 거쳐 도로를 설치하였을 때에 공공용물로서 공용개시행위가 있다고 할 것이므로, 토지의 지목이 도로이고 국유재산대장에 등재되어 있다는 사정만으로 바로 그 토지가 도로로서 행정재산에 해당한다고 할 수는 없다.

③
> **대판 2007.6.1., 2005도7523**
> 국유 하천부지는 자연공물로서 별도의 공용개시행위가 없더라도 행정재산이 되고 그 후 본래의 용도에 공여되지 않는 상태에 놓여 있더라도 국유재산법령에 의한 용도폐지를 하지 않은 이상 당연히 잡종재산(현 일반재산)으로 된다고는 할 수 없다.

④ **COMMENT** 행정재산은 시효취득의 대상이 되지 않는다(국유재산법 제7조 제2항).

> **제7조(국유재산의 보호)** ① 누구든지 이 법 또는 다른 법률에서 정하는 절차와 방법에 따르지 아니하고는 국유재산을 사용하거나 수익하지 못한다.
> ② 행정재산은 「민법」 제245조에도 불구하고 시효취득(時效取得)의 대상이 되지 아니한다.

212 ④

213

2008 지방직 7급

공물에 대한 설명으로 옳은 것은? (단, 다툼이 있는 경우 판례에 의함)

① 하천법에서 하천예정지에 관한 규정을 두어 이를 예정공물로서 보호하고 있다.
② 공용폐지의 의사표시가 묵시적인 방법으로 이루어지는 경우에도 적법한 의사표시는 있어야 한다.
③ 국가 또는 지방자치단체가 도로부지에 대한 소유권을 취득하는 등 적법한 권원 없이 도로로 사용하고 있다면 임료 상당의 손해배상의무뿐만 아니라 반환의무도 부담한다.
④ 행정재산도 시효취득의 대상이 될 수 있다.

해설

① COMMENT 하천법의 개정으로 하천예정지에 관한 규정(제11조 제1항)은 삭제되었다.

② 대판 1995.12.22., 95다19478
행정 목적을 위하여 공용되는 행정재산은 공용폐지가 되지 않는 한 사법상 거래의 대상이 될 수 없으므로 취득시효의 대상도 되지 않는 것이고, 공물의 용도폐지 의사표시는 명시적이든, 묵시적이든 불문하나 적법한 의사표시여야 하고 단지 사실상 공물로서의 용도에 사용되지 아니하고 있다는 사실만으로 용도폐지의 의사표시가 있다고 볼 수는 없다.

③ 대판 1968.10.22., 68다1317
도로를 구성하는 부지에 대하여는 사권을 행사할 수 없으므로 그 부지의 소유자는 불법행위를 원인으로 하여 손해배상을 청구함은 별론으로 하고 그 부지에 관하여 그 소유권을 행사하여 인도를 청구할 수 없다.

④ 대법원 1995.12.22., 선고, 95다19478, 판결
행정 목적을 위하여 공용되는 행정재산은 공용폐지가 되지 않는 한 사법상 거래의 대상이 될 수 없으므로 취득시효의 대상도 되지 않는 것이고, 공물의 용도폐지 의사표시는 명시적이든, 묵시적이든 불문하나 적법한 의사표시여야 하고 단지 사실상 공물로서의 용도에 사용되지 아니하고 있다는 사실만으로 용도폐지의 의사표시가 있다고 볼 수는 없다.

213 ②

214

2003 행정고시

공물에 관한 설명으로 옳은 것은?

① 행정재산이 사실상 공용 또는 공공용에 제공된 바 없는 경우는 당연히 공용폐지된다.
② 행정재산은 공용폐지가 되지 아니하는 한 사법상 거래의 대상이 될 수 없지만 취득시효의 대상은 된다.
③ 사유(私有)공물에 대하여는 민사소송법에 의한 강제집행이 부정되는 것이 통설의 입장이다.
④ 도로의 용도폐지처분에 대하여, 당해 도로의 인접주민은 일반공중과는 달리 취소소송을 통한 권리구제를 받을 가능성이 있다.
⑤ 사유공물의 경우 그 공물의 설치·관리상의 하자로 인한 손해배상에 대해서 그 공물의 소유자인 사인도 배상책임을 진다.

해설

①
> **대판 1993.7.27., 92다49973**
> 행정재산이 사실상 공용 또는 공공용에 제공된 바 없다 하여 당연히 공용폐지가 되었다고 할 수 없는 것인바, 공용폐지가 있었다고 인정할 자료가 없는 이상 취득시효의 대상이 될 수 없다.

② **COMMENT** 행정재산은 시효취득의 대상이 되지 않는다(국유재산법 제7조 제2항).

> **제7조(국유재산의 보호)** ① 누구든지 이 법 또는 다른 법률에서 정하는 절차와 방법에 따르지 아니하고는 국유재산을 사용하거나 수익하지 못한다.
> ② 행정재산은 「민법」 제245조에도 불구하고 시효취득(時效取得)의 대상이 되지 아니한다.

③ **COMMENT** 국·공유공물은 강제집행의 대상이 될 수 없지만, 사유공물은 강제집행의 대상이 된다는 것이 통설의 입장이다.

④
> **대판 1992.9.22., 91누13212**
> 일반적인 시민생활에 있어 도로를 이용만 하는 사람은 그 용도폐지를 다툴 법률상의 이익이 있다고 말할 수 없지만, 인접주민과 같이 도로의 용도폐지처분에 관하여 이러한 직접적인 이해관계를 가지는 사람이 그와 같은 이익을 현실적으로 침해당한 경우에는 그 취소를 구할 법률상의 이익이 있다.

⑤ **COMMENT** 공물의 설치·관리상의 하자로 인한 손해배상에 대해서는 국가나 지방자치단체가 손해배상책임을 부담한다(국가배상법 제5조 제1항).

> **제5조(공공시설 등의 하자로 인한 책임)** ① 도로·하천, 그 밖의 공공의 영조물(營造物)의 설치나 관리에 하자(瑕疵)가 있기 때문에 타인에게 손해를 발생하게 하였을 때에는 국가나 지방자치단체는 그 손해를 배상하여야 한다. 이 경우 제2조제1항 단서, 제3조 및 제3조의2를 준용한다.

214 ④

215

공법관계와 사법관계에 대한 설명으로 옳지 않은 것은? (다툼이 있는 경우 판례에 의함)

① 국유 일반재산의 대부료 등의 징수에 관하여 국세징수법 규정을 준용한 간이하고 경제적인 특별구제절차가 마련되어 있으므로, 특별한 사정이 없는 한 민사소송의 방법으로 대부료 등의 지급을 구하는 것은 허용되지 아니한다.
② 국유재산의 관리청이 그 무단점유자에 대하여 하는 변상금부과 처분은 관리청이 공권력을 가진 우월적 지위로 행한 것으로서 행정소송의 대상이 되는 행정처분이라고 보아야 한다.
③ 구 예산회계법에 따라 체결되는 계약에 있어서 입찰보증금의 국고귀속조치에 관한 분쟁은 민사소송의 대상이 되지만, 입찰자격정지에 대해서는 항고소송으로 다투어야 한다.
④ 공익사업의 시행으로 인하여 건축허가 등 관계법령에 의한 절차를 진행 중이던 사업이 폐지되는 경우 그 사업 등에 소요된 비용 등의 손실에 대한 쟁송은 민사소송절차에 의해야 한다.

해설

①
> 대법원 2014.9.4., 선고, 2014다203588, 판결
> 국유재산법 제42조 제1항, 제73조 제2항 제2호에 따르면, 국유 일반재산의 관리·처분에 관한 사무를 위탁받은 자는 국유 일반재산의 대부료 등이 납부기한까지 납부되지 아니한 경우에는 국세징수법 제23조와 같은 법의 체납처분에 관한 규정을 준용하여 대부료 등을 징수할 수 있다. 이와 같이 국유 일반재산의 대부료 등의 징수에 관하여는 국세징수법 규정을 준용한 간이하고 경제적인 특별구제절차가 마련되어 있으므로, 특별한 사정이 없는 한 민사소송의 방법으로 대부료 등의 지급을 구하는 것은 허용되지 아니한다.

②
> 대법원 1988.2.23., 선고, 87누1046, 판결
> 국유재산법 제51조 제1항은 국유재산의 무단점유자에 대하여는 대부 또는 사용, 수익허가 등을 받은 경우에 납부하여야 할 대부료 또는 사용료 상당액 외에도 그 징벌적 의미에서 국가측이 일방적으로 그 2할 상당액을 추가하여 변상금을 징수토록 하고 있으며 동조 제2항은 변상금의 체납시 국세징수법에 의하여 강제징수토록 하고 있는 점 등에 비추어 보면 국유재산의 관리청이 그 무단점유자에 대하여 하는 변상금부과처분은 순전히 사경제 주체로서 행하는 사법상의 법률행위라 할 수 없고 이는 관리청이 공권력을 가진 우월적 지위에서 행한 것으로서 행정소송의 대상이 되는 행정처분이라고 보아야 한다.

215 ④

③
> **대법원 1983.12.27., 선고, 81누366, 판결**
> 가. 예산회계법에 따라 체결되는 계약은 사법상의 계약이라고 할 것이고 동법 제70조의5의 입찰보증금은 낙찰자의 계약체결의무이행의 확보를 목적으로 하여 그 불이행시에 이를 국고에 귀속시켜 국가의 손해를 전보하는 사법상의 손해배상 예정으로서의 성질을 갖는 것이라고 할 것이므로 입찰보증금의 국고귀속조치는 국가가 사법상의 재산권의 주체로서 행위하는 것이지 공권력을 행사하는 것이거나 공권력작용과 일체성을 가진 것이 아니라 할 것이므로 <u>이에 관한 분쟁은 행정소송이 아닌 민사소송의 대상이 될 수 밖에 없다</u>고 할 것이다.
> 나. 원고의 대리인이 입찰금액을 60,780,000원으로 기재한다는 것이 착오로 금 6,078,000원으로 잘못 기재한 것은 시설공사 입찰유의서(재무부회계예규 1201, 04-101) 제10조 제10호 소정의 입찰서에 기재한 중요부분의 착오가 있는 경우에 해당되어 이를 이유로 즉시 입찰취소의 의사표시를 한 이상 피고(조달청장)는 본건 입찰을 무효로 선언함이 마땅하므로 원고가 이 사건 공사계약체결에 불응하였음에는 정당한 이유가 있다고 할 것이니 <u>원고를 부정당업자로서 6월간 입찰참가자격을 정지한 피고의 처분은 재량권을 일탈하여 위법하다</u>.

④
> **대법원 2012.10.11., 선고, 2010다23210, 판결**
> 구 공익사업을 위한 토지 등의 취득 및 보상에 관한 법률 제79조 제2항, 공익사업을 위한 토지 등의 취득 및 보상에 관한 법률 시행규칙 제57조에 따른 <u>사업폐지 등에 대한 보상청구권은 공익사업의 시행 등 적법한 공권력의 행사에 의한 재산상 특별한 희생에 대하여 전체적인 공평부담의 견지에서 공익사업의 주체가 손해를 보상하여 주는 손실보상의 일종으로 공법상 권리임이 분명하므로 그에 관한 쟁송은 민사소송이 아닌 행정소송절차에 의하여야 한다</u>. 또한 위 규정들과 구 공익사업법 제26조, 제28조, 제30조, 제34조, 제50조, 제61조, 제83조 내지 제85조의 규정 내용·체계 및 입법 취지 등을 종합하여 보면, <u>공익사업으로 인한 사업폐지 등으로 손실을 입게 된 자는 구 공익사업법 제34조, 제50조 등에 규정된 재결절차를 거친 다음 재결에 대하여 불복이 있는 때에 비로소 구 공익사업법 제83조 내지 제85조에 따라 권리구제를 받을 수 있다고 보아야 한다</u>.

216

2009 지방직 7급

공물과 관련한 판례의 내용으로 옳지 않은 것은?

① 도로법의 규정에 의한 도로점용은 특정한 목적을 위하여 사용하는 이른바 특별사용을 뜻하며, 이러한 도로점용허가의 법적 성질은 공물관리자의 재량행위이다.
② 도로는 일반 국민이 이를 자유로이 이용할 수 있으므로, 일반적인 시민생활에 있어 도로를 이용만 하는 사람이라도 그 도로의 용도폐지를 다툴 법률상의 이익이 있다.
③ 점용허가를 받음이 없이 도로부지를 점유하여 온 자는 행정청이 제3자에 대하여 한 같은 도로부지의 점용허가처분으로 인하여 어떠한 불이익을 입게 된다고 하더라도 위 처분의 취소를 구할 원고적격이 없다.
④ 비관리청이 조성 또는 설치한 항만시설의 경우, 총사업비의 범위 안에서 당해 비관리청이 항만시설을 무상사용하는 것은 공물의 특허사용에 해당한다.

해설

① **대법원 2002.10.25., 선고, 2002두5795, 판결**
도로법 제40조 제1항에 의한 도로점용은 일반공중의 교통에 사용되는 도로에 대하여 이러한 일반사용과는 별도로 도로의 특정부분을 유형적·고정적으로 특정한 목적을 위하여 사용하는 이른바 특별사용을 뜻하는 것이고, 이러한 도로점용의 허가는 특정인에게 일정한 내용의 공물사용권을 설정하는 설권행위로서, 공물관리자가 신청인의 적격성, 사용목적 및 공익상의 영향 등을 참작하여 허가를 할 것인지의 여부를 결정하는 재량행위이다.

② **대법원 1992.9.22., 선고, 91누13212, 판결**
일반적으로 도로는 국가나 지방자치단체가 직접 공중의 통행에 제공하는 것으로서 일반국민은 이를 자유로이 이용할 수 있는 것이기는 하나, 그렇다고 하여 그 이용관계로부터 당연히 그 도로에 관하여 특정한 권리나 법령에 의하여 보호되는 이익이 개인에게 부여되는 것이라고까지는 말할 수 없으므로, 일반적인 시민생활에 있어 도로를 이용만 하는 사람은 그 용도폐지를 다툴 법률상의 이익이 있다고 말할 수 없지만, 공공용재산이라고 하여도 당해 공공용재산의 성질상 특정개인의 생활에 개별성이 강한 직접적이고 구체적인 이익을 부여하고 있어서 그에게 그로 인한 이익을 가지게 하는 것이 법률적인 관점으로도 이유가 있다고 인정되는 특별한 사정이 있는 경우에는 그와 같은 이익은 법률상 보호되어야 할 것이고, 따라서 도로의 용도폐지처분에 관하여 이러한 직접적인 이해관계를 가지는 사람이 그와 같은 이익을 현실적으로 침해당한 경우에는 그 취소를 구할 법률상의 이익이 있다.

③ **대법원 1991.11.26., 선고, 91누1219, 판결**
도로부지 위에 점용허가를 받음이 없이 무허가건물을 축조, 점유하여 온 원고가 행정청이 제3자에 대하여 한 같은 도로부지의 점용허가처분으로 인하여 어떠한 불이익을 입게 되었다고 하더라도 처분의 직접상대방이 아닌 제3자인 원고로서는 위 처분의 취소에 관하여 법률상으로 보호받아야 할 직접적이고 구체적인 이해관계가 있다고 할 수 없어 위 처분의 취소를 구할 원고적격이 없다.

④ **대법원 2001.8.24., 선고, 2001두2485, 판결**
항만법 제17조 제1항은, 비관리청의 항만공사로 조성 또는 설치된 토지 및 항만시설은 준공과 동시에 국가 또는 지방자치단체에 귀속된다고 규정하고, 같은 조 제3항은, 비관리청은 그 귀속된 항만시설을 총사업비의 범위 안에서 대통령령이 정하는 바에 따라 무상사용할 수 있다고 규정하고 있는바, 비관리청이 행한 항만시설은 비관리청의 의사와 아무런 상관없이 항만법의 규정에 의하여 당연히 국가 또는 지방자치단체에 귀속하는 대신, 비관리청은 항만법에 의하여 총사업비의 범위 안에서 당해 항만시설에 대하여 무상사용권을 취득할 수 있으므로, 이에 따라 비관리청이 당해 항만시설을 무상사용하는 것은 일반인에게 허용되지 아니하는 특별한 사용으로서, 이른바 공물의 특허사용에 해당하고, 비관리청이 당해 항만시설을 무상사용할 수 있는 기간은 총사업비에 의하여 결정되므로, 관리청이 적법한 기준에 미달하게 총사업비를 산정하였다면, 그 금액과 적법한 기준에 의한 총사업비의 차액에 따른 기간만큼 무상사용기간이 단축되므로, 그 차액에 해당하는 기간에 관하여는 비관리청이 무상사용할 수 없게 된다는 법적 불안·위험이 현존한다고 보아야 하고, 따라서 이를 제거하기 위하여 국가를 상대로 공법상의 당사자소송으로 권리범위의 확인을 구할 필요나 이익이 있으며, 이러한 방법이 가장 유효·적절한 수단이라고 할 것이나, 관리청이 총사업비를 산정하여야만 비관리청이 당해 항만시설을 무상사용할 수 있는 것이 아니므로, 관리청이 적법한 기준에 미달하게 총사업비를 산정하여 통보하였다 하더라도 그 산정통보 자체를 항고소송으로 다툴 수는 없다.

217

2016 서울시 7급

강학상 공물(公物)에 대한 설명으로 가장 옳지 않은 것은?

① 주유소 영업을 위해 차도와 인도 사이의 경계턱을 없애고 건물 앞 인도 부분에 차량 진출입통로를 개설한 경우, 인도 부분이 일반공중의 통행에 공용되고 있다고 하여도 도로의 특별사용에 해당한다.
② 공유수면의 일부가 매립되어 대지화되었다면 공용폐지가 없었더라도 공물로서의 성질을 상실하므로 「민법」상 시효취득의 대상이 된다.
③ 행정주체가 사인소유의 토지를 권원 없이 도로로 점유하고 있는 경우, 해당 도로가 공용개시된 이상 토지소유권에 기해 도로부지의 반환을 청구하거나 손실보상청구권을 행사 할 수 없다.
④ 공공용물에 대한 일반사용은 다른 개인의 자유이용과 국가 또는 지방자치단체 등의 공공목적을 위한 개발 또는 관리·보존행위를 방해하지 않는 범위 내에서만 허용된다 할 것이므로 적법한 개발행위 등이 이루어짐으로 말미암아 발생한 불이익은 특별한 사정이 없는 한 손실보상의 대상이 되는 특별한 손실에 해당한다고 할 수 없다.

해설

①
> 대법원 1999.5.14., 선고, 98두17906, 판결
> 차도와 인도 사이의 경계턱을 없애고 인도 부분을 차도에서부터 완만한 오르막 경사를 이루도록 시공하는 방법으로 건물 앞 인도 부분에 차량 진출입통로를 개설하여 건물에 드나드는 차량들의 편익에 제공함으로써, 일반의 보행자들이 인도 부분을 불편을 감수하면서 통행하고 있는 경우, 인도 부분이 일반공중의 통행에 공용되고 있다고 하여도 도로의 특별사용에 해당한다고 한 사례.

②
> 대법원 2013.6.13., 선고, 2012두2764, 판결
> 공유수면은 소위 자연공물로서 그 자체가 직접 공공의 사용에 제공되는 것이므로 공유수면의 일부가 사실상 매립되어 대지화되었다고 하더라도 국가가 공유수면으로서의 공용폐지를 하지 아니하는 이상 법률상으로는 여전히 공유수면으로서의 성질을 보유하고 있다.

③ COMMENT 행정주체가 사인의 토지를 권원 없이 점유하고 있는 경우라도 공용개시된 이상 도로부지의 반환은 청구할 수 없다. 한편 손해전보와 관련하여서는 적법한 공권력의 행사를 전제로 하는 손실보상청구권이 아니라, 불법점유에 따른 손해배상청구 내지 민사상 부당이득반환청구의 대상이 된다.

> 대법원 1993.8.24., 선고, 92다19804, 판결
> 지방자치단체가 도시계획법 또는 도로법상의 수용절차 등 적법한 보상절차를 밟지 아니하고 토지를 도로부지로 점유하고 있다면 위 도로가 일반국도로 노선이 지정되고 도로법의 적용을 받는 도로인지의 여부에 관계없이 토지소유자와의 사이에서는 법률상 원인 없이 이를 점유사용하고 있는 것이라 할 것이고, 도로를 구성하는 부지에 관하여는 도로법 제5조에 의하여 사권의 행사가 제한된다고 하더라도 이는 도로법상의 도로에 관하여 도로로서의 관리, 이용에 저촉되는 사권을 행사할 수 없다는 취지이지 부당이득반환청구권 행사를 배제하는 것은 아니다.

217 ②

> **도로법**
> **제4조(사권의 제한)** 도로를 구성하는 부지, 옹벽, 그 밖의 시설물에 대해서는 사권(私權)을 행사할 수 없다. 다만, 소유권을 이전하거나 저당권을 설정하는 경우에는 사권을 행사할 수 있다.

④
> **대법원 2002.2.26., 선고, 99다35300, 판결**
> 일반 공중의 이용에 제공되는 공공용물에 대하여 특허 또는 허가를 받지 않고 하는 일반사용은 다른 개인의 자유이용과 국가 또는 지방자치단체 등의 공공목적을 위한 개발 또는 관리·보존행위를 방해하지 않는 범위 내에서만 허용된다 할 것이므로, 공공용물에 관하여 적법한 개발행위 등이 이루어짐으로 말미암아 이에 대한 일정범위의 사람들의 일반사용이 종전에 비하여 제한받게 되었다 하더라도 특별한 사정이 없는 한 그로 인한 불이익은 손실보상의 대상이 되는 특별한 손실에 해당한다고 할 수 없다.

218

2019 국가직 7급

갑 회사는 사옥을 신축하면서 A지하철역과 사옥을 연결하는 지하연결통로를 설치하여 사용하고 있는데, 그 지하연결통로의 용도와 기능은 종래대로 주로 일반시민의 교통편익을 위한 것이고 이에 곁들여 갑의 사옥에 출입하는 사람들의 통행로로도 이용되고 있다. 이에 대한 설명으로 옳은 것은? (다툼이 있는 경우 판례에 의함)

① 지하연결통로의 주된 용도와 기능이 일반시민의 교통편익을 위한 것이지만 부수적으로 이에 곁들여 갑 회사의 이익을 위하여도 사용되고 있는 이상, 지하연결통로는 특별사용에 제공된 것으로 그 설치·사용행위는 도로의 점용이라고 보아야 한다.
② 공물관리주체가 지하연결통로에 대하여 공용폐지를 하는 경우, 일반적인 시민생활에서 지하연결통로를 이용만 하는 사람에게는 그 용도폐지를 다툴 법률상의 이익이 인정되지 않는다.
③ 지하연결통로의 인접주민은 그 통로를 사용하지 않고 있는 경우에도 그 통로에 대해 고양된 일반사용권이 인정되므로, 다른 개인에 의하여 지하연결통로의 사용권을 침해당한 경우에 민법 상 방해배제청구권이나 손해배상청구권이 인정된다.
④ 지하연결통로 인근에서 공공목적의 개발행위로 지하연결통로를 일반사용하는 사람들이 지하연결통로를 이용하는 데 불편을 겪는 등 사용을 제한받았다면, 특별한 사정이 없는 한 그로 인한 불이익에 대하여 손실보상이 인정된다.

218 ②

> 해설

① **대법원 1992.12.22., 선고, 92누1223, 판결**
지하연결통로의 주된 용도와 기능이 특정건물에 출입하는 사람들의 통행로로 사용하기 위한 것이고 다만 이에 곁들여 일반인이 통행함을 제한하지 않는 것뿐이어서, 일반시민으로서는 본래의 도로사용보다 불편함을 감수하면서 이를 사용하는 것에 불과하다면, 지하연결통로는 일반사용을 위한 것보다 특정건물의 사용편익을 위한 특별사용에 제공된 것이어서 이를 설치·사용하는 행위는 도로의 점용이라고 보아야 할 것이나, 반대로 지하연결통로의 용도와 기능이 주로 일반시민의 교통편익을 위한 것이고 이에 곁들여 특정건물에 출입하는 사람들의 통행로로도 이용되고 있는 정도라면, 지하연결통로는 도로의 일반사용을 위한 것이고 건물 소유자의 특별사용을 위한 것이라고 보기 어려우므로 이를 설치·사용하는 행위를 도로의 점용이라고 볼 수 없다.

② **대법원 1992.9.22., 선고, 91누13212, 판결**
일반적으로 도로는 국가나 지방자치단체가 직접 공중의 통행에 제공하는 것으로서 일반국민은 이를 자유로이 이용할 수 있는 것이기는 하나, 그렇다고 하여 그 이용관계로부터 당연히 그 도로에 관하여 특정한 권리나 법령에 의하여 보호되는 이익이 개인에게 부여되는 것이라고까지는 말할 수 없으므로, 일반적인 시민생활에 있어 도로를 이용만 하는 사람은 그 용도폐지를 다툴 법률상의 이익이 있다고 말할 수 없지만, 공공용재산이라고 하여도 당해 공공용재산의 성질상 특정개인의 생활에 개별성이 강한 직접적이고 구체적인 이익을 부여하고 있어서 그에게 그로 인한 이익을 가지게 하는 것이 법률적인 관점으로도 이유가 있다고 인정되는 특별한 사정이 있는 경우에는 그와 같은 이익은 법률상 보호되어야 할 것이고, 따라서 도로의 용도폐지처분에 관하여 이러한 직접적인 이해관계를 가지는 사람이 그와 같은 이익을 현실적으로 침해당한 경우에는 그 취소를 구할 법률상의 이익이 있다.

③ **대법원 2006.12.22., 선고, 2004다68311, 68328, 판결**
공물의 인접주민은 다른 일반인보다 인접공물의 일반사용에 있어 특별한 이해관계를 가지는 경우가 있고, 그러한 의미에서 다른 사람에게 인정되지 아니하는 이른바 고양된 일반사용권이 보장될 수 있으며, 이러한 고양된 일반사용권이 침해된 경우 다른 개인과의 관계에서 민법상으로도 보호될 수 있으나, 그 권리도 공물의 일반사용의 범위 안에서 인정되는 것이므로, 특정인에게 어느 범위에서 이른바 고양된 일반사용권으로서의 권리가 인정될 수 있는지의 여부는 당해 공물의 목적과 효용, 일반사용관계, 고양된 일반사용권을 주장하는 사람의 법률상의 지위와 당해 공물의 사용관계의 인접성, 특수성 등을 종합적으로 고려하여 판단하여야 한다. 따라서 구체적으로 공물을 사용하지 않고 있는 이상 그 공물의 인접주민이라는 사정만으로는 공물에 대한 고양된 일반사용권이 인정될 수 없다.

④ **대법원 2002.2.26., 선고, 99다35300, 판결**
일반 공중의 이용에 제공되는 공공용물에 대하여 특허 또는 허가를 받지 않고 하는 일반사용은 다른 개인의 자유이용과 국가 또는 지방자치단체 등의 공공목적을 위한 개발 또는 관리·보존행위를 방해하지 않는 범위 내에서만 허용된다 할 것이므로, 공공용물에 관하여 적법한 개발행위 등이 이루어짐으로 말미암아 이에 대한 일정범위의 사람들의 일반사용이 종전에 비하여 제한받게 되었다 하더라도 특별한 사정이 없는 한 그로 인한 불이익은 손실보상의 대상이 되는 특별한 손실에 해당한다고 할 수 없다.

CHAPTER 05 공물법, 급부행정법 **307**

219

2021 국가직 7급

도로에 대한 설명으로 옳은 것은? (다툼이 있는 경우 판례에 의함)

① 토지의 지목이 도로이고 국유재산대장에 등재되어 있다면 그 토지는 도로로서 행정재산에 해당한다.
② 일반적인 시민생활에 있어 도로를 이용만 하는 사람은 원칙적으로 도로의 용도폐지를 다툴 법률상의 이익이 있다.
③ 도로의 지하는 「도로법」상의 도로점용의 대상이 될 수 있다.
④ 집중호우로 제방도로가 유실되면서 보행자가 강물에 휩쓸려 익사한 경우, 사고 당일의 집중호우가 50년 빈도의 최대강우량에 해당한다면 불가항력에 기인한 것으로 볼 수 있다.

해설

①
대법원 2000.2.25., 선고, 99다54332, 판결
국유재산법상의 행정재산이란 국가가 소유하는 재산으로서 직접 공용, 공공용, 또는 기업용으로 사용하거나 사용하기로 결정한 재산을 말하는 것이고, 그 중 도로와 같은 인공적 공공용 재산은 법령에 의하여 지정되거나 행정처분으로써 공공용으로 사용하기로 결정한 경우, 또는 행정재산으로 실제로 사용하는 경우의 어느 하나에 해당하여야 비로소 행정재산이 되는 것인데, 특히 도로는 도로로서의 형태를 갖추고, 도로법에 따른 노선의 지정 또는 인정의 공고 및 도로구역 결정·고시를 한 때 또는 도시계획법 또는 도시재개발법 소정의 절차를 거쳐 도로를 설치하였을 때에 공공용물로서 공용개시행위가 있다고 할 것이므로, 토지의 지목이 도로이고 국유재산대장에 등재되어 있다는 사정만으로 바로 그 토지가 도로로서 행정재산에 해당한다고 할 수는 없다.

②
대법원 1992.9.22., 선고, 91누13212, 판결
일반적으로 도로는 국가나 지방자치단체가 직접 공중의 통행에 제공하는 것으로서 일반국민은 이를 자유로이 이용할 수 있는 것이기는 하나, 그렇다고 하여 그 이용관계로부터 당연히 그 도로에 관하여 특정한 권리나 법령에 의하여 보호되는 이익이 개인에게 부여되는 것이라고까지는 말할 수 없으므로, 일반적인 시민생활에 있어 도로를 이용만 하는 사람은 그 용도폐지를 다툴 법률상의 이익이 있다고 말할 수 없지만, 공공용재산이라고 하여도 당해 공공용재산의 성질상 특정개인의 생활에 개별성이 강한 직접적이고 구체적인 이익을 부여하고 있어서 그에게 그로 인한 이익을 가지게 하는 것이 법률적인 관점으로도 이유가 있다고 인정되는 특별한 사정이 있는 경우에는 그와 같은 이익은 법률상 보호되어야 할 것이고, 따라서 도로의 용도폐지처분에 관하여 이러한 직접적인 이해관계를 가지는 사람이 그와 같은 이익을 현실적으로 침해당한 경우에는 그 취소를 구할 법률상의 이익이 있다.

③
대판 1998.9.22., 96누7342
도로법 제40조에 규정된 도로의 점용이라 함은 일반공중의 교통에 공용되는 도로에 대하여 이러한 일반사용과는 별도로 도로의 지표뿐만 아니라 그 지하나 지상 공간의 특정 부분을 유형적, 고정적으로 특정한 목적을 위하여 사용하는 이른바 특별사용을 뜻하는 것이므로, 허가없이 도로를 점용하는 행위의 내용이 위와 같은 특별사용에 해당할 경우에 한하여 도로법 제80조의2의 규정에 따라 도로점용료 상당의 부당이득금을 징수할 수 있다.

219 ③

④
대법원 2000.5.26., 99다53247
집중호우로 제방도로가 유실되면서 그 곳을 걸어가던 보행자가 강물에 휩쓸려 익사한 경우, 사고 당일의 집중호우가 50년 빈도의 최대강우량에 해당한다는 사실만으로 불가항력에 기인한 것으로 볼 수 없다는 이유로 제방도로의 설치·관리상의 하자를 인정

220
2007 관세사

공물에 대한 판례의 입장이 아닌 것은?

① 공유수면인 갯벌이 간척에 의하여 사실상 그 성질을 상실하였다면 일반재산으로 보아야 한다.
② 국립의료원 부설주차장에 관한 위탁관리용역운영계약은 사법상 계약이 아니라 강학상 특허에 해당한다.
③ 도로의 관리청은 도로부지에 대한 소유권을 취득하였는지 여부와는 관계없이 도로를 무단점용 하는 자에 대하여 변상금을 부과할 수 있다.
④ 인접주민의 공물에 대한 고양된 일반사용권을 인정하더라도 재래시장 내 점포의 소유자에게 점포 앞의 도로에 좌판을 설치·이용할 수 있는 권리는 없다.
⑤ 하천 위에 복개도로가 건설되고 그 도로의 상공에 연결통로를 개설한 자에게 도로점용허가를 해주고 하천의 점용에 따른 점용료부과처분을 한 것은 위법하다.

해설

①
대판 1995.11.14., 94다42877
공유수면인 갯벌은 자연의 상태 그대로 공공용에 제공될 수 있는 실체를 갖추고 있는 이른바 자연공물로서 간척에 의하여 사실상 갯벌로서의 성질을 상실하였더라도 당시 시행되던 국유재산법령에 의한 용도폐지를 하지 않은 이상 당연히 잡종재산으로 된다고는 할 수 없다. 공용폐지의 의사표시는 명시적이든 묵시적이든 상관없으나 적법한 의사표시가 있어야 하고, 행정재산이 사실상 본래의 용도에 사용되고 있지 않다는 사실만으로 공용폐지의 의사표시가 있었다고 볼 수는 없으며, 원래의 행정재산이 공용폐지되어 취득시효의 대상이 된다는 입증책임은 시효취득을 주장하는 자에게 있다.

②
대법원 2006.3.9., 선고, 2004다31074, 판결
원고는 피고 산하의 국립의료원 부설주차장에 관한 이 사건 위탁관리용역운영계약에 대하여 관리청이 순전히 사경제주체로서 행한 사법상 계약임을 전제로, 가산금에 관한 별도의 약정이 없는 이상 원고에게 가산금을 지급할 의무가 없다고 주장하여 그 부존재의 확인을 구한다는 것이다. 그러나 기록에 의하면, 위 운영계약의 실질은 행정재산인 위 부설주차장에 대한 국유재산법 제24조 제1항에 의한 사용·수익 허가로서 이루어진 것임을 알 수 있으므로, 이는 위 국립의료원이 원고의 신청에 의하여 공권력을 가진 우월적 지위에서 행한 행정처분으로서 특정인에게 행정재산을 사용할 수 있는 권리를 설정하여 주는 강학상 특허에 해당한다 할 것이고 순전히 사경제주체로서 원고와 대등한 위치에서 행한 사법상의 계약으로 보기 어렵다고 할 것이다.

③ **대법원 2005.11.25., 선고, 2003두7194, 판결**
도로법의 제반 규정에 비추어 보면, 같은 법 제80조의2의 규정에 의한 변상금 부과권한은 적정한 도로관리를 위하여 도로의 관리청에게 부여된 권한이라 할 것이지 도로부지의 소유권에 기한 권한이라고 할 수 없으므로, 도로의 관리청은 도로부지에 대한 소유권을 취득하였는지 여부와는 관계없이 도로를 무단점용하는 자에 대하여 변상금을 부과할 수 있다.

④ **대판 2006.12.22., 2004다68311·68328 병합**
[1] 공물의 인접주민은 다른 일반인보다 인접공물의 일반사용에 있어 특별한 이해관계를 가지는 경우가 있고, 그러한 의미에서 다른 사람에게 인정되지 아니하는 이른바 고양된 일반사용권이 보장될 수 있으며, 이러한 고양된 일반사용권이 침해된 경우 다른 개인과의 관계에서 민법상으로도 보호될 수 있으나, 그 권리도 공물의 일반사용의 범위 안에서 인정되는 것이므로, 특정인에게 어느 범위에서 이른바 고양된 일반사용권으로서의 권리가 인정될 수 있는지의 여부는 당해 공물의 목적과 효용, 일반사용관계, 고양된 일반사용권을 주장하는 사람의 법률상의 지위와 당해 공물의 사용관계의 인접성, 특수성 등을 종합적으로 고려하여 판단하여야 한다. 따라서 구체적으로 공물을 사용하지 않고 있는 이상 그 공물의 인접주민이라는 사정만으로는 공물에 대한 고양된 일반사용권이 인정될 수 없다.
[2] 재래시장 내 점포의 소유자가 점포 앞의 도로에 대하여 일반사용을 넘어 특별한 이해관계를 인정할 만한 사용을 하고 있었다는 사정을 인정할 수 없다는 이유로 위 소유자는 도로에 좌판을 설치·이용할 수 있는 권리가 없다고 본 사례.

⑤ **대법원 2004.10.15., 선고, 2002다68485, 판결**
복개도로의 관리청이 그 도로의 상공에 연결통로를 개설하여 도로를 점용하는 자에게 도로 점용허가를 해 주고도 공유수면 또는 하천의 점용에 따른 점용료 부과처분을 한 것은 그 하자가 중대하고 명백하여 무효라고 한 사례.

221

2010 지방직 7급

공물에 관한 설명으로 옳지 않은 것은?

① 공물의 설치·관리상의 하자로 인한 국가나 지방자치단체의 배상책임은 민법이 아니라 국가배상법에 의한다.
② 행정목적을 위하여 공용되는 행정재산은 공용폐지가 되지 않는 한 사법상 거래의 대상이 될 수 없으므로 취득시효의 대상도 되지 않는 것이고, 공물의 용도폐지 의사표시는 명시적이든 묵시적이든 불문하나 적법한 의사표시여야 하고, 단지 사실상 공물로서의 용도에 사용되지 아니하고 있다는 사실만으로 용도폐지의 의사표시가 있다고 볼 수는 없다.
③ 국유재산법상 보존용 재산은 시효취득의 대상이 되지 아니한다.
④ 하천을 구성하는 토지와 그 밖의 하천시설에 대하여는 전혀 사권을 행사할 수 없다.

221 ④

> 해설

① **COMMENT** 국가배상법은 민법의 특별법이므로 민법의 공작물책임에 우선하여 국가배상법 제5조의 영조물책임 규정이 적용된다.

> **제5조(공공시설 등의 하자로 인한 책임)** ① 도로·하천, 그 밖의 공공의 영조물(營造物)의 설치나 관리에 하자(瑕疵)가 있기 때문에 타인에게 손해를 발생하게 하였을 때에는 국가나 지방자치단체는 그 손해를 배상하여야 한다. 이 경우 제2조제1항 단서, 제3조 및 제3조의2를 준용한다.

②
> **대법원 1995.12.22., 선고, 95다19478, 판결**
> 행정 목적을 위하여 공용되는 행정재산은 공용폐지가 되지 않는 한 사법상 거래의 대상이 될 수 없으므로 취득시효의 대상도 되지 않는 것이고, 공물의 용도폐지 의사표시는 명시적이든, 묵시적이든 불문하나 적법한 의사표시여야 하고 단지 사실상 공물로서의 용도에 사용되지 아니하고 있다는 사실만으로 용도폐지의 의사표시가 있다고 볼 수는 없다.

③ 국유재산법 제7조 제2항

> **제7조(국유재산의 보호)** ① 누구든지 이 법 또는 다른 법률에서 정하는 절차와 방법에 따르지 아니하고는 국유재산을 사용하거나 수익하지 못한다.
> ② 행정재산은 「민법」 제245조에도 불구하고 시효취득(時效取得)의 대상이 되지 아니한다.

④ 하천법 제4조 제2항

> **하천법 제4조(하천관리의 원칙)** ② 하천을 구성하는 토지와 그 밖의 하천시설에 대하여는 사권(私權)을 행사할 수 없다. 다만, 다음 각 호의 어느 하나에 해당하는 경우에는 그러하지 아니하다.
> 1. 소유권을 이전하는 경우
> 2. 저당권을 설정하는 경우
> 3. 제33조에 따른 하천점용허가(소유권자 외의 자는 소유권자의 동의를 얻은 경우에 한한다)를 받아 그 허가받은 목적대로 사용하는 경우

222

2012 지방직 7급

공물에 대한 설명으로 옳은 것은? (다툼이 있는 경우 판례에 의함)

① 일반적인 시민생활에 있어 공물인 도로를 이용만 하는 사람은 그 용도폐지를 다툴 법률상 이익이 있다.
② 자연공물인 바다의 일부가 매립에 의해 토지로 변경된 경우 공용폐지가 가능하며, 그 의사표시는 묵시적으로도 할 수 있다.
③ 공물의 허가사용의 경우 사용료를 징수하여야 한다.
④ 적법한 개발행위로 인한 공공용물에 대한 일반사용의 제한은 특별한 사정이 없는 한 손실보상의 대상이 되는 특별한 손실에 해당한다.

222 ②

> 해설

① 대판 1992.9.22., 91누13212

일반적인 시민생활에 있어 도로를 이용만 하는 사람은 도로용도폐지를 다툴 법률상의 이익이 없으나, 도로의 용도폐지처분에 관하여 직접적인 이해관계를 가지는 사람이 개별적으로 구체적인 이익을 현실적으로 침해당한 경우에는 그 취소를 구할 법률상의 이익이 있다.

② 대판 2009.12.10., 2006다87538

공유수면으로서 자연공물인 바다의 일부가 매립에 의하여 토지로 변경된 경우에 다른 공물과 마찬가지로 공용폐지가 가능하다고 할 것이며, 이 경우 공용폐지의 의사표시는 명시적 의사표시뿐만 아니라 묵시적 의사표시도 무방하다.

③ COMMENT 공물의 허가사용의 경우 사용료를 징수할 수 있는 것이지, 반드시 징수해야 하는 것은 아니다(하천법 제37조 제1항 등).

> **제37조(점용료등의 징수 및 감면)** ① 하천관리청은 하천점용허가를 받은 자로부터 토지의 점용료, 그 밖의 하천사용료(이하 "점용료등"이라 한다)를 징수할 수 있다. 다만, 사유(私有)로 되어 있는 하천구역 안에서 제33조제1항제1호·제3호부터 제6호까지의 하천점용행위를 하는 경우에는 그러하지 아니하다.

④ 대판 2002.2.26., 99다35300

공공용물에 대한 일반사용이 적법한 개발행위로 제한됨으로 인한 불이익이 손실보상의 대상이 되는 특별한 희생이 아니다. 일반 공중의 이용에 제공되는 공공용물에 대하여 특허 또는 허가를 받지 않고 하는 일반사용은 다른 개인의 자유이용과 국가 또는 지방자치단체 등의 공공목적을 위한 개발 또는 관리·보존행위를 방해하지 않는 범위 내에서만 허용된다 할 것이므로, 공공용물에 관하여 적법한 개발행위 등이 이루어짐으로 말미암아 이에 대한 일정범위의 사람들의 일반사용이 종전에 비하여 제한받게 되었다 하더라도 특별한 사정이 없는 한 그로 인한 불이익은 손실보상의 대상이 되는 특별한 손실에 해당한다고 할 수 없다.

223

2012 국회직 8급

공물에 관한 판례의 내용으로 옳은 것은?

① 지방문화재로 지정된 토지에 대하여 공용폐지가 없다면 수용의 대상이 될 수 없다.
② 관재당국이 행정재산을 다른 재산과 교환하였다면 그것이 착오에 의한 것이라 하더라도 공용폐지가 되었다고 보아야 한다.
③ 오랫동안 도로로서 사용되지 않고, 건물이 세워져 있으며 그 주위에 담이 둘러져 있다면 관리청의 용도폐지처분이 없더라도 도로로서의 용도가 폐지된 것으로 보아야 한다.
④ 빈지(濱地)가 성토 등을 통하여 사실상 빈지로서의 성질을 상실하였다면 당연히 시효취득의 대상이 된다.
⑤ 상수도관이 자신의 토지 지하에 권원 없이 설치되었다면 공물로 사용되고 있는 동안에도 그 철거를 구할 수 있다.

해설

① 대판 1996.4.26., 95누13241
토지수용법(현공토법)은 제5조의 규정에 의한 제한 이외에는 수용의 대상이 되는 토지에 관하여 아무런 제한을 하지 아니하고 있을 뿐만 아니라, 토지수용법 제5조, 문화재보호법 제20조 제4호, 제58조 제1항, 부칙 제3조 제2항 등의 규정을 종합하면 구 문화재보호법(1982. 12. 31. 법률 제3644호로 전문 개정되기 전의 것) 제54조의2 제1항에 의하여 지방문화재로 지정된 토지가 수용의 대상이 될 수 없다고 볼 수는 없다.

② 대판 1998.11.10., 98다42974
공용폐지의 의사표시는 묵시적인 방법으로도 가능하나 행정재산이 본래의 용도에 제공되지 않는 상태에 있다는 사정만으로는 묵시적인 공용폐지의 의사표시가 있다고 볼 수 없으며, 또한 공용폐지의 의사표시는 적법한 것이어야 하는바, 행정재산은 공용폐지가 되지 아니한 상태에서는 사법상 거래의 대상이 될 수 없으므로 관재당국이 착오로 행정재산을 다른 재산과 교환하였다 하여 그러한 사정만으로 적법한 공용폐지의 의사표시가 있다고 볼 수도 없다.

③ 대판 1994.9.13., 94다12579
행정재산은 공용이 폐지되지 않는 한 사법상의 거래의 대상이 될 수 없으므로 취득시효의 대상이 되지 않는다. 공용폐지의 의사표시는 명시적이든 묵시적이든 상관없으나 적법한 의사표시가 있어야 하고, 행정재산이 사실상 본래의 용도에 사용되지 않고 있다는 사실만으로 용도폐지의 의사표시가 있었다고 볼 수는 없다. 원래의 행정재산이 공용폐지되어 취득시효의 대상이 된다는 사실에 대한 입증책임은 시효취득을 주장하는 자에게 있다 할 것이다.

④
대판 1999.4.9., 98다34003
빈지는 만조수위선으로부터 지적공부에 등록된 지역까지의 사이를 말하는 것으로서 자연의 상태 그대로 공공용에 제공될 수 있는 실체를 갖추고 있는 이른바 자연공물이고, 성토 등을 통하여 사실상 빈지로서의 성질을 상실하였더라도 국유재산법령에 의한 용도폐지를 하지 않은 이상 당연히 시효취득의 대상인 잡종재산으로 된다고 할 수 없다.

⑤
대판 1987.7.7., 85다카1383
공중의 편의를 위한 상수도시설을 대지소유자가 소유권에 기하여 철거를 요구하는 것이 권리남용에 해당하지 않는다.

224
2018 지방직 7급

「문화재보호법」상 문화재보호구역의 지정과 관련한 설명으로 옳은 것은? (다툼이 있는 경우 판례에 의함)

① 문화재보호구역 내에 토지를 소유하고 있는 자는 문화재보호 구역의 지정에 대해 항고소송을 통해 다툴 수 없다.
② 문화재보호구역 내의 국유토지는 「국유재산법」상 보존재산에 해당하므로 시효취득의 대상이 될 수 있다.
③ 문화재보호구역의 확대지정이 공공사업인 택지개발사업의 시행을 직접 목적으로 하여 가하여진 것이 아님이 명백한 이상, 문화재보호구역의 확대지정이 당해 공공사업의 시행 이후에 행해진 경우라 하더라도, 공공사업지구에 포함된 토지에 대한 수용보상액은 문화재보호구역의 확대지정에 의한 공법상 제한을 받지 아니한 것으로 보고 평가하여야 한다.
④ 문화재보호구역 내에 토지를 소유하고 있는 자가 문화재보호 구역의 지정해제를 요구하였으나 거부된 경우, 그 거부행위는 행정처분에 해당한다.

224 ④

> 해설

①, ④

대법원 2004.4.27., 선고, 2003두8821, 판결
법은 문화재를 보존하여 이를 활용함으로써 국민의 문화적 생활의 향상을 도모함과 아울러 인류문화의 발전에 기여함을 목적으로 하면서도, 문화재보호구역의 지정에 따른 재산권행사의 제한을 줄이기 위하여, 행정청에게 보호구역을 지정한 경우에 일정한 기간마다 적정성 여부를 검토할 의무를 부과하고(제8조 제2항), 그 검토사항 등에 관한 사항은 문화관광부령으로 정하도록 위임하였으며, 검토 결과 보호구역의 지정이 적정하지 아니하거나 기타 특별한 사유가 있는 때에는 보호구역의 지정을 해제하거나 그 범위를 조정하여야 한다고 규정하고 있는 점(제12조 제4항), 법 제8조 제3항의 위임에 의한 법시행규칙 제3조의2 제1항은 그 적정성 여부의 검토에 있어서 당해 문화재의 보존 가치 외에도 보호구역의 지정이 재산권 행사에 미치는 영향 등을 고려하도록 규정하고 있는 점 등과 헌법상 개인의 재산권 보장의 취지에 비추어 보면, <u>문화재보호구역 내에 있는 토지소유자 등으로서는 위 보호구역의 지정해제를 요구할 수 있는 법규상 또는 조리상의 신청권이 있다고 할 것이고, 이러한 신청에 대한 거부행위는 항고소송의 대상이 되는 행정처분에 해당한다고 할 것이다.</u>

② COMMENT 보존재산(現 보존용재산)은 행정재산의 일종이므로 시효취득의 대상이 될 수 없다.

대법원 1994.5.10., 선고, 93다23442, 판결
<u>문화재보호법의 위 각 규정의 취지에 비추어 보건대 이 사건 점유부분과 같이 문화재보호구역에 해당하는 토지에 대하여는 문화재의 관리.보존이라는 공공성의 목적과 그 기능수행을 위하여 각종의 공법적 규율이 행하여지고 있고, 특히 양도.매각 등의 처분행위와 사권의 설정이 금지되고 있으므로 이 사건 점유부분은 사권의 대상이 되는 잡종재산이 아닌 국유재산법상의 보존재산이라고 보아야 하고,</u> 한편 위 (주소 3 생략) 임야 33.7m²는 도시계획으로 결정된 공용시설인 도로의 설치.정비.개량에 관한 계획에 의하여 도로의 설치가 예정된 것으로서(도시계획법 제2조 제1항 나목, 같은 항 제3호, 제14호), 도시계획법 제82조는 "도시구역 안에 있는 국가 또는 지방자치단체의 소유의 토지로서 도로의 시설에 필요한 토지에 대하여는 당해 도시계획으로 정하여진 목적이외의 목적으로 이를 매각하거나 양도할 수 없다. 개발예정구역으로 지정된 후 도시계획결정이 있을 때까지의 개발예정구역 안의 국가 또는 지방자치단체의 소유 토지에 대하여도 또한 같다"고 규정하고 있는바, 위 도시계획법 규정 취지에 비추어 위 (주소 3 생략) 임야 역시 공법적 규율을 받아 <u>그 처분행위와 사권의 설정행위가 금지되는 국유재산법상의 공공용으로 사용하기로 결정한 행정재산 또는 보존재산(국유재산법시행령 제2조 제1항, 제2항에 의하여 국가가 1년 이내에 사용하지 아니한 경우)에 해당한다고 보아야 한다고 판시하여 이 사건 각 토지가 잡종재산임을 전제로 시효취득하였다는 원고의 주장을 배척하였다.</u>

제6조(국유재산의 구분과 종류) ① 국유재산은 그 용도에 따라 행정재산과 일반재산으로 구분한다.
② 행정재산의 종류는 다음 각 호와 같다.
1. 공용재산: 국가가 직접 사무용・사업용 또는 공무원의 주거용(직무 수행을 위하여 필요한 경우로서 대통령령으로 정하는 경우로 한정한다)으로 사용하거나 대통령령으로 정하는 기한까지 사용하기로 결정한 재산
2. 공공용재산: 국가가 직접 공공용으로 사용하거나 대통령령으로 정하는 기한까지 사용하기로 결정한 재산
3. 기업용재산: 정부기업이 직접 사무용・사업용 또는 그 기업에 종사하는 직원의 주거용(직무 수행을 위하여 필요한 경우로서 대통령령으로 정하는 경우로 한정한다)으로 사용하거나 대통령령으로 정하는 기한까지 사용하기로 결정한 재산
4. 보존용재산: 법령이나 그 밖의 필요에 따라 국가가 보존하는 재산

제7조(국유재산의 보호) ② 행정재산은 「민법」 제245조에도 불구하고 시효취득(時效取得)의 대상이 되지 아니한다.

③
대법원 2005.2.18., 선고, 2003두14222, 판결
공법상의 제한을 받는 토지의 수용보상액을 산정함에 있어서는 그 공법상의 제한이 당해 공공사업의 시행을 직접 목적으로 하여 가하여진 경우에는 그 제한을 받지 아니하는 상태대로 평가하여야 할 것이지만, 공법상 제한이 당해 공공사업의 시행을 직접 목적으로 하여 가하여진 경우가 아니라면 그러한 제한을 받는 상태 그대로 평가하여야 하고, 그와 같은 제한이 당해 공공사업의 시행 이후에 가하여진 경우라고 하여 달리 볼 것은 아니다. 기록에 의하면, 이 사건 문화재보호구역의 확대 지정은 당해 공공사업인 이 사건 택지개발사업의 시행을 직접 목적으로 하여 가하여진 것이 아님이 명백하므로, 이 사건 토지는 그러한 공법상 제한을 받는 상태대로 평가하여야 할 것이다.

225
2012 지방직 7급

다음은 국유재산법에 대한 판례의 내용이다. ㉠~㉣에 들어갈 용어가 바르게 짝지어진 것은?

> 국유 하천부지는 자연의 상태 그대로 공공용에 제공될 수 있는 실체를 갖추고 있는 이른바 (㉠)로서 별도의 공용개시행위가 없더라도 (㉡)이 되고 그 후 본래의 용도에 공여되지 않는 상태에 놓여 있더라도 국유재산법령에 의한 (㉢)을(를) 하지 않은 이상 당연히 (㉣)으로 된다고 할 수 없으며, 농로나 구거와 같은 이른바 인공적 공공용 재산은 법령에 의하여 지정되거나 행정처분으로 공공용으로 사용하기로 결정한 경우, 또는 (㉡)으로 실제 사용하는 경우의 어느 하나에 해당하면 (㉡)이 된다.

	㉠	㉡	㉢	㉣
①	자연공물	행정재산	용도폐지	일반재산
②	자연공물	행정재산	전환결정	일반재산
③	인공공물	일반재산	용도폐지	행정재산
④	인공공물	일반재산	전환결정	행정재산

해설

대판 2007.6.1., 2005도7523
국유 하천부지는 자연의 상태 그대로 공공용에 제공될 수 있는 실체를 갖추고 있는 이른바 자연공물로서 별도의 공용개시행위가 없더라도 행정재산이 되고 그 후 본래의 용도에 공여되지 않는 상태에 놓여 있더라도 국유재산법령에 의한 용도폐지를 하지 않은 이상 당연히 잡종재산(현 일반재산)으로 된다고는 할 수 없으며, 농로나 구거와 같은 이른바 인공적 공공용 재산은 법령에 의하여 지정되거나 행정처분으로 공공용으로 사용하기로 결정한 경우, 또는 행정재산으로 실제 사용하는 경우의 어느 하나에 해당하면 행정재산이 된다.

225 ①

226

공물에 관한 판례의 태도로 옳은 것은?

① 「특정건축물 정리에 관한 특별조치법」에서 정한 절차에 따라 준공검사필증이 교부되어 건축물관리대장 등에 등재됨으로써 대상건축물의 점유면적에 해당하는 국·공유지 부분에 관하여 사용승낙을 하였다고 볼 수 있는 건축물에 변상금을 부과한 경우 그 사용승낙을 철회한 것으로 볼 수 있다.
② 재래시장 내 점포의 소유자에게는 점포 앞의 도로에 좌판을 설치·이용할 수 있는 권리가 있다.
③ 국유 하천부지는 자연상태 그대로 공공용에 제공될 수 있는 실체를 갖추고 있다고 볼 수 없는바 행정재산이 되기 위해서는 별도의 공용개시행위가 있어야 한다.
④ 하천의 점용허가권은 특허에 의한 공물사용권의 일종으로서 공법상 채권으로서의 성질을 가진다.
⑤ 토지에 대하여 도로로서의 도시계획시설결정 및 지적승인이 있었다면 그 토지가 행정재산이 되었다고 할 수 있다.

해설

①
대판 2007.11.29., 2005두8375
특정건축물 정리에 관한 특별조치법에서 정한 절차에 따라 준공검사필증이 교부되어 건축물관리대장 등에 등재됨으로써 대상건축물의 점유면적에 해당하는 토지 부분에 관하여 사용을 승낙하였다고 보는 경우에도, 위 법의 입법목적 및 국유재산법과 지방재정법이 국·공유지의 사용·수익허가기간이나 대부기간을 일정기간으로 제한하고 있는 점 등에 비추어 기간의 제한 없이 그 사용을 승낙하였다고 볼 수는 없으므로, 그 후 지방자치단체장이 점유면적에 해당하는 토지 부분에 대하여 변상금을 부과하였다면 이로써 그 사용승낙을 철회하였다고 보아야 한다.

②
대판 2006.12.22., 2004다68311·68328 병합
구체적으로 공물을 사용하지 않고 있는 이상 그 공물의 인접주민이라는 사정만으로는 공물에 대한 고양된 일반사용권이 인정될 수 없다. 재래시장 내 점포의 소유자가 점포 앞의 도로에 대하여 일반사용을 넘어 특별한 이해관계를 인정할 만한 사용을 하고 있었다는 사정을 인정할 수 없다는 이유로 위 소유자는 도로에 좌판을 설치·이용할 수 있는 권리가 없다.

③
대판 2007.6.1., 2005도7523
국유 하천부지는 자연의 상태 그대로 공공용에 제공될 수 있는 실체를 갖추고 있는 이른바 자연공물로서 별도의 공용개시행위가 없더라도 행정재산이 되고 그 후 본래의 용도에 공여되지 않는 상태에 놓여 있더라도 국유재산법령에 의한 용도폐지를 하지 않은 이상 당연히 잡종재산으로 된다고는 할 수 없으며, 농로나 구거와 같은 이른바 인공적 공공용 재산은 법령에 의하여 시설되거나 행정처분으로 공공용으로 사용하기로 결정한 경우, 또는 행정재산으로 실제 사용하는 경우의 어느 하나에 해당하면 행정재산이 된다.

226 ①, ④

④
> 대판 1990.2.13., 89다카23022
> 하천의 점용허가권은 특허에 의한 공물사용권의 일종으로서 하천의 관리주체에 대하여 일정한 특별사용을 청구할 수 있는 채권에 지나지 아니하고 대세적 효력이 있는 물권이라 할 수 없다.

⑤
> 대판 1997.8.22., 96다10737: 2000.4.25., 2000다348
> 도로와 같은 인공적 공공용 재산은 법령에 의하여 지정되거나 행정처분으로 공공용으로 사용하기로 결정한 경우, 또는 행정재산으로 실제 사용하는 경우의 어느 하나에 해당하여야 행정재산이 되는데, 도로는 도로로서의 형태를 갖추어야 하고, 도로법에 따른 노선의 지정 또는 인정의 공고 및 도로구역의 결정, 고시가 있는 때부터 또는 도시계획법 소정의 절차를 거쳐 도로를 설치하였을 때부터 공공용 물로서 공용개시행위가 있는 것이므로, 토지에 대하여 도로로서의 도시계획시설결정 및 지적승인만 있었을 뿐 그 도시계획사업이 실시되었거나 그 토지가 자연공로로 이용된 적이 없는 경우에는 도시계획결정 및 지적승인의 고시만으로는 아직 공용개시행위가 있었다고 할 수 없으므로 그 토지가 행정재산이 되었다고 할 수 없다.

227

2013 국가직 7급

공물에 대한 판례의 태도로 옳지 않은 것은?

① 1949. 6. 4. 대구국도사무소가 폐지되고 그 소장 관사로 사용되던 부동산이 그 이후에 달리 공용으로 사용된 바 없다면, 그 부동산은 이로 인하여 묵시적으로 공용이 폐지되어 시효취득의 대상이 되었다 할 것이다.
② 원래 잡종재산(현 일반재산)이던 것이 행정재산으로 된 경우, 잡종재산일 당시에 이미 취득시효가 완성되었다면 행정재산이 되었다 하더라도 이를 원인으로 하는 소유권이전등기를 청구할 수 있다.
③ 시장 등의 권한으로 규정되어 있는 도로에서의 안전표시의 설치·관리에 관한 권한이 경찰서장 등에게 위임된 경우, 안전표시의 하자에 따른 국가배상책임은 시장 등이 속한 지방자치단체가 부담한다.
④ 지방자치단체가 국도의 관리상 비용부담자로서 책임을 지는 것은 국가배상법이 정한 자신의 고유한 배상책임이므로, 도로의 하자로 인한 손해에 대하여 지방자치단체는 부진정연대채무자인 공동불법행위자와의 내부관계에서 배상책임을 분담하게 된다.

해설

①
> 대판 1990.11.27., 90다5948
> 1949.6.4. 대구국도사무소가 폐지되고, 그 소장관사로 사용되던 부동산이 그이래 달리 공용으로 사용된 바 없다면, 그 부동산은 이로 인하여 묵시적으로 공용이 폐지되어 시효취득의 대상이 되었다 할 것이다.

227 ②

② **대판 1997.11.14., 96다10782**
원래 잡종재산이던 것이 행정재산으로 된 경우 잡종재산일 당시에 취득시효가 완성되었다고 하더라도 행정재산으로 된 이상 이를 원인으로 하는 소유권이전등기를 청구할 수 없다.

③ **대판 1999.6.25., 99다11120**
지방자치단체장이 교통신호기를 설치하여 그 관리권한이 도로교통법 제71조의2 제1항의 규정에 의하여 관할 지방경찰청장에게 위임되어 지방자치단체 소속 공무원과 지방경찰청 소속 공무원이 합동근무하는 교통종합관제센터에서 그 관리업무를 담당하던 중 위 신호기가 고장난 채 방치되어 교통사고가 발생한 경우, 국가배상법 제2조 또는 제5조에 의한 배상책임을 부담하는 것은 지방경찰청장이 소속된 국가가 아니라, 그 권한을 위임한 지방자치단체장이 소속된 지방자치단체라고 할 것이나, 한편 국가배상법 제6조 제1항은 같은 법 제2조, 제3조 및 제5조의 규정에 의하여 국가 또는 지방자치단체가 손해를 배상할 책임이 있는 경우에 공무원의 선임·감독 또는 영조물의 설치·관리를 맡은 자와 공무원의 봉급·급여 기타의 비용 또는 영조물의 설치·관리의 비용을 부담하는 자가 동일하지 아니한 경우에는 그 비용을 부담하는 자도 손해를 배상하여야 한다고 규정하고 있으므로 교통신호기를 관리하는 지방경찰청장 산하 경찰관들에 대한 봉급을 부담하는 국가도 국가배상법 제6조 제1항에 의한 배상책임을 부담한다.

④ **대판 1993.1.26., 92다2684**
시가 국도의 관리상 비용부담자로서 책임을 지는 것은 국가배상법이 정한 자신의 고유한 배상책임이므로 도로의 하자로 인한 손해에 대하여 시는 부진정연대채무자인 공동불법행위자와의 내부관계에서 배상책임을 분담하는 관계에 있으며 국가배상법 제6조 제2항의 규정은 도로의 관리주체인 국가와 그 비용을 부담하는 경제주체인 시 상호간에 내부적으로 구상의 범위를 정하는데 적용될 뿐 이를 들어 구상권자인 공동불법행위자에게 대항할 수 없다.

228

2013 지방직 7급

공물에 대한 설명으로 옳지 않은 것은? (다툼이 있는 경우 판례에 의함)

① 도로와 같은 인공적 공공용 재산은 법령에 의하여 지정되거나 행정처분으로 공공용으로 사용하기로 결정된 경우 또는 행정재산으로 실제 사용되는 경우의 어느 하나에 해당하여야 행정재산이 된다.
② 공유수면으로서 자연공물인 바다의 일부가 매립에 의하여 토지로 변경된 경우에는 다른 공물과 달리 공용폐지의 대상이 되지 않는다.
③ 국유 하천부지는 용도폐지가 되지 않으면 일반재산이 되지 않는다.
④ 도로점용의 허가는 특정인에게 일정한 내용의 공물사용권을 설정하는 설권행위로서 공물관리자가 신청인의 적격성, 사용목적 및 공익상의 영향 등을 참작하여 허가를 할 것인지 여부를 결정하는 재량행위이다.

228 ②

해설

① 대판 2000.2.25., 99다54332

국유재산법상의 행정재산이란 국가가 소유하는 재산으로서 직접 공용, 공공용, 또는 기업용으로 사용하거나 사용하기로 결정한 재산을 말하는 것이고, 그 중 도로와 같은 인공적 공공용 재산은 법령에 의하여 지정되거나 행정처분으로써 공공용으로 사용하기로 결정한 경우, 또는 행정재산으로 실제로 사용하는 경우의 어느 하나에 해당하여야 비로소 행정재산이 되는 것인데, 특히 도로는 도로로서의 형태를 갖추고, 도로법에 따른 노선의 지정 또는 인정의 공고 및 도로구역 결정·고시를 한 때 또는 도시계획법(현 「국토의 계획 및 이용에 관한 법률」) 또는 도시재개발법(현 「도시 및 주거환경정비법」) 소정의 절차를 거쳐 도로를 설치하였을 때에 공공용물로서 공용개시행위가 있다고 할 것이므로, 토지의 지목이 도로이고 국유재산대장에 등재되어 있다는 사정만으로 바로 그 토지가 도로로서 행정재산에 해당한다고 할 수는 없다.

② 대법원 2009.12.10., 선고, 2006다87538, 판결

공유수면으로서 자연공물인 바다의 일부가 매립에 의하여 토지로 변경된 경우에 다른 공물과 마찬가지로 공용폐지가 가능하다고 할 것이며, 이 경우 공용폐지의 의사표시는 명시적 의사표시뿐만 아니라 묵시적 의사표시도 무방하다.

③ 대판 2007.6.1., 2005도7523

국유 하천부지는 자연의 상태 그대로 공공용에 제공될 수 있는 실체를 갖추고 있는 이른바 자연공물로서 별도의 공용개시행위가 없더라도 행정재산이 되고 그 후 본래의 용도에 공여되지 않는 상태에 놓여 있더라도 국유재산법령에 의한 용도폐지를 하지 않은 이상 당연히 잡종재산으로 된다고는 할 수 없으며, 농로나 구거와 같은 이른바 인공적 공공용 재산은 법령에 의하여 지정되거나 행정처분으로 공공용으로 사용하기로 결정한 경우, 또는 행정재산으로 실제 사용하는 경우의 어느 하나에 해당하면 행정재산이 된다.

④ 대판 2010.12.23., 2010두21204

도로법 제38조에 의한 도로점용 허가는 특정인에게 일정한 내용의 공물사용권을 설정하는 설권행위로서 공물관리자가 신청인의 적격성, 사용목적 및 공익상의 영향 등을 참작하여 허가를 할 것인지의 여부를 결정하는 재량행위라고 할 것이고, 공물관리자가 도로점용의 허가조건 내지 취소 사유로 명시한 사항에 관하여 도로 점용자의 위반이 있다는 이유로 도로점용 허가를 취소하는 처분도, 도로 점용자의 위반사항이 도로점용 허가를 취소할 정도에 이른다고 볼 것인지 여부에 관하여 공물관리자가 제반 사정을 고려하여 판단할 재량을 가진다는 점에서 재량행위에 해당한다 할 것이다.

229

2015 서울시 7급

공물의 사용관계에 관한 설명으로 옳지 않은 것은? (다툼이 있는 경우 판례에 의함)

① 도로의 일반사용자가 도로의 용도폐지처분에 관하여 직접적이고 구체적인 이해관계를 가지고 있고 이 익을 현실적으로 침해당했다면, 그 취소를 구할 법률상의 이익이 있다.
② 공공용물에 대한 일반사용의 방해는 사법상 손해배상 청구나 방해배제청구 대상이 될 수 있고, 적법한 개발 행위로 인해 일반사용이 제한되는 경우에는 원칙적으로 손실보상의 대상이 될 수 있다.
③ 하천점용허가권은 특허에 의한 공물사용권의 일종으로서 하천의 관리주체에 대하여 일정한 특별사용을 청구할 수 있는 채권에 지나지 아니하고 대세적 효력이 있는 물권이라 할 수 없다.
④ 공유재산의 관리청이 기부채납된 행정재산에 대하여 하는 사용·수익의 허가는 사법상의 대부가 아니라 행정처분에 해당한다.

해설

①
대법원 1992.9.22., 선고, 91누13212, 판결
일반적으로 도로는 국가나 지방자치단체가 직접 공중의 통행에 제공하는 것으로서 일반국민은 이를 자유로이 이용할 수 있는 것이기는 하나, 그렇다고 하여 그 이용관계로부터 당연히 그 도로에 관하여 특정한 권리나 법령에 의하여 보호되는 이익이 개인에게 부여되는 것이라고까지는 말할 수 없으므로, 일반적인 시민생활에 있어 도로를 이용만 하는 사람은 그 용도폐지를 다툴 법률상의 이익이 있다고 말할 수 없지만, 공공용재산이라고 하여도 당해 공공용재산의 성질상 특정개인의 생활에 개별성이 강한 직접적이고 구체적인 이익을 부여하고 있어서 그에게 그로 인한 이익을 가지게 하는 것이 법률적인 관점으로도 이유가 있다고 인정되는 특별한 사정이 있는 경우에는 그와 같은 이익은 법률상 보호되어야 할 것이고, 따라서 도로의 용도폐지처분에 관하여 이러한 직접적인 이해관계를 가지는 사람이 그와 같은 이익을 현실적으로 침해당한 경우에는 그 취소를 구할 법률상의 이익이 있다.

②
대법원 2002.2.26., 선고, 99다35300, 판결
일반 공중의 이용에 제공되는 공공용물에 대하여 특허 또는 허가를 받지 않고 하는 일반사용은 다른 개인의 자유이용과 국가 또는 지방자치단체 등의 공공목적을 위한 개발 또는 관리·보존행위를 방해하지 않는 범위 내에서만 허용된다 할 것이므로, 공공용물에 관하여 적법한 개발행위 등이 이루어짐으로 말미암아 이에 대한 일정범위의 사람들의 일반사용이 종전에 비하여 제한받게 되었다 하더라도 특별한 사정이 없는 한 그로 인한 불이익은 손실보상의 대상이 되는 특별한 손실에 해당한다고 할 수 없다.

③
대법원 1990.2.13., 선고, 89다카23022, 판결
하천의 점용허가권은 특허에 의한 공물사용권의 일종으로서 하천의 관리주체에 대하여 일정한 특별사용을 청구할 수 있는 채권에 지나지 아니하고 대세적 효력이 있는 물권이라 할 수 없다.

229 ②

④ 대법원 2001.6.15., 선고, 99두509, 판결
공유재산의 관리청이 하는 행정재산의 사용·수익에 대한 허가는 순전히 사경제주체로서 행하는 사법상의 행위가 아니라 관리청이 공권력을 가진 우월적 지위에서 행하는 행정처분이라고 보아야 할 것인바, 행정재산을 보호하고 그 유지·보존 및 운용 등의 적정을 기하고자 하는 지방재정법 및 그 시행령 등 관련 규정의 입법 취지와 더불어 잡종재산에 대해서는 대부·매각 등의 처분을 할 수 있게 하면서도 행정재산에 대해서는 그 용도 또는 목적에 장해가 없는 한도 내에서 사용 또는 수익의 허가를 받은 경우가 아니면 이러한 처분을 하지 못하도록 하고 있는 구 지방재정법 제82조 제1항, 제83조 제2항 등 규정의 내용에 비추어 볼 때 그 행정재산이 구 지방재정법 제75조의 규정에 따라 기부채납받은 재산이라 하여 그에 대한 사용·수익허가의 성질이 달라진다고 할 수는 없다.

230
2017 국가직 7급

판례의 입장으로 옳은 것은?

① 사인이 공공시설을 건설한 후, 국가 등에 기부채납하여 공물로 지정하고 그 대신 그 자가 일정한 이윤을 회수할 수 있도록 일정기간 동안 무상으로 사용하도록 허가하는 것은 사법상 계약에 해당한다.
② 부담금부과에 관한 명확한 법률 규정이 존재하더라도 그 법률규정과는 별도로 반드시 '부담금관리기본법' 별표에 그 부담금이 포함되어야만 부담금 부과가 유효하게 되는 것은 아니다.
③ 사업 양도·양수에 따른 허가관청의 지위승계신고의 수리에 있어서, 그 수리대상인 사업양도·양수가 무효임을 이유로 막바로 행정소송으로 그 신고수리처분의 무효확인을 구할 법률상 이익은 없다.
④ 공익사업을위한토지등의취득및보상에관한법률상 사업시행자에 의한 이주대책 수립·실시 및 이주대책의 내용에 관한 규정은 당사자의 합의에 의하여 적용을 배제할 수 있다.

해설

①
대법원 2001.6.15., 선고, 99두509, 판결
공유재산의 관리청이 하는 행정재산의 사용·수익에 대한 허가는 순전히 사경제주체로서 행하는 사법상의 행위가 아니라 관리청이 공권력을 가진 우월적 지위에서 행하는 행정처분이라고 보아야 할 것인바, 행정재산을 보호하고 그 유지·보존 및 운용 등의 적정을 기하고자 하는 지방재정법 및 그 시행령 등 관련 규정의 입법 취지와 더불어 잡종재산에 대해서는 대부·매각 등의 처분을 할 수 있게 하면서도 행정재산에 대해서는 그 용도 또는 목적에 장해가 없는 한도 내에서 사용 또는 수익의 허가를 받은 경우가 아니면 이러한 처분을 하지 못하도록 하고 있는 구 지방재정법 제82조 제1항, 제83조 제2항 등 규정의 내용에 비추어 볼 때 그 행정재산이 구 지방재정법 제75조의 규정에 따라 기부채납받은 재산이라 하여 그에 대한 사용·수익허가의 성질이 달라진다고 할 수는 없다.

230 ②

② 대법원 2014.1.29., 선고, 2013다25927,25934, 판결
부담금관리 기본법의 제정 목적, 부담금관리 기본법 제3조의 조문 형식 및 개정 경과 등에 비추어 볼 때, 부담금관리 기본법은 법 제정 당시 시행되고 있던 부담금을 별표에 열거하여 정당화 근거를 마련하는 한편 시행 후 기본권 침해의 소지가 있는 부담금을 신설하는 경우 자의적인 부과를 견제하기 위하여 위 법률에 의하여 이를 규율하고자 한 것이나, 그러한 점만으로 부담금부과에 관한 명확한 법률 규정이 존재하더라도 법률 규정과는 별도로 반드시 부담금관리 기본법 별표에 부담금이 포함되어야만 부담금 부과가 유효하게 된다고 해석할 수는 없다.

③ 대법원 2005.12.23., 선고, 2005두3554, 판결
사업양도·양수에 따른 허가관청의 지위승계신고의 수리는 적법한 사업의 양도·양수가 있었음을 전제로 하는 것이므로 그 수리대상인 사업양도·양수가 존재하지 아니하거나 무효인 때에는 수리를 하였다 하더라도 그 수리는 유효한 대상이 없는 것으로서 당연히 무효라 할 것이고, 사업의 양도행위가 무효라고 주장하는 양도자는 민사쟁송으로 양도·양수행위의 무효를 구함이 없이 막바로 허가관청을 상대로 하여 행정소송으로 위 신고수리처분의 무효확인을 구할 법률상 이익이 있다.

④ 대법원 2005.12.23., 선고, 2005두3554, 판결
공공용지의취득및손실보상에관한특례법시행령 제5조 제1항은 "공공용지의취득및손실보상에관한특례법 제8조 제1항의 규정에 의하여 수립되는 이주대책의 내용에는 이주정착지에 대한 도로·급수시설·배수시설 기타 공공시설 등 당해 지역조건에 따른 생활기본시설이 포함되어야 한다."고 규정하고 있으며, 동 제4항은 "제1항의 규정에 의한 이주대책의 시행에 필요한 비용은 사업시행자의 부담으로 한다. 다만, 행정청이 아닌 사업시행자가 이주대책을 수행하는 경우에 지방자치단체는 비용의 일부를 보조할 수 있다."고 규정하고 있는바, 공공용지의취득및손실보상에관한특례법상의 이주대책의 제도적 취지에 비추어 볼 때, 위 시행령 제5조 제1항 및 제4항은 사업시행자가 이주자들을 위한 이주대책으로서 이주정착지에 택지를 조성하여 개별 공급하는 경우, 그 이주정착지에 대한 도로, 급수 및 배수시설 기타 공공시설 등 당해 지역조건에 따른 생활기본시설이 설치되어 있어야 하고, 또한 그 공공시설 등의 설치비용은 사업시행자가 부담하는 것으로서 이를 이주자들에게 전가할 수는 없는 것이며, 이주자들에게는 다만 분양받을 택지의 소지(素地)가격 및 택지조성비 정도를 부담시킬 수 있는 것으로 해석함이 상당하고, 이와 같은 규정들은 그 취지에 비추어 볼 때 당사자의 합의로도 그 적용을 배제할 수 없는 강행법규에 해당한다고 봄이 상당하다.

231

공물의 사용관계에 대한 설명으로 옳은 것은? (다툼이 있는 경우 판례에 의함)

① 도로의 일반사용의 경우 도로사용자가 원칙적으로 도로의 폐지를 다툴 법률상 이익이 있다.
② 하천의 점용허가권은 특허에 의한 공물사용권의 일종으로서 하천의 관리주체에 대하여 일정한 특별사용을 청구할 수 있는 채권이 아니다.
③ 하천점용권은 일종의 재산권으로서 처분청의 허가를 받아 양도 할 수 있음이 원칙이다.
④ 공유수면으로서 자연공물인 바다의 일부가 매립에 의하여 토지로 변경된 경우에 묵시적 공용폐지가 된 것으로 본다.
⑤ 도로의 특별사용은 배타적 사용이므로 일반사용과 병행하여 이루어질 수는 없다.

해설

① 대법원 1992.9.22., 선고, 91누13212, 판결
일반적인 시민생활에 있어 도로를 이용만 하는 사람은 그 용도폐지를 다툴 법률상의 이익이 있다고 말할 수 없지만, 인접주민과 같이 도로의 용도폐지처분에 관하여 이러한 직접적인 이해관계를 가지는 사람이 그와 같은 이익을 현실적으로 침해당한 경우에는 그 취소를 구할 법률상의 이익이 있다.

② 대법원 2015.1.29., 선고, 2012두27404, 판결
하천의 점용허가권은 특허에 의한 공물사용권의 일종으로서 하천의 관리주체에 대하여 일정한 특별사용을 청구할 수 있는 채권에 지나지 아니하고 대세적 효력이 있는 물권이라 할 수 없다.

③ COMMENT 하천점용권과 같은 공물의 특허사용권은 공물인 하천을 사용하고 점용하는 것을 내용으로 하므로 재산권의 일종이고, 따라서 처분청의 허가를 받아 양도할 수 있는 것이 원칙이다.
④ COMMENT 공유수면이 매립에 의하여 토지로 변경된 상태만으로는 묵시적 공용폐지를 인정할 수 없다.

대법원 2009.12.10., 선고, 2006다87538, 판결
공유수면으로서 자연공물인 바다의 일부가 매립에 의하여 토지로 변경된 경우에 다른 공물과 마찬가지로 공용폐지가 가능하다고 할 것이며, 이 경우 공용폐지의 의사표시는 명시적 의사표시뿐만 아니라 묵시적 의사표시도 무방하다. 공물의 공용폐지에 관하여 국가의 묵시적인 의사표시가 있다고 인정되려면 공물이 사실상 본래의 용도에 사용되고 있지 않다거나 행정주체가 점유를 상실하였다는 정도의 사정만으로는 부족하고, 주위의 사정을 종합하여 객관적으로 공용폐지 의사의 존재가 추단될 수 있어야 할 것이다.

231 ③

⑤
대법원 1999.5.14., 선고, 98두17906, 판결
도로법 제40조, 제43조, 제80조의2에 규정된 도로의 점용이라 함은, 일반공중의 교통에 공용되는 도로에 대하여 이러한 일반사용과는 별도로 도로의 특정 부분을 유형적, 고정적으로 사용하는 이른바 특별사용을 뜻하는 것이고, 그와 같은 병존이 가능한 경우도 있고, 이러한 경우에는 도로점용 부분이 동시에 일반공중의 교통에 공용되고 있다고 하여 도로점용이 아니라고 말할 수는 없는 것이다.

232

2018 서울시 7급(6월)

공물의 사용관계에 대한 설명으로 가장 옳지 않은 것은?

① 판례는 기부채납받은 국유재산의 사용허가도 일반 사용·수익허가와 동일하게 특허로 본다.
② 지방자치단체가 관할하는 공립학교가 국가 소유의 땅을 무단으로 사용한 때에는 해당 지방자치단체가 국가에 부당이득을 반환하여야 한다.
③ 공물의 일반사용자가 원고적격이 인정되기 위해서는 공용폐지행위 등에 의해 개인의 중요하고 구체적인 이익이 직접 침해되었거나 그 침해가 예상되어야 한다.
④ 하천의 점용허가권은 특허에 의한 공물사용권의 일종으로서 하천관리주체에 대하여 대세적 효력이 있는 물권에 해당한다.

해설

①
대법원 2001.6.15., 선고, 99두509, 판결
공유재산의 관리청이 하는 행정재산의 사용·수익에 대한 허가는 순전히 사경제주체로서 행하는 사법상의 행위가 아니라 관리청이 공권력을 가진 우월적 지위에서 행하는 행정처분이라고 보아야 할 것인바, 행정재산을 보호하고 그 유지·보존 및 운용 등의 적정을 기하고자 하는 지방재정법 및 그 시행령 등 관련 규정의 입법 취지와 더불어 잡종재산에 대해서는 대부·매각 등의 처분을 할 수 있게 하면서도 행정재산에 대해서는 그 용도 또는 목적에 장해가 없는 한도 내에서 사용 또는 수익의 허가를 받은 경우가 아니면 이러한 처분을 하지 못하도록 하고 있는 구 지방재정법(1999. 1. 21. 법률 제5647호로 개정되기 전의 것) 제82조 제1항, 제83조 제2항 등 규정의 내용에 비추어 볼 때 그 행정재산이 구 지방재정법 제75조의 규정에 따라 기부채납받은 재산이라 하여 그에 대한 사용·수익허가의 성질이 달라진다고 할 수는 없다.

232 ④

②
대법원 2014.12.24., 선고, 2010다69704, 판결
헌법 규정과 위 각 법률의 관련 규정들의 취지를 종합하여 보면, 지방자치단체가 설립·경영하는 학교의 부지 확보, 부지의 사용료 지급 등의 사무는 특별한 사정이 없는 한 지방교육자치의 주체인 지방자치단체의 고유사무인 자치사무라고 할 것이고, 국가는 법률과 예산의 범위 안에서 지방교육자치를 실현하고 있는 지방자치단체에게 재정을 지원할 의무가 있다고 할 것이며, 이러한 국가의 지원범위를 벗어나 지방자치단체가 법률상 원인 없이 국유재산을 학교부지로 임의 사용하는 경우에는 민법상 부당이득이 성립될 수 있다고 할 것이다.

③
대법원 1992.9.22., 선고, 91누13212, 판결
일반적으로 도로는 국가나 지방자치단체가 직접 공중의 통행에 제공하는 것으로서 일반국민은 이를 자유로이 이용할 수 있는 것이기는 하나, 그렇다고 하여 그 이용관계로부터 당연히 그 도로에 관하여 특정한 권리나 법령에 의하여 보호되는 이익이 개인에게 부여되는 것이라고까지는 말할 수 없으므로, 일반적인 시민생활에 있어 도로를 이용만 하는 사람은 그 용도폐지를 다툴 법률상의 이익이 있다고 말할 수 없지만, 공공용재산이라고 하여도 당해 공공용재산의 성질상 특정개인의 생활에 개별성이 강한 직접적이고 구체적인 이익을 부여하고 있어서 그에게 그로 인한 이익을 가지게 하는 것이 법률적인 관점으로도 이유가 있다고 인정되는 특별한 사정이 있는 경우에는 그와 같은 이익은 법률상 보호되어야 할 것이고, 따라서 도로의 용도폐지처분에 관하여 이러한 직접적인 이해관계를 가지는 사람이 그와 같은 이익을 현실적으로 침해당한 경우에는 그 취소를 구할 법률상의 이익이 있다.

④
대법원 2015.1.29., 선고, 2012두27404, 판결
하천의 점용허가권은 특허에 의한 공물사용권의 일종으로서 하천의 관리주체에 대하여 일정한 특별사용을 청구할 수 있는 채권에 지나지 아니하고 대세적 효력이 있는 물권이라 할 수 없다.

233
2020 군무원 7급

공물의 사용관계에 대한 설명으로 옳지 않은 것은? (다툼이 있는 경우 판례에 의함)

① 자유(보통, 일반)사용에 놓이는 공물은 사후에 사용허가를 요하지 아니하며, 국공립학교운동장의 사용은 일반인의 자유(보통, 일반)사용의 대상이 되는 것이 원칙이다.
② 도로의 특별사용은 반드시 독점적, 배타적인 것이 아니라 그 사용목적에 따라서는 도로의 일반사용과 병존이 가능한 경우도 있다.
③ 공물관리권은 적극적으로 공물 본래의 목적을 달성시킴을 목적으로 하며, 공물경찰권은 소극적으로 공물상의 안녕과 질서에 대한 위해를 방지함을 목적으로 한다.
④ 하천의 점용허가권은 하천의 관리주체에 대하여 일정한 특별사용을 청구할 수 있는 채권에 지나지 아니하고 대세적 효력이 있는 물권이라 할 수 없다.

233 ①

해설

① COMMENT (ⅰ) 일반공중이 공물을 그 본래의 목적에 따라 자유로이 사용하는 것을 일반사용(자유사용, 보통사용)이라 하고, 일반사용은 사용허가를 요하지 않는다.
(ⅱ) 공공용물은 일반사용이 가능하지만(도로의 통행, 공원에서의 산책), 공용물은 그러하지 아니하다(국공립학교 운동장의 사용, 국공립학교 구내의 통행). 국공립학교 운동장은 학교의 교육활동과 재산관리에 방해가 되지 않는 범위에서 학교로부터 허락받은 경우에만 일반인의 사용이 가능하므로, 일반인의 자유사용의 대상이 아니다.

② COMMENT 주유소 출입을 위해 주유소 앞 인도에 대해서 도로점용허가를 내어주는 경우를 생각하면 된다. 이 경우 보행자들은 해당 인도를 일반사용할 수 있고, 주유소에서는 유류판매를 위해 자동차의 통행을 가능케 하는 출입로로서 특별사용할 수 있다.

> 대법원 1995.2.14., 선고, 94누5830, 판결
> 도로법 제40조, 제43조, 제80조의2에 규정된 도로의 점용이라 함은, 일반공중의 교통에 공용되는 도로에 대하여 이러한 일반사용과는 별도로 도로의 특정부분을 유형적, 고정적으로 사용하는 이른바 특별사용을 뜻하는 것이고, 그와 같은 <u>도로의 특별사용은 반드시 독점적, 배타적인 것이 아니라 그 사용목적에 따라서는 도로의 일반사용과 병존이 가능한 경우도 있고</u>, 이러한 경우에는 도로점용부분이 동시에 일반공중의 교통에 공용되고 있다고 하여 도로점용이 아니라고 말할 수 없는 것이며, 한편 당해 도로의 점용을 위와 같은 특별사용으로 볼 것인지 아니면 일반사용으로 볼 것인지는 그 도로점용의 주된 용도와 기능이 무엇인지에 따라 가려져야 한다.

③ COMMENT 「공물관리」란 공물 본래의 목적을 달성하기 위한 공물주체의 활동으로서 적극적 성격을 갖는다. 「공물경찰」이란 공물 그 자체나 이용관계로 인하여 발생할 수 있는 위해방지를 위한 행정작용으로서 소극적 성격을 갖는다.

④ COMMENT 「민법」 용어를 알고 있으면 좀더 수월하게 접근할 수 있다. 「물권」이란 물건 자체에 대한 직접적인 권리를 말하고, 「채권」이란 물건의 소유자에 대하여 물건의 사용·수익을 요구할 수 있는 권리를 말한다. 공물사용권은 법률이 물권으로 규정하고 있는 경우를 제외하고는 원칙적으로 공물관리자에 대한 채권적 성질을 갖는다.

> 대판 1990.2.13., 89다카23022
> <u>하천의 점용허가권은 특허에 의한 공물사용권의 일종으로서 하천의 관리주체에 대하여 일정한 특별사용을 청구할 수 있는 채권에 지나지 아니하고, 대세적 효력이 있는 물권이라 할 수 없다.</u>

234

공물에 대한 설명으로 옳지 않은 것은? (다툼이 있는 경우 판례에 의함)

① 공물의 인접주민이라고 하더라도 구체적으로 공물을 사용하지 않고 있는 이상 그 공물의 인접주민이라는 사정만으로는 공물에 대한 고양된 일반사용권이 인정될 수 없다.
② 국유재산관리청이 행정재산의 사용·수익을 허가한 다음 그 사용·수익자에게 한 사용료 부과는 순수한 사경제주체로서 행하는 사법상의 이행청구에 해당한다.
③ 공유수면의 일부가 사실상 매립되어 대지화되었다고 하더라도 국가가 공유수면으로서의 공용폐지를 하지 아니하는 이상 법률상으로는 여전히 공유수면으로서의 성질을 가진다.
④ 국가가 공물을 사실상 본래의 용도에 사용하고 있지 않거나 공물의 점유를 상실하였다는 정도에 이른 사정만으로는 객관적으로 공용폐지 의사의 존재가 추단될 수 없다.

해설

① 대법원 2006.12.22., 선고, 2004다68311, 판결
공물의 인접주민은 다른 일반인보다 인접공물의 일반사용에 있어 특별한 이해관계를 가지는 경우가 있고, 그러한 의미에서 다른 사람에게 인정되지 아니하는 이른바 고양된 일반사용권이 보장될 수 있으며, 이러한 고양된 일반사용권이 침해된 경우 다른 개인과의 관계에서 민법상으로도 보호될 수 있으나, 그 권리도 공물의 일반사용의 범위 안에서 인정되는 것이므로, 특정인에게 어느 범위에서 이른바 고양된 일반사용권으로서의 권리가 인정될 수 있는지의 여부는 당해 공물의 목적과 효용, 일반사용관계, 고양된 일반사용권을 주장하는 사람의 법률상의 지위와 당해 공물의 사용관계의 인접성, 특수성 등을 종합적으로 고려하여 판단하여야 한다. 따라서 구체적으로 공물을 사용하지 않고 있는 이상 그 공물의 인접주민이라는 사정만으로는 공물에 대한 고양된 일반사용권이 인정될 수 없다.

② 대법원 1996.2.13., 선고, 95누11023, 판결
국유재산의 관리청이 행정재산의 사용·수익을 허가한 다음 그 사용·수익하는 자에 대하여 하는 사용료 부과는 순전히 사경제주체로서 행하는 사법상의 이행청구라 할 수 없고, 이는 관리청이 공권력을 가진 우월적 지위에서 행한 것으로서 항고소송의 대상이 되는 행정처분이라 할 것이다.

③ 대법원 2013.6.13., 선고, 2012두2764, 판결
공유수면은 소위 자연공물로서 그 자체가 직접 공공의 사용에 제공되는 것이므로 공유수면의 일부가 사실상 매립되어 대지화되었다고 하더라도 국가가 공유수면으로서의 공용폐지를 하지 아니하는 이상 법률상으로는 여전히 공유수면으로서의 성질을 보유하고 있다.

④ 대법원 2009.12.10., 선고, 2006다87538, 판결
공물의 공용폐지에 관하여 국가의 묵시적인 의사표시가 있다고 인정되려면 공물이 사실상 본래의 용도에 사용되고 있지 않다거나 행정주체가 점유를 상실하였다는 정도의 사정만으로는 부족하고, 주위의 사정을 종합하여 객관적으로 공용폐지 의사의 존재가 추단될 수 있어야 한다.

234 ②

235

공물에 대한 다음의 설명 중 옳지 않은 것은? (다툼이 있는 경우 판례에 의함)

2017 서울시 7급

① 자연공물은 자연상태 그대로 공공용에 제공될 수 있는 실체를 갖추고 있다면 별도의 공용개시행위가 없더라도 행정재산이 된다.
② 자연공물은 행정재산이 된 후 본래의 용도에 공여되지 않은 상태로 놓여 있더라도 국유재산법령에 의거하여 공용폐지를 하지 않는 한 일반재산이 될 수 없다.
③ 국유재산 또는 공유재산 중 일반재산을 제외한 공물은 공용폐지가 없는 한 시효취득의 대상이 되지 않는다.
④ 국유재산의 관리청이 행정재산의 사용·수익을 허가하는 행위는 강학상 특허에 해당하나, 그 후 사용·수익하는 자에 대한 사용료 부과는 사경제주체로서 행하는 사법상의 이행청구이다.

해설

①, ② **COMMENT** 국유 하천부지는 자연의 상태 그대로 공공용에 제공될 수 있는 실체를 갖추고 있는 이른바 자연공물로서 별도의 공용개시행위가 없더라도 행정재산이 되고 그 후 본래의 용도에 공여되지 않는 상태에 놓여 있더라도 국유재산법령에 의한 용도폐지를 하지 않은 이상 당연히 잡종재산으로 된다고는 할 수 없으며, 농로나 구거와 같은 이른바 인공적 공공용 재산은 법령에 의하여 지정되거나 행정처분으로 공공용으로 사용하기로 결정한 경우, 또는 행정재산으로 실제 사용하는 경우의 어느 하나에 해당하면 행정재산이 된다.

③
> **대법원 1995.12.22., 선고, 95다19478, 판결**
> 행정 목적을 위하여 공용되는 행정재산은 공용폐지가 되지 않는 한 사법상 거래의 대상이 될 수 없으므로 취득시효의 대상도 되지 않는 것이고, 공물의 용도폐지 의사표시는 명시적이든, 묵시적이든 불문하나 적법한 의사표시여야 하고 단지 사실상 공물로서의 용도에 사용되지 아니하고 있다는 사실만으로 용도폐지의 의사표시가 있다고 볼 수는 없다.

④
> **대법원 1998.2.27., 선고, 97누1105, 판결**
> 공유재산의 관리청이 행정재산의 사용·수익에 대한 허가는 순전히 사경제주체로서 행하는 사법상의 행위가 아니라 관리청이 공권력을 가진 우월적 지위에서 행하는 행정처분으로서 특정인에게 행정재산을 사용할 수 있는 권리를 설정하여 주는 강학상 특허에 해당한다.

> **대법원 1996.2.13., 선고, 95누11023, 판결**
> 국유재산의 관리청이 행정재산의 사용·수익을 허가한 다음 그 사용·수익하는 자에 대하여 하는 사용료 부과는 순전히 사경제주체로서 행하는 사법상의 이행청구라 할 수 없고, 이는 관리청이 공권력을 가진 우월적 지위에서 행한 것으로서 항고소송의 대상이 되는 행정처분이라 할 것이다.

235 ④

236

2016 서울시 7급

서울지방국토관리청이 기획재정부장관으로부터 관할 행정재산 관리사무를 법률에 따라 위임받아 특정 행정재산의 사용허가를 한 경우, 이에 대한 설명으로 가장 옳은 것은?

① 서울지방국토관리청이 행하는 행정재산의 사용허가는 순전히 사경제주체로서 행사는 사법상의 행위가 아니라 국가행정기관이 공권력을 보유한 우월적 지위에서 행하는 행정처분이다.
② 서울지방국토관리청의 사용허가는 특정인에게 행정재산을 사용할 수 있는 권리를 설정해 주는 강학상 특허에 해당하므로 그 취소나 철회에 대하여는 항고소송을 통해 다툴 수 있으며, 이때 피고는 해당사무를 위임한 기획재정부장관이다.
③ 서울지방국토관리청의 행정재산 사용허가에 있어서 해당 행정청이 정한 사용허가 기간은 그 허가의 효력을 제한하기 위한 행정행위의 부관이므로 이는 독립하여 행정소송의 대상이 될 수 있다.
④ 서울지방국토관리청의 그 효력을 제한한 사용허가로 인하여 사용허가의 일부거부를 취소하는 소송을 제기할 때 그 소송의 제1심 관할법원은 피고의 소재지를 관할하는 행정법원이 아니라 해당 행정재산의 소재지를 관할하는 행정법원이다.

해설

①
> 대법원 2006.3.9., 선고, 2004다31074, 판결
> 국유재산 등의 관리청이 하는 행정재산의 사용·수익에 대한 허가는 순전히 사경제주체로서 행하는 사법상의 행위가 아니라 관리청이 공권력을 가진 우월적 지위에서 행하는 행정처분으로서 특정인에게 행정재산을 사용할 수 있는 권리를 설정하여 주는 강학상 특허에 해당한다.

② COMMENT 처분성이 인정되는 이상 항고소송을 통해 다툴 수 있고, 이 경우 피고는 수임청인 서울지방국토관리청이다.

③
> 대법원 2001.6.15., 선고, 99두509, 판결
> 행정행위의 부관은 부담인 경우를 제외하고는 독립하여 행정소송의 대상이 될 수 없는바, 기부채납받은 행정재산에 대한 사용·수익허가에서 공유재산의 관리청이 정한 사용·수익허가의 기간은 그 허가의 효력을 제한하기 위한 행정행위의 부관으로서 이러한 사용·수익허가의 기간에 대해서는 독립하여 행정소송을 제기할 수 없다.

④ COMMENT 해당 행정재산의 소재지를 관할하는 행정법원 뿐만 아니라 피고의 소재지를 관할하는 행정법원 역시 관할권을 가진다(행정소송법 제9조 제1항, 제3항).

> 제9조(재판관할) ① 취소소송의 제1심 관할법원은 피고의 소재지를 관할하는 행정법원으로 한다.
> ② 제1항에도 불구하고 다음 각 호의 어느 하나에 해당하는 피고에 대하여 취소소송을 제기하는 경우에는 대법원소재지를 관할하는 행정법원에 제기할 수 있다.
> 1. 중앙행정기관, 중앙행정기관의 부속기관과 합의제행정기관 또는 그 장
> 2. 국가의 사무를 위임 또는 위탁받은 공공단체 또는 그 장
> ③ 토지의 수용 기타 부동산 또는 특정의 장소에 관계되는 처분등에 대한 취소소송은 그 부동산 또는 장소의 소재지를 관할하는 행정법원에 이를 제기할 수 있다.

236 ①

237

2004 국가직 7급

개별행정법에 관한 설명 중 옳지 않은 것은?

① 공물의 계속적이고 독점적인 사용은 공물경찰권에 의하여 허용된다.
② 경찰작용에는 권력적인 것과 비권력적인 것이 있다.
③ 공용제한은 법률의 근거를 요하며, 원칙적으로 손실보상을 해주어야 한다.
④ 경제행정의 영역에서 법률유보의 원리가 반드시 적용된다고 할 수는 없다.

해설

① COMMENT 공물의 계속적이고 독점적인 사용은 강학상 특허에 해당하는 경우로서, 공물관리권에 의하여 허용된다. 공물경찰권이란 공물상의 안녕과 질서에 대한 위해의 방지를 위해서 '일시적' 사용허가만 가능하다.

② COMMENT 경찰작용은 질서유지를 목적으로 하므로 그 본질이 침익적인 것이어서 권력작용이 일반적이나, 최근에는 비권력작용(예컨대 경찰지도)의 중요성이 부각되고 있다.

③ 헌법 제23조 제3항

> 제23조 ① 모든 국민의 재산권은 보장된다. 그 내용과 한계는 법률로 정한다.
> ② 재산권의 행사는 공공복리에 적합하도록 하여야 한다.
> ③ 공공필요에 의한 재산권의 수용·사용 또는 제한 및 그에 대한 보상은 법률로써 하되, 정당한 보상을 지급하여야 한다.

④ COMMENT 법률우위의 원칙은 모든 행정작용에 대하여 적용되나, 법률유보의 원칙은 그 적용범위가 문제된다. 경제행정의 경우 수익적 성격을 갖는 경우에는 행정의 탄력적 집행을 위해 법률의 근거 없이 행하는 것도 가능할 수 있다.

238

2007 국가직 7급

국민기초생활보장법상의 급여에 관한 설명 중 옳지 않은 것은?

① 급여는 건강하고 문화적인 최저생활을 유지할 수 있는 것이어야 한다.
② 급여는 생계급여, 주거급여, 의료급여, 교육급여, 해산급여, 장제급여, 자활급여로 구분된다.
③ 수급자의 생활의 유지 및 향상을 위하여 국가가 최대한 노력하는 것이 급여의 기본원칙이다.
④ 생계급여는 수급자에게 의복·음식물 및 연료비와 기타 일상생활에 기본적으로 필요한 금품을 지급하여 그 생계를 유지하게 하는 것으로 한다.

237 ① 238 ③

해설

① 국민기초생활보장법 제4조 제1항

> **제4조(급여의 기준 등)** ① 이 법에 따른 급여는 건강하고 문화적인 최저생활을 유지할 수 있는 것이어야 한다.

② 동법 제7조 제1항

> **제7조(급여의 종류)** ① 이 법에 따른 급여의 종류는 다음 각 호와 같다.
> 1. 생계급여
> 2. 주거급여
> 3. 의료급여
> 4. 교육급여
> 5. 해산급여(解産給與)
> 6. 장제급여(葬祭給與)
> 7. 자활급여

③ COMMENT 국가가 최대한 노력하는 것이 아니라, 수급자가 최대한 노력하는 것을 전제로 국가는 이를 보충·발전시키는 것이다(동법 제3조 제1항).

> **제3조(급여의 기본원칙)** ① 이 법에 따른 급여는 수급자가 자신의 생활의 유지·향상을 위하여 그의 소득, 재산, 근로능력 등을 활용하여 최대한 노력하는 것을 전제로 이를 보충·발전시키는 것을 기본원칙으로 한다.

④ 동법 제8조 제1항

> **제8조(생계급여의 내용 등)** ① 생계급여는 수급자에게 의복, 음식물 및 연료비와 그 밖에 일상생활에 기본적으로 필요한 금품을 지급하여 그 생계를 유지하게 하는 것으로 한다.

239

국민기초생활보장법에 대한 설명으로 옳지 않은 것은?

① 생계급여 최저보장수준은 생계급여와 소득인정액을 포함하여 생계급여 선정기준 이상이 되도록 하여야 한다.
② 지방자치단체인 보장기관은 해당 지방자치단체의 조례로 정하는 바에 따라 국민기초생활보장법에 따른 급여의 범위 및 수준을 초과하여 급여를 실시할 수 있다.
③ 사회복지 전담공무원은 급여를 필요로 하는 사람이 누락되지 아니하도록 하기 위하여 관할지역에 거주하는 수급권자에 대한 급여를 수급자의 동의없이 직권으로 신청할 수 있다.
④ 기준 중위소득은 통계법 에 따라 통계청이 공표하는 통계자료의 가구 경상소득의 중간값에 최근 가구소득 평균 증가율, 가구 규모에 따른 소득수준의 차이 등을 반영하여 가구규모별로 산정한다.

해설

① 국민기초생활보장법 제8조 제3항

> **제8조(생계급여의 내용 등)** ③ 생계급여 최저보장수준은 생계급여와 소득인정액을 포함하여 생계급여 선정기준 이상이 되도록 하여야 한다.

② 동법 제4조 제4항

> **제4조(급여의 기준 등)** ④ 지방자치단체인 보장기관은 해당 지방자치단체의 조례로 정하는 바에 따라 이 법에 따른 급여의 범위 및 수준을 초과하여 급여를 실시할 수 있다. 이 경우 해당 보장기관은 보건복지부장관 및 소관 중앙행정기관의 장에게 알려야 한다.

③ 동법 제21조 제2항

> **제21조(급여의 신청)** ② 사회복지 전담공무원은 이 법에 따른 급여를 필요로 하는 사람이 누락되지 아니하도록 하기 위하여 관할지역에 거주하는 수급권자에 대한 급여를 직권으로 신청할 수 있다. 이 경우 수급권자의 동의를 구하여야 하며 수급권자의 동의는 수급권자의 신청으로 볼 수 있다.

④ 동법 제6조의2 제1항

> **6조의2(기준 중위소득의 산정)** ① 기준 중위소득은 「통계법」 제27조에 따라 통계청이 공표하는 통계자료의 가구 경상소득(근로소득, 사업소득, 재산소득, 이전소득을 합산한 소득을 말한다)의 중간값에 최근 가구소득 평균 증가율, 가구규모에 따른 소득수준의 차이 등을 반영하여 가구규모별로 산정한다.

240

갑 군(郡)의 군수는 인구의 감소와 이동에 따라 특정 지역의 기존의 도로에 대해 도로용도를 폐지하고 해당 지역을 밭으로 활용하기로 결정하였다. 다음 설명 중 옳지 않은 것은?

① 구체적으로 당해 도로를 사용하지 않고 있는 인접주민은 그 도로의 인접주민이라는 사정만으로는 그에 대한 고양된 일반사용권이 인정될 수 없다.
② 인접주민의 토지가 도로의 존재와 이용에 종속적인 경우에는 구체적 타당성을 위하여 예외적으로 공동사용을 영속적으로 배제하는 권리의 주장도 인정된다.
③ 인접주민의 고양된 일반사용권은 헌법상의 재산권의 보장에 기한 것으로서, 공동사용을 능가하여 사용할 수 있다.
④ 당해 도로의 성질상 인접주민의 생활에 개별성이 강한 직접적이고 구체적인 이익을 부여하고 있어서 인접주민에게 그로 인한 이익을 가지게 하는 것이 법률적인 관점으로도 이유가 있다고 인정되는 특별한 사정이 있는 경우 인접주민은 위 도로용도폐지처분의 취소를 구할 법률상 이익이 있다.

해설

①
대법원 2006.12.22., 선고, 2004다68311, 판결
공물의 인접주민은 다른 일반인보다 인접공물의 일반사용에 있어 특별한 이해관계를 가지는 경우가 있고, 그러한 의미에서 다른 사람에게 인정되지 아니하는 이른바 고양된 일반사용권이 보장될 수 있으며, 이러한 고양된 일반사용권이 침해된 경우 다른 개인과의 관계에서 민법상으로도 보호될 수 있으나, 그 권리도 공물의 일반사용의 범위 안에서 인정되는 것이므로, 특정인에게 어느 범위에서 이른바 고양된 일반사용권으로서의 권리가 인정될 수 있는지의 여부는 당해 공물의 목적과 효용, 일반사용관계, 고양된 일반사용권을 주장하는 사람의 법률상의 지위와 당해 공물의 사용관계의 인접성, 특수성 등을 종합적으로 고려하여 판단하여야 한다. 따라서 <u>구체적으로 공물을 사용하지 않고 있는 이상 그 공물의 인접주민이라는 사정만으로는 공물에 대한 고양된 일반사용권이 인정될 수 없다.</u>

② COMMENT 인접주민의 고양된 일반사용권은 일정한 한계를 가진다. 즉 공동사용(자유사용)을 영속적으로 배제하지 않는 범위 내에서만 인정된다.

③ COMMENT 고양된 일반사용이라는 말 자체가 (타인의 사용을 방해하지 않는 범위 내에서) 보통의 사용을 능가하는 이용을 행정청의 허가 없이 무상으로 누릴 수 있다는 의미이다.

④
대법원 1992.9.22., 선고, 91누13212, 판결
일반적으로 도로는 국가나 지방자치단체가 직접 공중의 통행에 제공하는 것으로서 일반국민은 이를 자유로이 이용할 수 있는 것이기는 하나, 그렇다고 하여 그 이용관계로부터 당연히 그 도로에 관하여 특정한 권리나 법령에 의하여 보호되는 이익이 개인에게 부여되는 것이라고까지는 말할 수 없으므로, 일반적인 시민생활에 있어 도로를 이용만 하는 사람은 그 용도폐지를 다툴 법률상의 이익이 있다고 말할 수 없지만, <u>공공용재산이라고 하여도 당해 공공용재산의 성질상 특정개인의 생활에 개별성이 강한 직접적이고 구체적인 이익을 부여하고 있어서 그에게 그로 인한 이익을 가지게 하는 것이 법률적인 관점으로도 이유가 있다고 인정되는 특별한 사정이 있는 경우에는 그와 같은 이익은 법률상 보호되어야 할 것이고, 따라서 도로의 용도폐지처분에 관하여 이러한 직접적인 이해관계를 가지는 사람이 그와 같은 이익을 현실적으로 침해당한 경우에는 그 취소를 구할 법률상의 이익이 있다.</u>

240 ②

241

복리행정 내지 사회보장행정에 대한 설명으로 옳지 않은 것은?

2011 국가직 7급

① 사회보장청구권자는 자연인만이 될 수 있으며, 법인은 본질적으로 사회보장청구권자가 될 수 없다.
② 사회보험은 사회적 위험을 보험방식으로 대처하여 국민의 건강과 소득을 보장하는 것이다.
③ 공공부조는 국가 또는 지방자치단체의 책임하에 생활유지능력이 없거나 생활이 어려운 국민의 최저생활을 보장하고 자립을 지원하는 것이다.
④ 공공부조는 사회보험에 대한 보완적 성격을 가지나, 양자는 공히 조세수입 등에 의한 일반재원에 주로 의존한다.

해설

① COMMENT 사회보장청구권은 헌법(제34조)상 인간다운 생활을 할 권리에서 도출되는 것이므로, 자연인에게만 인정된다.

> **제34조** ① 모든 국민은 인간다운 생활을 할 권리를 가진다.

② 사회보장기본법 제3조 제2호
③ 동법 제3조 제3호

> **제3조(정의)** 이 법에서 사용하는 용어의 뜻은 다음과 같다.
> 1. "사회보장"이란 출산, 양육, 실업, 노령, 장애, 질병, 빈곤 및 사망 등의 사회적 위험으로부터 모든 국민을 보호하고 국민 삶의 질을 향상시키는 데 필요한 소득·서비스를 보장하는 사회보험, 공공부조, 사회서비스를 말한다.
> 2. "사회보험"이란 국민에게 발생하는 사회적 위험을 보험의 방식으로 대처함으로써 국민의 건강과 소득을 보장하는 제도를 말한다.
> 3. "공공부조"(公共扶助)란 국가와 지방자치단체의 책임 하에 생활 유지 능력이 없거나 생활이 어려운 국민의 최저생활을 보장하고 자립을 지원하는 제도를 말한다.
> 4. "사회서비스"란 국가·지방자치단체 및 민간부문의 도움이 필요한 모든 국민에게 복지, 보건의료, 교육, 고용, 주거, 문화, 환경 등의 분야에서 인간다운 생활을 보장하고 상담, 재활, 돌봄, 정보의 제공, 관련 시설의 이용, 역량 개발, 사회참여 지원 등을 통하여 국민의 삶의 질이 향상되도록 지원하는 제도를 말한다.
> 5. "평생사회안전망"이란 생애주기에 걸쳐 보편적으로 충족되어야 하는 기본욕구와 특정한 사회위험에 의하여 발생하는 특수욕구를 동시에 고려하여 소득·서비스를 보장하는 맞춤형 사회보장제도를 말한다.

241 ④

④ COMMENT 공공부조는 그 재원을 조세 등 일반재원에 의존하는데 비하여, 사회보험은 피보험자·그밖의 사용주·정부 등으로부터의 보험금 또는 기여금에 의존하는 것이 통상이다(동법 제28조 제2항).

> **제28조(비용의 부담)** ① 사회보장 비용의 부담은 각각의 사회보장제도의 목적에 따라 국가, 지방자치단체 및 민간부문 간에 합리적으로 조정되어야 한다.
> ② 사회보험에 드는 비용은 사용자, 피용자(被傭者) 및 자영업자가 부담하는 것을 원칙으로 하되, 관계 법령에서 정하는 바에 따라 국가가 그 비용의 일부를 부담할 수 있다.
> ③ 공공부조 및 관계 법령에서 정하는 일정 소득 수준 이하의 국민에 대한 사회서비스에 드는 비용의 전부 또는 일부는 국가와 지방자치단체가 부담한다.
> ④ 부담 능력이 있는 국민에 대한 사회서비스에 드는 비용은 그 수익자가 부담함을 원칙으로 하되, 관계 법령에서 정하는 바에 따라 국가와 지방자치단체가 그 비용의 일부를 부담할 수 있다.

242

2018 지방직 7급

「사회보장기본법」상 사회보장제도에 대한 설명으로 옳지 않은 것은?

① 국가와 지방자치단체는 국가 발전수준에 부응하고 사회환경의 변화에 선제적으로 대응하며 지속가능한 사회보장제도를 확립하고 매년 이에 필요한 재원을 조달하여야 한다.
② '사회보장'이란 출산, 양육, 실업, 노령, 장애, 질병, 빈곤 및 사망 등의 사회적 위험으로부터 모든 국민을 보호하고 국민 삶의 질을 향상시키는 데 필요한 소득·서비스를 보장하는 사회보험, 공공부조, 사회서비스를 말한다.
③ '사회보험'이란 국민에게 발생하는 사회적 위험을 보험의 방식으로 대처함으로써 국민의 건강과 소득을 보장하는 제도를 말한다.
④ '사회서비스'란 생애주기에 걸쳐 보편적으로 충족되어야 하는 기본욕구와 특정한 사회위험에 의하여 발생하는 특수욕구를 동시에 고려하여 소득·서비스를 보장하는 맞춤형 사회보장 제도를 말한다.

해설

① 「사회보장기본법」제5조 제3항

> **사회보장기본법**
> **제5조(국가와 지방자치단체의 책임)** ③ 국가와 지방자치단체는 국가 발전 수준에 부응하고 사회환경의 변화에 선제적으로 대응하며 지속가능한 사회보장제도를 확립하고 매년 이에 필요한 재원을 조달하여야 한다.

② 「동법」제3조 제1호
③ 「동법」제3조 제2호

242 ④

④ COMMENT '사회서비스'가 아니라 '평생사회안전망'에 대한 개념정의이다(동법 제3조 제4호, 제5호).

> 제3조(정의) 이 법에서 사용하는 용어의 뜻은 다음과 같다.
> 1. "사회보장"이란 출산, 양육, 실업, 노령, 장애, 질병, 빈곤 및 사망 등의 사회적 위험으로부터 모든 국민을 보호하고 국민 삶의 질을 향상시키는 데 필요한 소득·서비스를 보장하는 사회보험, 공공부조, 사회서비스를 말한다.
> 2. "사회보험"이란 국민에게 발생하는 사회적 위험을 보험의 방식으로 대처함으로써 국민의 건강과 소득을 보장하는 제도를 말한다.
> 3. "공공부조"(公共扶助)란 국가와 지방자치단체의 책임 하에 생활 유지 능력이 없거나 생활이 어려운 국민의 최저생활을 보장하고 자립을 지원하는 제도를 말한다.
> 4. "사회서비스"란 국가·지방자치단체 및 민간부문의 도움이 필요한 모든 국민에게 복지, 보건의료, 교육, 고용, 주거, 문화, 환경 등의 분야에서 인간다운 생활을 보장하고 상담, 재활, 돌봄, 정보의 제공, 관련 시설의 이용, 역량 개발, 사회참여 지원 등을 통하여 국민의 삶의 질이 향상되도록 지원하는 제도를 말한다.
> 5. "평생사회안전망"이란 생애주기에 걸쳐 보편적으로 충족되어야 하는 기본욕구와 특정한 사회위험에 의하여 발생하는 특수욕구를 동시에 고려하여 소득·서비스를 보장하는 맞춤형 사회보장제도를 말한다.

243

2020 지방직 7급

「국민건강보험법」에 대한 설명으로 옳지 않은 것은?

① 가입자는 직장가입자의 피부양자가 된 날에 그 자격을 잃는다.
② 직장가입자인 근로자 등이 그 사용관계가 끝난 날에는 그 당일에 가입자의 자격이 변동된다.
③ 국내에 거주하는 국민은 건강보험의 가입자 또는 피부양자가 되나 「의료급여법」에 따라 의료급여를 받는 사람은 적용대상에서 제외된다.
④ 국민건강보험공단은 보험급여를 받을 수 있는 사람이 다른 법령에 따라 국가나 지방자치단체로부터 보험급여에 상당하는 급여를 받거나 보험급여에 상당하는 비용을 지급받게 되는 경우에는 그 한도에서 보험급여를 하지 아니한다.

| 해설

① 「국민건강보험법」 제10조 제1항 제4호

> 제10조(자격의 상실 시기 등) ① 가입자는 다음 각 호의 어느 하나에 해당하게 된 날에 그 자격을 잃는다.
> 4. 직장가입자의 피부양자가 된 날

② COMMENT 동법 제9조 제1항 제3호. '다음 날' 자격이 변동된다.

> 제9조(자격의 변동 시기 등) ① 가입자는 다음 각 호의 어느 하나에 해당하게 된 날에 그 자격이 변동된다.
> 3. 직장가입자인 근로자등이 그 사용관계가 끝난 날의 다음 날

243 ②

③ 동법 제5조 제1항 제1호

> **제5조(적용 대상 등)** ① 국내에 거주하는 국민은 건강보험의 가입자(이하 "가입자"라 한다) 또는 피부양자가 된다. 다만, 다음 각 호의 어느 하나에 해당하는 사람은 제외한다.
> 1. 「의료급여법」에 따라 의료급여를 받는 사람(이하 "수급권자"라 한다)

④ 동법 제53조 제2항

> **제53조(급여의 제한)** ② 공단은 보험급여를 받을 수 있는 사람이 다른 법령에 따라 국가나 지방자치단체로부터 보험급여에 상당하는 급여를 받거나 보험급여에 상당하는 비용을 지급받게 되는 경우에는 그 한도에서 보험급여를 하지 아니한다.

244

2021 지방직 7급

산업재해보상보험법에 대한 설명으로 옳지 않은 것은? (다툼이 있는 경우 판례에 의함)

① 유족급여의 지급거부에 대하여는 고용노동부장관을 피고로 하여 당사자소송을 제기하여야 한다.
② 사업주가 제공한 교통수단이나 그에 준하는 교통수단을 이용하는 등 사업주의 지배관리하에서 출퇴근하는 도중에 발생한 사고는 업무상 재해이다.
③ 근로복지공단은 보험사업을 효율적으로 수행하기 위하여 필요하면 질병관리청・국세청 및 지방자치단체 등 관계 행정기관이나 보험사업과 관련되는 기관・단체 등에 필요한 자료의 제공을 요청할 수 있다.
④ 국가는 회계연도마다 예산의 범위에서 보험사업의 사무 집행에 드는 비용을 일반회계에서 부담하여야 한다.

해설

① **COMMENT** 근로복지공단의 지급결정이 없는 이상 구체적 청구권이 발생하지 않으므로 당사자소송으로 그 이행을 구할 수는 없고, 근로복지공단을 피고로 하여 지급거부처분에 대하여 취소소송을 제기하여야 한다.

> 서울행법 2005.5.17., 선고, 2004구합38164, 판결 : 확정
> 산업재해보상보험법 제14조 제3호 및 제4호, 제88조 내지 제94조의 규정을 종합하여 보면, 같은 법이 규정한 보험급여지급의 요건에 해당하여 보험급여를 받을 권리가 있는 자라고 할지라도 그 요건에 해당하는 것만으로 바로 구체적인 청구권이 발생하는 것이 아니라 근로복지공단의 인용결정에 의하여 비로소 구체적인 청구권이 발생한다고 할 것이고, 이 경우 근로복지공단이 보험급여를 지급하기로 하는 결정이나 그 지급을 거부하는 결정은 신청인에게 급여청구권이 있는지의 여부를 공권적으로 확정하는 준법률행위적 행정행위로서의 확인에 해당하여 행정처분이라 할 것인데, 보험급여에 관한 지급결정이 있었음에도 그 후에 근로복지공단이 보험급여의 지급을 거절한다면 이는 이미 결정된 보험급여의 이행이라는 사실행위를 하지 아니하는 것으로서 이에 대한 법적 구제는 당사자소송을 통하여 직접적으로 근로복지공단을 상대로 사실행위로서의 급여의 지급을 구하여야 하고, 이러한 사실행위의 불이행을 또다시 지급거부결정으로서의 성질을 갖는 행정처분으로 파악하여 항고소송(취소소송)의 대상으로 삼을 수는 없다.

②

> **대법원 1999.9.3., 선고, 99다24744, 판결**
> 산업재해보상보험법 소정의 업무상의 재해라 함은 근로자가 사업주와의 근로계약에 기하여 사업주의 지배·관리하에서 근로업무의 수행 또는 그에 수반되는 통상적인 활동을 하는 과정에서 이러한 업무에 기인하여 발생한 재해를 말하므로, 출퇴근 중의 근로자는 일반적으로 그 방법과 경로를 선택할 수 있어 사용자의 지배 또는 관리하에 있다고 볼 수 없고, 따라서 출퇴근 중에 발생한 재해가 <u>업무상의 재해로 인정되기 위하여는 사용자가 근로자에게 제공한 차량 등의 교통수단을 이용하거나 사용자가 이에 준하는 교통수단을 이용하도록 하여 근로자의 출퇴근 과정이 사용자의 지배·관리하에 있다고 볼 수 있는 경우에 해당되어야 할 것이다</u>(대법원 1997. 11. 14. 선고 97누13009 판결 등 참조).

③ 산업재해보상보험법 제31조 제1항

> **제31조(자료 제공의 요청)** ① 공단은 보험사업을 효율적으로 수행하기 위하여 필요하면 질병관리청·국세청 및 지방자치단체 등 관계 행정기관이나 보험사업과 관련되는 기관·단체 등에 필요한 자료의 제공을 요청할 수 있다.

④ 동법 제3조

> **제3조(국가의 부담 및 지원)** ① 국가는 회계연도마다 예산의 범위에서 보험사업의 사무 집행에 드는 비용을 일반회계에서 부담하여야 한다.
> ② 국가는 회계연도마다 예산의 범위에서 보험사업에 드는 비용의 일부를 지원할 수 있다.

245
2013 지방직 7급

급부행정에 대한 설명으로 옳지 않은 것은? (다툼이 있는 경우 판례에 의함)

① 공용폐지가 없는 한 행정재산은 취득시효의 대상이 될 수 없다.
② 도로법상 허가의 대상인 도로의 점용은 도로의 특정 부분을 유형적·고정적으로 특정한 목적을 위하여 사용하는 특별사용이다.
③ 문화재나 문화재보호구역 지정으로 인하여 인근주민이 문화재를 향유할 이익은 구체적인 법률상 이익에 해당한다.
④ 공유재산 관리청이 행정재산의 사용·수익에 대한 허가를 하거나 이를 거부한 행위는 항고소송의 대상이 된다.

■ 해설

① 대판 1994.3.22., 93다56220

행정재산은 공용이 폐지되지 않는 한 사법상 거래의 대상이 될 수 없으므로 취득시효의 대상이 되지 않는다. 공용폐지의 의사표시는 명시적이든 묵시적이든 상관이 없으나 적법한 의사표시가 있어야 하고, 행정재산이 사실상 본래의 용도에 사용되지 않고 있다는 사실만으로 용도폐지의 의사표시가 있었다고 볼 수는 없으며, 원래의 행정재산이 공용폐지되어 취득시효의 대상이 된다는 사실에 대한 입증책임은 시효취득을 주장하는 자에게 있다.

② 대판 1998.9.22., 96누7342

도로법 제40조에 규정된 도로의 점용이라 함은 일반공중의 교통에 공용되는 도로에 대하여 이러한 일반사용과는 별도로 도로의 지표뿐만 아니라 그 지하나 지상 공간의 특정 부분을 유형적, 고정적으로 특정한 목적을 위하여 사용하는 이른바 특별사용을 뜻하는 것이므로, 허가없이 도로를 점용하는 행위의 내용이 위와 같은 특별사용에 해당할 경우에 한하여 도로법 제80조의2의 규정에 따라 도로점용료 상당의 부당이득금을 징수할 수 있다.

③ 대판 2001.9.28., 99두8565

도지사의 도지정문화재 지정처분은, 문화재를 보존하여 이를 활용함으로써 국민의 문화적 향상을 도모함과 아울러 인류문화의 발전에 기여할 목적에서(같은 법 제1조), 도지사가 그 관할구역 안에 있는 문화재로서 국가지정문화재로 지정되지 아니한 문화재 중 보존가치가 있다고 인정되는 것을 도지정문화재로 지정하는 행위이므로, 그 입법목적이나 취지는 지역주민이나 국민 일반의 문화재 향유에 대한 이익을 공익으로서 보호함에 있는 것이지, 특정 개인의 문화재 향유에 대한 이익을 직접적·구체적으로 보호함에 있는 것으로 해석되지 아니하고, 달리 같은 법과 같은 조례에서 위 지정처분으로 침해될 수 있는 특정 개인의 명예 내지 명예감정을 보호하는 것을 목적으로 하여 그 지정처분에 제약을 가하는 규정을 두고 있지도 아니하므로, 설령 위 지정처분으로 인하여 어느 개인이나 그 선조의 명예 내지 명예감정이 손상되었다고 하더라도, 그러한 명예 내지 명예감정은 위 지정처분의 근거 법규에 의하여 직접적·구체적으로 보호되는 이익이라고 할 수 없으므로 그 처분의 취소를 구할 법률상의 이익에 해당하지 아니한다.

④ 대판 1998.2.27., 97누1105

행정재산의 사용·수익허가처분의 성질에 비추어 국민에게는 행정재산의 사용·수익허가를 신청할 법규상 또는 조리상의 권리가 있다고 할 것이므로 공유재산의 관리청이 행정재산의 사용·수익에 대한 허가 신청을 거부한 행위 역시 행정처분에 해당한다.

246

2014 지방직 7급

보조금에 대한 설명으로 옳지 않은 것은? (다툼이 있는 경우 판례에 의함)

① 「보조금 관리에 관한 법률」에 따라 반환되어야 할 보조금에 대한 중앙관서의 장이 가지는 징수권은 사법상 채권이므로, 민사소송의 방법으로 반환청구할 수 있다.
② 「보조금 관리에 관한 법률」의 적용을 받는 보조금은 국가가 교부하는 보조금에 한정되고, 지방자치단체가 교부하는 보조금에 관하여는 지방재정법, 지방재정법 시행령 및 당해 지방자치단체의 보조금 관리조례가 적용된다.
③ 사립학교법인의 국가 및 지방자치단체에 대한 보조금교부채권은 성질상 양도나 강제집행의 대상이 될 수 없다.
④ 보조사업자가 허위서류 등을 제출하여 보조금을 지급받은 후에 적발된 경우, 중앙관서의 장이 그 보조금교부결정의 전부 또는 일부를 취소하는 것은 강학상 행정행위의 직권취소에 해당한다.

해설

①
> 대판 2012.3.15., 2011다17328
> 중앙관서의 장이 가지는 반환하여야 할 보조금에 대한 징수권은 공법상 권리로서 사법상 채권과는 성질을 달리하므로, 중앙관서의 장으로서는 보조금을 반환하여야 할 자에 대하여 민사소송의 방법으로는 반환청구를 할 수 없다고 보아야 한다.

②
> 대판 2011.6.9., 2011다2951
> 보조금의 예산 및 관리에 관한 법률 제2조 제1호는 "보조금이라 함은 국가 외의 자가 행하는 사무 또는 사업에 대하여 국가가 이를 조성하거나 재정상의 원조를 하기 위하여 교부하는 보조금(지방자치단체에 대한 것과 기타 법인 또는 개인의 시설자금이나 운영자금에 대한 것에 한한다)·부담금(국제조약에 의한 부담금은 제외한다) 기타 상당한 반대급부를 받지 아니하고 교부하는 급부금으로서 대통령령으로 정하는 것을 말한다."라고 규정하고 있으므로, 위 법의 적용을 받는 보조금은 국가가 교부하는 보조금에 한정된다. 따라서 지방자치단체가 교부하는 보조금에 관하여는 위 법의 적용이 없고, 지방재정법 및 지방재정법 시행령 그리고 당해 지방자치단체의 보조금관리조례가 적용될 뿐이다.

③
> 대결 1996.12.24., 96마1302
> 사립학교 교육의 지원을 위하여 교부되고 그 목적 이외의 사용이 금지되는 보조금은, 그 금원의 목적 내지 성질상 국가나 지방자치단체와 학교법인 사이에서만 수수, 결제되어야 하므로 그 보조금교부채권은 성질상 양도가 금지된 것으로 보아야 하고 따라서 강제집행의 대상이 될 수 없다.

④ COMMENT 애초에 보조금을 지급받을 수 없다는 사실이 추후에 적발된 경우이므로, 행정행위의 성립상 하자를 이유로 처분청이 이를 취소하는 강학상 '행정행위의 직권취소'에 해당한다.

246 ①

2022-2023
정인국 단기완성
행정법각론
기출문제집

CHAPTER

06

규제행정법

CHAPTER 06 규제행정법

247 2001 국가직 7급

「개발제한구역의 지정 및 관리에 관한 특별조치법」상 개발제한구역 지정의 사유로 옳지 않은 것은?

① 도시의 무질서한 확산 방지
② 도시민의 건전한 생활환경 확보
③ 인구 및 산업의 적정한 배치
④ 국방부장관의 요청에 의한 보안상 도시의 개발제한 필요

해설

①, ②, ④ 개발제한구역의 지정 및 관리에 관한 특별조치법 제3조 제1항

> **제3조(개발제한구역의 지정 등)** ① 국토교통부장관은 도시의 무질서한 확산을 방지하고 도시 주변의 자연환경을 보전하여 도시민의 건전한 생활환경을 확보하기 위하여 도시의 개발을 제한할 필요가 있거나 국방부장관의 요청으로 보안상 도시의 개발을 제한할 필요가 있다고 인정되면 개발제한구역의 지정 및 해제를 도시·군관리계획으로 결정할 수 있다.

③ COMMENT '인구 및 산업의 적정한 배치'는 「수도권정비계획법」의 입법목적이다(동법 제1조).

> **제1조(목적)** 이 법은 수도권(首都圈) 정비에 관한 종합적인 계획의 수립과 시행에 필요한 사항을 정함으로써 수도권에 과도하게 집중된 인구와 산업을 적정하게 배치하도록 유도하여 수도권을 질서 있게 정비하고 균형 있게 발전시키는 것을 목적으로 한다.

247 ③

248

2016 국가직 7급

「도시 및 주거환경정비법」상 관리처분계획에 대한 설명으로 옳지 않은 것은? (다툼이 있는 경우 판례에 의함)

① 주택재건축정비사업조합을 상대로 관리처분계획안에 대한 조합총회 결의의 효력을 다투는 소송은 「행정소송법」상 당사자소송에 해당한다.
② 관리처분계획에 대한 인가처분은 단순한 보충행위에 그치지 않고 일종의 설권적 처분의 성질을 가지므로, 인가처분시 기부채납과 같은 다른 조건을 붙일 수 있다.
③ 관리처분계획에 대한 관할 행정청의 인가·고시 이후 관리처분계획에 대한 조합총회 결의의 하자를 다투고자 하는 경우에는 관리처분계획을 항고소송으로 다투어야 한다.
④ 이전고시가 효력을 발생하게 된 이후에는 조합원 등이 관리처분계획의 취소 또는 무효확인을 구할 법률상 이익이 없다.

해설

① 대법원 2009.9.17., 선고, 2007다2428, 전원합의체 판결
도시 및 주거환경정비법상 행정주체인 주택재건축정비사업조합을 상대로 관리처분계획안에 대한 조합총회결의의 효력 등을 다투는 소송은 행정처분에 이르는 절차적 요건의 존부나 효력 유무에 관한 소송으로서 그 소송결과에 따라 행정처분의 위법 여부에 직접 영향을 미치는 공법상 법률관계에 관한 것이므로, 이는 행정소송법상의 당사자소송에 해당한다.

② 대법원 2001.12.11., 선고, 2001두7541, 판결
도시재개발법 제34조에 의한 행정청의 인가는 주택개량재개발조합의 관리처분계획에 대한 법률상의 효력을 완성시키는 보충행위로서 그 기본 되는 관리처분계획에 하자가 있을 때에는 그에 대한 인가가 있었다 하여도 기본행위인 관리처분계획이 유효한 것으로 될 수 없으며, 다만 그 기본행위가 적법·유효하고 보충행위인 인가처분 자체에만 하자가 있다면 그 인가처분의 무효나 취소를 주장할 수 있다고 할 것이지만, 인가처분에 하자가 없다면 기본행위에 하자가 있다 하더라도 따로 그 기본행위의 하자를 다투는 것은 별론으로 하고 기본행위의 무효를 내세워 바로 그에 대한 행정청의 인가처분의 취소 또는 무효확인을 소구할 법률상의 이익이 있다고 할 수 없다.

③ 대법원 2009.9.17., 선고, 2007다2428, 전원합의체 판결
도시 및 주거환경정비법상 주택재건축정비사업조합이 같은 법 제48조에 따라 수립한 관리처분계획에 대하여 관할 행정청의 인가·고시까지 있게 되면 관리처분계획은 행정처분으로서 효력이 발생하게 되므로, 총회결의의 하자를 이유로 하여 행정처분의 효력을 다투는 항고소송의 방법으로 관리처분계획의 취소 또는 무효확인을 구하여야 하고, 그와 별도로 행정처분에 이르는 절차적 요건 중 하나에 불과한 총회결의 부분만을 따로 떼어내어 효력 유무를 다투는 확인의 소를 제기하는 것은 특별한 사정이 없는 한 허용되지 않는다.

248 ②

④ **대법원 2012.3.22., 선고, 2011두6400, 전원합의체 판결**
이전고시의 효력 발생으로 이미 대다수 조합원 등에 대하여 획일적·일률적으로 처리된 권리귀속 관계를 모두 무효화하고 다시 처음부터 관리처분계획을 수립하여 이전고시 절차를 거치도록 하는 것은 정비사업의 공익적·단체법적 성격에 배치되므로, 이전고시가 효력을 발생하게 된 이후에는 조합원 등이 관리처분계획의 취소 또는 무효확인을 구할 법률상 이익이 없다고 봄이 타당하다.

249

2011 국가직 7급

도시 및 주거환경정비에 대한 내용으로 옳지 않은 것은? (다툼이 있는 경우 판례에 의함)

① 재건축사업은 조합이 이를 시행하거나 조합이 조합원 과반수의 동의를 얻어 시장·군수 또는 주택공사 등과 공동으로 이를 시행할 수 있다.
② 「도시 및 주거환경정비법」상 조합설립추진위원회의 구성에 동의하지 아니한 정비구역 내의 토지 등 소유자는 조합설립추진위원회 설립승인처분의 취소를 구할 원고적격이 있다.
③ 「도시 및 주거환경정비법」상의 주택재건축정비사업조합을 상대로 관리처분계획안에 대한 조합총회 결의의 효력을 다투기 위해선 항고소송을 제기하여야 한다.
④ 사업시행자는 분양신청기간이 종료된 때에는 일정한 사항이 포함된 관리처분계획을 수립하여 시장·군수의 인가를 받아야 한다.

해설

① 도시 및 주거환경정비법 제25조 제2항

제25조(재개발사업·재건축사업의 시행자) ② 재건축사업은 조합이 시행하거나 조합이 조합원의 과반수의 동의를 받아 시장·군수등, 토지주택공사등, 건설업자 또는 등록사업자와 공동으로 시행할 수 있다.

②
대법원 2007.1.25., 선고, 2006두12289, 판결
도시 및 주거환경정비법 제13조 제1항 및 제2항의 입법 경위와 취지에 비추어 하나의 정비구역 안에서 복수의 조합설립추진위원회에 대한 승인은 허용되지 않는 점, 조합설립추진위원회가 조합을 설립할 경우 같은 법 제15조 제4항에 의하여 조합설립추진위원회가 행한 업무와 관련된 권리와 의무는 조합이 포괄승계하며, 주택재개발사업의 경우 정비구역 내의 토지 등 소유자는 같은 법 제19조 제1항에 의하여 당연히 그 조합원으로 되는 점 등에 비추어 보면, 조합설립추진위원회의 구성에 동의하지 아니한 정비구역 내의 토지 등 소유자도 조합설립추진위원회 설립승인처분에 대하여 같은 법에 의하여 보호되는 직접적이고 구체적인 이익을 향유하므로 그 설립승인처분의 취소소송을 제기할 원고적격이 있다.

249 ③

③

> **대법원 2009.9.17., 선고 2007다2428 전원합의체 판결**
> 도시 및 주거환경정비법상 행정주체인 주택재건축정비사업조합을 상대로 관리처분계획안에 대한 조합총회결의의 효력 등을 다투는 소송은 행정처분에 이르는 절차적 요건의 존부나 효력 유무에 관한 소송으로서 그 소송결과에 따라 행정처분의 위법 여부에 직접 영향을 미치는 공법상 법률관계에 관한 것이므로, 이는 행정소송법상의 당사자소송에 해당한다.

④ 동법 제74조 제1항

> **제74조(관리처분계획의 인가 등)** ① 사업시행자는 제72조에 따른 분양신청기간이 종료된 때에는 분양신청의 현황을 기초로 다음 각 호의 사항이 포함된 관리처분계획을 수립하여 시장·군수등의 인가를 받아야 하며, 관리처분계획을 변경·중지 또는 폐지하려는 경우에도 또한 같다. 다만, 대통령령으로 정하는 경미한 사항을 변경하려는 경우에는 시장·군수등에게 신고하여야 한다.

250 〔2017 하반기 국가직 7급〕

건축허가에 대한 설명으로 옳지 않은 것은? (다툼이 있는 경우 판례에 의함)

① 「국토의 계획 및 이용에 관한 법률」상 건축물의 건축에 관한 개발행위허가가 의제되는 건축허가신청이 국토의 계획 및 이용에 관한 법령이 정한 개발행위허가기준에 부합하지 아니하면 건축허가권자는 이를 거부할 수 있다.
② 건축허가청은 건축허가신청이 「건축법」 등 관계법령에서 정하는 어떠한 제한에 배치되지 않는 이상 당연히 같은 법에서 정하는 건축허가를 하여야 하고, 중대한 공익상의 필요가 없음에도 불구하고 요건을 갖춘 자에 대한 허가를 관계법령에서 정하는 제한사유 이외의 사유를 들어 거부할 수는 없다.
③ 건축허가청은 건축허가신청에 대하여 건축불허가처분을 하는 경우 미리 처분의 제목과 처분하려는 원인이 되는 사실과 처분의 내용 및 법적 근거를 당사자등에게 통지하여야 한다.
④ 건축허가신청 후 허가기준이 변경된 경우 그 허가청이 허가신청을 수리하고도 정당한 이유 없이 그 처리를 늦추어 그 사이에 허가기준이 변경된 것이 아닌 이상 변경된 허가기준에 따라서 처분을 하여야 한다.

250 ③

해설

① 대법원 2016.8.24., 선고, 2016두35762, 판결
국토의 계획 및 이용에 관한 법률(이하 '국토계획법'이라고 한다) 제56조 제1항, 제57조 제1항, 제58조 제1항 제4호, 국토의 계획 및 이용에 관한 법률 시행령(이하 '국토계획법 시행령'이라고 한다) 제51조 제1항 제1호, 제56조 제1항 [별표 1의2] 제1호 (라)목, 제2호 (가)목, 건축법 제11조 제1항, 제5항 제3호, 제12조 제1항의 규정 체제 및 내용 등을 종합해 보면, 건축물의 건축이 국토계획법상 개발행위에 해당할 경우 그에 대한 건축허가를 하는 허가권자는 건축허가에 배치·저촉되는 관계 법령상 제한 사유의 하나로 국토계획법령의 개발행위허가기준을 확인하여야 하므로, 국토계획법상 건축물의 건축에 관한 개발행위허가가 의제되는 건축허가신청이 국토계획법령이 정한 개발행위허가기준에 부합하지 아니하면 허가권자로서는 이를 거부할 수 있고, 이는 건축법 제16조 제3항에 의하여 개발행위허가의 변경이 의제되는 건축허가사항의 변경허가에서도 마찬가지이다.

② 대법원 1995.6.13., 선고, 94다56883, 판결
건축법 소정의 건축허가권자는 건축허가신청이 건축법, 도시계획법등 관계 법규에서 정하는 어떠한 제한에 배치되지 않는 이상 당연히 같은 법조 소정의 건축허가를 하여야 하므로, 법률상의 근거 없이 그 신청이 관계 법규에서 정한 제한에 배치되는지의 여부에 대한 심사를 거부할 수 없고, 심사 결과 그 신청이 법정요건에 합치하는 경우에는 특별한 사정이 없는 한 이를 허가하여야 하며, 공익상 필요가 없음에도 불구하고 요건을 갖춘 자에 대한 허가를 관계 법령에서 정하는 제한사유 이외의 사유를 들어 거부할 수 없다.

③ COMMENT 건축허가신청에 대한 불허가처분은 강학상 거부처분이다. 거부처분에 대해서는 행정절차법상 사전통지가 요구되지 않는다.

대법원 2003.11.28., 선고, 2003두674, 판결
행정절차법 제21조 제1항은 행정청은 당사자에게 의무를 과하거나 권익을 제한하는 처분을 하는 경우에는 미리 처분의 제목, 당사자의 성명 또는 명칭과 주소, 처분하고자 하는 원인이 되는 사실과 처분의 내용 및 법적 근거, 그에 대하여 의견을 제출할 수 있다는 뜻과 의견을 제출하지 아니하는 경우의 처리방법, 의견제출기관의 명칭과 주소, 의견제출기한 등을 당사자 등에게 통지하도록 하고 있는바, 신청에 따른 처분이 이루어지지 아니한 경우에는 아직 당사자에게 권익이 부과되지 아니하였으므로 특별한 사정이 없는 한 신청에 대한 거부처분이라고 하더라도 직접 당사자의 권익을 제한하는 것은 아니어서 신청에 대한 거부처분을 여기에서 말하는 '당사자의 권익을 제한하는 처분'에 해당한다고 할 수 없는 것이어서 처분의 사전통지대상이 된다고 할 수 없다.

④ 대법원 2006.8.25., 선고, 2004두2974, 판결
허가 등의 행정처분은 원칙적으로 처분시의 법령과 허가기준에 의하여 처리되어야 하고 허가신청 당시의 기준에 따라야 하는 것은 아니며, 비록 허가신청 후 허가기준이 변경되었다 하더라도 그 허가관청이 허가신청을 수리하고도 정당한 이유 없이 그 처리를 늦추어 그 사이에 허가기준이 변경된 것이 아닌 이상 변경된 허가기준에 따라서 처분을 하여야 한다.

251

토지거래계약허가제에 관한 판례의 태도로 옳지 않은 것은?

① 헌법재판소는 토지거래계약허가제는 토지의 투기적 거래를 억제하기 위한 제도로서 사유재산제도를 부정하는 것이 아니며, 따라서 재산권의 본질적 내용을 침해한다고 볼 수는 없다고 한다.
② 토지거래허가구역 내에 있는 토지에 관한 토지거래계약허가는 학문상 인가의 성질을 갖는다.
③ 허가 없이 토지 등의 거래계약을 체결하는 행위라 함은 처음부터 허가를 배제하거나 잠탈하는 내용의 계약을 체결하는 행위를 뜻한다.
④ 허가를 받을 것을 전제로 한 토지거래계약이라고 하여도 허가를 받지 않은 경우라면 그것은 확정적 무효이며, 사후에 허가를 받는다 하여도 소급하여 유효한 계약이 될 수는 없다.

해설

①
헌재 1989.12.22., 88헌가13
국토이용관리법 제21조의3 제1항의 토지거래허가제는 사유재산제도의 부정이 아니라 그 제한의 한 형태이고 토지의 투기적 거래의 억제를 위하여 그 처분을 제한함은 부득이한 것이므로 재산권의 본질적인 침해가 아니며, 헌법상의 경제조항에도 위배되지 아니하고 현재의 상황에서 이러한 제한수단의 선택이 헌법상의 비례의 원칙이나 과잉금지의 원칙에 위배된다고 할 수도 없다.

②
대판 1991.12.24., 90다12243 전합
같은 법 제21조의3 제1항 소정의 허가가 규제지역 내의 모든 국민에게 전반적으로 토지거래의 자유를 금지하고 일정한 요건을 갖춘 경우에만 금지를 해제하여 계약체결의 자유를 회복시켜 주는 성질의 것이라고 보는 것은 위 법의 입법취지를 넘어선 지나친 해석이라고 할 것이고, 규제지역 내에서도 토지거래의 자유가 인정되나 다만 위 허가를 허가 전의 유동적 무효 상태에 있는 법률행위의 효력을 완성시켜 주는 인가적 성질을 띤 것이라고 보는 것이 타당하다.

③
대판 1991.12.24., 90다12243 전합
같은 법 제31조의2 소정의 벌칙적용대상인 "허가 없이 '토지등의 거래계약'을 체결하는 행위"라 함은 처음부터 허가를 배제하거나 잠탈하는 내용의 계약을 체결하는 행위를 가리키고 허가받을 것을 전제로 한 거래계약을 체결하는 것은 이에 해당하지 않는다.

251 ④

④
> **대판 1991.12.24., 90다12243 전합**
> 국토이용관리법상의 규제구역 내의 '토지등의 거래계약' 허가에 관한 관계규정의 내용과 그 입법취지에 비추어 볼 때 토지의 소유권 등 권리를 이전 또는 설정하는 내용의 거래계약은 관할 관청의 허가를 받아야만 그 효력이 발생하고 허가를 받기 전에는 물권적 효력은 물론 채권적 효력도 발생하지 아니하여 무효라고 보아야 할 것인바, 다만 허가를 받기 전의 거래계약이 처음부터 허가를 배제하거나 잠탈하는 내용의 계약일 경우에는 확정적으로 무효로서 유효화될 여지가 없으나 이와 달리 허가받을 것을 전제로 한 거래계약(허가를 배제하거나 잠탈하는 내용의 계약이 아닌 계약은 여기에 해당하는 것으로 본다)일 경우에는 허가를 받을 때까지는 법률상 미완성의 법률행위로서 소유권 등 권리의 이전 또는 설정에 관한 거래의 효력이 전혀 발생하지 않음은 위의 확정적 무효의 경우와 다를 바 없지만, 일단 허가를 받으면 그 계약은 소급하여 유효한 계약이 되고 이와 달리 불허가가 된 때에는 무효로 확정되므로 허가를 받기까지는 유동적 무효의 상태에 있다고 보는 것이 타당하므로 허가받을 것을 전제로 한 거래계약은 허가받기 전의 상태에서는 거래계약의 채권적 효력도 전혀 발생하지 않으므로 권리의 이전 또는 설정에 관한 어떠한 내용의 이행청구도 할 수 없으나 일단 허가를 받으면 그 계약은 소급해서 유효화되므로 허가 후에 새로이 거래계약을 체결할 필요는 없다.

252

2008 지방직 7급 수정

표준지공시지가 및 개별공시지가에 대한 설명으로 옳은 것은? (단, 다툼이 있는 경우 판례에 의함)

① 현행법상 표준지공시지가에 대하여 이의가 있는 자는 표준지공시지가의 공시일로부터 30일 이내에 서면으로 국토교통부장관 또는 시장·군수·구청장에게 이의를 신청할 수 있다.
② 개별공시지가결정과는 달리 표준지공시지가의 결정은 항고소송의 대상인 처분에 해당하지 않는다.
③ 시장 등은 개별토지가격산정의 타당성에 대한 감정평가법인의 검증이 필요 없다고 인정되는 때에는 법령이 정하는 바에 따라 이를 생략할 수 있다.
④ 조세부과처분의 취소를 구하는 소송에서 표준지공시지가의 위법성도 다툴 수 있다.

해설

① **COMMENT** 표준지공시지가에 대한 이의신청은 국토교통부장관에게 한다. 개별공시지가에 대한 이의신청은 시장·군수·구청장에게 한다(부동산 가격공시에 관한 법률 제7조 제1항, 제11조 제1항).

> **제7조(표준지공시지가에 대한 이의신청)** ① 표준지공시지가에 이의가 있는 자는 그 공시일부터 30일 이내에 서면(전자문서를 포함한다. 이하 같다)으로 국토교통부장관에게 이의를 신청할 수 있다.
> **제11조(개별공시지가에 대한 이의신청)** ① 개별공시지가에 이의가 있는 자는 그 결정·공시일부터 30일 이내에 서면으로 시장·군수 또는 구청장에게 이의를 신청할 수 있다.

252 ③

② COMMENT 판례는 개별공시지가결정, 표준지공시지가결정 모두에 대하여 처분성을 인정하고 있다.

> **대판 1998.3.24., 96누6851**
> 표준지로 선정된 토지의 공시지가에 불복하기 위하여는 구 지가공시및토지평가에관한법률 제8조 제1항 소정의 이의절차를 거쳐 처분청을 상대로 그 공시지가결정의 취소를 구하는 행정소송을 제기하여야 하는 것이고, 그러한 절차를 밟지 아니한 채 개별토지 가격결정의 효력을 다투는 소송에서 그 개별토지 가격산정의 기초가 된 표준지 공시지가의 위법성을 다툴 수 없다.

③ 동법 제10조 제5항

> **제10조(개별공시지가의 결정·공시 등)** ⑤ 시장·군수 또는 구청장은 개별공시지가를 결정·공시하기 위하여 개별토지의 가격을 산정할 때에는 그 타당성에 대하여 감정평가법인등의 검증을 받고 토지소유자, 그 밖의 이해관계인의 의견을 들어야 한다. 다만, 시장·군수 또는 구청장은 감정평가법인등의 검증이 필요 없다고 인정되는 때에는 지가의 변동상황 등 대통령령으로 정하는 사항을 고려하여 감정평가법인등의 검증을 생략할 수 있다.

④

> **대판 1997.2.28., 96누10225**
> 표준지로 선정된 토지의 공시지가에 불복하기 위하여는 구 지가공시및토지등의평가에관한법률 제8조 제1항 소정의 이의절차를 거쳐 처분청인 건설부장관을 상대로 그 공시지가 결정의 취소를 구하는 행정소송을 제기하여야 하는 것이지 그러한 절차를 밟지 아니한 채 그 표준지에 대한 조세부과처분의 취소를 구하는 소송에서 그 공시지가의 위법성을 다툴 수는 없다.

> **비교판례 – 조세부과처분의 취소를 구하는 소송에서 개별공시지가의 위법성도 다툴 수 있다[대법원 1994. 1.25., 선고, 93누8542, 판결]**
> 개별공시지가결정은 이를 기초로 한 과세처분 등과는 별개의 독립된 처분으로서 서로 독립하여 별개의 법률효과를 목적으로 하는 것이나, 개별공시지가는 이를 토지소유자나 이해관계인에게 개별적으로 고지하도록 되어 있는 것이 아니어서 토지소유자 등이 개별공시지가결정 내용을 알고 있었다고 전제하기도 곤란할 뿐만 아니라 결정된 개별공시지가가 자신에게 유리하게 작용될 것인지 또는 불이익하게 작용될 것인지 여부를 쉽사리 예견할 수 있는 것도 아니며, 더욱이 장차 어떠한 과세처분 등 구체적인 불이익이 현실적으로 나타나게 되었을 경우에 비로소 권리구제의 길을 찾는 것이 우리 국민의 권리의식임을 감안하여 볼 때 토지소유자 등으로 하여금 결정된 개별공시지가를 기초로 하여 장차 과세처분 등이 이루어질 것에 대비하여 항상 토지의 가격을 주시하고 개별공시지가결정이 잘못된 경우 정해진 시정절차를 통하여 이를 시정하도록 요구하는 것은 부당하게 높은 주의의무를 지우는 것이라고 아니할 수 없고, 위법한 개별공시지가결정에 대하여 그 정해진 시정절차를 통하여 시정하도록 요구하지 아니하였다는 이유로 위법한 개별공시지가를 기초로 한 과세처분 등 후행 행정처분에서 개별공시지가결정의 위법을 주장할 수 없도록 하는 것은 수인한도를 넘는 불이익을 강요하는 것으로서 국민의 재산권과 재판받을 권리를 보장한 헌법의 이념에도 부합하는 것이 아니라고 할 것이므로, 개별공시지가결정에 위법이 있는 경우에는 그 자체를 행정소송의 대상이 되는 행정처분으로 보아 그 위법 여부를 다툴 수 있음은 물론 이를 기초로 한 과세처분 등 행정처분의 취소를 구하는 행정소송에서도 선행처분인 개별공시지가결정의 위법을 독립된 위법사유로 주장할 수 있다고 해석함이 타당하다.

253

다음 중 공시지가에 대한 설명으로 옳지 않은 것은?

① 국토교통부장관이 표준지 적정가격을 조사·평가하고자 할 때에는 둘 이상의 감정평가업자에게 이를 의뢰하여야 한다.
② 개별공시지가에 대하여 이의가 있는 자는 개별공시지가의 결정·공시일부터 30일 이내에 서면으로 시장·군수 또는 구청장에게 이의를 신청할 수 있다.
③ 시장·군수 또는 구청장은 개별토지가격산정의 타당성에 대한 감정평가업자의 검증이 필요없다고 인정되는 때에는 지가의 변동상황 등 대통령령이 정하는 바에 따라 감정평가업자의 검증을 생략할 수 있다.
④ 판례는 개별공시지가의 결정을 행정소송의 대상이 되는 행정처분으로 본다.
⑤ 판례는 표준지에 대한 조세부과 처분의 취소를 다투는 소송에서 표준지공시지가의 위법성을 다툴 수 있다고 한다.

해설

① 「부동산 가격공시에 관한 법률」 제3조 제5항

> **제3조(표준지공시지가의 조사·평가 및 공시 등)** ⑤ 국토교통부장관이 제1항에 따라 표준지공시지가를 조사·평가할 때에는 업무실적, 신인도(信認度) 등을 고려하여 둘 이상의 「감정평가 및 감정평가사에 관한 법률」에 따른 감정평가업자(이하 "감정평가업자"라 한다)에게 이를 의뢰하여야 한다. 다만, 지가 변동이 작은 경우 등 대통령령으로 정하는 기준에 해당하는 표준지에 대해서는 하나의 감정평가업자에게 의뢰할 수 있다.

② 동법 제11조

> **제11조(개별공시지가에 대한 이의신청)** ① 개별공시지가에 이의가 있는 자는 그 결정·공시일부터 30일 이내에 서면으로 시장·군수 또는 구청장에게 이의를 신청할 수 있다.
> ② 시장·군수 또는 구청장은 제1항에 따라 이의신청 기간이 만료된 날부터 30일 이내에 이의신청을 심사하여 그 결과를 신청인에게 서면으로 통지하여야 한다. 이 경우 시장·군수 또는 구청장은 이의신청의 내용이 타당하다고 인정될 때에는 제10조에 따라 해당 개별공시지가를 조정하여 다시 결정·공시하여야 한다.

③ 동법 제10조 제5항

> **제10조(개별공시지가의 결정·공시 등)** ⑤ 시장·군수 또는 구청장은 개별공시지가를 결정·공시하기 위하여 개별토지의 가격을 산정할 때에는 그 타당성에 대하여 감정평가업자의 검증을 받고 토지소유자, 그 밖의 이해관계인의 의견을 들어야 한다. 다만, 시장·군수 또는 구청장은 감정평가업자의 검증이 필요 없다고 인정되는 때에는 지가의 변동상황 등 대통령령으로 정하는 사항을 고려하여 감정평가업자의 검증을 생략할 수 있다.

253 ⑤

④ 대법원 1996.6.25., 선고, 93누17935, 판결

개별공시지가의 결정에 위법이 있는 경우에는 그 자체를 행정소송의 대상이 되는 행정처분으로 보아 그 위법 여부를 다툴 수 있음은 물론 이를 기초로 과세표준을 산정한 과세처분의 취소를 구하는 조세소송에서도 그 개별공시지가결정의 위법을 독립된 쟁송사유로 주장할 수 있고, 이 경우 당해 과세처분에 대한 항고소송을 제기하는 데에는 행정소송법 제18조 제1항, 국세기본법 제55조, 제56조의 각 규정이 정하는 바에 따라 당해 과세처분에 대한 심사 및 심판청구 등의 전심절차를 거침으로써 충분하고, 그 외에 개별공시지가결정 자체에 대한 별도의 전심절차의 이행이 요구되지는 않는다.

⑤ 대법원 1997.2.28., 선고, 96누10225, 판결

표준지로 선정된 토지의 공시지가에 불복하기 위하여는 구 지가공시및토지등의평가에관한법률(1995. 12. 29. 법률 제5108호로 개정되기 전의 것) 제8조 제1항 소정의 이의절차를 거쳐 처분청인 건설부장관을 상대로 그 공시지가 결정의 취소를 구하는 행정소송을 제기하여야 하는 것이지 그러한 절차를 밟지 아니한 채 그 표준지에 대한 조세부과처분의 취소를 구하는 소송에서 그 공시지가의 위법성을 다툴 수는 없다.

254

2017 서울시 7급

「부동산가격공시에 관한 법률」에 관한 판례의 설명으로 가장 옳은 것은?

① 표준지공시지가는 토지시장에 지가정보를 제공하고 일반적인 토지거래의 지표가 되며, 국가·지방자치단체 등이 그 업무와 관련하여 지가를 산정하거나 감정평가업자가 개별적으로 토지를 감정평가하는 경우에 기준이 되는 행정규칙으로서의 고시이다.
② 수용보상금증액청구소송에서 선행처분으로서 그 수용대상 토지가격 산정의 기초가 된 비교표준지공시지가결정의 위법을 독립한 사유로 주장할 수 있다.
③ 선행처분인 개별공시지가결정의 하자가 과세처분 등 후행하는 처분에 승계될 수 있는지 여부에 관해 판례는 서로 결합하여 하나의 법률효과를 발생시킨다는 관점에서 하자승계를 인정하였다.
④ 개별공시지가에 대해 이의신청을 하여 그 결과통지를 받은 후 행정심판을 거쳐 행정소송을 제기하였다면 이 경우 행정소송의 제소기간은 이의신청의 결과통지를 받은 날로부터 기산한다.

| 해설 |

① COMMENT 표준지공시지가의 법적성질에 대해서는 아래와 같이 견해가 대립된다.

> **표준지공시지가의 법적 성질**
> (i) 행정규칙설: 공시지가는 그 자체로서 국민에게 직접적이고 구체적인 권리·의무를 발생시키는 것이 아니고 일반적·추상적 규율을 행하는 입법행위로서 일반적 구속력을 갖는 것에 불과하므로 행정규칙일 뿐 처분이 아니다.
> (ii) 행정행위설: 표준지공시지가는 개발부담금의 산정기준이 되는 등 국민의 구체적인 권리·의무에 직접적인 영향을 미친다는 점에서 행정행위(처분)에 해당한다.

🔒 254 ②

COMMENT 판례는 표준지공시지가의 처분성을 긍정하고 있다.

대법원 1994.3.8., 선고, 93누10828, 판결
지가공시및토지등의평가에관한법률 제4조 제1항에 의하여 표준지로 선정되어 공시지가가 공시된 토지의 공시지가에 대하여 불복을 하기 위하여는 같은 법 제8조 제1항 소정의 이의절차를 거쳐 처분청인 건설부장관을 피고로 하여 위 공시지가 결정의 취소를 구하는 행정소송을 제기하여야 한다.

② **대법원 2008.8.21., 선고, 2007두13845, 판결**
표준지공시지가결정은 이를 기초로 한 수용재결 등과는 별개의 독립된 처분으로서 서로 독립하여 별개의 법률효과를 목적으로 하지만, 표준지공시지가는 이를 인근 토지의 소유자나 기타 이해관계인에게 개별적으로 고지하도록 되어 있는 것이 아니어서 인근 토지의 소유자 등이 표준지공시지가결정 내용을 알고 있었다고 전제하기가 곤란할 뿐만 아니라, 결정된 표준지공시지가가 공시될 당시 보상금 산정의 기준이 되는 표준지의 인근 토지를 함께 공시하는 것이 아니어서 인근 토지 소유자는 보상금 산정의 기준이 되는 표준지가 어느 토지인지를 알 수 없으므로, 인근 토지 소유자가 표준지의 공시지가가 확정되기 전에 이를 다투는 것은 불가능하다. 더욱이 장차 어떠한 수용재결 등 구체적인 불이익이 현실적으로 나타나게 되었을 경우에 비로소 권리구제의 길을 찾는 것이 우리 국민의 권리의식임을 감안하여 볼 때, 인근 토지소유자 등으로 하여금 결정된 표준지공시지가를 기초로 하여 장차 토지보상 등이 이루어질 것에 대비하여 항상 토지의 가격을 주시하고 표준지공시지가결정이 잘못된 경우 정해진 시정절차를 통하여 이를 시정하도록 요구하는 것은 부당하게 높은 주의의무를 지우는 것이고, 위법한 표준지공시지가결정에 대하여 그 정해진 시정절차를 통하여 시정하도록 요구하지 않았다는 이유로 위법한 표준지공시지가를 기초로 한 수용재결 등 후행 행정처분에서 표준지공시지가결정의 위법을 주장할 수 없도록 하는 것은 수인한도를 넘는 불이익을 강요하는 것으로서 국민의 재산권과 재판받을 권리를 보장한 헌법의 이념에도 부합하는 것이 아니다. 따라서 표준지공시지가결정이 위법한 경우에는 그 자체를 행정소송의 대상이 되는 행정처분으로 보아 그 위법 여부를 다툴 수 있음은 물론, 수용보상금의 증액을 구하는 소송에서도 선행처분으로서 그 수용대상 토지 가격 산정의 기초가 된 비교표준지공시지가결정의 위법을 독립한 사유로 주장할 수 있다.

③ COMMENT 하나의 법률효과를 발생시킨다는 관점에서 하자승계를 인정한 것이 아니라, 국민의 재산권과 재판받을 권리 등을 보장한다는 취지에서 하자의 승계를 인정하였다.

대법원 1994.1.25., 선고, 93누8542, 판결
개별공시지가결정은 이를 기초로 한 과세처분 등과는 별개의 독립된 처분으로서 서로 독립하여 별개의 법률효과를 목적으로 하는 것이나, 개별공시지가는 이를 토지소유자나 이해관계인에게 개별적으로 고지하도록 되어 있는 것이 아니어서 토지소유자 등이 개별공시지가결정 내용을 알고 있었다고 전제하기도 곤란할 뿐만 아니라 결정된 개별공시지가가 자신에게 유리하게 작용될 것인지 또는 불이익하게 작용될 것인지 여부를 쉽사리 예견할 수 있는 것도 아니며, 더욱이 장차 어떠한 과세처분 등 구체적인 불이익이 현실적으로 나타나게 되었을 경우에 비로소 권리구제의 길을 찾는 것이 우리 국민의 권리의식임을 감안하여 볼 때 토지소유자 등으로 하여금 결정된 개별공시지가를 기초로 하여 장차 과세처분 등이 이루어질 것에 대비하여 항상 토지의 가격을 주시하고 개별공시지가결정이 잘못된 경우 정해진 시정절차를 통하여 이를 시정하도록 요구하는 것은 부당하게 높은 주의의무를 지우는 것이라고 아니할 수 없고, 위법한 개별공시지가결정에 대하여 그 정해진 시정절차를 통하여 시정하도록 요구하지 아니하였다는 이유로 위법한 개별공시지가를 기초로 한 과세처분 등 후행 행정처분에서 개별공시지가결정의 위법을 주장할 수 없도록 하는 것은 수인한도를 넘는 불이익을 강요하는 것으로서 국민의 재산권과 재판받을 권리를 보장한 헌법의 이념에도 부합하는 것이 아니라고 할 것이므로, 개별공시지가결정에 위법이 있는 경우에는 그 자체를 행정소송의 대상이 되는 행정처분으로 보아 그 위법 여부를 다툴 수 있음은 물론 이를 기초로 한 과세처분 등 행정처분의 취소를 구하는 행정소송에서도 선행처분인 개별공시지가결정의 위법을 독립된 위법사유로 주장할 수 있다고 해석함이 타당하다.

④
대법원 2010.1.28., 선고, 2008두19987, 판결
부동산 가격공시 및 감정평가에 관한 법률 제12조, 행정소송법 제20조 제1항, 행정심판법 제3조 제1항의 규정 내용 및 취지와 아울러 부동산 가격공시 및 감정평가에 관한 법률에 행정심판의 제기를 배제하는 명시적인 규정이 없고 부동산 가격공시 및 감정평가에 관한 법률에 따른 이의신청과 행정심판은 그 절차 및 담당 기관에 차이가 있는 점을 종합하면, 부동산 가격공시 및 감정평가에 관한 법률이 이의신청에 관하여 규정하고 있다고 하여 이를 행정심판법 제3조 제1항에서 행정심판의 제기를 배제하는 '다른 법률에 특별한 규정이 있는 경우'에 해당한다고 볼 수 없으므로, 개별공시지가에 대하여 이의가 있는 자는 곧바로 행정소송을 제기하거나 부동산 가격공시 및 감정평가에 관한 법률에 따른 이의신청과 행정심판법에 따른 행정심판청구 중 어느 하나만을 거쳐 행정소송을 제기할 수 있을 뿐 아니라, 이의신청을 하여 그 결과 통지를 받은 후 다시 행정심판을 거쳐 행정소송을 제기할 수도 있다고 보아야 하고, 이 경우 행정소송의 제소기간은 그 행정심판 재결서 정본을 송달받은 날부터 기산한다.

255

2020 군무원 7급

토지행정법에 대한 설명으로 옳지 않은 것은? (다툼이 있는 경우 판례에 의함)

① 표준지로 선정된 토지의 공시지가에 불복하기 위하여는 구「지가공시및토지등의평가에관한법률」의 이의신청절차를 밟지 아니한 채 그 표준지에 대한 조세부과처분의 취소를 구하는 소송에서 그 공시지가의 위법성을 다툴 수는 없다.
② 구「지가공시및토지등의평가에관한법률」에 의하여 시장, 군수, 구청장이 한 개별토지가액의 결정은 행정소송의 대상이 되는 행정처분으로 보아야 할 것이다.
③ 토지거래계약허가제에 있어서 허가란 규제지역 내의 모든 국민에게 전반적으로 토지거래의 자유를 원칙적으로 금지하고 일정한 요건을 갖춘 경우에만 사후에 금지를 해제하여 계약체결의 자유를 회복시켜 주는 성질의 것이다.
④ 토지거래계약에 관한 허가구역의 지정은 개인의 권리 내지 법률상의 이익을 구체적으로 규제하는 효과를 가져 오게 하는 행정청의 처분에 해당하고, 따라서 이에 대하여는 원칙적으로 항고소송을 제기할 수 있다.

해설

①
대법원 1995.3.28., 선고, 94누12920, 판결
표준지로 선정된 토지의 공시지가에 대하여 불복하기 위하여는 지가공시및토지등의평가에관한법률 제8조 제1항 소정의 이의절차를 거쳐 처분청을 상대로 그 공시지가결정의 취소를 구하는 행정소송을 제기하여야 하는 것이지, 그러한 절차를 밟지 아니한 채 개별토지가격결정을 다투는 소송에서 그 개별토지가격 산정의 기초가 된 표준지 공시지가의 위법성을 다툴 수는 없다.

255 ③

② 대법원 1994.2.8., 선고, 93누111, 판결
시장·군수 또는 구청장의 개별토지가격결정은 관계법령에 의한 토지초과이득세, 택지초과소유부담금 또는 개발부담금 산정의 기준이 되어 국민의 권리나 의무 또는 법률상 이익에 직접적으로 관계되는 것으로서 행정소송법 제2조 제1항 제1호 소정의 행정청이 행하는 구체적 사실에 관한 법집행으로서의 공권력행사이므로 항고소송의 대상이 되는 행정처분에 해당한다.

③ COMMENT 강학상 허가(지문의 내용)가 아니라 인가의 성질을 띤다.

대법원 1991.12.24., 선고, 90다12243, 전원합의체 판결
국토이용관리법상의 규제구역 내의 '토지등의 거래계약' 허가가 규제지역 내의 모든 국민에게 전반적으로 토지거래의 자유를 금지하고 일정한 요건을 갖춘 경우에만 금지를 해제하여 계약체결의 자유를 회복시켜 주는 성질의 것이라고 보는 것은 위 법의 입법취지를 넘어선 지나친 해석이라고 할 것이고, 규제지역 내에서도 토지거래의 자유가 인정되나 다만 위 허가를 허가 전의 유동적 무효 상태에 있는 법률행위의 효력을 완성시켜 주는 인가적 성질을 띤 것이라고 보는 것이 타당하다.

④ 대법원 2006.12.22., 선고, 2006두12883, 판결
항고소송의 대상이 되는 행정처분이란 특정 사항에 대하여 법규에 의한 권리의 설정 또는 의무의 부담을 명하거나 기타 법률상 효과를 발생하게 하는 등 국민의 권리의무에 직접 관계가 있는 행위를 가리키는 것인바, 국토의 계획 및 이용에 관한 법률의 규정에 의하면, 같은 법에 따라 토지거래계약에 관한 허가구역으로 지정되는 경우, 허가구역 안에 있는 토지에 대하여 소유권이전 등을 목적으로 하는 거래계약을 체결하고자 하는 당사자는 공동으로 행정관청으로부터 허가를 받아야 하는 등 일정한 제한을 받게 되고, 허가를 받지 아니하고 체결한 토지거래계약은 그 효력이 발생하지 아니하며, 토지거래계약 허가를 받은 자는 5년의 범위 이내에서 대통령령이 정하는 기간 동안 그 토지를 허가받은 목적대로 이용하여야 하는 의무도 부담하며, 같은 법에 따른 토지이용의무를 이행하지 아니하는 경우 이행강제금을 부과당하게 되는 등 토지거래계약에 관한 허가구역의 지정은 개인의 권리 내지 법률상의 이익을 구체적으로 규제하는 효과를 가져오게 하는 행정청의 처분에 해당하고, 따라서 이에 대하여는 원칙적으로 항고소송을 제기할 수 있다.

256

2011 지방직 7급

「국토의 계획 및 이용에 관한 법률」의 내용으로 옳지 않은 것은?

① '지구단위계획'이란 도시·군계획 수립대상지역의 일부에 대하여 토지이용을 합리화하고 그 기능을 증진시키며 미관을 개선하고 양호한 환경을 확보하며, 그 지역을 체계적·계획적으로 관리하기 위하여 수립하는 도시·군관리계획을 말한다.
② 토지의 이용 및 건축물의 용도·건폐율·용적률·높이 등에 대한 용도지역의 제한을 강화하거나 완화하여 적용함으로써 용도지역의 기능을 증진시키고 미관·경관·안전 등을 도모하기 위하여 도시·군관리계획으로 결정하는 지역을 용도지구라 한다.
③ 국토는 토지의 이용실태 및 특성, 장래의 토지이용 방향 등을 고려하여 도시지역, 관리지역, 농림지역, 녹지지역의 4개 용도지역으로 구분한다.
④ 도시·군계획시설결정이 고시된 도시·군계획시설에 대하여 그 고시일로부터 20년이 지날 때까지 그 시설의 설치에 관한 도시·군계획시설사업이 시행되지 아니하는 경우 그 도시·군계획시설결정은 그 고시일로부터 20년이 되는 날의 다음날에 그 효력을 잃는다.

해설

① 국토의 계획 및 이용에 관한 법률 제2조 제5호

> **제2조(정의)** 이 법에서 사용하는 용어의 뜻은 다음과 같다.
> 5. "지구단위계획"이란 도시·군계획 수립 대상지역의 일부에 대하여 토지 이용을 합리화하고 그 기능을 증진시키며 미관을 개선하고 양호한 환경을 확보하며, 그 지역을 체계적·계획적으로 관리하기 위하여 수립하는 도시·군관리계획을 말한다.

② 동법 제2조 제16호

> **제2조(정의)** 이 법에서 사용하는 용어의 뜻은 다음과 같다.
> 16. "용도지구"란 토지의 이용 및 건축물의 용도·건폐율·용적률·높이 등에 대한 용도지역의 제한을 강화하거나 완화하여 적용함으로써 용도지역의 기능을 증진시키고 경관·안전 등을 도모하기 위하여 도시·군관리계획으로 결정하는 지역을 말한다.

③ COMMENT 용도지역은 1.도시지역, 2.관리지역, 3.농림지역, 4.자연환경보전지역으로 구분한다(동법 제6조). 1-라.녹지지역은 도시지역의 하나이다(동법 제36조 제1항 제1호 라목).

> **제6조(국토의 용도 구분)** 국토는 토지의 이용실태 및 특성, 장래의 토지 이용 방향, 지역 간 균형발전 등을 고려하여 다음과 같은 용도지역으로 구분한다.
> 1. 도시지역: 인구와 산업이 밀집되어 있거나 밀집이 예상되어 그 지역에 대하여 체계적인 개발·정비·관리·보전 등이 필요한 지역
> 2. 관리지역: 도시지역의 인구와 산업을 수용하기 위하여 도시지역에 준하여 체계적으로 관리하거나 농림업의 진흥, 자연환경 또는 산림의 보전을 위하여 농림지역 또는 자연환경보전지역에 준하여 관리할 필요가 있는 지역
> 3. 농림지역: 도시지역에 속하지 아니하는 「농지법」에 따른 농업진흥지역 또는 「산지관리법」에 따른 보전산지 등으로서 농림업을 진흥시키고 산림을 보전하기 위하여 필요한 지역
> 4. 자연환경보전지역: 자연환경·수자원·해안·생태계·상수원 및 문화재의 보전과 수산자원의 보호·육성 등을 위하여 필요한 지역
>
> **제36조(용도지역의 지정)** ① 국토교통부장관, 시·도지사 또는 대도시 시장은 다음 각 호의 어느 하나에 해당하는 용도지역의 지정 또는 변경을 도시·군관리계획으로 결정한다.
> 1. 도시지역: 다음 각 목의 어느 하나로 구분하여 지정한다.
>   가. 주거지역: 거주의 안녕과 건전한 생활환경의 보호를 위하여 필요한 지역
>   나. 상업지역: 상업이나 그 밖의 업무의 편익을 증진하기 위하여 필요한 지역
>   다. 공업지역: 공업의 편익을 증진하기 위하여 필요한 지역
>   라. 녹지지역: 자연환경·농지 및 산림의 보호, 보건위생, 보안과 도시의 무질서한 확산을 방지하기 위하여 녹지의 보전이 필요한 지역

④ 동법 제48조 제1항

> **제48조(도시·군계획시설결정의 실효 등)** ① 도시·군계획시설결정이 고시된 도시·군계획시설에 대하여 그 고시일부터 20년이 지날 때까지 그 시설의 설치에 관한 도시·군계획시설사업이 시행되지 아니하는 경우 그 도시·군계획시설결정은 그 고시일부터 20년이 되는 날의 다음날에 그 효력을 잃는다.

257

「국토의 계획 및 이용에 관한 법률」과 관련한 설명으로 옳지 않은 것은?

① 행정청이 아닌 자가 광역도시·군계획 및 도시·군계획의 수립과 도시·군계획시설사업을 하는 경우 법률에 특별한 규정이 있는 경우 외에는 그에 관한 비용은 그 자가 부담함을 원칙으로 한다.
② 판례는 도시계획사업의 시행자는 늦어도 고시된 도시계획사업의 실시계획인가에서 정한 사업 시행기간 내에 사법상의 계약에 의하여 도시계획사업에 필요한 타인소유의 토지를 양수하거나 수용재결의 신청을 하여야 하고, 그 사업시행기간 내에 이와 같은 취득절차가 선행되지 아니하면 그 도시계획사업의 실시계획인가는 실효된다고 보았다.
③ 판례는 도시계획구역 내 토지 등을 소유하고 있는 주민은 입안권자에게 도시계획입안을 요구할 수 있는 법규상 또는 조리상의 신청권이 있으며, 도시계획입안 신청에 대한 거부행위는 항고소송의 대상이 되는 행정처분에 해당한다고 보았다.
④ 도시·군계획시설에 대한 도시·군관리계획결정의 고시일부터 5년 이내에 그 도시·군계획시설의 설치에 관한 도시·군계획시설사업이 시행되지 아니하는 경우 그 도시·군계획시설의 부지로 되어 있는 토지 중 지목(地目)이 대(垈)인 토지의 소유자는 지방자치단체장 등에게 그 토지의 매수를 청구할 수 있다.

해설

① 국토의 계획 및 이용에 관한 법률 제101조

> **제101조(비용 부담의 원칙)** 광역도시계획 및 도시·군계획의 수립과 도시·군계획시설사업에 관한 비용은 이 법 또는 다른 법률에 특별한 규정이 있는 경우 외에는 국가가 하는 경우에는 국가예산에서, 지방자치단체가 하는 경우에는 해당 지방자치단체가, 행정청이 아닌 자가 하는 경우에는 그 자가 부담함을 원칙으로 한다.

②
> **대판 2000.8.18., 2000다6506**
> 구 도시계획법(1991. 12. 14. 법률 제4427호로 개정되기 전의 것) 제29조 제1항, 제30조 제1항, 제2항, 토지수용법 제16조, 제17조의 규정들을 종합하면, 도시계획사업의 시행자는 그 사업의 실시계획인가·고시로 인하여 수용사업 시행권한이 부여되어 일정한 절차를 거칠 것을 조건으로 일정한 내용의 수용권을 설정받는 것일 뿐이고, 늦어도 고시된 도시계획사업의 실시계획인가에서 정한 사업시행기간 내에 사법상의 계약에 의하여 도시계획사업에 필요한 타인 소유의 토지를 양수하거나 수용재결의 신청을 하여야 하며 그 사업시행기간 내에 이와 같은 취득절차가 선행되지 아니하면 그 도시계획사업의 실시계획인가는 실효된다.

257 ④

③
> **대판 2004.4.28., 2003두1806**
> 도시계획입안제안과 관련하여서는 주민이 입안권자에게 '1. 도시계획시설의 설치·정비 또는 개량에 관한 사항 2. 지구단위계획구역의 지정 및 변경과 지구단위계획의 수립 및 변경에 관한 사항'에 관하여 '도시계획도서와 계획설명서를 첨부'하여 도시계획의 입안을 제안할 수 있고, 위 입안제안을 받은 입안권자는 그 처리결과를 제안자에게 통보하도록 규정하고 있는 점 등과 헌법상 개인의 재산권 보장의 취지에 비추어 보면, <u>도시계획구역 내 토지 등을 소유하고 있는 주민으로서는 입안권자에게 도시계획입안을 요구할 수 있는 법규상 또는 조리상의 신청권이 있다고 할 것이고, 이러한 신청에 대한 거부행위는 항고소송의 대상이 되는 행정처분에 해당한다.</u>

④ COMMENT 5년이 아니라 10년이다(동법 제47조 제1항).

> **제47조(도시·군계획시설 부지의 매수 청구)** ① 도시·군계획시설에 대한 도시·군관리계획의 결정(이하 "도시·군계획시설결정"이라 한다)의 고시일부터 <u>10년</u> 이내에 그 도시·군계획시설의 설치에 관한 도시·군계획시설사업이 시행되지 아니하는 경우(제88조에 따른 실시계획의 인가나 그에 상당하는 절차가 진행된 경우는 제외한다. 이하 같다) 그 도시·군계획시설의 부지로 되어 있는 토지 중 지목(地目)이 대(垈)인 토지(그 토지에 있는 건축물 및 정착물을 포함한다. 이하 이 조에서 같다)의 소유자는 대통령령으로 정하는 바에 따라 특별시장·광역시장·특별자치시장·특별자치도지사·시장 또는 군수에게 그 토지의 매수를 청구할 수 있다.

258
2015 서울시 7급

부동산거래신고 등에 관한 법률상 이행명령에서 정한 이행기간이 도과한 후에 토지소유자가 그 이행명령을 이행한 경우와 관련하여 옳지 않은 것은? (다툼이 있는 경우 판례에 의함)

> 시장·군수 또는 구청장은 최초의 이행명령이 있었던 날을 기준으로 1년에 한 번씩 그 이행명령이 이행될 때까지 반복하여 제2항에 따른 이행강제금을 부과·징수할 수 있다(제18조 제3항). 이행명령을 받은 자가 그 명령을 이행하는 경우에는 새로운 이행강제금의 부과를 즉시 중지하되, 명령을 이행하기 전에 이미 부과된 이행강제금은 징수하여야 한다(제18조 제5항).

① 이행강제금은 이행명령의 불이행이라는 과거의 위반행위에 대한 제재로서의 의미를 갖는 것은 아니다.
② 토지거래계약의 허가를 받아 토지를 취득한 자에게 관할 행정청은 허가받은 목적대로 토지를 이용할 의무의 이행을 명하고 그 이행기간 안에 의무를 이행하지 않으면 반복하여 이행강제금을 부과할 수 있다.
③ 구 「국토의 계획 및 이용에 관한 법률」 제124조의2 제5항의 새로운 이행강제금에는 이행명령 불이행에 따른 최초의 이행강제금은 포함되지 않으므로, 이행명령을 받은 의무자가 최초의 이행명령에서 정한 기간이 경과한 후에 그 명령을 이행한 경우라면 최초의 이행강제금 부과는 허용된다.
④ 이행명령을 받은 자가 그 명령을 이행하는 경우에 새로운 이행강제금의 부과를 즉시 중지하도록 법령이 규정한 것은, 이러한 이행강제금의 본질상 이행강제금 부과로 이행을 확보하고자 한 목적이 이미 실현된 경우에는 그 이행강제금을 부과할 수 없다는 취지를 규정한 것으로 보아야 한다.

258 ③

> 해설

① 헌재 전원재판부 2009헌바140, 2011.10.25.
이 사건 법률조항에서 규정하고 있는 이행강제금은 일정한 기한까지 의무를 이행하지 않을 때에는 일정한 금전적 부담을 과할 뜻을 미리 계고함으로써 의무자에게 심리적 압박을 주어 장래에 그 의무를 이행하게 하려는 행정상 간접적인 강제집행 수단의 하나로서 과거의 일정한 법률위반 행위에 대한 제재로서의 형벌이 아니라 장래의 의무이행의 확보를 위한 강제수단일 뿐이어서 범죄에 대하여 국가가 형벌권을 실행한다고 하는 과벌에 해당하지 아니하므로 헌법 제13조 제1항이 금지하는 이중처벌금지의 원칙이 적용될 여지가 없을 뿐 아니라, 건축법 제108조, 제110조에 의한 형사처벌의 대상이 되는 행위와 이 사건 법률조항에 따라 이행강제금이 부과되는 행위는 기초적 사실관계가 동일한 행위가 아니라 할 것이므로 이런 점에서도 이 사건 법률조항이 헌법 제13조 제1항의 이중처벌금지의 원칙에 위반되지 아니한다.

② COMMENT 이행강제금은 형벌이 아니므로 반복하여 부과할 수 있다.

> **부동산거래신고법 제18조(이행강제금)** ① 시장·군수 또는 구청장은 제17조제1항에 따른 토지의 이용 의무를 이행하지 아니한 자에 대하여는 상당한 기간을 정하여 토지의 이용 의무를 이행하도록 명할 수 있다. 다만, 대통령령으로 정하는 사유가 있는 경우에는 이용 의무의 이행을 명하지 아니할 수 있다.
> ② 시장·군수 또는 구청장은 제1항에 따른 이행명령이 정하여진 기간에 이행되지 아니한 경우에는 토지 취득가액의 100분의 10의 범위에서 대통령령으로 정하는 금액의 이행강제금을 부과한다.
> ③ 시장·군수 또는 구청장은 최초의 이행명령이 있었던 날을 기준으로 1년에 한 번씩 그 이행명령이 이행될 때까지 반복하여 제2항에 따른 이행강제금을 부과·징수할 수 있다.

③, ④ COMMENT 과거 국토계획법에 규정되어 있던(2016년에 부동산거래신고법으로 그대로 이관됨) 이행강제금 조문들에 관한 판례이며 그 법리는 현재에도 타당하다.

대법원 2014.12.11., 선고, 2013두15750, 판결
국토의 계획 및 이용에 관한 법률(이하 '국토계획법'이라고 한다) 제124조의2 제5항이 이행명령을 받은 자가 그 명령을 이행하는 경우에 새로운 이행강제금의 부과를 즉시 중지하도록 규정한 것은 이행강제금의 본질상 이행강제금 부과로 이행을 확보하고자 한 목적이 이미 실현된 경우에는 그 이행강제금을 부과할 수 없다는 취지를 규정한 것으로서, 이에 의하여 부과가 중지되는 '새로운 이행강제금'에는 국토계획법 제124조의2 제3항의 규정에 의하여 반복 부과되는 이행강제금뿐만 아니라 이행명령 불이행에 따른 최초의 이행강제금도 포함된다. 따라서 이행명령을 받은 의무자가 그 명령을 이행한 경우에는 이행명령에서 정한 기간을 지나서 이행한 경우라도 최초의 이행강제금을 부과할 수 없다.

259

「국토의 계획 및 이용에 관한 법률」상의 도시·군관리계획에 대한 설명으로 옳지 않은 것은?

① 지구단위계획은 도시·군계획 수립 대상지역의 일부에 대하여 토지 이용을 합리화하고 그 기능을 증진시키며 미관을 개선 하고 양호한 환경을 확보하며, 그 지역을 체계적·계획적으로 관리하기 위하여 수립하는 도시·군관리계획을 말한다.

② 개발제한구역의 지정에 관한 도시·군관리계획 결정 당시, 이미 사업이나 공사에 착수한 자는 그 도시·군관리계획 결정에 관계 없이 그 사업이나 공사를 계속할 수 있다.

③ 국토교통부장관, 시·도지사, 시장 또는 군수는 직접 도시·군관리계획에 관한 지형도면을 작성하거나 지형도면을 승인한 경우에는 이를 고시하여야 하며, 도시·군관리계획 결정의 효력은 이렇게 지형도면을 고시한 날부터 발생한다.

④ 도시·군관리계획은 시·도지사가 직접 또는 시장·군수의 신청에 따라 결정한다. 다만, 지방자치법에 따른 서울특별시와 광역시를 제외한 인구 100만 이상의 대도시의 경우에는 해당 시장이 직접 결정한다.

해설

① 「국토의 계획 및 이용에 관한 법률」 제2조 제5호

> **제2조(정의)**
> 5. "지구단위계획"이란 도시·군계획 수립 대상지역의 일부에 대하여 토지 이용을 합리화하고 그 기능을 증진시키며 미관을 개선하고 양호한 환경을 확보하며, 그 지역을 체계적·계획적으로 관리하기 위하여 수립하는 도시·군관리계획을 말한다.

② 동법 제31조 제2항

> **제31조(도시·군관리계획 결정의 효력)** ② 도시·군관리계획 결정 당시 이미 사업이나 공사에 착수한 자(이 법 또는 다른 법률에 따라 허가·인가·승인 등을 받아야 하는 경우에는 그 허가·인가·승인 등을 받아 사업이나 공사에 착수한 자를 말한다)는 그 도시·군관리계획 결정에 관계없이 그 사업이나 공사를 계속할 수 있다. 다만, 시가화조정구역이나 수산자원보호구역의 지정에 관한 도시·군관리계획 결정이 있는 경우에는 대통령령으로 정하는 바에 따라 특별시장·광역시장·특별자치시장·특별자치도지사·시장 또는 군수에게 신고하고 그 사업이나 공사를 계속할 수 있다.

③ 동법 제31조 제1항, 제32조 제4항

> **제31조(도시·군관리계획 결정의 효력)** ① 도시·군관리계획 결정의 효력은 제32조제4항에 따라 지형도면을 고시한 날부터 발생한다.
> **제32조(도시·군관리계획에 관한 지형도면의 고시 등)** ④ 국토교통부장관, 시·도지사, 시장 또는 군수는 직접 지형도면을 작성하거나 지형도면을 승인한 경우에는 이를 고시하여야 한다.

259 ④

④ COMMENT 인구 100만이 아니라 50만이다(동법 제29조 제1항).

> **제29조(도시·군관리계획의 결정권자)** ① 도시·군관리계획은 시·도지사가 직접 또는 시장·군수의 신청에 따라 결정한다. 다만, 「지방자치법」 제198조에 따른 서울특별시와 광역시 및 특별자치시를 제외한 인구 50만 이상의 대도시(이하 "대도시"라 한다)의 경우에는 해당 시장(이하 "대도시 시장"이라 한다)이 직접 결정하고, 시장 또는 군수가 입안한 지구단위계획구역의 지정·변경과 지구단위계획의 수립·변경에 관한 도시·군관리계획은 해당 시장 또는 군수가 직접 결정한다.

260

2021 국회직 8급

국토의 계획 및 이용에 관한 법률 에 대한 설명으로 옳은 것만을 <보기>에서 모두 고르면? (다툼이 있는 경우 판례에 의함)

〈 보기 〉

ㄱ. 도시계획시설결정의 대상면적이 도시기본계획에서 예정했던 것보다 증가하였다 하여 그 도시계획시설결정이 위법한 것은 아니다.
ㄴ. 지구단위계획구역의 지정 및 변경과 지구단위계획의 수립 및 변경에 관한 사항에 대해서는 주민이 입안을 제안할 수 있으므로, 이 경우에 도시계획구역 내 토지 등을 소유하고 있는 주민은 입안권자에게 입안을 요구할 수 있는 법규상 또는 조리상의 신청권이 있다.
ㄷ. 지구단위계획을 수립하면서 그 권장용도를 판매·위락·숙박시설로 결정하여 고시한 행위를 당해 지구 내에서는 공익과 무관하게 언제든지 숙박시설에 대한 건축허가를 받을 수 있을 것이라는 공적 견해를 표명한 것이라고 평가할 수는 없다.
ㄹ. 행정주체가 행정계획을 입안·결정하는 데에는 비록 광범위한 계획재량을 갖고 있지만 비례의 원칙에 어긋나게 된 경우에는 재량권을 일탈·남용한 위법한 처분이 된다.
ㅁ. 도시·군계획시설 부지 소유자의 매수 청구에 대한 관할 행정청의 매수 거부 결정은 항고소송의 대상인 처분에 해당한다.

① ㄱ, ㄷ, ㅁ
② ㄴ, ㄹ, ㅁ
③ ㄱ, ㄴ, ㄷ, ㄹ
④ ㄴ, ㄷ, ㄹ, ㅁ
⑤ ㄱ, ㄴ, ㄷ, ㄹ, ㅁ

해설

ㄱ.
> **대법원 1998.11.27., 선고, 96누13927. 판결**
> 도시계획법 제11조 제1항에는, 시장 또는 군수는 그 관할 도시계획구역 안에서 시행할 도시계획을 도시기본계획의 내용에 적합하도록 입안하여야 한다고 규정하고 있으나, 도시기본계획이라는 것은 도시의 장기적 개발방향과 미래상을 제시하는 도시계획 입안의 지침이 되는 장기적·종합적인 개발계획으로서 직접적인 구속력은 없는 것이므로, 도시계획시설결정 대상면적이 도시기본계획에서 예정했던 것보다 증가하였다 하여 그것이 도시기본계획의 범위를 벗어나 위법한 것은 아니다.

🔒 260 ⑤

ㄴ. 대법원 2004.4.28., 2003두1806
도시계획입안제안과 관련하여서는 주민이 입안권자에게 '1. 도시계획시설의 설치·정비 또는 개량에 관한 사항 2. 지구단위계획구역의 지정 및 변경과 지구단위계획의 수립 및 변경에 관한 사항'에 관하여 '도시계획도서와 계획설명서를 첨부'하여 도시계획의 입안을 제안할 수 있고, 위 입안제안을 받은 입안권자는 그 처리결과를 제안자에게 통보하도록 규정하고 있는 점 등과 헌법상 개인의 재산권 보장의 취지에 비추어 보면, 도시계획구역 내 토지 등을 소유하고 있는 주민으로서는 입안권자에게 도시계획입안을 요구할 수 있는 법규상 또는 조리상의 신청권이 있다고 할 것이고, 이러한 신청에 대한 거부행위는 항고소송의 대상이 되는 행정처분에 해당한다.

ㄷ. 대법원 2005.11.25., 선고, 2004두6822, 판결
피고가 위 H지구의 권장용도를 판매·위락·숙박시설로 결정하여 이를 고시하고 관계 서류와 도면을 비치 및 열람하게 한 행위를 천안시 북부 제2지구 중 H지구에서는 숙박시설 건축허가를 받을 수 있을 것이라는 공적 견해를 표명한 것으로 봄이 상당하다고 평가한 부분에 관하여 보건대, 위 H지구의 권장용도로는 숙박시설 외에 판매·위락시설도 지정되어 있고, 피고가 고시한 지구단위계획 지침서 제4조 제1항 제4호에는 권장용도라 함은 건축물의 전면부(주된 이용 출입구를 설치한 면) 1개층 이상에 필요한 용도를 권장하는 것에 불과함을 밝히고 있을 뿐 아니라, 이 사건 처분 당시 시행되던 구 건축법 (2001. 1. 16. 법률 제6370호로 개정되어 2001. 7. 17.부터 시행된 것) 제8조 제5항에는 숙박시설의 건축을 허가하는 경우에는 주거환경 또는 교육환경 등 주변환경을 감안할 때 부적합하다고 인정하는 경우에는 건축위원회의 심의를 거쳐 건축허가를 하지 아니할 수 있다는 규정이 신설되어 있으며, 위 규정 신설 이전에도 숙박시설의 건축허가에 대하여는 중대한 공익상의 필요성이 인정되는 경우에는 관계 법령에서 정하는 제한 사유 이외의 사유를 들어 그 허가신청을 거부하는 것이 허용되었음(대법원 2002. 12. 10. 선고 2002두7043 판결 참조)에 비추어 보면, 이 사건에서 피고가 위와 같은 계획을 수립하여 고시하고 관련도서를 비치하여 열람하게 한 행위로서 표명한 공적 견해는 숙박시설의 건축허가를 불허하여야 할 중대한 공익상의 필요가 없음을 전제로 숙박시설 건축허가도 가능하다는 것이지, 이를 H지구 내에서는 공익과 무관하게 언제든지 숙박시설에 대한 건축허가가 가능하리라는 취지의 공적 견해를 표명한 것이라고 평가할 수는 없을 것이다.

ㄹ. 대법원 1997.9.26., 선고, 96누10096, 판결
행정주체가 택지개발 예정지구 지정 처분과 같은 행정계획을 입안·결정하는 데에는 비록 광범위한 계획재량을 갖고 있지만 행정계획에 관련된 자들의 이익을 공익과 사익 사이에서는 물론, 공익 상호간과 사익 상호간에도 정당하게 비교·교량하여야 하고 그 비교·교량은 비례의 원칙에 적합하도록 하여야 하는 것이므로, 만약 이익형량을 전혀 하지 아니하였거나 이익형량의 고려대상에 포함시켜야 할 중요한 사항을 누락한 경우 또는 이익형량을 하기는 하였으나 그것이 비례의 원칙에 어긋나게 된 경우에는 그 행정계획은 재량권을 일탈·남용한 위법한 처분이다.

ㅁ. COMMENT 아래 판례는 매수거부의 처분성이 인정됨을 전제로, 본안판단에 들어가서 당해 거부처분이 위법하다고 판결한 사안이다.

대법원 2007.12.28., 선고, 2006두4738, 판결
이 사건 도시환경정비사업의 정비사업시행자가 앞서 본 바와 같은 절차를 거쳐 구체적으로 확정되었는지 여부를 따져보지도 아니한 채 만연히 원고가 이 사건 공원의 설치의무자에 해당하므로 피고에게 매수청구를 할 수 없다고 하여, 이를 이유로 한 피고의 이 사건 매수거부처분이 적법하다고 판단하고 말았으니, 이러한 원심 판단에는 이 사건 단서규정의 적용범위에 관한 법리를 오해하여 심리를 다하지 않은 위법이 있다.

261

2009 지방직 7급

환경정책기본법상 국가 및 지방자치단체가 법령의 제정과 행정계획의 수립 및 사업의 집행을 할 경우에 환경기준이 적절하게 유지되도록 고려해야 할 사항에 해당하지 않는 것은?

① 환경오염지역의 원상회복
② 환경오염원인자에 대한 부담
③ 환경오염방지를 위한 재원의 적정배분
④ 새로운 과학기술의 사용으로 인한 환경위해의 예방

해설

①, ③, ④ 환경정책기본법 제13조

> **제13조(환경기준의 유지)** 국가 및 지방자치단체는 환경에 관계되는 법령을 제정 또는 개정하거나 행정계획의 수립 또는 사업의 집행을 할 때에는 제12조에 따른 환경기준이 적절히 유지되도록 다음 사항을 고려하여야 한다.
> 1. 환경 악화의 예방 및 그 요인의 제거
> 2. 환경오염지역의 원상회복
> 3. 새로운 과학기술의 사용으로 인한 환경오염 및 환경훼손의 예방
> 4. 환경오염방지를 위한 재원(財源)의 적정 배분

② COMMENT 원인자책임의 원칙은 환경정책기본법에서 규정하는 환경정책상 '기본원칙'의 하나이다(동법 제7조).

> **제7조(오염원인자 책임원칙)** 자기의 행위 또는 사업활동으로 환경오염 또는 환경훼손의 원인을 발생시킨 자는 그 오염·훼손을 방지하고 오염·훼손된 환경을 회복·복원할 책임을 지며, 환경오염 또는 환경훼손으로 인한 피해의 구제에 드는 비용을 부담함을 원칙으로 한다.

262

2001 국가직 7급

환경기준에 관한 설명 중 옳지 않은 것은?

① 환경기준은 엄격한 법적 구속력을 가지며, 이를 위반하면 처벌의 대상이 된다.
② 환경기준은 환경영향평가에 있어서 평가기준으로 사용될 수 있다.
③ 지방자치단체는 지역환경의 특수성을 고려하여 그때로 환경정책기본법상의 환경기준보다 엄격한 별도의 지역환경기준을 설정할 수 있다.
④ 환경기준은 환경보호정책의 실효성을 보장하기 위하여 개별환경매체별로 작성되는 통일된 기준을 말한다.

해설

① **COMMENT** 환경정책기본법상 환경기준(제12조, 제13조)은 법적 구속력은 발생하지 않으며, 그 위반에 대하여 형사처벌을 규정하고 있지 않다. 다만 환경기준의 대표적 수단인 '배출허용기준'은 법적 구속력이 있으므로 그 위반시 제재가 과해진다.

② 환경영향평가법 제5조 제1호

> **제5조(환경보전목표의 설정 등)** 환경영향평가등을 하려는 자는 다음 각 호의 기준, 계획 또는 사업의 성격, 토지이용 및 환경 현황, 계획 또는 사업이 환경에 미치는 영향의 정도, 평가 당시의 과학적・기술적 수준 및 경제적 상황 등을 고려하여 환경보전목표를 설정하고 이를 토대로 환경영향평가등을 실시하여야 한다.
> 1. 「환경정책기본법」 제12조에 따른 환경기준
> 2. 「자연환경보전법」 제2조제14호에 따른 생태・자연도(生態・自然圖)
> 3. 「대기환경보전법」, 「물환경보전법」 등에 따른 지역별 오염총량기준
> 4. 그 밖에 관계 법률에서 환경보전을 위하여 설정한 기준

③ 환경정책기본법 제12조 제3항

> **제12조(환경기준의 설정)** ① 국가는 생태계 또는 인간의 건강에 미치는 영향 등을 고려하여 환경기준을 설정하여야 하며, 환경 여건의 변화에 따라 그 적정성이 유지되도록 하여야 한다.
> ② 환경기준은 대통령령으로 정한다.
> ③ 특별시・광역시・도・특별자치도(이하 "시・도"라 한다)는 해당 지역의 환경적 특수성을 고려하여 필요하다고 인정할 때에는 해당 시・도의 조례로 제1항에 따른 환경기준보다 확대・강화된 별도의 환경기준(이하 "지역환경기준"이라 한다)을 설정 또는 변경할 수 있다.
> ④ 특별시장・광역시장・도지사・특별자치도지사(이하 "시・도지사"라 한다)는 제3항에 따라 지역환경기준을 설정하거나 변경한 경우에는 이를 지체 없이 환경부장관에게 보고하여야 한다.

④ **COMMENT** 환경정책기본법 시행령 제2조 [별표 1]에서는 개별환경 매체(1. 대기, 2. 소음, 3. 수질 및 수생태계)별로 환경기준을 정하고 있다.

263

환경법상 기본원칙으로 보기 어려운 것은?

① 중과실책임원칙
② 사전대비원칙
③ 원인자책임원칙
④ 협력원칙
⑤ 공동부담원칙

해설

① **COMMENT** 환경정책기본법은 원인자에 대하여 무과실책임을 규정하고 있다.

> **제44조(환경오염의 피해에 대한 무과실책임)** ① 환경오염 또는 환경훼손으로 피해가 발생한 경우에는 해당 환경오염 또는 환경훼손의 원인자가 그 피해를 배상하여야 한다.

263 ①

② COMMENT '사전대비원칙'이란 환경보전을 위하여 환경상 피해를 미리 예측하고 대비함으로써 환경의 오염이나 파괴가 발생하지 않도록 사전에 충분히 배려해야 하는 원칙을 말한다. 이러한 원칙이 환경법제에 구체화된 것으로 동법 제4조를 들 수 있다.

> **제4조(국가 및 지방자치단체의 책무)** ① 국가는 환경오염 및 환경훼손과 그 위해를 예방하고 환경을 적정하게 관리·보전하기 위하여 환경보전계획을 수립하여 시행할 책무를 진다.
> ② 지방자치단체는 관할 구역의 지역적 특성을 고려하여 국가의 환경보전계획에 따라 그 지방자치단체의 계획을 수립하여 이를 시행할 책무를 진다.
> ③ 국가 및 지방자치단체는 지속가능한 국토환경 유지를 위하여 제1항에 따른 환경보전계획과 제2항에 따른 지방자치단체의 계획을 수립할 때에는 「국토기본법」에 따른 국토계획과의 연계방안 등을 강구하여야 한다.
> ④ 환경부장관은 제3항에 따른 환경보전계획과 국토계획의 연계를 위하여 필요한 경우에는 적용범위, 연계방법 및 절차 등을 국토교통부장관과 공동으로 정할 수 있다.

③ 동법 제7조

> **제7조(오염원인자 책임원칙)** 자기의 행위 또는 사업활동으로 환경오염 또는 환경훼손의 원인을 발생시킨 자는 그 오염·훼손을 방지하고 오염·훼손된 환경을 회복·복원할 책임을 지며, 환경오염 또는 환경훼손으로 인한 피해의 구제에 드는 비용을 부담함을 원칙으로 한다.

④ 환경정책기본법 제5조, 제6조

> **제5조(사업자의 책무)** 사업자는 그 사업활동으로부터 발생하는 환경오염 및 환경훼손을 스스로 방지하기 위하여 필요한 조치를 하여야 하며, 국가 또는 지방자치단체의 환경보전시책에 참여하고 협력하여야 할 책무를 진다.
> **제6조(국민의 권리와 의무)** ① 모든 국민은 건강하고 쾌적한 환경에서 생활할 권리를 가진다.
> ② 모든 국민은 국가 및 지방자치단체의 환경보전시책에 협력하여야 한다.
> ③ 모든 국민은 일상생활에서 발생하는 환경오염과 환경훼손을 줄이고, 국토 및 자연환경의 보전을 위하여 노력하여야 한다.

⑤ COMMENT 공동부담원칙이란, 원인자가 누구인지 알 수 없을 경우 각 원인자가 공동으로 비용을 부담해야 함을 말한다.

> **제44조(환경오염의 피해에 대한 무과실책임)** ① 환경오염 또는 환경훼손으로 피해가 발생한 경우에는 해당 환경오염 또는 환경훼손의 원인자가 그 피해를 배상하여야 한다.
> ② 환경오염 또는 환경훼손의 원인자가 둘 이상인 경우에 어느 원인자에 의하여 제1항에 따른 피해가 발생한 것인지를 알 수 없을 때에는 각 원인자가 연대하여 배상하여야 한다.

264

다음 중 대법원 판례의 내용과 다른 것은? (다툼이 있는 경우 판례에 의함)

① 방사능에 오염된 고철을 타인에게 매도하는 등으로 유통시킴으로써 거래 상대방이나 전전 취득한 자가 방사능오염으로 피해를 입게 되었더라도 그 원인자는 방사능오염 사실을 모르고 유통시켰을 경우에는「환경정책기본법」제44조 제1항에 따라 피해자에게 피해를 배상할 의무는 없다.
② 토양은 폐기물 기타 오염물질에 의하여 오염될 수 있는 대상일 뿐 오염토양이라 하여 동산으로서 '물질'인 폐기물에 해당한다고 할 수 없고, 나아가 오염토양은 법령상 절차에 따른 정화 대상이 될 뿐 법령상 금지되거나 그와 배치되는 개념인 투기나 폐기 대상이 된다고 할 수 없다.
③ 행정청이 폐기물처리사업계획서 부적합 통보를 하면서 처분서에 불확정개념으로 규정된 법령상의 허가기준 등을 충족하지 못하였다는 취지만을 간략히 기재하였다면, 부적합 통보에 대한 취소소송 절차에서 행정청은 그 처분을 하게 된 판단 근거나 자료 등을 제시하여 구체적 불허가사유를 분명히 하여야 한다.
④ 불법행위로 영업을 중단한 자가 영업 중단에 따른 손해배상을 구하는 경우 영업을 중단하지 않았으면 얻었을 순이익과 이와 별도로 영업 중단과 상관없이 불가피하게 지출해야 하는 비용도 특별한 사정이 없는 한 손해배상의 범위에 포함될 수 있다.

해설

①
> 대법원 2018.9.13., 선고, 2016다35802, 판결
> 방사능에 오염된 고철은 원자력안전법 등의 법령에 따라 처리되어야 하고 유통되어서는 안 된다. 사업 활동 등을 하던 중 고철을 방사능에 오염시킨 자는 원인자로서 관련 법령에 따라 고철을 처리함으로써 오염된 환경을 회복·복원할 책임을 진다. 이러한 조치를 취하지 않고 방사능에 오염된 고철을 타인에게 매도하는 등으로 유통시킴으로써 거래 상대방이나 전전 취득한 자가 방사능오염으로 피해를 입게 되면 그 원인자는 방사능오염 사실을 모르고 유통시켰더라도 환경정책기본법 제44조 제1항에 따라 피해자에게 피해를 배상할 의무가 있다.

②
> 대법원 2011.5.26., 선고, 2008도2907, 판결
> 구 폐기물관리법(2007. 4. 11. 법률 제8371호로 전부 개정되기 전의 것, 이하 '구 폐기물관리법'이라 한다)과 구 폐기물관리법 시행령(2007. 9. 6. 대통령령 제20244호로 전부 개정되기 전의 것), 건설폐기물의 재활용촉진에 관한 법률과 그 시행령 및 토양환경보전법의 각 규정을 종합하면, 토양은 폐기물 기타 오염물질에 의하여 오염될 수 있는 대상일 뿐 오염토양이라 하여 동산으로서 '물질'인 폐기물에 해당한다고 할 수 없고, 나아가 오염토양은 법령상 절차에 따른 정화 대상이 될 뿐 법령상 금지되거나 그와 배치되는 개념인 투기나 폐기 대상이 된다고 할 수 없다. 따라서 오염토양 자체의 규율에 관하여는 '사람의 생활이나 사업 활동에 필요하지 아니하게 된 물질'의 처리를 목적으로 하는 구 폐기물관리법에서 처리를 위한 별도의 근거 규정을 두고 있지 아니한 이상 구 폐기물관리법의 규정은 성질상 적용될 수 없고, 이는 오염토양이 구 폐기물관리법상의 폐기물이나 구성요소인 오염물질과 섞인 상태로 되어 있다거나 그 부분 오염토양이 정화작업 등의 목적으로 해당 부지에서 반출되어 동산인 '물질'의 상태를 일시 갖추게 되었더라도 마찬가지이다.

③
대법원 2019.12.24., 선고 2019두45579 판결
행정청이 폐기물처리사업계획서 부적합 통보를 하면서 처분서에 불확정개념으로 규정된 법령상의 허가기준 등을 충족하지 못하였다는 취지만을 간략히 기재하였다면, 부적합 통보에 대한 취소소송절차에서 행정청은 그 처분을 하게 된 판단 근거나 자료 등을 제시하여 구체적 불허가사유를 분명히 하여야 한다. 이러한 경우 재량행위인 폐기물처리사업계획서 부적합 통보의 효력을 다투는 원고로서는 행정청이 제시한 구체적인 불허가사유에 관한 판단과 근거에 재량권 일탈·남용의 위법이 있음을 밝히기 위하여 소송절차에서 추가적인 주장을 하고 자료를 제출할 필요가 있다.

④
대법원 2018.9.13., 선고, 2016다35802, 판결
불법행위로 영업을 중단한 자가 영업 중단에 따른 손해배상을 구하는 경우 영업을 중단하지 않았으면 얻었을 순이익과 이와 별도로 영업 중단과 상관없이 불가피하게 지출해야 하는 비용도 특별한 사정이 없는 한 손해배상의 범위에 포함될 수 있다. 위와 같은 순이익과 비용의 배상을 인정하는 것은 이중배상에 해당하지 않는다. 이러한 법리는 환경정책기본법 제44조 제1항에 따라 그 피해의 배상을 인정하는 경우에도 적용된다.

265

2005 국가직 7급

환경분쟁조정제도에 관한 설명으로 옳지 않은 것은?

① 중앙조정위원회와 지방조정위원회는 분쟁의 조정사무를 관할한다.
② 지방조정위원회는 사회적으로 중대한 영향을 미칠 환경피해가 발생한 경우에는 직권으로 조정절차를 개시할 수 있다.
③ 분쟁조정절차는 비공개가 원칙이나, 재정위원회의 심문은 공개가 원칙이다.
④ 분쟁의 조정에 필요한 사실조사와 인과관계의 규명을 위해 환경분쟁조정위원회 사무국에 심사관을 둔다.

해설

① 환경분쟁조정법 제6조 제1항, 제2항

> **제6조(관할)** ① 중앙조정위원회는 분쟁 조정사무 중 다음 각 호의 사항을 관할한다.
> 1. 분쟁의 재정 및 중재
> 2. 국가나 지방자치단체를 당사자로 하는 분쟁의 조정
> 3. 둘 이상의 시·도의 관할 구역에 걸친 분쟁의 조정
> 4. 제30조에 따른 직권조정(職權調停)
> 5. 그 밖에 대통령령으로 정하는 분쟁의 조정
> ② 지방조정위원회는 해당 시·도의 관할 구역에서 발생한 분쟁의 조정사무 중 제1항제2호부터 제5호까지의 사무 외의 사무를 관할한다. 다만, 제1항제1호의 경우에는 일조 방해, 통풍 방해, 조망 저해로 인한 분쟁은 제외한 것으로서 대통령령으로 정하는 분쟁의 재정 및 중재만 해당한다.

265 ②

② **COMMENT** 사회적으로 중대한 영향을 미칠 환경피해가 발생한 경우에는 '중앙조정위원회'가 '직권'으로 조정절차를 개시할 수 있다(동법 제30조 제1항).

> **제30조(직권조정)** ① 중앙조정위원회는 환경오염으로 인한 사람의 생명·신체에 대한 중대한 피해, 제2조제2호의 환경시설의 설치 또는 관리와 관련된 다툼 등 사회적으로 파급효과가 클 것으로 우려되는 분쟁에 대하여는 당사자의 신청이 없는 경우에도 직권으로 조정절차를 시작할 수 있다.

③ **COMMENT** '재정'이란 알선·조정으로도 해결이 곤란한 손해배상사건에 대해 재정위원회가 행하는 재판에 준하는 절차를 말한다. 분쟁조정절차는 비공개가 원칙이나(동법 제25조), 재정위원회의 심문은 공개가 원칙이다(동법 제37조 제3항).

> **제25조(절차의 비공개)** 위원회가 수행하는 조정의 절차는 이 법에 특별한 규정이 있는 경우를 제외하고는 공개하지 아니한다.
>
> **제37조(심문)** ① 재정위원회는 심문(審問)의 기일을 정하여 당사자에게 의견을 진술하게 하여야 한다.
> ② 재정위원회는 제1항에 따른 심문기일을 심문기일 7일 전까지 당사자에게 통지하여야 한다.
> ③ 심문은 공개하여야 한다. 다만, 재정위원회가 당사자의 사생활 또는 사업상의 비밀을 유지할 필요가 있다고 인정하거나 절차의 공정을 해칠 염려가 있다고 인정할 때, 그 밖에 공익을 위하여 필요하다고 인정할 때에는 그러하지 아니하다.

④ 동법 제13조 제1항, 제2항

> **제13조(사무국)** ① 위원회의 사무를 처리하기 위하여 위원회에 사무국을 둘 수 있다.
> ② 사무국에는 다음 각 호의 사무를 분장(分掌)할 심사관을 둔다.
> 1. 분쟁의 조정에 필요한 사실조사와 인과관계의 규명
> 2. 환경피해액의 산정 및 산정기준의 연구·개발
> 3. 그 밖에 위원회의 위원장이 지정하는 사항

266

2002 행정고시

환경행정에 관한 설명으로 옳지 않은 것은?

① 환경분쟁조정에서 재정이 신청된 경우에도 수소법원은 진행 중인 소송절차를 중지할 수 없다.
② 「물환경보전법」상 배출허용기준을 초과하지 않는 경우에도 방류수 수질기준을 초과한 경우에는 배출부과금이 부과된다.
③ 배출부과금의 부과처분에 대해서는 취소소송으로 다툴 수 있다.
④ 환경영향평가 대상지역 내의 주민에게 당해 사업계획승인의 취소를 구할 법률상 이익이 있다고 한 대법원 판례가 있다.
⑤ 환경분쟁조정법상 분쟁조정의 수단으로는 알선·조정·재정이 있다.

266 ①

| 해설

① 환경분쟁조정법 제45조 제1항

> **제45조(소송과의 관계)** ① 재정이 신청된 사건에 대한 소송이 진행 중일 때에는 수소법원(受訴法院)은 재정이 있을 때까지 소송절차를 중지할 수 있다.

② 「물환경보전법」 제41조 제1항 제1호

> **제41조(배출부과금)** ① 환경부장관은 수질오염물질로 인한 수질오염 및 수생태계 훼손을 방지하거나 감소시키기 위하여 수질오염물질을 배출하는 사업자(공공폐수처리시설, 공공하수처리시설 중 환경부령으로 정하는 시설을 운영하는 자를 포함한다) 또는 제33조제1항부터 제3항까지의 규정에 따른 허가·변경허가를 받지 아니하거나 신고·변경신고를 하지 아니하고 배출시설을 설치하거나 변경한 자에게 배출부과금을 부과·징수한다. 이 경우 배출부과금은 다음 각 호와 같이 구분하여 부과하되, 그 산정방법과 산정기준 등에 관하여 필요한 사항은 대통령령으로 정한다.
> 1. 기본배출부과금
>   가. 배출시설(폐수무방류배출시설은 제외한다)에서 배출되는 폐수 중 수질오염물질이 제32조에 따른 배출허용기준 이하로 배출되나 방류수 수질기준을 초과하는 경우
>   나. 공공폐수처리시설 또는 공공하수처리시설에서 배출되는 폐수 중 수질오염물질이 방류수 수질기준을 초과하는 경우
> 2. 초과배출부과금
>   가. 수질오염물질이 제32조에 따른 배출허용기준을 초과하여 배출되는 경우
>   나. 수질오염물질이 공공수역에 배출되는 경우(폐수무방류배출시설로 한정한다)

③ COMMENT 배출부과금 부과처분은 금전납부를 명하는 하명으로서 처분성이 인정된다.

④
> **대판 1998.9.22., 97누19571**
> 전원개발사업실시계획승인처분의 근거 법률인 전원개발에관한특례법령, 구 환경보전법령, 구 환경정책기본법령 및 환경영향평가법령 등의 규정 취지는 환경영향평가대상사업에 해당하는 발전소건설사업이 환경을 해치지 아니하는 방법으로 시행되도록 함으로써 당해 사업과 관련된 환경공익을 보호하려는 데 그치는 것이 아니라 당해 사업으로 인하여 직접적이고 중대한 환경피해를 입으리라고 예상되는 환경영향평가대상지역 안의 주민들이 전과 비교하여 수인한도를 넘는 환경침해를 받지 아니하고 쾌적한 환경에서 생활할 수 있는 개별적 이익까지도 이를 보호하려는 데에 있으므로, 주민들이 위 승인처분과 관련하여 갖고 있는 위와 같은 환경상 이익은 단순히 환경공익 보호의 결과로서 국민일반이 공통적으로 갖게 되는 추상적·평균적·일반적 이익에 그치지 아니하고 환경영향평가대상지역 안의 주민 개개인에 대하여 개별적으로 보호되는 직접적·구체적 이익이라고 보아야 하고, 따라서 <u>위 사업으로 인하여 직접적이고 중대한 환경침해를 받게 되리라고 예상되는 환경영향평가대상지역 안의 주민에게는 위 승인처분의 취소를 구할 원고적격이 있다.</u>

⑤ 환경분쟁조정법 제2조 제3호

> **제2조(정의)** 이 법에서 사용하는 용어의 뜻은 다음과 같다.
> 1. "환경피해"란 사업활동, 그 밖에 사람의 활동에 의하여 발생하였거나 발생이 예상되는 대기오염, 수질오염, 토양오염, 해양오염, 소음·진동, 악취, 자연생태계 파괴, 일조 방해, 통풍 방해, 조망 저해, 인공조명에 의한 빛공해, 지하수 수위 또는 이동경로의 변화, 그 밖에 대통령령으로 정하는 원인으로 인한 건강상·재산상·정신상의 피해를 말한다. 다만, 방사능오염으로 인한 피해는 제외한다.
> 2. "환경분쟁"이란 환경피해에 대한 다툼과 「환경기술 및 환경산업 지원법」 제2조제2호에 따른 환경시설의 설치 또는 관리와 관련된 다툼을 말한다.
> 3. "<u>조정</u>(調整)이란 환경분쟁에 대한 알선·조정(調停)·재정 및 중재를 말한다.
> 4. "다수인관련분쟁"이란 같은 원인으로 인한 환경피해를 주장하는 자가 다수(多數)인 환경분쟁을 말한다.

267

2006 관세사

환경행정에 대한 설명으로 옳지 않은 것은?

① 환경권은 헌법상 기본권으로 보장되어 있다.
② 환경영향평가제도는 사전배려의 원칙이 구체화된 것이다.
③ 비권력적 수단도 환경행정의 규제수단으로 활용되고 있다.
④ 환경분쟁조정위원회는 직권에 의한 증거의 조사를 할 수 있다.
⑤ 대법원 판례는 환경영향평가의 실체상 하자가 있으면 당연히 당해 승인 등의 처분이 위법하다고 본다.

해설

① 헌법 제35조

> **제35조** ① 모든 국민은 건강하고 쾌적한 환경에서 생활할 권리를 가지며, 국가와 국민은 환경보전을 위하여 노력하여야 한다.
> ② 환경권의 내용과 행사에 관하여는 법률로 정한다.
> ③ 국가는 주택개발정책등을 통하여 모든 국민이 쾌적한 주거생활을 할 수 있도록 노력하여야 한다.

② COMMENT 환경영향평가란 사업의 계획을 수행함에 있어 그 사업이 환경에 미칠 영향을 미리 예측·평가하여 그 부정적인 효과를 제거 또는 감소시킬 수 있는 방법을 모색하는 제도이므로, 사전배려의 원칙이 구체화된 제도에 해당한다(환경영향평가법 제2조 제2호).

> **환경영향평가법**
> **제2조(정의)** 이 법에서 사용하는 용어의 뜻은 다음과 같다.
> 2. "환경영향평가"란 환경에 영향을 미치는 실시계획·시행계획 등의 허가·인가·승인·면허 또는 결정 등(이하 "승인등"이라 한다)을 할 때에 해당 사업이 환경에 미치는 영향을 미리 조사·예측·평가하여 해로운 환경영향을 피하거나 제거 또는 감소시킬 수 있는 방안을 마련하는 것을 말한다.

267 ⑤

③ COMMENT 행정지도나 환경협정 등을 생각할 수 있다.
④ 환경분쟁조정법 제32조 제1항

> **환경분쟁조정법**
> **제32조(조정위원회의 조사권 등)** ① 조정위원회는 분쟁의 조정을 위하여 필요하다고 인정할 때에는 조정위원회의 위원 또는 심사관으로 하여금 당사자가 점유하고 있는 공장, 사업장 또는 그 밖에 사건과 관련된 장소에 출입하여 관계 문서 또는 물건을 조사·열람 또는 복사하도록 하거나 참고인의 진술을 들을 수 있도록 할 수 있다.
> ② 조정위원회는 제1항에 따른 조사결과를 조정의 자료로 할 때에는 당사자의 의견을 들어야 한다.
> ③ 제1항의 경우에 조정위원회의 위원 또는 심사관은 그 권한을 나타내는 증표를 지니고 이를 관계인에게 보여주어야 한다.

⑤
> **대판 2001.6.29., 99두9902**
> 구 환경영향평가법 제4조에서 환경영향평가를 실시하여야 할 사업을 정하고, 그 제16조 내지 제19조에서 대상사업에 대하여 반드시 환경영향평가를 거치도록 한 취지 등에 비추어 보면, 같은 법에서 정한 환경영향평가를 거쳐야 할 대상사업에 대하여 그러한 환경영향평가를 거치지 아니하였음에도 승인 등 처분을 하였다면 그 처분은 위법하다 할 것이나, 그러한 절차를 거쳤다면, 비록 그 환경영향평가의 내용이 다소 부실하다 하더라도, 그 부실의 정도가 환경영향평가제도를 둔 입법 취지를 달성할 수 없을 정도이어서 환경영향평가를 하지 아니한 것과 다를 바 없는 정도의 것이 아닌 이상 그 부실은 당해 승인 등 처분에 재량권 일탈·남용의 위법이 있는지 여부를 판단하는 하나의 요소로 됨에 그칠 뿐, 그 부실로 인하여 당연히 당해 승인 등 처분이 위법하게 되는 것이 아니다.

268

2011 국회직 8급

「환경영향평가법」상 규정하고 있는 내용으로 옳지 않은 것은?

① 환경영향평가의 기본원칙
② 환경보전목표의 설정
③ 사후환경영향조사
④ 환경영향에 대한 재평가
⑤ 환경분쟁조정

268 ⑤

> 해설

COMMENT 환경분쟁조정은 「환경분쟁 조정법」에서 규정하고 있다.

환경영향평가법 제4조(환경영향평가등의 기본원칙) 환경영향평가등은 다음 각 호의 기본원칙에 따라 실시되어야 한다.
1. 환경영향평가등은 보전과 개발이 조화와 균형을 이루는 지속가능한 발전이 되도록 하여야 한다.
2. 환경보전방안 및 그 대안은 과학적으로 조사·예측된 결과를 근거로 하여 경제적·기술적으로 실행할 수 있는 범위에서 마련되어야 한다.
3. 환경영향평가등의 대상이 되는 계획 또는 사업에 대하여 충분한 정보 제공 등을 함으로써 환경영향평가등의 과정에 주민 등이 원활하게 참여할 수 있도록 노력하여야 한다.
4. 환경영향평가등의 결과는 지역주민 및 의사결정권자가 이해할 수 있도록 간결하고 평이하게 작성되어야 한다.
5. 환경영향평가등은 계획 또는 사업이 특정 지역 또는 시기에 집중될 경우에는 이에 대한 누적적 영향을 고려하여 실시되어야 한다.
6. 환경영향평가등은 계획 또는 사업으로 인한 환경적 위해가 어린이, 노인, 임산부, 저소득층 등 환경유해인자의 노출에 민감한 집단에게 미치는 사회·경제적 영향을 고려하여 실시되어야 한다.

제5조(환경보전목표의 설정 등) 환경영향평가등을 하려는 자는 다음 각 호의 기준, 계획 또는 사업의 성격, 토지이용 및 환경 현황, 계획 또는 사업이 환경에 미치는 영향의 정도, 평가 당시의 과학적·기술적 수준 및 경제적 상황 등을 고려하여 환경보전목표를 설정하고 이를 토대로 환경영향평가등을 실시하여야 한다.

제36조(사후환경영향조사) ① 사업자는 해당 사업을 착공한 후에 그 사업이 주변 환경에 미치는 영향을 조사(이하 "사후환경영향조사"라 한다)하고, 그 결과를 다음 각 호의 자에게 통보하여야 한다.
1. 환경부장관
2. 승인기관의 장(승인등을 받아야 하는 환경영향평가 대상사업만 해당한다)

제41조(재평가) ① 환경부장관은 다음 각 호의 어느 하나에 해당하는 경우에는 승인기관장등과의 협의를 거쳐 한국환경연구원의 장 또는 관계 전문기관의 장(이하 "재평가기관"이라 한다)에게 재평가를 하도록 요청할 수 있다.
1. 환경영향평가 협의 당시 예측하지 못한 사정이 발생하여 주변 환경에 중대한 영향을 미치는 경우로서 제36조제2항 또는 제40조에 따른 조치나 조치명령으로는 환경보전방안을 마련하기 곤란한 경우
2. 제53조제5항제2호를 위반하여 환경영향평가서등과 그 작성의 기초가 되는 자료를 거짓으로 작성한 경우

269

2012 국회직 8급

환경영향평가제도에 관한 설명으로 옳은 것은?

① 환경영향평가를 거치지 않고 한 행정처분은 원칙적으로 무효이다.
② 환경영향평가서의 작성주체는 환경영향평가의 대상사업을 추진하는 사업자 및 그 대행자에 대한 감독행정청이다.
③ 환경영향평가 대상사업의 범위에 도시개발, 산업단지조성, 에너지 개발, 항만건설, 도로건설, 수자원개발, 철도건설 등은 포함되지만, 산지개발, 특정 지역개발, 체육시설·폐기물 처리시설 설치 등은 포함되지 않으며, 다만 기타 대통령령으로 정하는 시설의 설치 등은 포함된다.
④ 판례에 따르면 환경영향평가에 대한 의견에 반하는 처분인 경우 소정의 절차를 밟았다고 하더라도 절차상 하자를 이유로 위법하다고 판단해야 한다.
⑤ 판례에 따르면 당해 사업으로 인해 충분히 예상되는 환경피해방지를 위한 구체적 대책 및 계획을 실시하지 않은 사례와 같이 환경영향평가서에 내용상 하자가 있는 경우 일괄적으로 그 하자의 위법성을 인정해야 한다.

해설

①
> **대판 2006.6.30., 2005두14363**
> 구 환경영향평가법 제1조, 제3조, 제9조, 제16조, 제17조, 제27조 등의 규정 취지는 환경영향평가를 실시하여야 할 사업(이하 '대상사업'이라 한다)이 환경을 해치지 아니하는 방법으로 시행되도록 함으로써 당해 사업과 관련된 환경공익을 보호하려는 데 그치는 것이 아니라, 당해 사업으로 인하여 직접적이고 중대한 환경피해를 입으리라고 예상되는 환경영향평가대상지역 안의 주민들이 전과 비교하여 수인한도를 넘는 환경침해를 받지 아니하고 쾌적한 환경에서 생활할 수 있는 개별적 이익까지도 보호하려는 데에 있는 것이다. 그런데 환경영향평가를 거쳐야 할 대상사업에 대하여 환경영향평가를 거치지 아니하였음에도 불구하고 승인 등 처분이 이루어진다면, 사전에 환경영향평가를 함에 있어 평가대상지역 주민들의 의견을 수렴하고 그 결과를 토대로 하여 환경부장관과의 협의내용을 사업계획에 미리 반영시키는 것 자체가 원천적으로 봉쇄되는바, 이렇게 되면 환경파괴를 미연에 방지하고 쾌적한 환경을 유지·조성하기 위하여 환경영향평가제도를 둔 입법 취지를 달성할 수 없게 되는 결과를 초래할 뿐만 아니라 환경영향평가대상지역 안의 주민들의 직접적이고 개별적인 이익을 근본적으로 침해하게 되므로, 이러한 행정처분의 하자는 법규의 중요한 부분을 위반한 중대한 것이고 객관적으로도 명백한 것이라고 하지 않을 수 없어, 이와 같은 행정처분은 당연무효이다.

② **COMMENT** 환경영향평가서의 작성주체는 환경영향평가의 대상사업을 추진하는 사업자이다(환경영향평가법 제25조 제1항).

> **제25조(주민 등의 의견 수렴)** ① 사업자는 제24조에 따라 결정된 환경영향평가항목등에 따라 환경영향평가서 초안을 작성하여 주민 등의 의견을 수렴하여야 한다.

269 ①

③ COMMENT 산지개발, 특정 지역개발, 체육시설·폐기물 처리시설 설치 등도 포함된다(동법 제22조 제1항).

> **제22조(환경영향평가의 대상)** ① 다음 각 호의 어느 하나에 해당하는 사업(이하 "환경영향평가 대상사업"이라 한다)을 하려는 자(이하 이 장에서 "사업자"라 한다)는 환경영향평가를 실시하여야 한다.
> 1. 도시의 개발사업
> 2. 산업입지 및 산업단지의 조성사업
> 3. 에너지 개발사업
> 4. 항만의 건설사업
> 5. 도로의 건설사업
> 6. 수자원의 개발사업
> 7. 철도(도시철도를 포함한다)의 건설사업
> 8. 공항의 건설사업
> 9. 하천의 이용 및 개발 사업
> 10. 개간 및 공유수면의 매립사업
> 11. 관광단지의 개발사업
> 12. 산지의 개발사업
> 13. 특정 지역의 개발사업
> 14. 체육시설의 설치사업
> 15. 폐기물 처리시설의 설치사업
> 16. 국방·군사 시설의 설치사업
> 17. 토석·모래·자갈·광물 등의 채취사업
> 18. 환경에 영향을 미치는 시설로서 대통령령으로 정하는 시설의 설치사업

④ 대판 2001.7.27., 99두2970
국립공원 관리청이 국립공원 집단시설지구개발사업과 관련하여 그 시설물기본설계 변경승인처분을 함에 있어서 환경부장관과의 협의를 거친 이상, 환경영향평가서의 내용이 환경영향평가제도를 둔 입법취지를 달성할 수 없을 정도로 심히 부실하다는 등의 특별한 사정이 없는 한, 공원관리청이 환경부장관의 환경영향평가에 대한 의견에 반하는 처분을 하였다고 하여 그 처분이 위법하다고 할 수는 없다.

⑤ 대판 2006.3.16., 2006두330 전합
환경영향평가법령에서 정한 환경영향평가를 거쳐야 할 대상사업에 대하여 그러한 환경영향평가를 거치지 아니하였음에도 승인 등 처분을 하였다면 그 처분은 위법하다 할 것이나, 그러한 절차를 거쳤다면, 비록 그 환경영향평가의 내용이 다소 부실하다 하더라도, 그 부실의 정도가 환경영향평가제도를 둔 입법 취지를 달성할 수 없을 정도이어서 환경영향평가를 하지 아니한 것과 다를 바 없는 정도의 것이 아닌 이상, 그 부실은 당해 승인 등 처분에 재량권 일탈·남용의 위법이 있는지 여부를 판단하는 하나의 요소로 됨에 그칠 뿐, 그 부실로 인하여 당연히 당해 승인 등 처분이 위법하게 되는 것이 아니다.

270

환경영향평가제도에 대한 설명으로 옳지 않은 것은? (다툼이 있는 경우 판례에 의함)

① 환경영향평가란 환경에 영향을 미치는 실시계획·시행계획 등의 허가·인가·승인·면허 또는 결정 등을 할 때에 해당 사업이 환경에 미치는 영향을 미리 조사·예측·평가하여 해로운 환경영향을 피하거나 제거 또는 감소시킬 수 있는 방안을 마련하는 것을 말한다.
② 환경영향평가 대상지역 밖의 주민이라 할지라도 공유수면매립면허처분 등으로 인하여 그 처분 전과 비교하여 수인한도를 넘는 환경피해를 받거나 받을 우려가 있는 경우에는, 공유수면매립면허처분 등으로 인하여 환경상 이익에 대한 침해 또는 침해 우려가 있다는 것을 입증함으로써 그 처분 등의 무효확인을 구할 원고적격을 인정받을 수 있다.
③ 환경영향평가법령에서 정한 환경영향평가 절차를 거쳤으나 그 환경영향평가의 내용이 부실한 경우, 그 부실의 정도가 환경영향 평가제도를 둔 입법 취지를 달성할 수 없을 정도이어서 환경영향평가를 하지 아니한 것과 다를 바 없는 정도의 것이 아닌 이상, 그 부실은 당해 승인 등 처분에 재량권 일탈·남용의 위법이 있는지 여부를 판단하는 하나의 요소로 됨에 그칠 뿐, 그 부실로 인하여 당연히 당해 승인 등 처분이 위법하게 되는 것이 아니다.
④ 환경영향평가를 거쳐야 할 대상사업에 대하여 환경영향평가를 거치지 아니하였음에도 불구하고 승인 등 처분이 이루어졌다면, 이러한 행정처분의 하자는 법규의 중요한 부분을 위반한 중대한 것이고 객관적으로도 명백한 것이라고 하지 않을 수 없어, 이와 같은 행정처분은 당연무효이다.
⑤ 환경영향평가절차가 완료되기 전에 공사시행을 하여 사업자가 사전 공사시행 금지규정을 위반한 경우, 승인기관의 장이 한 사업계획 등에 대한 승인 등의 처분은 위법하다.

해설

① 「환경영향평가법」 제2조 제2호

> **제2조(정의)** 이 법에서 사용하는 용어의 뜻은 다음과 같다.
> 2. "환경영향평가"란 환경에 영향을 미치는 실시계획·시행계획 등의 허가·인가·승인·면허 또는 결정 등(이하 "승인등"이라 한다)을 할 때에 해당 사업이 환경에 미치는 영향을 미리 조사·예측·평가하여 해로운 환경영향을 피하거나 제거 또는 감소시킬 수 있는 방안을 마련하는 것을 말한다.

②
> **대법원 2006.3.16., 선고, 2006두330, 전원합의체 판결**
> 환경영향평가 대상지역 밖의 주민이라 할지라도 공유수면매립면허처분 등으로 인하여 그 처분 전과 비교하여 수인한도를 넘는 환경피해를 받거나 받을 우려가 있는 경우에는, 공유수면매립면허처분 등으로 인하여 환경상 이익에 대한 침해 또는 침해우려가 있다는 것을 입증함으로써 그 처분 등의 무효확인을 구할 원고적격을 인정받을 수 있다.

③ 대판 2006.3.16., 2006두330, 전합

환경영향평가법령에서 정한 환경영향평가를 거쳐야 할 대상사업에 대하여 그러한 환경영향평가를 거치지 아니하였음에도 승인 등 처분을 하였다면 그 처분은 위법하다 할 것이나, 그러한 절차를 거쳤다면, 비록 그 환경영향평가의 내용이 다소 부실하다 하더라도, 그 부실의 정도가 환경영향평가제도를 둔 입법 취지를 달성할 수 없을 정도이어서 환경영향평가를 하지 아니한 것과 다를 바 없는 정도의 것이 아닌 이상, 그 부실은 당해 승인 등 처분에 재량권 일탈·남용의 위법이 있는지 여부를 판단하는 하나의 요소로 됨에 그칠 뿐, 그 부실로 인하여 당연히 당해 승인 등 처분이 위법하게 되는 것이 아니다.

④ 대판 2006.6.30., 2005두14363

구 환경영향평가법 제1조, 제3조, 제9조, 제16조, 제17조, 제27조 등의 규정 취지는 환경영향평가를 실시하여야 할 사업(이하 '대상사업'이라 한다)이 환경을 해치지 아니하는 방법으로 시행되도록 함으로써 당해 사업과 관련된 환경공익을 보호하려는 데 그치는 것이 아니라, 당해 사업으로 인하여 직접적이고 중대한 환경피해를 입으리라고 예상되는 환경영향평가대상지역 안의 주민들이 전과 비교하여 수인한도를 넘는 환경침해를 받지 아니하고 쾌적한 환경에서 생활할 수 있는 개별적 이익까지도 보호하려는 데에 있는 것이다. 그런데 환경영향평가를 거쳐야 할 대상사업에 대하여 환경영향평가를 거치지 아니하였음에도 불구하고 승인 등 처분이 이루어진다면, 사전에 환경영향평가를 함에 있어 평가대상지역 주민들의 의견을 수렴하고 그 결과를 토대로 하여 환경부장관과의 협의내용을 사업계획에 미리 반영시키는 것 자체가 원천적으로 봉쇄되는바, 이렇게 되면 환경파괴를 미연에 방지하고 쾌적한 환경을 유지·조성하기 위하여 환경영향평가제도를 둔 입법 취지를 달성할 수 없게 되는 결과를 초래할 뿐만 아니라 환경영향평가대상지역 안의 주민들의 직접적이고 개별적인 이익을 근본적으로 침해하게 되므로, 이러한 행정처분의 하자는 법규의 중요한 부분을 위반한 중대한 것이고 객관적으로도 명백한 것이라고 하지 않을 수 없어, 이와 같은 행정처분은 당연무효이다.

⑤ 대법원 2014.3.13., 선고, 2012두1006, 판결

환경영향평가법 제16조 제1항, 제28조 제1항 본문, 제3항, 제51조 제1호 및 제52조 제2항 제2호의 내용, 형식 및 체계에 비추어 보면, 환경영향평가법 제28조 제1항 본문이 환경영향평가절차가 완료되기 전에 공사시행을 금지하고, 제51조 제1호 및 제52조 제2항 제2호가 그 위반행위에 대하여 형사처벌을 하도록 한 것은 환경영향평가의 결과에 따라 사업계획 등에 대한 승인 여부를 결정하고, 그러한 사업계획 등에 따라 공사를 시행하도록 하여 당해 사업으로 인한 해로운 환경영향을 피하거나 줄이고자 하는 환경영향평가제도의 목적을 달성하기 위한 데에 입법 취지가 있다. 따라서 사업자가 이러한 사전 공사시행 금지규정을 위반하였다고 하여 승인기관의 장이 한 사업계획 등에 대한 승인 등의 처분이 위법하게 된다고는 볼 수 없다.

271

환경영향평가제도 등에 대한 설명으로 옳은 것만을 모두 고르면? (다툼이 있는 경우 판례에 의함)

2021 지방직 7급

〈 보기 〉

ㄱ. 재난 및 안전관리 기본법 제37조에 따른 응급조치를 위한 사업은 환경영향평가법 상 환경영향평가 대상에서 제외된다.
ㄴ. 인구 50만 이상의 시의 경우에는 그 지역을 관할하는 도가 환경영향평가의 실시에 관한 조례를 정한 경우에도 해당 시의 조례로 정하는 바에 따라 환경영향평가를 실시할 수 있다.
ㄷ. 환경영향평가법 을 위반하여 징역 이상의 실형을 선고받고 그 형의 집행이 끝나거나(집행이 끝난 것으로 보는 경우를 포함) 집행을 받지 아니하기로 확정된 날부터 2년이 지나지 아니한 사람은 환경영향평가업의 등록을 할 수 없다.
ㄹ. 환경영향평가 대상지역 밖에 거주하는 주민은 헌법상의 환경권 또는 환경정책기본법에 근거하여 공유수면매립면허처분과 농지개량사업 시행인가처분의 무효확인을 구할 원고적격이 있다.

① ㄱ, ㄴ
② ㄱ, ㄷ
③ ㄴ, ㄷ, ㄹ
④ ㄱ, ㄴ, ㄷ, ㄹ

해설

COMMENT 옳은 것은 ㄱ, ㄷ이다.

ㄱ. 환경영향평가법 제23조 제1항

> **제23조(환경영향평가 대상 제외)** 제22조에도 불구하고 다음 각 호의 어느 하나에 해당하는 사업은 환경영향평가 대상에서 제외한다.
> 1. 「재난 및 안전관리 기본법」 제37조에 따른 응급조치를 위한 사업
> 2. 국방부장관이 군사상 고도의 기밀보호가 필요하거나 군사작전의 긴급한 수행을 위하여 필요하다고 인정하여 환경부장관과 협의한 사업
> 3. 국가정보원장이 국가안보를 위하여 고도의 기밀보호가 필요하다고 인정하여 환경부장관과 협의한 사업

ㄴ. 동법 제42조 제2항

> **제42조(시·도의 조례에 따른 환경영향평가)** ① 특별시·광역시·도·특별자치도 또는 인구 50만 이상의 시(이하 "시·도"라 한다)는 환경영향평가 대상사업의 종류 및 범위에 해당하지 아니하는 사업으로서 대통령령으로 정하는 범위에 해당하는 사업에 대하여 지역 특성 등을 고려하여 환경영향평가를 실시할 필요가 있다고 인정하면 해당 시·도의 조례로 정하는 바에 따라 그 사업을 시행하는 자로 하여금 환경영향평가를 실시하게 할 수 있다. 다만, 제43조에 따른 소규모 환경영향평가 대상사업에 해당하는 경우에는 그러하지 아니하다.
> ② 인구 50만 이상의 시의 경우에는 그 지역을 관할하는 도가 환경영향평가의 실시에 관한 조례를 정하지 아니한 경우에만 해당 시의 조례로 정하는 바에 따라 환경영향평가를 실시할 수 있다.

271 ②

ㄷ. 동법 제55조 제4호

> **제55조(결격사유)** 다음 각 호의 어느 하나에 해당하는 자는 환경영향평가업의 등록을 할 수 없다.
> 1. 피성년후견인 또는 피한정후견인
> 2. 파산선고를 받고 복권되지 아니한 사람
> 3. 제58조에 따라 등록이 취소(이 조 제1호 또는 제2호에 해당하여 등록이 취소된 경우는 제외한다)된 날부터 2년(제58조제1항제4호에 따라 등록이 취소된 경우는 6개월)이 지나지 아니한 자
> 4. 이 법을 위반하여 징역 이상의 실형을 선고받고 그 형의 집행이 끝나거나(집행이 끝난 것으로 보는 경우를 포함한다) 집행을 받지 아니하기로 확정된 날부터 2년이 지나지 아니한 사람
> 5. 대표자 또는 임원 중 제1호부터 제4호까지의 어느 하나에 해당하는 사람이 있는 법인

ㄹ.

> 대판 2006.3.16., 2006두330 전합
> 헌법 제35조 제1항에서 정하고 있는 환경권에 관한 규정만으로는 그 권리의 주체·대상·내용·행사방법 등이 구체적으로 정립되어 있다고 볼 수 없고, 환경정책기본법 제6조도 그 규정 내용 등에 비추어 국민에게 구체적인 권리를 부여한 것으로 볼 수 없다는 이유로, 환경영향평가 대상지역 밖에 거주하는 주민에게 헌법상의 환경권 또는 환경정책기본법에 근거하여 공유수면매립면허처분과 농지개량사업 시행인가처분의 무효확인을 구할 원고적격이 없다고 한 사례.

CHAPTER

07

공용부담법

CHAPTER 07 공용부담법

272
2014 국가직 7급

「공익사업을 위한 토지 등의 취득 및 보상에 관한 법률」상 공용수용의 절차에 대한 설명으로 옳지 않은 것은? (다툼이 있는 경우 판례에 의함)

① 사업인정은 일정한 절차를 거칠 것을 조건으로 하여 사업시행자에게 일정한 내용의 수용권을 설정해 주는 행정처분으로서, 사업인정을 받음으로써 수용할 목적물의 범위가 확정된다.
② 공용수용에 있어서 공익사업의 필요에 대한 입증책임은 사업시행자에게 있다.
③ 토지수용위원회는 수용재결신청에 대한 기각결정으로 당해 공익사업의 시행이 불가능해지는 경우에도 사업의 공익성이 없다고 판단하면 수용재결신청을 기각할 수 있다.
④ 토지소유자 및 이해관계인과 협의가 성립되지 아니한 경우에 사업시행자가 사업인정의 고시가 된 날부터 1년 이내에 수용재결을 신청하지 아니하면 그 사업인정고시가 된 날부터 1년이 되는 날의 다음날에 그 사업인정은 효력을 상실한다.

해설

①
대법원 1994.11.11., 선고 93누19375 판결
토지수용법 제14조의 규정에 의한 사업인정은 그후 일정한 절차를 거칠 것을 조건으로 하여 일정한 내용의 수용권을 설정해 주는 행정처분의 성격을 띠는 것으로서 그 사업인정을 받음으로써 수용할 목적물의 범위가 확정되고 수용권으로 하여금 목적물에 관한 현재 및 장래의 권리자에게 대항할 수 있는 일종의 공법상의 권리로서의 효력을 발생시킨다.

②
대법원 2005.11.10., 선고 2003두7507 판결
공용수용은 공익사업을 위하여 특정의 재산권을 법률에 의하여 강제적으로 취득하는 것을 내용으로 하므로 그 공익사업을 위한 필요가 있어야 하고, 그 필요가 있는지에 대하여는 수용에 따른 상대방의 재산권침해를 정당화할 만한 공익의 존재가 쌍방의 이익의 비교형량의 결과로 입증되어야 하며, 그 입증책임은 사업시행자에게 있다.

③
대법원 1994.11.11., 선고 93누19375 판결
토지수용법은 수용·사용의 일차 단계인 사업인정에 속하는 부분은 사업의 공익성 판단으로 사업인정기관에 일임하고, 그 이후의 구체적인 수용·사용의 결정은 토지수용위원회에 맡기고 있는바, 이와 같은 토지수용절차의 2분화 및 사업인정의 성격과 토지수용위원회의 재결사항을 열거하고 있는 같은 법 제29조 제2항의 규정 내용에 비추어 볼 때, 토지수용위원회는 행정쟁송에 의하여 사업인정이 취소되지 않는 한 그 기능상 사업인정 자체를 무의미하게 하는, 즉 사업의 시행이 불가능하게 되는 것과 같은 재결을 행할 수는 없다.

272 ③

④ 공익사업을 위한 토지 등의 취득 및 보상에 관한 법률 제23조 제1항

> **제23조(사업인정의 실효)** ① 사업시행자가 제22조제1항에 따른 사업인정의 고시(이하 "사업인정고시"라 한다)가 된 날부터 1년 이내에 제28조제1항에 따른 재결신청을 하지 아니한 경우에는 사업인정고시가 된 날부터 1년이 되는 날의 다음 날에 사업인정은 그 효력을 상실한다.

273

2021 국가직 7급

「공익사업을 위한 토지 등의 취득 및 보상에 관한 법률」상 토지수용절차로서 사업인정에 대한 설명으로 옳은 것만을 모두 고른 것은? (다툼이 있는 경우 판례에 의함)

― 〈 보기 〉 ―

ㄱ. 사업시행자가 해당 공익사업을 수행할 의사와 능력이 있어야 한다는 것은 사업인정의 요건에 해당한다.
ㄴ. 사업인정의 고시로 수용의 목적물은 확정되고 관계인의 범위가 제한된다.
ㄷ. 사업인정은 고시한 날부터 효력이 발생한다.
ㄹ. 사업시행자가 사업인정고시가 된 날부터 1년 이내에 재결신청을 하지 아니한 경우에는 사업인정고시가 된 날부터 1년이 되는 날의 다음 날에 사업인정은 그 효력을 상실한다.

① ㄱ
② ㄴ, ㄷ
③ ㄱ, ㄴ, ㄹ
④ ㄱ, ㄴ, ㄷ, ㄹ

해설

COMMENT ㄱ, ㄴ, ㄷ, ㄹ 모두 옳은 내용이다.

ㄱ.
> **대법원 2011.1.27., 선고, 2009두1051. 판결**
> 사업인정이란 공익사업을 토지 등을 수용 또는 사용할 사업으로 결정하는 것으로서 공익사업의 시행자에게 그 후 일정한 절차를 거칠 것을 조건으로 일정한 내용의 수용권을 설정하여 주는 형성행위이므로, 해당 사업이 외형상 토지 등을 수용 또는 사용할 수 있는 사업에 해당한다고 하더라도 사업인정기관으로서는 그 사업이 공용수용을 할 만한 공익성이 있는지의 여부와 공익성이 있는 경우에도 그 사업의 내용과 방법에 관하여 사업인정에 관련된 자들의 이익을 공익과 사익 사이에서는 물론, 공익 상호간 및 사익 상호간에도 정당하게 비교·교량하여야 하고, 그 비교·교량은 비례의 원칙에 적합하도록 하여야 한다. 그뿐만 아니라 <u>해당 공익사업을 수행하여 공익을 실현할 의사나 능력이 없는 자에게 타인의 재산권을 공권력적·강제적으로 박탈할 수 있는 수용권을 설정하여 줄 수는 없으므로, 사업시행자에게 해당 공익사업을 수행할 의사와 능력이 있어야 한다는 것도 사업인정의 한 요건이라고 보아야</u> 한다.

273 ④

ㄴ.
> **대법원 1994.11.11., 선고 93누19375 판결**
> 토지수용법 제14조의 규정에 의한 사업인정은 그후 일정한 절차를 거칠 것을 조건으로 하여 일정한 내용의 수용권을 설정해 주는 행정처분의 성격을 띠는 것으로서 그 사업인정을 받음으로써 수용할 목적물의 범위가 확정되고 수용권으로 하여금 목적물에 관한 현재 및 장래의 권리자에게 대항할 수 있는 일종의 공법상의 권리로서의 효력을 발생시킨다.

ㄷ. **COMMENT** 일반처분의 효력발생요건은 고시이다.

> **공익사업을 위한 토지 등의 취득 및 보상에 관한 법률**
> **제22조(사업인정의 고시)** ③ 사업인정은 제1항에 따라 고시한 날부터 그 효력이 발생한다.

ㄹ. 동법 제23조 제1항

> **제23조(사업인정의 실효)** ① 사업시행자가 제22조제1항에 따른 사업인정의 고시(이하 "사업인정고시"라 한다)가 된 날부터 1년 이내에 제28조제1항에 따른 재결신청을 하지 아니한 경우에는 사업인정고시가 된 날부터 1년이 되는 날의 다음 날에 사업인정은 그 효력을 상실한다.

274

「공익사업을 위한 토지 등의 취득 및 보상에 관한 법률」에 따른 토지수용에 관한 설명 중 옳지 않은 것은?

① 사업인정은 특정한 사업이 공용수용을 할 만한 공익사업에 해당함을 인정하는 국가의 행위로서, 그 성질은 확인행위로 보는 것이 통설과 판례의 입장이다.
② 사업인정고시가 있은 후, 새로운 권리를 취득하는 자에게는 기존의 권리를 승계한 자를 제외하고는 손실보상을 받을 수 있는 권리가 인정되지 않는다.
③ 사업인정고시가 있는 날로부터 1년 이내에 사업시행자가 토지수용위원회에 재결을 신청하지 아니한 때에는 그 기간만료일의 다음날부터 사업인정은 효력을 상실한다.
④ 원칙적으로 사업시행자는 재결신청 전에 토지소유자 및 관계인과 협의하여야 한다.
⑤ 재결은 사업시행자가 보상금지급을 조건으로 토지 등에 대한 권리를 취득하고, 피수용자는 그 권리를 상실하게 하는 형성적 행정행위이다.

274 ①

■ 해설

① 대법원 2005.4.29., 선고, 2004두14670, 판결

공익사업을위한토지등의취득및보상에관한법률의 규정에 의한 사업인정처분이라 함은 공익사업을 토지 등을 수용 또는 사용할 사업으로 결정하는 것으로서(같은 법 제2조 제7호) 단순한 확인행위가 아니라 형성행위이므로, 당해 사업이 외형상 토지 등을 수용 또는 사용할 수 있는 사업에 해당된다 하더라도 행정주체로서는 그 사업이 공용수용을 할 만한 공익성이 있는지의 여부와 공익성이 있는 경우에도 그 사업의 내용과 방법에 대하여 사업인정처분에 관련된 자들의 이익을 공익과 사익 간에서는 물론, 공익 상호간 및 사익 상호간에도 정당하게 비교·교량하여야 하고, 그 비교·교량은 비례의 원칙에 적합하도록 하여야 한다.

② 동법 제2조 제5호

> **제2조(정의)** 이 법에서 사용하는 용어의 뜻은 다음과 같다.
> 5. "관계인"이란 사업시행자가 취득하거나 사용할 토지에 관하여 지상권·지역권·전세권·저당권·사용대차 또는 임대차에 따른 권리 또는 그 밖에 토지에 관한 소유권 외의 권리를 가진 자나 그 토지에 있는 물건에 관하여 소유권이나 그 밖의 권리를 가진 자를 말한다. 다만, 제22조에 따른 사업인정의 고시가 된 후에 권리를 취득한 자는 기존의 권리를 승계한 자를 제외하고는 관계인에 포함되지 아니한다.

③ 동법 제23조 제1항

> **제23조(사업인정의 실효)** ① 사업시행자가 제22조제1항에 따른 사업인정의 고시(이하 "사업인정고시"라 한다)가 된 날부터 1년 이내에 제28조제1항에 따른 재결신청을 하지 아니한 경우에는 사업인정고시가 된 날부터 1년이 되는 날의 다음 날에 사업인정은 그 효력을 상실한다.

④ 동법 제28조 제1항

> **제28조(재결의 신청)** ① 제26조에 따른 협의가 성립되지 아니하거나 협의를 할 수 없을 때(제26조제2항 단서에 따른 협의 요구가 없을 때를 포함한다)에는 사업시행자는 사업인정고시가 된 날부터 1년 이내에 대통령령으로 정하는 바에 따라 관할 토지수용위원회에 재결을 신청할 수 있다.

⑤ COMMENT 토지수용위원회의 재결의 법적 성질은 공법상 대리로서 형성적 행정행위에 해당한다.

275

2016 국가직 7급

「공익사업을 위한 토지 등의 취득 및 보상에 관한 법률」상 손실보상에 대한 설명으로 옳지 않은 것은? (다툼이 있는 경우 판례에 의함)

① 주거용 건물의 거주자에 대하여는 주거 이전에 필요한 비용과 가재도구 등 동산의 운반에 필요한 비용을 보상하여야 한다.
② 이의신청에 대한 재결에 대하여 기한 내에 행정소송이 제기되지 않거나 그 밖의 사유로 이의신청에 대한 재결이 확정된 때에는 「민사소송법」상의 확정판결이 있은 것으로 본다.
③ 재결에 의한 토지취득의 경우 보상액 산정은 수용재결 당시의 가격을 기준으로 함이 원칙이나, 보상액을 산정할 경우에 해당 공익사업으로 인하여 수용대상 토지의 가격이 변동되었을 때에는 이를 고려하여야 한다.
④ 표준지공시지가 결정에 위법이 있는 경우 수용보상금의 증액을 구하는 소송에서 수용대상 토지가격 산정의 기초가 된 비교표준지공시지가 결정의 위법을 독립된 사유로 주장할 수 있다.

해설

① 동법 제78조 제5항

> 제78조(이주대책의 수립 등) ① 사업시행자는 공익사업의 시행으로 인하여 주거용 건축물을 제공함에 따라 생활의 근거를 상실하게 되는 자(이하 "이주대책대상자"라 한다)를 위하여 대통령령으로 정하는 바에 따라 이주대책을 수립·실시하거나 이주정착금을 지급하여야 한다.
> ② 사업시행자는 제1항에 따라 이주대책을 수립하려면 미리 관할 지방자치단체의 장과 협의하여야 한다.
> ③ 국가나 지방자치단체는 이주대책의 실시에 따른 주택지의 조성 및 주택의 건설에 대하여는 「주택도시기금법」에 따른 주택도시기금을 우선적으로 지원하여야 한다.
> ④ 이주대책의 내용에는 이주정착지(이주대책의 실시로 건설하는 주택단지를 포함한다)에 대한 도로, 급수시설, 배수시설, 그 밖의 공공시설 등 통상적인 수준의 생활기본시설이 포함되어야 하며, 이에 필요한 비용은 사업시행자가 부담한다. 다만, 행정청이 아닌 사업시행자가 이주대책을 수립·실시하는 경우에 지방자치단체는 비용의 일부를 보조할 수 있다.
> ⑤ 주거용 건물의 거주자에 대하여는 주거 이전에 필요한 비용과 가재도구 등 동산의 운반에 필요한 비용을 산정하여 보상하여야 한다.
> ⑥ 공익사업의 시행으로 인하여 영위하던 농업·어업을 계속할 수 없게 되어 다른 지역으로 이주하는 농민·어민이 받을 보상금이 없거나 그 총액이 국토교통부령으로 정하는 금액에 미치지 못하는 경우에는 그 금액 또는 그 차액을 보상하여야 한다.
> ⑦ 사업시행자는 해당 공익사업이 시행되는 지역에 거주하고 있는 「국민기초생활 보장법」 제2조제1호·제11호에 따른 수급권자 및 차상위계층이 취업을 희망하는 경우에는 그 공익사업과 관련된 업무에 우선적으로 고용할 수 있으며, 이들의 취업 알선을 위하여 노력하여야 한다.
> ⑧ 제4항에 따른 생활기본시설에 필요한 비용의 기준은 대통령령으로 정한다.
> ⑨ 제5항 및 제6항에 따른 보상에 대하여는 국토교통부령으로 정하는 기준에 따른다.

275 ③

② 동법 제86조 제1항

> **제86조(이의신청에 대한 재결의 효력)** ① 제85조제1항에 따른 기간 이내에 소송이 제기되지 아니하거나 그 밖의 사유로 이의신청에 대한 재결이 확정된 때에는 「민사소송법」상의 확정판결이 있은 것으로 보며, 재결서 정본은 집행력 있는 판결의 정본과 동일한 효력을 가진다.
> ② 사업시행자, 토지소유자 또는 관계인은 이의신청에 대한 재결이 확정되었을 때에는 관할 토지수용위원회에 대통령령으로 정하는 바에 따라 재결확정증명서의 발급을 청구할 수 있다.

③
대법원 1999.1.15., 선고, 98두8896, 판결
토지수용으로 인한 손실보상액을 산정함에 있어서 당해 공공사업의 시행을 직접 목적으로 하는 계획의 승인·고시로 인한 가격변동은 이를 고려함이 없이 수용재결 당시의 가격을 기준으로 하여 적정가격을 정하여야 하나, 당해 공공사업과는 관계없는 다른 사업의 시행으로 인한 개발이익은 이를 배제하지 아니한 가격으로 평가하여야 한다.

④
대법원 2008.8.21., 선고, 2007두13845, 판결
표준지공시지가결정은 이를 기초로 한 수용재결 등과는 별개의 독립된 처분으로서 서로 독립하여 별개의 법률효과를 목적으로 하지만, 표준지공시지가는 이를 인근 토지의 소유자나 기타 이해관계인에게 개별적으로 고지하도록 되어 있는 것이 아니어서 인근 토지의 소유자 등이 표준지공시지가결정 내용을 알고 있었다고 전제하기가 곤란할 뿐만 아니라, 결정된 표준지공시지가가 공시될 당시 보상금 산정의 기준이 되는 표준지의 인근 토지를 함께 공시하는 것이 아니어서 인근 토지 소유자는 보상금 산정의 기준이 되는 표준지가 어느 토지인지를 알 수 없으므로, 인근 토지 소유자가 표준지의 공시지가가 확정되기 전에 이를 다투는 것은 불가능하다. 더욱이 장차 어떠한 수용재결 등 구체적인 불이익이 현실적으로 나타나게 되었을 경우에 비로소 권리구제의 길을 찾는 것이 우리 국민의 권리의식임을 감안하여 볼 때, 인근 토지소유자 등으로 하여금 결정된 표준지공시지가를 기초로 하여 장차 토지보상 등이 이루어질 것에 대비하여 항상 토지의 가격을 주시하고 표준지공시지가결정이 잘못된 경우 정해진 시정절차를 통하여 이를 시정하도록 요구하는 것은 부당하게 높은 주의의무를 지우는 것이고, 위법한 표준지공시지가결정에 대하여 그 정해진 시정절차를 통하여 시정하도록 요구하지 않았다는 이유로 위법한 표준지공시지가를 기초로 한 수용재결 등 후행 행정처분에서 표준지공시지가결정의 위법을 주장할 수 없도록 하는 것은 수인한도를 넘는 불이익을 강요하는 것으로서 국민의 재산권과 재판받을 권리를 보장한 헌법의 이념에도 부합하는 것이 아니다. 따라서 표준지공시지가결정이 위법한 경우에는 그 자체를 행정소송의 대상이 되는 행정처분으로 보아 그 위법 여부를 다툴 수 있음은 물론, 수용보상금의 증액을 구하는 소송에서도 선행처분으로서 그 수용대상 토지 가격 산정의 기초가 된 비교표준지공시지가결정의 위법을 독립한 사유로 주장할 수 있다.

276

2016 지방직 7급

공익사업을 위한 토지 등의 취득 및 보상에 관한 법률상 토지 등의 취득·사용과 손실보상에 대한 설명으로 옳지 않은 것은? (다툼이 있는 경우 판례에 의함)

① 도시계획사업허가의 공고 시에 토지세목의 고시를 누락하거나, 사업인정을 함에 있어 수용 또는 사용할 토지의 세목공시절차를 누락한 경우에 이를 이유로 수용재결처분의 취소를 구할 수 없다.
② 본법 제72조에 의한 사용토지에 대한 수용청구를 받아들이지 아니한 토지수용위원회의 재결에 대하여 토지소유자는 당해 토지수용위원회를 피고로 하여 항고소송을 제기할 수 있다.
③ 본법에 의한 협의취득은 사법상의 법률행위이므로 당사자 사이의 자유로운 의사에 따라 채무불이행 책임이나 매매대금 과부족금에 대한 지급의무를 약정할 수 있다.
④ 잔여지 수용청구의 의사표시는 관할 토지수용위원회에 하여야 하므로, 원칙적으로 사업시행자에게 한 잔여지 매수청구의 의사표시를 관할 토지수용위원회에 한 잔여지 수용청구의 의사표시로 볼 수 없다.

해설

①
> 대법원 2009.11.26., 선고, 2009두11607, 판결
> 도시계획사업허가의 공고시에 토지세목의 고시를 누락하거나 사업인정을 함에 있어 수용 또는 사용할 토지의 세목을 공시하는 절차를 누락한 경우, 이는 절차상의 위법으로서 수용재결 단계 전의 사업인정 단계에서 다툴 수 있는 취소사유에 해당하기는 하나 더 나아가 그 사업인정 자체를 무효로 할 중대하고 명백한 하자라고 보기는 어렵고, 따라서 이러한 위법을 들어 수용재결처분의 취소를 구하거나 무효확인을 구할 수는 없다.

②
> 대법원 2015.4.9., 선고, 2014두46669, 판결
> 공익사업을 위한 토지 등의 취득 및 보상에 관한 법률(이하 '토지보상법'이라고 한다) 제72조의 문언, 연혁 및 취지 등에 비추어 보면, 위 규정이 정한 수용청구권은 토지보상법 제74조 제1항이 정한 잔여지 수용청구권과 같이 손실보상의 일환으로 토지소유자에게 부여되는 권리로서 그 청구에 의하여 수용효과가 생기는 형성권의 성질을 지니므로, 토지소유자의 토지수용청구를 받아들이지 아니한 토지수용위원회의 재결에 대하여 토지소유자가 불복하여 제기하는 소송은 토지보상법 제85조 제2항에 규정되어 있는 '보상금의 증감에 관한 소송'에 해당하고, 피고는 토지수용위원회가 아니라 사업시행자로 하여야 한다.

276 ②

③
대법원 2012.2.23., 선고, 2010다91206, 판결
공익사업을 위한 토지 등의 취득 및 보상에 관한 법령(이하 '공익사업법령'이라고 한다)에 의한 협의취득은 사법상의 법률행위이므로 당사자 사이의 자유로운 의사에 따라 채무불이행책임이나 매매대금 과부족금에 대한 지급의무를 약정할 수 있다. 그리고 협의취득을 위한 매매계약을 해석함에 있어서도 처분문서 해석의 일반원칙으로 돌아와 매매계약서에 기재되어 있는 문언대로의 의사표시의 존재와 내용을 인정하여야 하고, 당사자 사이에 계약의 해석을 둘러싸고 이견이 있어 처분문서에 나타난 당사자의 의사해석이 문제되는 경우에는 그 문언의 내용, 그러한 약정이 이루어진 동기와 경위, 그 약정에 의하여 달성하려는 목적, 당사자의 진정한 의사 등을 종합적으로 고찰하여 논리와 경험칙에 따라 합리적으로 해석하여야 한다. 다만 공익사업법은 공익사업의 효율적인 수행을 통하여 공공복리의 증진과 재산권의 적정한 보호를 도모하는 것을 목적으로 하고 협의취득의 배후에는 수용에 의한 강제취득 방법이 남아 있어 토지 등의 소유자로서는 협의에 불응하면 바로 수용을 당하게 된다는 심리적 강박감이 자리 잡을 수밖에 없으며 협의취득 과정에는 여러 가지 공법적 규제가 있는 등 공익적 특성을 고려하여야 한다.

④
대법원 2010.8.19., 선고, 2008두822, 판결
구 '공익사업을 위한 토지 등의 취득 및 보상에 관한 법률' 제74조 제1항에 의하면, 잔여지 수용청구는 사업시행자와 사이에 매수에 관한 협의가 성립되지 아니한 경우 일단의 토지의 일부에 대한 관할 토지수용위원회의 수용재결이 있기 전까지 관할 토지수용위원회에 하여야 하고, 잔여지 수용청구권의 행사기간은 제척기간으로서, 토지소유자가 그 행사기간 내에 잔여지 수용청구권을 행사하지 아니하면 그 권리가 소멸한다. 또한 위 조항의 문언 내용 등에 비추어 볼 때, 잔여지 수용청구의 의사표시는 관할 토지수용위원회에 하여야 하는 것으로서, 관할 토지수용위원회가 사업시행자에게 잔여지 수용청구의 의사표시를 수령할 권한을 부여하였다고 인정할 만한 사정이 없는 한, 사업시행자에게 한 잔여지 매수청구의 의사표시를 관할 토지수용위원회에 한 잔여지 수용청구의 의사표시로 볼 수는 없다.

277
2017 지방직 7급

「공익사업을 위한 토지 등의 취득 및 보상에 관한 법률」에 대한 설명으로 옳은 것은? (다툼이 있는 경우 판례에 의함)

① 형식적 당사자소송인 보상금의 증감에 관한 소송을 제기하는 경우 그 소송을 제기하는 자가 토지소유자일 때에는 사업시행자와 토지수용위원회를, 사업시행자일 때에는 토지소유자와 토지수용위원회를 각각 피고로 한다.
② 국가, 지방자치단체 또는 「공공기관의 운영에 관한 법률」 제4조에 따른 공공기관 중 대통령령으로 정하는 공공기관이 사업인정을 받아 공익사업에 필요한 토지를 수용한 후 해당사업이 다른 공익사업으로 변경된 경우, 변경된 공익사업의 시행자가 국가·지방자치단체 또는 「공공기관의 운영에 관한 법률」 제4조에 따른 공공기관 중 대통령령으로 정하는 일정한 공공기관에 해당하지 아니하면 공익사업의 변환은 인정될 수 없다.
③ 공익사업을 위해 수용한 토지가 변경된 사업시행자가 아닌 제3자에게 처분된 경우에도 특별한 사정이 없는 한 공익사업의 변환은 인정된다.
④ 사업시행자, 토지소유자 또는 관계인은 토지수용위원회의 수용재결에 불복할 때에는 재결서를 받은 날부터 90일 이내에, 이의신청을 거쳤을 때에는 이의신청에 대한 재결서를 받은 날부터 60일 이내에 각각 행정소송을 제기할 수 있다.

277 ④

해설

① 토지보상법 제85조 제2항

> **제85조(행정소송의 제기)** ① 사업시행자, 토지소유자 또는 관계인은 제34조에 따른 재결에 불복할 때에는 재결서를 받은 날부터 90일 이내에, 이의신청을 거쳤을 때에는 이의신청에 대한 재결서를 받은 날부터 60일 이내에 각각 행정소송을 제기할 수 있다. 이 경우 사업시행자는 행정소송을 제기하기 전에 제84조에 따라 늘어난 보상금을 공탁하여야 하며, 보상금을 받을 자는 공탁된 보상금을 소송이 종결될 때까지 수령할 수 없다.
> ② 제1항에 따라 제기하려는 행정소송이 보상금의 증감(增減)에 관한 소송인 경우 그 소송을 제기하는 자가 토지소유자 또는 관계인일 때에는 사업시행자를, 사업시행자일 때에는 토지소유자 또는 관계인을 각각 피고로 한다.

② 대법원 2015.8.19., 선고, 2014다201391, 판결

토지보상법 제91조 제6항의 입법 취지와 문언, 1981. 12. 31. 구 토지수용법의 개정을 통해 처음 마련된 공익사업 변환 제도는 기존에 공익사업을 위해 수용된 토지를 그 후의 사정변경으로 다른 공익사업을 위해 전용할 필요가 있는 경우에는 환매권을 제한함으로써 무용한 수용절차의 반복을 피하자는 데 주안점을 두었을 뿐 변경된 공익사업의 사업주체에 관하여는 큰 의미를 두지 않았던 점, 민간기업이 관계 법률에 따라 허가·인가·승인·지정 등을 받아 시행하는 도로, 철도, 항만, 공항 등의 건설사업의 경우 공익성이 매우 높은 사업임에도 사업시행자가 민간기업이라는 이유만으로 공익사업의 변환을 인정하지 않는다면 공익사업 변환 제도를 마련한 취지가 무색해지는 점, 공익사업의 변환이 일단 토지보상법 제91조 제6항에 정한 '국가·지방자치단체 또는 공공기관의 운영에 관한 법률 제4조에 따른 공공기관 중 대통령령으로 정하는 공공기관'(이하 '국가·지방자치단체 또는 일정한 공공기관'이라고 한다)이 협의취득 또는 수용한 토지를 대상으로 하고, 변경된 공익사업이 공익성이 높은 토지보상법 제4조 제1~5호에 규정된 사업인 경우에 한하여 허용되므로 공익사업 변환 제도의 남용을 막을 수 있는 점을 종합해 보면, <u>변경된 공익사업이 토지보상법 제4조 제1~5호에 정한 공익사업에 해당하면 공익사업의 변환이 인정되는 것이지, 변경된 공익사업의 시행자가 국가·지방자치단체 또는 일정한 공공기관일 필요까지는 없다.</u>

③ 대법원 2010.9.30., 선고, 2010다30782, 판결

공익사업의 원활한 시행을 위한 무익한 절차의 반복 방지라는 '공익사업의 변환'을 인정한 입법 취지에 비추어 볼 때, 만약 사업시행자가 협의취득하거나 수용한 당해 토지를 제3자에게 처분해 버린 경우에는 어차피 변경된 사업시행자는 그 사업의 시행을 위하여 제3자로부터 토지를 재취득해야 하는 절차를 새로 거쳐야 하는 관계로 위와 같은 공익사업의 변환을 인정할 필요성도 없게 되므로, 공익사업의 변환을 인정하기 위해서는 적어도 변경된 사업의 사업시행자가 당해 토지를 소유하고 있어야 한다. 나아가 공익사업을 위해 협의취득하거나 수용한 토지가 제3자에게 처분된 경우에는 특별한 사정이 없는 한 그 토지는 당해 공익사업에는 필요 없게 된 것이라고 보아야 하고, 변경된 공익사업에 관해서도 <u>마찬가지이므로, 그 토지가 변경된 사업의 사업시행자 아닌 제3자에게 처분된 경우에는 공익사업의 변환을 인정할 여지도 없다.</u>

④ 토지보상법 제85조 제1항

> **제85조(행정소송의 제기)** ① 사업시행자, 토지소유자 또는 관계인은 제34조에 따른 재결에 불복할 때에는 재결서를 받은 날부터 90일 이내에, 이의신청을 거쳤을 때에는 이의신청에 대한 재결서를 받은 날부터 60일 이내에 각각 행정소송을 제기할 수 있다. 이 경우 사업시행자는 행정소송을 제기하기 전에 제84조에 따라 늘어난 보상금을 공탁하여야 하며, 보상금을 받을 자는 공탁된 보상금을 소송이 종결될 때까지 수령할 수 없다.

278

2008 관세사

사업인정의 효력으로 옳지 않은 것은?

① 수용권의 발생
② 수용목적물의 확정
③ 관계인의 범위확정
④ 토지 등의 보전의무
⑤ 환매권의 발생

해설

⑤ COMMENT 환매권은 (ⅰ) 공익사업의 폐지·변경 또는 그 밖의 사유로 취득한 토지의 전부 또는 일부가 필요 없게 된 경우 또는 (ⅱ) 취득일부터 5년 이내에 취득한 토지의 전부를 해당 사업에 이용하지 아니하였을 때에 발생한다(토지보상법 제91조 제1항, 제2항).

> **제91조(환매권)** ① 공익사업의 폐지·변경 또는 그 밖의 사유로 취득한 토지의 전부 또는 일부가 필요 없게 된 경우 토지의 협의취득일 또는 수용의 개시일(이하 이 조에서 "취득일"이라 한다) 당시의 토지소유자 또는 그 포괄승계인(이하 "환매권자"라 한다)은 다음 각 호의 구분에 따른 날부터 10년 이내에 그 토지에 대하여 받은 보상금에 상당하는 금액을 사업시행자에게 지급하고 그 토지를 환매할 수 있다. 〈개정 2021. 8. 10.〉
> 1. 사업의 폐지·변경으로 취득한 토지의 전부 또는 일부가 필요 없게 된 경우: 관계 법률에 따라 사업이 폐지·변경된 날 또는 제24조에 따른 사업의 폐지·변경 고시가 있는 날
> 2. 그 밖의 사유로 취득한 토지의 전부 또는 일부가 필요 없게 된 경우: 사업완료일
> ② 취득일부터 5년 이내에 취득한 토지의 전부를 해당 사업에 이용하지 아니하였을 때에는 제1항을 준용한다. 이 경우 환매권은 취득일부터 6년 이내에 행사하여야 한다.

278 ⑤

279

공용수용에 대한 설명으로 옳지 않은 것은?

① 수용할 목적물의 범위는 원칙적으로 사업을 위하여 필요한 최소한에 그쳐야 한다는 것이 판례의 입장이다.
② 사업인정 여부는 행정청의 재량에 속한다는 것이 판례의 입장이다.
③ 사업시행자가 과실 없이 진정한 토지소유자를 알지 못하여 등기부상 소유명의자를 피수용자로 확정하는 것은 위법하다는 것이 판례의 입장이다.
④ 국토교통부장관의 사업인정의 고시가 있은 후에 권리를 취득한 자는 기존의 권리를 승계한 자를 제외하고는 관계인에 포함되지 아니한다.

해설

① 대법원 1994.1.11., 선고, 93누8108, 판결
공용수용은 공익사업을 위하여 타인의 특정한 재산권을 법률의 힘에 의하여 강제적으로 취득하는 것이므로 수용할 목적물의 범위는 원칙적으로 사업을 위하여 필요한 최소한도에 그쳐야 하므로 그 한도를 넘는 부분은 수용대상이 아니므로 그 부분에 대한 수용은 위법하고, 초과수용된 부분이 적법한 수용대상과 불가분적 관계에 있는 경우에는 그에 대한 이의재결 전부를 취소할 수밖에 없다.

② 대법원 1992.11.13., 선고, 92누596, 판결
광업법 제87조 내지 제89조, 토지수용법 제14조에 의한 토지수용을 위한 사업인정은 단순한 확인행위가 아니라 형성행위이고 당해 사업이 비록 토지를 수용할 수 있는 사업에 해당된다 하더라도 행정청으로서는 그 사업이 공용수용을 할 만한 공익성이 있는지의 여부를 모든 사정을 참작하여 구체적으로 판단하여야 하는 것이므로 사업인정의 여부는 행정청의 재량에 속한다.

③ 대법원 1995.12.22., 선고 94다40765 판결
기업자가 과실 없이 진정한 토지소유자를 알지 못하여 형식상의 권리자인 등기부상 소유명의자를 그 피수용자로 확정하더라도 적법하고, 그 수용의 효과로서 수용 목적물의 소유자가 누구임을 막론하고 이미 가졌던 소유권이 소멸함과 동시에 기업자는 완전하고 확실하게 그 권리를 원시취득한다.

④ 토지보상법 제2조 제5호

> 제2조(정의) 이 법에서 사용하는 용어의 뜻은 다음과 같다.
> 5. "관계인"이란 사업시행자가 취득하거나 사용할 토지에 관하여 지상권·지역권·전세권·저당권·사용대차 또는 임대차에 따른 권리 또는 그 밖에 토지에 관한 소유권 외의 권리를 가진 자나 그 토지에 있는 물건에 관하여 소유권이나 그 밖의 권리를 가진 자를 말한다. 다만, 제22조에 따른 사업인정의 고시가 된 후에 권리를 취득한 자는 기존의 권리를 승계한 자를 제외하고는 관계인에 포함되지 아니한다.

279 ③

280

2006 국가직 7급

「공익사업을 위한 토지 등의 취득 및 보상에 관한 법률」상의 환매권에 관한 설명으로 옳지 않은 것은?

① 환매권자는 협의취득일 또는 수용개시일 당시의 토지소유자 또는 포괄승계인이다.
② 환매의 목적물은 토지소유권에 한정되며, 그 이외의 권리 및 물건은 환매의 대상이 되지 아니한다.
③ 토지의 협의취득일 또는 수용의 개시일로부터 5년 이내에 취득한 토지의 전부를 당해 사업에 이용하지 아니한 경우 환매권을 행사할 수 있다.
④ 환매권의 행사방법은 환매권자의 환매요구와 행정청의 동의로 이루어지며, 이때 환매금액은 사업시행자에게 지급해야 한다.

해설

①, ② 동법 제91조 제1항

> **제91조(환매권)** ① 공익사업의 폐지·변경 또는 그 밖의 사유로 취득한 토지의 전부 또는 일부가 필요 없게 된 경우 토지의 협의취득일 또는 수용의 개시일(이하 이 조에서 "취득일"이라 한다) 당시의 토지소유자 또는 그 포괄승계인(이하 "환매권자"라 한다)은 다음 각 호의 구분에 따른 날부터 10년 이내에 그 토지에 대하여 받은 보상금에 상당하는 금액을 사업시행자에게 지급하고 그 토지를 환매할 수 있다. 〈개정 2021. 8. 10.〉
> 1. 사업의 폐지·변경으로 취득한 토지의 전부 또는 일부가 필요 없게 된 경우: 관계 법률에 따라 사업이 폐지·변경된 날 또는 제24조에 따른 사업의 폐지·변경 고시가 있는 날
> 2. 그 밖의 사유로 취득한 토지의 전부 또는 일부가 필요 없게 된 경우: 사업완료일

③ 동법 제91조 제2항

> **제91조(환매권)** ② 취득일부터 5년 이내에 취득한 토지의 전부를 해당 사업에 이용하지 아니하였을 때에는 제1항을 준용한다. 이 경우 환매권은 취득일부터 6년 이내에 행사하여야 한다.

④ **COMMENT** 환매권은 환매권자의 일방적인 의사표시만으로 매매의 효과가 발생하는 형성권이다.

> **대법원 1993.8.24., 선고 93다22241 판결**
> 공공용지의취득및손실보상에관한특례법 제9조에 의한 환매는 환매기간내에 환매의 요건이 발생하면 환매권자가 수령한 보상금의 상당금액을 사업시행자에게 미리 지급하고 일방적으로 의사표시를 함으로써 사업시행자의 의사와 관계없이 환매가 성립되는 것이다.

280 ④

281

2010 지방직 7급

「공익사업을 위한 토지 등의 취득 및 보상에 관한 법률」상 환매권에 관한 사항 중 공익사업변환제도에 관한 설명으로 옳은 것은?

① 판례에 의하면 공익사업의 변경 전과 변경 후의 사업주체가 동일하지 않으면 공익사업의 변환이 인정되지 않는다.
② 국가 등이 공익사업을 위하여 토지를 협의취득 또는 수용한 후 토지를 다른 공익사업으로 변경한 경우에는 중앙토지수용위원회의 공익사업의 변환결정을 거쳐 당해 토지를 다른 공익사업에 이용할 수 있다.
③ 공익사업변환이 있는 경우 국가·지방자치단체 또는 대통령령으로 정하는 공공기관은 공익사업의 변경사실을 환매권자에게 통지하여야 한다.
④ 공익사업변환제도에서 변환되는 새로운 사업은 「공익사업을 위한 토지 등의 취득 및 보상에 관한 법률」에 의하여 토지 등을 취득 또는 사용할 수 있는 모든 공익사업이다.

해설

①
> 대법원 1994.1.25., 선고 93다11760,11777,11784 판결
> 이른바 "공익사업의 변환"이 국가·지방자치단체 또는 정부투자기관이 사업인정을 받아 토지를 협의취득 또는 수용한 경우에 한하여, 그것도 사업인정을 받은 공익사업이 공익성의 정도가 높은 토지수용법 제3조 제1호 내지 제4호에 규정된 다른 공익사업으로 변경된 경우에만 허용되도록 규정하고 있는 토지수용법 제71조 제7항 등 관계법령의 규정내용이나 그 입법이유 등으로 미루어 볼 때, 같은 법 제71조 제7항 소정의 "공익사업의 변환"이 국가·지방자치단체 또는 정부투자기관 등 기업자(또는 사업시행자)가 동일한 경우에만 허용되는 것으로 해석되지는 않는다.

② COMMENT 공익사업의 변경은 관보에 고시하면 되는 것이지, 중앙토지수용위원회의 공익사업의 변환결정을 요하는 것은 아니다(동법 제91조 제6항 1문).
③ 동법 제91조 제6항 2문

> 제91조(환매권) ⑥ 국가, 지방자치단체 또는 「공공기관의 운영에 관한 법률」 제4조에 따른 공공기관 중 대통령령으로 정하는 공공기관이 사업인정을 받아 공익사업에 필요한 토지를 협의취득하거나 수용한 후 해당 공익사업이 제4조제1호부터 제5호까지에 규정된 다른 공익사업(별표에 따른 사업이 제4조 제1호부터 제5호까지에 규정된 공익사업에 해당하는 경우를 포함한다)으로 변경된 경우 제1항 및 제2항에 따른 환매권 행사기간은 관보에 해당 공익사업의 변경을 고시한 날부터 기산(起算)한다. 이 경우 국가, 지방자치단체 또는 「공공기관의 운영에 관한 법률」 제4조에 따른 공공기관 중 대통령령으로 정하는 공공기관은 공익사업이 변경된 사실을 대통령령으로 정하는 바에 따라 환매권자에게 통지하여야 한다.

281 ③

④ COMMENT 변환되는 새로운 사업은 동법 제4조 제1호 내지 제5호의 공익사업이어야 한다(동법 제91조 제6항 1문).

> **제91조(환매권)** ⑥ 국가, 지방자치단체 또는 「공공기관의 운영에 관한 법률」제4조에 따른 공공기관 중 대통령령으로 정하는 공공기관이 사업인정을 받아 공익사업에 필요한 토지를 협의취득하거나 수용한 후 해당 공익사업이 제4조제1호부터 제5호까지에 규정된 다른 공익사업(별표에 따른 사업이 제4조제1호부터 제5호까지에 규정된 공익사업에 해당하는 경우를 포함한다)으로 변경된 경우 제1항 및 제2항에 따른 환매권 행사기간은 관보에 해당 공익사업의 변경을 고시한 날부터 기산(起算)한다. 이 경우 국가, 지방자치단체 또는 「공공기관의 운영에 관한 법률」제4조에 따른 공공기관 중 대통령령으로 정하는 공공기관은 공익사업이 변경된 사실을 대통령령으로 정하는 바에 따라 환매권자에게 통지하여야 한다.
>
> **제4조(공익사업)** 이 법에 따라 토지등을 취득하거나 사용할 수 있는 사업은 다음 각 호의 어느 하나에 해당하는 사업이어야 한다.
> 1. 국방·군사에 관한 사업
> 2. 관계 법률에 따라 허가·인가·승인·지정 등을 받아 공익을 목적으로 시행하는 철도·도로·공항·항만·주차장·공영차고지·화물터미널·궤도(軌道)·하천·제방·댐·운하·수도·하수도·하수종말처리·폐수처리·사방(砂防)·방풍(防風)·방화(防火)·방조(防潮)·방수(防水)·저수지·용수로·배수로·석유비축·송유·폐기물처리·전기·전기통신·방송·가스 및 기상 관측에 관한 사업
> 3. 국가나 지방자치단체가 설치하는 청사·공장·연구소·시험소·보건시설·문화시설·공원·수목원·광장·운동장·시장·묘지·화장장·도축장 또는 그 밖의 공공용 시설에 관한 사업
> 4. 관계 법률에 따라 허가·인가·승인·지정 등을 받아 공익을 목적으로 시행하는 학교·도서관·박물관 및 미술관 건립에 관한 사업
> 5. 국가, 지방자치단체, 「공공기관의 운영에 관한 법률」제4조에 따른 공공기관, 「지방공기업법」에 따른 지방공기업 또는 국가나 지방자치단체가 지정한 자가 임대나 양도의 목적으로 시행하는 주택 건설 또는 택지 및 산업단지 조성에 관한 사업
> 6. 제1호부터 제5호까지의 사업을 시행하기 위하여 필요한 통로, 교량, 전선로, 재료 적치장 또는 그 밖의 부속시설에 관한 사업
> 7. 제1호부터 제5호까지의 사업을 시행하기 위하여 필요한 주택, 공장 등의 이주단지 조성에 관한 사업
> 8. 그 밖에 별표에 규정된 법률에 따라 토지등을 수용하거나 사용할 수 있는 사업

282

2016 국가직 7급

「공익사업을 위한 토지 등의 취득 및 보상에 관한 법률」상 환매권에 대한 설명으로 옳지 않은 것은? (다툼이 있는 경우 판례에 의함)

① 환매권자는 협의취득일 또는 수용의 개시일 당시의 토지소유자 또는 그 포괄승계인이다.
② 사업시행자가 토지의 협의취득일 또는 수용의 개시일부터 5년 이내에 취득한 토지의 전부를 해당 공익사업에 이용하지 아니하였을 때에는 환매권자는 환매권을 행사할 수 있다.
③ 환매권자와 사업시행자가 환매금액에 대하여 협의가 성립되지 않아 환매금액의 증감을 구하는 소송은 형식적 당사자소송에 해당한다.
④ 헌법재판소는 협의취득 내지 수용 후 당해 사업의 폐지나 변경이 있는 경우 환매권을 인정하는 대상으로 토지만을 규정하고 있는 법률 조항이 구 건물소유자의 재산권을 침해하지 않는다고 보았다.

282 ③

해설

① 동법 제91조 제1항
② 동법 제91조 제2항

> **제91조(환매권)** ① 공익사업의 폐지·변경 또는 그 밖의 사유로 취득한 토지의 전부 또는 일부가 필요 없게 된 경우 토지의 협의취득일 또는 수용의 개시일(이하 이 조에서 "취득일"이라 한다) 당시의 토지소유자 또는 그 포괄승계인(이하 "환매권자"라 한다)은 다음 각 호의 구분에 따른 날부터 10년 이내에 그 토지에 대하여 받은 보상금에 상당하는 금액을 사업시행자에게 지급하고 그 토지를 환매할 수 있다. 〈개정 2021. 8. 10.〉
> 1. 사업의 폐지·변경으로 취득한 토지의 전부 또는 일부가 필요 없게 된 경우: 관계 법률에 따라 사업이 폐지·변경된 날 또는 제24조에 따른 사업의 폐지·변경 고시가 있는 날
> 2. 그 밖의 사유로 취득한 토지의 전부 또는 일부가 필요 없게 된 경우: 사업완료일
> ② 취득일부터 5년 이내에 취득한 토지의 전부를 해당 사업에 이용하지 아니하였을 때에는 제1항을 준용한다. 이 경우 환매권은 취득일부터 6년 이내에 행사하여야 한다.

③
대법원 2013.2.28., 선고, 2010두22368, 판결
구 공익사업을 위한 토지 등의 취득 및 보상에 관한 법률(이하 '구 공익사업법'이라 한다) 제91조에 규정된 환매권은 상대방에 대한 의사표시를 요하는 형성권의 일종으로서 재판상이든 재판 외이든 위 규정에 따른 기간 내에 행사하면 매매의 효력이 생기는 바(대법원 2008. 6. 26. 선고 2007다24893 판결 참조), 이러한 환매권의 존부에 관한 확인을 구하는 소송 및 구 공익사업법 제91조 제4항에 따라 환매금액의 증감을 구하는 소송 역시 민사소송에 해당한다.

④
헌재 전원재판부 2004헌가10, 2005.5.26.
토지의 경우에는 공익사업이 폐지·변경되더라도 기본적으로 형상의 변경이 없는 반면, 건물은 그 경우 통상 철거되거나 그렇지 않더라도 형상의 변경이 있게 되며, 토지에 대해서는 보상이 이루어지더라도 수용당한 소유자에게 감정상의 손실 등이 남아있게 되나, 건물의 경우 정당한 보상이 주어졌다면 그러한 손실이 남아있는 경우는 드물다. 따라서 토지에 대해서는 그 존속가치를 보장해 주기 위해 공익사업의 폐지·변경 등으로 토지가 불필요하게 된 경우 환매권이 인정되어야 할 것이나, 건물에 대해서는 그 존속가치를 보장하기 위하여 환매권을 인정하여야 할 필요성이 없거나 매우 적다. 따라서 건물에 대한 환매권을 인정하지 않는 입법이 자의적인 것이라거나 정당한 입법목적을 벗어난 것이라 할 수 없고, 이미 정당한 보상을 받은 건물소유자의 입장에서는 해당 건물을 반드시 환매 받아야 할만한 중요한 사익이 있다고 보기 어려우며, 건물에 대한 환매권이 부인된다고 해서 종전 건물소유자의 자유실현에 여하한 지장을 초래한다고 볼 수 없다. 즉 공익사업을위한토지등의취득및보상에관한법률 제91조 제1항 중 "토지" 부분(이하 '이 사건 조항'이라 한다)으로 인한 기본권 제한의 정도와 피해는 미비하고 이 사건 조항이 공익에 비하여 사익을 과도하게 침해하는 것은 아니다. 입법자가 건물에 대한 환매권을 부인한 것은 헌법적 한계 내에 있는 입법재량권의 행사이므로 재산권을 침해하는 것이라 볼 수 없다.

283

2021 군무원 9급

「공익사업을 위한 토지 등의 취득 및 보상에 관한 법률」상의 환매권에 대한 설명으로 옳지 않은 것은? (단, 다툼이 있는 경우 판례에 의함)

① 토지의 협의취득일 또는 수용의 개시일부터 10년 이내에 해당 사업의 폐지·변경 또는 그 밖의 사유로 취득한 토지의 전부 또는 일부가 필요 없게 된 경우 취득일 당시의 토지소유자 또는 그 포괄승계인은 환매권을 행사할 수 있다.
② 환매권의 발생기간을 제한한 것은 사업시행자의 지위나 이해관계인들의 토지이용에 관한 법률관계 안정, 토지의 사회경제적 이용 효율 제고, 사회일반에 돌아가야 할 개발이익이 원소유자에게 귀속되는 불합리 방지 등을 위한 것인데, 그 입법목적은 정당하다고 할 수 있다.
③ 환매권 발생기간 '10년'을 예외 없이 유지하게 되면 토지수용 등의 원인이 된 공익사업의 폐지 등으로 공공필요가 소멸하였음에도 단지 10년이 경과하였다는 사정만으로 환매권이 배제되는 결과가 초래될 수 있다.
④ 법률조항 제91조의 위헌성은 환매권의 발생기간을 제한한 것 자체에 있다기보다는 그 기간을 10년 이내로 제한한 것에 있다. 이 사건 법률조항의 위헌성을 제거하는 다양한 방안이 있을 수 있고 이는 입법재량 영역에 속한다.

해설

① COMMENT 토지의 협의취득일 또는 수용의 개시일로부터 10년 이내에 토지가 필요 없게 된 경우에 한하여 환매권이 발생하는 것으로 규정한 토지보상법 제91조 제1항 부분은 (적용중지) 헌법불합치결정을 선고(2020.11.26.) 받았으므로 1번 지문은 옳지 않다.

> **개정 前**
> **제91조(환매권)** ① 토지의 협의취득일 또는 수용의 개시일(이하 이 조에서 "취득일"이라 한다)부터 10년 이내에 해당 사업의 폐지·변경 또는 그 밖의 사유로 취득한 토지의 전부 또는 일부가 필요 없게 된 경우 취득일 당시의 토지소유자 또는 그 포괄승계인(이하 "환매권자"라 한다)은 그 토지의 전부 또는 일부가 필요 없게 된 때부터 1년 또는 그 취득일부터 10년 이내에 그 토지에 대하여 받은 보상금에 상당하는 금액을 사업시행자에게 지급하고 그 토지를 환매할 수 있다.
>
> **개정 後**
> **제91조(환매권)** ① 공익사업의 폐지·변경 또는 그 밖의 사유로 취득한 토지의 전부 또는 일부가 필요 없게 된 경우 토지의 협의취득일 또는 수용의 개시일(이하 이 조에서 "취득일"이라 한다) 당시의 토지소유자 또는 그 포괄승계인(이하 "환매권자"라 한다)은 다음 각 호의 구분에 따른 날부터 10년 이내에 그 토지에 대하여 받은 보상금에 상당하는 금액을 사업시행자에게 지급하고 그 토지를 환매할 수 있다. 〈개정 2021. 8. 10.〉
> 1. 사업의 폐지·변경으로 취득한 토지의 전부 또는 일부가 필요 없게 된 경우: 관계 법률에 따라 사업이 폐지·변경된 날 또는 제24조에 따른 사업의 폐지·변경 고시가 있는 날
> 2. 그 밖의 사유로 취득한 토지의 전부 또는 일부가 필요 없게 된 경우: 사업완료일

전원재판부 2019헌바131, 2020.11.26., 헌법불합치
[1] 환매권의 발생기간을 제한하고 있는 토지보상법 제91조 제1항 중 '토지의 협의취득일 또는 수용의 개시일부터 10년 이내에' 부분은 재산권을 침해한다.
[2] 헌법불합치결정을 선고하면서 적용중지를 명한 사례

② 전원재판부 2019헌바131, 2020.11.26., 헌법불합치
환매권의 발생기간을 제한한 것은 사업시행자의 지위나 이해관계인들의 토지이용에 관한 법률관계 안정, 토지의 사회경제적 이용 효율 제고, 사회일반에 돌아가야 할 개발이익이 원소유자에게 귀속되는 불합리 방지 등을 위한 것인데, 그 입법목적은 정당하고 이와 같은 제한은 입법목적 달성을 위한 유효적절한 방법이라 할 수 있다.

③ 전원재판부 2019헌바131, 2020.11.26., 헌법불합치
2000년대 이후 다양한 공익사업이 출현하면서 공익사업 간 중복·상충 사례가 발생하였고, 산업구조 변화, 비용 대비 편익에 대한 지속적 재검토, 인근 주민들의 반대 등에 직면하여 공익사업이 지연되다가 폐지되는 사례가 다수 발생하고 있다. 이와 같은 상황에서 이 사건 법률조항의 환매권 발생기간 '10년'을 예외 없이 유지하게 되면 토지수용 등의 원인이 된 공익사업의 폐지 등으로 공공필요가 소멸하였음에도 단지 10년이 경과하였다는 사정만으로 환매권이 배제되는 결과가 초래될 수 있다. 다른 나라의 입법례에 비추어 보아도 발생기간을 제한하지 않거나 더 길게 규정하면서 행사기간 제한 또는 토지에 현저한 변경이 있을 때 환매거절권을 부여하는 등 보다 덜 침해적인 방법으로 입법목적을 달성하고 있다. 이 사건 법률조항은 침해의 최소성 원칙에 어긋난다.

④ 전원재판부 2019헌바131, 2020.11.26., 헌법불합치
이 사건 법률조항의 위헌성은 환매권의 발생기간을 제한한 것 자체에 있다기보다는 그 기간을 10년 이내로 제한한 것에 있다. 이 사건 법률조항의 위헌성을 제거하는 다양한 방안이 있을 수 있고 이는 입법재량 영역에 속한다. 이 사건 법률조항의 적용을 중지하더라도 환매권 행사기간 등 제한이 있기 때문에 법적 혼란을 야기할 뚜렷한 사정이 있다고 보이지는 않는다. 이 사건 법률조항 적용을 중지하는 헌법불합치결정을 하고, 입법자는 가능한 한 빠른 시일 내에 이와 같은 결정 취지에 맞게 개선입법을 하여야 한다.

284

2012 국회직 8급

공용수용에 관한 설명으로 옳은 것은? (다툼이 있는 경우 판례에 따름)

① 피수용자가 명도 또는 인도의 의무를 이행하지 않을 때 행정대집행법에 의한 대집행이 가능하다.
② 토지수용위원회는 사업인정의 취소와 관련 없이 부득이한 사정이 있으면 사업인정과 배치되는 재결을 할 수 있다.
③ 수용재결의 취소소송에서 사업인정에 취소사유에 해당하는 하자가 있음을 이유로 수용재결의 위법성을 주장할 수 있다.
④ 협의취득시 건물소유자가 건물을 철거하겠다는 약정을 하고도 이행하지 않으면 이때의 철거의무는 공법상의 의무이므로 행정대집행법에 의한 대집행이 가능하다.
⑤ 토지수용위원회가 신청의 일부에 대한 재결을 빠뜨린 경우에 그 빠뜨린 부분의 신청은 계속하여 그 토지수용위원회에 계속된다.

284 ⑤

■ 해설

① 대법원 2005.8.19., 선고 2004다2809 판결

피수용자 등이 기업자에 대하여 부담하는 수용대상 토지의 인도의무에 관한 구 토지수용법 제63조, 제64조, 제77조 규정에서의 '인도'에는 명도도 포함되는 것으로 보아야 하고, 이러한 명도의무는 그것을 강제적으로 실현하면서 직접적인 실력행사가 필요한 것이지 대체적 작위의무라고 볼 수 없으므로 특별한 사정이 없는 한 행정대집행법에 의한 대집행의 대상이 될 수 있는 것이 아니다.

② 대법원 1994.11.11., 선고 93누19375 판결

토지수용법은 수용·사용의 일차 단계인 사업인정에 속하는 부분은 사업의 공익성 판단으로 사업인정 기관에 일임하고, 그 이후의 구체적인 수용·사용의 결정은 토지수용위원회에 맡기고 있는바, 이와 같은 토지수용절차의 2분화 및 사업인정의 성격과 토지수용위원회의 재결사항을 열거하고 있는 같은 법 제29조 제2항의 규정 내용에 비추어 볼 때, 토지수용위원회는 행정쟁송에 의하여 사업인정이 취소되지 않는 한 그 기능상 사업인정 자체를 무의미하게 하는, 즉 사업의 시행이 불가능하게 되는 것과 같은 재결을 행할 수는 없다.

③ 대법원 1993.6.29., 선고 91누2342 판결

건설부장관이 택지개발계획을 승인함에 있어서 토지수용법 제15조에 의한 이해관계자의 의견을 듣지 아니하였거나, 같은 법 제16조 제1항 소정의 토지소유자에 대한 통지를 하지 아니한 하자는 중대하고 명백한 것이 아니므로 사업인정 자체가 당연무효라고 할 수 없고, 이러한 하자는 수용재결의 선행처분인 사업인정단계에서 다투어야 할 것이므로 쟁송기간이 도과한 이후에 위와 같은 하자를 이유로 수용재결의 취소를 구할 수 없다.

④ 대법원 2006.10.13., 선고 2006두7096 판결

행정대집행법상 대집행의 대상이 되는 대체적 작위의무는 공법상 의무이어야 할 것인데, 구 공공용지의 취득 및 손실보상에 관한 특례법에 따른 토지 등의 협의취득은 공공사업에 필요한 토지 등을 그 소유자와의 협의에 의하여 취득하는 것으로서 공공기관이 사경제주체로서 행하는 사법상 매매 내지 사법상 계약의 실질을 가지는 것이므로, 그 협의취득시 건물소유자가 매매대상 건물에 대한 철거의무를 부담하겠다는 취지의 약정을 하였다고 하더라도 이러한 철거의무는 공법상의 의무가 될 수 없고, 이 경우에도 행정대집행법을 준용하여 대집행을 허용하는 별도의 규정이 없는 한 위와 같은 철거의무는 행정대집행법에 의한 대집행의 대상이 되지 않는다.

⑤ 공익사업을 위한 토지 등의 취득 및 보상에 관한 법률 제37조

> **제37조(재결의 유탈)** 토지수용위원회가 신청의 일부에 대한 재결을 빠뜨린 경우에 그 빠뜨린 부분의 신청은 계속하여 그 토지수용위원회에 계속(係屬)된다

285

공용부담에 대한 설명으로 옳지 않은 것은? (다툼이 있는 경우 판례에 의함)

2013 지방직 7급

① 의무교육에 관한 한 일반재정이 아닌 부담금과 같은 별도의 재정수단을 동원하여 특정한 집단으로부터 그 비용을 추가로 징수하여 충당하는 것은 의무교육의 무상성을 선언한 헌법에 반한다.
② 지방자치단체의 장은 관할구역 안의 하수를 효율적으로 처리하기 위하여 필요한 경우에는 개인 하수도를 설치·변경 또는 폐지하는 자에게 소요비용의 전부 또는 일부를 지원하거나 직접 개인하수도에 관한 공사를 할 수 있다.
③ 장애인고용부담금은 사회연대책임의 이념에 입각하여 장애인고용의 경제적 부담을 조정하고 장애인을 고용하는 사업주에 대한 지원을 목적으로 하는 제도라고 할 수 있다.
④ 영화상영관 입장권 부과금은 한국영화산업의 진흥 발전을 위한 각종 사업의 용도로 쓰일 영화발전기금의 재원을 마련하는 것으로서 영화발전기금의 집행단계에서 실현되므로 순수한 재정조달목적 부담금이 아니라 정책실현목적 부담금에 해당한다.

해설

①
> 헌재 2005.3.31., 2003헌가20
> 헌법은, 모든 국민은 그 보호하는 자녀에게 적어도 초등교육과 법률이 정하는 교육을 받게 할 의무를 지고(헌법 제31조 제2항), 의무교육은 무상으로 한다(헌법 제31조 제3항)고 규정하고 있다. 이러한 의무교육제도는 국민에 대하여 보호하는 자녀들을 취학시키도록 한다는 의무부과의 면보다는 국가에 대하여 인적·물적 교육시설을 정비하고 교육환경을 개선하여야 한다는 의무부과의 측면이 보다 더 중요한 의미를 갖는다. 의무교육에 필요한 학교시설은 국가의 일반적 과제이고, 학교용지는 의무교육을 시행하기 위한 물적 기반으로서 필수조건임은 말할 필요도 없으므로 이를 달성하기 위한 비용은 국가의 일반재정으로 충당하여야 한다. 따라서 적어도 <u>의무교육에 관한 한 일반재정이 아닌 부담금과 같은 별도의 재정수단을 동원하여 특정한 집단으로부터 그 비용을 추가로 징수하여 충당하는 것은 의무교육의 무상성을 선언한 헌법에 반한다.</u>

② 하수도법 제32조 제2항
> 제32조(개인하수도 설치의 지원 등) ② 지방자치단체의 장은 관할구역 안의 하수를 효율적으로 처리하기 위하여 필요한 경우에는 개인하수도를 설치·변경 또는 폐지하는 자에게 소요비용의 전부 또는 일부를 지원하거나 직접 개인하수도에 관한 공사를 할 수 있다.

③
> 헌재 2003.7.24., 2001헌바96
> 장애인을 고용하기 위해서는 작업시설 및 설비의 개선, 직장환경의 정비, 특별한 고용관리 등이 필요하고 정상인고용에 비하여 경제적 부담이 수반된다. 따라서 고용의무를 성실히 이행하는 사업주와 그렇지 않는 사업주간에는 경제적 부담의 불균형이 생길 수가 있다. 이러한 점을 고려하여 <u>장애인고용은 모든 사업주가 공동으로 부담하는 책임이라는 사회연대책임의 이념에 입각하여 장애인고용의 경제적 부담을 조정하고 장애인을 고용하는 사업주에 대한 지원을 목적으로 한 것이 장애인고용부담금 제도</u>라고 할 수 있다.

285 ④

④
> 헌재 2008.11.27., 2007헌마860 전원재판부
> 부담금은 그 부과목적과 기능에 따라 ① 순수하게 재정조달의 목적만 가지는 재정조달목적 부담금과 ② 재정조달 목적뿐만 아니라 부담금의 부과 자체로써 국민의 행위를 특정한 방향으로 유도하거나 특정한 공법적 의무의 이행 또는 공공출연으로부터의 특별한 이익과 관련된 집단 간의 형평성 문제를 조정하여 특정한 사회·경제정책을 실현하기 위한 정책실현목적 부담금으로 구분될 수 있다. 전자의 경우에는 공적 과제가 부담금 수입의 지출 단계에서 비로소 실현되나, 후자의 경우에는 공적 과제의 전부 혹은 일부가 부담금의 부과 단계에서 이미 실현된다. 이 사건 부과금은 그 부과의 목적이 한국영화산업의 진흥 발전을 위한 각종 사업의 용도로 쓰일 영화발전기금의 재원을 마련하는 것으로서, 그 부과 자체로써 부담금의 부담 주체인 영화상영관 관람객의 행위를 특정한 방향으로 유도하거나 관람객 이외의 다른 사람들과의 형평성 문제를 조정하고자 하는 등의 목적은 없으며, 또한 추구하는 공적 과제가 부과금으로 재원이 마련된 영화발전기금의 집행 단계에서 실현되므로 순수한 재정조달목적 부담금에 해당한다.

286
2011 지방직 7급

행정계획에 대한 설명으로 옳은 것은? (다툼이 있는 경우 판례에 의함)

① 환지예정지 지정이나 환지처분을 하기 위한 환지계획은 법률효과를 수반하기 때문에 항고소송의 대상이 되는 행정처분에 해당한다.
② 도시계획안의 공고 및 공람절차에 하자가 있는 도시계획결정은 내용에 하자가 있는 것이 아니라 단지 절차의 하자에 불과하므로 위법하지는 않다.
③ 건축허가를 받은 경우에 토지형질변경허가나 농지전용허가를 받은 것으로 보는 인·허가의제의 경우, 건축허가권자가 건축불허가처분을 하면서 그 처분사유로 건축불허가 사유뿐만 아니라 형질변형불허가 사유나 농지전용불허가 사유를 들고 있다면, 그 건축불허가처분에 대한 쟁송과는 별개로 형질변경불허가처분이나 농지전용불허가처분에 대한 쟁송도 제기하여야 한다.
④ 도시계획사업의 시행으로 인한 토지수용에 의하여 토지에 대한 소유권을 상실한 자는 도시계획 결정이 당연무효가 아닌 한 그 토지에 대한 도시계획결정의 취소를 청구할 법률상 이익이 인정되지 않는다.

해설

①
> 대법원 1999.8.20., 선고 97누6889 판결
> 토지구획정리사업법 제57조, 제62조 등의 규정상 환지예정지 지정이나 환지처분은 그에 의하여 직접 토지소유자 등의 권리의무가 변동되므로 이를 항고소송의 대상이 되는 처분이라고 볼 수 있으나, 환지계획은 위와 같은 환지예정지 지정이나 환지처분의 근거가 될 뿐 그 자체가 직접 토지소유자 등의 법률상의 지위를 변동시키거나 또는 환지예정지 지정이나 환지처분과는 다른 고유한 법률효과를 수반하는 것이 아니어서 이를 항고소송의 대상이 되는 처분에 해당한다고 할 수가 없다.

286 ④

② 대법원 2000.3.23., 선고 98두2768 판결
도시계획법 제16조의2 제2항과 같은법시행령 제14조의2 제6항 내지 제8항의 규정을 종합하여 보면 도시계획의 입안에 있어 해당 도시계획안의 내용을 공고 및 공람하게 한 것은 다수 이해관계자의 이익을 합리적으로 조정하여 국민의 권리자유에 대한 부당한 침해를 방지하고 행정의 민주화와 신뢰를 확보하기 위하여 국민의 의사를 그 과정에 반영시키는데 있는 것이므로 이러한 공고 및 공람 절차에 하자가 있는 도시계획결정은 위법하다.

③ 대법원 2001.1.16., 선고 99두10988 판결
구 건축법 제8조 제1항, 제3항, 제5항에 의하면, 건축허가를 받은 경우에는 구 도시계획법 제4조에 의한 토지의 형질변경허가나 농지법 제36조에 의한 농지전용허가 등을 받은 것으로 보며, 한편 건축허가권자가 건축허가를 하고자 하는 경우 당해 용도·규모 또는 형태의 건축물을 그 건축하고자 하는 대지에 건축하는 것이 건축법 관련 규정이나 같은 도시계획법 제4조, 농지법 제36조 등 관계 법령의 규정에 적합한지의 여부를 검토하여야 하는 것일 뿐, 건축불허가처분을 하면서 그 처분사유로 건축불허가 사유뿐만 아니라 형질변경불허가 사유나 농지전용불허가 사유를 들고 있다고 하여 그 건축불허가처분 외에 별개로 형질변경불허가처분이나 농지전용불허가처분이 존재하는 것이 아니므로, 그 건축불허가처분을 받은 사람은 그 건축불허가처분에 관한 쟁송에서 건축법상의 건축불허가 사유뿐만 아니라 같은 도시계획법상의 형질변경불허가 사유나 농지법상의 농지전용불허가 사유에 관하여도 다툴 수 있는 것이지, 그 건축불허가처분에 관한 쟁송과는 별개로 형질변경불허가처분이나 농지전용불허가처분에 관한 쟁송을 제기하여 이를 다투어야 하는 것은 아니며, 그러한 쟁송을 제기하지 아니하였어도 형질변경불허가 사유나 농지전용불허가 사유에 관하여 불가쟁력이 생기지 아니한다.

④ 헌재 2002.5.30., 2000헌바58, 2001헌바3 병합
도시계획시설결정은 광범위한 지역과 상당한 기간에 걸쳐 다수의 이해관계인에게 다양한 법률적, 경제적 영향을 미치는 것이 되어 일단 도시계획시설사업의 시행에 착수한 뒤에는, 시행의 지연에 따른 손해나 손실의 배상 또는 보상을 함은 별론으로 하고, 그 결정 자체의 취소나 해제를 요구할 권리를 일부의 이해관계인에게 줄 수는 없는 것이다. 그러므로 심판대상조항들에 대하여 위헌취지 결정을 한다고 하더라도 이에 따라 새로이 개정될 법은 도시계획결정의 성질상 도시계획사업이 시행되고 있지 아니한 토지들에 대하여 취소청구권 또는 해제청구권을 부여할 수 있을 뿐이지 이미 사업이 시행된 토지에 대하여는 그 취소나 해제를 요구할 권리를 부여할 수 없다. 그렇다면 도시계획사업의 시행으로 인한 토지수용에 의하여 이미 이 사건 토지에 대한 소유권을 상실한 청구인은 도시계획결정과 토지의 수용이 법률에 위반되어 당연무효라고 볼만한 특별한 사정이 보이지 않는 이상 이 사건 토지에 대한 도시계획결정의 취소를 청구할 법률상의 이익을 흠결하여 당해소송은 적법한 것이 될 수 없고 나아가 우리 재판소의 위헌 결정에 의하여, 사업이 시행되지 아니한 토지의 소유자에게 취소청구권이나 해제청구권을 부여하는 새로운 입법이 이루어진다고 하더라도, 이미 도시계획시설사업이 시행되어 토지수용까지 이루어진 경우에는 이러한 규정들이 적용될 수 없는 것이므로 심판대상조항들의 위헌 여부는 재판의 전제가 되지 않는다.

287

2012 국가직 7급

토지행정과 관련한 판례의 태도로 옳지 않은 것은?

① 도시계획사업 시행지역에 포함된 토지의 소유자에게 도시계획사업 실시계획인가처분에 대한 취소소송을 제기할 법률상 이익이 있다.
② 중대한 공익상의 필요가 있는 경우 처분청은 산림형질변경허가신청에 대해 거부처분을 할 수 있다.
③ 환지처분이 확정된 후에는 환지처분의 일부에 위법이 있다고 하더라도 민사상의 손해배상청구를 할 수 없고, 행정소송으로만 그 취소를 구할 수 있다.
④ 환지계획은 환지예정지 지정이나 환지처분의 근거가 될 뿐 고유한 법률효과를 수반하는 것이 아니어서 항고소송의 대상이 되는 처분에 해당하지 않는다.

해설

①
대법원 1995.12.8., 선고 93누9927 판결
도시계획사업 시행지역에 포함된 토지의 소유자는 도시계획사업 실시계획의 인가로 인하여 자기의 토지가 수용당하게 되고 또 자기의 토지가 수용되지 않는 경우에도 도시계획사업이 시행되어 도시계획시설이 어떻게 설치되느냐에 따라 토지의 이용관계가 달라질 수 있으므로, 도시계획사업 시행지역에 포함된 토지의 소유자는 도시계획사업 실시계획 인가처분의 효력을 다툴 이익이 있다.

②
대법원 1997.9.12., 선고 97누1228 판결
산림훼손행위는 국토의 유지와 환경의 보전에 직접적으로 영향을 미치는 행위이므로 법령이 규정하는 산림훼손 금지 또는 제한지역에 해당하는 경우는 물론 금지 또는 제한지역에 해당하지 않더라도 허가관청은 산림훼손허가신청 대상토지의 현상과 위치 및 주위의 상황 등을 고려하여 국토 및 자연의 유지와 환경의 보전 등 중대한 공익상 필요가 있다고 인정될 때에는 허가를 거부할 수 있고, 그 경우 법규에 명문의 근거가 없더라도 거부처분을 할 수 있으며, 산림훼손허가를 함에 있어서 고려하여야 할 공익침해의 정도 예컨대 자연경관훼손정도, 소음·분진의 정도, 수질오염의 정도 등에 관하여 반드시 수치에 근거한 일정한 기준을 정하여 놓고 허가·불허가 여부를 결정하여야 하는 것은 아니고, 산림훼손을 필요로 하는 사업계획에 나타난 사업의 내용, 규모, 방법과 그것이 환경에 미치는 영향 등 제반 사정을 종합하여 사회관념상 공익침해의 우려가 현저하다고 인정되는 경우에 불허가할 수 있다.

③
대법원 1990.9.25., 선고 88누2557 판결
토지구획정리사업법에 의한 토지구획정리는 환지처분을 기본적 요소로 하는 것으로서 환지예정지지정처분은 사업시행자가 사업지구내의 종전 토지소유자로 하여금 환지계획에서 환지로 정하여진 토지를 환지처분이 있을 때까지 사이에 사용수익할 수 있게 하는 처분에 불과하고 한편 환지처분은 사업시행자가 환지계획구역의 전부에 대하여 공사를 완료한 후 환지계획에 따라 환지교부 등을 하는 처분으로서 일단 공고되어 효력을 발생하게 된 이후에는 환지 전체의 절차를 처음부터 다시 밟지 않는 한 그 일부만을 따로 떼어 환지처분을 변경할 길이 없으며 다만 그 환지처분에 위법이 있다면 그 위법을 이유로 하여 민사상의 절차에 따라 권리관계의 존부를 확정하거나 손해의 배상을 구하는 등의 길이 있을 뿐이므로 그 환지확정처분의 일부에 대하여 취소를 구할 법률상 이익은 없다고 할 것이다.

287 ③

④ 대법원 1999.8.20., 선고 97누6889 판결
토지구획정리사업법 제57조, 제62조 등의 규정상 환지예정지 지정이나 환지처분은 그에 의하여 직접 토지소유자 등의 권리의무가 변동되므로 이를 항고소송의 대상이 되는 처분이라고 볼 수 있으나, 환지계획은 위와 같은 환지예정지 지정이나 환지처분의 근거가 될 뿐 그 자체가 직접 토지소유자 등의 법률상의 지위를 변동시키거나 또는 환지예정지 지정이나 환지처분과는 다른 고유한 법률효과를 수반하는 것이 아니어서 이를 항고소송의 대상이 되는 처분에 해당한다고 할 수가 없다.

CHAPTER 08

재무행정법

CHAPTER 08 재무행정법

288
2000 국가직 7급

재정법의 기본원칙에 관한 설명 중 옳지 않은 것은?

① 개인의 의사를 무시하고 일방적으로 징수하는 수입은 국회의 의결을 요한다.
② 법률로 정해야 할 사항은 조세법률주의에 있어서 조세의 종목과 세율에 한한다.
③ 우리 헌법은 영구세주의를 취하고 있다.
④ 국가의 세출은 원칙적으로 국채 또는 차입금 이외의 세입으로써 그 재원으로 하여야 한다.

해설

① COMMENT 침익행정에 대한 법률유보원칙의 적용을 의미한다.
② COMMENT 법률로 정해야 할 사항은 조세의 종목과 세율에 한하지 않고, 과세물건·과세표준·납세의무자 등 조세의 부과와 징수에 대한 모든 사항이다.

> **대법원 1994.9.30., 자, 94부18, 결정**
> 헌법 제38조, 제59조에서 채택하고 있는 조세법률주의의 원칙은 과세요건과 징수절차 등 조세권행사의 요건과 절차는 국민의 대표기관인 국회가 제정한 법률로써 규정하여야 한다는 것이나, 과세요건과 징수절차에 관한 사항을 명령·규칙 등 하위법령에 위임하여 규정하게 할 수 없는 것은 아니고, 이러한 사항을 하위법령에 위임하여 규정하게 하는 경우 구체적·개별적 위임만이 허용되며 포괄적·백지적 위임은 허용되지 아니하고(과세요건법정주의), 이러한 법률 또는 그 위임에 따른 명령·규칙의 규정은 일의적이고 명확하여야 한다(과세요건명확주의)는 것이다.

③ COMMENT 과세방식은 (ⅰ) 법률의 개폐가 없는 한 당해 법률에 의하여 계속하여 과세할 수 있는 '영구세주의'와 (ⅱ) 매 회계연도마다 의회의 의결을 얻은 예산법에 의해 과세하는 '1년세주의'가 있다. 우리나라는 영구세주의를 택하고 있다.
④ COMMENT 건전재정을 위하여 기채금지의 원칙이 적용된다(국가재정법 제18조).

> **제18조(국가의 세출재원)** 국가의 세출은 국채·차입금(외국정부·국제협력기구 및 외국법인으로부터 도입되는 차입자금을 포함한다. 이하 같다) 외의 세입을 그 재원으로 한다. 다만, 부득이한 경우에는 국회의 의결을 얻은 금액의 범위 안에서 국채 또는 차입금으로써 충당할 수 있다.

288 ②

289

재정행정에 대한 설명으로 옳은 것은?

① 건전재정을 위하여 국가의 세출은 원칙적으로 국채를 그 재원으로 할 수 있다.
② 매 회계연도 세입세출의 결산상 잉여금 중 세계잉여금은 100분의 20 이상을 국채 등의 채무를 상환하는 데 사용하여야 한다.
③ 지방세부과처분의 이의신청에 대한 시장·군수의 결정에 대하여는 도지사에게 심판청구를 하거나 조세심판원장에게 심사청구를 하여야 한다.
④ 재정관리작용은 재산의 관리와 수입·지출의 관리를 내용으로 하는데, 수입·지출의 관리를 현금회계라고 한다.

해설

① 국가재정법 제18조

> **제18조(국가의 세출재원)** 국가의 세출은 국채·차입금(외국정부·국제협력기구 및 외국법인으로부터 도입되는 차입자금을 포함한다. 이하 같다) 외의 세입을 그 재원으로 한다. 다만, 부득이한 경우에는 국회의 의결을 얻은 금액의 범위 안에서 국채 또는 차입금으로써 충당할 수 있다.

② 국가재정법 제90조 제4항

> **제90조(세계잉여금 등의 처리)** ① 일반회계 예산의 세입 부족을 보전(補塡)하기 위한 목적으로 해당 연도에 이미 발행한 국채의 금액 범위에서는 해당 연도에 예상되는 초과 조세수입을 이용하여 국채를 우선 상환할 수 있다. 이 경우 세입·세출 외로 처리할 수 있다.
> ② 매 회계연도 세입세출의 결산상 잉여금 중 다른 법률에 따른 것과 제48조의 규정에 따른 이월액을 공제한 금액(이하 "세계잉여금"이라 한다)은 「지방교부세법」 제5조제2항의 규정에 따른 교부세의 정산 및 「지방교육재정교부금법」 제9조제3항의 규정에 따른 교부금의 정산에 사용할 수 있다.
> ④ 제2항 및 제3항의 규정에 따라 사용하거나 출연한 금액을 제외한 세계잉여금은 100분의 30 이상을 다음 각 호의 채무를 상환하는데 사용하여야 한다.
> 1. 국채 또는 차입금의 원리금
> 2. 「국가배상법」에 따라 확정된 국가배상금
> 3. 「공공자금관리기금법」에 따른 공공자금관리기금의 융자계정의 차입금(예수금을 포함한다)의 원리금. 다만, 2006년 12월 31일 이전의 차입금(예수금을 포함한다)에 한한다.
> 4. 그 밖에 다른 법률에 따라 정부가 부담하는 채무

③ 지방세기본법 제91조 제1항

> **제91조(심판청구)** ① 이의신청을 거친 후에 심판청구를 할 때에는 이의신청에 대한 결정 통지를 받은 날부터 90일 이내에 조세심판원장에게 심판청구를 하여야 한다.

④ **COMMENT** 재정관리작용이란 국가·지방자치단체가 그 재산과 수입·지출을 관리하는 작용, 즉 회계를 말한다. 회계는 그 관리대상에 따라 (ⅰ) 현금회계, (ⅱ) 채권회계, (ⅲ) 동산회계, (ⅳ) 부동산회계로 나뉜다. 수입·지출의 관리(현금수지의 관리)를 현금회계라 한다.

289 ④

290

2017 하반기 국가직 7급

「국가재정법」이 규정하고 있는 내용으로 옳지 않은 것은?

① 정부는 재정운용의 효율화와 건전화를 위하여 매년 당해 회계연도부터 5회계연도 이상의 기간에 대한 재정운용계획을 수립하여 회계연도 개시 120일 전까지 국회에 제출하여야 한다.
② 정부는 예산이 여성과 남성에게 미칠 영향을 미리 분석한 보고서를 작성하여야 한다.
③ 일반회계는 조세수입 등을 주요 세입으로 하여 국가의 일반적인 세출에 충당하기 위하여 설치한다.
④ 계속비의 연도별 연부액 중 당해 연도에 지출하지 못한 금액은 계속비사업의 완성연도까지 계속 이월하여 사용할 수 없다.

해설

① 국가재정법 제7조 제1항

> **제7조(국가재정운용계획의 수립 등)** ① 정부는 재정운용의 효율화와 건전화를 위하여 매년 당해 회계연도부터 5회계연도 이상의 기간에 대한 재정운용계획(이하 "국가재정운용계획"이라 한다)을 수립하여 회계연도 개시 120일 전까지 국회에 제출하여야 한다.

② 동법 제26조 제1항

> **제26조(성인지 예산서의 작성)** ① 정부는 예산이 여성과 남성에게 미칠 영향을 미리 분석한 보고서[이하 "성인지(性認知)예산서"라 한다]를 작성하여야 한다.
> ② 성인지 예산서에는 성평등 기대효과, 성과목표, 성별 수혜분석 등을 포함하여야 한다.
> ③ 성인지 예산서의 작성에 관한 구체적인 사항은 대통령령으로 정한다.

③ 동법 제4조 제2항

> **제4조(회계구분)** ① 국가의 회계는 일반회계와 특별회계로 구분한다.
> ② 일반회계는 조세수입 등을 주요 세입으로 하여 국가의 일반적인 세출에 충당하기 위하여 설치한다.
> ③ 특별회계는 국가에서 특정한 사업을 운영하고자 할 때, 특정한 자금을 보유하여 운용하고자 할 때, 특정한 세입으로 특정한 세출에 충당함으로써 일반회계와 구분하여 회계처리할 필요가 있을 때에 법률로써 설치하되, 별표 1에 규정된 법률에 의하지 아니하고는 이를 설치할 수 없다.

290 ④

④ 동법 제48조 제3항

> **제48조(세출예산의 이월)** ① 매 회계연도의 세출예산은 다음 연도에 이월하여 사용할 수 없다.
> ② 제1항의 규정에 불구하고 다음 각 호의 어느 하나에 해당하는 경비의 금액은 다음 회계연도에 이월하여 사용할 수 있다. 이 경우 이월액은 다른 용도로 사용할 수 없으며, 제2호에 해당하는 경비의 금액은 재이월할 수 없다.
> 1. 명시이월비
> 2. 연도 내에 지출원인행위를 하고 불가피한 사유로 인하여 연도 내에 지출하지 못한 경비와 지출원인행위를 하지 아니한 그 부대경비
> 3. 지출원인행위를 위하여 입찰공고를 한 경비 중 입찰공고 후 지출원인행위까지 장기간이 소요되는 경우로서 대통령령이 정하는 경비
> 4. 공익사업의 시행에 필요한 손실보상비로서 대통령령이 정하는 경비
> 5. 경상적 성격의 경비로서 대통령령이 정하는 경비
> ③ 제1항의 규정에 불구하고 계속비의 연도별 연부액 중 당해 연도에 지출하지 못한 금액은 계속비사업의 완성연도까지 계속 이월하여 사용할 수 있다.

291

2021 지방직 7급

국가재정법에 대한 설명으로 옳지 않은 것은?

① 공무원의 보수 인상을 위한 인건비 충당을 위하여는 예비비의 사용목적을 지정할 수 있다.
② 중앙관서의 장은 예비비로 사용한 금액의 명세서를 작성하여 다음 연도 2월말까지 기획재정부장관에게 제출하여야 한다.
③ 정부는 예산안을 국회에 제출한 후 부득이한 사유로 인하여 그 내용의 일부를 수정하고자 하는 때에는 국무회의의 심의를 거쳐 대통령의 승인을 얻은 수정예산안을 국회에 제출할 수 있다.
④ 국가의 세출은 국채·차입금 외의 세입을 그 재원으로 하지만, 부득이한 경우에는 국회의 의결을 얻은 금액의 범위 안에서 국채 또는 차입금으로써 국가의 세출을 충당할 수 있다.

해설

① 국가재정법 제22조 제2항

> **제22조(예비비)** ① 정부는 예측할 수 없는 예산 외의 지출 또는 예산초과지출에 충당하기 위하여 일반회계 예산총액의 100분의 1 이내의 금액을 예비비로 세입세출예산에 계상할 수 있다. 다만, 예산총칙 등에 따라 미리 사용목적을 지정해 놓은 예비비는 본문에도 불구하고 별도로 세입세출예산에 계상할 수 있다. 〈개정 2020. 6. 9.〉
> ② 제1항 단서에도 불구하고 공무원의 보수 인상을 위한 인건비 충당을 위하여는 예비비의 사용목적을 지정할 수 없다.

② 동법 제52조 제1항

> **제52조(예비비사용명세서의 작성 및 국회제출)** ① 각 중앙관서의 장은 예비비로 사용한 금액의 명세서를 작성하여 다음 연도 2월말까지 기획재정부장관에게 제출하여야 한다. 〈개정 2008. 2. 29.〉

③ 동법 제35조

> **제35조(국회제출 중인 예산안의 수정)** 정부는 예산안을 국회에 제출한 후 부득이한 사유로 인하여 그 내용의 일부를 수정하고자 하는 때에는 국무회의 심의를 거쳐 대통령의 승인을 얻은 수정예산안을 국회에 제출할 수 있다.

④ 동법 제18조

> **제18조(국가의 세출재원)** 국가의 세출은 국채·차입금(외국정부·국제협력기구 및 외국법인으로부터 도입되는 차입자금을 포함한다. 이하 같다) 외의 세입을 그 재원으로 한다. 다만, 부득이한 경우에는 국회의 의결을 얻은 금액의 범위 안에서 국채 또는 차입금으로써 충당할 수 있다.

292
2014 지방직 7급

조세행정에 대한 설명으로 옳지 않은 것은? (다툼이 있는 경우 판례에 의함)

① 납세의무자의 국세환급금결정신청에 대한 세무서장의 환급거부결정은 취소소송의 대상이 된다.
② 납세의무의 확정은 이미 발생되어 있는 조세채권을 확정하는 것이므로 그 법적 성질은 확인행위이다.
③ 증액경정처분이 있는 경우 증액경정처분만이 항고소송의 대상이 되고, 납세의무자는 그 항고소송에서 당초 신고나 결정에 대한 위법사유도 함께 주장할 수 있다.
④ 관세법상 신고납세방식의 조세에 있어서 과세관청이 납세의무자의 신고에 따라 세액을 수령하는 것은 사실행위에 불과할 뿐 이를 부과처분으로 볼 수는 없다.

해설

①
> **대법원 1994.12.2., 선고 92누14250 판결**
> 국세기본법 제51조 제1항, 제52조 및 같은법시행령 제30조에 따른 세무서장의 국세환급금(국세환급가산금 포함)에 대한 결정은 이미 납세의무자의 환급청구권이 확정된 국세환급금에 대하여 내부적인 사무처리절차로서 과세관청의 환급절차를 규정한 것에 지나지 않고 그 규정에 의한 국세환급금의 결정에 의하여 비로소 환급청구권이 확정되는 것이 아니므로, 국세환급금결정이나 그 결정을 구하는 신청에 대한 환급거부결정 등은 항고소송의 대상이 되는 처분이라고 볼 수 없다.

② **COMMENT** 납세의무의 확정은 특정한 사실 또는 법률관계의 존부 또는 정부(납세의무의 존부)에 대하여 다툼이 있는 경우에 행정청(세무서장)이 공권적으로 판단(납부세액의 결정)하는 행위로서 강학상 확인행위이다.

292 ①

③
대법원 2009.5.14., 선고 2006두17390 판결
국세기본법 제22조의2의 시행 이후에도 증액경정처분이 있는 경우, 당초 신고나 결정은 증액경정처분에 흡수됨으로써 독립된 존재가치를 잃게 된다고 보아야 하므로, 원칙적으로는 당초 신고나 결정에 대한 불복기간의 경과 여부 등에 관계없이 증액경정처분만이 항고소송의 심판대상이 되고, 납세의무자는 그 항고소송에서 당초 신고나 결정에 대한 위법사유도 함께 주장할 수 있다고 해석함이 타당하다.

④
대법원 1997.7.22., 선고 96누8321 판결
1993. 12. 31. 법률 제4674호로 개정된 관세법 제17조 제2항은 관세의 원칙적인 부과·징수를 순수한 신고납세방식으로 전환한 것이고, 이와 같은 신고납세방식의 조세에 있어서 과세관청이 납세의무자의 신고에 따라 세액을 수령하는 것은 사실행위에 불과할 뿐 이를 부과처분으로 볼 수는 없다.

293

2016 국가직 7급 변형

조세행정에 대한 설명으로 옳은 것은? (다툼이 있는 경우 판례에 의함)

① 세무조사결정 자체는 조사종료 후의 과세처분과는 달리 상대방의 법률상 지위에 직접적으로 법률적 변동을 일으키지 아니하므로 항고소송의 대상이 되는 행정처분에 해당하지 않는다.
② 위법한 지방세 부과처분에 대한 행정소송은 「지방세기본법」에 따른 심판청구와 그에 대한 결정을 거치지 아니하고도 제기할 수 있다.
③ 「국세기본법」상의 이의신청에 대한 재조사결정에 따른 심사청구기간이나 심판청구기간은 이의신청인이 후속 처분의 통지를 받은 날부터 기산된다.
④ 법령상 이미 존재와 범위가 확정되어 있는 조세과오납부액의 반환을 구하는 소송은 「행정소송법」상 당사자소송의 절차에 따라야 한다.

해설

①
대법원 2011.3.10., 선고, 2009두23617,23624, 판결
부과처분을 위한 과세관청의 질문조사권이 행해지는 세무조사결정이 있는 경우 납세의무자는 세무공무원의 과세자료 수집을 위한 질문에 대답하고 검사를 수인하여야 할 법적 의무를 부담하게 되는 점, 세무조사는 기본적으로 적정하고 공평한 과세의 실현을 위하여 필요한 최소한의 범위 안에서 행하여져야 하고, 더욱이 동일한 세목 및 과세기에 대한 재조사는 납세자의 영업의 자유 등 권익을 심각하게 침해할 뿐만 아니라 과세관청에 의한 자의적인 세무조사의 위험마저 있으므로 조세공평의 원칙에 현저히 반하는 예외적인 경우를 제외하고는 금지될 필요가 있는 점, 납세의무자로 하여금 개개의 과태료 처분에 대하여 불복하거나 조사종료 후의 과세처분에 대하여만 다툴 수 있도록 하는 것보다는 그에 앞서 세무조사결정에 대하여 다툼으로써 분쟁을 조기에 근본적으로 해결할 수 있는 점 등을 종합하면, 세무조사결정은 납세의무자의 권리·의무에 직접 영향을 미치는 공권력의 행사에 따른 행정작용으로서 항고소송의 대상이 된다.

293 ③

② COMMENT 지방세의 경우에도 2021. 1. 1부터 필요적전치가 적용된다.(지방세기본법 제98조 제3항).

> **지방세기본법**
> **제98조(다른 법률과의 관계)** ③ 제89조에 규정된 위법한 처분에 대한 행정소송은 「행정소송법」 제18조 제1항 본문, 같은 조 제2항 및 제3항에도 불구하고 이 법에 따른 심판청구와 그에 대한 결정을 거치지 아니하면 제기할 수 없다. 다만, 심판청구에 대한 재조사 결정(제100조에 따라 심판청구에 관하여 준용하는 「국세기본법」 제65조제1항제3호 단서에 따른 재조사 결정을 말한다)에 따른 처분청의 처분에 대한 행정소송은 그러하지 아니하다.

③
> **대법원 2010.6.25., 선고, 2007두12514, 전원합의체 판결**
> 이의신청 등에 대한 결정의 한 유형으로 실무상 행해지고 있는 재조사결정은 처분청으로 하여금 하나의 과세단위의 전부 또는 일부에 관하여 당해 결정에서 지적된 사항을 재조사하여 그 결과에 따라 과세표준과 세액을 경정하거나 당초 처분을 유지하는 등의 후속 처분을 하도록 하는 형식을 취하고 있다. 이에 따라 재조사결정을 통지받은 이의신청인 등은 그에 따른 후속 처분의 통지를 받은 후에야 비로소 다음 단계의 쟁송절차에서 불복할 대상과 범위를 구체적으로 특정할 수 있게 된다. 이와 같은 재조사결정의 형식과 취지, 그리고 행정심판제도의 자율적 행정통제기능 및 복잡하고 전문적·기술적 성격을 갖는 조세법률관계의 특수성 등을 감안하면, 재조사결정은 당해 결정에서 지적된 사항에 관해서는 처분청의 재조사결과를 기다려 그에 따른 후속 처분의 내용을 이의신청 등에 대한 결정의 일부분으로 삼겠다는 의사가 내포된 변형결정에 해당한다고 볼 수밖에 없다. 그렇다면 재조사결정은 처분청의 후속 처분에 의하여 그 내용이 보완됨으로써 이의신청 등에 대한 결정으로서의 효력이 발생한다고 할 것이므로, 재조사결정에 따른 심사청구기간이나 심판청구기간 또는 행정소송의 제소기간은 이의신청인 등이 후속 처분의 통지를 받은 날부터 기산된다고 봄이 타당하다.

④
> **대법원 1996.4.12., 선고, 94다34005, 판결**
> 국세환급금에 관한 국세기본법 제51조 제1항, 부가가치세 환급에 관한 부가가치세법 제24조, 같은법시행령 제72조의 각 규정은 정부가 이미 부당이득으로서 그 존재와 범위가 확정되어 있는 과오납부액이나 환급세액이 있는 때에는 납세자의 환급 신청을 기다릴 것 없이 이를 즉시 반환하는 것이 정의와 공평에 합당하다는 법리를 선언하고 있는 것이므로, 이미 그 존재와 범위가 확정되어 있는 과오납부액이나 환급세액은 납세자가 부당이득의 반환을 구하는 민사소송으로 그 환급을 청구할 수 있다.

294

조세행정에 대한 설명으로 옳지 않은 것은? (다툼이 있는 경우 판례에 의함)

① 납세의무자에 대한 국가의 부가가치세 환급세액 지급의무에 대응하는 국가에 대한 납세의무자의 부가가치세 환급세액 지급청구는 민사소송이 아니라 당사자소송에 의하여야 한다.
② 과세관청이 과세예고 통지 후 과세전적부심사 청구나 그에 대한 결정이 있기 전에 국세부과처분을 한 경우, 특별한 사정이 없는 한 그 하자가 중대·명백하다고 볼 수 없어 당연무효가 아닌 취소사유에 해당한다.
③ 과세처분에 관한 납세고지서의 송달이 「국세기본법」의 규정에 위배되는 부적법한 것으로서 송달의 효력이 발생하지 아니하는 이상, 그 과세처분은 무효이다.
④ 하나의 납세고지서로 본세와 여러 종류의 가산세를 함께 부과하는 경우에 납세고지서에 가산세의 종류와 세액의 산출근거 등을 따로 구별하지 않고 가산세의 합계액만을 기재하였다면 그 부과처분은 위법하다.

해설

①

대법원 2013.3.21., 선고, 2011다95564, 전원합의체 판결

부가가치세법령이 환급세액의 정의 규정, 그 지급시기와 산출방법에 관한 구체적인 규정과 함께 부가가치세 납세의무를 부담하는 사업자(이하 '납세의무자'라 한다)에 대한 국가의 환급세액 지급의무를 규정한 이유는, 입법자가 과세 및 징수의 편의를 도모하고 중복과세를 방지하는 등의 조세 정책적 목적을 달성하기 위한 입법적 결단을 통하여, 최종 소비자에 이르기 전의 각 거래단계에서 재화 또는 용역을 공급하는 사업자가 그 공급을 받는 사업자로부터 매출세액을 징수하여 국가에 납부하고, 그 세액을 징수당한 사업자는 이를 국가로부터 매입세액으로 공제·환급받는 과정을 통하여 그 세액의 부담을 다음 단계의 사업자에게 차례로 전가하여 궁극적으로 최종 소비자에게 이를 부담시키는 것을 근간으로 하는 전단계세액공제 제도를 채택한 결과, 어느 과세기간에 거래징수된 세액이 거래징수를 한 세액보다 많은 경우에는 그 납세의무자가 창출한 부가가치에 상응하는 세액보다 많은 세액이 거래징수되게 되므로 이를 조정하기 위한 과세기술상, 조세 정책적인 요청에 따라 특별히 인정한 것이라고 할 수 있다. 따라서 이와 같은 부가가치세법령의 내용, 형식 및 입법 취지 등에 비추어 보면, 납세의무자에 대한 국가의 부가가치세 환급세액 지급의무는 그 납세의무자로부터 어느 과세기간에 과다하게 거래징수된 세액 상당을 국가가 실제로 납부받았는지와 관계없이 부가가치세법령의 규정에 의하여 직접 발생하는 것으로서, 그 법적 성질은 정의와 공평의 관념에서 수익자와 손실자 사이의 재산상태 조정을 위해 인정되는 부당이득 반환의무가 아니라 부가가치세법령에 의하여 그 존부나 범위가 구체적으로 확정되고 조세 정책적 관점에서 특별히 인정되는 공법상 의무라고 봄이 타당하다. 그렇다면 납세의무자에 대한 국가의 부가가치세 환급세액 지급의무에 대응하는 국가에 대한 납세의무자의 부가가치세 환급세액 지급청구는 민사소송이 아니라 행정소송법 제3조 제2호에 규정된 당사자소송의 절차에 따라야 한다.

294 ②

② 대법원 2016.12.27., 선고, 2016두49228, 판결
사전구제절차로서 과세전적부심사 제도가 가지는 기능과 이를 통해 권리구제가 가능한 범위, 이러한 제도가 도입된 경위와 취지, 납세자의 절차적 권리 침해를 효율적으로 방지하기 위한 통제 방법과 더불어, 헌법 제12조 제1항에서 규정하고 있는 적법절차의 원칙은 형사소송절차에 국한되지 아니하고, 세무공무원이 과세권을 행사하는 경우에도 마찬가지로 준수하여야 하는 점 등을 고려하여 보면, 국세기본법 및 국세기본법 시행령이 과세전적부심사를 거치지 않고 곧바로 과세처분을 할 수 있거나 과세전적부심사에 대한 결정이 있기 전이라도 과세처분을 할 수 있는 예외사유로 정하고 있다는 등의 특별한 사정이 없는 한, 과세예고 통지 후 과세전적부심사 청구나 그에 대한 결정이 있기도 전에 과세처분을 하는 것은 원칙적으로 과세전적부심사 이후에 이루어져야 하는 과세처분을 그보다 앞서 함으로써 과세전적부심사 제도 자체를 형해화시킬 뿐만 아니라 과세전적부심사 결정과 과세처분 사이의 관계 및 불복절차를 불분명하게 할 우려가 있으므로, 그와 같은 과세처분은 납세자의 절차적 권리를 침해하는 것으로서 절차상 하자가 중대하고도 명백하여 무효이다.

③ 대법원 1995.8.22., 선고, 95누3909, 판결
과세처분에 관한 납세고지서의 송달이 국세기본법 제8조 제1항의 규정에 위배되는 부적법한 것으로서 송달의 효력이 발생하지 아니하는 이상, 그 과세처분은 무효이다.

④ 대법원 2012.10.18., 선고, 2010두12347, 전원합의체 판결
본세의 부과처분과 가산세의 부과처분은 각 별개의 과세처분인 것처럼(대법원 2005. 9. 30. 선고 2004두2356 판결 등 참조), 같은 세목에 관하여 여러 종류의 가산세가 부과되면 그 각 가산세 부과처분도 종류별로 각각 별개의 과세처분이라고 보아야 한다. 따라서 하나의 납세고지서에 의하여 본세와 가산세를 함께 부과할 때에는 납세고지서에 본세와 가산세 각각의 세액과 산출근거 등을 구분하여 기재해야 하는 것이고, 또 여러 종류의 가산세를 함께 부과하는 경우에는 그 가산세 상호 간에도 종류별로 세액과 산출근거 등을 구분하여 기재함으로써 납세의무자가 납세고지서 자체로 각 과세처분의 내용을 알 수 있도록 하는 것이 당연한 원칙이다. 여러 종류의 가산세를 함께 부과하면서, 납세고지서에 산출근거는 물론 종류조차도 따로 밝히지 않고 단지 가산세의 합계액만을 기재하고는, 납세의무자가 스스로 세법 규정을 잘 살펴보면 무슨 가산세가 부과된 것이고 산출근거가 어떻게 되는지를 알아낼 수 있다고 하는 것으로 그 기재의 흠결을 정당화할 수는 없다. 과세처분의 상대방인 납세의무자에게 알아서 법전을 찾아보라고 할 행정편의적인 발상이 법치의 광장에서 용인되어서는 안 된다.

295

조세행정 및 그에 대한 불복수단에 대한 설명으로 옳지 않은 것은? (다툼이 있는 경우 판례에 의함)

① 세무서장이 납세자의 국세환급금지급청구에 대하여 거부를 한 경우 납세자는 그 거부행위에 대한 취소소송을 제기할 수 없다.
② 신고납세방식의 조세의 경우 원칙적으로 납세의무자가 스스로 과세표준과 세액을 정하여 신고하는 행위에 의하여 납세의무가 구체적으로 확정된다.
③ 조세를 부과·징수하기 위해서는 법률의 근거가 필요하지만 조세를 감면하기 위해서 법률의 근거가 필요한 것은 아니다.
④ 과세처분에 대한 이의신청절차에서 과세관청이 이의신청 사유가 옳다고 인정하여 과세처분을 직권으로 취소한 이상 과세관청은 특별한 사유 없이 이를 번복하고 종전 처분을 되풀이할 수 없다.

해설

①
대법원 2010.2.25., 선고, 2007두18284, 판결
구 국세기본법 제51조 제1항, 제52조 등의 규정은 환급청구권이 확정된 국세환급금 및 가산금에 대한 내부적 사무처리절차로서 과세관청의 환급절차를 규정한 것일 뿐 그 규정에 의한 국세환급금(가산금 포함) 결정에 의하여 비로소 환급청구권이 확정되는 것이 아니므로, 국세환급결정이나 이 결정을 구하는 신청에 대한 환급거부결정 등은 납세의무자가 갖는 환급청구권의 존부나 범위에 구체적이고 직접적인 영향을 미치는 처분이 아니어서 항고소송의 대상이 되는 처분으로 볼 수 없다.

②
대법원 2014.4.10., 선고, 2011다15476, 판결
취득세와 같은 신고납부방식의 조세의 경우에는 원칙적으로 납세의무자가 스스로 과세표준과 세액을 정하여 신고하는 행위에 의하여 납세의무가 구체적으로 확정되고, 그 납부행위는 신고에 의하여 확정된 구체적 납세의무의 이행으로 하는 것이며, 지방자치단체는 그와 같이 확정된 조세채권에 기하여 납부된 세액을 보유한다. 따라서 납세의무자의 신고행위가 중대하고 명백한 하자로 인하여 당연무효로 되지 아니하는 한 그것이 바로 부당이득에 해당한다고 할 수 없고, 여기에서 신고행위의 하자가 중대하고 명백하여 당연무효에 해당하는지의 여부에 대하여는 신고행위의 근거가 되는 법규의 목적, 의미, 기능 및 하자 있는 신고행위에 대한 법적 구제수단 등을 목적론적으로 고찰함과 동시에 신고행위에 이르게 된 구체적 사정을 개별적으로 파악하여 합리적으로 판단하여야 한다.

③
헌재 전원재판부 93헌바2, 1996.6.26.
조세의 감면에 관한 규정은 조세의 부과·징수의 요건이나 절차와 직접 관련되는 것은 아니지만, 조세란 공공경비를 국민에게 강제적으로 배분하는 것으로서 납세의무자 상호간에는 조세의 전가관계가 있으므로 특정인이나 특정계층에 대하여 정당한 이유없이 조세감면의 우대조치를 하는 것은 특정한 납세자군이 조세의 부담을 다른 납세자군의 부담으로 떠맡기는 것에 다름아니므로 조세감면의 근거 역시 법률로 정하여야만 하는 것이 국민주권주의나 법치주의의 원리에 부응하는 것이다.

295 ③

④ 대법원 2014.7.24., 선고, 2011두14227, 판결
과세처분에 관한 불복절차과정에서 불복사유가 옳다고 인정하고 이에 따라 필요한 처분을 하였을 경우에는 불복제도와 이에 따른 시정방법을 인정하고 있는 법 취지에 비추어 동일 사항에 관하여 특별한 사유 없이 이를 번복하고 다시 종전의 처분을 되풀이할 수는 없다. 따라서 <u>과세관청이 과세처분에 대한 이의신청절차에서 납세자의 이의신청 사유가 옳다고 인정하여 과세처분을 직권으로 취소하였음에도, 특별한 사유 없이 이를 번복하고 종전 처분을 되풀이하여서 한 과세처분은 위법하다.</u>

296
2018 지방직 7급

재무행정에 대한 설명으로 옳지 않은 것은? (다툼이 있는 경우 판례에 의함)

① 「지방세기본법」에 따르면, 지방자치단체의 장은 적절하고 공평한 과세의 실현을 위하여 필요한 최소한의 범위에서 세무조사를 하여야 하며, 다른 목적 등을 위하여 조사권을 남용해서는 아니 된다.
② 특별한 사정이 없는 한, 과세관청이 과세처분에 앞서 필수적으로 행하여야 할 과세예고 통지를 하지 아니함으로써 납세자에게 과세전적부심사의 기회를 부여하지 아니한 채 과세처분을 하였다면, 그 과세처분은 위법하다.
③ 하나의 납세고지서에 의하여 복수의 과세처분을 함께 하는 경우에는 과세처분별로 그 세액과 산출근거 등을 구분하여 기재함으로써 납세의무자가 각 과세처분의 내용을 알 수 있도록 해야 한다.
④ 지방국세청장이 조세범칙행위에 대하여 형사고발을 한 후에 동일한 조세범칙행위에 대하여 한 통고처분은 특별한 사정이 없는 한 위법하지만 무효는 아니다.

해설

① 「지방세기본법」 제80조

> **지방세기본법**
> **제80조(조사권의 남용 금지)** ① 지방자치단체의 장은 적절하고 공평한 과세의 실현을 위하여 필요한 최소한의 범위에서 세무조사를 하여야 하며, 다른 목적 등을 위하여 조사권을 남용해서는 아니 된다.

② 대법원 2016.4.15., 선고, 2015두52326, 판결
사전구제절차로서 과세예고 통지와 통지 내용의 적법성에 관한 심사(이하 '과세전적부심사'라 한다) 제도가 가지는 기능과 이를 통해 권리구제가 가능한 범위, 제도가 도입된 경위와 취지, 납세자의 절차적 권리 침해를 효율적으로 방지하기 위한 통제방법 등을 종합적으로 고려하면, 국세기본법 및 구 국세기본법 시행령이 과세예고 통지의 대상으로 삼고 있지 않다거나 과세전적부심사를 거치지 않고 곧바로 과세처분을 할 수 있는 예외사유로 정하고 있는 등의 특별한 사정이 없는 한, <u>과세관청이 과세처분에 앞서 필수적으로 행하여야 할 과세예고 통지를 하지 아니함으로써 납세자에게 과세전적부심사의 기회를 부여하지 아니한 채 과세처분을 하였다면, 이는 납세자의 절차적 권리를 침해한 것으로서 과세처분의 효력을 부정하는 방법으로 통제할 수밖에 없는 중대한 절차적 하자가 존재하는 경우에 해당하므로, 과세처분은 위법하다.</u>

③ 대법원 2012.10.18., 선고, 2010두12347, 전원합의체 판결

구 국세징수법과 개별 세법의 납세고지에 관한 규정들은 헌법상 적법절차의 원칙과 행정절차법의 기본 원리를 과세처분의 영역에도 그대로 받아들여, 과세관청으로 하여금 자의를 배제한 신중하고도 합리적인 과세처분을 하게 함으로써 조세행정의 공정을 기함과 아울러 납세의무자에게 과세처분의 내용을 자세히 알려주어 이에 대한 불복 여부의 결정과 불복신청의 편의를 주려는 데 그 근본취지가 있으므로, 이 규정들은 강행규정으로 보아야 한다. 따라서 납세고지서에 해당 본세의 과세표준과 세액의 산출근거 등이 제대로 기재되지 않았다면 특별한 사정이 없는 한 그 과세처분은 위법하다는 것이 판례의 확립된 견해이다. 판례는 여기에서 한발 더 나아가 설령 부가가치세법과 같이 개별 세법에서 납세고지에 관한 별도의 규정을 두지 않은 경우라 하더라도 해당 본세의 납세고지서에 국세징수법 제9조 제1항이 규정한 것과 같은 세액의 산출근거 등이 기재되어 있지 않다면 그 과세처분은 적법하지 않다고 한다. 말하자면 개별 세법에 납세고지에 관한 별도의 규정이 없더라도 국세징수법이 정한 것과 같은 납세고지의 요건을 갖추지 않으면 안 된다는 것이고, 이는 적법절차의 원칙이 과세처분에도 적용됨에 따른 당연한 귀결이다. 같은 맥락에서, 하나의 납세고지서에 의하여 복수의 과세처분을 함께 하는 경우에는 과세처분별로 그 세액과 산출근거 등을 구분하여 기재함으로써 납세의무자가 각 과세처분의 내용을 알 수 있도록 해야 하는 것 역시 당연하다고 할 것이다.

④ 대법원 2016.9.28., 선고, 2014도10748, 판결

조세범 처벌절차법 제15조 제1항에 따른 지방국세청장 또는 세무서장의 조세범칙사건에 대한 통고처분은 법원에 의하여 자유형 또는 재산형에 처하는 형사절차에 갈음하여 과세관청이 조세범칙자에 대하여 금전적 제재를 통고하고 이를 이행한 조세범칙자에 대하여는 고발하지 아니하고 조세범칙사건을 신속·간이하게 처리하는 절차로서, 형사절차의 사전절차로서의 성격을 가진다. 그리고 조세범 처벌절차법에 따른 조세범칙사건에 대한 지방국세청장 또는 세무서장의 고발은 수사 및 공소제기의 권한을 가진 수사기관에 대하여 조세범칙사실을 신고함으로써 형사사건으로 처리할 것을 요구하는 의사표시로서, 조세범칙사건에 대하여 고발한 경우에는 지방국세청장 또는 세무서장에 의한 조세범칙사건의 조사 및 처분 절차는 원칙적으로 모두 종료된다. 위와 같은 통고처분과 고발의 법적 성질 및 효과 등을 조세범칙사건의 처리 절차에 관한 조세범 처벌절차법 관련 규정들의 내용과 취지에 비추어 보면, 지방국세청장 또는 세무서장이 조세범 처벌절차법 제17조 제1항에 따라 통고처분을 거치지 아니하고 즉시 고발하였다면 이로써 조세범칙사건에 대한 조사 및 처분 절차는 종료되고 형사사건 절차로 이행되어 지방국세청장 또는 세무서장으로서는 동일한 조세범칙행위에 대하여 더 이상 통고처분을 할 권한이 없다. 따라서 지방국세청장 또는 세무서장이 조세범칙행위에 대하여 고발을 한 후에 동일한 조세범칙행위에 대하여 통고처분을 하였더라도, 이는 법적 권한 소멸 후에 이루어진 것으로서 특별한 사정이 없는 한 효력이 없고, 조세범칙행위자가 이러한 통고처분을 이행하였더라도 조세범 처벌절차법 제15조 제3항에서 정한 일사부재리의 원칙이 적용될 수 없다.

297

2016 지방직 7급

조세에 대한 설명으로 옳지 않은 것은?

① 판례에 따르면 신고납세방식의 관세에 있어서 과세관청이 납세의무자의 신고에 따라 세액을 수령하는 경우 이를 부과처분으로 볼 수 있다고 한다.
② 국세기본법상 위법한 국세의 부과·징수에 대하여는 불복의 사유를 갖추어 해당 처분을 하였거나 하였어야 할 세무서장을 거쳐서, 국세청장에 대한 심사청구 또는 조세심판원장에 대한 심판청구 중 택일하여 청구한 후에 그에 대한 결정을 받은 후 행정소송을 제기한다.
③ 국세기본법은 국세를 납부할 의무가 성립한 소득, 수익, 재산, 행위 또는 거래에 대해서는 그 성립 후의 새로운 세법에 따라 소급하여 과세하지 아니한다고 규정하고 있다.
④ 국세기본법은 세법의 해석이나 국세행정의 관행이 일반적으로 납세자에게 받아들여진 후에는 그 해석이나 관행에 의한 행위 또는 계산은 정당한 것으로 보며, 새로운 해석이나 관행에 의하여 소급하여 과세되지 아니한다고 규정하고 있다.

해설

①
> 대법원 1997.7.22., 선고, 96누8321, 판결
> 1993. 12. 31. 법률 제4674호로 개정된 관세법 제17조 제2항은 관세의 원칙적인 부과·징수를 순수한 신고납세방식으로 전환한 것이고, 이와 같은 신고납세방식의 조세에 있어서 과세관청이 납세의무자의 신고에 따라 세액을 수령하는 것은 사실행위에 불과할 뿐 이를 부과처분으로 볼 수는 없다.

② 국세기본법 제56조 제2항, 제62조 제1항, 제69조 제1항

> **제56조(다른 법률과의 관계)** ② 제55조에 규정된 위법한 처분에 대한 행정소송은 「행정소송법」 제18조 제1항 본문, 제2항 및 제3항에도 불구하고 이 법에 따른 심사청구 또는 심판청구와 그에 대한 결정을 거치지 아니하면 제기할 수 없다.
> **제62조(청구 절차)** ① 심사청구는 대통령령으로 정하는 바에 따라 불복의 사유를 갖추어 해당 처분을 하였거나 하였어야 할 세무서장을 거쳐 국세청장에게 하여야 한다.
> **제69조(청구 절차)** ① 심판청구는 대통령령으로 정하는 바에 따라 불복의 사유를 갖추어 그 처분을 하였거나 하였어야 할 세무서장을 거쳐 조세심판원장에게 하여야 한다.

③ 동법 제18조 제2항

> **제18조(세법 해석의 기준 및 소급과세의 금지)** ② 국세를 납부할 의무(세법에 징수의무자가 따로 규정되어 있는 국세의 경우에는 이를 징수하여 납부할 의무. 이하 같다)가 성립한 소득, 수익, 재산, 행위 또는 거래에 대해서는 그 성립 후의 새로운 세법에 따라 소급하여 과세하지 아니한다.

④ 동법 제18조 제3항

> **제18조(세법 해석의 기준 및 소급과세의 금지)** ③ 세법의 해석이나 국세행정의 관행이 일반적으로 납세자에게 받아들여진 후에는 그 해석이나 관행에 의한 행위 또는 계산은 정당한 것으로 보며, 새로운 해석이나 관행에 의하여 소급하여 과세되지 아니한다.

297 ①

298

2014 국가직 7급

국세기본법상 처분의 불복절차에 대한 설명으로 옳지 않은 것은?

① 심사청구는 처분이 있음을 안 날 또는 처분의 통지를 받은 날부터 90일 이내에 제기하여야 한다.
② 이의신청을 거친 후 심사청구 또는 심판청구를 하려면 그 이의신청에 대한 결정의 통지를 받은 날부터 90일 이내에 제기하여야 한다.
③ 심사청구를 거친 후에도 심판청구를 제기할 수 있다.
④ 심사청구 또는 심판청구와 그에 대한 결정을 거치지 아니하면 행정소송을 제기할 수 없다.

해설

① 국세기본법 제61조 제1항

> **제61조(청구기간)** ① 심사청구는 해당 처분이 있음을 안 날(처분의 통지를 받은 때에는 그 받은 날)부터 90일 이내에 제기하여야 한다.

② 국세기본법 제61조 제2항, 제68조 제2항

> **제61조(청구기간)** ② 이의신청을 거친 후 심사청구를 하려면 이의신청에 대한 결정의 통지를 받은 날부터 90일 이내에 제기하여야 한다. 다만, 제66조제7항에 따른 결정기간 내에 결정의 통지를 받지 못한 경우에는 결정의 통지를 받기 전이라도 그 결정기간이 지난 날부터 심사청구를 할 수 있다.
>
> **제68조(청구기간)** ① 심판청구는 해당 처분이 있음을 안 날(처분의 통지를 받은 때에는 그 받은 날)부터 90일 이내에 제기하여야 한다.
> ② 이의신청을 거친 후 심판청구를 하는 경우의 청구기간에 관하여는 제61조제2항을 준용한다.

③ 국세기본법 제55조

> **제55조(불복)** ⑨ 동일한 처분에 대해서는 심사청구와 심판청구를 중복하여 제기할 수 없다.

④ 국세기본법 제56조

> **제56조(다른 법률과의 관계)** ② 제55조에 규정된 위법한 처분에 대한 행정소송은 「행정소송법」 제18조제1항 본문, 제2항 및 제3항에도 불구하고 이 법에 따른 심사청구 또는 심판청구와 그에 대한 결정을 거치지 아니하면 제기할 수 없다. 다만, 심사청구 또는 심판청구에 대한 제65조제1항제3호 단서(제81조에서 준용하는 경우를 포함한다)의 재조사 결정에 따른 처분청의 처분에 대한 행정소송은 그러하지 아니하다.

298 ③

299

2004 국가직 7급

조세법률주의에 대한 설명으로 옳지 않은 것은?

① 조세법률주의의 내용으로는 과세요건 법정주의, 과세요건 명확주의, 소급과세금지의 원칙, 합법성의 원칙 등이 있다.
② 판례는 기간과세세목의 1과세연도 중에 법률이 개정된 경우, 당해 과세연도 초에 소급하여 과세하는 것은 소급과세금지의 원칙에 저촉된다고 보았다.
③ 헌법재판소는 조세법률주의도 실질적 법치주의를 뜻한다고 보았다.
④ 합법성의 원칙은 과세요건이 충족되면 과세관청은 조세를 감면하거나 징수하지 않을 재량이 없으며, 법률이 정한 세액을 징수하여야 된다는 원칙이다.

해설

①, ③

> 헌재 전원재판부 2007헌바13, 2008.7.31.
> 헌법 제38조와 제59조에 근거한 조세법률주의는 조세평등주의와 함께 조세법의 기본원칙으로서, 형식적인 측면에서 과세요건 법정주의 및 과세요건 명확주의를 핵심적인 내용으로 하며, 이러한 조세법률주의는 과세요건을 법률로 명확히 정하는 것만으로는 부족하고, 실질적인 측면에서 조세법의 목적이나 내용이 기본권 보장의 헌법이념과 이를 뒷받침하는 헌법상의 제반 원칙에 합치될 것이 요구된다.

②

> 대법원 1983.4.26., 선고, 81누423, 판결
> 과세단위가 시간적으로 정해지는 조세에 있어 과세표준기간인 과세연도 진행중에 세율인상 등 납세의무를 가중하는 세법의 제정이 있는 경우에는 이미 충족되지 아니한 과세요건을 대상으로 하는 강학상 이른바 부진정 소급효의 경우이므로 그 과세년도개시시에 소급적용이 허용된다.

④ COMMENT '합법성의 원칙'이란 조세법은 강행규정이므로 과세요건이 충족되면 납세의무가 발생하고 과세관청은 법률이 정한 그대로 조세를 부과징수하여야 하며, 조세의 감면에 관한 명문의 규정이 없는 한 과세관청에 조세채무를 감면하거나 징수하지 않을 재량이 없음을 말한다.

300

2007 국가직 7급

조세법률주의에 관한 설명으로 옳지 않은 것은?

① 헌법 제59조는 "조세의 종목과 세율은 법률로 정한다."고 규정하고 있다.
② 과세요건 등에 관한 법률의 적용에 있어서 행정편의적인 확장해석이나 유추적용은 허용되지 않는다.
③ 법률의 위임이 없이 명령 또는 규칙 등의 행정입법으로 과세요건 등에 관한 사항을 규정하는 것은 조세법률주의 원칙에 반한다.
④ 과세요건·징수절차에 대하여는 조세법률주의 원칙상 위임입법에 의한 규율이 허용되지 않는다.

해설

① 헌법 제59조

> **제59조** 조세의 종목과 세율은 법률로 정한다.

②, ③

> **대법원 1982.11.23., 선고 82누221 전원합의체 판결**
> 조세법률주의의 원칙은 조세요건과 부과징수절차는 국민의 대표기간인 국회가 제정한 법률로서 이를 규정하여야 하고 그 법률의 집행에 있어서도 이를 엄격하게 해석, 적용하여야 하며 행정편의적인 확장해석이나 유추적용은 허용되지 않음을 의미하는 것이므로, 법률의 위임이 없이 명령 또는 규칙 등의 행정입법으로 조세요건과 부과징수절차에 관한 사항을 규정하거나 또는 법률에 규정된 내용을 함부로 유추, 확장하는 내용의 해석규정을 마련하는 것은 조세법률주의의 원칙에 위반된다.

④

> **대법원 1994.9.30., 자, 94부18, 결정**
> 헌법 제38조, 제59조에서 채택하고 있는 조세법률주의의 원칙은 과세요건과 징수절차 등 조세권행사의 요건과 절차는 국민의 대표기관인 국회가 제정한 법률로써 규정하여야 한다는 것이나, 과세요건과 징수절차에 관한 사항을 명령·규칙 등 하위법령에 위임하여 규정하게 할 수 없는 것은 아니고, 이러한 사항을 하위법령에 위임하여 규정하게 하는 경우 구체적·개별적 위임만이 허용되며 포괄적·백지적 위임은 허용되지 아니하고(과세요건법정주의), 이러한 법률 또는 그 위임에 따른 명령·규칙의 규정은 일의적이고 명확하여야 한다(과세요건명확주의)는 것이다.

300 ④

301

2015 지방직 7급

조세행정법에 대한 설명으로 옳지 않은 것은? (다툼이 있는 경우 판례에 의함)

① 납세의무는 법률이 정한 과세요건이 충족되면 과세관청의 특별한 행위를 기다리지 아니하고 당연히 성립한다.
② 조세법률주의는 과세요건법정주의와 과세요건명확주의를 그 핵심적 내용으로 하고 있다.
③ 국세의 부과처분에 불복하여 행정소송을 제기하고자 하는 경우에는 행정소송 제기 전에 국세청장에 대한 심사청구 또는 조세심판원에 대한 심판청구를 택일하여 청구하여야 한다.
④ 원천징수의 경우 국가 등에 대한 환급청구권자는 원천징수의무자가 아니라 원천납세의무자이다.

해설

① COMMENT 조세채무는 법이 정한 과세요건이 충족되면 법률상 당연히 성립한다. 그러나 그 내용이 구체적으로 확정된 것은 아니어서 과세관청의 부과처분을 통해 그 내용이 확정된다. 조세채무는 그 성립과 확정이 구별된다고 정리하자.

②
> 대법원 1994.9.30., 자, 94부18, 결정
> 헌법 제38조, 제59조에서 채택하고 있는 조세법률주의의 원칙은 과세요건과 징수절차 등 조세권행사의 요건과 절차는 국민의 대표기관인 국회가 제정한 법률로써 규정하여야 한다는 것이나, 과세요건과 징수절차에 관한 사항을 명령·규칙 등 하위법령에 위임하여 규정하게 할 수 없는 것은 아니고, 이러한 사항을 하위법령에 위임하여 규정하게 하는 경우 구체적·개별적 위임만이 허용되며 포괄적·백지적 위임은 허용되지 아니하고(과세요건법정주의), 이러한 법률 또는 그 위임에 따른 명령·규칙의 규정은 일의적이고 명확하여야 한다(과세요건명확주의)는 것이다.

③ 국세기본법 제55조 제9항, 제56조

> **제55조(불복)** ① 이 법 또는 세법에 따른 처분으로서 위법 또는 부당한 처분을 받거나 필요한 처분을 받지 못함으로 인하여 권리나 이익을 침해당한 자는 이 장의 규정에 따라 그 처분의 취소 또는 변경을 청구하거나 필요한 처분을 청구할 수 있다. 다만, 다음 각 호의 처분에 대해서는 그러하지 아니하다.
> 1. 「조세범 처벌절차법」에 따른 통고처분
> 2. 「감사원법」에 따라 심사청구를 한 처분이나 그 심사청구에 대한 처분
> 3. 이 법 및 세법에 따른 과태료 부과처분
> ⑨ 동일한 처분에 대해서는 심사청구와 심판청구를 중복하여 제기할 수 없다.
>
> **제56조(다른 법률과의 관계)** ② 제55조에 규정된 위법한 처분에 대한 행정소송은 「행정소송법」 제18조 제1항 본문, 제2항 및 제3항에도 불구하고 이 법에 따른 심사청구 또는 심판청구와 그에 대한 결정을 거치지 아니하면 제기할 수 없다. 다만, 심사청구 또는 심판청구에 대한 제65조제1항제3호 단서(제81조에서 준용하는 경우를 포함한다)의 재조사 결정에 따른 처분청의 처분에 대한 행정소송은 그러하지 아니하다.

301 ④

④
> 대법원 2003.3.14., 선고, 2002다68294, 판결
> 원천징수 세제에 있어 원천징수의무자가 원천납세의무자로부터 원천징수대상이 아닌 소득에 대하여 세액을 징수·납부하였거나 징수하여야 할 세액을 초과하여 징수·납부하였다면, 이로 인한 환급청구권은 원천납세의무자가 아닌 원천징수의무자에게 귀속되는 것인바, 이는 원천징수의무자가 원천납세의무자에 대한 관계에서는 법률상 원인 없이 이익을 얻은 것이라 할 것이므로 원천납세의무자는 원천징수의무자에 대하여 환급청구권 상당액을 부당이득으로 구상할 수 있다.

302
2017 국가직 7급

조세의 부과징수에 대한 설명으로 옳지 않은 것은? (다툼이 있는 경우 판례에 의함)

① 신고납세방식의 조세에 있어서 과세관청이 납세의무자의 신고에 따라 세액을 수령하는 것은 사실행위이며 부과처분이 아니다.
② 조세법의 해석과 조세의 징수는 법에 따라 엄격하게 해석·적용되어야 하므로 행정편의적인 확장해석이나 유추적용은 허용되지 않는다.
③ 과세처분에 대하여 증액경정처분이 있는 경우 당초처분은 증액경정처분에 흡수되어 소멸하므로 소멸한 당초처분의 절차적 하자는 존속하는 증액경정처분에 승계된다.
④ 원천징수하는 소득세 또는 법인세, 인지세는 납세의무가 성립하는 때에 특별한 절차 없이 그 세액이 확정된다.

해설

①
> 대법원 1997.7.22., 선고, 96누8321, 판결
> 1993. 12. 31. 법률 제4674호로 개정된 관세법 제17조 제2항은 관세의 원칙적인 부과·징수를 순수한 신고납세방식으로 전환한 것이고, 이와 같은 신고납세방식의 조세에 있어서 과세관청이 납세의무자의 신고에 따라 세액을 수령하는 것은 사실행위에 불과할 뿐 이를 부과처분으로 볼 수는 없다.

②
> 대법원 1983.12.2.7, 선고, 83누213, 판결
> 조세법률주의의 원칙상 과세요건 사실이거나 비과세요건 사실이거나를 막론하고, 조세법규의 해석은 엄격하게 하여야 하고 확장해석이나 유추해석은 허용되지 않는다.

③
> 대법원 2010.6.24., 선고, 2007두16493, 판결
> 증액경정처분이 있는 경우 당초처분은 증액경정처분에 흡수되어 소멸하고, 소멸한 당초처분의 절차적 하자는 존속하는 증액경정처분에 승계되지 아니한다.

302 ③

④ **COMMENT** 자동확정방식의 조세에 대한 설명이다(국세기본법 제22조 제2항 제2호, 제3호).

> **제22조(납세의무의 확정)** ① 국세는 해당 세법의 절차에 따라 그 세액이 확정된다.
> ② 다음 각 호의 국세는 제1항에도 불구하고 납세의무가 성립하는 때에 특별한 절차 없이 그 세액이 확정된다.
> 1. 삭제
> 2. 인지세
> 3. 원천징수하는 소득세 또는 법인세
> 4. 납세조합이 징수하는 소득세
> 5. 중간예납하는 법인세(세법에 따라 정부가 조사·결정하는 경우는 제외한다)

303

2008 국가직 7급

현행 조세법에 관한 설명으로 옳지 않은 것은?

① 과세의 대상이 되는 소득·수익·재산행위 또는 거래의 귀속이 명의뿐이고 사실상 귀속되는 자가 따로 있는 때에는 사실상 귀속되는 자를 납세의무자로 하여 세법을 적용한다.
② 조세법규의 해석에 있어서 유추나 확정해석에 의하여 납세의무를 확대하는 것은 허용되지 아니하지만, 조세의 감면 또는 징수유예의 경우에는 그러하지 아니하다.
③ 조세채무는 법률이 정하는 과세요건에 따라 발생하게 되는바, 이러한 조세법률관계에서는 사적자치의 원칙이 적용되지 않는다.
④ 지방자치단체는 지방세의 부과·징수에 관하여 필요한 사항을 지방세법이 정하는 범위 안에서 조례로써 정하여야 하는바, 이 경우 지방세의 과세객체와 과세표준과 함께 세목과 세율에 대해서도 규정할 수 있다.

해설

①
> 대법원 1987.5.12., 선고, 86누602, 판결
> 실질과세의 원칙상 과세의 대상이 되는 소득, 수익, 재산, 행위 또는 거래의 귀속이 명의일 뿐이고 사실상 귀속되는 자가 따로 있을 때에는 사실상 귀속되는 자를 납세의무자로 보아야 한다.

②
> 대법원 1990.5.22., 선고, 89누7191, 판결
> 비과세나 조세감면의 요건에 관한 규정은 이를 확대해석하면 조세형평의 원칙에 반하는 결과를 초래하게 되기 때문에 과세요건을 정하는 규정과 마찬가지로 엄격히 해석하여야 할 것인바, 구 조세감면규제법(1986.12.26 법률 제3865호로 개정되기 전의 것) 제58조 제1항 제2호 소정의 특별부가세면제규정은 도시재개발법에 의하여 결정된 사업계획에 따라 사업을 시행한 경우만을 대상으로 한 것이므로, 도시계획법에 따라 시행한 사업이 실질적으로 도시재개발법에 의한 사업시행과 같다고 하더라도 위 특별부가세 면제규정을 도시계획법에 의한 사업시행의 경우에까지 확장 또는 유추적용할 수는 없는 것이고, 이러한 해석이 실질과세의 원칙에 반한다고 할 수 없다.

303 ②

③ COMMENT 조세행정은 대표적인 침익행정으로 이에 관한 규정은 모두 강행규정이어서 사적자치의 원칙이 적용될 수 없다.

④ 지방세기본법 제5조 제1항

> **제5조(지방세의 부과·징수에 관한 조례)** ① 지방자치단체는 지방세의 세목(稅目), 과세대상, 과세표준, 세율, 그 밖에 지방세의 부과·징수에 필요한 사항을 정할 때에는 이 법 또는 지방세관계법에서 정하는 범위에서 조례로 정하여야 한다.
> ② 지방자치단체의 장은 제1항의 조례 시행에 따르는 절차와 그 밖에 조례 시행에 필요한 사항을 규칙으로 정할 수 있다.

304
[2010 지방직 7급]

국세에 대한 불복절차에 관한 설명으로 옳지 않은 것은?

① 원칙적으로 이의신청은 대통령령으로 정하는 바에 따라 불복의 사유를 갖추어 해당 처분을 하였거나 하였어야 할 세무서장에게 하거나 세무서장을 거쳐 관할 지방국세청장에게 하여야 한다.
② 이의신청을 받은 세무서장과 지방국세청장은 각각 조세심판원에 해당 이의신청을 송부하여 결정하게 하여야 한다.
③ 심사청구는 해당 처분이 있음을 안 날(처분의 통지를 받은 때에는 그 받은 날)로부터 90일 이내에 제기하여야 한다.
④ 심사청구는 대통령령으로 정하는 바에 따라 불복의 사유를 갖추어 해당 처분을 하였거나 하였어야 할 세무서장을 거쳐 국세청장에게 하여야 한다.

| 해설

① 국세기본법 제66조 제1항

> **제66조(이의신청)** ① 이의신청은 대통령령으로 정하는 바에 따라 불복의 사유를 갖추어 해당 처분을 하였거나 하였어야 할 세무서장에게 하거나 세무서장을 거쳐 관할 지방국세청장에게 하여야 한다. 다만, 다음 각 호의 경우에는 관할 지방국세청장에게 하여야 하며, 세무서장에게 한 이의신청은 관할 지방국세청장에게 한 것으로 본다.
> 1. 지방국세청장의 조사에 따라 과세처분을 한 경우
> 2. 세무서장에게 제81조의15에 따른 과세전적부심사를 청구한 경우

② COMMENT 이의신청을 받은 세무서장과 지방국세청장은 각각 국세심사위원회의 심의를 거쳐 결정하여야 한다(동법 제66조 제4항).

> **제66조(이의신청)** ④ 제1항 및 제2항에 따라 이의신청을 받은 세무서장과 지방국세청장은 각각 국세심사위원회의 심의를 거쳐 결정하여야 한다.

③ 동법 제61조 제1항

> **제61조(청구기간)** ① 심사청구는 해당 처분이 있음을 안 날(처분의 통지를 받은 때에는 그 받은 날)부터 90일 이내에 제기하여야 한다.

④ 동법 제62조 제1항

> **제62조(청구 절차)** ① 심사청구는 대통령령으로 정하는 바에 따라 불복의 사유를 갖추어 해당 처분을 하였거나 하였어야 할 세무서장을 거쳐 국세청장에게 하여야 한다.

305
2009 지방직 7급

국유재산법상의 내용으로 옳지 않은 것은?

① 국유재산은 그 양도성이 제한되지만 사권은 설정할 수 있음이 원칙이다.
② 관리청은 공용·공공용기업용 재산에 대해서는 그 용도나 목적에 장애가 되지 않는 범위에서만 사용허가를 할 수 있다.
③ 관리청(현 중앙관서의 장)이 없거나 분명하지 않은 국유재산에 대해서는 총괄청이 그 관리청을 지정한다.
④ 총괄청은 일반재산을 보존용 재산으로 전환하여 관리할 수 있다.

해설

① 국유재산법 제11조 제2항

> **제11조(사권 설정의 제한)** ② 국유재산에는 사권을 설정하지 못한다. 다만, 일반재산에 대하여 대통령령으로 정하는 경우에는 그러하지 아니하다.

② 동법 제30조 제1항 제1호

> **제30조(사용허가)** ① 중앙관서의 장은 다음 각 호의 범위에서만 행정재산의 사용허가를 할 수 있다.
> 1. 공용·공공용·기업용 재산: 그 용도나 목적에 장애가 되지 아니하는 범위
> 2. 보존용재산: 보존목적의 수행에 필요한 범위

③ 동법 제24조

> **제24조(중앙관서의 장의 지정)** 총괄청은 국유재산의 관리·처분에 관한 소관 중앙관서의 장이 없거나 분명하지 아니한 국유재산에 대하여 그 소관 중앙관서의 장을 지정한다.

305 ①

④ 동법 제8조 제2항

> **제8조(국유재산 사무의 총괄과 관리)** ① 총괄청은 국유재산에 관한 사무를 총괄하고 그 국유재산(제3항에 따라 중앙관서의 장이 관리·처분하는 국유재산은 제외한다)을 관리·처분한다.
> ② 총괄청은 일반재산을 보존용재산으로 전환하여 관리할 수 있다.

306
2011 지방직 7급

국세징수에 대한 불복이 있을 때, 현행법상 쟁송방법으로 옳지 않은 것은?

① 세무서장을 거쳐 중앙행정심판위원회에 하는 심판청구
② 세무서장을 거쳐 국세청장에게 하는 심사청구
③ 세무서장을 거쳐 지방국세청장에게 하는 이의신청
④ 감사원에 대한 심사청구

해설

① COMMENT 국세에 대한 불복절차로서의 심판청구는 중앙행정심판위원회가 아니라 조세심판원에 제기하여야 한다(국세기본법 제69조 제1항).

> **제69조(청구 절차)** ① 심판청구는 대통령령으로 정하는 바에 따라 불복의 사유를 갖추어 그 처분을 하였거나 하였어야 할 세무서장을 거쳐 조세심판원장에게 하여야 한다.

② 동법 제62조 제1항

> **제62조(청구 절차)** ① 심사청구는 대통령령으로 정하는 바에 따라 불복의 사유를 갖추어 해당 처분을 하였거나 하였어야 할 세무서장을 거쳐 국세청장에게 하여야 한다.

③ 동법 제66조 제1항

> **제66조(이의신청)** ① 이의신청은 대통령령으로 정하는 바에 따라 불복의 사유를 갖추어 해당 처분을 하였거나 하였어야 할 세무서장에게 하거나 세무서장을 거쳐 관할 지방국세청장에게 하여야 한다. 다만, 다음 각 호의 경우에는 관할 지방국세청장에게 하여야 하며, 세무서장에게 한 이의신청은 관할 지방국세청장에게 한 것으로 본다.

④ 감사원법 제43조 제1항

> **제43조(심사의 청구)** ① 감사원의 감사를 받는 자의 직무에 관한 처분이나 그 밖의 행위에 관하여 이해관계가 있는 자는 감사원에 그 심사의 청구를 할 수 있다.

306 ①

307

2005 국가직 7급

현행 우리나라에서 채택하고 있는 현금회계원칙에 포함되는 것을 모두 고른 것은?

㉠ 순계예산주의 ㉡ 단일예산주의
㉢ 통일국고주의 ㉣ 건전재정원칙
㉤ 총계예산주의 ㉥ 회계연도구분원칙

① ㉠, ㉡, ㉣, ㉤
② ㉡, ㉣, ㉤, ㉥
③ ㉠, ㉡, ㉢, ㉣
④ ㉡, ㉢, ㉣, ㉤, ㉥

해설

㉠, ㉤ **COMMENT** 우리나라는 총계예산주의를 택하고 있다. 총계예산주의란 세입과 세출을 상계하여 그 차액만을 계상하는 순계예산주의에 대응한 개념으로서 세입과 세출은 모두 예산에 계상하여야 한다는 원칙을 말한다(국가재정법 제17조 제2항).

> **제17조(예산총계주의)** ① 한 회계연도의 모든 수입을 세입으로 하고, 모든 지출을 세출로 한다.
> ② 제53조에 규정된 사항을 제외하고는 세입과 세출은 모두 예산에 계상하여야 한다.

㉡ **COMMENT** 단일예산주의(회계통일의 원칙)란 국가의 수입과 지출을 하나의 회계에서 통일적으로 계리하는 원칙을 말한다(동법 제17조 제1항).

> **제17조(예산총계주의)** ① 한 회계연도의 모든 수입을 세입으로 하고, 모든 지출을 세출로 한다.

㉢ **COMMENT** 통일국고주의(회계총괄의 원칙)란 조세 기타 정부에 속하는 모든 수입을 하나의 국고에 납입시키고 모든 지출은 반드시 하나의 국고에서 지출하게 하는 원칙을 말한다(국고금관리법 제7조).

> **제7조(수입의 직접 사용 금지 등)** 중앙관서의 장은 다른 법률에 특별한 규정이 있는 경우를 제외하고는 그 소관 수입을 국고에 납입하여야 하며 이를 직접 사용하지 못한다.

㉣ **COMMENT** 건전재정원칙이란 재정수지의 건전을 위하여 국가의 세출은 국채 또는 차입금이 아닌 세입을 그 재원으로 하여야 한다는 원칙을 말한다(국가재정법 제18조).

> **제18조(국가의 세출재원)** 국가의 세출은 국채·차입금(외국정부·국제협력기구 및 외국법인으로부터 도입되는 차입자금을 포함한다. 이하 같다) 외의 세입을 그 재원으로 한다. 다만, 부득이한 경우에는 국회의 의결을 얻은 금액의 범위 안에서 국채 또는 차입금으로써 충당할 수 있다.

㉥ **COMMENT** 회계연도 구분의 원칙이란 국가의 수입과 지출은 일정한 기간을 구분하여 그 기간을 단위로 경리하는 것을 말한다(동법 제2조).

> **제2조(회계연도)** 국가의 회계연도는 매년 1월 1일에 시작하여 12월 31일에 종료한다.

307 ④

308

회계관계직원 등의 변상책임과 관련된 설명으로 가장 옳지 않은 것은?

① 회계관계직원 등이 고의 또는 과실로 법령 기타 관계규정 및 예산에 정해진 규정을 위반하여 국가 등의 재산에 손해를 끼친 때에는 변상책임이 있다.
② 현금 또는 물품을 출납·보관하는 자가 그 보관에 속하는 현금 또는 물품을 망실·훼손하였을 때 선량한 관리자로서 주의를 태만히 하지 아니함을 증명하지 못하면 배상책임이 있다.
③ 관계직원의 상급자로서 위법한 회계관계행위를 명하였을 때에는 당해 상급자도 연대하여 변상책임을 진다.
④ 감독기관의 장과 해당기관의 장은 감사원의 변상책임의 유무 및 배상액 판정 전에는 회계관계직원 등에 대하여 변상을 명할 수 없다.

해설

①, ② 「회계관계직원 등의 책임에 관한 법률」 제4조 제1항, 제2항

> **제4조(회계관계직원의 변상책임)** ① 회계관계직원은 고의 또는 중대한 과실로 법령이나 그 밖의 관계 규정 및 예산에 정하여진 바를 위반하여 국가, 지방자치단체, 그 밖에 감사원의 감사를 받는 단체 등의 재산에 손해를 끼친 경우에는 변상할 책임이 있다.
> ② 현금 또는 물품을 출납·보관하는 회계관계직원은 선량한 관리자로서의 주의를 게을리하여 그가 보관하는 현금 또는 물품이 망실(亡失)되거나 훼손(毁損)된 경우에는 변상할 책임이 있다.
> ③ 제2항의 경우 현금 또는 물품을 출납·보관하는 회계관계직원은 스스로 사무를 집행하지 아니한 것을 이유로 그 책임을 면할 수 없다.
> ④ 제1항 및 제2항의 경우 그 손해가 2명 이상의 회계관계직원의 행위로 인하여 발생한 경우에는 각자의 행위가 손해발생에 미친 정도에 따라 각각 변상책임을 진다. 이 경우 손해발생에 미친 정도가 분명하지 아니하면 그 정도가 같은 것으로 본다.

③ 「동법」 제8조 제1항

> **제8조(위법한 회계관계행위를 지시 또는 요구한 상급자의 책임)** ① 회계관계직원의 상급자가 회계관계직원에게 법령이나 그 밖의 관계 규정 및 예산에 정하여진 바를 위반하는 회계관계행위를 지시하거나 요구함으로써 그에 따른 회계관계행위로 인하여 변상의 책임이 있는 손해가 발생한 경우에는 그 상급자는 회계관계직원과 연대하여 제4조에 따른 변상의 책임을 진다.

④ 「동법」 제6조 제1항

> **제6조(감사원의 판정 전의 회계관계직원의 변상책임)** ① 다음 각 호의 어느 하나에 해당하는 사람은 회계관계직원이 제4조에 따른 변상책임이 있다고 인정되는 경우에는 감사원이 판정하기 전이라도 해당 회계관계직원에 대하여 변상을 명할 수 있다.
> 1. 중앙관서의 장(「국가재정법」 제6조에 따른 중앙관서의 장을 말한다. 이하 같다)
> 2. 지방자치단체의 장
> 3. 감독기관(국가기관이나 지방자치단체의 기관이 아닌 경우만 해당한다. 이하 같다)의 장
> 4. 해당 기관(국가기관이나 지방자치단체의 기관이 아닌 경우로서 감독기관이 없거나 분명 하지 아니한 경우만 해당한다. 이하 같다)의 장

308 ④

MEMO

MEMO

2022-2023
정인국 단기완성
행정법각론
기출문제집